"이 책에 인용된 '환시'와 '받아쓰기'는 저자가 나름대로 예수의 생애를 이야기하기 위하여 사용한 문학적표현 양식일 뿐, 그것을 초작연적인 기원에서 오는 것으로 여겨서는 안 된다."

신앙교리성성 장관 라씽거 추기경
교황청 공식 문서 제 144/58 i호
1994년 6월 21일

마리아 발또르따 (1948년)

마리아 발또르따의 영신 지도자 (좌측)

학생제복을 입은 15세 때의 모습

마리아 발또르따 저

하느님이시요 사람이신 그리스도의 시 : 〈전 10 권〉

* 제 1 권 – 준 비
* 제 2 권 – 공생활 첫해
* 제 3 권 – 공생활 둘째 해(상)
* 제 4 권 – 공생활 둘째 해(하)
* 제 5 권   공생활 셋째 해(상)
* 제 6 권 – 공생활 셋째 해(중)
* 제 7 권 – 공생활 셋째 해(하)
* 제 8 권 – 수난 준비
* 제 9 권 – 수   난
* 제10권 – 영광스럽게 되심

이탈리아어 원제목 :

(Il Poema dell' Uomo-Dio) – 《하느님이시요 사람이신 그리스도의 시》

Centro Editoriale Valtortiano
　　　Via Po, 95
03036 Isola del Liri (FR.) Italia에서 출판.

───────　　─────

이 책의 번역권과 출판권은 이탈리아의
"Centro Editoriale Valtortiano"(발또르따 출판사)가
파 레몬드(현우) 신부와 크리스챤 출판사에 독점적으로
주었음.

주 의

이 책에 대한 몇 마디 설명:

1947년에 비오 12세 교황이 예수의 생애에 관한 마리아 발또르따의 글을 직접 읽으셨다. 1948년 2월의 어느 특별 알현 중에 교황은 거기에 대하여 호의적인 의견을 말씀하셨다. 그러므로 이 저서에서 **아무것도 삭제하지 말고**, "환시"(幻視)와 "받아쓰기"에 대하여 설명하는 명백한 언명까지도 삭제하지 말고 **출판하라**고 권고하셨다.

그러나 동시에 초자연적 현상에 대하여 말하는 어떤 머리말의 글은 인정하지 않으셨다. 교황의 조언에 따르면, 해석은 일체 독자가 해야 할 것이다. "읽는 사람은 이해할 것이다"라고 교황은 덧붙이셨다.

파 레몬드 신부

-일본에서는 마리아 발또르따의 저서를 페데리꼬 바르바로(Federico Barbaro) 신부가 다섯 권으로 요약 번역해서 출판하였다. 이 책 다섯 권은 베스트셀러가 되었다.

마리아 발또르따 저

하느님이시요 사람이신 그리스도의 시

제10권
영광스럽게 되심

번역 안 응 렬
추천 파 레몬드(현우) 신부

도서출판 크리스챤 〈파티마의 성모〉

영광스럽게 되심

(La Glorification)

예수 부활하신 날 아침
예수 어머니께 나타나심
예수 요셉, 니고데모, 마나핸에게 나타나심
예수 열 명의 사도들에게 나타나심
예수 토마와 사도들에게 나타나심
다볼산에 나타나신 예수
주님의 승천
성 신 강 림
성모님이 무덤의 수의받으심
성모님의 복되신 별세
성모님의 승천

〈이 책은 원문의 완역본이다〉

영광스럽게 되심

차   례

머리말/15

1. 예수께서 부활하신 날 아침	21
2. 부활날 새벽. 마리아의 비탄과 기도	29
3. 부 활	33
4. 예수 어머니께 나타나시다	37
5. 경건한 여자들이 무덤으로 간다	40
6. 앞의 사건과 관련하여	50
7. 친구들과 제자들에게 나타나시다	53
8. 예수께서 요안나에게 나타나신다	60
9. 예수께서 요셉과 니고데모와 마나헨에게 나타나신다	64
10. 예수께서 목자들에게 나타나신다	66
11. 예수께서 엠마오의 제자들에게 나타나신다	69
12. 예수께서 다른 친구들에게 나타나신다	78
13. 예수께서 열 명의 사도들에게 나타나신다	81
14. 토마가 돌아오다	94
15. 예수께서 토마와 같이 있는 사도들에게 나타나신다	101
16. 부활하신 예수께서 게쎄마니에 가신다	111
17. 사도들이 골고타 언덕에 올라간다. 그리고…	132
18. 예수께서 여러 곳에서 당신을 믿는 사람들에게 당신의 부활을 확증하신다	149
Ⅰ. 안나리야의 어머니	149
Ⅱ. 가리옷에서 시몬의 마리아에게	151

12 영광스럽게 되심

Ⅲ. 유다에서 …………………………………………… 157
Ⅳ. 뻴라에서 젊은 야이아에게 …………………………… 158
Ⅴ. 노베의 요한의 집에 ……………………………… 159
Ⅵ. 야베스 갈라앗의 혼자 사는 마티아의 집에 ………… 160
Ⅶ. 엔갓디의 아브라함의 집에 ……………………… 163
Ⅷ. 가릿의 에세네파 사람 엘리야 ……………………… 165
Ⅸ. 필립보의 가이사리아에 ………………………… 165
Ⅹ. 게 데 스 에 …………………………………… 167
Ⅺ. 지스칼라에 ……………………………………… 167
Ⅻ. 보즈라의 요아킴과 마리아의 집 ………………… 168
ⅩⅢ. 에브라임의 야곱의 마리아 집에 ………………… 169
ⅩⅣ. 안티오키아의 신디카의 집에 …………………… 169
ⅩⅤ. 레위파 즈가리야의 집에 ………………………… 170
ⅩⅥ. 사론 평야의 어떤 여자에게 ……………………… 171
ⅩⅦ. 대(大)헤르몬산의 목자들에게 …………………… 174
ⅩⅧ. 시돈에서 소경으로 태어났던 어린이의 집에 …… 175
ⅩⅨ. 죠가나의 농부들의 집에 ………………………… 176
ⅩⅩ. 엘키아의 친척 다니엘의 땅에. 베테론(?)에 …… 178
ⅩⅪ. 갈릴래아의 한 여인에게 ………………………… 181
19. 예수께서 호숫가에 나타나신다 …………………………… 188
20. 다볼산에 나타나신 예수 …………………………………… 194
21. 예수께서 사도들과 제자들에게 나타나신다 ……………… 208
22. 추가과월절 …………………………………………………… 228

23. 주님의 승천 …………………………………………… 235
24. 마티아를 뽑다 ………………………………………… 250
25. 성 신 강 림 …………………………………………… 255
26. 이제는 세련되지 못한 어부가 아닌 대사제의
    자격을 가진 베드로 …………………………………… 260
27. 성모님이 라자로와 아리마태아의 요셉을 접견하신다 …………… 264
28. 성모님과 요한이 수난의 장소를 찾아간다 ………………………… 271
29. 성모님이 무덤의 수의를 받으신다 ………………………………… 276
30. 스테파노의 순교 ………………………………………………… 282
31. 그리스도와의 만남의 여러 가지 효과와 결과 …………………… 287
32. 성 스테파노의 시체를 거두다 …………………………………… 290
33. 가믈리엘이 그리스도인이 되다 …………………………………… 294
34. 베드로와 요한의 토론 …………………………………………… 300
35. 성모님의 복되신 별세 …………………………………………… 304
36. 성모님의 승천 …………………………………………………… 316
37. 지극히 거룩하신 성모님의 승천과 별세에
    대한 고찰과 설명 …………………………………………… 321
38. 작품을 끝내며 …………………………………………………… 329

마리아 발또르따의 저서와 교회 ……………………………… 341

머 리 말

마리아 발또르따는 1897년 3월 14일 까세르따(이탈리아)에서 태어났다. 마리아는 1862년 만뚜아에서 출생한 기병 하사관 요셉 발또르따와 1861년 크레모나에서 난 프랑스어 교사인 이시스 피오라반찌의 외딸이었다. 마리아가 겨우 18개월 되었을 때에 부모가 아이와 함께 북부 이탈리아로 가서 살게 되어, 처음에는 파엔짜에 자리 잡았다가 몇 해 후에는 밀라노에 정착하였고, 그곳에서 마리아를 우르술라회 수녀들이 경영하는 유치원에 다니게 하였다. 거기서 마리아가 그의 소명의 첫번째 표를 받았다. 그는 사랑으로 자진해서 받아들인 고통 속에서 그리스도와 동일화되기를 원하였다.

역시 밀라노에서 일곱 살 때에 마르첼로회 수녀들이 경영하는 소학교에 다녔고, 그곳에서 1905년에 거룩한 안드레아 페라리 추기경에게서 견진성사를 받았다. 마리아는 그 후 1907년 가족이 이사해 가서 산 보게라의 공립학교에서 공부를 계속하였다. 1908년에 까스뗏지오에서 첫영성체를 하였다.

매우 독선적인 여자인 어머니의 강요로 마리아는 1909년 몬자의 비앙꼬니 중학교에 들어가야 하였는데, 그 학교에서 매우 날카로운 지능과 대단히 강인한 성격으로 두각을 나타냈다. 마리아는 문예과목에는 매우 재능이 있었으나 수학에는 도무지 소질이 없었다. 꾸준히 노력한 결과로 그가 기술공부의 졸업증서를 받았는데, 이 공부도 어머니가 강요한 것이었다. 그런데도 그는 중학교에서 만족하고 있었는데, 그의 어머니가 4년 후에는 학교를 그만두게 하였다. 그 때에 마리아는 하느님께 열렬한 기도를 드렸는데, 이번에도 하느님께서는 잊지 않으시고 마리아에게 그의 장래를 알려 주셨다. 그동안 아버지는 건강상의 이유로 은퇴하였고 작은 가족이 피렌체로 가서 살았는데, 그곳에서 마리아가 어느 선량한 청년과 약혼하였다.

그러나 어머니의 좋지 못한 성격 때문에 그 젊은이와 헤어져야 하였다. 큰 위기의 시기가 있은 후, 1916년에 마리아는 주께로부터 또 다른 계시의 표를 받았고 1917년에는 "사마리아인" 간호원단에 들어가서 열 여덟 달 동안 피렌체의 육군 병원의 병사들에게 모든 간호를 아끼지 않고 베풀었다.

1920년 3월 17일, 어머니와 같이 거리를 지나가는데 어떤 과격주의자가 쇠막대기로 그의 허리를 때려 그로 인하여 그의 장래의 신체 기능 불완전의 첫째 증상이 몸에 남게 되었다. 석 달 동안을 병상에서 지낸 다음 같은 해 10월에 부모와 같이 깔라브리아의 렛지오로 가서 호텔 주인인 어머니쪽 친척 벨판띠네 집에서 2년 가량을 살았다.

남부 이탈리아의 이 아름다운 해안 도시에서 지낸 긴 세월은 그의 정신을 튼튼하게 하는 많은 경험을 쌓게 하였다. 그러나 새로운 청혼들을 반대하는 어머니의 혐오의 흔적이 남기도 하였다. 그러자 마리아는 피렌체로 돌아가(그것은 1922년의 일이었다) 고통스러운 추억 속에서 또 2년을 보냈다.

1924년에는 비아렛지오로 마지막 이사를 하였는데, 이것이 끊임없이 하느님께로 올라가는 것을 온전히 지향하는 새로운 생활의 시초를 알리는 것이었다. 마리아는 몰래(어머니의 편협 때문에) 모든 교우 본분을 지켰고 이렇게 해서 가톨릭 액숀에 가입하는 데 성공하였다. 항상 자기를 바치고자 하는 소원으로 불타는 그는 1925년에 자비로우신 사랑에 자기를 바쳤고, 1931년에는 서원을 한 다음 더 결연한 의식(意識)을 가지고 하느님의 정의께로 자기를 바치고자 하였다.

점점 더 심해지는 고통에 짓눌려 마리아는 1934년 4월 1일부터는 병상을 떠나지 못하였다. 이 때부터 그는 하느님의 손 안에 든 말 잘 듣는 연장이 되었다. 다음 해에 마르따 디치오띠가 마리아의 집에 왔는데 마르따는 일생 동안 충실한 동반자로 있으면서 마리아를 떠나지 않았다. 이 무렵에 마리아는 그가 사랑하고 사람들 중에서 가장 훌륭한 분으로 생각하던 아버지의 죽음에서 오는 크나큰 고통을 맛보았다.

1942년에 마리아는 전에 선교사였던 독실한 신부로 마리아의 종복회(從僕會) 회원인 로무알도 M. 밀리오리니 신부의 방문을 받았는데, 이 신부는 4년 동안 그의 영신 지도자로 있었다. 1943년, 어머니가 세상을 떠난 그 해에 마리아 발또르따는 작가로서의 활동을 시작하였다. 마리아는 밀리오리니 신부의 권유로 자기의 능력껏 쓴 자서전에서 "받아쓰기"와 "환상 이야기"로 옮아갔는데, 이것들을 계시로 받는다고 언명하였다. 병석에 있으면서 심한 고통을 당하는데도 마리아는 직접, 단숨에, 어떤 시간에나 글을 썼고 밤에도 썼는데, 뜻밖에 중단을 하게 되어도 조금도 방해를 당한다는 느낌이 없이 항상 자연스러운 모습을 잃지 않고 있었다. 그가 참고할 수 있는 유일한 책은 성서와 비오 10세의 교리문답 뿐이었다.

1943년부터 1947년까지, 그러나 1953년까지는 좀 덜 빠른 속도로, 마리아는 공책 약 1만 5천 쪽을 썼다. 성서에 대한 주석, 초대 그리스도인들과 순교자들의 이야기, 신심에 관한 글들이었고 이밖에 여러 장의 영성 일기도 있다. 그러나 마리아 발또르따가 쓴 글의 약 3분의 2를 예수의 생애에 대한 엄청난 양의 작품이 차지한다.

자신의 지능에 이르기까지 모든 것을 하느님께 바친 다음 마리아는 여러 해 동안 정신에 관계되는 일종의 고독에 점진적으로 빠져들어가 마침내 임종하는 그의 머리맡에 불려와서 "Profissere, anima christiana, de hoc mundo"(그리스도인의 영혼아, 이 세상에서 떠나거라!) 하는 말로 기도하는 신부의 권고에 복종하는 듯이 꺼져가는 날에 이르렀다. 그것은 1961년 10월 12일이었다. 마리아는 회상의 글처럼 다음과 같은 글을 남겼었다.

"나의 고통은 끝났다. 그러나 나는 사랑하기를 계속하겠다."

그의 장례식은 10월 14일 아침 일찍 성 바울리노 본당에서 행하여

졌는데, 그의 유지(遺志)에 따라 매우 간소하게 치르졌고, 시체는 비아렛지오 공동묘지에 안장되었다. 그러나 1973년 7월 2일 마리아 발또르따의 유해는 피렌체의 "쌍띠시마 안눈찌아따" 대수도원 참사회 경당에 특전받은 묘소에 묻힐 수가 있었다.

마리아 발또르따의 가장 중요한 저서인 예수의 생애에 관한 책은 그 후 여러 해에 쓴 몇 장만 빼고는 1944년부터 1947년까지 쓴 것이다. 이 저서는 벌써 1956년에 「Il poema dell'Uomo-Dio(사람이요 하느님이신 분의 시)」라는 제목으로 이탈리아에서 출판되었다. 초판은 부피가 큰 네 권으로 나왔는데, 마리아의 종복회 회원인 곤라도 M. 베르띠 신부의 신학적·교리적 주석이 달린 열 권짜리 비평판(批評版)이 뒤따랐다. 끊임없이 중판되고 아무 광고없이 보급된 이 저서는 이제 이탈리아와 온 세계에 널리 알려졌다.

1971년에 프랑스인 교수 펠릭스 소바쥬씨가 「Il poema dell'Uomo-Dio」를 읽고 자기 나라 말로 번역할 욕망을 느꼈다. 그가 사는 뽕또드매르에서 그는 우리에게 자기 일의 진척 상황을 끊임없이 알려 주고, 자기가 나이가 많기 때문에 출판에 대한 우리의 결정을 재촉하였다. 그는 철학과 신학을 공부하였고 일생을 교직에서 보냈다고 언명하면서, 자기 자신의 능력을 우리에게 보증하기를 원한 때를 빼고는 자기 자신에 대한 말을 결코 하지 않았다.

1976년에야 우리는 소바쥬씨가 직접 쓴 여섯 권의 프랑스어 번역을 가지러 노르망디에 갔었다. 그러나 얼마 지나서야 그것을 검토하기 시작하였다. 우리는 원고를 고쳐야 하리라는 것을 알아차렸다. 많이 고치기는 했지만 이 번역은 일할 때에 그를 젊게 하는 믿음의 후원을 받은 연세 높은 분이 이룩하였다는 점에서 공로가 있다.

불행히도 펠릭스 소바쥬씨는 번역한 작품의 출판을 보지 못하였다. 그분은 1978년 9월 16일 87세의 고령으로 세상을 떠났다. 우리는 마리아 발또르따의 글에 주해나 설명을 달지 않고 그 제목 자체에서 작품의 성격이 솟아 오르게 하려는 그분의 변하지 않은 소원을 존중하였다.

  그러나 독자들에게 알리고자 하는 것은 일체의 설명이나 깊은 연구를 위하여는 이탈리아어판의 주석들이 여전히 가치가 있다는 것이다. 저서의 성질에 대하여는 이것이 가장 큰 사적인 계시 중의 하나라는 확신을 우리는 가지고 있다. 뿐만 아니라, 사적인 계시들은 공적인 계시에 종속하고 인간적으로 믿을 만한 가능한 표시를 가톨릭 신학이 인정하며, 하느님께서 모든 사람의 영적 이익을 위하여 어떤 사람들에게 주시는 것으로 되어 있다.

  독자들은 이 프랑스어 초판의 몇 가지 결함을 양해하여 주기 바란다.

이솔라 델리리(이탈리아)
1979년 10월 12일

에밀리오 삐사니, 출판인

● 일러두기

작은 요한 :

  예수님은 마리아 발또르따에게 가끔 '작은 요한'이라는 이름으로 부르십니다.
  어떤 요한에 대해서 일까요? 가장 젊고, 순결하고, 겸손하고, 너그럽고, 용감하고, 십자가 밑에까지 충실했던 사도 요한에 대해서입니다.
  예수님은 마리아 발또르따를 사도 요한의 영혼과 마음과 정신과 똑같은 수준에까지 만들려고 생각하셨습니다. 이런 뜻에서 마리아 발또르따에게 말씀하시기 위해서 작은 요한이라는 이름을 사용하셨습니다.

---

1. 예수께서 부활하신 날 아침

　여자들은 밤 동안 마당의 한기 때문에 단단한 반죽처럼 굳어버린 기름들을 다루는 일을 다시 시작한다.
　요한과 베드로는 식기를 씻어서 최후의 만찬실을 정돈할 생각을 한다. 그러나 모든 것을 다시 최후의 만찬이 끝났을 때에 있었던 상태대로 놓아둔다.
　"그분은 이렇게 말씀하셨어" 하고 요한이 말한다.
　"이렇게도 말씀하셨어. '자지들 말아라' 하고, '베드로야 뽐내지 말아라. 시련의 시간이 오리라는 것을 알지 못하느냐?' 하고 말씀하셨어. 그리고…이렇게 말씀하셨어. 너는 나를 모른다고 할 것이다.…'" 하고, 베드로는 다시 울면서 암담한 괴로움으로 말한다. "그런데 나는 그분을 모른다고 했어!"
　"베드로, 그만해! 이젠 자네가 돌아왔으니, 그렇게 괴로워하는 건 그만둬."
　"절대로, 절대로 그만둘 수 없어! 내가 최초의 조상들처럼 늙고, 아담과 그의 첫번째 후손들처럼 7백년, 9백년을 산다 해도 이렇게 고민하지 않게 되지는 못할 거야."
　"자넨 그분의 자비에 희망을 걸지 않는단 말이야?"
　"왜 희망을 걸지 않겠어? 내가 그분의 자비를 믿지 않는다면 가리옷 사람처럼 자살을 했을 걸세. 하지만 그분이 지금 돌아가 계신 아버지의 품에서 나를 용서해 주신다 해도, 나는 나 자신을 용서 못해 나는! 나는! '나는 저 사람을 모르오' 하고 말했단 말이야. 그때는 그분을 안다는 것이 위험했기 때문에, 그분의 제자라는 것이 부끄러웠기 때문에, 고문이 무서웠기 때문에 그랬단 말이야. … 그분은 죽으러 가시는데, 나는,… 나는 목숨을 건지겠다는 생각을 했어. 그리고 목숨을 구하기 위해서 그분을 배척했어. 마치 죄지은 여자가 아이를 낳고 나서, 그 아이를 자기 곁에 두는 것이 위험하니까 알지 못하고 있는 남편이 돌아오기 전에 제 뱃속에서 나온 자식을 밀어내는 것처럼 말이야. 난 간음한 여자보다도 더 나빠… 더 나쁘고말고…."
　그가 크게 부르짖는 소리에 끌려 막달라 마리아가 들어온다. "그렇게 큰 소리로 말하지 마세요. 어머님이 들으세요. 어머님은 지금 몹시 피로하십니다! 기운이 하나도 없고, 무슨 일이든지 다 그분께 고통을 드려요. 베드로님의 쓸 데 없고 도를 지나친 부르짖음을 들으시면, 여러분이 어떻게 했는지를 생각하시고 다시 고민하시게 될 거예요…."
　"자 봐! 자 보라구, 요한! 한 여자가 내 입을 다물게 할 수 있단 말이야. 그런데 여자의 말이 옳아. 주님께 몸바친 우리 남자들은 그저 거짓말을 하거나 떠날 줄이나 알았는데, 여자들은 용감했거든. 자네는 하도 젊고 순결해서 여자보다도 좀 더하지, 그래서 남아 있을 수 있었지. 그런데 우리는, 우리 강한 남자들은 도망쳤단 말이야. 오! 세상 사람이 나를 얼마나 업신여기게 되겠어! 마리아, 말 좀 해봐요, 말 좀 해보라구요! 마리아 말이 맞아요! 거짓말을 한 이 입을 마리아의 발로 짓밟아요. 마리아의 샌들 바닥에 어쩌면 그분의 피가 조금 묻어 있을지 몰라요. 그런데 길의 진흙에 섞인 그 피만이 그분을 모른다고 한 이놈에게 용서를 좀, 평화를 좀 줄 수 있어요. 그렇지만 나는 세상 사람들이 업신여기는 것에 습관이 돼야 해요! 내가 뭣입니까? 뭣이냐구요? 말 좀 해줘요!"

"베드로님은 대단히 교만한 사람이세요" 하고 막달라 마리아가 침착하게 대답한다. "괴로워하는 사람? 그렇지요, 괴로워하는 사람이기도 하지요. 그렇지만 베드로님의 괴로움 열 몫 중에서 다섯 몫은 — 여섯 몫이라고 하면 기분을 상하게 할까 봐 이렇게 말하는 거예요 — 그러니까 다섯 몫은 업신여김을 받을 수 있는 사람이 된다는 고통에서 옵니다. 그렇지만 베드로님이 한탄만 하고, 완전히 어리석고 가냘픈 여자처럼 베드로님이 지금 있는 그런 상태에만 있다면 나는 정말 베드로님을 업신여겨야 할 겁니다. 지나간 일은 지나간 일입니다 도를 지나치게 부르짖는다고 그것이 보상되고 취소되지는 않아요. 그 부르짖음은 사람들의 주의를 끌 뿐이고, 받을 자격이 없는 동정을 구걸하는 일밖에 되지 않아요. 뉘우치는 것을 사나이답게 하세요. 울부짖지 마세요. 행동하세요. 저는 … 제가 어떤 여자였는지 아시지요. … 그렇지만 내가 토한 것보다도 더 비열한 인간이라는 것을 깨달았을 때, 심한 발작에 몸을 내맡기지 않았어요. 저는 행동했어요. 공공연하게 제게 대해 관대하지 않고, 관용을 청하지도 않구요. 세상 사람들이 저를 업신여겼습니까? 잘하는 일이었습니다. 저는 업신여김을 받아 마땅했으니까요. 세상 사람들은 '창녀의 새로운 변덕'이라고 말했습니까? 그리고 제가 예수님께 호소하는 것을 하느님을 모독하는 말이라고 불렀습니까? 그 사람들의 말이 옳았어요. 세상 사람들은 제 지난 날의 행실을 기억하고 있었는데, 그 행실이 그 모든 지적을 정당화하는 것이었습니다. 그런데 어떻게 됐어요? 세상 사람들이 이제는 죄녀 마리아가 없어졌다고 확신하게 됐어요. 제 행위로 세상사람들을 설득한 거예요. 베드로님도 그렇게 하세요. 그리고 입을 다무세요."

"마리아는 너무 가혹하군요" 하고 요한이 반대한다.

"다른 사람들보다는 나 자신에 대해서 더 가혹해요. 그렇지만 그렇다는 것은 인정해요. 나는 어머니의 손과 같이 가벼운 손을 가지고 있지 않으니까요. 어머님은 사랑이시지요. 그런데 나는… 오! 나는! 나는 내 관능을 내 의지의 채찍으로 꺾었어요. 그리고 더 그렇게 하겠어요. 요한은 내가 음탕 그 자체였던 것을 나 자신에게 용서한 줄 알아요? 그렇지 않아요. 그러나 그것을 나 자신에게만 말해요. 그리고 언제까지나 그 말을 나 자신에게 하겠어요. 나는 나 자신을 더 렵혀서 짓밟힌 마음밖에는 그분께 드리지 못한 데 대한 위로할 길없는 고통 속에서, 나 자신을 타락시킨 여자였다는 이 은밀한 회한으로 소멸해서 죽을 거예요. … 봐요. … 나는 향유만드는 데 다른 모든 여자들보다 애를 더 많이 썼어요. … 그리고 다른 여자들보다 더 용감하게 그분의 수의를 벗기겠어요. … 오! 하느님! 그분이 지금은 어떻게 되셨을까!(막달라 마리아는 그 생각만 해도 얼굴이 창백해진다.) 그리고 그분의 수없이 많은 상처 위에서 틀림없이 완전히 썩어버렸을 향유를 떼어내고 새 향유를 발라 드릴 거예요. … 다른 여자들은 소나기맞은 메꽃 같을 테니까 내가 그렇게 할 거예요. … 그렇지만 나는 그렇게도 많은 음탕한 애무를 한 손으로 그 일을 하고, 더럽혀진 내 육체로 그 거룩하신 분을 가까이하는 것이 한스러워요. … 나는… 나는 동정녀이신 어머님의 손과 같은 손으로 이 마지막 향유바르는 일을 하기가 소원이예요….”

마리아가 이제는 흐느끼지 않고 조용히 운다. 사람들이 우리에게 늘 보여주는 과장된 막달라 마리아와는 얼마나 다른 막달라 마리아인가! 그것은 마리아가 바리사이파 사람의 집에서 용서를 받던 날 흘린 것과 같은 조용한 눈물이었다.

"마리아는 여자들이… 겁을 낼 거라고 말하는 거요?" 하고 베드로가 묻는다.

"겁을 내는 게 아니라… 틀림없이 벌써 썩고… 붓고… 꺼멓게 된 그분의 시신을 보고는 틀림없이 정신이 혼란해질 거예요. 그리고 분명히 경비병들을 무서워할 겁니다."

"내가 같이 갈까요? 요한도 나하고 같이?"

"아! 그건 안 돼요! 우리가 모두 나가는 것은, 우리가 모두 저 위에 있었으니까 그분의 시신을 모신 곳 둘레에 우리가 모두 있는 것이 당연하기 때문이예요. 베드로님과 요한은 여기 남아 계세요. 어머님이 혼자 계실 수는 없어요!…"

"어머님은 안 가세요?"

"우리가 어머님은 오시지 못하게 할 거예요!"

"어머님은 그분이 부활하시리라고 확신하고 계시지요. …그럼 마리아는요?"

"저는 어머님 다음으로 제일 많이 믿는 여자예요. 저는 그렇게 될 수도 있다고 항상 믿었어요. 그분이 그렇게 말씀하셨는데, 그분은 절대로 거짓말을 안하시거든요. …그분은!… 오! 전에는 제가 그분을 예수님, 선생님, 구세주, 주님이라고 불렀는데… 지금은 그분이 하도 위대하시다고 느껴서 어떻게 부를지 모르겠고, 감히 어떤 이름을 붙여드리지 못하겠어요. …그분을 뵈면 무슨 말씀을 드릴는지요?…"

"아니, 마리아는 그분이 부활하시리라고 정말 믿고 있어요?…"

"또 그 소리! 오! 제가 믿는다는 말을 베드로님에게 하도 많이 하고, 또 베드로님이 믿지 않는다고 하는 말을 하도 들어서 저까지 믿지 않게 되고 말겠어요! 저는 믿었고, 지금도 믿고 있어요. 저는 믿었어요. 그래서 오래 전부터 그분의 옷을 마련했어요. 그것도 내일 입으시라고, 내일이 셋째날이니까, 다 된 옷을 이리 가져올 거예요…."

"하지만 그분이 썩어서 꺼멓고 보기 추하게 되셨을 거라고 말하면서?"

"추하게는 절대로 안 되십니다. 추한 건 죄악이예요. 그렇지만… 그렇고 말고요! 그분은 꺼멓게 되셨을 거예요. 그렇지만! 라자로 오빠는 벌써 썩지 않았었어요? 그런데도 오빠는 부활했고, 그 살이 나았어요. 정말이라니까요! … 믿지 않는 분들은 입을 다무세요! 제 안에서도 인간의 이성은 이렇게 말하고 있어요. '그분은 돌아가셨고 부활하시지 못할 것이다' 하고 말이예요. 그렇지만 제 정신은, 아니 제가 그분에게서 새 정신을 받았으니까 그분의 정신이지요, 그 정신은 외칩니다. 그리고 은나팔이 울리는 것 같아요. '그분은 부활하신다! 그분은 부활하신다! 그분은 부활하신다!' 하고. 왜 작은 배가 암초에 부딪치는 것처럼 베드로님의 의심으로 저를 치시는 겁니까? 저는 믿어요! 주님, 저는 믿습니다! 라자로 오빠는 가슴이 터지는 듯한 괴로움을 겪으면서도 선생님께 순종해서 베다니아에 남아 있었어요. … 데오필로의 아들 라자로라는 사람이 어떤 사람인지를, 겁많은 어린 들토끼 같은 사람이 아니라 용맹한 사람이라는 것을 아는 저는 선생님 곁에 있지 않고 보이지 않는 곳에 남아 있다는 오빠의 희생이 얼마나 큰 지를 헤아릴 수 있어요. 그렇지만 오빠는 순종했어요. 오빠는 무기를 들고 무장한 사람들에게서 그분을 빼앗은 것보다도 이렇게 순종하신 것이 더 영웅적이었어요. 저는 믿었어요, 그리고 지금도 믿어요. 그래서 여기 남아서 어머님과 같이 그분을 기다리고 있어요. 그렇지만 저를 가게 해주세요. 날이 밝아오는데, 발밑이 넉넉히 보이기만 하면 우리는 곧 무덤으로 갈 거예요…."

그러면서 막달라 마리아는 눈물이 범벅이 된 얼굴로, 그러나 여전히 꿋꿋하게 나간다. 막달라 마리아는 마리아가 계신 방으로 돌아온다.

"베드로가 어떻게 되었어?"

"신경의 발작을 일으켰어요. 그렇지만 이젠 끝났습니다."

"마리아, 무자비하게 굴지 말아요. 그 사람은 괴로워하고 있어요."

"저도 괴롭습니다. 그러나 어머니는 제가 어머니께 어루만져 주십사고 청하지도 않은 것을 아십니다. 그분은 벌써 어머니께 보살핌을 받으셨습니다. …이와 반대로 저는 어머님만이 위로를 받으실 필요가 있다고 생각합니다. 거룩하신 어머님, 사랑하는 어머님! 그렇지만 용기를 내세요. …내일은 셋째날입니다. 사랑에 빠진 우리 두 사람은 여기 이 안에 틀어박혀 있어요. 어머님은 사랑에 빠진 거룩하신 분이고, 저는 사랑에 빠진 보잘 것 없는 여자이구요. 그렇지만 저는 제 능력을 다해서, 제 자신을 전부 바쳐서 사랑합니다. 그리고 기다립시다. …저 사람들, 믿지 않는 저 사람들은 그들의 의심과 같이 옆방에 가둡시다. 그리고 여기에는 장미꽃을 듬뿍 갖다 놓겠어요. … 오늘 큰 궤를 가져오라고 하겠습니다. …저는 궁궐에 들러서 레위에게 명령을 하겠습니다. 이 소름끼치는 물건들은 멀리 집어치우구요! 부활하신 우리 그분은 이런 것들을 보셔서는 안 돼요. …장미꽃을 듬뿍… 그리고 어머님도 새 옷을 입으시구요. … 그분이 어머니의 이런 모습을 보시면 안 됩니다. 제가 어머니 머리를 빗겨 드리겠어요, 그리고 눈물로 흉하게 된 이 가엾은 얼굴을 씻어 드리겠어요. 영원한 어린이 같은 어머니께 제가 어머니 노릇을 해드리겠습니다. …저는 마침내 갓난 아기보다도 더 죄가 없는 어린아이를 어머니로서 보살펴 드리는 기쁨을 맛보게 될 것입니다! 사랑받는 어린이!" 그러면서 막달라 마리아는 넘쳐흐르는 애정으로 앉아 계신 마리아의 머리를 끌어다가 가슴에 꼭 껴안고, 입을 맞추고, 쓰다듬고, 가볍게 굽슬굽슬한 흐트러진 머리칼을 귀 뒤로 가다듬고, 자꾸자꾸 새로 내려오는 눈물을 자기의 옷자락으로 닦아 드린다.…

여자들이 등잔들과 항아리들과 부리가 넓은 그릇들을 가지고 들어온다. 알패오의 마리아는 무거운 약연(藥碾)을 들고 있다.

"밖에 그대로 있을 수가 없어요. 바람이 좀 있어서 등불이 꺼져요" 하고 알패오의 마리아가 설명한다.

그 여자들은 한쪽에 자리잡는다. 그들은 그들이 가져온 모든 용구(用具)를 좁지만 긴 탁자에 얹어놓은 다음, 벌써 향유가 많이 들어 있는 반죽을 약연 속에 넣고, 작은 주머니에서 한줌씩 꺼내는 흰 가루를 섞어서 그들의 향유에 마지막 손질을 한다. 그들은 힘차게 반죽해서 섞고, 부리가 넓은 그릇에 가득 채운다. 그 그릇을 방바닥에 내려놓고, 다른 그릇을 가지고 같은 일을 되풀이한다. 향료와 눈물이 수지(樹脂)에 떨어진다.

막달라 마리아는 이렇게 말한다. "이것이 제가 당신께 마련해 드릴 수 있기를 바라던 기름바르기는 아니었습니다." 사실 모든 여인들보다 더 능란한 막달라 마리아가 줄곧 향유의 배합을 조절하고 지도하였다. 그 향유가 어떻게나 독한지 여자들은 마침내 때마침 밝아오기 시작하는 정원으로 향한 문과 창문을 열기로 결정한다.

막달라 마리아가 작은 목소리로 그 말을 한 다음에는 여자들이 모두 더 크게 운다.

그들은 일을 끝냈다. 그릇들이 모두 가득 찼다.

여자들은 빈 항아리들과 이제는 쓸 데 없는 것이 된 약연과 등불 여러 개를 가지고 나간다. 작은 방에는 등잔이 둘만 남아 있는데, 흔들리기 때문에 그 등불들도 펄럭이는 불빛으로 흐느끼는 것 같다.…

여자들은 다시 들어와서, 새벽 공기가 좀 쌀쌀하기 때문에 창문을 다시 닫는다. 그들은 겉옷을 입고, 큰 자루들을 가져다가 그 속에 향유 그릇들을 넣는다.

마리아는 일어나서 당신 겉옷을 찾으신다. 그러나 모든 여자들이 그 둘레로 바짝 다가와서 오시지 말라고 권한다.

"마리아는 몸을 가누지 못해요. 음식을 전폐하고 물만 드는 것이 이틀째나 돼요."

"그래요, 어머니. 저희들이 빨리 잘 하겠습니다. 그리고 곧 돌아오겠어요."

"염려 마세요. 저희들은 그분의 시신에 왕의 시신을 방부처리하듯 향유를 발라 드릴 것입니다. 보세요, 저희가 얼마나 값진 향유를 합성했는지요! 그리고 얼마나 많이 준비했는지요!…"

"저희는 지체와 상처를 조심하고, 저희 손으로 그분을 도로 제자리에 놓아드리겠습니다. 저희는 힘이 세고 또 어머니들입니다. 저희는 그분을 어린아이를 요람에 누이듯 모실 것입니다. 그래서 다른 사람들은 그 곳을 닫기만 하면 될 것입니다."

그러나 마리아는 고집하신다. "그것은 내 의무요" 하고 말씀하신다. "내가 항상 그를 돌보았어요. 그가 내게서 멀리 떨어져 있을 때 다른 사람들이 그를 돌보게 양보한 것은 그가 세상의 것이 된 지난 3년뿐이었어요. 그러나 지금은 세상이 그를 배척하고 버렸으니, 다시 내 것이 되었고, 나는 다시 그의 종이 되었어요."

여자들의 눈에 띄지 않게 요한과 같이 문에 가까이 왔던 베드로는 이 말을 듣고 도망한다. 그는 자기의 죄를 한탄하기 위하여 눈에 안 띄는 어떤 구석으로 피해 간다. 요한은 문지방 근처에 그대로 있지만 아무 말도 하지 않는다. 도 가고 싶기는 하지만, 어머니 곁에 남아 있는 희생을 한다.

막달라 마리아는 마리아를 당신 자리로 다시 모셔 간다. 그리고 그 앞에 무릎을 꿇고, 무릎을 껴안고 사랑가득한 비통한 얼굴을 마리아에게로 쳐들고 그분께 약속한다. "그분은 당신의 영으로 모든 것을 아시고 보고 계십니다. 그렇지만 그분의 시신에는 제가 입맞춤을 하면서 어머니의 사랑과 어머니의 소원을 말씀드리겠습니다. 저는 사랑이 어떤 것인지를 압니다. 사랑한다는 것이 얼마나 심한 자극이고 얼마나 큰 갈망인지를 알고, 우리에게 사랑인 사람과 같이 있고 싶어하는 것이 얼마나 간절한 향수(鄕愁)인지를 알아요. 그리고 이것은 황금같이 보이지만 사실은 진흙인 치사스러운 사랑에도 있어요. 그런 다음 사람들이 사랑할 줄을 모른 살아 계신 자비에 대한 거룩한 사랑이 어떤 것인지를 죄녀가 알 수 있게 되면, 그 때에는 어머님의 사랑이 어떤 것인지를 더 잘 이해할 수 있습니다. 그리고 저기 우리 잔잔한 호숫가에서 제가 참으로 태어나던 날 저녁, 그분이 마리아는 많이 사랑할 줄 안다고 말씀하신 것을 어머니도 아시지요. 그런데 이 넘쳐흐를 듯한 사랑인 제 사랑은, 마치 기울어진 대야에서 넘쳐흐르는 물과 같이, 담 위로 넘어가는 꽃핀 장미나무와 같이, 땔감을 만나 불이 붙어 더 높게 올라가는 불꽃과 같이, 그분께로 완전히 흘러 들어가서, 사랑이신 그분에게서 새로운 힘을 얻었습니다. … 오! 왜 제 사랑하는 힘이 그분 대신 십자가에 못박히지 못했을까요! … 그렇지만 그분을 위해서 하지 못한 것을 — 즉 그분 대신 고통당하는 것을 기뻐하고, 기뻐하고, 또 기뻐하면서 모든 사람의 멸시를 받으며 그분 대신 고통을 당하고 피를 흘리고 죽는 것, 그런데 제 생명의 흐름은 불명예스러운 십자가보다는 오히려 열광적인 사랑으로 인해 멎었을 것이고, 그 잿속에서는 하느님이 아닌 것은 아무 것도 모르는 새롭고 깨끗하고 더럽혀지지 않은 생명의 새롭고 순박한 꽃이 나왔을 것이라고 확신합니다 — 이렇게 그분을 위해서 하지 못한 모든 것을 어머님을 위해서는 아직 할 수 있습니다. … 제가 진심으로 사랑하는 어머님을 위해서. 저를 믿으세요. 바리사이파 사람 시몬의 집에서 그분의 거룩하신 발을 그렇게도 부드럽게 어루만질 줄 알았던 제가 이제는 점점 더 은총을 받아들이는 제 영혼으로 한층 더 부드럽게 그분의 거룩하신 지체를 어루만지고, 그분의 상처를 다루고, 향유보다는 오히려 사랑과 고통의 힘으로 제 마음에서 끌어내는 향유를 더 발라드릴 수 있을 것입니다. 그리고 죽음은 그렇게도 많은 사랑을 주시고 그렇게도 많은 사랑을 받으신 그 육체를 상하게 하지는 못할 것입니다. 사랑이 죽음보다 더 강하니까 죽음이 도망칠 것입니다. 사랑을 이길 수 있는 것은 아무 것도 없어요. 그래서 저는 어머니의 완전한 사랑과 제 온전한 사랑을 가지고 제 사랑의 왕께 사랑으로 향유를 발라 드리겠습니다."

마리아는 그다지도 많은 열정을 받을 만한 분을 마침내 찾아낼 수 있은 이 정열적인 여자를 껴안으시면서 그의 간청을 들어주신다.

여인들은 등불 하나를 가지고 나간다. 방안에는 등불이 하나밖에 남아 있지 않다. 막달라 마리아는 남아 계시는 마리아께 마지막 입맞춤을 하고 맨 마지막으로 나간다.

집은 아주 깜깜하고 조용하다. 길은 아직 어둡고 쓸쓸하다.

요한은 이렇게 묻는다. "정말 제가 필요없습니까?"

"아니, 요한은 여기서 할 일이 있을지도 몰라. 갔다 올께."

요한은 마리아가 계신 곳으로 돌아온다. "저는 오지 말라고 했어요…" 하고 조용히 말한다.

"원통해 하지 말아라. 그 여자들은 예수의 사람들이지 네 사람들이 아니다. 요한아, 기도를 좀 하자. 베드로는 어디 있느냐?"

"모르겠습니다. 집 안에 있기는 한데, 보이지가 않아요. 그 사람… 저는 그 사람이 더 강한 줄로 생각했었습니다. … 저도 괴로워요, 그렇지만 그 사람은 …."

"그 사람은 두 가지 괴로움을 가지고 있다. 너는 한 가지뿐이고. 오너라, 그를 위해서도 기도하자."

그리고 마리아는 천천히 "주기도문"을 외신다. 그런 다음 요한을 어루만지시면서 말씀하신다. "가서 베드로를 찾아오너라. 혼자 내버려두지 말고. 요 몇 시간 동안 베드로는 하도 어둠 속에 있었기 때문에 세상의 희미한 빛도 감당하지 못한다. 길잃은 네 형제의 사도가 되어라. 네 전도를 그에게부터 시작해라. 네가 갈 길은 멀 터인데, 그 길에서 베드로와 비슷한 사람들을 항상 만나게 될 것이다. 네 일을 동료에게 우선 시작해라…."

"그렇지만 뭐라고 말해야 합니까… 저는 모르겠습니다. … 걸핏하면 울거든요…."

"예수의 사랑의 계명을 그에게 말해라. 두려워만 하는 사람은 하느님을 아직 넉넉히 알지 못하는 것이라고 하느님은 사랑이시기 때문이라고 말해 주어라. 그리고 만일 그가 "나는 죄를 지었어" 하고 말하면, 하느님께서는 죄인들을 너무 사랑하신 나머지 죄인들을 위해 당신의 외아들을 보내기까지 하셨다고 대답해라. 이렇게 많은 사랑에는 사랑으로 보답해야 한다고 말해라. 그리고 사랑은 지극히 인자하신 주님께 대한 신뢰를 준다. 이 신뢰로 인해서 우리는 하느님의 심판을 두려워하지 않게 된다. 이 신뢰를 가지고 우리는 하느님의 지혜와 인자를 알아보고 이렇게 말하기 때문이다. '나는 보잘 것 없는 인간이지만 하느님께서는 그것을 아시고, 그리스도를 용서의 보증과 지주(支柱)로 주신다. 내 비참은 그리스도와의 일치로 극복된다'고. 예수의 이름으로 모든 것이 용서를 받는 것이다. … 요한아, 가서 이 말을 해주어라. 나는 내 예수와 같이 여기 그대로 있겠다…." 그러면서 마리아는 거룩한 성면(聖面)수건을 쓰다듬으신다.

요한은 나가면서 문을 닫는다.

마리아는 전날 저녁과 같이 무릎을 꿇고 베로니카의 수건에 박힌 얼굴에 얼굴을 갖다 대고 기도를 하시며 아들과 말씀을 하신다. 다른 사람들에게 힘을 주기 위하여는 강하시지만, 혼자 계실 때는 몹시 힘든 당신 십자가에 찍어눌리신다. 그러나 이따금씩, 이제는 말을 씌워 꺼지지 않게 된 불꽃과 같이 마리아의 영혼은 당신 안에서는 이제 죽을 수가 없게 되고 오히려 시간이 흐르는 데 따라 점점 커지는 바람(소망)을 향하여 올라간다. 그래서 마리아는 아버지께 당신의 바람을 말씀하시기로 한다. 당신의 바람과 청원을.

2. 부활날 새벽. 마리아의 비탄과 기도

나는 하루 종일 못박히신 예수와 십자가 아래 계신 마리아와 요한의 환상을 본다.

오늘 아침 성체를 모실 때, 나는 실물과 같은 제대 앞에 있는 것 같았다. 그분들이 거기 계시면서 그분들의 초자연적인 사랑의 눈길로 나를 바라보고 계셨기 때문이다. 이렇게 한 영성체가 어떤 것인지는 묘사할 수가 없는 것이다.

그뒤 저녁 때쯤에 내 안에서 이 말이 들리기 시작하였다. "이것은 제가 당신께 마련해 드려야 하기를 바랐던 기름바르기는 아니었습니다." 여자의 목소리로, 옹골차고 열정적인 콘트랄토(최저 여성음)의 목소리로, 정열적인 목소리로 하는 말이었다. 이것은 마리아의 젊고 깨끗하고 순결한 소프라노의 부드러운 목소리가 아니다.

나는 이 말을 하는 사람이 새로운 사람이라고 생각하지만, 환상이 나타나기까지는 이름이 무엇인지 어떤 얼굴인지 알 수가 없다.

마리아가 손님으로 들어 계신 집에서 울고 계시는 방이 다시 보인다. 쇠약해지고, 기진맥진하고, 끊임없이 흘리시는 눈물로 흉하게 된 얼굴로 아직 거기 당신 의자에 앉아 계시다.

여자들도 거기 있는데, 희미한 기름등잔 불빛에 여러 항아리에서 향료를 꺼내 약연에 넣고 섞어서 향유를 마련하고, 손가락을 넣어서 향유를 쉽게 꺼낼 수 있는 아가리가 넓은 그릇들에 다시 담는다.

여자들은 울면서 일한다. 그리고 눈물로 인하여 화상을 입은 것처럼 얼룩이진 얼굴을 하고 있는 막달라 마리아가 이 말을 하는데, 이 말을 듣고 여자들은 모두 크게 운다.

그런 다음 모든 마련을 다 끝내자 여자들은 어깨걸이 또는 망또를 걸친다. 마리아도 일어나신다. 그러나 여자들은 그분을 둘러싸고 오시지 말라고 설득한다. 하도 타박상을 많이 입으셨기 때문에 사흘째 되는 날 새벽에는 틀림없이 부패하여 시꺼멓게 되셨을 그분의 아들을 다시 보여드리는 것은 너무 잔인한 일일 것이다. 게다가 마리아는 너무 기진맥진해서 걸으실 수도 없다. 그저 울고 기도만 하셨고, 음식을 도무지 들지 않으시고, 도무지 쉬지도 않으셨다. 그러니 그대로 조용히 계시고 그 여자들에게 맡기시라는 것이다. 여자들은 매장의 마지막 준비로써 요구되는 모든 처치를 그 거룩한 시신에 함으로써, 제자로서의 그들의 사랑으로 어머니의 몫을 하겠다는 것이다.
 마리아는 양보하신다. 막달라 마리아는 그가 늘 하는 자세로 마리아 앞의 발꿈치에 몸을 괴고 꿇어앉아서 그분의 무릎을 껴안고, 눈물로 얼룩진 얼굴로 쳐다보며, 그가 시신에 다시 향유를 바르는 동안 예수께 어머니의 온 사랑을 말씀 드리겠다고 약속한다. 막달라 마리아는 사랑이 무엇인지를 안다. 막달라 마리아는 치사스러운 사랑에서 사람들이 죽인 살아 계신 자비에 대한 사랑으로 옮겨 왔다. 그래서 사랑할 줄을 안다. 예수께서는 막달라 마리아가 새 생명을 얻는 아침이었던 그날 저녁에 막달라 마리아가 많이 사랑할 줄 안다는 그 말씀을 그에게 하셨다. 어머니는 그를 믿으신다. 그때에 예수의 발을 어루만질 줄을 알았던 구제된 여자인 막달라 마리아는 이제 향유보다는 오히려 그의 사랑으로 상처를 하도 부드럽게 어루만지고 향유를 바를 줄 알아서, 그렇게도 많은 사랑을 주시고 그렇게도 많은 사랑을 받으신 그 육체를 죽음이 손상시키지 못하게 할 것이다.
 막달라 마리아의 목소리에는 정열이 가득 차 있다. 그 목소리는 마치 파이프 오르간을 둘러싼 벨벳 같다. 그만큼 그의 목소리는 열렬하고 정열적인 음색으로 부드러워진 파이프 오르간의 소리와도 같다. 그 목소리에서는 전율하는 마음이 느껴진다. 몸을 떨 줄을 알았던 마음이, 전율하고 사랑해야 하였던 마음이, 그리고 예수께서 그를 구원해 주신 지금은 하느님의 사랑을 위하여 몸을 떨 줄 알고 사랑할 줄을 아는 마음이 느껴진다. 나는 이 여자의 영혼을 나타내는 이 여자의 목소리를 잊지 않겠다. 그 목소리를 나는 다시는 잊지 못할 것이다.
 여자들은 등불 하나를 가지고 나간다. 집은 어둠 속에 묻혀 있고, 길도 어둡다. 동쪽 저 끝에 겨우 빛의 흔적이 보일 뿐이다. 4월의 신선하고 깨끗한 아침 빛이다. 길은 조용하고 쓸쓸하다. 여자들은 겉옷을 꼭 여민 채 말없이 예수의 무덤을 향하여 간다.

 나는 그 여자들과 같이 가지 않고, 마리아께로 돌아온다. 예수께서 나를 마리아께로 돌아오게 하신다.

 혼자 계신 지금, 마리아는 베로니카의 수건을 마주 보고 무릎을 꿇고 다시 기도하기 시작하셨다. 베로니카의 수건은 겹친 선반 옆쪽에 관포(棺布)와 못으로 고정되어 있다. 마리아는 아들에게 기도하시고 말씀하신다. 마리아는 여전히 불안스럽게 하는 희망에 섞여 있는 같은 고통을 당하고 계시다.
 "예수야, 예수야! 아직 돌아오지 않느냐? 네가 죽은 채로 저기 있다는 것을 아는 네 가엾은 어미는 이제 더 지탱할 수는 없구나. 너는 그 말을 했지만 아무도 네 말을 알아듣지 못했다. 그러나 나는 네 말을 알아들었다. '이 하느님의 성전을 허무시오, 내가 그것을 사흘 동안에 다시 지어놓겠소.' 오늘이 사흘째 되는 날 새벽이다. 오! 내 예수야! 이 날이 다 가기를 기다리지 말고 생명으로 돌아오고, 죽은 너를 다시 보는 것으로 해서 죽지 않으려면 살아 있는 너를 볼 필요가 있는 어미에게로 돌아오너라. 너를 남겨놓고 온 그 상태를 회상하는 것으로 죽지 않기 위해서는 아름답고 건강하게 개선하는 너를 볼 필요가 있는 네 어미에게로 돌아오너라!

오! 아버지! 아버지! 제 아들을 돌려 주십시오! 이제는 시체가 아니고 다시 사람이 된 아들을, 사형선고를 받은 아들이 아니라 왕이 된 아들을 보게 해 주십시오. 그 다음에는 제 아들이 하늘에 계신 당신께로 돌아가리라는 것을 저도 압니다. 그러나 그전에 그렇게도 많은 아픔을 떨쳐버린 아들을 볼 것이고, 그렇게도 무기력하던 아들이 강하게 된 것을 볼 것이고, 그렇게도 많은 싸움을 한 다음에 개선하는 아들을 볼 것이며, 사람들을 위하여 그렇게도 많은 고통을 당한 인간성을 겪은 후에 하느님으로서의 그를 볼 것입니다. 그리고 그를 가까이에 두는 기쁨을 잃으면서도 저는 행복을 느낄 것입니다. 저는 제 아들이 거룩하신 아버지이신 당신과 같이 있는 것을 알 것이고, 영원히 고통을 당하지 않게 되었음을 알 것입니다. 그러나 지금은 반대로 제 아들이 무덤에 있다는 것을, 그 사람들이 그에게 가한 그 많은 고통으로 거기 죽어 있다는 것을, 제 아들이요 하느님이신 그가, 당신의 살아 있는 아들인 그가 어두운 무덤 속에서 사람들과 운명을 같이하고 있다는 것을 잊을 수 없습니다. 정말 잊지 못하겠습니다.

아버지, 아버지, 당신 여종의 청을 들어 주십시오. "예"… 하고 대답한 그 말 때문에… 저는 당신 뜻에 순종했다고 해서 아무 것도 결코 청하지 않았습니다. 그것은 당신의 뜻이었고, 당신의 뜻은 제 뜻이었습니다. 거룩하신 아버지이신 당신께 제 뜻을 희생으로 바쳤다고 해서 저는 당신께 아무 것도 요구해선 안 되는 것이었습니다. 그러나 지금은, 그러나 이제는, 당신의 사자(使者)인 천사에게 말한 '예'라는 그 말 때문에, 아버지, 제 청을 들어주십시오!

제 아들은 아침나절에 학대를 당한 후에 세 시간 동안의 임종의 고통으로 모든 것을 완수했으니까 이제는 고통을 당하지 않게 되었습니다. 그러나 저는 사흘째 이 고뇌를 겪고 있습니다. 제 심장을 보시고, 그 심장의 고통을 들으시지요. 우리 예수가 이런 말을 했습니다. 새가 당신이 보지 못하시는 사이에 깃을 하나라도 잃지 않고, 들에 있는 꽃 한 송이도 당신이 그 죽음의 고통을 해와 이슬로 위로해 주시지 않은 채 죽지는 않는다고요. 오! 아버지, 저는 이 고통으로 죽습니다. 당신이 새로운 깃을 나게 하시는 저 참새와 같이, 당신의 연민으로 따뜻하게 해 주시고 목을 축여 주시는 저 꽃과 같이 저를 다루어 주십시오. 저는 고통으로 얼어 죽습니다. 제 핏줄에는 피가 말랐습니다. 옛날에는 피가 모두 젖이 되어 당신의 아들이요 제 아들인 예수를 키웠습니다. 그러나 지금은 제가 아들을 잃었기 때문에 피가 모두 눈물이 되었습니다. 아버지, 그 사람들은 제 아들을 죽였습니다, 죽였어요. 얼마나 참혹하게 죽였는지 아시지요!

제게는 이제 피가 없습니다. 목요일 밤과 비통한 금요일에 제 피를 아들과 함께 흘렸습니다. 저는 피가 전부 빠져나간 사람처럼 춥습니다. 제 거룩한 태양, 제 축복받은 태양, 엄마의 기쁨과 세상의 구원을 위하여 제 몸에서 나온 태양인 제 아들이 죽었기 때문에, 제게는 이제 태양도 없어졌습니다. 제게는 이제 시원하게 해 주는 물도 없습니다. 그것은 그의 말을 마시다시피 하고, 그가 있는 것으로 목을 축이다시피 한 어미에게는 샘물 중에서 가장 맛있는 샘물이던 아들이 이제는 없어졌기 때문입니다. 저는 메마른 모래에 꽂혀 있는 꽃과 같습니다. 거룩하신 아버지, 저는 죽습니다, 죽어요. 그런데 제 아들도 죽었기 때문에 저는 죽는 것이 두렵지 않습니다. 그러나 저 어린 것들, 몹시 약하고, 몹시 겁많고, 마음이 대단히 잘 변하는 제 아들의 저 작은 양떼가 그들을 부축해 주는 사람이 없으면, 어떻게 되겠습니까?

아버지, 저는 아무 것도 아닙니다. 그러나 제 아들의 희망을 위하여는 한떼의 무장한 장정과도 같습니다. 저는 어미늑대가 새끼늑대들을 보호하듯이, 제 아들의 가르침과 그의 유산을 지키고 있고 장차도 지키겠습니다. 어린 양과 같은 제가 제 아들의 것, 따라서 당신의 것을 지키기 위하여는 어미늑대같이 되겠습니다.

아버지, 보셨지요. 일주일 전에 이 도시에서는 올리브나무 가지들을 꺾고, 집안과 정원에 있는 것을 전부 걷고, 사람들의 옷을 벗겼고, '호산나! 다윗의 자손! 주의 이름으로 오시는 이여, 찬미받으소서' 하고 하도 소리를 질러서 목이 쉬었었습니다. 그리고 제 아들이 나뭇가지와 옷과 옷감과 꽃이 깔린 길로 지나갈 때에 주민들은 서로 그를 가리키며 '저분이 갈릴래아 나자렛의 예언자 예수야. 저분이 이스라엘의 왕이야' 하고 말했습니다. 그런데 그 나뭇가지들이 아직 마르지 않고, 호산나를 너무 외쳐서 목소리가 아직 쉰 채로 있는데, 그들은 그들의 외침을 비난과 저주와 사형 청원으로 바꾸었고, 개선을 축하하려고 꺾었던 나뭇가지를 가지고 곤봉을 만들어 죽이려고 데리고 가던 당신의 어린 양을 때렸습니다.

제 아들이 그들 가운데 있으면서 그들에게 말을 하고 미소를 보내고, 마음을 누그러뜨리고 돌까지도 바라다보면 떨게 하는 그런 눈으로 그들을 보고, 그들에게 축복하고 그들을 가르치고 하는 동안에도 그렇게도 심하게 굴었으니, 그가 당신께로 돌아간 다음에는 어떻게 하겠습니까.

그의 제자들을 보셨지요. 한 사람은 배반하고, 다른 사람들은 도망했습니다. 그가 타격을 입는 것만으로도 그들은 마치 비열한 무리처럼 달아났고, 그가 죽는 동안 돌보아줄 줄을 몰랐습니다. 오직 한 사람, 제일 나이어린 한 사람만이 남아 있었습니다. 이제는 제일 나이많은 사람이 왔습니다만, 그 사람도 이미 한번 제 아들을 모른다고 했습니다. 예수가 여기 있어서 그를 지켜 주지 않게 되면 그 사람이 믿음을 그대로 가지고 있겠습니까?

저는 아무 것도 아닙니다. 그러나 제 아들의 것이 조금 제게 남아 있고, 제 사랑이 제게 부족한 것을 메워 주고 없애 줍니다. 이렇게 해서 저는 당신 아들의 입장과 결코 평화를 얻지 못할 그의 교회에 유익한 무엇이 되었습니다. 교회는 바람에 뽑히지 않기 위해서 뿌리를 깊게 뻗을 필요가 있습니다. 저는 교회를 돌보는 사람이 되겠습니다. 저는 부지런한 정원사같이 교회가 그 초창기에 곧고 강하게 크고 자라게 돌보겠습니다. 그런 다음에는 죽는 것을 걱정하지 않겠습니다. 그러나 예수없이 더 오래 이대로 있으면 살 수가 없습니다.

오! 사람들의 이익을 위해 아들을 버리셨다가 나중에는 그가 죽은 다음 분명히 당신 품안에 받아들이심으로 그를 위로해 주신 아버지, 저를 더 오래 버려두지 마십시오. 저는 그 버림받음을 사람들의 이익을 위하여 참아받고 바칩니다. 그러나 아버지, 이제는 저를 위로해 주십시오. 아버지, 불쌍히 여겨 주십시오. 아들아, 불쌍히 여겨다오, 성령이여, 불쌍히 여겨 주시고, 당신의 동정녀를 기억하십시오!"

그런 다음 방바닥에 꿇어엎드려, 마리아는 마음으로 하시는 것 이외에 몸짓으로도 기도를 드리시는 것 같다. 그분은 정말 축 늘어진 보잘 것 없는 물건과 같으시다. 그분이 조금 전에 말씀한 목이 말라 죽은 그 꽃과 같으시다. 마리아는 짧기는 하지만 세찬 지진의 진동조차도 알아차리지 못하신다. 그 지진으로 인하여 집주인 남자와 여자는 부르짖으며 도망하고, 그동안 베드로와 요한은 죽은 사람같이 창백해져서 방의 문지방까지 간신히 온다. 그러나 마리아가 하느님이 아닌 모든 것에서 멀리 떨어져 이렇게 기도에 열중해 계신 것을 보고는 문을 닫고 물러나며 질겁을 해서 최후의 만찬실로 돌아간다.

3. 부   활

나는 그리스도의 기쁘고 힘찬 부활을 다시 본다.

동산은 아주 고요하고 이슬이 반짝일 뿐이다. 위에는 온밤 동안 세상을 지켜

준 별들이 총총 박힌 검푸른 빛깔을 벗은 다음 점점 더 엷은 사파이어 빛깔이 되는 하늘이 있다. 새벽은 마치 밀물이 자꾸 높이 올라오면서 우중충한 바닷가를 덮고, 젖은 모래의 검정회색을 바닷물의 파란 빛으로 바꾸어놓는 동안에 물이 하는 것과 같이, 아직 어두컴컴한 천공권(圈)을 동쪽에서 서쪽으로 밀어낸다.

 어떤 별은 아직 죽기가 싫어서 새벽의 연초록색 빛의 흐름 밑에서, 마치 좀 떨어져 있는 작은 언덕을 뒤덮고 있는 올리브나무들의 마비된 잎들처럼 회색이 약간 섞인 젖빛깔나는 흰빛깔의 점점 더 약해져 가는 눈길을 보내고 있다. 그러다가 마치 물 속에 잠기는 땅과 같이 새벽 빛의 물 속에 잠겨 파선하고 만다. 그런 다음 또 하나가 사라지고… 그리고 또 하나… 또 하나, 또 하나가 사라진다. 하늘은 그의 별들의 무리를 잃고, 다만 저기 서쪽 끝에 셋, 그러다가는 둘, 그 다음에는 하나만이 남아서 떠오르는 새벽이라는 이 날마다 되풀이되는 경이를 바라본다.

 그러다가 장미빛 그물이 동쪽 하늘의 터키옥(玉)색 비단에 줄을 하나 그어놓자, 숨결 같은 바람이 나뭇잎들과 풀 위를 지나가면서 "잠을 깨라, 날이 또 밝았다" 하고 말한다. 그러나 바람은 풀과 나뭇잎들 밖에는 깨우지 못한다. 풀과 나뭇잎들은 금강석 같은 이슬 밑에서 몸을 떨고, 떨어지는 이슬방울이 내는 아르페지오(arpeggio)를 곁들인 작은 소리를 낸다.

 자기 나라에 있는 영주처럼 지배하는 것같이 보이는 키가 큰 실편백(扁柏)의 우거진 가지에서는 새들이 아직 잠을 깨지 않고, 북풍을 막아 주는 월계수 울타리의 이리저리 얽힌 가지들 사이에서도 새들이 아직 잠을 깨지 않는다.

 경비병들은 지루해지고, 추위로 움츠러들고 졸음이 오고 해서 여러 가지 자세로 무덤을 지키고 있는데, 무덤의 돌문은 마치 버팀벽이나 되는 것처럼 가장자리에 석회를 두껍게 발라 보강하였고, 그 불투명한 흰 빛깔 위에는 갓바른 석회에 직접 다른 도장들과 함께 성전의 관인(官印)이 찍힌 넓은 장미꽃 장식 모양의 붉은 초가 눈에 띈다.

 땅바닥에 재와 아직 꺼지지 않은 감부기불이 있는 것을 보니 경비경들이 불을 피웠던 모양이고, 또 음식 찌꺼기와 분명한 양의 잔뼈들이 땅바닥에 흩어져 있는 것으로 보아, 놀음을 하고 음식도 먹은 모양이다. 양의 잔뼈들은 우리네 도미노 놀이나 우리네 어린이들의 구슬놀이같이 오솔길에 원시적인 말판을 그려놓고 하는 어떤 놀이에 쓰였을 것 분명하다. 그런 다음 그들은 지쳐서 모든 것을 버려둔 채로 자거나 지키거나 하는 데 다소간 편한 자세를 취하였었다.

 이제는 동쪽의 맑은 하늘에 새빨간 구역이 점점 더 커지고, 그러면서도 아직 햇살은 보이지 않는 하늘에 알지 못하는 깊은 곳에서 빛나는 별똥별이 하나 오는데, 감당할 수 없을 정도로 빛나는 불덩어리이며, 그 뒤에는 번쩍거리는 후류(後流)가 뒤따르는데, 이것은 어쩌면 우리 망막(網膜)에 남아 있는 그 별똥별의 광채의 잔상(殘像)인지도 모르겠다. 그 별똥별이 땅을 향하여 전속력으로 내려오는데, 어떻게나 강렬하고 환상적이고 무서울 정도로 아름다운지 새벽의 장미빛이 이 백열하는 흰빛에 가려 사라지고 만다.

경비병들은 놀라서 고개를 쳐든다. 빛과 더불어 온 우주를 채우는 힘차고, 듣기 좋고, 장엄한 우르릉 소리가 들려오기 때문이다. 그 우르릉거리는 소리는 저 먼 천국에서 온다. 그것은 영광스러운 그리스도의 육체로 돌아오시는 그분의 영을 따라오는 알렐루야이고, 천사들의 찬양노래이다.

별똥별은 무덤의 쓸 데 없이 잠그는 장치에 부딪혀 그것을 떼어내 땅에 내동댕이 치고, 주님의 영이 이 세상을 빠져나가면서 일으켰던 것과 같이 우주의 주재자가 땅에 돌아오시면서 새로운 지진을 일으킴으로써 당신을 지키는 간수처럼 배치된 경비병들을 공포와 요란한 소리로 전율하게 하신다. 별똥별은 어두운 무덤 속으로 들어가 형용할 수 없는 빛으로 무덤 안을 비추고 움직이지 않는 공중에 매달려 있는 동안 주님의 영은 붕대에 감겨 움직이지 않고 있는 시신 안으로 다시 들어가신다.

이 모든 것이 일분 동안이 아니라 일분의 몇 분의 일 동안에 이루어졌다. 그만큼 하느님의 빛이 나타나고 내려오고 스며들고 하는 것이 빨랐다….

하느님의 영이 그의 육체에 대하여 "나는 원한다" 하는 말씀은 소리가 나지 않는다. 소리는 본질(本質)에 의하여 움직이지 않는 질료(質料)에 전달되었고, 사람의 귀에는 아무 말도 들리지 않았다.

육체는 그 명령을 받고 긴 한숨을 쉬면서 명령에 복종한다….

몇 분 동안은 아무 다른 낌새가 없다.

수의 밑에서는 영광스러운 육체가 다시 꾸며져서 영원한 아름다움을 지니고 죽음의 잠에서 깨어나고, 그가 있던 "무(無)"에서 돌아오며, 죽었다가 다시 산다.

분명히 심장이 깨어나서 첫번째 고동을 일으키고, 정맥 속으로 남아 있는 피를 밀어넣고, 빈 동맥과 움직이지 않는 허파와 희미한 뇌에 필요한 양의 피를 전부 단번에 만들어 넣어 체온과 건강과 힘과 사고를 다시 가져다 준다.

또 조금 있다가, 무거운 수의 밑에서 갑작스런 움직임이 일어난다. 포개져 있던 손을 움직이시는 순간부터 물질이 아닌 재료로 지은 옷을 입으시고 위엄있고 찬란하게, 그분은 그분인데도 변화시키고 높이 올려주는 장중함으로 인하여 초자연적으로 아름답고 당당한 모습으로 서서 나타나시는 그 순간까지 분명히 움직임이 갑작스러워서, 눈이 그 전개를 지켜볼 여유가 있을까 말까 할 정도이다.

그리고 지금은 눈이 그분을 감탄하며 쳐다본다. 생각이 회상시켜 주는 형체와는 너무도 다른, 상처도 없고 피도 없고, 다만 다섯 상처에서 쏟아져 나오고 그분의 모든 피부에서 나오는 빛으로 눈부시게만 되신 그분을 감탄하며 쳐다 본다.

예수께서는 첫걸음을 떼어놓으신다. 그분이 움직이실 때 손과 발에서 솟아 나오는 빛살이 그분을 칼날과 같은 빛으로 둘러싼다. 지금은 피를 흘리게 하지 않고 광채만을 내는 가시관의 수없이 많은 상처로 이루어진 면류관이 얹혀 있는 머리에서부터, 가슴 위에 십자 모양으로 포개셨던 팔을 벌려서 심장 높이에서 태양과 같은 광채를 내며 옷에서 스며나오는 대단히 강렬한 광채를 내는 부위를 드러내실 때, 그 옷자락에 이르기까지. 그 때에는 정말 "빛"이 형체를 취하였다. 그것은 이 세상의 초라한 빛이 아니고, 별들의 초라한 빛이 아니며, 태양의 초라한 빛이 아니다. 그것은 하느님의 빛이다. 오직 한분에게 집합될 것이며 그분의 눈동자에는 상상도 할 수 없는 파란 빛깔을 주고, 머리칼에는 타오르는 듯한 금빛깔을 주며, 그분의 옷과 얼굴빛에는 천사와 같은 천진난만함만을 주는 천국의 온갖 찬란함이다. 그것은 지극히 거룩하신 삼위일체의 인간의 말로는 묘사할 수 없는 탁월한 열기를 이루는 모든 것으로서 천국에 있는 모든 불을 당신 안에 흡수하심으로써 당신의 강렬한 능력으로 철회하셨다가 영원한 시간의 각 순간마다 하늘의 중심이신 심장에 다시 낳아 주신다. 이 심장은 그의 피, 그의 무형의 피의 무수한 핏방울, 즉 성인들과 천사들을 끌어당기고, 퍼뜨리며, 천국을 이루는 모든 것, 즉 하느님의 사랑과 하느님께 대한 사랑, 부활하신 그리스도이시고 그분을 형성하는 빛을 이루는 모든 것을 끌어당기고 퍼뜨리고 한다.

그분이 움직여 출구 쪽으로 나오시고, 눈이 그분의 찬란한 뒷쪽을 볼 수 있게 되었을 때, 매우 아름답기는 하지만 태양에 비하면 별과 같은 빛이 둘 내 눈에 나타났다. 하나는 무덤 어귀 이쪽, 하나는 저쪽에 나타나 당신의 빛에 둘러싸여 미소를 축복하시며 지나가시는 그들의 하느님께 대한 예배로 꿇어엎드려 있다. 예수께서는 을씨년스러운 굴을 버리고 나오셔서 다시 땅을 밟으신다. 땅은 기쁨으로 인하여 깨어나서 이슬과 풀과 장미나무들의 빛깔로, 와서 입을 맞추는 떠오르는 해와 그 밑으로 지나가시는 영원한 태양을 향하여 기적으로 피어나는 사과나무의 수많은 꽃부리로 찬란히 빛난다.

경비병들은 거기 기절해 있다. … 우주의 순수한 힘들인 꽃과 풀과 새들은 당신 자신의 빛의 후광과 태양빛의 후광 속에서 지나가시는 능하신 분을 감탄하고 숭배하는데, 인간의 타락한 힘은 하느님을 보지 못한다.

그분의 미소와 눈길은 꽃과 잔가지들 위에 멎고, 파란 하늘을 향하여 올라가니, 모든 것은 더 아름다워진다. 그리고 승리자의 머리 위에 꽃이 핀 망사를 이루고 있는 수백만 개의 꽃잎은 더 부드럽고 색채가 다양하다. 또 그분의 빛나는 눈에 반사되는 하늘은 더 파랗고, 여기저기 정원에서 빼앗아 온 향기와 부드러운 꽃잎의 애무로 그의 왕에 입맞춤을 하러 오는 가벼운 바람에 실려가는 작은 구름 한 덩어리를 즐겁게 그려놓는 태양은 더 찬란하다.

예수께서는 손을 들어 강복하시고 나서 새들이 더 크게 노래하고 바람이 여러 가지 향기를 실어오는데, 내 눈에서 사라지시면서, 슬픔과 고통과 내일에 대한 망설임의 가장 사소한 기억까지도 지워버리는 기쁨 속에 나를 남겨놓으신다.

4. 예수 어머니께 나타나시다

마리아가 이제는 얼굴을 방바닥에 대고 꿇어 엎드려 계시다. 그분이 말씀하신 목말라 죽은 그 꽃과도 같다.

닫혀 있던 창문과 그 육중한 덧문이 세차게 부딪치는 소리와 더불어 열리고, 태양의 아침 햇살과 더불어 예수께서 들어오신다.

요란한 소리에 몸을 흔들고, 무슨 바람에 덧문이 열렸는가 하고 보려고 고개를 쳐들다가 빛나는 당신 아들을 보신다. 아름다운 아들, 고통을 받기 전보다 무한히 더 아름다운 아들, 미소짓고, 살아 있고, 태양보다 더 빛나고, 빛으로 짠 것 같은 흰 옷을 입고 당신에게로 다가오는 당신의 아들을 보신다.

마리아는 일어나 무릎을 꿇고 두 손을 가슴 위에 십자로 모으고 웃음이기도 하고 울음이기도 한 흐느낌 속에서 "주 내 하느님" 하고 말씀하신다. 그리고 눈물에 온통 젖었지만 침착하게 되고, 미소와 황홀로 평정을 되찾은 얼굴로 이렇게 넋을 잃고 쳐다보고 계시다.

그러나 예수께서는 당신 어머니가 종처럼 무릎을 꿇고 있는 것을 보기를 원치 않으신다. 그래서 어머니에게로 두 손을 내밀면서 "어머니!" 하고 부르신다. 그 손의 상처에서는 빛살이 쏟아져 나와 그분의 영광스러운 육체를 한층 더 빛나게 한다.

그러나 그 부르는 소리는 수난 전에 대화를 나누고 작별인사를 할 때의 괴로워하는 말씀도 아니고, 갈바리아에서 만나셨을 때와 임종하실 때의 고민하는 한탄도 아니다. 그것은 개선과 기쁨과 해방과 즐거움과 감사의 외침이다.

그리고는 감히 당신을 만지지 못하시는 어머니에게로 몸을 숙이시고 구부린 팔꿈치 밑으로 손을 넣어 일으키시고 껴안고 입맞춤을 하신다.

오! 그때에는 마리아가 그것이 환상이 아니라, 실제로 부활한 당신의 아들이라는 것을, 당신의 예수라는 것을, 아직도 자기를 아들의 정으로 사랑하는 아들이라는 것을 깨달으신다. 그리고 소리를 지르며 와락 달려들어 목을 껴안고 눈물을 흘리는 가운데 웃으며 입맞춤을 하신다. 마리아는 이제 상처가 없어진 이마에 입맞추시고, 머리카락이 흐트러지지도 않고 피투성이가 되지도 않은 머리와 눈부시게 아름다운 눈과 다 나은 뺨과 이제는 부기가 없는 입에 입맞춤을 하신다. 그런 다음 예수의 손을 붙잡고 손등과 손바닥과 빛나는 상처에 입을 맞추시고, 갑자기 예수의 발께로 몸을 숙여 찬란한 옷을 들어 발을 드러내서 입맞춤을 하신다. 그리고 일어나서 예수를 쳐다보며 감히 용기를 못내신다.

그러나 예수께서는 미소를 지으신다. 알아차리신 것이다. 당신 가슴께 옷을 반쯤 젖히시면서 말씀하신다. "어머니, 이 상처는요? 어머니를 그다지도 괴롭게 한 이 상처, 어머니만이 입맞출 자격이 있는 이 상처는 입맞추지 않으세요? 어머니 제 심장에도 입맞춤하세요. 어머니의 입맞춤은 일체의 고통의 기억을 제게서 없애고, 제 부활한 사람의 기쁨에 아직 없어서 몹시 아쉬운 그 기쁨을 줄 것입니다." 예수께서는 두 손으로 어머니의 얼굴을 잡고 그 입술을 옆구리의 상처 가장자리에 갖다 대신다. 그 상처에서는 대단히 강한 빛이 쏟아져 나온다.

마리아의 얼굴은 그 빛살 속에 잠겨 있으므로 그 빛이 얼굴에 후광을 이룬다. 마리아는 예수에게 입맞춤을 하고 또 하시고, 그 동안 예수께서는 어머니를 어루만지신다. 마리아는 예수께 입맞춤을 하는 것이 물리지 않으신다. 목마른 사람이 샘물에 입을 갖다 대고 거기에서 자기 몸에서 빠져나가는 생명을 마시는 것과 같다.

이제는 예수께서 말씀하신다.

"어머니, 이제는 다 끝났습니다. 이제는 아들 때문에 울지 않으셔도 됩니다. 시련은 끝났고, 구속이 왔습니다. 어머니, 저를 잉태하시고 길러 주시고 살아 있을 때와 죽을 때에 도와주신 것을 감사합니다.

저는 어머니의 기도가 제게로 오는 것을 느꼈습니다. 어머니의 기도는 고통을 당할 때 제 힘이 되었고, 이 세상과 이 세상 너머로 제가 길을 갈 때에 동무가 되어 주었습니다. 어머니의 기도는 십자가와 임보(고성소·古聖所)에 저를 따라 왔습니다. 그 기도는 그의 종들을 죽지 않는 성전, 즉 제 천국으로 데려가려고 부르러 가는 대사제의 앞서가는 향이었습니다. 어머니의 기도는 그의 나라에 돌아오는 승리자에게 인사를 드릴 준비를 하고 있으라고 구세주의 인도를 받는 구원된 사람들의 행렬을 천사의 목소리처럼 앞장서 가며 저와 함께 천당에 갔습니다. 아버지와 성령께서 어머니의 기도를 듣고 보시고, 천당에서 생겨난 가장 아름다운 꽃을 보시는 듯이, 가장 기분좋은 노래를 들으시는 듯이 미소를 지으셨습니다. 어머니의 기도는 성조(聖祖)들과 새 성인들, 제(저의) 예루살렘의 새 주민들, 최초의 주민들도 알았습니다. 그래서 저는 어머니께 그들의 감사와 더불어 어머니의 부모님의 입맞춤과 축복을, 그리고 어머니의 영혼의 남편이신 요셉의 축복도 가지고 왔습니다.

천국 전체가 어머니께, 제 어머니, 거룩하신 어머니께 호산나를 노래합니다! 죽지 않는 호산나, 며칠 전 저를 보고 노래하던 것과 같이 거짓이 아닌 호산나입니다.

이제는 제가 인간의 옷을 입고 아버지를 뵈러 갑니다. 천국은 그것을 입고 인간의 죄를 이긴 인간의 옷을 입은 승리자를 보아야 합니다. 그러나 그런 다음 다시 오겠습니다. 저는 믿지 않는 사람들의 믿음을, 다른 사람들을 믿음으로 이끌기 위하여 믿을 필요가 있는 사람들의 믿음을 튼튼하게 해주어야 합니다. 허약해서 세상에 저항하기 위하여 많은 힘이 필요할 사람들을 강하게 해주어야 합니다.

그런 다음 하늘에 올라가겠습니다. 그러나 어머니를 혼자 버려두지는 않겠습니다. 이 수건이 보이지요? 저는 기진맥진한 가운데에서도 어머니께 이 위안을 드리려고 어머니를 위한 기적의 힘을 끌어냈습니다. 그러나 저는 어머니를 위해 다른 기적을 하나 행합니다. 어머니가 저를 가지셨을 때 제가 실제로 있었던 것과 같이 실제로 있는 성체성사로 저를 차지하실 것입니다. 요 며칠 동안은 어머니가 외로우셨지만, 이제는 절대로 외롭지 않으실 것입니다.

그러나 구속을 하는 데에는 어머니가 겪으신 그 고통도 필요하였습니다. 많은 죄악이 끊임없이 생겨날 것이므로 많은 고통이 끊임없이 구속 공로에 보태질 것입니다. 저는 구속사업에 이렇게 공동참가하라고 제 모든 종들을 부르겠습니다. 어머니는 혼자서 다른 모든 성인이 함께 하는 것보다도 더 많은 일을 하실 것입니다. 이 때문에도 어머니가 그렇게 오랫동안 버림받으시는 것이 필요하였습니다. 그러나 이제는 끝났습니다.

저는 이제 다시는 아버지와 떨어지지 않습니다. 어머니도 다시는 아들과 헤어지지 않으실 것입니다. 그리고 아들을 가지고 계시므로, 어머니는 우리 삼위일체를 모시고 계십니다. 살아 있는 천국이신 어머니 세상의 사람들 가운데 삼위일체를 모셔다 주실 것이고, 사제직의 모후이시고 그리스도인들의 어머니이신 어머니가 교회를 거룩하게 하실 것입니다. 그런 다음 어머니를 모시러 오겠습니다. 그러면 이 제가 어머니 안에 있지 않고, 어머니 제 안에, 제 나라 안에 계셔서 천국을 더 아름답게 하실 것입니다.

어머니, 이제 가겠습니다. 또 다른 마리아도 행복하게 해 주겠습니다. 그런 다음 아버지께로 올라갑니다. 그 곳에서 믿지 않는 사람들에게로 오겠습니다.

어머니, 축복으로 입맞춤을 해 주십시오. 그리고 제 평화를 어머니를 모시고 있으라고 드립니다. 안녕히 계셔요."

그리고 예수께서는 아침의 맑은 하늘에서 쏟아져 내려오는 햇빛 속으로 사라지신다.

5. 경건한 여자들이 무덤으로 간다

그 동안 집에서 나온 여자들은 어두움 속의 망령들처럼 성벽에 바짝 붙어서 걸어간다. 얼마 동안은 겉옷을 꼭 여민 채, 이렇게도 조용하고 적요함으로 인하여 겁이 나서 말이 없다. 그러다가 도시가 완전히 조용한 것으로 인하여 안심이 되어 함께 모여 감히 말을 한다.

"성문이 벌써 열렸을까?" 하고 수산나가 묻는다.

"물론이지. 야채를 가지고 첫째로 들어오는 야채재배자를 보라구. 저 사람은 시장으로 가는 거야" 하고 살로메가 대답한다.

"그들이 우리한테 아무 말도 안 할까?" 하고 수산나가 또 묻는다.

"누가요?" 하고 막달라 마리아가 묻는다.

"재판소 성문에서 병사들이 말이야. 그리로는… 들어가는 사람이 적고 나오는 사람은 더 적어… 우리가 수상하게 보일 거야…."

"그럼 어떻할까요? 우리를 바라볼 테지요. 그 사람들은 시골로 가는 여자 다섯 명을 보겠지요. 우리는 또 과월절을 지내고 저희들의 마을로 돌아가는 사람으로 보일 수도 있을 거예요."

"그렇지만… 악의를 가진 사람의 주의를 끌지 않게 왜 다른 성문으로 나가지 않는 거야? 그런 다음 성벽을 끼고 돌아가기로 하고?"

"그러면 길이 멀어질 거예요."

"그렇지만 우리는 더 안심이 될 거다. 물문으로 해서 나가자…."

"아이고! 살로메 아주머니! 내가 아주머니라면 동방문을 택하겠어요. 그렇지 않으면 아주머니는 멀리 돌아가게 될 거예요! 빨리 하고 빨리 돌아와야 해요." 이렇게도 결단력이 있는 사람은 막달라 마리아이다.

"그럼, 다른 성문으로 가지. 그렇지만 재판소 성문은 안 돼. 친절을 베풀어 줘…" 하고 모두가 부탁한다.

"좋아요. 그러면 여러분의 뜻이 그러니까 요안나한테 들릅시다. 요안나는 자기에게 알려 달라고 부탁을 했거든요. 만일 우리가 바로 갔더라면 들르지 않아도 됐을 것입니다. 그렇지만 더 멀리 돌아가자고들 하시니까 요한나한테 들르자는 것입니다…."

"아! 그렇지. 거기 배치된 수비병들 때문에도 그래… 요안나는 알려져 있고, 사람들이 두려워하니까…."

"난 아리마태아의 요셉의 집에도 들렀으면 좋겠다. 그 장소의 주인이니까."

"암 그렇구 말구! 이제는 주의를 끌지 않게 행렬을 만들어 가자구요! 아이고! 언니는 정말 겁쟁이야! 그보다도 이거 봐 언니, 이렇게 합시다. 내가 앞장서 가서 살펴보겠어. 언니들은 뒤에서 요안나하고 같이 오라구. 무슨 위험이 있으면 내가 길 한가운데 서 있겠어. 그러면 언니들이 나를 보게 될거고, 우리 모두 뒤로 돌아가면 되는거야. 그렇지만 수비병들은 이것 앞에서는, 난 이걸 생각했거든(그러면서 돈이 잔뜩 들어 있는 돈주머니를 보인다), 우리가 무슨 일을 해도 그냥 내버려둘거야."

"우리는 요안나에게도 그 말을 하겠다. 네 말이 옳다."

"그럼 날 가게 해줘."

"마리아야, 너 혼자 가니? 나도 너하고 같이 가겠다" 하고 마르타가 동생을 염려해서 말한다.

"아니야, 언니는 알패오의 마리아와 함께 요안나의 집으로 가봐, 살로메와 수산나는 성 밖의 문 근처에서 언니를 기다릴거야. 그런 다음 모두 함께 큰길로 해서 와. 안녕."

그리고 막달라 마리아는 방향성 수지(樹脂)가 든 주머니와 돈을 가슴에 안고 빨리 떠나서 더 이러쿵저러쿵 말을 못하게 해버린다.

막달라 마리아는 길을 어떻게나 빨리 걸어 가는지 날아가는 것 같다. 그는 더 빨리 가려고 재판소 성문을 지나가지만 아무도 정지시키지 않는다.

다른 여자들은 막달라 마리아가 가는 것을 바라본다. 그러다가 그들이 있던 길이 갈라지는 데로 등을 돌리고, 좁고 어두운 다른 길로 접어드는데, 그 길은 그후 여섯째 문 근처에 가서 아름다운 집들이 있는 더 넓고 환히 트인 길로 이어진다. 여자들은 거기서 또 헤어져서, 살로메와 수산나는 그대로 길을 계속하고, 마르타와 알패오의 마리아는 쇠를 씌운 문을 두드리고, 문지기가 벙싯 여는 입구로 간다.

그들은 들어가서 요안나를 찾아간다. 요안나는 벌써 일어나서, 그를 한층 더 창백하게 하는 짙은 자주빛 옷을 완전히 입고, 유모와 하녀 한 사람과 함께 역시 향유를 다루고 있다.

"오셨군요. 하느님께서 거기 대한 상급을 주시기 바랍니다. 그렇지만 두 분이 오시지 않았더라면 내가 스스로 갔을 것입니다. …위안을 얻기 위해서요. …그 무서운 날부터 많은 일들이 혼란을 일으킨 채로 있으니까요. 그리고 내가 고독을 느끼지 않기 위해서는 그 무덤을 덮은 바위에 가서 두드리면서 '선생님, 불쌍한 요안나입니다. 선생님도 저를 혼자 내버려두지 마세요…' 하고 말해야 합니다. 요안나는 조용히 그러나 매우 슬프게 운다. 그동안 유모 에스텔은 여주인에게 겉옷을 입혀 주면서 등 뒤에서 알아들을 수 없는 커다란 몸짓을 한다.
"갔다 와요, 유모."
"하느님께서 마님께 힘을 주시기를!"
그 여자들은 동행들이 있는 데로 가려고 저택에서 나온다. 이때에 짧고 강한 지진이 일어나서, 금요일의 사건으로 아직 공포에 떨고 있는 예루살렘 시민들을 다시 공포에 사로잡히게 한다.
세 여인은 부랴부랴 되돌아와서, 남녀하인들이 소리를 지르고 주님을 부르는 가운데 넓은 현관에 머물러 있다. 또 다시 진동이 있을까봐 걱정을 하면서 거기 머물러 있는 것이다.
…한편. 막달라 마리아는 정확히 아리마태아의 요셉의 동산으로 들어가는 골목길 어귀에 이르렀을 때 갑자기 이 하늘의 징조인 힘차면서도 듣기 좋은 우르릉거리는 소리를 들었다. 그와 동시에 서쪽에는 아직 끈질긴 별 하나가 버티고 있는 하늘이 밝아오기 시작하고, 그래서 그 때까지는 엷은 초록색이던 공기를 금빛이 돌게 하는 새벽의 불그스레한 빛 가운데에 커다란 빛이 밝혀지면서 마치 백열하는 찬란한 둥근 덩어리 같은 것이 내려오면서 고요한 공기를 번갯불처럼 갈라놓았다.
막달라 마리아는 그 빛에 거의 스쳐지다시피해서 땅에 쓰러졌다.
마리아는 잠시 몸이 기울어지면서 '주님!' 하고 중얼거리고는 바람이 지나간 후의 나무줄기 모양으로 다시 일어나 한층 더 빨리 동산으로 뛰어간다. 마리아는 마치 쫓겨서 둥지를 찾아가는 새 모양으로 동산으로 빨리 들어가 바위를 깎아 만든 무덤 있는 쪽으로 간다. 그러나 비록 빨리 가기는 하지만, 그 하늘의 유성(流星)이 무거운 돌을 보강하기 위하여 석회로 봉인을 한 것에 대하여 지렛대와 불꽃의 구실을 할 때에 무덤에까지 이르지 못하였고, 마지막 부서지는 소리를 내면서 돌문이 떨어져 지진으로 인한 진동에 또 하나의 진동을 겹칠 때에도 무덤에까지 이르지 못하였다. 지진은 짧기는 했지만 어떻게나 격렬했던지 수비병들이 쓰러져 죽은 것같이 될 지경이었다.
마리아가 도착해서 보니 승리자를 쓸 데 없이 지키던 간수들이 베어서 묶어 놓은 밀단 모양으로 땅에 쓰러져 있었다. 막달라의 마리아는 지진을 부활과 연결짓지는 못한다. 그러나 이 광경을 보고 예수의 무덤을 모독한 자들에 대한 하느님의 벌이라고 생각하고 무릎을 꿇으면서 말한다. "아이고! 그자들이 주님을 치웠구나!" 하고.
막달라 마리아는 정말 비탄에 빠져서, 마치 찾아 헤매던 아버지를 만나리라는 확신을 가지고 왔다가 반대로 집이 비어 있는 것을 발견한 소녀처럼 운다. 그러다가 일어나서 베드로와 요한을 만나려고 뛰어간다. 그리고 두 사람에게 알릴

5. 경건한 여자들이 무덤으로 간다

생각만을 하기 때문에 동행들 마중을 갈 생각은 하지 않고, 길에서 머뭇거릴 생각도 하지 않고, 영양 모양으로 빨리 이미 왔던 길을 되돌아오며, 재판소 성문을 지나, 약간 사람의 왕래가 있는 길로 날다시피 달려서 손님을 접대하는 집의 문으로 달려들어 미친 듯이 두드리고 흔든다.

집주인 여자가 문을 열어 준다. "요한과 베드로가 어디 있어요?" 하고 막달라 마리아가 헐떡이며 묻는다.

"저기요" 하고 말하면서 그 여자는 최후의 만찬실을 가리킨다.

막달라 마리아는 들어간다. 그리고 방안에 들어가 두 사람 앞에 가기가 무섭게 어머니에 대한 연민으로, 그리고 외치는 것보다도 더 괴로워하는 낮은 목소리로 말한다. "그자들이 주님을 무덤에서 치웠어요! 어디다 갖다 두었는지 누가 알겠어요?" 그러면서 처음으로 비틀거리고 팔다리를 떤다. 그래서 넘어지지 않으려고 아무데나 붙잡는다.

"아니 뭐라고? 뭐라고 했어?" 하고 두 사람이 묻는다.

그러니까 막달라 마리아는 헐떡이며 말한다. "나는 수비병들을 매수하려고… 우리가 하는 대로 내버려두게 하려고… 먼저 갔어요. 그랬더니 지키는 병사들이 죽은 것처럼 쓰러져 있었어요.… 무덤은 열려 있고, 돌은 땅에 굴러 있구요.… 누가? 누가 그렇게 했을까요? 아이고! 오세요! 뛰어가요…."

베드로와 요한은 즉시 출발한다. 마리아는 몇 걸음 그들을 따라가다가 뒤로 돌아온다. 마리아는 집주인 여자를 붙들고 용의주도한 사랑으로 세차게 흔들면서 얼굴에다 대고 말한다. "누가 저분(그러면서 마리아의 방문을 가리킨다) 방에 들어가지 못하게 단단히 조심해요. 내가 주인이라는 걸 생각하고, 말을 듣고 입다물어요."

그런 다음 무서워서 절쩔 매는 집주인 여자를 남겨두고, 무덤 쪽으로 성큼성큼 가고 있는 사람들을 따라 미친다….

… 수산나와 살로메는 그 동안 동행들을 떠나 성벽 있는 데로 다시 왔었는데, 그때 갑자기 지진이 일어났다. 그들은 깜짝 놀라 어떤 나무 밑으로 피해 가서, 무덤 쪽으로 가고자 하는 강한 욕망과 요안나의 집으로 뛰어가고자 하는 욕망 사이에서 어떻게 할지를 몰라서 머뭇거리고 있었다. 그러나 사랑이 공포를 이겼다. 그래서 무덤을 향하여 간다.

그 여자들은 아직도 무서워하며 동산으로 들어가서 보니 지키는 병사들이 기절해 있고… 열린 무덤에서는 큰 빛이 나오고 있다. 이 때문에 그들의 놀람은 더해졌는데, 서로 용기를 북돋워주기 위하여 서로 손을 잡고 무덤 어귀에 이르러서 무덤 안 어둠 속에 빛나는 매우 아름다운 사람이 있는 것을 보고는 그들의 놀람이 극도에 달하였다. 그 사람은 조용히 웃으면서 그가 있는 자리에서 여인들에게 인사를 한다. 그 사람은 기름바르는 돌 오른쪽에 기대서 있는데, 돌의 회색 색조가 그 백열하는 광채 앞에서 사라지고 만다.

여자들은 너무 놀라 어리둥절하여 무릎을 꿇는다.

그러나 천사가 그들에게 조용히 말한다. "나를 무서워하지 마시오. 나는 하느님의 고통의 천사인데, 고통이 끝나는 것을 즐기려고 왔습니다. 그리스도의 고통은 끝났고, 그분에게는 죽음에서의 굴욕도 끝났습니다. 당신들이 찾는 십자가에 못박히신 나자렛의 예수는 부활하셨습니다. 그분은 이제 여기 안 계십니다. 당신들이 그분을 모셔 놓았던 곳은 비어 있습니다. 나와 같이 기뻐하시오. 그리고 가서 베드로와 제자들에게 예수께서 부활하셨고 당신들보다 먼저 갈릴래아로 가신다고 말하시오. 당신들은 그분이 말씀하신 대로 그 곳에서 잠시 동안 더 뵐 것입니다."

여인들은 쓰러지며 얼굴을 땅에 박는다. 그리고 얼굴을 다시 처들었을 때는 마치 어떤 벌에 쫓기기라도 하듯이 도망친다. 그들은 겁에 질려 중얼거린다. "우린 죽을 거예요! 주님의 천사를 보았으니!"

여인들은 들판에까지 다 와서는 좀 진정이 되어 의논을 한다. 어떻게 할까? 자기들이 본 것을 이야기해도 사람들이 믿지 않을 것이고, 그곳에 갔다 온다고 말하면 지키는 병사들을 죽였다고 유다인들에게서 비난을 받을지도 모른다. 안 된다. 친구들에게도 원수들에게도 아무 말도 할 수 없다….

벌벌 떨며 말을 잃은 채 딴 길로 해서 집으로 돌아와서는 최후의 만찬실로 들어가 숨는다. 마리아를 보겠다고도 하지 않는다. …그리고 거기서 그들이 본 것은 마귀의 속임수라고 생각한다. 이 여자들은 겸손한 만큼 '자기들이 하느님의 사자를 보는 은혜를 얻는다는 것은 있을 수 없는 일이니, 그것은 자기들을 그 곳에서 쫓으려고 무섭게 하려고 한 사탄이다'라고 생각하는 것이다.

그들은 악몽으로 질겁을 한 계집아이들처럼 울며 기도한다.

… 셋째 무리, 즉 요안나와 알패오의 마리아와 마르타는 다시는 아무 일도 일어나지 않는 것을 보고, 틀림없이 동행들이 기다리고 있을 그 곳으로 가기로 결정한다. 거리로 나오니 이제는 사람들이 있는데, 겁을 집어먹고 새로 일어 난 지진에 대하여 이러쿵저러쿵 말을 하고, 금요일에 일어 난 일들과 연결을 짓고, 있지도 않은 일들을 생각해내기도 한다.

"저 사람들이 무서워하는 것이 낫지! 아마 지키는 병사들도 겁이 나 있어서 반대를 하지 않을지도 몰라" 하고 알패오의 마리아가 말한다.

그러면서 빨리 성벽 쪽으로 간다. 그러나 이 여자들이 그리로 가는 동안 베드로와 요한은 벌써 동산에 이르렀고, 그 뒤에 막달라 마리아가 따라온다.

발이 더 빠른 요한이 맨 먼저 무덤에 이르렀다. 이제는 지키는 병사들도 없고 천사도 없다. 요한은 벌벌 떨고 몹시 슬퍼하며 눈에 보이는 어떤 물건의 표를 공경하여 거두려고 열려 있는 무덤 어귀에 무릎을 꿇는다. 그러나 보이는 것은 다만 땅바닥에 있는 시신을 덮었던 천과 그 위에 쌓여 있는 헝겊들뿐이다.

"정말 여기 안 계셔, 시몬! 마리아가 제대로 보았어. 와서 들어가 봐."

베드로는 빨리 뛰어 왔기 때문에 몹시 숨을 헐떡이며 무덤 속으로 들어간다. 그는 오면서 "나는 감히 그곳에 가까이 가지 못할 거야" 하고 말하였었다. 그러나 지금은 선생님이 어디에 계실지 찾아낼 생각밖에 없다. 그러면 어두운 어떤 구석에 숨어 계실 수 있기라도 한 것처럼 부르기도 한다.

이렇게 이른 시간이라, 문이 달렸던 작은 구멍으로만 빛이 조금 들어올 뿐인데, 거기에 요한과 막달라 마리아의 그림자가 드리웠으니 무덤 속은 한층 더 어둡다….

그러므로 베드로는 보기가 어려워 무엇이 있나 알아보려고 손으로 더듬는다. …그는 벌벌 떨면서 기름바르는 돌대(台)를 만져본다. 그리고 비어 있다는 것을 알게 된다.

"안 계셔, 요한! 안 계시단 말이야!… 아이고! 자네도 오게! 나는 하도 울어서, 이렇게 빛이 별로 없는 데서는 거의 보이지가 않네."

요한은 일어나서 들어간다. 그리고 요한이 들어오는 동안 베드로는 잘 개켜진 수의가 한 구석에 놓여 있고, 그 안에는 정성스럽게 말린 시신 덮는 천이 들어 있는 것을 발견한다.

"그놈들이 정말 선생님을 훔쳐 갔어. 병사를 두어 지키게 했던 건 우리 때문이 아니라, 이 짓을 하려고 그랬던 거야. … 그런데 우리는 그렇게 하게 내버려 두었단 말이야. 우리는 도망을 쳐서 그렇게 할 수 있게 했단 말이야…."

"아이고! 어디다 갖다 놓았을까?"

"베드로, 베드로! 이제는… 정말 끝장이야!"

두 제자는 풀이 죽어서 나온다.

"이거 봐, 마리아. 가서 어머니께 말씀드려…"

"나는 떠나지 않을 거예요. 여기 있겠어요. … 누군가 오겠지요. … 아이고! 나는 안 가요. … 여기엔 아직도 선생님의 것이 무엇인가 남아 있어요. 어머니 말씀이 옳았어요. … 선생님이 계셨던 곳의 공기를 마시는 것이 우리에게 남아 있는 유일한 위안이에요."

"유일한 위안이지… 이젠 자네도 바라는 것이 어리석은 일이었다는 것을 알겠지…" 하고 베드로가 말한다.

마리아는 대답도 하지 않는다. 그리고 바로 문 곁에 털썩 주저앉아 운다. 그 동안 제자들은 떠나간다.

그러다가 고개를 쳐들고 안을 들여다보니 기름바르는 돌 머리쪽과 발쪽에 두 천사가 앉아 있는 것이 눈물 사이로 보인다. 가엾은 죽어가는 바람과 죽기를 원치 않는 믿음 사이에 겪는 가장 격렬한 싸움으로 하도 얼이 빠져서 놀라지도 않고 멍하니 그들을 바라다본다. 모든 것에 영웅적으로 저항해 온 용감한 그가 이제는 눈물밖에 남은 것이 없다.

"여보세요. 왜 우세요" 하고 빛나는 두 소년 중의 한 소년이 묻는다. 그들은 매우 아름다운 소년의 모습을 하고 있는 것이다.

"그 사람들이 내 주님을 훔쳐 갔는데 어디다 갖다 두었는지 몰라요."

마리아는 그들에게 말하는 것을 무서워하지 않고 "당신들은 누구요?" 하고 묻지도 않는다. 이제는 아무 것도, 아무 것도 마리아를 놀라게 하지 못한다. 한 인간을 놀라게 할 수 있는 것은 그가 이미 다 겪었다. 이제는 힘없이 체면도 없이 울고 있는 부서진 물건에 지나지 않는다.

소년 천사는 동료를 바라보고 미소짓는다. 그리고 다른 천사도 그렇게 한다. 그리고 천사의 기쁨 반짝이는 가운데 바깥 동산 쪽을 내다본다. 동산에는 사과밭의 무성한 사과나무에 핀 수백만 송이의 꽃과 더불어 꽃이 만발하였다.

마리아는 천사들이 무엇을 바라보는지 보려고 몸을 돌리니, 대단히 아름다운 남자 한 사람이 보인다. 그런데 나는 어떻게 마리아가 그를 즉시 알아보지 못할 수가 있는지 모르겠다.

그를 연민의 눈으로 보면서 "여보시오, 왜 우시오? 누구를 찾소?" 하고 묻는 남자를 말이다.

하기는 너무 많은 걱정으로 지쳐 빠져서 뜻밖의 기쁨을 느끼면 죽을지도 모르는 인간에 대한 연민으로 얼굴이 어두워진 예수님이기는 하다. 그러나 나는 어떻게 그가 예수님을 알아보지 못할 수가 있었는지 정말 의아하게 생각한다.

그러니까 마리아는 흐느끼면서 말한다. "그 사람들이 주 예수님을 훔쳐 갔어요. 저는 예수님이 부활하시기를 기다리면서 그분에게 향유를 바르려고 왔었어요. … 저는 제 사랑 둘레로 제게 있는 용기와 희망과 믿음을 모두 모아 놓았어요. … 그런데 이제는 그분을 찾아낼 수가 없어요….

그리고 저는 제 믿음과 제 희망과 제 용기 둘레에 그것들을 사람들에게서 보호하려고 제 사랑을 두기까지 했어요. …그러나 모두가 소용없어요! 사람들은 제 사랑을 빼앗아 갔고, 그분과 더불어 제게서 모든 것을 빼앗아 갔어요. … 오 주님, 주님이 그분을 가져가셨으면 어디다 갖다 두셨는지 말씀해 주세요. 그러면 제가 가서 모셔 오겠어요….

저는 아무한테도 그 말을 안하겠어요. … 주님과 저 사이의 비밀일 것입니다. 보세요, 저는 데오필로의 딸이고, 라자로의 동생이예요. 그렇지만 지금 노예처럼 주님께 간청하려고 주님 앞에 무릎을 꿇고 있어요.
 그분의 시신을 저더러 사라고 하십니까? 사겠어요. 얼마나 드릴까요? 저는 부자예요. 그분의 몸무게만큼 금을 드릴 수 있어요. 그렇지만 저게 돌려 주세요. 주님을 고발하지 않을게요. 저를 때리실래요? 때리세요. 원하시면 피가 나도록 때리세요. 그분에게 증오를 가지고 계시면 제게 앙갚음을 하세요. 그렇지만 그분을 제게 돌려주세요. 아이고! 주님, 이 불행으로 저를 가난하게 하지 말아 주세요! 가엾은 여인을 불쌍히 여겨 주세요! …저를 위해서 그렇게 하지 않으시겠어요?
 그러면 그분의 어머니를 위해서 그렇게 하세요. 말씀해 주세요. 내 주 예수님이 어디 계신지 말씀해 주세요. 저는 힘이 셉니다. 제가 그분을 안아서 어린아이처럼 안전한 곳에 갖다 모시겠어요. 주님… 주님… 아시지요. … 사흘 전부터 우리는 사람들이 하느님의 아들께 한 일 때문에 하느님의 분노에 의해서 벌을 받고 있어요. …그 죄악에다 모독을 보태지 마세요….”
 "마리아!" 하고 그를 부르시면서 예수께서는 빛나신다. 예수께서는 당당한 **빛남을** 보이시며 당신을 드러내신다.
 "라뽀니(선생님)!" 마리아의 부르짖음은 참으로 죽음의 주기를 마감하는 "큰 외침"이다. 첫째 주기와 더불어 증오의 암흑이 희생을 시체에 쓰는 붕대로 둘러쌌었고, 둘째 주기와 더불어 사랑의 빛이 그의 찬란함을 더하였다.
 그러면서 마리아는 온 동산에 울려 퍼지는 소리를 지르면서 일어나 예수의 발 앞으로 달려가 발에 입맞춤하려고 한다.
 예수께서는 손가락 끝으로 마리아의 이마를 겨우 만져서 떼어놓으시면서 말씀하신다. "나를 만지지 말아라! 나는 아직 이 옷을 입고 내 아버지께로 올라가지 못했다. 내 형제들과 친구들을 가서 만나 내가 내 아버지이시며 너희들의 아버지이신 분께로, 내 하느님이신 분께로 올라간다고 말하여라. 그런 다음 내가 그들에게 가겠다." 그런 다음 예수께서는 견딜 수 없는 빛 속으로 빨려 들어가 사라지신다.
 마리아는 예수께서 계시던 곳에 입맞춤을 하고 집으로 뛰어 간다. 그리고 샘에 가려고 나오는 집주인이 지나갈 수 있게 대문이 반쯤 열려 있기 때문에 쏜살같이 집으로 들어가 성모 마리아가 계신 방문을 열고 그분의 가슴에 쓰러지면서 외친다. "주님이 부활하셨어요! 주님이 부활하셨어요!" 그러면서 매우 행복해서 운다.
 그리고 베드로와 요한이 달려오고, 최후의 만찬실에서 겁에 질린 살로메와 수산나가 나와서 마리아의 이야기를 듣고 있는 동안, 길에서 알패오의 마리아와 마르타와 요안나가 숨이 턱에 닿아서 들어오며 이렇게 말하는 것이었다.

"그들도 무덤에 갔었고, 두 천사를 보았는데 한 천사는 사람이시오 하느님이신 분의 수호천사라고 했고, 또 한 천사는 그분의 고통의 천사라고 했으며, 그 천사들은 제자들에게 예수께서 부활하셨다고 말하라는 명령을 했다"는 것이었다.

그리고 베드로가 머리를 흔들자 그 여자들은 이렇게 말하면서 고집하였다. "참말이예요. 천사들은 이렇게 말했어요. '왜 살아 계신 분을 죽은 사람들 가운데에서 찾으십니까? 여기 안 계십니다. 아직 갈릴래아에 계실 때 말씀하신 것과 같이 부활하셨습니다. 이 말이 기억나지 않으십니까? 예수님은 이렇게 말씀하셨지요. 〈사람의 아들은 죄인들의 손에 넘어가 십자가에 못박혀야 한다. 그러나 사흘날에 부활할 것이다〉 하고.'"

베드로는 머리를 흔들면서 말한다. "요새 너무나 많은 일이 일어났어요! 그래서 여러분은 정신이 흐려진 겁니다."

막달라 마리아는 성모 마리아의 가슴에서 머리를 들고 말한다. "나는 주님을 뵈었고, 말도 했어요. 주님은 아버지께로 올라가셨다가 다음에 오신다고 말씀하셨어요. 기가 막히게 아름다우셨어요!" 그러면서 사방에서 튀어나오는 의심에 대항하기 위해 자기 자신을 괴롭힐 필요가 없어진 지금, 일찍이 그렇게 울어 본 적이 없을 만큼 운다.

그러나 베드로와 요한은 아직도 대단히 망설인다. 그들은 서로 바라다보는데, 그들의 눈은 그러나 "여자들의 상상이야" 하고 서로 말한다.

수산나와 살로메도 그 때에는 용기를 내서 말을 한다. 그러나 여러 가지 자세한 상황의 차이, 즉 지키는 병사들이 처음에는 죽은 것처럼 쓰러져 있다가 나중에는 그곳에 없다든지, 천사가 하나였다가 둘이었다가 또 사도들에게는 나타나지 않았다든지, 예수께서 이곳에 오셨다는 것과 제자들보다 먼저 갈릴래아로 가신다든지 하는 두 가지 설명으로 인하여 사도들의 의심, 아니 오히려 확신이 더해진다.

지극히 행복하신 어머니 마리아는 막달라 마리아를 부축하고 계신 채 말씀을 안하신다. … 나는 어머니의 이 침묵의 비밀을 이해할 수가 없다.

알패오의 마리아가 살로메에게 말한다. "우리 둘이 다시 가 봅시다. 우리 모두가 흥분해 있는 것인지 알아봅시다…." 그러면서 두 사람은 밖으로 뛰어 나간다.

다른 여자들은 두 사도에게 놀림을 받으면서, 조용히 생각에 잠긴 채 말이 없는 성모 마리아 곁에 그대로 있다. 그 생각을 각기 제나름대로 해석하지만, 그것이 황홀한 상태라는 것은 아무도 깨닫지 못한다.

나이많은 두 여자가 돌아와서 말한다. "사실이예요! 사실! 우리는 주님을 뵈었어요. 바르나바의 정원 근처에서 우리에게 이렇게 말씀하셨어요. '당신들에게 평화! 두려워하지 마세요. 그리고 제 형제들에게 제가 부활했다고, 며칠 후에 갈릴래아로 가라고 말씀하세요. 우리는 거기서 다시 함께 있게 될 것입니다' 하고 주님이 이렇게 말씀하셨어요. 마리아의 말이 옳아요. 이 말을 베다니아에 있는 사람들과 요셉과 니고데모와 가장 충실한 제자들과 목자들에게 말해야 돼요. 가요, 행동해요, 행동을… 아이고! 주님이 부활하셨어요!…" 그 여자들은 너무 기뻐서 운다.

"아주머니들은 머리가 돌았어요. 고통 때문에 머리가 돌았어요. 빛이 천사로 보였고, 바람소리가 목소리로 들렸고, 해가 그리스도로 보인 것입니다. 저는 아주머니들을 비난하지 않고 이해합니다. 그렇지만 저는 본 것만 믿습니다. 무덤이 열렸고, 텅 비었고, 지키는 병사들은 사라져 버린 시신과 함께 어디론가 가 버렸고요."

"그렇지만 지키던 병사들 자신이 주님이 부활하셨다고 말하는데야! 온 시내가 벌컥 뒤집혔고, 대사제들은 지키던 병사들이 정신없이 도망하면서 그 말을 했다고 해서 미친 듯이 성이 나 있는데도! 지금은 대사제들이 병사들에게 다른 말을 하라고 돈으로 매수한다는 거요. 그렇지만 사람들은 벌써 이 사실을 알고 있고 유다인들은 부활을 믿지 않고, 믿으려고 하지 않지만, 많은 다른 사람이 믿고 있어요…."

"흠! 여자들이란!…" 베드로는 어깨를 으쓱해 보이고 가려고 한다.

그 때에 너무나 기뻐서 마치 소나기를 맞는 수양버들처럼 울고 있는 막달라 마리아를 여전히 안으신 채 그의 금발에 입을 맞추고 계시는 어머니께서 빛나는 얼굴을 드시고 짤막하게 말씀하신다. "예수는 사실 부활했네. 내가 이 품에 안고 그 상처에 입맞춤했네." 그런 다음에 정열적인 막달라 마리아의 머리 위로 얼굴을 숙이시면서 말씀하신다. "그래, 기쁨은 고통보다도 한층 더 강하다. 그러나 바다와 같은 네 영원한 기쁨에 비하면 이것은 모래 한 알에 지나지 않는다."

베드로는 이제 감히 부인하지 못한다. … 그리고 지금 옛날 베드로의 그 변화 중의 하나가 다시 나타나서 마치 늦어지는 것이 그 때문이 아니라 다른 사람들 때문인 것처럼 말하고 소리지른다. "아니 그렇다면 다른 사람들에게, 들판에 흩어져 있는 사람들에게 알려야지… 찾고… 행동해야지… 자, 움직이시오. 선생님이 정말 오시기로 되어 있으면… 적어도 우리를 만나시긴 해야 될게 아닌가." 그러면서 그가 아직도 예수의 부활을 맹목적으로는 믿지 않는다고 인정한다는 것을 알아차리지 못한다.

6. 앞의 사건과 관련하여

예수께서 이렇게 말씀하신다.

"마리아의 열렬한 기도가 내 부활을 얼마 동안 앞당겼다.

나는 전에 이렇게 말했었다. '사람의 아들은 사람들의 손에 죽을 것이다. 그러나 사흘날에 부활할 것이다.' 나는 금요일 오후 세 시에 죽었었다. 너희가 날을 날짜로 계산하든지 시간을 계산하든지 주일 새벽에 내가 부활하게 되어 있지는 않았다. 내 육체에 생명이 없었던 것은 72시간이 아니라 다만 38시간뿐이었다. 날로 치더라도, 내가 사흘 동안 무덤에 있었다고 말하려면, 적어도 셋째 날 저녁까지는 가야 했었다.

그러나 마리아가 기적을 앞당겼다. 마치 마리아가 그의 기도로써 세상에 구원을 주기로 정해진 시기를 몇 해를 앞서서 하늘의 문을 열었던 것과 같이, 이제는 죽어가는 그의 마음에 격려를 주기 위해 몇 시간 동안을 앞당기게 하였다.

그래서 나는 사흘날 새벽이 시작될 때에 마치 태양처럼 내려와, 하느님의 능력 앞에 그렇게도 무용지물이 된 사람들의 봉인을 내 빛으로 부수었다. 나는 내 힘을 지렛대 삼아서 사람들이 아무리 지켜도 소용없게 된 돌을 쓰러뜨렸고, 벼락 같은 내 발현으로 지키는 병사들을 쓰러뜨렸다.

나의 죽음을 지키라고 배치하였기 때문에 그 병사들은 도무지 쓸모가 없는 경비병이었다. 그것은 내가 생명이고, 어떤 사람의 힘도 내가 생명이 아니게 할 수는 없기 때문이다.

너희들의 전류보다는 훨씬 더 강력한 이 영이 하느님의 불칼같이 들어가 내 차디찬 시체를 다시 따뜻하게 하였고, 하느님의 성령을 새로운 아담에게 생명을 불어넣으시면서 당신 자신에게 말씀하셨다. '살아라. 나는 그렇게 되기를 원한다' 하고.

사람의 아들에 지나지 않았을 때 죽은 사람들을 다시 살아나게 한 내가, 세상의 죄를 짊어지기로 되어 있는 희생자인 내가, 하느님의 아들이고, 시작이고 마지막이며, 영원히 살아 있는 존재이고, 삶과 죽음의 열쇠를 쥐고 있는 존재인 내가 나 자신을 다시 살아나게 할 수 있어야 하지 않겠느냐? 그래서 내 시체는 생명이 돌아오는 것을 느꼈다.

보아라, 굉장히 피곤해서 잠이 깊이 들었다가 깨는 사람같이 나는 숨을 깊이 들이마신다. 그러나 아직 눈은 뜨지 못한다. 피가 혈관에 다시 와서 돌지만 아직 별로 빨리 돌지는 못하며, 정신에 생각을 다시 갖다 준다. 그러나 나는 아주 멀리서 돌아온다! 보아라, 기적적인 능력으로 상처가 낫는 부상자처럼 피가 비어 있는 핏줄에 돌아오고, 염통을 채우고, 사지를 따뜻하게 하고, 상처들이 아물며, 멍든 자국과 상처들이 사라지고 기운이 되살아난다. 그러나 나는 몹시 상처를 입었었다! 보아라, 힘이 작용한다. 나는 나았다. 나는 깨어났다. 나는 다시 살아났다. 나는 죽었었다. 그러나 지금은 살아 있다! 지금 나는 부활하는 것이다!

나는 시체를 싼 천들을 흔들어 떨어뜨리고 향유입힌 것을 버린다. 영원한 아름다움, 영원한 완전으로 보이는 데에는 이것들이 필요치 않다. 나는 이 세상의 것이 아닌, 내 아버지이시고 흰 백합의 비단을 짜신 분이 직접 짜신 옷을 입는다. 나는 찬란한 빛으로 둘러싸였다. 나는 이제는 피가 흐르지 않고 빛을 내뿜는 내 상처들로 꾸며졌다. 이 빛은 내 어머니와 복된 사람들의 기쁨이 될 것이고, 또 이 세상과 마지막날에 저주받은 자들과 마귀들이 견디어낼 수 없는 빛이 될 것이다.

내 인간 생활의 천사와 내 고통의 천사가 내 앞에 엎디어 내 영광에 경배한다. 그 내 두 천사는 모두 여기 있다. 한 천사는 그가 지켰지마는 지금은 천사의 보호가 필요치 않은 분을 보고 즐기기 위해서, 또 한 천사는 내 눈물을 보았었는데 이제는 내 미소를 보기 위해서, 내 싸움을 보았었는데 이제는 내 승리를 보기 위해서, 내 고통을 보았었는데 이제는 내 기쁨을 보기 위해서 여기 있다.

그리고 나는 꽃봉오리와 이슬이 가득 찬 동산으로 나온다. 그러니까 사과나무들은 꽃부리를 활짝 벌려 왕인 내 머리 위에 꽃으로 된 홍예를 만들어 놓고, 풀들은 싹과 꽃뿌리로 양탄자를 만들어 그것을 되찾기 위하여 높이 쳐들은 다음에 되찾은 땅을 다시 와서 밟는 내 발 밑에 깔아 주었다. 그리고 새로 돋아오르는 해와 4월의 따뜻한 바람, 그리고 어린 아이의 뺨같이 볼그레한 빛깔로 지나가는 가벼운 구름과 나뭇잎 사이에 있는 새들이 내게 인사한다. 나는 그것들의 하느님이다. 그래서 그것들이 내게 경배하는 것이다.

나는 기절해 넘어진 경비병들 사이로 지나온다. 그들은 하느님이 지나가시는 것을 느끼지 못하는 사죄(死罪)를 지은 영혼들의 상징이다.

마리아야, 과월절이다! 정말 '하느님의 천사가 지나가는 것'이다! 그가 죽음에서 삶에로 지나가는 것. 그의 이름을 믿는 사람들에게 생명을 주기 위하여 그가 지나가는 것이다. 이것은 과월절이다! 이 세상에 평화가 지나가는 것이다. 이제는 인간의 신분으로 가려지지 않고 자유로운 평화, 그에게 돌아온 하느님의 효능으로 완전한 평화이다.

그리고 나는 어머니를 뵈러 간다. 어머니를 뵈러 가는 것은 당연한 일이다. 내 천사들을 보는 것도 당연한 일이었다. 그러니 나를 지켜 주신 분이고 내 위 안이셨던 분일 뿐 아니라, 내게 생명을 주신 분이었던 어머니를 뵈러 가는 것은 훨씬 더 당연한 일이었다. 영광스럽게 된 내 인간의 옷을 입고 아버지께로 돌아가기도 전에 나는 어머니를 뵈러 간다. 나는 찬란한 내 천상낙원의 옷을 입고 살아 있는 내 보석들로 꾸미고 어머니를 뵈러 간다. 어머니는 순결하신 분, 아름다우신 분, 사랑받으시는 분, 복되신 분, 하느님의 거룩하신 분이시기 때문에 나를 만지실 수 있고, 내게 입맞춤하실 수 있다.

새 아담이 새 하와에게로 간다. 악이 여인을 통하여 세상에 들어왔고, 여인으로 인하여 졌다. 여인의 아들이 사람들에게서 사탄의 침의 독을 제거하였다. 이제는 사람들이 원하면 구원될 수 있다. 이 여인은 치명상을 입은 후 몹시 허약해진 첫번째 여인을 구해 주었다.

그리고 거룩함과 어머니 되심으로 인하여 그의 하느님인 아들이 찾아가는 것이 마땅히 순결한 분 다음에는, 구제된 여자, 내가 음란으로 인한 손해에서 구해 주려고 온 모든 여자를 대표하는 여자에게 나타난다. 그것은 그 여자로 하여금 행실을 고치기 위하여 내게로 오는 여자들에게 내게 대하여 믿음을 가지라고, 이해하고 용서하는 내 자비를 믿으라고, 그들의 육체를 쑤시는 사탄을 이기기 위하여는 다섯 상처로 꾸며진 내 육체를 쳐다보라고 말하게 하기 위해서이다.

나는 이 여자에게는 나를 만지게 하지 않는다. 이 여자는 아버지께로 돌아가는 아들을 오염시키지 않고 만질 수 있는 순결한 여자가 아니다. 이 여자는 속죄로 깨끗하게 해야 할 것이 아직 많다. 그러나 그의 사랑은 이 상급을 받을 자격이 있다. 이 여자는 그의 의지로 그의 악습에서 다시 살아날 줄을 알았고, 그를 차지하고 있던 사탄을 억압할 줄 알았고, 그의 구세주에 대한 사랑으로 세상에 저항할 줄을 알았으며, 사랑이 아닌 모든 것을 떨쳐버릴 줄 알았고, 오직 그의 하느님을 위하여 다 타버리는 사랑만이 될 줄을 알았다.

그래서 하느님은 이 여자를 '마리아!'라고 부르신다. 이 여자가 '라뽀니(선생님)!' 하고 대답하는 소리를 들어라. 이 외침에는 그의 마음이 들어 있다. 나는 그럴 만한 자격을 얻은 그에게 부활을 알리는 사자(使者)가 되는 임무를 맡긴다. 그리고 이 여자는 다시 한 번 헛소리를 한 것처럼 업신여김을 받을 것이다. 그러나 막달라의 마리아, 예수의 마리아에게는 사람들의 판단은 아무 상관도 없다. 마리아는 내가 부활한 것을 보았고, 이것이 그에게 다른 어떤 감정도 가라앉히는 기쁨을 준다.

죄가 있었지마는 죄에서 빠져나오고자 한 사람까지도 내가 얼마나 사랑하는지를 너는 알게 되었다. 내가 처음 나타난 것은 요한도 아니고 막달라 마리아였다. 요한은 벌써 내게서 아들의 자격을 얻었었다. 그가 아들의 자격을 가질 수 있었던 것은 그가 순결하였고, 또 정신적인 아들이 될 수 있었을 뿐 아니라,

하느님의 순결한 여인에게 저 필요한 것들과 보살핌을 드릴 수도 있고 그분에게서 받을 수도 있는 아들이 될 수 있었기 때문이다.

은총에 다시 태어난 여자인 막달라 마리아가 부활의 은총을 첫번째로 환시를 보는 것이다.

너희가 나를 위하여 모든 것을 이기기까지 나를 사랑하면, 나는 너희들의 병든 머리와 마음을 뚫린 내 손으로 잡고, 너희 얼굴에 내 능을 불어넣어 준다. 그래서 내가 사랑하는 자식들인 너희들을 구하고 또 구한다. 그러면 너희들은 다시 아름답고 자유롭고 행복하게 된다. 다시 주의 사랑을 받는 자식들이 된다. 나는 가엾은 사람들에게 내 인자와 내게 대한 확신을 주라고 너희들을 그들 가운데 내 인자를 가져다주는 사람을 만들고, 그들에 대한 내 인자의 증인을 만든다.

내게 대하여 믿음을 가져라, 가져라, 또 가져라, 사랑을 가져라. 두려워 말아라. 내가 너희를 구원하기 위하여 겪은 모든 고통이 너희들에게 너희 하느님의 사랑에 대한 확신을 주기 바란다.

> 그리고 작은 요한(마리아 발또르따의 애칭)아, 울고 났으니 이제는 웃어라. 네 예수가 이제는 고통을 당하지 않게 되었다. 피도 없고 상처도 없고, 그저 빛, 빛, 빛, 그리고 기쁨과 영광이 있을 뿐이다. 내 기쁨과 내 빛이 하늘의 시간이 올 때까지 네 안에 있다.

7. 친구들과 제자들에게 나타나시다

4월의 맑은 아침해가 라자로의 정원 장미나무와 쟈스민의 숲을 온통 반짝이게 한다. 회양목과 월계수로 된 울타리와 어떤 길 끝에서 너울거리는 큰 종려나무와 양어지(養魚池) 곁에 있는 대단히 무성한 월계수는 모두 신비로운 손으로 씻긴 것 같다. 그만큼 밤이슬이 풍성하게 내려 나뭇잎들을 씻고 또 아직도 덮여 있어서, 어떻게나 나뭇잎들이 반짝거리고 깨끗한지 꼭 에나멜을 새로 칠한 것 같다. 그러나 집은 죽은 사람이 가득 차 있는 것처럼 조용하다. 창문들은 열려 있다. 그러나 모든 커어튼이 드리워져 있어 어슴푸레한 여러 방에서는 아무 목소리도 아무 소리도 들려 오지 않는다.

안쪽에는 많은 문이 활짝 열려 있는 현관이 있는데 그리로 들여다보이는 여러 방들이 보통은 손님이 많거나 적거나 연회에 쓰이는 방들인데 아무런 호사스런 장식도 없는 것을 보니 이상스러운 느낌이 든다. 그 너머로는 포석이 깔리고, 의자가 죽 놓여 있는 회랑으로 둘러싸인 넓은 안마당이 있다. 이 의자들에는 많은 제자가 앉아 있고, 땅바닥이나 자리 또 대리석에까지도 앉아 있는 제자들도 있다. 그들 가운데에는 사도 마태오, 안드레아, 바르톨로메오, 알패오의 두 형제 야고보와 유다, 제베대오의 야고보와 목자들인 제자들과 마나헨, 그리고 내가 알지 못하는 다른 제자들이 있다. 열성당원도 라자로도 막시미노도 보이지 않는다.

마침내 막시미노가 하인들과 같이 들어와서 모두에게 빵과 여러 가지 음식, 올리브나 치즈나 꿀이나 또 원하는 사람에게는 양젖도 나누어 준다. 그러나 막시미노가 먹으라고 권하는데도 제자들은 별로 먹을 마음이 나지 않는다. 너무나 심한 의기소침이다. 며칠 동안에 얼굴이 움푹 들어가고 흙빛이 되었고, 눈들은 울어서 빨개졌다. 특히 사도들과 일찌감치 도망친 제자들은 창피한 모습을 보인다. 반면 목자들과 마나헨은 덜 의기소침하다. 아니 그보다도 덜 창피스러워한다. 그리고 막시미노는 그저 사나이답게 슬퍼하기만 한다.

열성당원이 뛰다시피 하면서 들어와서 "라자로가 여기 있나?" 하고 묻는다.

"아니, 그의 방에 있어. 왜 그러나?"

"오솔길 끝 태양의 샘이 있는 근처에 필립보가 있어. 예리고 평야에서 오는 길인데 기진맥진해 있어. 그런데 그 사람도 모두와 같이… 자기가 죄인이라고 느껴서 더 오려고 하질 않아. 그렇지만 라자로가 설득할 거야."

바르톨로메오가 일어나면서 말한다. "나도 가겠어…."

그들은 라자로를 찾아간다. 라자로는 부르는 소리를 듣자 고민하는 얼굴을 하고 어두침침한 방에서 나온다. 거기서 울고 있었음이 틀림없다.

그들은 모두 나와서 우선 정원을 건너지른 다음 마을을 지나 벌써 올리브나무동산 비탈을 향하여 가는 쪽으로 간다. 그리고 마을 그 위에 세워져 있는 고원이 끝나고 마을도 끝나는 곳에 이르러서는 산으로 자연스럽게 올라갔다 내려갔다 하는 산길로만 계속 간다. 그 산들은 동쪽으로는 평야를 향하여 비스듬히 내려가고, 서쪽으로는 예루살렘시를 향하여 올라간다.

그 곳에는 넓은 수반이 달린 샘이 있는데 거기서 양떼들과 사람들이 목을 축일 것이 틀림없다. 이곳은 이 시간에는 쓸쓸하고 수반 둘레에 있는 울창한 나무들 때문에 그늘이 많아서 시원하다. 수반의 물은 산의 근원에서 내려오는 물로 끊임없이 갈라져서 깨끗하고, 넘쳐서 땅을 축축하게 해준다.

필립보는 샘의 제일 높은 전에 헝클어지고 먼지가 뿌옇게 앉은 머리를 숙이고 앉아 있는데, 살갗이 벗겨진 발에는 구멍뚫린 샌들이 매달려 있다.

라자로가 동정어린 목소리로 그를 부른다. "필립보, 나한테 오시오! 우리 선생님께 대한 사랑으로 서로 사랑합시다. 선생님의 이름으로 결합합시다. 그렇게 하는 것도 역시 선생님을 사랑하는 것이오!"

7. 친구들과 제자들에게 나타나시다

"오! 라자로! 라자로! 나는 도망쳤어요. … 그리고 어제 예리고를 지나갔을 때 선생님이 돌아가셨다는 말을 들었어요! …나는… 나는 도망친 것을 용서받을 수 없어요…."

"우리는 모두 도망쳤어. 충실하게 남아 있던 요한과 또 우리가 비겁하게 도망친 다음에 선생님의 명령으로 우리를 다시 모아 놓은 시몬만 빼고는 말이야. 그리고는… 우리 사도들 중에서 아무도 충실한 사람이 없었어" 하고 바르톨로메오가 말한다.

"그럼 자네는 자네 자신을 용서하나?"

"아니야. 그렇지만 아무 좋은 결과도 내지 못하는 낙담에 빠져 있지 않는 것으로써 할 수 있는 대로 속죄를 하려고 생각해. 우리는 서로 결합해야 해. 요한과 결합해야 해. 그래서 선생님의 최후를 알아야 해. 요한은 줄곧 선생님을 따라갔으니까." 필립보에게 동료 바르톨로메오가 대답힌다.

"그리고 선생님의 가르침을 죽지 않게 해야 해. 그 가르침을 세상에 전파해야 하고, 선생님을 원수들에게서 구해 드리도록 제때에 마련을 하지 못했으니까 적어도 그 가르침만큼은 생생하게 보존해야 해" 하고 열성당원이 말한다.

"당신들은 선생님을 구할 수가 없었어요. 선생님을 구할 수 있는 것은 아무것도 없었어요. 선생님이 내게 그렇게 말씀하셨어요. 나는 그 말을 다시 한 번 하는 겁니다" 하고 라자로가 자신있게 말한다.

"라자로, 당신은 알고 있었어요?" 하고 필립보가 묻는다.

"알고 있었어요. 안식일 저녁부터 선생님이 돌아가셨다는 것을 알고 또 우리가 어떻게 했어야 했다는 것을 자세히 아는 것이 내게는 견딜 수 없는 괴로움이었지요…."

"아닙니다. 당신은 아니예요. 당신은 다만 순종만 하고 괴로워하기만 했지요. 그러나 우리는 비겁하게 행동했단 말입니다. 당신과 시몬은 순종에 희생된 겁니다" 하고 바르톨로메오가 가로막는다.

"그래요, 순종에! 아! 사랑하는 분께 순종하기 위해 사랑에 저항한다는 것은 얼마나 힘드는 일인지 몰라요! 필립보, 갑시다. 내 집에는 거의 모든 제자가 모여 있어요. 당신도 갑시다."

"나는 세상 사람들 앞에, 내 동료들 앞에 나타나기가 창피스러워요…."

"우리 모두가 마찬가지야!" 하고 바르톨로메오가 한탄한다.

"맞아. 그렇지만 나는 스스로 용서하지 않는 마음을 가지고 있어."

"필립보, 그건 교만입니다. 갑시다. 선생님이 안식일 저녁에 내게 이런 말씀을 하셨어요. '그들은 자기 자신을 용서하지 않을 것이오. 그들에게 내가 용서해 준다고 말하시오. 그것은 그들이 자유롭게 행동한 것이 아니라, 사탄이 유혹했기 때문이오' 하고. 갑시다."

필립보는 더 크게 운다. 그러나 지고 만다. 그리고 며칠 사이에 늙은 것같이 몸을 구부리고 라자로 곁에서 동료들이 기다리고 있는 안마당에까지 간다. 그가 동료들을 바라보는 눈길이나 그를 바라보는 동료들의 눈길이나 모두 그들의 전적인 의기소침의 명백한 고백이다.

라자로는 그것을 알아차리고 말한다. "그리스도의 양떼의 새 양 한 마리가 늑대들이 오는 바람에 겁이 나서 목자가 잡힌 다음 도망을 했다가 친구에게 거두어졌습니다. 길을 잃고서 혼자있는 쓰라림을 맛보고, 형제들 사이에서 같은 잘못을 슬퍼하는 위안조차도 가지지 못했던 이 양에게 나는 선생님의 사랑의 유언을 되풀이합니다.

나는 천사들의 무리 앞에서 맹세합니다. 선생님은 다른 많은 말씀도 하셨지만, 당신들의 현재의 인간적인 약함으로는 그것을 감당할 수가 없습니다. 왜냐하면 참말이지 그 말들로 내 마음이 열흘 전부터 갈기갈기 찢어져 있을 만큼 슬픈 말이기 때문입니다. 그래서 만일 내 생명이 실제로 보잘 것 없고 결함이 있는 것이기는 하지만, 그것이 내 주께 소용된다는 것을 알지 못한다면, 선생님을 잃음으로 모든 것을 잃은 친구와 제자로서의 이 고통의 상처로 의기소침해 있을 것입니다 ─ 그러니까 그런 말씀 외에 또 이렇게 말씀하셨어요. '부패한 예루살렘의 가스로 내 제자들까지도 미치게 될 거요. 그들은 도망쳐서 당신 집으로 올 거요.' 하고. 사실 당신들은 모두 왔어요. 모두 왔다고 말할 수 있는 것은 베드로와 가리옷 사람을 빼고는 당신들 모두가 내 집과 친구인 내 마음을 찾아왔기 때문이오. 선생님은 이렇게 말씀하셨어요. '그들을 다시 모아서 흩어진 내 양들에게 용기를 다시 주시오. 그들에게 내가 용서해 준다고 말하시오. 그들에 대한 내 용서를. 당신에게 맡기오. 그들은 도망한 것 때문에 마음의 평화를 스스로 얻지는 못할 거요. 그들에게 내 용서를. 실망하는 더 큰 죄를 짓지 말라고 말하시오' 하고.

선생님이 이렇게 말씀하셨어요. 그래서 선생님의 이름으로 당신들에게 용서를 주었어요. 그리고 용서라는 그렇게도 거룩하고 그렇게도 전적으로 선생님의 것인 이것을 선생님의 이름으로 당신들에게 주는 것이 얼굴이 떳떳했어요. 용서란 완전한 사랑입니다. 죄지은 사람을 용서해 주는 사람은 완전히 사랑하기 때문입니다. 이 임무가 내 어려운 순종에 힘을 주었어요. … 사실 내 다정스러운 누이동생들인 마리아와 마르타처럼 나도 그곳에 있고 싶었거든요. 그래서 선생님은 골고타 언덕에서 사람들에 의해 십자가에 못박히셨지만, 나는 정말이지 여기에서 순종에 의해 십자가에 못박혔습니다. 그리고 이것은 가슴을 찢는 듯한 고통입니다. 그러나 이 고통이 선생님의 영을 위로해 드리는 데 소용되고, 선생

7. 친구들과 제자들에게 나타나시다

님이 제자들을 모으셔서 그들의 믿음을 완전하게 하실 때까지 그들을 구하는 데 소용이 된다면, 사회날이 다 끝나기 전에 적어도 선생님의 유해나마 공경하러 가고 싶은 내 갈망을 다시 한 번 희생합니다.

나는 당신들이 의심한다는 것을 압니다. 그러나 의심해서는 안 돼요. 나는 과월절 잔치 때에 선생님이 하신 말씀을 당신들이 말해 준 것을 통해서나 알고 있어요. 하지만 그 말씀을 생각하면 생각할수록, 그분의 진리의 금강석 하나하나를 들어올리면 들어올릴수록, 그 말씀들이 직접 내 일과 관련이 있다는 것을 더 느끼게 됩니다. 선생님이 정말 돌아오시지 않게 되어 있으면 '나는 아버지께로 갔다가 돌아오겠다'고 말씀하실 수가 없었습니다. 만일 선생님이 영영 사라지셨으면, '너희들이 나를 다시 보면 너희들의 기쁨이 가득할 것이다' 하고 말씀하실 수가 없었습니다. 선생님은 항상 '나는 다시 살아난다'고 말씀하셨어요. 당신들은 선생님이 이런 말씀을 해 주셨다고 말했지요. '너희들 안에 뿌린 싹에 이슬이 내려 모두 싹트게 할 것이고, 그 다음에는 성령께서 오셔서 그것들이 큰 나무가 되게 하실 것이다' 하고. 그렇게 말씀하지 않으셨어요? 아이고! 이 말씀이 선생님의 제자들 중에서 제일 꼴찌이고, 그저 어쩌다가 선생님을 모셨던 보잘 것 없는 라자로에게만 실현되게 하지 마시오! 선생님이 돌아오셨을 때 그분이 뿌린 씨들이 그분의 피라는 이슬을 맞아 싹이 튼 것을 얻어 만나시게 하시오.

선생님이 십자가에 달리신 그 무서운 시간부터 내게는 불이 환하게 켜졌고, 힘이 마구 솟아 올라요. 모든 것이 조명되고, 모든 것이 나고, 모든 것이 돋아나요. 보잘 것 없는 인간적인 뜻으로 내게 남아 있는 말은 없어요. 오히려 내가 선생님을 통해서 또는 선생님에게서 들은 것이 이제는 생명을 가지게 되어서 실제로 내 메마른 황야가 기름진 화단으로 변해서, 거기에서는 꽃 하나하나가 선생님의 이름을 가지고 있고, 일체의 액이 그분의 축복받은 심장에서 생명을 얻어냅니다.

그리스도여, 저는 믿습니다! 그러나 이 사람들이 당신을 믿고, 당신의 모든 약속, 당신의 용서, 당신의 모든 것을 믿도록 하기 위하여, 여기 제 목숨을 당신께 바칩니다. 제 목숨을 다 써버리십시오. 그러나 당신의 가르침이 죽지 않게 하십시오. 보잘 것 없는 라자로를 부수십시오. 그러나 사도의 구성분자에서 흩어진 분자들을 다시 모으십시오. 무엇이든지 당신이 원하시는 대로 하십시오. 그러나 그 대신 당신의 말씀이 영원히 살아 있게 하시고, 당신을 통해서만 영원한 생명을 얻을 수 있는 사람들이 지금이나 언제나 그 말씀에로 오게 하십시오."

라자로는 정말로 영감을 받았다. 사랑은 그를 매우 높이 올려주고, 그의 격정이 하도 강해서 같이 있는 사람들도 자극하게 되었다. 그들은 마치 고해신부나 의사나 아버지이기나 한 것처럼, 오른쪽에서 부르고 왼쪽에서 부르고 한다.

라자로의 호화로운 집의 마당은 웬지 모르게 박해와 영웅적인 믿음의 시대의 그리스도교의 유력한 선조들의 집을 연상시킨다….

라자로는 사촌인 스승을 버린 데 대한 그의 고민을 가라앉힐 이유를 찾아내기에 이르지 못한 알패오의 유다에게로 몸을 기울이고 있었는데, 갑자기 무엇엔가 끌려서 몸을 일으킨다. 주위를 둘러보며 몸을 돌리더니 이렇게 분명히 말한다. "주님, 가겠습니다." 언제나 그러했듯이 재빨리 동의하는 그의 말이다. 그러면서 마치 그를 부르면서 앞장서 가는 어떤 사람을 따라가는 것처럼 뛰어서 나간다.

모두가 놀라서 서로 쳐다보며 서로 묻는다.

"뭘 봤길래 저러지?"

"아니, 아무 것도 없는데!"

"자넨 무슨 목소릴 들었나?"

"난 못 들었어."

"나도 못 들었어."

"그럼? 라자로가 혹시 병이 도진 게 아니야?"

"그럴지도 몰라… 저 사람은 우리보다 더 괴로워했고, 비겁한 우리들에게 많은 힘을 주었어. 어쩌면 저 사람이 지금 정신착란을 일으켰는지도 몰라."

"아닌 게 아니라, 저 사람의 얼굴이 대단히 변했어."

"그리고 말할 때 그의 눈길이 타는 듯했어."

"예수님이 저 사람을 하늘로 부르신 걸까?"

"사실 라자로는 조금 전에 자기의 목숨을 바친다고 했지. … 예수님이 꽃처럼 이내 꺾으신 거야. … 아이구! 우린 불행하게 됐네! 그러니 이젠 어떻게 하지?" 잡다하고 비통한 해석들이다.

라자로는 현관을 지나 정원으로 들어가서 여전히 뛰어 가면서 미소를 짓고 중얼거리는데, 그것은 그의 영혼이 말하는 것이다. "주님, 갑니다." 그는 푸른 은신처를 이룬 회양목의 작은 숲에 이르렀다. 우리 같으면 푸른 정자라고 할 만한 곳이다. 그리고 무릎을 꿇고 얼굴을 땅에 갖다 대고 외친다. "오! 주님!"

예수께서 부활하신 분의 아름다움에 둘러싸여 푸른 이 구석 가장자리에 계시면서 그에게 미소를 보내시고 이렇게 말씀하셨던 것이다. "라자로, 모든 것이 완수되었소. 충실한 벗인 당신에게 고맙다는 인사를 하러 왔소. 당신에게 내 형제들더러 즉시 최후의 만찬의 집으로 가라고 이르려고 왔소. 당신은 지금 당장은 이곳에 그대로 있으시오 ── 이것은 내게 대한 사랑으로 인한 친구로서의 또 하나의 희생이오 — … 당신이 이것을 괴로워할 줄은 내가 아오. 그러나 당신은 마음이 너그럽다는 것도 알고 있소. 당신의 동생 마리아는 벌써 위로를 받았소. 내가 마리아를 보았고, 마리아도 나를 보았으니까요."

"주님, 이제는 고통을 당하지 않으시는군요. 이것으로 제 모든 희생이 보상됩니다. 저는… 주님이 고통을 당하고 계신 것을 알고… 또 그 곳에 있지 못하는 것이 괴로웠습니다."

"오! 당신도 그곳에 있었소. 당신의 영은 내 십자가 밑에, 그리고 어두운 내 무덤 속에 있었소. 당신은 나를 온전히 사랑한 사람들과 같이 나를 내가 있던 깊은 곳에서 더 일찍 불러냈소. 이제는 내가 당신에게 '라자로, 오시오' 하고 말했소. 당신이 부활하던 날처럼. 그러나 당신은 오래 전부터 나보고 '오십시오' 하고 말하고 있었소. 그래서 왔소. 그리고 이번에는 내가 당신을 당신의 고통 저 속에서 끌어내려고 당신을 불렀소. 가시오! 라자로, 평화와 축복이 당신에게 있기를! 내 사랑을 믿으시오. 또 오겠소."

라자로는 여전히 꿇어 있으면서 몸짓 하나도 감히 하지 못한다. 비록 사랑으로 완화되기는 하였지만, 주의 위엄이 너무도 커서 라자로의 평소의 행동 방식이 마비되었다.

그러나 예수께서는 당신을 빨아들이는 빛의 소용돌이 속으로 사라지시기 전에 한 걸음 나아오셔서 충실한 이마를 살짝 만지신다.

그 때에야 라자로는 그의 지극히 행복한 큰 놀람에서 깨어난다. 그는 일어나서 눈에는 기쁨의 밝은 빛을 띠고 그리스도께서 살짝 만지신 이마를 빛내며 급히 친구들에게로 달려가서 외친다. "형제들, 주님은 부활하셨습니다! 주님이 나를 부르셔서 가서 주님을 뵈었어요. 주님은 당신들에게 즉시 최후의 만찬의 집으로 가라고 이르라고 말씀하셨습니다. 가시오! 가요! 주님이 나더러는 여기 남아 있으라고 하시니까 나는 남아 있습니다. 그러나 내 기쁨은 더할 나위 없습니다…."

그러면서 라자로는 기뻐서 울고, 한편 사도들에게는 예수께서 명령하시는 곳으로 먼저 가라고 재촉한다.

"가시오! 가요! 주님은 당신들을 보기를 원하십니다! 당신들을 사랑하셔요! 주님을 두려워하지 마시오. … 오! 그분은 그 어느 때보다도 더 주님이시고, 인자시고, 사랑이십니다!"

제자들도 일어난다….

베다니아에서는 사람들이 빠져나간다. 마음에 큰 위로를 받은 라자로만이 남아 있다.

8. 예수께서 요안나에게 나타나신다

밖의 빛이 잘 뚫고 들어오지 못하는 호화로운 방 안에서 요안나는 찬란한 담요가 덮인 낮은 침대 곁에 있는 의자에 앉아 몸을 완전히 탁 내맡긴 채 울고 있다. 한 팔을 침대에 걸치고, 팔에 이마를 갖다 대고, 가슴이 터질 듯한 흐느낌으로 몸이 마구 흔들린다. 몹시 괴롭게 울다가 숨을 돌리기 위하여 잠시 얼굴을 들 때에는 귀중한 담요에 축축하게 젖은 반점과 문자 그대로 눈물에 젖은 그의 얼굴을 볼 수 있다. 그러다가는 얼굴을 다시 팔에 갖다대는데, 그러면 그 여자의 가늘고 대단히 흰 목과 숱한 갈색 머리채와 매우 날씬한 어깨와 몸체의 꼭대기밖에 보이지 않는다. 나머지는 희미한 빛속에 사라져서 짙은 자주빛 옷에 감싸인 몸은 보이지 않게 된다.

커어튼을 움직이지도 않고 문을 벙싯 열지도 않은 채 예수께서 들어오셔서 소리없이 요안나 곁으로 가셔서, 손으로 그의 머리카락을 살짝 건드리시며 속삭이듯 물으신다. "요안나야, 왜 우느냐?"

요안나는 그의 천사가 물어보는 것으로 생각하는 모양이어서 침대전에서 머리를 들지 않기 때문에 아무 것도 보지 못한다. 요안나는 더 슬프게 흐느끼며 그의 고통을 말한다. "이제는 주님의 무덤조차도 없어져서 가서 눈물을 흘릴 수도 없게 되었고, 그래서 외롭지 않을 수도 없게 되어서 그래요…."

"하지만 주님은 부활하셨다. 너는 그것이 기쁘지 않으냐?"

"아이고! 왜요! 그렇지만 모두들 주님을 뵈었는데, 마르타와 저만 못 뵈었어요. 그런데 마르타는 틀림없이 베다니아에서 주님을 뵈올 것입니다. … 거기는 친한 집이니까요. 제 집은… 제 집은 이젠 친한 집이 아니에요. … 저는 수난과 더불어 모든 것을 잃었어요. … 제 선생님도 잃고 제 남편의 사랑도 잃고… 남편의 영혼도 잃었어요. … 남편은 믿지 않으니까요. … 믿지 않고… 저를 놀리고… 저를 구해 주신 주님의 기억을 숭앙하는 것조차 하지 말라고 강요해요. … 남편을 파멸시키지 않기 위해서… 남편에게는 인간적인 이익이 더 중요합니다. … 저는… 저는… 저는 남편을 계속 사랑하는지 남편에 대해 혐오를 느끼는지 모르겠어요. 저는 아내로서 남편에게 복종해야 할지, 또는 그리스도와 제 영의 결혼 관계 때문에 제 영혼이 원하는 것처럼 남편에게 불복종해야 할지 모르겠어요. … 저는… 저는 알고 싶어요. … 그런데 만일 가엾은 요안나가 주님을 만나뵙지 못하면 누가 제게 조언을 주겠어요? 오!… 내 주님께서 수난이 끝났습니다!… 그렇지만 제게는 수난이 금요일에 시작되어서 지금까지 계속됩니다. … 아이고! 저는 너무도 약해서 이 십자가를 혼자서 질 힘이 없어요!…"

8. 예수께서 요안나에게 나타나신다

"그러나 만일 주님이 너를 도와주시면, 주님을 위해 그 십자가를 지겠느냐?"

"아! 그러문요! 주님께서 도와주시기만 한다면… 주님은 혼자서 십자가진다는 것이 어떤 것인지를 아십니다. … 아이고! 제 불행을 불쌍히 여겨 주십시오!…"

"그렇다. 십자가를 혼자서 지는 것이 어떤 것인지를 나는 안다. 그렇기 때문에 내가 와서 네 곁에 있는 것이다. 요안나야, 지금 네게 말하는 사람이 누구인지 알겠느냐? 네 집이 이제는 그리스도와 친한 집이 아니라고? 왜? 네 세상의 남편은 인간의 장기(瘴氣)에 휩싸인 별이지마는 너는 여전히 예수의 요안나이다. 선생님은 너를 버리지 않았다. 예수는 그의 정배가 된 영혼들을 절대로 버리지 않는다. 그가 부활한 지금도 여전히 선생님이고, 친구이고, 정배이다. 요안나야, 고개를 들고 나를 보아라. 은밀히 가르치는 이 시간에, 그리고 내가 다른 사람들에게 나타난 것처럼 네게 나타나는 것보다도 더 다정스러운 이 시간에 장래의 네 행동이 어떠해야 할지, 수많은 네 자매들의 장래의 행동이 어떠해야 할지를 말해 주련다. 불안한 네 남편을 인내와 순종으로 사랑하여라. 인간적인 공포의 고민이 그의 마음 속에서 늘어가고 있는 그만큼 더욱 더 다정하게 굴어라. 남편이 그의 마음 속에 세상의 이해관계의 망령(亡靈)을 만들어 놓는 그만큼 네 정신적인 빛을 더하여라. 두 사람 몫으로 충실하여라. 그리고 네 영적인 결혼생활에 충실하여라. 장차 얼마나 많은 사람이 하느님의 뜻과 그의 배우자의 뜻 중에서 하나를 골라잡아야 할지 모른다! 그러나 그 사람들은 사랑과 모성을 초월하여 하느님을 따를 때 위대하게 될 것이다. 네 수난이 시작된다. 그렇다. 그러나 너는 어떤 수난이든지 부활로써 끝난다는 것을 알게 된다…."

요안나는 조용히 머리를 들었다. 그의 흐느낌이 없어졌다. 지금은 눈을 들어 예수를 보고 무릎을 꿇어 경배하며 속삭인다. "주님!"

"그렇다. 주님이다. 너는 내가 다른 누구하고보다도 너와 같이 있었다는 것을 알겠지. 그러나 나는 여러 가지 특수한 필요성들을 보고, 내게서 도움을 기다리는 영혼들에게 주어야 할 구조의 분량을 조절한다. 내 애무의 도움과 죄없는 네 자식의 도움으로 아내로서의 네 갈바리아산을 올라가라. 네 아들은 나와 함께 하늘나라에 들어갔고 너를 대신해서 나를 쓰다듬어 주었다. 요안나야, 네게 강복한다. 믿음을 가져라. 내가 너를 구해 주었다. 너도 믿음을 가지면 구해 줄 것이다."

이제는 요안나가 미소를 짓고 감히 물어본다. "아이들을 보러 안 가십니까?"

"새벽에 아이들이 아직 그들의 작은 침대에서 자고 있는 동안 입맞춤을 했다. 그러나 그들은 나를 주의 천사로 생각했다. 죄없는 아이들에게는 내가 원하는 때에 언제든지 입맞춤할 수 있다. 그러나 아이들을 너무 어리둥절하게 하지 않으려고 깨우지는 않았다. 그들의 영혼은 내 입맞춤의 기억을 보존하고 있고, 때가 되면 그들의 정신에 그것을 전해 줄 것이다. 내게 속한 것은 아무 것도 잃어지지 않는다. 항상 그들의 어머니로 있고 또 항상 내 어머니의 딸로 있어라. 내 어머니에게서 절대로 완전히 떨어져 있지 말아라. 내 어머니는 네게 대하여 그 윽한 모성애로 우리의 우정이었던 것을 계속 가지실 것이다. 그리고 어머니께 아이들을 데리고 가거라. 어머니가 당신 아들과 떨어져 계신 데서 고독감을 덜 가지시기 위하여는 아이들이 필요하다….”

"쿠자가 원치 않을 것입니다….”

"쿠자는 네가 하는 대로 내버려 둘 것이다.”

"주님, 남편이 저를 버릴 것입니까?” 그것은 애를 끊는 듯한 새로운 고통의 부르짖음이다.

"네 남편은 흐려진 별이다. 아내와 그리스도인으로서의 네 용맹으로 그를 빛으로 도로 데려오너라. 잘 있거라. 그리고 내 어머니 외에 다른 사람들에게 내가 왔었다는 말을 말아라. 계시도 마땅히 해야 할 사람에게만, 그리고 마땅히 해야 할 때에만 말해야 하는 것이다.”

예수께서는 찬란히 빛나시면서 요안나에게 미소를 지어보이시고 그 광채 안으로 사라지신다.

요안나는 꿈 속을 헤매는 것 같고, 기쁨과 괴로움, 꿈을 꾸지 않았나 하는 두려움과 보았다는 확신 사이에서 갈피를 잡지 못하면서 일어난다. 그러나 자기 안에서 느끼는 것으로 안심이 된다. 요안나는 옥상정원에서 조용히 놀고 있는 아이들을 찾아가서 껴안는다.

"엄마, 이젠 울지 않아?” 하고 마리아가 머뭇거리며 묻는다. 마리아는 이제 보잘 것 없는 초라한 어린 아이가 아니고, 옷을 잘 가꾸어 입고 머리를 잘 빗은 세련되고 우아한 소녀이다. 그리고 갈색머리에 재빠른 마티아는 사내다운 왕성한 원기로 말한다. "엄마를 울리는 사람이 누군지 말해 줘, 그럼 내가 혼내 줄 거야.”

요안나는 그들 두 아이를 가슴에 안고 마리아의 밤색 머리와 마티아의 갈색 머리에 대고 말한다. "엄마는 이제 울지 않는다. 예수님이 다시 살아나셔서 우리에게 축복하시니까.”

"오! 그럼 예수님은 이젠 피흘리지 않아? 아프지도 않고?” 하고 마리아가 묻는다.

"바보! 이렇게 말해야 해. 예수님은 이젠 죽지 않았어! 이젠 행복하지. 그럼!… 죽는 건 보기 싫은 거니까…” 하고 마티아가 말한다.

"그럼, 이젠 울 필요가 없어, 엄마?” 하고 다시 마리아가 묻는다.

"그렇다. 너희들 죄없는 어린아이들은 울 필요가 없다. 너희들은 천사들과 함께 몹시 기뻐하는 거다."

"천사들!…" 마리아가 말한다. "지난 밤 몇째 경(更)인지 모르겠는데, 누가 쓰다듬는 걸 느끼고서 잠이 깨어 '엄마!' 하고 말했어. 그렇지만 그건 엄마를 부른 게 아니었어. 나는 죽은 엄마를 부르는 거였어. 그 쓰다듬는 것이 엄마가 쓰다듬는 것보다 더 가볍고 부드러웠거든. 그래서 잠깐 동안 눈을 떴었어. 그렇지만 나는 커다란 빛만을 봤어. 그래서 이렇게 말했지. '주님이 죽은 것 때문에 내가 많이 슬퍼하는 걸 위로해 주려고 내 천사가 내게 입맞춘 거로구나' 하고."

"나두야, 그렇지만 난 너무 졸려서 '천사야?' 하고 말했어. 난 내 수호천사를 생각하고 '가서 예수님하고 엄마에게, 입맞춤해서 무서워하지 않게 해줘' 하고 말하려고 했어. 그렇지만 그렇게 말하지 못했어. 다시 잠이 들어서 꿈을 꿨는데 내가 엄마하고 마리아하고 하늘에 있는 것 같았어. 그런 다음 저 지진이 일어나서 잠이 깼어. 그렇지만 유모가 '무서워하지 말아라. 벌써 다 지나갔다' 하고 말해서 난 또 잤어."

요안나는 아이들을 다시 껴안아 준 다음 조용히 놀게 내버려두고 최후의 만찬의 집으로 간다. 성모 마리아를 찾고 그 방으로 들어간다. 요안나는 문을 닫고 그의 중요한 말을 한다. "저는 주님을 뵈었어요. 이 말씀을 어머니께 드립니다. 저는 위안을 받았고 행복합니다. 저를 사랑해 주셔요. 주님은 저더러 어머니와 결합해 있어야 한다고 말씀하셨거든요."

어머니는 대답하신다. "내가 안식일 벌써 너를 사랑한다고 말했지. 어제, 그것이 어제였으니까. … 그런데 눈물과 어두움의 그 날과 빛과 미소의 이 날이 그렇게도 멀리 떨어져 있는 것 같구나!"

"그렇습니다. … 이제야 생각납니다. 어머니는 주님이 지금 제게 되풀이하신 말씀을 벌써 하셨어요. 어머니는 이렇게 말씀하셨지요. '우리 여자들이 행동해야 할 것이다. 우리 여자들은 남아 있었고, 남자들은 도망했으니까. … 언제나 여자가 생명을 주는 것이다…' 하고요. 오! 어머니 쿠자에게 생명을 주도록 저를 도와주십시오! 쿠자는 믿음을 버렸습니다!…" 요안나는 다시 울기 시작한다.

마리아는 요안나를 품에 안으신다. "믿음보다도 더 강한 것은 사랑이다. 이것이 가장 활동력이 강한 덕행이다. 이 덕행으로 너는 쿠자의 새로운 영혼을 만들어 줄 것이다. 두려워 말아라. 그러나 내가 너를 도와주마."

9. 예수께서 요셉과 니고데모와 마나헨에게 나타나신다

마나헨이 베다니아에서 예루살렘으로 가는 언덕길을 목자들과 같이 급히 걸어간다. 훌륭한 길이 직접 올리브나무 재배지 쪽으로 나 있다. 목자들과 헤어진 다음 마나헨은 올리브나무 재배지 쪽으로 돈다. 목자들은 최후의 만찬의 집으로 가려고 몇 명씩 나누어서 시내로 들어가려고 한다.

나는 그들이 이야기하는 것을 듣고 알아차렸지만, 조금 전에 그들은 부활의 소식과 며칠 후에 모두 갈릴래아로 가라는 명령을 전하려고 베다니아로 가는 요한을 만난 모양이다. 그들이 헤어진 것은 바로 목자들이 벌써 요한에게 한말을 베드로에게 직접 되풀이하고자 하기 때문이다. 즉 주님이 라자로에게 나타나셔서 최후의 만찬의 집으로 모이라고 말씀하셨다는 것을 알리고자 하기 때문이었다.

마나헨은 덜 중요한 길로 해서 올리브나무 재배지 가운데 있는 집을 향하여 올라간다. 산에 있는 수많은 올리브나무를 그 당당한 덩어리로 위압하는 레바논의 서양삼나무가 빙 둘러 있는 훌륭한 집이다. 그는 자신있게 들어가서 달려온 하인에게 말한다. "주인어른 계신가?"

"조금 전에 오신 요셉님과 같이 이쪽에 계십니다."

"내가 왔다고 말씀드리게."

하인이 갔다가 니고데모와 요셉과 같이 다시 온다. 세 사람의 목소리가 오직 한 외침으로 섞인다. "부활하셨소!"

그들은 세 사람 모두가 그 사실을 아는 것이 놀라워서 서로 바라본다. 그런 다음 니고데모가 친구를 잡고 안에 있는 방으로 끌고 간다. 요셉이 그들을 따라 간다.

"당신이 감히 다시 왔단 말이오?"

"그렇소. 선생님은 '최후의 만찬의 집으로'라고 말씀하셨소. 세상 사람들의 노여움을 산 범죄자와 같이 묶이고 오물투성이가 되신 선생님에 대해 내가 가진 기억의 고통에서 벗어나게 이제는 영광스럽게 되신 선생님을 뵙기가 간절한 바람이오."

"오! 우리도 선생님을 뵙기를 바라오. … 그것도 선생님의 처형과 수없이 많은 상처의 소름끼치는 기억에서 벗어나기 위해서요. … 그러나 선생님은 여자들에게만 나타나셨소" 하고 요셉이 불평한다.

"그것은 정당한 일이오. 여자들은 요 몇 해 동안에 항상 충실했소. 우리는 겁을 내고 있었소. 어머니도 그 말씀을 하셨소. '예수가 나타나기 위해서 이 시간을 기다렸다면 당신들의 사랑은 아주 보잘 것 없는 것일 거요!' 하고" 이렇게 니고데모가 반박한다.

"하지만 선생님께 그 어느 때보다도 더 반대하는 이스라엘에 대항하기 위해서는 우리가 선생님을 뵐 필요가 있소! … 당신은 모르지요! 지키던 병사들이 말을 했어요. … 이제는 최고법원의 우두머리들과 바리사이파 사람들이 그러한 하늘의 분노를 보고도 아직 마음을 돌리지 않고, 선생님의 부활 소식을 들을 수 있는 사람들을 가두려고 찾아다니고 있소. 나는 어린 마르시알을 보내서 — 어린 아이는 더 쉽게 빠져나가니까요 — 집안 식구들에게 경계하라고 일렀소. 그들은 지키던 병사들을 매수하려고 성전의 금고에서 헌금을 빼다썼소. 병사들이 벌을 받을까봐 무서워서 제자들이 시체를 훔쳐 갔다고, 자기들이 전에 부활에 대해 말한 것은 거짓말에 지나지 않았다고 말하게 하려는 것이오. 시내가 온통 술렁거리고 있소. 그래서 겁이 나서 벌써 예루살렘을 떠나는 제자들도 있소. … 베다니아에 있지 않던 제자들 말입니다…."

"그래요, 우리는 선생님의 강복을 받아야 용기를 얻을 수 있을 거요."

"선생님이 라자로에게는 나타나셨소. … 아침 아홉 시쯤이었소. 라자로는 빛나는 얼굴이 되어 가지고 우리 앞에 나타났소."

"오! 라자로는 당연히 그럴 자격이 있지요! 우리야…" 하고 요셉이 말한다.

"그렇소. 우리는 아직 덜 나은 문둥병처럼 의심과 인간적인 생각이 박혀 있소. … 그리고 '나는 당신들이 깨끗해지기를 원하오!' 하고 말씀하실 수 있는 분은 선생님밖에는 없어요. 그러면 선생님이 부활하신 지금, 가장 덜 완전한 우리들에게는 말씀을 안 하실까요?" 하고 니고데모가 묻는다.

"그리고 죽음과 육체의 재난에서 벗어나신 지금은 세상을 벌하기 위하여 기적도 더이상 행하지 않으실까요?" 하고 요셉이 다시 묻는다.

그러나 그들이 묻는 데 대하여는 한 가지 대답밖에는 있을 수가 없다. 선생님의 대답이다. 그런데 선생님의 대답은 오지 않는다. 그래서 세 사람은 괴로워하고 있다.

그러다가 마나헨이 말한다. "자, 나는 최후의 만찬의 집으로 가겠소. 만일 저들이 나를 죽이면, 선생님은 내 영혼을 사해 주실 것이고, 나는 하늘에서 선생님을 뵈올 거요. 이 세상에서 선생님을 뵙지 못하면 말이오. 마나헨은 선생님의 집단에서 하도 쓸 데 없는 물건이어서, 내가 죽는다 하더라도 꽃이 가득한 풀밭에서 꽃을 하나 따서 생기는 빈 자리와 같은 빈 자리나 남길 거요. 그것은 보이지도 않을 거요…." 그러면서 가려고 일어난다.

그러나 그가 문 쪽으로 몸을 돌리는 동안 그 문이 못박히신 하느님으로 환하게 빛난다. 예수께서 손을 벌리고 안는 몸짓을 하시면서 마나헨을 붙잡고 말씀하신다. "당신께 평화! 당신들에게 평화! 그러나 당신과 니고데모는 그대로 있는 그 자리에 계십시오. 요셉은 가는 것이 좋다고 생각하시면 가셔도 됩니다. 그러나 당신들은 나와 같이 여기 있고, 또 나는 당신들이 청하는 말을 하겠습니다. '나는 당신들의 믿음 안에 남아 있는 불순한 것이 없어져 당신들이 깨끗해지기를 원합니다.' 내일 시내로 내려가서 형제들을 만나십시오. 오늘 저녁에는 내가 사도들에게만 말해야 합니다. 안녕히들 계십시오. 그리고 하느님께서 항상 당신들과 함께 계시기를 바랍니다. 마나헨, 고맙습니다. 당신은 이 사람들보다 더 믿었어요. 그러니까 당신의 정신에도 감사합니다. 그리고 두분께는 두 분의 동정에 감사합니다. 용감한 믿음의 생활을 가지고 그 동정(同情)이 더 높은 것으로 변하게 하십시오."

예수께서는 눈부신 백열광 속으로 사라지신다.

세 사람은 행복하고 또 어리둥절하다.

"그런데 그분이 선생님이셨소?" 하고 요셉이 묻는다.

"그럼 당신은 그분의 목소리를 듣지 못했단 말이오?" 하고 니고데모가 대답한다.

"목소리는… 유령도 목소리를 낼 수 있어요. … 마나헨, 당신은 그분 곁에 있었는데, 어떤 것 같아요?"

"매우 아름다운 진짜 육체였소. 숨을 쉬고 있었어요. 나는 그의 숨소리를 느꼈어요. 그리고 체온을 발산했어요. 또 그리고… 상처, 상처를 나는 보았소. 상처가 그때 생긴 것같이 보였어요. 상처에서 피는 흐르지 않았지만, 그것은 살아 있는 살이었소. 오! 의심하지 마시오! 주님이 당신들을 벌하지 않으시기 바라오. 우리는 주님을 뵈었소. 그분의 본성이 그렇게 되셔야 하는 것과 같이 다시 영광스럽게 되신 예수님을 뵈있단 말이오! 그리고… 주님은 우리를 아직도 사랑하셔요. … 정말이지 이제는 헤로데가 그의 나라를 내게 주겠다고 해도 나는 그에게 이렇게 말할 것입니다. '내게는 당신의 옥좌와 왕관이 먼지와 오물에 지나지 않소. 내가 지금 가지고 있는 것을 능가하는 것은 아무 것도 없소. 나는 하느님의 얼굴에 대한 복된 지식을 가지고 있소' 하고."

10. 예수께서 목자들에게 나타나신다

목자들도 올리브나무들 아래로 빨리 간다. 그런데 그들은 예수의 부활을 어떻게나 확신하는지 어린아이들처럼 즐겁게 이야기한다. 그들은 직접 시내를 향하여 간다.

"베드로에게 선생님을 잘 보고 그분이 얼마나 아름다운지 말해 달라고 하세"

하고 엘리야가 말한다,
"오! 나는 선생님이 아무리 아름다우시다 해도 선생님이 얼마나 고문을 당하셨는지 생전 잊지 못할 거야" 하고 이사악이 중얼거린다.
"그렇지만 선생님이 십자가에 달려서 들려지셨을 때 모습이 지금도 보이나?" 하고 레위가 묻는다. "자네들은 어때?"
"나는 완전히 생각나. 그땐 빛이 아직 환했거든. 그 다음에는 내 늙은 눈으로는 별루 잘 보이질 않았어" 하고 다니엘이 말한다.
"나는 반대로 선생님이 돌아가신 것 같을 때까지 보았어요. 그렇지만 나는 차라리 소경이 돼서 보지 못했으면 했어요" 하고 요셉이 말한다.
"오! 그래. 그렇지만 이젠 부활하셨으니까, 그것으로 우리는 행복하게 돼야 해" 하고 요한이 그를 위로하려고 말한다.
"그리고 선생님을 떠난 것은 그저 우리가 인정많은 사람이 되기 위해서라는 생각을 하면" 하고 요나타가 덧붙인다.
"그렇지만 우리 마음은 저 위에 남아 있어. 언제까지고" 하고 마티아가 중얼거린다.
"언제까지고, 그래. 자넨 수의에 박힌 모습을 봤으니 말해 주게. 비슷하시던가?" 하고 베냐민이 묻는다.
"말씀을 하시는 것 같았어" 하고 이사악이 대답한다.
"우리도 그 보를 볼 수 있을까?" 하고 여럿이 묻는다.
"그럼! 어머님은 누구에게나 다 보여 주셔. 자네들도 분명히 보게 될 거야. 그렇지만 슬픈 광경이야. 선생님을 뵙는 편이 더 나을 거야. … 아이고! 주님!"
"충실한 봉사자들, 내가 여기 왔소. 자 가시오. 며칠 새에 당신들을 갈릴래아에서 기다리겠소. 나는 당신들을 사랑한다는 말을 또 하고 싶소. 요나는 다른 사람들과 같이 하늘에서 큰 행복을 누리고 있소."
"주님! 아이고! 주님!"
"착한 마음을 가진 당신들에게 평화가 있기를."
부활하신 분은 한낮의 태양의 빛나는 빛 속으로 갑자기 사라지신다. 그들이 고개를 들었을 때는 이미 거기에 계시지 않았다. 그러나 지금 있는 그대로의 선생님을, 즉 영광스러우신 선생님을 본 것은 큰 기쁨이었다.
그들은 기쁨으로 얼굴이 환해져서 일어난다. 겸손하기 때문에, 그들은 자기들이 예수를 뵈올 자격을 얻었다는 확신을 가지지 못한다. 그래서 이렇게 말한다. "우리한테! 우리한테! 우리 주님은 얼마나 인자하셔! 나실 때부터 승리하실 때까지 항상 겸손하시고 당신의 보잘 것 없는 종들에 대해서 친절하셔!"
"그리고 얼마나 아름다우셨어!"

"오! 어떻게나 아름다우신지, 그렇게 아름다우신 때는 없었어! 얼마나 위엄이 있으시구!"

"더 크신 것 같고 더 원숙해지신 것 같았어."

"정말 임금님이셔!"

"오! 주님을 온화하신 임금님이라고 말들 했지! 그렇지만 그분의 심판을 두려워해야 하는 사람들에게는 무서운 왕이기도 하셔!"

"그분의 얼굴에서 얼마나 강한 빛살이 나오는지 봤어?"

"그리고 그분의 눈길은 얼마나 빛났어!"

"나는 선생님을 감히 똑바로 쳐다보지 못했어. 그렇지만 똑바로 쳐다보고 싶기는 했어. 하늘에서가 아니면, 이제 다시는 그렇게 뵐 수는 없을 것이라고 생각하기 때문에 그랬어. 그리고 그때 두려움을 느끼지 않기 위해서 선생님을 알고 싶어."

"오! 우리가 지금 있는 그대로, 즉 충실한 주님의 종으로 남아 있으면 걱정할 필요가 없어. 자네도 들었지. '나는 당신들을 사랑한다는 말을 또 하고 싶소. 착한 마음을 가진 당신들에게 평화' 하고 말이야. 아이고! 쓸 데 없는 말은 한 마디도 없었어. 그렇지만 몇 마디 안 되는 그 말씀 속에 우리가 지금까지 한 것에 대한 완전한 찬성과 내세의 생명에 대한 가장 큰 약속들이 들어 있어. 아! 기쁨의 찬미가, 우리 기쁨의 찬미가를 노래하기 시작하세. '하늘 높은 곳에는 하느님께 영광, 땅에서는 마음이 착한 사람들에게 평화, 주님은 예언자의 입과 흠없는 당신 말씀을 통하여 말씀하신 대로 참으로 부활하셨네. 주님은 한 사람의 입맞춤이 당신 안에 갖다 놓았던 부패한 것을 당신 피와 더불어 모두 흘려 내보내시고, 제단과 같이 깨끗해진 주님의 몸은 하느님의 형언할 수 없는 아름다움을 지니셨네. 주님은 하늘에 올라가시기 전에 당신 종들에게 나타나셨네. 알렐루야. 노래하며 가세. 알렐루야! 하느님의 영원한 젊음! 이교도들에게 주님이 부활하셨다고 알리러 가세. 알렐루야! 의로우신 분이, 거룩하신 분이 부활하셨네, 알렐루야, 알렐루야! 무덤에서 죽지 않은 몸으로 나오셨네. 그리고 의인도 주님과 함께 부활하였네. 굴 속과 같이 죄악 속에 사람의 마음이 갇혔었네. 주님은 '일어나라' 하고 말씀하시려고 돌아가셨네. 그래서 흩어져 있던 사람들이 일어났네, 알렐루야! 선택된 사람들에게 하늘의 문을 열어 주신 다음 주님은 '오너라' 하고 말씀하셨네. 주님은 당신의 피로 우리를 하늘에 올라가게 허락하시네, 알렐루야!"

전에 세례자 요한의 제자였던 나이먹은 마티아는 아마 옛날에 다윗이 유다의 길로 백성들의 앞장을 서서 걸어가며 노래하였을 것처럼 앞장서 가며 노래를 부른다. 다른 사람들은 그를 따라가며 알렐루야가 나올 때마다 거룩한 기쁨으로 목소리를 맞추어 노래한다.

일행에 끼여가는 요나타는 벌써 그들이 빨리 내려가고 있는 작은 언덕 밑에 예루살렘이 보이게 되었을 때 이렇게 말한다. "주님이 나신 것으로 인해서 나는 고향과 집을 잃었고, 주님이 돌아가신 것 때문에 내가 30년째 정직하게 일한 새로운 집을 잃었네. 하지만 주님 때문에 누가 내 목숨을 앗아간다 하더라도 나는 주님 때문에 목숨을 잃은 것일 테니까 기쁘게 죽어갈 걸세. 나는 내게 대해서 불공평한 사람에 대해 원한을 가지고 있지 않아. 내 주님이 돌아가시면서 완전한 온순을 내게 가르쳐 주셨어. 그리고 내일에 대해서 걱정을 하지 않네. 내가 있을 집은 여기 있지 않고, 하늘에 있어. 나는 주님께서 그것을 몹시 애지중지 하시니까 가난하게 살겠어. 그리고 나를 부르실 때까지 주님을 섬기겠어. … 그리고… 맞아… 내 여주인을… 버리는 것도 주님께 바치겠어. … 이것이 제일 어려운 고난이야. … 하지만 그리스도의 죽음과 그분의 영광을 본 지금, 나는 내 고통을 고려하지 않고 천상 영광을 바라기만 해야 돼. 사도들에게 가서 요나타는 그리스도의 종들의 종이라고 말하세."

11. 예수께서 엠마오의 제자들에게 나타나신다

중년 남자 둘이 예루살렘을 뒤로 하고 산길을 빨리 걸어간다. 예루살렘의 언덕들은 산꼭대기와 계속적으로 기복이 끊임없이 이어지는 다른 산들 뒤로 차차 사라진다.

그들은 이야기를 하면서 가는데, 나이 더 많은 사람이 기껏해야 서른 다섯쯤 되었을 동행에게 이렇게 말한다. "자네는 이렇게 하는게 낫다고 생각한단 말이지. 난 가족이 있고 자네도 가족이 있어. 성전 사람들이 하는 일을 우습게 생각해서는 안 돼. 그들이 옳은 건지 옳지 않은 건지는 모르겠네. 내가 아는 건 그 사람들이 이 모든 걸 영원히 끝내버릴 생각을 분명히 가지고 있다는 거야."

"그런 큰 죄를 지으면서 말이지요. 말은 바른 대로 해야 합니다. 그건 적어도 큰 죄란 말입니다."

"그건 형편 나름이야. 우리 마음 속엔 최고회의를 반대해서 사랑이 술렁이고 있는 거야. 그렇지만 어쩌면… 알 수 있나?"

"절대로 그렇지 않습니다. 사랑은 비추어 주지, 오류로 이끌어 가지는 않습니다."

" 최고회의 사람들도, 사제들도, 지도자들도 사랑하고 있어. 그 사람들도 야훼를 사랑해, 하느님과 성조들 사이에 계약이 체결된 때부터 이스라엘 전체가 사랑한 그분을 사랑한단 말이야. 그럼, 그 사람들에게 있어서도 사랑은 빛이고,

오류로 이끌어가지 않는 거야!"

"그 사람들의 사랑은 주님께 대한 사랑이 아닙니다. 그렇습니다. 이스라엘은 여러 세기째 이런 믿음을 가지고 있습니다. 그렇지만 말씀 좀 해보세요. 성전의 우두머리들, 바리사이파 사람들, 율법학자들, 사제들이 우리에게 주는 믿음이 그대로 믿음이라고 말할 수 있습니까? 아시겠어요? 이건 사람들이 벌써 아는 일이고, 적어도 그런 일이 일어나고 있다고 짐작은 하는 일이었지만, 주님께 바친 돈으로 배반자를 매수했고, 지금은 무덤을 지키던 병사들을 매수한단 말입니다. 배반자는 그리스도를 배반하라고, 병사들은 거짓말을 하라고 말입니다. … 아이고! 영원한 능력을 가지신 분이 어떻게 벽을 옮겨놓고 성전의 휘장을 찢어 놓는 것만으로 만족하셨는지 전 알 수가 없어요! 아버님께 말씀이지만 새 시대의 펠리시데 사람들이 무너진 돌더미 밑에 깔려버렸으면 좋았겠어요. 모두!"

"클레오파! 자네는 복수덩어리가 되겠네."

"전 복수덩어리가 될 거야. 왜냐하면 선생님이 예언자에 지나지 않으셨다고 인정합시다. 그래 죄없는 사람을 죽여도 괜찮단 말입니까? 선생님은 죄가 없었으니까 말입니다. 아버님은 사람들이 선생님이 지으셨다고 비난하는 죄를 하나라도 지으신 것을 보신 일이 있습니까?"

"아니, 아무 죄도. 그렇지만 선생님은 잘못 하신 게 한 가지 있어."

"그게 어떤 것입니까?"

"십자가 위에서 당신의 능력을 나타내 보이지 않으신 잘못 말이야. 우리의 믿음을 굳게 하고 믿지 않는 불경한 사람들을 벌하기 위해서, 선생님은 도전에 응해서 십자가에서 내려오셔야 했어."

"선생님은 그보다 더한 일을 하셨어요. 부활하셨으니까요."

"그게 참 말인가? 어떻게 부활하셨어? 영으로만 부활하신 거야, 그렇잖으면 영과 육체로 부활하신 거야?"

"아니! 영은 영원합니다. 그러니까 부활할 필요가 없어요!" 하고 클레오파가 외친다.

"그건 나도 알아. 내 말은 인간의 모든 계략을 초월하시는 오직 당신의 천주성만으로 부활하셨느냐 말이야. 이제 선생님의 영은 인간의 공포에 의한 계략을 아셨으니까 말이야. 자네도 들었나? 마르코는 선생님이 바위 앞에서 기도하러 가시던 게쎄마니에는 사방에 피가 있다고 말했어. 그리고 마르코와 말을 한 요한은 마르코에게 '그 곳에는 하느님이시요 사람이신 분이 흘리신 피땀이 있으니까 짓밟지 못하게 하라'고 말했어. 고문을 당하시기 전에 피땀을 흘리셨으면, 거기에 대해서 공포를 느끼신 게 틀림없어!"

"가엾은 우리 선생님!…"이라 말하고. 그들은 몹시 슬퍼하며 입을 다문다.

예수께서 그들에게 오셔서 물으신다. "누구 이야기를 하고 계셨소? 조용하기 때문에 당신들 말이 가다가다 들리더군요. 누가 죽임을 당했습니까?" 그것은 갈 길이 바쁜 보잘 것 없는 길손의 수수한 모습에 가려진 예수님이시다.

두 사람은 예수를 알아보지 못한다.

"선생은 다른 곳에서 오셨소? 예루살렘에 머물지 않으셨소? 선생의 먼지투성이 옷하고 그 지경이 된 샌들을 보니 지칠 줄 모르는 길손 같은 생각이 드는군요."

"그렇소. 아주 먼 곳에서 옵니다…."

"그럼 피곤하시겠군요. 그리구 먼 데로 가시오?"

"아주 먼 곳으로 가오. 내가 떠나 온 곳보다도 더 멀리 가오."

"장사를 하시오? 장을 찾아다니시는 거요?"

"나는 가장 높은 양반을 위해서 수없이 많은 양떼를 사야 하오. 나는 온 세상을 두루 다니며 양과 어린 양을 골라야 하고, 야생 양떼들 있는 데까지도 내려가야 하오. 그 야생 양떼들은 길이 들면 지금 야생 양들이 아닌 양들보다도 더 훌륭하게 될 거요."

"어려운 일이로군요. 그래서 예루살렘에도 들르지 않고 길을 계속하셨소?"

"그건 왜 물으시오?"

"선생만이 요새 예루살렘에서 일어난 일을 모르는 것 같아서 그러는 거요."

"무슨 일이 있었소?"

"선생은 멀리서 왔기 때문에 아마 모르시는 모양이로군요. 그렇지만 선생의 말씨로 보아 갈릴래아 말씬데요. 그러니 외국 왕의 하인이거나 망명한 갈릴래아 사람들의 아들이라도. 만일 선생이 할례를 받은 분이면 우리 고향에 나자렛의 예수라는 위대한 예언자가 일어났다는 걸 아실 텐데요. 그분은 하느님과 사람들 앞에서 행동과 말이 능하시고, 온 나라를 두루 다니시며 전도를 하셨소. 그러면서 당신이 메시아라고 말했어요. 그분의 말과 행동은 그분이 말하는 대로 실제로 하느님의 아들다웠어요. 그렇지만 하느님의 아들답기만 했지요. 온전히 하늘 같은… 이제는 왜 그런지 아시겠지요. … 그런데 선생은 할례를 받으셨소?"

"나는 맏아들이고 주께 봉헌된 사람이오."

"그럼 우리 종교를 아시겠구려?"

"한 획까지 속속들이 알고 있소. 계명과 관습들도 알고 있고, 할라카(Hallachah)와 미드라심(Midrashim)과 하가다(Hagadah)도 막태어난 사람의 지능과 본능과 욕구가 맨 먼저 찾는 기본요소인 공기와 물과 불과 빛과 같이 알고 있소."

"그러면 선생은 이스라엘이 메시아에 대한 약속을, 그러나 이스라엘을 다시 모을 강력한 왕과 같은 메시아에 대한 약속을 가지고 있다는 것을 아시겠구려. 그런데 이분은 반대로 그렇지 않았소….”

"어떠했는데요?”

"그분은 이 세상 권력을 노리지 않았소. 그분은 자기가 영원하고 영적인 나라의 왕이라고 말했소. 그분은 이스라엘을 모아놓기보다는 오히려 분열시켰소. 지금 이스라엘은 그분을 믿는 사람과 그분을 악한 사람이라고 말하는 사람으로 갈라져 있으니까요. 사실 그분은 왕의 기질은 가지고 있지 못했소. 그분은 그저 온유와 용서만을 원했으니까요. 이런 무기를 가지고야 어떻게 지배하고 이기겠소?…”

"그래서요?”

"그래서 사제장들과 이스라엘의 장로들이 그분을 잡아서 사형을 받아야 할 사람이라고 판결을 했지요. … 사실을 말하자면, 그분을 사실이 아닌 죄가 있다고 고발하면서 그랬던 겁니다. 그분의 잘못은 너무 인자하고 또 너무 엄한 것이었지요….”

"인자하면서 어떻게 또 엄할 수가 있었소?”

"이스라엘의 지도자들에게 진실을 말하는 것으로 너무 엄했고, 옳지 못한 그분의 원수들을 즉사시키는 죽음의 기적을 그들에게 행하지 않을 만큼 너무도 인자했으니까 그럴 수가 있었던 거지요.”

"그분은 세례자처럼 엄했소?”

"사실은… 그걸 말하지 못하겠소. 그분은 특히 마지막 시기에 율법학자들과 바리사이파 사람들을 몹시 책망하고 성전 사람들을 하느님의 노여움의 낙인이 찍힌 사람들이라고 위협했소. 그렇지만 그 다음에 어떤 사람이 죄인인데 자신의 죄를 뉘우치면, 그분이 그 사람 마음 속의 참된 뉘우침을 읽으면, 어머니보다도 더 인자했지요. 나자렛 선생님은 율법학자가 책을 읽는 것보다도 사람의 마음을 더 잘 읽었으니까요. ”

"그런데 로마는 그 무죄한 사람을 죽이라고 허락했소?”

"빌라도가 그분에게 사형을 언도했소. … 그러나 빌라도는 그렇게 하지 않으려 했고, 그분을 의인이라고 말했소. 그러나 이스라엘의 지도자들이 카이사르에게 그를 고발하겠다고 위협하는 바람에 겁을 집어먹었소. 결국 선생님은 십자가형의 언도를 받고 십자가에 못박혀 돌아가셨소. 이 일도 있고 동시에 최고회의 위원들이 무섭기도 해서 우리는 기가 몹시 꺾였소. 왜냐하면 나는 클레오파의 아들 클레오파이고 이분은 시몬이고, 우리 둘이 다 엠마오 사람인데 친척이기 때문이오. 내가 이분의 맏딸과 결혼을 했으니까요. 그리고 우리는 그 예언자의 제자였어요.”

11. 예수께서 엠마오의 제자들에게 나타나신다   73

"그럼, 이젠 그분의 제자가 아니오?"

"우리는 그분이 이스라엘을 해방할 분이시기를 바랐고, 또 기적으로 당신의 말을 확증하기를 바랐었소. 그런데 오히려…"

"그분이 무슨 말을 했었소?"

"말했지 않소? '나는 다윗의 왕국에 왔습니다. 나는 평화를 사랑하는 왕이오' 하는 등등의 말이지요. 또 그분은 '내 나라로 오시오' 하고 말했지요. 그렇지만 우리에게 나라를 주지 않았소. 또 이렇게도 말했소. '사흘 날에 부활하겠소' 하고. 지금이 그분이 돌아가신 지 사흘날이오, 오후 세 시가 벌써 지났으니까 사흘 날도 다 지나갔소. 그런데 그분은 부활하지 않았소. 여인들과 무덤을 지키던 병사들은 그렇다고, 즉 그분이 부활했다고 말하오. 그러나 우리는 그분을 못 보았소. 지키던 병사들이 이제는 나자렛 선생님의 제자들이 시체를 훔쳐 간 것을 변명하느라고 그런 말을 했다고 말하고 있소. 그렇지만 제자들!… 우리는 그분이 살아 있을 때 모두 겁이 나서 그분을 버렸소. … 그러니 분명히 그분이 돌아가신 것을 훔치지는 않았소. 그리고 여자들은… 누가 여자들의 말을 믿소? 우리는 이 문제에 대해서 이야기하고 있던 거요. 우리는 그분이 다시 하느님의 영이 되신 영으로 부활하겠다고 말한 것인지, 육체로도 부활하겠다고 하는 말이었는지 알고 싶었던 겁니다. 여자들은 그분이 죽은 일이 없는 사람같다고 말했다고 하오 — 여자들은 지진이 일어 난 다음에 천사들을 보았다고 말하거든요. 그런데 금요일에도 벌써 의인들이 무덤 밖에 나타난 일이 있으니까 그건 있을 수 없는 일입니다. 그 사실, 그런 선생님을 여자들이 본 것 같아요. 그렇지만 우리들 중 두 사람이, 두 우두머리가 무덤에 가 보았지요. 그리고 여자들이 말한 것처럼 무덤이 비어 있는 것을 보았지만, 그분은 거기서도 다른 곳에서도 보질 못했어요. 그리고 우리가 이제 어떻게 생각해야 할지를 모르게 되었으니 대단히 슬픈 일이오!"

"아이고! 당신들은 정말 어리석고 이해하는 머리가 둔하기도 하오! 그리고 정말 예언자들의 말을 믿는 데 느리기도 하구려! 그런데 그런 말을 당신들도 듣지 않았소! 이스라엘의 잘못된 생각은 이런 것이오. 즉 그리스도의 왕권을 잘못 해석했단 말이오. 그 때문에 그분의 말을 믿지 않은 거요. 그 때문에 그분을 두려워했고, 그 때문에 당신들이 지금 의심하고 있는 것입니다. 저 위에서, 저 아래에서, 성전과 마을들에서, 어디서나, 사람들은 인간성으로 본 왕을 생각하고 있었소. 하느님의 생각에는 이스라엘 왕국의 재건이 당신들이 생각하는 것과 같이 시간과 공간과 방법으로 한정된 것이 아니었소.

시간으로 한정되지 않았소. 모든 왕권은 아무리 강력한 것이라도 영원하지는 못하오. 모세 시대에 히브리인들을 압제한 강력한 파라오들을 생각하시오. 끝나지 않은 왕조가 얼마나 되오? 그리고 그 왕조에서 남은 것이라고는 지하의 비밀 납골소(納骨所) 안에 있는 영혼없는 미이라들뿐이오! 그리고 무엇이 남아 있다면, 한 시간 동안, 아니 그들의 세월을 영원한 시간에 비해서 재보면 그보다도 못한 시간 동안 있은 그들의 권력의 기억이 남아 있을 뿐이오. 그런데 이 나라는 영원하오.

공간으로 한정되지 않았소. 이런 말이 있지요. 이스라엘 왕국은, 이스라엘에서 인류의 근원이 왔고, 말하자면 이스라엘에 하느님의 씨가 있기 때문에, 이스라엘은 하느님께 창조된 사람들의 나라라는 말이었소. 그러나 메시아 왕의 왕권은 팔레스티나의 좁은 면적에 한정되지 않고, 북쪽에서 남쪽까지, 동쪽에서 서쪽까지, 육체 안에 영을 가진 인간이 있는 곳은 어디까지든지, 즉 사람이 있는 곳이면 어디까지든지 미치는 것이오. 피를 강물같이 흘리지 않고 또 군인들의 잔인한 압제로 모든 사람을 예속시키지 않고는 어떻게 다만 한 사람이 서로 원수가 져 있는 모든 백성들을 자기 자신에게로 불러 모아서 오직 한 나라를 만들 수 있겠소? 그리고 그렇게 되면 그 왕이 어떻게 예언자들이 말하는 평화를 사랑하는 왕이 될 수 있었겠소?

방법으로도 한정되지 않았소. 인간적인 방법은 압제라고 말했지요. 그런데 인간 이상의 방법은 사랑이오. 인간적인 방법은 백성들이 결국은 압제자에 반항하기 때문에 항상 한정되어 있소. 그러나 사랑은 사랑을 받기 때문에 인간 이상의 방법은 한정되지 않았소. 만일 사랑을 받지 못하면 조롱을 받지요. 그러나 그것은 영적인 것이기 때문에 절대로 직접 공격을 받지는 않지요. 그런데 무한하신 분인 하느님께서는 당신과 같은 방법을 원하시오. 하느님께서는 영원하신 분, 즉 영이시기 때문에 한이 없는 것을 원하시고, 영에 속해 있는 것, 영으로 이끌어 가는 것을 원하시오. 틀린 생각이 어떤 것이었나 보시오. 즉 머리 속에 방법과 형태가 잘못된 메시아 사상을 생각하고 있었다는 것이 그것이오.

어떤 왕권이 가장 높은 것이오? 하느님의 왕권이오. 그렇지요? 그러면 저 훌륭한 분, 저 임마누엘, 저 거룩하신 분, 저 숭고한 싹, 저 강한 분, 장차 올 저 세월의 아버지, 저 평화의 왕, 그분을 보내신 분과 같은 저 하느님이 ─ 그분이 그런 분이라 불리고, 메시아가 그런 분이니까요 ─ 당신을 낳으신 분의 왕권과 같은 왕권을 가지지 않겠소? 그렇소, 그분은 그런 왕권을 가질 거요. 아주 영적이고 영원한 왕권, 폭력과 피에 물들지 않고, 배반과 불의를 모르는 왕권을 말이오. 그분의 왕권! 그것은 영원한 인자이신 하느님께서 당신 말씀에게 영광과 기쁨을 주시기 위하여 불쌍한 사람들에게 주시는 왕권이오.

그러나 다윗은 이 강력한 왕이 모든 것을 발 아래 두어 자기의 발판이 되게 하였다고 말하지 않았소? 이사야는 그분의 온 수난을 다 말하지 않았소? 또 다윗은 말하자면 그분이 받을 고문을 일일이 다 열거하지 않았소? 그리고 그분이 구세주이고, 자기를 번제물로 바쳐 죄인인 사람을 구속하는 사람이라는 말이 있지 않소? 그리고 요나가 그의 상징이지만, 그분이 사흘 동안을 땅의 탐욕스러운 뱃속에 삼켜졌다가 요나 예언자가 고래 뱃속에서 튕겨 나온 것과 같이 땅에서 배출되리라는 분명한 말이 있지 않소? 그리고 그분이 이렇게 말하지 않았소? 내 성전, 즉 내 육체는 부숴졌다가 사흘 날에 나에 의해서(즉 하느님에 의해서) 다시 지어질 것이라고? 그래 당신들은 어떤 생각을 했었소? 그분이 무너진 성전을 마술로 다시 일으켜 세우리라고 생각했소? 그게 아니었소. 벽이 아니라 당신 자신을 다시 일으켜 세운다는 것이었소. 그런데 하느님만이 당신 자신을 다시 살게 하실 수 있는 것이었소. 그분은 진짜 성전을, 즉 어린 양인 당신의 육체를 다시 일으켜 세운 것이오. 그렇게 하라는 명령을 받았고, 또 모세가 예언한 것과 같이, 하느님의 자녀이면서 사탄의 노예가 된 사람들이 죽음에서 삶에로, 노예 상태에서 자유에로 '건너감'을 준비하기 위하여 희생된 어린 양의 육체 말이오.

그분이 어떻게 부활했는가 하고 당신들은 의아해 하지요. 내가 대답하겠소. 죽어야 할 어떤 육체에나 영혼이 마음 속에서 지배하며 살고 있는 것과 같이, 그분 안에 살고 계시는 하느님의 영과 그분의 진짜 육체를 가지고 부활하셨소. 그분은 모든 것을 갚고, 원죄와 인류가 날마다 짓는 무한한 죄를 속죄하기 위하여 모든 고통을 겪은 후에 이렇게 부활하였소. 그분은 예언의 베일로 가려서 희미하게 말한 것과 같이 부활하였소. 다니엘의 말을 기억하시오. 그분은 때가 되었을때 와서, 때가 되었을 때 희생되었소. 그리고 이제는 잘 듣고 기억하시오. 하느님을 죽인 도시는 그분이 죽은 후, 예언된 때에 파괴될 것입니다.

거기에 대한 충고를 하겠소. 예언자들의 글을 성경 첫머리에서부터 희생된 말씀의 말에 이르기까지 교만한 정신으로 읽지 말고 영혼으로 읽으시오. 말씀을 어린 양이라고 가리킨 세례자를 기억하고, 모세의 상징적인 어린 양의 운명이 어떤 것이었는지 기억하시오. 그 피로 이스라엘의 맏아들들이 구해졌소. 그리고 그 어린 양의 피로 하느님의 맏아들들, 즉 착한 뜻으로 자기를 주님께 바친 사람들이 구원을 받을 것입니다. 다윗의 메시아에 관한 시와 메시아를 예언한 이사야의 글을 기억하고 이해하시오. 다니엘을 기억하시오. 그리고 하느님의 거룩하신 분의 왕권에 대한 모든 말에 대한 기억을 새롭게 하시오. 그러나 당신들의 기억을 진흙탕에서 파란 하늘로 올리면서 그렇게 하시오. 그리고 죽음에 대한 그 승리와 자기 자신에 의해 이루어진 그 부활에 대해서 이보다 더 옳고 더 강한 다른 표는 있을 수 없었다는 것을 깨달으시오. 그분을 십자가에 못박은 사람들을 십자가 위에다 벌하는 것은 그분의 자비와 그분의 사명에 반대되는 일이었다는 것을 기억하시오. 그분은 업신여김을 받고 십자가에 못박힌 사람이었어도 역시 구세주였소! 팔다리는 못박혀 있었지만, 그분의 정신과 의지는 자유로웠소. 그리고 이 정신과 의지를 가지고 그분은 당신을 믿고 자기들 위에 당신의 피를 부를 시간을 죄인들에게 주기 위하여 더 기다리고자 했소. 하느님을 모독하는 외침으로 그분의 피를 부르지 않고, 통회의 탄식으로 그 피를 부를 시간을 말이오.

이제 그분은 부활했소. 그분은 모든 것을 이루었소. 그분은 강생 이전에 영광스러웠소. 그리고 여러 해 동안 육체를 가지고 겸손하게 행동한 다음, 하느님의 뜻을 채우기 위하여 십자가 위에서 죽을 줄 알 정도로 완전히 순종해서 자기 자신을 희생으로 바친 지금은 삼중으로 영광스럽소. 하늘에 올라가 영원한 영광에 들어가는 지금, 그분은 이스라엘이 이해하지 못한 통치를 시작함으로써 영광스럽게 된 그분의 육체로도 지극히 영광스럽소. 그분은 자기가 가득히 가지고 있는 사랑과 권위를 가지고 세상의 모든 종족을 그 어느 때보다도 더 간절하게 이 왕국으로 부르시오.

이스라엘의 의인들과 예언자들이 보고 예견한 것과 같이 모든 민족이 구세주께로 올 것입니다. 그리고 이제는 유다인이나 로마인도 없고, 스키티아 사람이나 아프리카 사람도 없고, 이베리아 사람이나 켈트 사람도 없고, 에집트 사람이나 프리지아 사람도 없을 것입니다. 유프라테스강 저쪽 지방이 영원한 강의 근원과 합쳐질 것이오. 북방낙토(北方樂土)의 백성들이 누미디아 사람들과 나란히 그분의 나라로 올 것이고, 인종들과 방언이 소멸할 것입니다. 풍속과 피부와 머리 빛깔이 존재할 이유가 없어질 것이고, 다만 찬란하고 순수한 한없는 백성이 있을 것이고, 오직 한 가지 말, 하나의 사랑만이 있을 것입니다. 그것은 하느님의 나라요 하늘 나라일 것입니다. 영원한 왕은 희생으로 바쳐졌다가 부활한 그분일 것이고, 영원한 신하와 백성은 그분의 믿음을 믿는 사람들이 될 것입니다. 그분에게 속해 있기 위해 믿으시오.

두 분, 엠마오에 다 왔소. 나는 더 먼 데로 가오. 이렇게 많은 길을 가야 하는 길손은 쉴 수가 없소."

"선생님, 선생님은 어떤 선생님보다도 더 유식하십니다. 만일 우리 선생님이 돌아가시지 않았더라면, 선생님이 우리에게 말씀하셨다고 하겠습니다. 우리는 선생님에게서 다른 진리들을 더 부연(敷衍)해 말씀하시는 것을 더 듣고 싶습니다. 그것은 이스라엘의 증오의 소용돌이로 어지러워진 목자없는 양들인 우리로서는 지금은 성경의 말씀을 알아들을 수 없게 되었기 때문입니다. 선생님과 같이 가도 되겠습니까? 이것 보세요. 그러면 선생님이 우리를 더 가르치셔서 우리에게서 사람들이 빼앗아 간 선생님의 사업을 보충하실 것입니다."

"당신들은 그분을 그렇게 오랫동안 모셨는데, 완전한 교육을 받을 수가 없었단 말이오? 저것은 회당이 아니오?"

"회당입니다. 저는 회당장 클레오파의 아들 클레오파입니다. 제 아버지는 메시아를 안 기쁨으로 돌아가셨습니다."

"그런데도 당신은 아직 의혹없이 못 믿는단 말이오? 그러나 그것은 당신의 탓이 아니오. 피는 있었지만 불이 아직 없소. 이 다음에는 당신들이 이해할 테니까 믿을 거요. 안녕히들 계시오."

"선생님, 벌써 저녁이 가까워 오고 해가 기울었습니다. 선생님은 지치시고 목이 마르십니다. 들어오셔서 저희와 같이 머무르십시오. 식사를 하는 동안 하느님께 대해 말씀해 주십시오."

예수께서 들어가시니, 히브리 사람들의 손님 대접하는 관습에 따라 음료와 지친 발을 씻을 물을 갖다 드리면서 시중을 든다.

그런 다음 식사를 시작하는데, 두 사람은 그들 대신 음식을 봉헌하라고 청한다.

예수께서는 일어나셔서, 손에는 빵을 드시고 눈은 붉게 물든 저녁 하늘을 쳐다보시며 음식에 대한 감사 기도를 하시고 앉으신다. 예수께서는 빵을 나누어 두 주인에게 주신다. 그렇게 하시면서 당신을 있는 그대로, 즉 부활하신 분으로 나타내 보이신다.

당신께 더 소중한 다른 사람들에게 나타나셨던 찬란하게 부활하신 분이 아니시다. 그러나 긴 손에는 피부의 상아색 위에 빨간 장미 같은 매우 분명한 상처 자국이 있는 위엄 가득하신 예수님이시다. 보상을 받으신 당신 육체로 분명히 살아 계신 예수님이시지만, 그 눈길과 온 모습의 위엄으로는 하느님이기도 하신 예수님이시다.

두 사람은 예수를 알아보고 무릎을 꿇는다. … 그러나 그들이 감히 얼굴을 들었을 때에는 예수에게서 남은 것이라고는 쪼개진 빵뿐이었다.

그들은 빵을 집어 입맞춤한다. 각기 자기 몫의 빵을 집어 헝겊으로 싸서 거룩한 유물처럼 가슴에 넣는다.

그들은 울면서 말한다. "선생님이셨어! 그런데 우리는 선생님을 알아보지 못했어. 그렇지만 길에서 그분이 우리에게 말씀하실 때나 성서를 설명하실 때에 마음 속에 뜨거운 감동을 느끼지 않았나?"

"그렇습니다. 그리고 지금도 선생님이 하늘에서 오는 빛, 하느님의 빛에 둘러싸여 계신 것을 다시 뵙는 것 같습니다."

"가세. 난 이제 피곤한 것도 시장한 것도 모르겠네. 예루살렘에 있는 예수님의 사람들에게 가서 말하세."

"가십시다. 아이고! 늙으신 아버지께서 이 시간을 즐길 수 있었으면 얼마나 좋으실까요!"

"아니, 그런 말하지 말게! 그분은 우리보다 더 이 시간을 즐기셨네. 의인 클레오파는 선생님이 우리 육체의 약함을 불쌍히 여겨서 쓰셨던 베일을 쓰지 않으신 하느님의 아들이 하늘로 돌아가시는 것을 정신으로 보았을 걸세. 가세! 가! 우린 한밤중에 도착하겠지만, 선생님이 하고자 하시면 통과하는 방식을 마련해 주실 걸세. 죽음의 문을 열으셨으니, 틀림없이 성문도 여실 수 있을 걸세! 가세!"

그리고 완전히 붉게 물든 저녁놀을 이고 서둘러 예루살렘을 향하여 간다.

12. 예수께서 다른 친구들에게 나타나신다

최후의 만찬실이 있는 집에 사람이 가득 차 있다. 현관과 마당, 그리고 최후의 만찬실과 성모님이 계신 방을 빼놓은 다른 방들에는 여러 사람이 한동안 떨어져 있다가 어떤 즐거움을 나누기 위하여 다시 모인 것과 같은 축제 분위기와 활기가 감돈다. 토마만 빠지고 사도들이 다 있다. 목자들도 있다. 그리고 충실한 여인들과 요안나와 니까와 엘리사, 시라, 말첼라, 안나도 있다. 모두들 목소리를 낮추어 말한다. 그러나 눈에 띄게 활기있고 명랑하게 말하고 있다. 그런데 무엇을 무서워하는 것처럼 집의 문은 단단히 잠겨 있다. 그러나 밖에 대한 공포도 안의 기쁨을 어떻게 하지 못한다.

마르타는 "주님의 종들"의 식사를 준비하느라고 말첼라와 수산나와 같이 왔다갔다 한다. 마르타는 사도들을 이렇게 부르는 것이다. 남자나 여자나 다른 사람들은 서로 물어보고, 그들의 느낌과 기쁨과 두려움 따위를 서로 이야기한다. … 꼭 그들을 감격시키고 조금 겁나게도 하는 무슨 일을 기다리는 아이들 같다.

사도들은 더 안심하고 있는 것처럼 보이려고 하지만 문을 두드리는 것 같은 소리나 창문이 열리는 것 같은 소리가 나면 제일 먼저 불안해 한다. 행주를 찾는 마르타를 도와주려고 불꽃이 여럿 있는 등불 둘을 가지고 급히 오는 수산나를 보고도 마태오는 펄쩍 뛰면서 "주님!" 하고 외친다. 그 소리에 다른 사람들보다도 분명히 더 불안해 하는 베드로가 무릎을 꿇게 된다.

문을 과감하게 두드리는 소리에 모든 이야기들이 뚝 끊어지고 모두가 불안해진다. 모두 가슴이 두근거릴 것으로 생각한다.

그들은 채광 환기창으로 내다보다가 뜻하지 않은 로마 부인의 한떼를 보고는 몹시 놀라서 "오!" 소리를 지르며 문을 열어 준다. 그 부인들은 론지노와 또 론지노와 같이 짙은 빛깔 옷을 입은 다른 남자 한 사람과 같이 왔다. 부인들도 모두 머리까지 덮은 짙은 빛깔의 겉옷을 입고 있다. 그 여자들은 주의를 덜 끌려고 보석을 전부 없앴다.

"구세주의 어머니께 우리의 기쁨을 말씀드리러 들어가도 되겠습니까?" 하고 부인들 중에서 제일 점잖은 쁠라우띠나가 말한다.

"오십시오. 저기 계십니다."

그 여자들은 요안나와 막달라 마리아와 한떼가 되어 들어오는데, 막달라 마리아는 그 부인들을 아주 잘 아는 것 같다.

론지노와 다른 로마 남자는 사람들이 좀 의심을 가지고 보기 때문에 현관 한 구석에 떨어져 있다.

여자들은 그들 식으로 "아베 도미나(부인, 안녕하십니까?)!" 하고 인사한다. 그리고는 무릎을 꿇고 말한다. "저희들이 전에는 지혜이신 분을 우러러보았습니다만, 이제는 그리스도의 딸들이 되기를 원합니다. 그래서 어머님께 그 말씀을 드리는 것입니다. 어머님만이 저희들에 대한 히브리 사람들의 의혹을 없애실 수 있습니다. 저분들이(그러면서 입구에 모여 있는 사도들을 가리킨다) 저희가 예수님의 제자라는 말을 하는 것을 허락할 때까지 어머님께 와서 배우겠습니다." 쁠라우띠나가 모든 여자를 대신하여 말하였다.

마리아는 대단히 기뻐서 미소지으시며 말씀하신다. "나는 내 주님께 대해서 훌륭하게 말할 수 있게 내 입술을 예언자들의 입술과 같이 깨끗하게 해주시기를 주님께 청합니다. 로마의 만물 수확물인 여러분에게 축복합니다!"

"론지노도 그러기를 원합니다. … 그리고 하느님의 부르짖음 소리에 땅과 하늘이 갈라졌을 때… 가슴 속에 불이 일어나는 것을 느낀 창기병도 그러기를 원합니다. 그러나 저희들도 별로 아는 것이 없습니다만, 저 사람들은 선생님이 하느님의 거룩하신 분이라는 것과 자기들이 이제는 오류에 매여 있기를 원치 않는다는 것밖에는 아무 것도 모릅니다."

"부인이 그분들에게 사도들한테로 가라고 이르세요."

"그 사람들이 저기 있습니다. 그러나 사도들은 그들을 경계합니다."

마리아는 일어나서 병사들 쪽으로 가신다.

사도들은 성모님이 가시는 것을 바라보면서 성모님의 생각이 어떤 것인지를 알아차리려고 애쓴다.

"젊은이들, 하느님께서 당신들을 그분의 빛으로 인도하시기를 바랍니다! 이리들 와서 주님의 봉사자들과 지면하시오! 이 사람은 요한인데, 당신들도 알지요. 그리고 저 사람은 네 주님이신 내 아들이 그 형제들의 우두머리로 선택한 시몬 베드로요. 이 사람은 야고보, 그리고 저 사람은 유다인데, 주님의 사촌들이지요. 이 사람은 시몬, 저 사람은 베드로의 아우 안드레아요. 그리고 요한의 형 야고보가 여기 있고, 저 사람들은 필립보, 바르톨로메오 그리고 마태오요. 토마는 아직 멀리 있어서 여긴 없지만, 여기 있는 것처럼 이름을 부르겠어요. 모두가 어떤 특별한 사명을 위해서 선택되었어요. 그러나 저기 드러나지 않게 겸손하게 있는 저 다른 사람들이 희생적인 사랑으로는 첫째 가는 사람들입니다. 저 사람들이 그리스도를 전하는 것이 30년이 넘어요. 저 사람들이 겪은 박해도 죄없는 이의 사형 선고도 저 사람들의 믿음을 해치지는 못했어요. 이 사람들은 어부와 목자들이고 당신들은 로마의 귀족들이지요. 그러나 예수의 이름 안에서는 구별이 없어졌어요. 그리스도를 통한 사랑은 우리를 모두 평등하게 형제를 만들었고, 내 사랑은 비록 당신들이 다른 나라 사람들이지만 아들이라고 부릅니다. 그리고 당신들을 잃었다가 다시 찾았다는 말까지 하겠어요. 그것은 고통을 당할 때 당신들이 죽는 이 곁에 있었기 때문이지요. 그리고 론지노, 나는 당신의 동정을 잊지 않고 있어요. 또 병사, 당신의 말도 잊지 않고요. 나는 다 죽어 가는 것처럼 보였지만 다 보고 있었어요. 내가 당신들에게 보상할 능력은 없어요. 그리고 정말이지 거룩한 일에는 보상이라는 것이 없고, 다만 사랑과 기도가 있을 뿐이지요. 그래서 나는 우리 주 예수께 당신들에게 상급을 주십사 하고 청하는 것으로 기도를 당신들에게 주겠어요."

"부인, 저희들은 그 상급을 받았습니다. 그래서 감히 모두 함께 왔습니다. 어떤 공통된 충동으로 저희들이 함께 모였습니다. 벌써 믿음이 이 마음에서 저 마음으로 줄을 걸어 놓았습니다" 하고 론지노가 말한다.

모든 제자들이 호기심을 가지고 가까이 온다. 그리고 조심성을 억제하고, 또 어쩌면 이교도들과 접촉하는 데에서 오는 불쾌감을 억제하고 "무엇을 받았소?" 하고 말하는 사람도 있다.

"나는 목소리를, '내게로 오너라' 하는 그분의 목소리를 들었소" 하고 론지노가 말한다.

"그리고 나는 '네가 만일 나를 거룩한 사람이라고 믿으면 나를 믿어라' 하는 말을 들었어요" 하고 다른 병사가 말한다.

"그리고 우리는" 하고 쁠라우띠나가 말한다. "오늘 아침 선생님 이야기를 하고 있다가 빛을 보았어요. 굉장한 빛을! 그 빛이 얼굴로 변했어요. 아이고! 자네가 그 얼굴이 얼마나 찬란했는지 말하게. 선생님의 얼굴이었어요. 그리고 우리에게 어떻게나 다정스럽게 미소지으시는지 우리는 여러분에게 와서 우리를 물리치지 말라고 말할 욕망밖에 없었어요."

목소리들이 웅성거리고 이러쿵저러쿵 말들을 한다. 모두가 어떻게 예수를 보았는지를 되풀이해서 말한다.

열 사람의 사도는 자존심이 상해서 말을 못한다. 원기를 회복하고, 또 자기들만이 선생님의 인사를 받지 못하고 있는 것으로 보이지 않으려고 히브리 여인들에게 과월절 선물을 받지 못했느냐고 묻는다.

엘리사가 이렇게 말한다. "선생님이 제게는 제 아들의 죽음이라는 고통스러운 칼을 빼 주셨어요."

그리고 안나는 이렇게 말한다. "나는 내 아이들의 영원한 구원을 약속하시는 것을 들었어요."

그리고 시라는 "저는 선생님이 한 번 쓰다듬어 주셨어요."

또 말첼라는 이렇게 말한다. "저는 번쩍 하는 빛을 보고, '꾸준해라' 하고 선생님의 목소리를 들었어요."

"그럼 니까는?" 하고 그들이 묻는다. 베로니카는 잠자코 있기 때문이다.

"아니오. 저는 주님의 얼굴을 뵈었어요. 그런데 '이 얼굴이 네 마음 속에 박혀 있도록'이라고 말씀하셨어요. 얼마나 아름다운지 몰랐어요!"

마르타는 조용히 그리고 빨리 왔다갔다 하면서 잠자코 있다.

"그럼 언니는? 언니한테는 아무 것도 없었어? 언니는 아무 말 없이 웃고만 있는데, 언니는 너무도 기분좋게 미소짓고 있는데, 언니도 기쁨을 느끼지 않았을 리가 없어" 하고 막달라 마리아가 말한다.

"맞았다. 너는 눈을 내리깔고 네 혀는 벙어리가 되었지만, 너는 사랑의 노래를 부르는 것 같다. 그만큼 속눈썹에 가려진 네 눈이 빛나고 있다."

"아이고! 말씀해 주세요! 어머니, 언니가 어머니께는 말씀드렸지요?"

어머니는 미소지으시며 잠자코 계신다.

식탁에 식기를 놓는데 골몰하고 있는 마르타는 그의 행복한 비밀을 베일로 가린 채 간직하기를 원한다. 그러나 동생이 가만두질 않는다. 그러니까 마르타는 얼굴을 붉히며 지극히 행복하게 말한다. "죽는 시간, 결혼이 완성되는 시간에 만나자는 약속을 주셨어…" 그러면서 그의 얼굴은 더 한층 빨개지고 영혼에서 우러나오는 미소가 피어오른다.

13. 예수께서 열 명의 사도들에게 나타나신다

그들은 최후의 만찬실에 모여 있다. 거리와 집에서 아무 소리도 들려 오지 않는 것으로 보아 꽤 늦은 저녁시간인 것 같다. 전에 왔던 사람들도 그렇게도 많은 감격으로 피로해서 모두 집으로 돌아갔거나 자러 간 것으로 생각된다.

한편, 열 명의 사도들은 식탁에서 제일 가까운 큰 촛대의 불꽃이 발산하는 빛 아래에서 이야기를 하고 있는 중이다. 찬장 위에 놓인 큰 접시에 아직 생선이 몇 마리 남아 있다. 그들은 아직 식탁에 둘러앉아서 토막진 이야기들을 하고 있다. 그들은 각자가 동료와 말하기보다는 오히려 자기 자신과 말하는 것 같기 때문에 거의 혼잣말과 같다. 그러나 떼어낸 수레바퀴의 살과 같은 느낌을 주는 그 일관성 없는 회화들은 비록 그렇게 산만하지만 그 중심이 되는 것은 다만 한 가지 화제에만 집중되고, 그 중심은 예수님이라는 것을 깨달을 수 있다.

"나는 라자로가 잘못 들었고, 여자들이 라자로보다 말을 더 잘 알아들었을 것 같지는 않은데…" 하고 알패오의 유다가 말한다.

"로마 여자가 몇 시에 선생님을 뵈었다고 했지?" 하고 마태오가 묻는다.

그러나 대답하는 사람이 아무도 없다.

"난 내일 가파르나움에 갈 테야" 하고 안드레아가 말한다.

"정말 놀라운 생각이야! 바로 글라우디아의 가마가 나오는 그 순간이 되서 가도록 행동하다니 말이야!" 하고 바르톨로메오가 말한다.

"베드로, 오늘 아침 우리가 그곳을 즉시 떠난 건 잘못이었어. … 만일 거기 남아 있었더라면 막달라 마리아처럼 선생님을 뵈었을 텐데 말이야" 하고 요한이 한숨을 쉬며 말한다.

"난 선생님이 어떻게 엠마오에 계시면서 동시에 저택에도 계실 수 있는지 이해할 수가 없어. 그리고 여기 어머니께 와 계시면서 동시에 막달라 마리아와 안나에게 가실 수 있었는지…" 하고 제베대오의 야고보는 혼자서 말한다.

"선생님은 오지 않으실 거야. 나는 선생님을 뵈올 자격을 얻을 만큼 넉넉히 울지 못했어. … 선생님이 잘 하시는 거야. 내가 세 번 모른다고 했기 때문에 사흘 동안을 기다리게 하실 거야. 틀림없어. 아니 그런데 내가 어떻게, 어떻게 그런 일을 할 수가 있었지?"

"라자로는 얼마나 얼굴이 환해졌었는지! 그 사람은 꼭 태양 같더라니까. 나는 그 사람이 모세가 하느님을 뵌 다음에 겪었던 것과 같은 일을 겪었다고 생각해. 그리고 그 사람이 자기의 목숨을 바치겠다고 말한 후에 즉시 그랬단 말이야! ─ 거기 있었던 자네들, 그렇지?" 하고 열성당원이 말한다.

그러나 아무도 그의 말을 듣고 있지 않다.

알패오의 야고보가 요한에게로 몸을 돌리고 말한다. "선생님이 엠마오의 제자들에게 어떻게 말씀하셨대? 우리를 용서하신다고 말씀하셨다는 것 같은데? 그렇지? 선생님의 나라를 이해하는 방식에 대해서 우리가 이스라엘 사람답게 틀리게 생각한 데서 모든 것이 비롯됐다고 하지 않으셨어?"

그러나 요한은 그의 말을 듣고 있지 않다. 요한은 몸을 돌려 필립보를 보면서 공중에 대고 말한다. … 이것은 필립보에게 하는 말이 아니니까. "나는 선생님이 부활하셨다는 걸 알기만 하면 돼. 그리고… 그리고 내 사랑이 점점 더 강해지기만 하면 돼. 자네들 봤지. 응! 자세히 살펴보면, 선생님이 우리가 가진 사랑에 따라서 오셨단 말이야. 어머니, 막달라 마리아, 어린이들, 내 어머니와 자네 어머니, 그리고 라자로와 마르타… 마르타에게는 언제 가셨어? 마르타가 '주님은 나의 목자, 아쉬울 것 없노라. 파란 풀밭에 나를 놓아 주시고, 물이 많은 샘터로 나를 인도하셨네. 주님은 내 영혼을 당신께로 부르셨네…' 하는 다윗의 시편을 노래하기 시작했을 때였어. 마르타가 뜻하지 않게 그 노래를 부르는 바람에 우리가 얼마나 놀랐는지 기억하나? 그의 그 말들은 마르타가 말한 '주님은 내 영혼을 당신께로 부르셨어요' 하고 말한 것과 관계가 있어. 과연 마르타는 그의 갈 길을 찾은 것 같아. 전에는 그 용맹한 여자가 길을 잘못 들었었어! 어쩌면 선생님이 마르타를 부르시면서 어디로 가라고 장소를 가르쳐 주셨는지도 몰라. 그건 오히려 확실해. 왜냐하면 만날 약속을 하셨으면 마르타가 어디에 있을지 아실 것이니까 말이야. '결혼의 완성'이라고 말씀하신 것은 무슨 뜻일까?"

요한을 한동안 바라다보다가 혼잣말을 하게 내버려두었던 필립보는 한탄하면서 이렇게 말한다. "나는 선생님이 오시면 뭐라고 말씀드릴지 모르겠어. … 나는 도망쳤으니까 말이야. … 그리고 또 도망칠 것 같은 생각이 들어. 처음에는 사람들이 무서워서 도망쳤고, 지금은 선생님이 무서워서 도망칠 거야."

"모두들 선생님이 매우 아름다우시다고 말하는데, 지금까지 아름다우셨던 것보다 더 아름다워지실 수가 있을까?" 하고 바르톨로메오가 의아해 한다.

"나는 선생님께 이렇게 말씀드릴 거야. '제가 세리였을 적에 선생님은 제게 말씀하시지 않고 용서해 주셨습니다. 이번에도 선생님의 침묵으로 저를 용서해 주십시오. 제 비겁으로 인해서 선생님이 제게 말씀을 해주실 만한 자격이 제게는 없으니까요' 하고." 이렇게 마태오가 말한다.

"론지노는 자기 스스로에게 '나는 선생님께 병을 고쳐 주십사 하고 청해야 하나 믿게 해주십사 하고 청해야 하나' 하고 물었는데, 그의 마음이 '믿게 해주십사' 하고 말했고, 그 때에 '나를 믿어라' 하는 목소리가 들렸고, 믿고자 하는 의지를 느낌과 동시에 병도 나았다고 말했어. 그가 내게 정확히 이렇게 말했어" 하고 알패오의 유다가 잘라 말한다.

"나는 라자로가 그의 봉헌 때문에 즉시 상을 받았다는 생각을 떨칠 수가 없어. … 나도 '제 목숨을 선생님의 영광을 위하여' 하고 말씀드렸어. 그러나 오지 않으셨어" 하고 열성당원이 한숨지으며 말한다.

"시몬, 자네 생각은 어떤가? 유식한 자네가 말해 주게. 내가 선생님을 사랑하고 용서를 빈다는 것을 선생님이 아시게 하려면 무슨 말씀을 드려야 하는지 말이야. 그리고 요한 자네는? 자네는 어머님과 말을 많이 했으니, 날 도와주게. 불쌍한 베드로를 혼자 내버려두는 것은 동정이 아니야!"

요한은 창피해 하는 동료에 대한 연민의 정으로 마음이 움직여 이렇게 말한다. "아니… 나는 말이야. 나는 그저 선생님께 '사랑합니다' 하고만 말씀드리겠어. 사랑에는 용서받으려는 욕망과 뉘우침도 들어 있어. 그렇지만… 난 모르겠어. 시몬, 자네 생각은 어때?"

그러자 열성당원은 말한다. "나는 기적을 받은 사람들이 외친 말, '예수님, 저를 불쌍히 여겨 주십시오!' 라고 하는 말을 외치겠어. 나는 '예수님' 하고 말할 거야. 그뿐이야. 예수님은 다윗의 자손보다는 훨씬 더 위대하신 분이니까!"

"내 생각도 바로 그거야. 그래서 떨린단 말이야. 아이고! 나는 머리를 감출 거야. … 오늘 아침에도 선생님을 뵙는 것이 무서웠어, 그래서…."

"… 그래서 먼저 들어갔지. 그렇지만 그렇게 두려워하지 말아. 자네는 선생님을 모르는 것 같아" 하고 베드로에게 용기를 주려고 요한이 말한다.

방안이 눈부신 번갯불로 환해지는 것같이 환하게 밝혀진다. 사도들은 벼락이 아닌가 하고 무서워서 얼굴을 가린다. 그러나 소리가 들리지 않으므로 얼굴들을 든다.

예수께서 방안 식탁 곁에 계신다. 예수께서는 팔을 벌리시며 말씀하신다. "평화가 너희와 함께 있기를."

아무도 대답을 못한다. 어떤 사람들은 얼굴이 더 빨개져서 모두 겁을 내고 고정관념에 사로잡히고 흘려서, 그러면서도 동시에 도망치고자 하는 욕망에 사로잡힌 것같이 예수를 뚫어지게 바라본다.

예수께서 더 환히 웃으시며 한 발 앞으로 나아오시면서 말씀하신다. "아니 그렇게 두려워하지들 말아라! 나다. 왜 그렇게 불안해 하느냐? 너희들은 나를 보고 싶어하지 않았느냐? 내가 오리라고 너희들에게 이르게 하지 않았더냐? 과월절 저녁에 벌써 이 말을 하지 않았느냐?"

아무도 감히 말을 하지 못한다. 베드로는 벌써 울고 요한은 벌써 미소짓는데, 두 사촌은 눈을 반짝이며 입술을 움직이지만, 말을 하기에 이르지 못해서 마치 욕망을 나타내는 두 조상(彫像)과도 같다.

"왜 너희들 마음 속에 의심과 믿음, 사랑과 두려움이 그렇게 상반된 생각들을 가지고 있느냐? 왜 아직도 육체로 남아 있고 영이 되기를 원치 않으며, 영으로만 보고 이해하고 판단하고 행동하기를 원치 않느냐? 고통의 불꽃으로 낡은 내가 완전히 타버리고 새 생명의 새로운 내가 생겨나지 않았느냐? 나는 예수다. 너희들에게 말한 것과 같이 부활한 너희들의 예수다. 보아라. 내 상처들을 본 너도 보고, 내가 당한 고문을 모르는 너희들도 보아라. 너희들이 알고 있는 것은 요한이 정확하게 아는 것과는 상당히 다르기 때문이다. 네가 제일 먼저 오너라. 너는 벌써 완전히 깨끗하다. 두려워하지 않고 나를 만질 수 있을 만큼 아주 깨끗하다. 사랑과 순종과 충실이 벌써 너를 깨끗하게 하였었는데, 네가 나를 십자가에서 내릴 때 너를 흠뻑 적신 내 피가 너를 마저 깨끗하게 하였다. 보아라. 진짜 손이고 진짜 상처들이다. 내 발들을 살펴보아라. 이 자국이 어떤 못자국인지 보아라. 그렇다. 유령이 아니고 정말 나다. 나를 만져 보아라. 유령은 육체가 없다. 그런데 나는 진짜 골격에 진짜 살을 가지고 있다." 예수께서는 용기를 내서 가까이 온 요한의 머리에 한 손을 얹으시고 말씀하신다. "느끼느냐? 내 손이 따뜻하고 무게가 있지?" 그리고 요한의 얼굴에 입김을 내부신다. "그리고 이것은 숨이다."

"오! 주님!" 요한은 이렇게 조용히 속삭인다….

"그렇다, 네 주님이다. 요한아, 두려움과 욕망으로 울지 말고 내게로 오너라. 나는 여전히 너를 사랑하는 그리스도이다. 여느 때와 다름없이 식탁에 둘러 앉자. 무엇 먹을 것이 없느냐? 좀 주려무나."

안드레아와 마태오가 최면술에 걸린 사람과 같은 움직임으로 찬장 위에 있는 빵과 생선들을 가져오고, 겨우 한 귀퉁이만 손을 댄 봉방(蜂房)을 큰 접시에 담아 가지고 온다.

예수께서는 음식을 봉헌하시고 잡수신다. 그리고 당신이 잡수시는 것을 조금씩 각 사람에게 나눠주신다. 그리고 그들을 바라보시는데, 지극히 인자하시지만 또 너무도 위엄이 있어서 사도들은 꼼짝달싹도 할 수 없을 지경이다.

맨 먼저 용기를 내서 말하는 사람은 요한의 형 야고보이다. "왜 그렇게 저희들을 바라보십니까?"

"너희들을 알고 싶어서 그런다."

"저희들을 아직 모르십니까?"

"너희들이 나를 모르는 것과 같다. 만일 너희가 나를 알면, 내가 누구인지 알 것이고, 너희들의 고민을 내게 알릴 말들을 찾아낼 것이다. 그런데 너희들은 너희가 두려워하는 강력한 외국 사람 앞에서처럼 입을 다물고 있다. 조금 전에 너희들은 말을 하고 있었다. … 너희들이 너희들 자신에게 말하는 것이 거의 나홀이 되었다. 너희들은 혼자서 이렇게 말했다. '나는 선생님께 이렇게 말씀드리겠다…' 또는 내 영에게 '주님, 제가 이 말씀을 드릴 수 있게 돌아오십시오' 하고. 이제 내가 오니까 너희는 입을 다물고 있다. 내가 너무나 변해서 나같이 보이지 않게 되었단 말이냐? 그렇지 않으면 너희가 하도 변해서 나를 사랑하지 않게 되었단 말이냐?"

그의 예수님 곁에 앉아 있는 요한은 "하느님, 저는 하느님을 사랑합니다" 하고 속삭이면서 늘 하던 행위대로 머리를 예수님의 가슴에 갖다 댄다. 그러다가 찬란한 하느님의 아들에 대한 경의로 이 자연스러운 행동을 중지하려고 몸을 뻣뻣하게 한다. 과연 예수께서는 우리 육체와 같은 육체를 가지고 계시면서도 빛을 내뿜으시는 것 같다. 그러나 예수께서는 요한을 당신 가슴으로 끌어당기신다. 그러니까 요한은 그의 지극히 행복한 울음의 봇물을 터뜨린다.

이것이 모든 사도가 그렇게 하는 신호가 되었다.

요한 다음 두 자리 건너 가서 있던 베드로는 식탁과 그의 의자 사이로 미끄러져 내려와 울면서 이렇게 외친다. "용서하십시오. 용서하세요! 오랜 시간 전부터 빠져 있는 이 지옥에서 저를 꺼내 주십시오. 제 잘못을 있는 그대로 보셨다고 말씀해 주십시오. 정신의 잘못이 아니고, 마음을 지배한 육체의 잘못이었다고. 그리고 제 뉘우침을 보셨다고 말씀해 주십시오. 이 뉘우침은 죽을 때까지 계속될 것입니다. 그렇지만 주님은… 그렇지만 주님은 예수님처럼 제가 무서워해서는 안 된다고 말씀해 주십시오. … 그러면 저는, 그러면 저는 아주 잘 하려고 애를 써서 하느님의 용서까지도 받도록 하겠습니다. … 그리고 연옥의 많은 벌을 받을 것만 가지고… 죽도록 하겠습니다."

"요나의 아들 시몬아, 이리 오너라."

"무섭습니다."

"이리 오너라. 이제는 비겁하게 굴지 말아라."

"저는 주님 곁에 갈 자격이 없습니다."

"이리 오너라. 내 어머니가 뭐라고 말씀하셨느냐? '자네가 이 수의에 박힌 예수의 모습을 보지 않으면, 그를 다시는 바라볼 용기가 없을 걸세' 하고 말씀하셨지. 아이고! 어리석은 사람! 그 얼굴이 그 고통스러운 눈으로 내가 너를 이해한다고 또 너를 용서한다고 말하지 않았느냐? 그렇지만 나는 그 천을 격려로, 인도지로, 사죄(赦罪) 선언으로 강복으로 주었다. … 그러나 사탄이 어떻게 했기에 이렇게까지 너희들의 눈을 멀게 했단 말이냐? 이제 나는 너희들에게 분명히 말한다. 만일 약한 너희들의 힘이 미칠 수 있도록 내 영광에 아직도 베일을 씌워 놓은 지금, 나를 쳐다보지 않으면 절대로 네 주님께로 겁내지 않고 올 수 없을 것이라고. 그러면 너는 어떻게 되겠느냐? 너는 자만심으로 죄를 지었다. 이제는 고집으로 다시 죄를 지으려 하느냐? 이리 오너라 그러는구나."

베드로는 눈물을 줄줄 흘리는 얼굴을 두 손으로 가리고 식탁과 의자들 사이로 무릎으로 기어온다. 예수께서는 그가 당신 발 앞에 왔을 때 한 손을 그의 머리에 얹어서 멈추신다. 베드로는 더 크게 울면서 그 손을 잡아 진짜로 엉엉 울면서 입맞춤한다. 그는 그저 "용서하십시오! 용서하십시오!" 하는 말밖에 할 줄을 모른다.

예수께서는 그에게 붙잡힌 손을 빼서 그 손을 지렛대 삼아 사도의 턱 아래 넣어서 머리를 처들게 하시고, 새빨개지고 타는 듯하고, 뉘우침으로 고민하는 그의 눈을 빛나고 맑은 눈으로 똑바로 들여다보신다. 예수께서는 베드로의 영혼을 꿰뚫어보시려는 것 같다. 그리고는 이렇게 말씀하신다. "자, 유다의 치욕을 지워버려라. 그가 입맞춤한 곳에 입맞춤해라. 네 입맞춤으로 배반의 자국을 씻어 버려라."

예수께서 몸을 더 숙이시는 동안 베드로는 머리를 들고 예수의 뺨을 살짝 스친다. … 그런 다음 머리를 숙여 예수의 무릎에 갖다 대고는 그대로 있다. … 마치 잘못을 저질렀지만 용서를 받은 나이많은 아이와도 같이.

다른 사람들도 그들의 예수의 인자를 보는 지금은 다시 좀 대담해져서 할 수 있는 대로 가까이 온다.

우선 예수의 사촌들이 온다. … 그들은 정말 많은 말을 하고 싶지만 아무 말도 하지 못한다. 예수께서는 그들을 어루만지시며 미소로 용기를 주신다.

마태오가 안드레아와 같이 온다. 마태오는 이렇게 말한다. "가파르나움에서와 같이…" 그리고 안드레아는 "저는, 저는… 저는 주님을 사랑합니다."

바르톨로메오는 탄식하며 온다. "저는 지혜롭지 못하고 어리석었습니다. 저 사람은 지혜로웠습니다." 그러면서 열성당원을 가리킨다. 예수께서는 벌써 열성당원에게 미소짓고 계신다.

제베대오의 야고보는 와서 요한에게 속삭인다. "네가 말씀드려라…" 예수께서는 그에게로 몸을 돌리시고 말씀하신다 "너는 벌써 나흘 밤째 그 말을 하고 있다. 그래서 나는 나흘 밤 진부터 너를 불쌍히 여기고 있다."

마지막으로 필립보가 몸을 잔뜩 구부리고 온다. 그러나 예수께서는 그에게 억지로. 고개를 들게 하시고 말씀하신다. "그리스도를 전파하려면 용기가 더 있어야 한다."

이제는 그들 모두가 예수를 둘러싸고 있다. 그들은 아주 조금씩 대담해진다. 그들은 잃었던 것 또는 영원히 잃었다고 걱정했던 것을 도로 찾았다. 신뢰와 안심이 되살아난다. 그리고 비록 예수께서 너무도 위엄이 많아서 당신 사도들에게 새로운 경의를 일으키시지만, 그들은 마침내 말할 용기를 찾아낸다.

예수의 사촌 야고보가 한숨지으며 말한다. "주님, 왜 저희들에게 그렇게 하셨습니까? 주님은 저희들이 아무 것도 아니라는 것과 모든 것이 하느님에게서 온다는 것을 아십니다. 왜 저희들에게 주님 곁에 있을 용기를 안 주셨습니까?"

예수께서 그를 바라보시며 미소지으신다.

"이제는 모든 것이 이루어졌습니다. 그리고 주님은 이제 고통을 당하실 필요가 없게 되었습니다. 그렇지만 이제는 제게 그런 순종은 요구하지 마십시오. 한 시간마다 저는 5년씩이나 늙었습니다. 그리고 주님의 고통을 제 사랑과 사탄이 똑같이 제 상상 속에서 실제보다 다섯 배나 더하게 불려 놓아서 정말로 저는 힘이 모두 빠져나갔었습니다. 제가 계속 순종하기 위해서는, 마치 손에 상처를 입고, 물에 빠진 사람이 죽지 않으려고 널빤지를 이로 꽉 물고 있는 것처럼 의지로 제 힘을 유지하는 길밖에 남은 것이 없었습니다. 아이고! 주님이 고쳐 주신 문둥병자에게 이제는 그런 일을 시키지 마십시오!"

예수께서는 열성당원 시몬을 바라보시며 빙그레 웃으신다.

"주님, 주님은 제 마음이 어떠했는지 아십니다. 그렇지만 그 다음에는 주님을 잡아 간 망나니들이 제 마음을 빼앗아갔기 때문에… 마음이 없어졌습니다. … 그리고 구멍 하나만이 남아서 전에 가졌던 제 생각이 모두 그리로 빠져 나갔습니다. 주님, 왜 그것을 허락하셨습니까?" 하고 안드레아가 묻는다.

"나는… 자넨 마음에 대해서 말하나? 나는 이성을 잃어버린 사람 같았고, 뒤통수를 몽둥이로 얻어맞은 사람 같았단 말이야. 밤이 됐을 때 예리고에 있었는데… 아이고! 그럴 수가! 그럴 수가!… 아니, 사람이 그렇게 죽을 수 있나? 마귀들리면 그렇게 될 것 같아. 이제는 그 몹시 무서운 일이 어떤 것인지를 알겠어!…" 필립보는 그의 고통을 되살리며 지금도 눈을 크게 뜬다.

"필립보, 자네 말이 옳아. 나는 지난 일을 생각해 보았어. 나는 나이들고 지혜도 좀 가지고 있어. 그런데 내가 그 시간까지 알고 있던 것을 아무 것도 모르겠더란 말이야. 몹시 고민하면서 자신만만한 라자로를 보면서 나는 이렇게 생각했어. '저 사람은 그대로 무슨 이치를 찾아내는데, 나는 도무지 아무 것도 모르겠으니 어찌된 셈인가?' 하고 말이야" 바르톨로메오가 이렇게 말한다.

"나는 라자로를 지켜보았어. 그런데 나는 자네가 우리한테 설명해 주는 것은 잘 모르니까 아는 것에 대해서는 생각하지 않고, 이렇게 말했지. '나도 저 사람과 같은 마음이라도 가졌으면!' 하고. 그와는 반대로 나는 고통, 고통, 고통밖에는 느끼지 못했는데, 라자로는 고통과 평화를 가지고 있었어. … 그 사람에게는 왜 그렇게 평화가 많았을까?"

예수께서는 우선 필립보를, 다음에는 바르톨로메오를, 그 다음에는 제베대오의 야고보를 번갈아 보시며 빙그레 웃으시고 말씀을 안하신다.

유다가 말한다. "나는 라자로가 분명히 보는 것을 보게 되기를 바랐어. 그래서 늘 그 사람 곁에 있었어. … 그 사람의 얼굴!… 그건 거울이었어. 금요일의 지진이 있기 조금 전에는 그 사람이 으깨져서 죽은 사람 같았어. 그러다가 갑자기 고통을 당하면서도 위엄있게 보였어. 그 사람이 '의무를 다하면 평화가 오는 것이다' 하고 말할 때 생각이 나? 우리는 모두 그것이 다만 우리에게대한 비난이나 자기 자신에 대한 칭찬일 줄만 알았지. 그런데 지금 생각하니 그 사람이 주님께 대해서 그 말을 했던 것 같습니다. 라자로는 우리 어둠에 등대였습니다. 주님, 라자로에게 얼마나 많은 빛을 주셨습니까?"

예수께서 빙그레 웃으시며 잠자코 계시다.

"그렇습니다. 생명이지요. 그리고 생명과 더불어 주님은 그 사람에게 아마 다른 영혼을 주신 것 같습니다. 결국 그 사람은 왜 저희들과 다릅니까? 사실 그는 이제는 사람이 아닙니다. 그 사람은 사람 이상의 존재입니다. 그런데 그 사람의 과거로 보아서 정신적으로는 저희들보다도 덜 완전한 사람이어야 했을 터인데, 그러나 그 사람은 훌륭해졌습니다. … 그런데 저희들은… 주님, 제 사랑은 어떤 밀이삭처럼 속이 비었었습니다. 그래서 껍질밖에는 나오지 않았습니다." 안드레아가 이렇게 말한다.

그리고 마태오는 말한다. "저는 아무 것도 청할 수가 없습니다. 저는 회개와 더불어 벌써 너무나 많은 것을 받았으니까요. 그러믄요! 저도 라자로가 가진 것을 가지고 싶었습니다. 주님이 주신 영혼을. 저도 안드레아와 같은 생각을 가지고 있으니까요…."

"막달라 마리아와 마르타는 등대였어. 집안 혈통 때문일까? 자네들은 그들을 보지 못했나? 한 사람은 경건하고 조용했어. 그리고 또 한 사람은! 아이고! 우리 모두가 복되신 어머니 둘레에 결속해 있는 것은 막달라 마리아가 그 용맹한 사랑의 불꽃으로 우리를 모아놓았기 때문이었어. 그래, 집안 내력이라고 말했지만, 사랑 때문이라고 말하겠어. 그 사람들은 사랑 문제에서 우리보다 우월했어. 그 때문에 그 사람들이 지금과 같은 사람들이 된 거야." 이것은 요한의 말이다.

예수께서는 빙그레 웃으시며 잠자코 계시다.

"그렇지만 그 사람들은 크게 보상을 받았어…."

"그 사람들에게 주님이 나타나셨지요."

"세 사람 모두에게."

"마리아에게는 어머니를 뵈온 다음에 즉시 나타나셨구요…."

사도들이 이 특별대우인 발현을 섭섭하게 생각하고 있는 것이 분명하다.

"마리아는 벌써 여러 시간 전부터 주님이 부활하신 것을 알고 있는데, 저희들은 이제야 겨우 주님을 뵈올 수가 있군요…?"

"그 여자들에게는 이제 의심이 없어졌습니다. 그런데 반대로 저희들은 이렇습니다. …이제야 겨우 아무 것도 끝장난 것이 아니라는 것을 깨닫게 되었습니다. 주님, 저희들을 아직 사랑하시고 저희들을 물리치지 않으신다면, 왜 그 여자들에게 나타나셨습니까?" 하고 알패오의 유다가 묻는다.

"그렇습니다. 왜 여자들에게 나타나시고 특히 마리아에게 나타나셨습니까? 주님은 마리아의 이마까지 만지셨다면서요. 그래서 마리아는 영원한 화관을 쓰고 있는 것 같다고 말했습니다. 그런데 주님의 사도들인 저희들에게는 아무 것도…."

예수께서는 미소를 거두셨다. 그분의 얼굴은 흐려지지 않았다. 그러나 미소는 짓지 않으신다. 예수께서는 두려움이 없어지는데 따라서 다시 대담해져서 맨 나중에 말한 베드로를 근엄하게 바라보시며 이렇게 말씀하신다. "나는 사도 열두 명을 두었었다. 그리고 그들을 진심으로 사랑했다. 내가 그들을 선택했었고, 어머니와 같이 내 생활 속에서 자라게 하려고 정성을 기울였었다. 나는 그들에게 모든 것을 말하고, 모든 것을 설명해 주고 모든 것을 용서해 주었다. 그들의 인간적인 사상, 경솔한 언동, 고집… 모두를. 나는 제자들도 두었었다. 부유한 제자들도 있고 가난한 제자들도 있었다. 나는 어두운 과거를 가졌거나 체질이 약한 여자 제자들도 두었었다. 그러나 특전을 받은 사람들은 사도들이었다.

내 때가 왔다. 한 사람은 나를 배반해서 사형 집행인들에게 넘겨 주었다. 세 사람은 내가 피땀을 흘리고 있는 동안 잠을 잤다. 두 사람만 빼고는 모두가 비겁하게 도망쳤다. 한 사람은 젊고 충실한 자를 사도의 모범을 보고서도 무서워서 나를 모른다고 했다. 그리고 이것으로도 부족한 듯이 열두 사도 가운데에는 실망해서 자살한 사람이 하나 있었고, 내 용서를 몹시 의심해서 아주 어렵게야 믿었고 그것도 어머니의 말씀과 하느님의 자비 덕택으로 믿게 된 사람이었다. 그래서 만일 내가 내 사도의 무리를 바라보고 인간적인 눈길을 거기에 주었더라면, 나는 이렇게 말해야 했을 것이다. '사랑으로 충실한 요한과 순종으로 충실한 시몬을 빼놓으면 나는 이제 사도가 없게 되었다' 하고. 성전 구내와 총독 관저와 길거리와 십자가 위에서 고통을 당하는 동안 나는 이렇게 말해야 했을 것이다.

나는 여자 제자들을 두었었다. … 그 중의 한 사람, 과거에 가장 죄많았던 여자는 요한이 말한 것과 같이 끊어진 마음의 금선(琴線)을 때우는 불꽃이었다. 그 여자는 막달라의 마리아였다. 너는 나를 모른다고 하고 도망쳤다. 그런데 마리아는 내 곁에 있기 위하여 죽음을 무릅썼다. 모욕을 당했지만, 마리아는 그렇게 하면 십자가에 못박힌 그의 왕을 더 닮는다고 생각하고 침을 받고 뺨을 맞을 각오를 하고 얼굴을 드러냈다. 내 부활을 끈질기게 믿었기 때문에 마음 속으로 업신여김을 받으면서도 마리아는 계속 믿었다. 몹시 고민하면서도 마리아는 행동했다. 오늘 아침 마리아는 비탄에 잠겨 '모든 재산을 다 내놓을 터이니 내 선생님을 주세요' 하고 말했다. 이래도 '왜 그 여자에게 나타났느냐?'고 물을 수 있겠느냐?

내게는 가난한 제자들과 목자들도 있었다. 나는 그들을 별로 가까이하지 않았다. 그런데도 그들이 얼마나 충실하게 나를 증명했느냐!

나는 이 나라의 모든 여자가 그런 것과 같이 겁많은 여자 제자들을 두었었다. 그렇지만 그 여자들은 내 사도들이 내게 주기를 거절한 그 도움을 주기 위해서 집을 버리고 나를 모독하는 군중의 물결 속으로 올 줄을 알았다.

내게는 '철학자'를 찬미하는 이교도 여인들도 있었다. 그 여자들에게는 내가 철학자였던 것이다. 그러나 세력있는 로마여자들인 그 여자들이 자신을 낮추어 히브리 관습을 따르고, 배은망덕하는 세상 사람들이 나를 버리는 그 시간에 '저희들은 선생님의 친구입니다' 하는 말을 내게 할 줄을 알았다.

내 얼굴에는 침과 피가 뒤범벅이 되어 있었다. 눈물과 땀이 내 상처 위로 흐르고 있었고, 더러운 것과 먼지가 내 피를 얼룩지게 했었다. 그런데 나를 씻어 준 손이 어떤 손이었느냐? 내 손이었느냐? 또는 네 손이었느냐? 아니면, 네 손이었느냐? 너희들의 손은 하나도 없었다. 이 사람은 내 어머니 곁에 있었다. 그리고 이 사람은 흩어진 양을 모으고 있었다. 너희들을 말이다. 그런데 내 양들이 흩어졌었으니, 어떻게 그 양들이 내게 도움을 줄 수 있었겠느냐? 네 선생은, 죄없는 네 선생은 모든 사람의 멸시를 한몸에 받고 있었는데, 그 동안 너는 세상 사람들의 멸시가 무서워서 얼굴을 가리고 있었다.

나는 목이 말랐었다. 그렇다. 이것도 알아라. 나는 목이 타서 죽을 지경이었다. 내가 가진 것이라고는 다만 열과 고통뿐이었다. 배반당하고, 버림받고 거짓으로 부인되고, 매맞고, 수없이 많은 죄와 하느님의 준엄에 휩쓸리고 하는 고통이 쥐어짜는 바람에 피가 벌써 게쎄마니에서 흘렀었다. 그리고 총독 관저에서도 흘렀다. … 그런데 누가 타는 듯한 내 목을 축이라고 물 한 방울을 줄 생각을 했느냐? 이스라엘 사람의 손이었느냐? 아니다. 한 이교도의 동정이었다. 내 심장이 벌써 치명상을 입고 있다는 것을 보이기 위해, 영원한 명령에 의해서 내 가슴을 뚫은 바로 그 손이었다. 그 치명상은 사랑의 결핍, 비겁, 배반 따위가 내게 준 상처였다. 그러니까 한 이교도였다. 나는 '목이 말랐는데, 네가 마실 것을 주었다'고 한 말을 상기시킨다. 이스라엘 전체 중에서 나를 위로해 줄 사람이 한 사람도 없었다. 내 어머니와 충실한 여인들과 같이 그렇게 할 수가 없어서 그랬거나 악의로 그랬었다. 그런데 내 백성이 내게 주려고 하지 않은 동정을 한 이교도가 알지 못하는 사람인 내게 대해서 가졌었다. 그 사람은 그가 내게 준 물 한 모금을 하늘에서 얻을 것이다.

정말 너희들에게 말한다마는, 나는 일체의 위로를 거부하였다. 그것은 어떤 사람이 희생이 될 때에는 자기의 운명을 완화해서는 안 되기 때문이다. 그러나 내게 선물을 주는 그 이교도를 물리치고자 하지 않았다. 나는 그의 선물에서 이스라엘이 내게 준 쓴 맛을 보상하기 위하여 이방인들이 내게 줄 모든 사랑의 꿀을 맛보았다. 그 사람이 내 목마름을 없애지는 못했다. 그러나 낙망은 없애 주었다. 그렇기 때문에 나는 알지 못하는 사람이 주는 그 물 한 모금을 마셨다. 벌써 선의 경향을 가지고 있던 그 사람을 내게로 끌기 위해서였다. 아버지께서 그의 동정 때문에 그에게 강복하시기 바란다!

너희들이 이제는 말을 안하는구나. 내가 왜 그렇게 행동했는지 왜 또 묻지 않느냐? 감히 묻지를 못하는 것이냐? 내가 너희들에게 말해 주마. 이 시간의 내력을 전부 말해 주마.

너희들은 누구냐? 내 후계자들이다. 그렇다. 너희들이 실수했는데도 너희들은 내 후계자들이다. 너희들은 무엇을 해야 하느냐? 세상을 그리스도에게로 회두시켜야 한다. 회두시킨다! 이것이야말로 가장 어렵고 가장 까다로운 일이다, 알겠느냐? 멸시, 혐오, 교만, 지나친 열성은 모두 성공하는 데 대단히 해로운 것이다. 그러나 너희들로 하여금 어두움 속에 있는 사람들에게 호의와 친절과 사랑을 베풀게 할 수 있는 것이 아무 것도 없었을 것이고, 아무 사람도 없었을 것이므로 너희들이 히브리인이다, 남자다, 그리고 사도다하는 거만을 결정적으로 부수어 버리고, 대신 너희들의 **임무**에 대한 참된 지혜와 온순과 동정과 건방지지도 않고 불쾌감도 가지지 않는 사랑을 갖는 것이 필요하였다. ── 알아듣겠느냐? ── 그렇게 하는 것이 필요하였단 말이다.

너희는 너희가 업신여기거나 거만한 동정심을 가지고 바라보던 사람들 모두가 믿음과 행동에 있어서 너희를 능가했다는 것을 알게 되었다. 모두가 그랬다. 옛날 죄녀도 그랬고, 세속적인 문화에 젖었는데도, 맨 처음으로 내 이름으로 용서하고 인도한 사람인 라자로가 그러했다. 이교도 여인들이 그랬고, 쿠자의 약한 아내도 그랬다. 약하다고? 실제로는 그 여자가 너희 모두를 능가하였다! 내게 믿음의 첫번째 순교자이다. 로마의 병사들도 그랬고, 목자들도 그랬다. 헤로데 당원 마나헨이 그랬고 율법박사 가믈리엘까지도 그러했다. 소스라치게 놀라지 말아라. 요한아, 너는 내 영이 어두움 속에 있었다고 생각하느냐? 모두가 그러했다. 그리고 이것은 너희들이 내일 너희들의 잘못을 기억하고 십자가를 찾아오는 사람들에게 너희들의 마음의 문을 닫지 않게 하기 위해서 그런 것이다.

너희들에게 단단히 말한다. 그리고 이 말을 아무리 너희들에게 해도, 주님의 영이 오셔서 내 뜻 앞에 너희들을 잔가지처럼 휘어 놓기 전에는 너희가 그렇게 되지 않으리라는 것도 나는 안다. 내 뜻은 온 세상에서 그리스도인을 갖는 것이다. 나는 죽음을 이겼다. 그러나 죽음도 오래 묵은 히브리주의보다는 덜 억세다. 그러나 나는 너희들을 휘어잡겠다.

너 베드로는 창피해서 울고만 있지 말아라. 내 교회의 반석인 너는 이 쓰라린 진리를 마음 속에 새겨 두어라. 몰약(沒藥)은 썩는 것을 막는 데 소용된다. 그러므로 몰약이 네게 흠뻑 배어들게 하여라. 그리고 다른 믿음을 가진 어떤 사람에게 네 마음과 교회의 문을 닫고 싶은 생각이 들거든, 나를 옹호하고 내게 대해서 동정을 가지고자 한 것은 로마이지 이스라엘, 이스라엘, 이스라엘이 아니었다는 것을 기억하여라. 십자가 아래 남아 있을 줄 알았으니 나를 맨 먼저 볼 자격을 얻은 것은 네가 아니라 죄녀였다는 것을 기억하여라. 그리고 마땅히 비난을 받을 만한 사람이 되지 않으려거든 네 하느님을 본받아라. 네 마음과 교회의 문을 열고 이렇게 말하여라. '보잘 것 없는 베드로야, 나는 업신여길 수가 없다. 그것은 만일 내가 업신여긴다면 내가 하느님께 업신여김을 받을 것이고 내 잘못이 하느님 눈에 생생하게 다시 살아나겠기 때문이다' 하고, 만일 내가 너를 이렇게 꺾어놓지 않았더라면 불행한 일이었을 것이다! 너는 목자가 되지 못하고 늑대가 되었을 것이다."

예수께서는 말할 수 없이 위엄있게 일어나신다.

"자, 내가 너희들 가운데 남아 있는 동안에는 너희들에게 또 말을 하겠다. 그러나 지금 당장은 너희들의 죄를 사해 주고 용서해 준다. 시련이 창피스럽고 가혹하였지만 유익하고 필요한 것이기도 하였는데, 이 시련이 지난 뒤에는 너희들에게 용서의 평화가 오기를 바란다. 그리고 그 평화를 너희들 마음 속에 간직하고 다시 충실하고 용맹한 내 친구들이 되어라. 아버지께서는 나를 세상에 보내셨다. 나는 내 복음전파를 계속하라고 너희들을 세상에 보낸다. 갖가지 불행이 너희들에게 올 것이니 너희들은 위안을 청할 것이다. 너희들이 너희 예수없이 남아 있었을 때 얼마나 불행했는지를 생각하고 친절을 베풀어라. 빛을 가지고 있어라. 어두움 속에서는 볼 수가 없는 것이다. 순결을 주기 위하여 깨끗하게 되어라. 사랑하기 위하여 사랑이 되어라. 그런 다음에는 빛이요, 깨끗하게 함이요, 사랑이신 분이 오실 것이다. 그러나 우선 너희들에게 임무에 대한 준비를 시키기 위하여 성령을 전해 준다. 너희가 어떤 사람에게 죄를 사하면 그의 죄가 사해질 것이고, 너희들이 사하지 않은 사람들의 죄는 그들에게 그대로 남아 있을 것이다. 너희들은 경험을 쌓아서 공정한 판단을 내릴 수 있게 되어야 한다. 성령께서 너희들을 거룩하게 하시어 너희가 거룩하게 있게 되기를 바란다. 너희들의 부족을 극복하려는 성실한 의지로 너희를 기다리고 있는 생활에서 영웅적인 사람이 되길 바란다. 더 해야 할 말은 지금 여기 없는 사람이 돌아오면 말하겠다. 그를 위해 기도하여라. 내 평화 안에, 그리고 내 사랑에 대한 의심의 동요가 없이 있어라."

그리고 예수께서는 들어오신 것과 같이 사라지셔서 요한과 베드로 사이에 빈 자리를 하나 남겨놓으신다. 예수께서는 빛 가운데로 사라지시는데, 그 빛이 어떻게나 센지 눈들을 감게 되었다.

그리고 부신 눈을 다시 떴을 때 그들은 예수의 평화가 남아 있다는 것만을 알게 된다. 태우고, 치료하고, 과거의 모든 고민을 오직 한 가지 갈망, 즉 섬기겠다는 갈망 속에 태워없애는 불꽃인 평화가 말이다.

14. 토마가 돌아오다

열 사람의 사도가 최후의 만찬의 집 마당에 있다. 서로 이야기를 하다가 기도를 드린다. 그러다가 다시 말들을 하기 시작한다.

열성당원 시몬이 말한다. "토마가 없어진 것이 정말 슬퍼. 어디 가서 찾아야 할지 모르겠어."

"나도 모르겠어" 하고 요한이 말한다.

"부모한테 가 있지도 않아, 아무도 본 사람이 없대. 그자들에게 잡히지나 않았으면 좋겠는데!"

"만일 그렇게 됐으면, 선생님이 '나머지 말은 지금 여기 없는 사람이 돌아오면 말하겠다'고 말씀하지 않으셨을 거야."

"맞아, 그렇지만 나는 또 베다니아에 가보겠어. 어쩌면 저 언덕을 이리저리 헤매면서 감히 나타나지 못하는지도 몰라."

"시몬, 가보게, 가봐. 자네가 우리 모두를 다시 모았고… 우리를 모으는 일로 우리를 구했어. 우리를 라자로의 집으로 데려갔으니까 말이야. 주님이 라자로에 대해서 말씀하시는 걸 들었나? '내 이름으로 용서하고 인도한 첫번째 사람'이라고 말씀하셨어. 왜 라자로를 가리옷 사람 대신 쓰지 않으실까?" 하고 마태오가 묻는다.

"그것은 완전한 친구에게 배반자의 자리를 주려고 하지 않으시기 때문이지" 하고 필립보가 대답한다.

"내가 조금 전에 시장을 한 바퀴 돌고 생선 장수들에게 말을 했을 때 들은 말인데… 그래, 그 사람들은 믿을 수가 있어. 성전 사람들이 유다의 시체를 어떻게 할지 모른다는 거야. 누가 그렇게 했는지 모르지만… 오늘 새벽에 성전 지키는 사람들이 성전 구내에서 아직 밧줄이 목에 걸려 있는 썩은 그의 시체를 발견했다는 거야. 내 생각에는 이교도들이 그 시체를 풀어서 성전 구내로 집어던진 것 같아. 어떻게 그렇게 했는지는 모르지만" 하고 베드로가 말한다.

이번에는 알패오의 야고보가 말한다. "나는 어제 저녁 샘터에서 들은 얘긴데, 벌써 어제 저녁에 배반자의 내장을 안나의 집에 대고 던졌다는 거야. 틀림없이 이교도들이었을 거야. 히브리 사람은 아무도 닷새가 지난 그 시체를 만지지 않았을 거니까. 얼마나 썩었는지 누가 알겠어! 아이고 징그러워, 안식일부터니!"

요한은 그 생각을 하고 얼굴이 창백해진다.

"그렇지만 그 사람이 어떻게 거기 가서 죽었지? 그 곳이 그 사람의 땅이었나?"

"가리옷의 유다에 대해서 정확한 것을 알고 있는 사람이 누가 있어? 그 사람이 얼마나 폐쇄적이고 까다로운 사람이었는지 생각들 해보게나…."

"얼마나 거짓말쟁이였는지, 라고 말해도 돼, 바르톨로메오. 그 사람은 솔직한 때가 도무지 없었어. 우리와 3년 동안을 같이 지내면서 그동안 우리는 모든 것을 공동으로 가졌었지만, 그 사람 앞에 가면 마치 요새의 높은 성벽 앞에 있는 것 같았어."

"요새의 성벽이라구? 아이고, 시몬! 차라리 미궁(迷宮)의 벽이라고 말하게!" 하고 알패오의 유다가 외친다.

"오! 이거 봐! 그 사람 이야기는 그만두세! 우리가 그 사람을 불러내서, 그 사람이 와서 우리 마음을 흔들어 놓게 될 것 같은 생각이 들어. 나는 그 사람의 기억을 내게서와 히브리 사람이건 이방인이건 모든 사람의 마음에서 지워버리고 싶어. 히브리 사람들의 경우에는 우리 민족에서 그런 괴물을 낳았다는 것 때문에 얼굴을 붉히지 않기 위해서, 그리고 이방인들의 경우에는 그 사람들 중에서 어느 날 '그 분을 배반한 것은 이스라엘 사람이었다'고 말하는 사람이 있지 않게 말이야. 나는 총각에 지나지 않으니까 자네들 앞에서 제일 먼저 말을 해서는 안 될 거야. 나는 제일 꼴찌고, 베드로 자네는 첫째야. 그리고 여기에는 유식한 열성당원과 바르톨로메오가 있고, 주님의 형제들도 있어. 그렇지만 말이야. 열두째 자리에 어떤 거룩한 사람을 빨리 넣었으면 좋겠어. 왜냐하면 우리 집단 가운데 이 빈 자리를 보는 한 나는 우리들 가운데에 지옥이 입을 딱 벌리고 악취를 풍기고 있는 것을 보는 느낌이 들 것이고, 그 때문에 우리가 길을 잘못들까 봐 겁이 나서 그래…."

"요한, 그럴 리가 없어! 자네는 소름끼치는 그의 죄와 목매 죽은 그의 시체때문에 받은 깊은 인상을 그대로 가지고 있는 거야…."

"아니야, 아니야. 어머니도 말씀하셨어. '가리옷의 유다를 볼 때에는 사탄을 보는 느낌이었다'고. 아이고! 이 자리에 받아들일 성인을 서둘러 찾도록 하세!"

"이거 봐. 나는 아무도 선택하지 않겠어. 하느님이신 선생님이 가리옷 사람 같은 제자를 택하셨으니, 보잘 것 없는 베드로는 어떤 사람을 택하겠는가 말이야."

"그렇지만 자네는 그렇게 해야 할 거야…."

"안 돼, 이 사람아, 나는 아무 것도 택하지 않겠어. 나는 주님께 그렇게 하시라고 청하겠어. 베드로는 죄를 넉넉히 지었단 말이야!"

"우리가 청할 것이 너무도 많아, 저번날 저녁 우리는 얼빠진 사람 같았어. 그러나 우리는 배워야 해. 그것은… 어떤 일이 정말 죄인지 죄가 아닌지 알려면 어떻게 해야 되는가 말이야. 주님이 이교도들에 대해서 우리가 말하는 것과 얼마나 다르게 말씀하시는지 보란 말이야. 주님이 당신의 용서의 가능성에 대해 의심하는 것보다는 차라리 비겁함과 부인(否認)을 얼마나 더 관대하게 보아주시는지 보란 말이야. … 아이고! 나는 잘못할까 봐 겁이나" 하고 알패오의 야고보가 낙담해서 말한다.

"정말이지 선생님이 우리에게 그렇게도 많은 말씀을 하셨는데도, 나는 아무것도 알지 못하는 것 같아. 나는 일주일째 얼이 빠져 있어" 하고 다른 야고보도 낙담해서 말한다.

"나도 그래."

"나도 그래."

"나도 마찬가지야."

그들은 모두가 같은 처지이다. 그래서 놀라서 서로 바라본다. 그들은 이제는 그들이 생각해낸 최후의 해결책의 힘을 빌기로 한다. 그들은 "라자로를 가서 만나세" 하고 말한다. "거기서 주님을 만나뵈올지도 몰라, 그리고… 라자로가 우리를 도와줄 거야."

누가 문을 두드린다. 그들은 모두 입을 다물고 귀를 기울인다. 그러다가 엘리야가 토마와 함께 현관으로 들어오는 것을 보고 깜짝 놀라서 "오!" 하는 소리를 지른다. 하도 험상궂어서 그가 토마같이 보이지 않게 된 토마이다.

동료들은 그들의 기쁨을 소리높여 말하면서 그를 에워싼다. "선생님이 부활하셔서 여기 오셨다는 걸 아나? 그리고 자네가 돌아오기를 기다려서 또 오시겠다고 말씀하셨어!"

"응, 엘리야도 그 말을 했어. 그렇지만 난 믿지 않아. 나는 내가 보는 것을 믿는데, 내가 보는 것은 이제 우리는 끝장이 났다는 거야. 나는 우리가 모두 뿔뿔이 흩어졌다는 것을 보고, 선생님을 생각하며 슬퍼할 무덤조차도 없어졌다는 것을 본단 말이야. 내가 보는 것은 최고회의가 그들의 공범을 더럽혀진 짐승처럼 묻으라고 포고(布告)해서 처치하고, 나자렛 선생의 충실한 제자들도 처치해 버리려고 한다는 거야. 나는 금요일에 성문에서 붙잡혔었는데, 그들이 이렇게 말했어. '너도 그자의 제자였지. 이젠 그자가 죽었단 말이야. 가서 너 하던 일이나 다시 해' 하고, 그래서 나는 도망쳤어…."

"그런데 어디로 갔었어. 우리는 자넬 사방으로 찾아다녔는데!"

"어디로 갔었느냐구? 라마에 있는 주님 집 쪽으로 갔지. 그러다가 감히 들어가지를 못했어. 왜냐하면… 여자가 내게 비난을 퍼붓지 않게 하려고 그랬어. 그래서 유다의 산 여기저기로 헤매다니다가 어제는 마침내 베들레헴의 동굴에 갔었어. 얼마나 울었는지 몰라. …나는 파편들이 널려 있는 가운데에서 잤어. 엘리야가 왔다가 나를 거기서 찾아낸 거야. …엘리야가 왜 거길 갔는지는 모르겠지만 말이야."

"왜 갔었느냐고요? 그야 너무 기쁘거나 너무 괴로울 때는 하느님을 더 느끼는 곳에 가는 법이니까 그렇지요. 나는 요 몇 해 동안 여러 번 선생님의 아기적 울음소리의 추억으로 영혼이 어루만져지는 것을 느끼기 위해서 도둑처럼 밤에 그 곳엘 갔어요. 그리고는 돌에 맞아 죽지 않으려고 해가 뜨면 빠져나오곤 했지요. 그러나 나는 이미 위로는 받았었습니다. 이번에는 그 곳에 가서 '나는 행복하다' 하고 말하고, 거기서 가져올 수 있는 것을 가져오려고 갔어요. 우리는 그 분의 믿음을 전하기를 바랍니다. 그렇지만 우리는 그곳 담의 한 조각, 흙 한 줌, 저 말뚝들의 거스러미 하나에서 힘을 얻을 것입니다. 우리는 아직 갈바리아산의 흙을 감히 가져올 만큼 거룩하진 못합니다…."

"엘리야, 당신 말이 옳아요. 우리도 그렇게 해야 되고, 또 그렇게 한 겁니다. 그런데 토마는?…"

"토마는 자면서도 울고 있었어요. 그래서 '일어나시오, 그리고 이젠 울지 마시오. 부활하셨어요.' 토마는 내 말을 믿으려 들지 않았어요. 그렇지만 내가 하도 끈질기게 역설하는 바람에 설득을 당했지요. 그래서 이렇게 온 겁니다. 이제는 토마가 여러분 가운데 있으니 나는 물러갑니다. 나는 갈릴래아로 가는 동료들과 합류합니다. 여러분에게 평화가 있기를." 그리고 엘리야는 간다.

"토마, 선생님은 부활하셨어. 내가 장담해. 우리와 같이 계셨어. 음식도 드시고, 말씀도 하셨어. 그리고 우리에게 강복하셨어. 우리를 용서해 주시고, 우리에게 용서할 수 있는 권한을 주셨어. 아이고! 자네는 왜 더 일찍 오지 않았나?"

토마는 낙담에서 헤어나지 못한다. 그는 고집스럽게 머리를 내젓는다. "나는 안 믿어. 자네들은 유령을 본 거야. 자네들은 모두 미쳤어. 여자들을 비롯해서 말이야. 죽은 사람이 다시 살아나지는 못하는 거야."

"사람은 그렇지. 그러나 선생님은 하느님이셔. 자넨 그걸 안 믿나?"

"왜 안 믿어? 선생님이 하느님이시라는 건 나도 믿어. 그렇지만 바로 그걸 믿기 때문에 말하는 건데, 선생님이 아무리 착하실 수 있다 해도, 당신을 그렇게까지 별로 사랑하지 않은 사람들한테 오실 정도로 착하실 수는 없단 말이야. 선생님이 아무리 겸손하시다 해도 우리같이 심술궂은 사람들처럼 당신을 낮추는 데는 이에서 신물이 나실 거란 그말이야. 그렇게는 안 돼. 선생님은 아마, 아니 틀림없이 하늘 나라에 개선하셨어, 그리고 어쩌면 영처럼 우리에게 나타나실지도 몰라. 어쩌면이라고 했어. 우리는 그런 대접을 받을 자격도 없단 말이야! 그렇지만 살과 뼈를 가지고 부활하셨다는 건, 아니야. 아니야, 난 안 믿어."

"그렇지만 우리가 선생님께 입맞춤을 하고, 음식드시는 걸 보고 목소리를 듣고, 손의 감촉을 느끼고, 상처를 보았는데도!"

"아무 것도 난 안 믿어. 믿을 수가 없어. 믿으려면 봐야 해. 선생님 손의 못자국을 보고 거기에 손가락을 넣어보지 않고는, 또 선생님 발의 상처를 만져보지 않고, 창이 선생님의 옆구리를 뚫은 곳에 손을 넣어보지 않고는 나는 안 믿어. 나는 어린 아이나 여자가 아니야. 나는 명백한 사실을 원해. 내 이성이 받아들일 수 없는 것은 거절해. 그래서 자네들의 말을 받아들이지 못하겠어."

"아니 토마! 그럼 우리가 자넬 속이려고 하는 것 같은가?"

"이 사람들아, 그렇지는 않아, 오히려 그 반대지! 자네들이 착각으로 스스로 가지게 된 평화로 나를 데려가려고 할 만큼 친절한 자네들은 정말 행복하네. 그렇지만… 나는 선생님의 부활을 믿지 않아."

"자네는 선생님의 벌을 받을까봐 겁나지 않나? 선생님은 무엇이든지 다 듣고 보시고 한단 말이야. 알겠어?"

"나는 선생님이 나를 설득하시기를 원해. 나는 이성이 있으니까, 그 이성을 쓰는 거야. 만일 내 이성이 길을 잃었으면, 사람의 이성의 주인이신 선생님이 바로잡아 주시기를 바래."

"그렇지만 이성은 자유가 있다고 선생님이 말씀하셨는데."

"그건 내가 이성을 집단적인 암시의 노예가 되게 하지 않아야 하는 또 하나의 이유가 되는 셈이야. 나는 자네들을 많이 사랑하고, 주님을 많이 사랑하네. 나는 내 힘자라는 데까지 주님을 섬기겠고, 자네들이 주님을 섬기도록 돕기 위해 자네들과 같이 있을 걸세. 선생님의 가르침을 전파하겠어. 그렇지만 보아야만 믿을 수 있겠어." 그러면서 고집이 센 토마는 자기 말밖에는 듣지 않는다.

다른 사도들은 주님을 뵈온 모든 사람에 대해 말하고, 어떻게 주님을 뵈었는지를 그에게 말한다. 그들은 어머니와 말씀을 나누라고 권한다. 그러나 그는 머리를 내저으며 돌에 앉아 있는데, 그가 앉아 있는 돌보다도 더 단단하다. 그는 어린 아이와 같이 고집스럽게 "나는 보면 믿을 거야…" 하고 되풀이한다.

하느님께서는 무엇이든지 하실 수 있다는 것을 인정하면, 믿는 것이 그렇게도 기분좋고 거룩할 텐데, 그것을 부인하는 불행한 사람들은 의례 이렇게 말하는 것이다.

예수께서 말씀하신다.

"작은 요한(마리아 발또르따의 애칭)아, 주기(週期)가 끝났다. 이것 다음에는 1944년 8월 9일에 본 믿지 않는 토마의 환영에 대한 이야기를 넣어라. 그러나 복음 전체가 쓰어진 다음에는, 내가 처음부터 말한 것과 같이 성지 주일과 부활전 월, 화, 수요일과 목요일 아침나절에 대해서 많은 것을 추가해야 할 것이다. 네가 작년에 본

14. 토마가 돌아오다

것 중에서 따서 써넣어야 할 부분은 벌써 네게 일러 주었다. 밀리오리니 신부가 원하면, 내가 지금 일러 주는 작년의 받아쓴 것을 끼워넣어도 된다.

그리고 네가 받아쓴 것 중에서 론지노가 준 물 한 모금과 반대되는 것같이 보이는 한 귀절에 대해 지금의 너무나 많은 토마 같은 사람들과 율법학자들 같은 사람들이 비판할 것을 예견하기 때문에… —— 오! 작은 요한(마리아 발또르따의 애칭)아, 초자연적인 것의 부정자들과 반대로 완전에 대한 이성론자들은 하느님의 인자와 네 희생으로 이룩되는 훌륭한 이 작품 전체에서 틈을 하나 찾아낼 수 있으면 얼마나 좋아하겠느냐! 그들은 그들의 위험한 이성주의의 곡괭이를 이 갈라진 틈에 넣고 그것을 지렛대 삼아 전체를 무너뜨릴 수 있을 것이다! —— 그래서 그들을 만족시키기 위해 이렇게 말해서 설명하고자 한다.

그 보잘 것 없는 물 한 모금, 핏줄에 피가 말라버리고 열이 나는 그 화재에 물 한 방울, 그것을 나는 사랑을 설득시켜 진리를 데려와야 하는 한 영혼에 대한 사랑으로 마셨고, 무자비한 매질로 하도 기진맥진해서 숨이 끊어지게 하고 삼키지를 못하게 하는 심한 헐떡임 속에서 더할 수 없이 피로한 가운데 마셨는데, 그 물 한 모금은 초자연적이 아닌 다른 위안은 내게 주지 못하였다. 육체를 위하여는 그것이 아무 것도 아니었다. 차라리 고통이었다고 말해야 할 것이다. … 그 때의 내 목마름에는 여러 강의 물이 필요했을 것이다. … 그리고 나는 심장 앞부분의 고통에 대한 극도의 불안 때문에 마실 수가 없었다. 너는 그 고통이 어떤 것인지 알고 있지. … 그리고 내게는 여러 강물이 필요했을 터인데… 사람들은 그것을 내게 주지 않았다. 그리고 나는 점점 더 심해지는 호흡곤란 때문에 강물을 주어도 받을 수는 없었을 것이다. 그러나 그 강물을 주었더라면 내 마음이 얼마나 큰 위안을 받았겠느냐! 나는 사랑 때문에 죽어가고 있었다. 내가 받지 못하는 사랑 때문에. 동정도 사랑이다. 그러나 이스라엘에는 동정이 없었다.

착한 사람들인 너희가 이 물 '한 모금'을 바라볼 때, 또는 믿지 않는 너희들이 이 물 '한 모금'을 분석할 때에, 음료라는 말을 쓰지 말고 그것에 어울리는 '동정'이라는 이름을 붙여 주어라. 그러므로 '내가 최후의 만찬부터는 위안을 받지 못했다'고 너희들이 생각할 수 있고, 그렇게 생각해도 잘못 생각하는 것은 아닐 것이다. 내가 약물(藥物)을 탄 포도주를 마시기를 원치 않은 것에 비추어, 나를 둘러싸고 있던 그 모든 군중에서 내게 위안을 주는 사람은 한 사람도 없었다. 나는 초와 업신여김을 받았고, 배반을 당하고 매를 맞았다. 내가 받은 것은 이것이었다. 다른 것은 아무 것도 없었다

'작년에는 왜 제가 론지노의 그 행동을 보지 못했을까요?' 하고 네가 말했지. 그것은 네가 본 내 고문에 대한 환상으로 인해서 공포에 질려 있었기 때문이다. 네가 아직 묘사하고 보게 되지 못했기 때문이었다. 나는 임박한 네 수난을 위해서 네게 격

려를 주려고 여러 단계를 생략하고 빨리 나아갔다. 그러나 너는 내가 더 완전하게 더 평화롭게 내가 받은 모든 고문을 네게 거슬러 올라가게 하기 위해 너를 다시 데리고 다녀야 했다는 것을 이제는 알게 되었다. 이 평화가 완전한 것이냐? 오! 그렇지 않다. 인간은 내게 안겨서 나와 융합하더라도 역시 인간이고, 따라서 언제나 인간으로서의 반응을 보이고 인간으로서의 능력을 가질 것이다. 인간은 인간이기 때문에 하느님인 사람의 감정과 고통을 절대적인 진실성을 가지고 절대적으로 완전하게 이해하고 묘사할 수는 결코 없을 것이다.

 그뿐 아니라, 이 감정과 고통을 대부분의 사람은 이해하지 못할 것이다. 이것들도 벌써 이해되지 않았다. 그래서 무릎을 꿇고 이 지식을 우리에게 주신 하느님을 찬미하는 것만이 오직 한 가지 할 일인데, 그렇게 하지 않고 대부분의 사람이 책들을 들고는 조사하고, 헤아려 보고, 역광(逆光)으로 보면서 바라고, 바라고 또 바랄 것이다. 무엇을 바랄 것이란 말이냐? 그야 이와 비슷한 다른 저서와의 모순을 찾아내서 뒤엎고, 뒤엎고 또 뒤엎기를 바라는 것이다. (인간적인)과학의 이름으로, (인간)이성의 이름으로, (인간적인)비평의 이름으로, 삼중으로 인간적인 교만의 이름으로. 인간이 얼마나 많은 거룩한 작품을 부수어서 그 잔해를 가지고 거룩하지 않은 건물을 지었느냐? 불쌍한 인간들아, 너희들은 순수한 금을 없앴다. 순수하고 귀중한 지혜의 금을. 그리고 금가루를 서투르게 칠한 화장 회반죽과 석고를 입혔는데, 그것은 생활과 사람들과 인간적인 혼란의 충격으로 이내 색이 흐릿하게 되고, 문둥병 같은 자국이 남게 되고, 멀지 않아 가루가 되어버리고, 너희들의 지식이 아무 것도 남지 않게 된다.

 오! 너희들이 이해하고 느끼는 것만을, 즉 너희들 자신만을 믿는 불쌍한 토마 같은 인간들아! 그러나 하느님을 찬미하고, 내가 너희를 도와줄 터이니까 올라오도록 힘써라. 믿음과 사랑 안으로 올라오도록 말이다. 나는 사도들이 '영혼의 아버지'가 될 수 있도록 하기 위해서 그들이 창피당하는 것을 원하였다. 제발 부탁이다. 이것은 특히 너희들, 내 사제들에게 말하는 것이다. '영혼의 아버지'가 되기 위하여 평신도의 뒷자리에 앉는 창피를 받아들여라. 이 책은 모든 사람을 위한 것이다. 그러나 이 복음서는 정말 너희들에게 바쳐진 것으로, 이 복음서 안에서 스승인 주님이 당신 사제들의 손을 붙잡고 제자들이 늘어서 있는 곳으로 데려가서, 그들 사제들이 제자들을 인도할 수 있는 선생들이 되게 하며, 이 복음서 안에서 의사인 주님이 너희들을 병자들에게로 —— 어떤 사람이나 다 영적인 병을 가지고 있으니까 —— 데리고 가서 병의 증세를 보여주고 치료법을 가르쳐주는 것이다!

 자, 와서 보아라. 와서 먹어라. 와서 마셔라. 그리고 거절하지 말아라. 또 작은 요한을 미워하지 말아라. 너희들 가운데 착한 사람들은 이 작품에서 거룩한 기쁨을 얻어낼 것이고, 성실한 학자들은 빛을 얻어낼 것이고, 방심은 하지만 악하지 않은 사람들은 즐거움을 얻어낼 것이며, 악한 사람들은 그들의 악한 지식을 털어놓을 방법을 얻어낼 것이다. 그러나 작은 요한은 다만 고통과 피로만을 얻었고, 그것 때문에 작품이 끝나가는 지금은 마치 병으로 시들시들한 사람같이 되었다.

자, 그러면 내 친구이며 작은 요한(마리아 발또르따의 애칭)의 친구들인 막달라 마리아와 요한, 마르타와 라자로와 시몬, 그리고 그가 피로할 때에 지켜준 천사들에게 내가 무슨 말을 하겠느냐? 나는 이렇게 말하겠다. '우리 친구 작은 요한이 도무지 기운이 없다. 그에게 영원한 강물을 가지고 가서 이렇게 말하자. 작은 요한아, 이리 오너라, 네 태양을 쳐다보고 일어나라. 많은 사람이 네가 보는 것을 보고 싶어하겠지만, 때가 되기 전에 영원하신 주님을 알고, 그분의 이 세상 생애를 아는 은혜를 받는 것은 주님의 마음에 드는 사람들뿐이기 때문이다. 오너라. 구세주와 그분의 친구들과 같이 그분의 집으로 가기에 앞서 우선 구세주께서 친구분들과 같이 네 집으로 오신다' 하고.

편안히 있거라. 내가 너와 함께 있다.

15. 예수께서 토마와 같이 있는 사도들에게 나타나신다

예수께서 이렇게 말씀하십니다.

"작은 요한(마리아 발또르따의 애칭)아, 오너라. 내가 너를 내 은총의 밭들 사이로 인도하게 어린 베냐민처럼 네 손을 내 손에 맡겨라. 너는 어린 베냐민에 관한 환상을 보고 몹시 좋아했지.

너와 다른 사람들을 위한 은총이고, 선물, 또 선물들이다. 내가 네게 계시하는 것과 말해 주는 것 하나하나가 큰 선물이기 때문이다. 너는 이 선물의 가치도 알지 못한다. 영적인 가치를 말하는 것이 아니다. 그것이 네 경우에는 무한하다. 문화적인 가치, 혹 또 네가 더 좋다면 역사적인 가치를 말하는 것이다. 이것은 비싼 보석들이다. 너는 어린 아이처럼 그 보석들이 네 손 안에 들어 있는 것을 보고, 그 갖가지 빛깔 때문에 그것들을 좋아한다. 그러나 너는 그 보석들에 선물과 아름다움과 네 사랑의 증거라는 가치 외에 다른 가치를 붙여줄 줄을 모른다. 반대로, 너보다 더 유식하지만 너보다 덜 사랑받는 다른 사람들은 그 보석들을 걱정스럽게 지켜보고, 네 예수가 네게 주는 그 영적인 보석들을 안타까이 네게 청하며, 그것들을 네 지식보다 더 큰 지식으로 지켜보고, 연구하고, 평가하는데, 그들의 의지가 그렇게 하기를 바라기 때문에, 네가 사랑하는 방식으로 그렇게 되기를 바란다. 그러나 이것이 까다로운 그들에게는 더 어려운 일이다. 단순하고 솔직하고 순수하게 사랑할 줄 아는 것은 어린이들뿐이다.

네가 아는 것은 사랑하는 것뿐이다. 그러나 나를 위하여 항상 그대로 있어라. 네게 주는 갖가지 빛깔의 보석을 가지고 놀아라. 그리고 그것을 기다리는 사람들에게 너그럽고 기쁘게 주어라. 나는 네 작은 손에 언제나 새 보물을 가득 채워주겠다. 걱정 말아라. 주고 또 주어라. 네 왕은 그의 자녀들을 기쁘게 할 무진장의 금고를 가지고 있다."

그런 다음, 다음과 같은 것을 보았습니다.

사도들은 최후의 만찬실에서 과월절 어린 양 고기를 먹은 식탁에 둘러 앉아 있다. 그러나 존경의 뜻으로 가운데 자리, 즉 예수의 자리는 빈 채로 있다. 사도들은 그들을 모아서 당신 뜻대로 그리고 사랑이 시사하는 선택으로 자리를 정해 주시던 분이 안 계시게 된 지금은 다른 자리들에 앉아 있다. 베드로는 아직 자기 자리에 있다. 그러나 요한의 자리에는 지금은 유다 타대오가 있다. 그 다음에는 사도들 중에서 제일 나이가 많은 바르톨로메오가 있고, 그 다음에는 요한의 형 야고보가 있는데, 바라보는 내 편에서 볼 때에 거의 오른쪽 모서리이다. 야고보의 곁에는 요한이 있지만, 식탁의 가장 좁은 쪽에 있다. 다른 쪽으로 베드로 다음에는 마태오가 있고, 그 다음에는 토마, 그리고 필립보, 그 다음에는 안드레아, 그 다음에는 유다 타대오의 형 야고보, 그리고 열성당원 시몬이 다른 쪽에 있다. 식탁의 가장 넓은 쪽, 그러니까 베드로의 맞은 편은 비어 있다. 그것은 사도들이 과월절 때보다 의자들을 더 죄어놓고 앉았기 때문이다.

창문들에는 빗장이 질려 있고, 문들에도 빗장이 질려 있다. 다만 화구(火口) 둘만이 켜져 있는 등불은 식탁만 희미하게 비출 뿐, 넓은 방의 나머지 부분은 그늘이 져 있다.

요한의 등 뒤에는 찬장이 있어서, 요한은 동료들이 원하는 검소한 음식을 내주는 임무를 맡고 있다. 그 검소한 음식이란 식탁에 놓여 있는 생선, 그리고 빵과 꿀과 신선한 작은 치즈로 되어 있다. 형이 달라고 하는 치즈를 주려고 식탁 쪽으로 다시 몸을 돌리다가 요한이 주님을 본다.

예수께서는 매우 이상하게 나타나셨다. 모여서 음식을 먹는 사람들의 뒤에 있는 벽은 문 있는 쪽만 빼고는 쭉 이어져 있는데, 그 한가운데가 땅에서 1미터 가량 되는 높이에 약하고 인광(燐光) 같은 빛으로 환해졌다. 그 빛은 마치 밤 어두운 데에서만 빛을 발하는 어떤 조각들의 빛과 같은 것이었다. 높이가 약 2미터되는 그 빛은 벽감(壁龕)처럼 타원형이다. 그 빛 가운데에서 마치 그 빛이 환한 안개로 가려져 있던 뒤에서 앞으로 나오는 것처럼 점점 더 분명하게 예수님이 나타나신다.

내가 설명을 제대로 하는지 모르겠다. 예수의 몸이 두꺼운 벽을 통해서 흘러 들어오는 것 같다. 벽은 갈라지지 않고 단단한 채로 있다. 그래도 몸이 통과한다. 빛이 예수의 몸의 첫번째 표시로 나타나면서 예수께서 가까이 오시는 것을 알린다. 예수의 몸이 맨 처음에는 가벼운 빛의 선으로 이루어진다. 마치 하늘에 계신 아버지와 천사들을 볼 때와 같이 비물질적이다. 그러다가 차차 물질화되면서 전체적으로 진짜 육체의 모습을 띠게 된다. 영광스럽게 된 당신의 하느님이신 육체의 모습을.

묘사하는 데 시간이 많이 걸렸지만, 이 일은 몇 초 동안에 일어난 것이다.

예수께서는 부활하실 때와 어머니께 나타나셨을 때와 같이 흰 옷을 입으셨다. 매우 아름다우시고 다정하시며 미소를 띠고 계시다. 양팔은 몸 옆으로 조금 떨어뜨린 채 내려뜨리셨는데, 손은 방바닥을 향하고 손바닥은 사도들 쪽을 향하고 있다. 손의 두 상처는 두 개의 금강석 별같이 보이는데, 거기에서는 대단히 강한 빛살이 나온다. 옷에 가려져 있는 발도 보이지 않고 옆구리도 보이지 않는다. 그러나 이 세상 것이 아닌 옷감으로는 숭고한 상처가 가려진 곳에서 빛이 스며 나온다. 처음에는 예수께서 달빛 같은 몸에 지나지 않다가 빛의 윤곽에서 나와 구체화되시며 머리카락과 눈과 피부의 자연적인 빛깔을 띠시게 된다. 요컨대 예수, 하느님이시요 사람이신 예수, 그러나 부활하신 지금은 더 장중하게 되신 예수님이시다.

요한이 예수를 본 것은 예수께서 벌써 이렇게 되신 때였다. 다른 사람은 아무도 발현을 알아차리지 못했었다. 요한은 펄쩍 뛰며 동그란 작은 치즈가 담긴 큰 접시를 식탁에 떨어뜨리고, 손으로 식탁 가장자리를 집고 마치 자석이 그쪽으로 끌기라도 하는 듯이 식탁 옆으로 몸을 기울이며 작은 소리로 "오!" 하는 소리를 낸다. 그러나 그 목소리는 작으면서도 강하다.

작은 치즈가 담긴 큰 접시가 떨어지는 요란한 소리와 요한이 펄쩍 뛰는 소리에 접시에서 머리를 들고 그의 황홀한 태도를 놀라며 바라보았던 다른 사람들은 그의 눈길 가는 곳을 바라본다. 그들은 선생님에 대한 위치에 따라 머리를 돌리거나 아예 몸을 돌리거나 하여 예수를 본다. 그들은 모두 감격하고 기뻐서 일어나 예수께로 달려간다. 더 환하게 웃으시며 예수께서는 그들에게로 나아오시는데, 지금은 모든 사람과 같이 땅을 딛고 걸으신다.

예수께서 처음에는 요한만을 뚫어지게 보셨고, 또 요한은 그를 어루만지는 이 눈길에 끌려 몸을 돌렸던 것 같은데, 이제는 예수께서 모든 사도들을 바라보시며 "너희에게 평화" 하고 말씀하신다.

이제는 모두가 예수를 둘러싸고 있는데, 어떤 사람들은 예수의 발 아래 무릎을 꿇고 있고, 이들 중에는 베드로와 요한이 있다 — 요한은 예수의 옷자락에 입맞춤까지 하고, 옷자락의 어루만짐을 받으려는 듯이 그것을 얼굴에 갖다 댄다 — 더 뒷쪽에 있는 사람들은 서 있다. 그러나 공손한 태도로 몸을 잔뜩 구부리고 있다.

　베드로는 더 빨리 오려고 마태오가 먼저 나와서 자리를 비껴 주기를 기다리지 않고 정말 그의 의자를 껑충 뛰어 넘었다. 좌석들이 한꺼번에 두 사람에게 쓰였다는 것을 기억해야 할 것이다.

　거북해서 조금 떨어져 있는 사람은 오직 토마뿐이다. 그는 식탁 가까이에 무릎을 꿇었다. 그러나 감히 나아오지를 못하고, 식탁 모서리 뒤에 숨어 있으려고 애쓰는 것 같기도 하다.

　예수께서는 손을 입맞춤하게 내맡기시면서 ── 사도들은 거룩하고 다정스러운 갈망으로 그 손을 잡으려고 한다 ── 열한 번째 사도를 찾으시는 듯 숙인 머리들 위로 눈길을 보내신다. 그러나 예수께서는 그를 처음 순간부터 보셨다. 이렇게 하시는 것은 토마에게 용기를 내서 올 시간적 여유를 주시기 위해서이다. 믿지 않은 사람이 그의 불신이 부끄러워서 감히 오지 못하는 것을 보시고 "토마야, 이리 오너라" 하고 부르신다.

　토마는 창피해서 거의 울다시피하며 고개를 쳐든다. 그러나 감히 오지를 못한다. 그는 다시 고개를 떨어뜨린다. 예수께서는 그에게로 몇 걸음 가셔서 다시 "토마야, 이리 오너라" 하고 말씀하신다.

　예수의 목소리는 첫 번보다 더 명령적이다. 토마는 주저하고 부끄러워하며 일어나서 예수께로 간다.

　"보지 않고는 믿지 않는 사람이 여기 있구나!" 하고 예수께서 외치신다. 그러나 그 목소리에는 용서하는 미소가 들어 있다. 토마도 그것을 알아차리고, 용기를 내어 예수를 쳐다보니 정말 미소짓고 계신 것이 보인다. 그러니까 용기를 내서 더 빨리 온다.

　"이리 아주 가까이 와서 보아라. 보는 것만으로 충분하지 않으면 네 선생님의 상처에 손가락을 넣어 보아라." 예수께서는 당신 손을 내미시고, 옆구리의 넓은 상처를 드러내시려고 가슴을 가린 옷을 벌리셨다.

　이제는 상처에서 빛이 나오지 않는다. 예수께서 달빛 무리에서 나오셔서 보통 사람처럼 걷기 시작하신 때부터 상처에서 빛이 나오지 않게 되었고, 피어린 현실 그대로 나타난다. 불규칙적인 두 구멍인데, 왼쪽 구멍은 엄지에까지 이르고, 손목과 손바닥 아래를 꿰뚫었으며, 옆구리 윗쪽에는 옆으로 약간 ㅅ자 형태를 만들어 놓은 긴 상처가 있다.

　토마는 떨며 들여다보지만 만지지는 못한다. 입술을 움직이지만 말을 분명히 하지는 못한다.

　"손을 이리 다오, 토마야" 하고 예수께서 지극히 상냥하게 말씀하신다. 그러면서 오른손으로 사도의 오른손을 잡고 검지를 붙들어 당신의 왼손의 찢어진 곳으로 가져다가, 손바닥이 꿰뚫렸다는 것을 느끼게 하시려고 그 손가락을 깊숙히 들여보내신다. 그런 다음 당신 손에서 당신 옆구리로 토마의 손을 가져가신다. 그리고 이제는 토마의 네 손가락을 밑으로 장골(掌骨)까지 함께 잡아서 그 큰 네 손가락을 가슴 찢어진 곳에 갖다 대고, 가상자리에만 대는 데 그치지 않고 속으로 들여보내시고 그대로 잡고 계시면서 토마를 뚫어지게 들여다보신다.

엄하지만 그러면서도 온화한 눈길이다. 그러시면서 이렇게 계속 말씀하신다. "…여기에 손가락을 갖다 대고 여러 손가락을 얹어보고, 정 하고 싶으면 내 옆구리에 네 손까지도 넣어 보아라. 그리고 믿지 않는 사람으로 있지 말고 믿는 사람이 되어라." 내가 위에 말한 것을 하시는 동안 예수께서는 이런 말씀을 하셨다.

토마는 — 그가 거의 만지다시피하는 하느님의 심장 가까이 있는 것으로 그에게 용기가 생겨난 것 같다 — 마침내 말을 또박또박 할 수 있게 되어 무릎을 꿇으며 양팔을 들고 뉘우침의 눈물을 펑펑 쏟으며 말한다. "제 주님이시고 제 하느님이십니다!" 그는 다른 말은 아무 말도 할 줄을 모른다.

예수께서는 그를 용서하신다. 오른손을 그의 머리에 얹으시고 말씀하신다. "토마야, 토마야, 이제는 네가 보았기 때문에 믿는구나. … 그러나 보지 않고 나를 믿는 사람들은 행복하다! 보는 힘으로 인해서 믿음이 도움을 받은 너희들에게 상을 주어야 한다면, 그 사람들에게는 무슨 상을 주어야 하겠느냐?…"

그런 다음 예수께서는 요한을 한 팔로 안으시고, 베드로를 한 손으로 잡으시고 식탁으로 가까이 가신다. 예수께서 당신 자리에 앉으신다. 이제는 그들이 과월절 저녁과 같이 앉았다. 그러나 예수께서는 토마에게 요한 다음 자리에 앉으라고 하신다.

"자, 다들 먹어라" 하고 예수께서 말씀하신다.

그러나 이제는 아무도 시장끼를 느끼지 않는다.

그러자 예수께서는 식탁에 흩어져 있는 작은 치즈들을 집어 큰 접시에 다시 모아 놓으시고, 그것들을 잘라서 나누어 주시는데, 첫번째 자르신 조각을 바로 토마에게 주신다. 치즈 조각을 빵 한 조각 위에 얹어서 요한의 등 뒤로 해서 건네주신다. 항아리에 있는 포도주를 잔에 따라서 친구들에게 주시는데, 이번에는 베드로에게 제일 먼저 주신다. 그런 다음 봉방(蜂房)들을 달라고 하시더니 그것들을 잘라서 우선 한 덩어리를 끈적거리는 노란 꿀보다도 더 달콤한 미소를 지으시면서 요한에게 주신다. 그리고 그 꿀을 사도들을 격려하기 위해 당신도 좀 드신다. 예수께서는 꿀만을 맛보신다.

요한은 늘 하던 몸짓으로 머리를 예수의 어깨에 기대고, 예수께서는 머리를 끌어당겨 가슴에 안으신다. 그리고 요한을 이렇게 안으신 채 말씀하신다.

"자, 너희들은 내가 나타날 때에 마음이 어지러워져서는 안 된다. 나는 여전히 너희들과 음식과 잠을 나눈 너희들의 선생이고 너희들을 사랑했기 때문에 너희들을 선택한 너희들의 선생이다. 지금도 나는 너희들을 사랑한다." 예수께서는 이 마지막 말씀을 힘주어 하신다.

"너희들은" 하고 예수께서 말씀을 계속하신다. "나와 같이 시련을 겪었다. … 그래서 영광에도 나와 같이 있을 것이다. 고개를 떨어뜨리지 말아라. 주일 저녁, 내가 부활한 후 처음으로 너희들에게 왔을 때 너희들에게 성령을 불어넣어 주었다. … 그래 여기 없었던 네게도 성령께서 오시기 바란다. … 성령은 사랑이시고 사랑은 죄를 없애기 때문에 성령을 불어넣는 것은 물로 세례를 주는 것과 같다는 것을 너희는 모르느냐? 이런 이유로 해서 내가 죽을 때 나를 저버린 너희들의 죄가 용서를 받은 것이다."

이렇게 말씀하시면서 예수께서는 도망치지 않았던 요한의 머리에 입맞춤을 하시니, 요한은 기쁨의 눈물을 흘린다.

"나는 너희들에게 죄를 사하는 권한을 주었다. 그러나 아무도 자기가 가지지 않은 것은 주지 못한다. 그러므로 너희들은 내가 이 권한을 완전하게 가지고 있다는 것을 확신해야 한다. 나는 그것을 너희들을 위해 쓰는데, 죄로 인해 더럽혀져서 너희들에게 오는 사람들을 깨끗하게 하기 위하여는 너희가 아주 깨끗해야 한다. 어떤 사람이 마땅히 단죄받아야 하고, 또한 그 자신이 더럽다면 어떻게 판결을 내리고 깨끗하게 할 수가 있겠느냐? 어떤 사람이 만일 그의 눈에 들보를 가지고 있고 마음에는 지옥의 무거운 짐을 가지고 있다면, 어떻게 다른 사람을 판단할 수 있겠느냐? 그가 만일 그의 죄 때문에 하느님을 모시고 있지 못하면, 어떻게 '하느님의 이름으로 네 죄를 사한다'고 말할 수 있겠느냐?

자, 사제로서의 너희들의 품위를 곰곰이 생각하여라. 전에는 내가 사람들 가운데 있으면서 판결하고 용서하였다. 이제는 내가 아버지께로 간다. 내 나라로 돌아가는 것이다. 판결하는 권한이 내게서 없어지지 않았다. 그 권한을 아버지께서 내게 주셨기 때문에 완전히 내 손 안에 쥐어져 있다. 그러나 그것은 무서운 심판이다. 왜냐하면 사람이 세상에서 속죄하는 삶으로 용서를 받지 못하게 되었을 때에 그 심판이 행해질 것이기 때문이다. 사람은 누구나 물질적인 죽음으로 그의 육체를 쓸 데 없게 된 허물처럼 벗어버리고 그의 영을 가지고 내게 올 것이다. 그리고 내가 첫번째로 그를 심판할 것이다. 그런 다음 온 인류가 하늘의 명령으로 다시 입은 육체라는 옷을 입고 다시 와서 두 편으로 갈라질 것이다. 어린 양들은 목자와 함께, 야생 염소들은 그들을 괴롭히는 자와 함께. 그러나 세례의 목욕을 한 다음에 내 이름으로 용서해 줄 사람이 없으면, 그들의 목자와 함께 있을 사람이 몇 명이나 되겠느냐? 그렇기 때문에 내가 사제들을 만드는 것이다. 내 피로 구원된 사람들을 구원하기 위하여. 내 피는 구원한다. 그러나 사람들은 계속해서 죽음에 떨어지고 또 다시 떨어지곤 한다. 권한을 가진 어떤 사람이 그들을 일곱 번씩 일흔 번하고 또 일흔 번 계속해서 내 피로 씻어 그들이 죽음의 먹이가 되지 않게 해야 한다. 너희들과 너희 후계자들이 그 일을 할 것이다. 이 때문에 나는 너희들의 모든 죄를 사해 준다. 그것은 너희들이 볼 필요가 있는데, 죄는 영에게서 하느님인 빛을 빼앗아가므로 눈을 멀게 하기 때문이다. 너희들은 이해할 필요가 있는데, 죄는 영에게서 하느님인 지능을 빼앗아가므로 어리석게 만들기 때문이다. 너희들은 깨끗하게 할 임무를 가지고 있는데 죄는 영에게서 하느님인 깨끗함을 빼앗아가므로 더럽게 하기 때문이다.

내 이름으로 판결하고 사해 주는 너희들의 성직은 위대하다! 너희들을 위하여 빵과 포도주를 축성하여 내 몸과 피가 되게 할 때, 너희들은 위대한 일을, 초자연적으로 위대하고 숭고한 일을 할 것이다. 그 일을 합당하게 하기 위하여는 너희들이 깨끗해야 한다. 그것은 너희들이 깨끗함 자체인 분을 만질 것이고, 하느님의 몸을 먹겠기 때문이다. 너희들은 마음과 정신과 육체와 혀가 깨끗해야 할 것이다. 그것은 너희들이 마음으로 성체를 사랑해야 할 것이고, 이 사랑에 독성(瀆性)이 되는 속된 사랑을 섞지 말아야 하겠기 때문이다. 너희 정신이 깨끗해야 하는 것은 너희들이 이 사랑의 신비를 믿고 이해해야 할 터인데, 더러운 생각은 믿음과 지능을 죽이기 때문이다. 세상의 지식은 남아 있지만, 너희 안에 하느님의 지혜는 죽는다. 너희 육체가 깨끗해야 하는 것은 말씀이 사랑의 덕택으로 마리아의 태중에 내려오신 것과 같이 너희 가슴 속에 내려오시겠기 때문이다.

너희들은 육체가 되신 말씀을 받아들이는 가슴이 어떠해야 하는지에 대한 살아 있는 본보기를 가지고 있다. 그 본보기는 나를 잉태하신 원죄도 없고 개인적인 죄도 없는 여인이시다. 아직 겨울 눈의 베일에 덮여 있는 헤르몬산의 깨끗한 꼭대기를 바라다 보아라. 올리브밭에서 보면, 꽃잎을 따서 쌓아놓은 무더기나, 파란 하늘 공간을 4월의 바람에 불려 떠다니는 구름의 다른 흰 빛깔 앞에 제물처럼 올라오는 바닷물의 거품과도 같아 보인다. 지금 향기로운 미소를 머금은 꽃부리를 벌리는 백합꽃을 살펴보아라. 그러나 이 두 가지 깨끗함도 내 육체를 만든 태중보다는 덜 깨끗하다. 바람에 불려 온 먼지가 산에 있는 눈과 비단결 같은 꽃에 앉았다. 그 먼지는 하도 얄팍해서 사람의 눈에는 띄지 않는다. 그러나 틀림없이 있어서 흰 빛을 더럽힌다. 그보다도 왕홀(王笏)을 장식하기 위하여 가장 순결한 진주를 그것이 생겨난 바다의 조개에서 뜯어낸 것을 들여다보아라. 그 진주는 깊은 바다의 청옥과 같은 물 속에 외따로 떨어진 굴의 진주모 빛이 나는 움푹한 곳에서 형성되었으므로 모독하는 어떤 살의 접촉도 모르는 알찬 무지개빛 광채를 내며 완전하다. 그런데도 나를 가졌던 태보다는 덜 깨끗하다. 진주 한가운데에는 작은 모래알이 하나 있다. 대단히 작은 미립자(微粒子)이지만 그래도 역시 땅의 것이다. 그러나 바다의 진주이신 그분에게는 죄가 조금도 없고, 죄에 대한 경향도 없다. 그분은 제2위를 세상에서 잉태하기 위하여 삼위일체의 바다에서 생겨난 진주로서, 세상의 욕망의 씨가 아니라 영원한 사랑의 불티인 받침점(지점 - 支點)을 둘러싸고 빽빽하게 이루어졌다. 그 불똥은 그분 안에서 저와 일치하는 것을 발견해서 하느님의 유성(流星)의 회오리 바람을 낳았고, 이 유성은 지금 하느님의 아들들을 그에게로, 즉 샛별인 그리스도 나에게로 부르고 끌어당긴다. 이 더럽혀지지 않은 순결을 너희에게 본보기로 주는 것이다.

그러나 그후 너희들이 마치 포도주 양조통 곁에 있는 포도 수확인들과 같이 내 피의 바다에 너희 손을 넣어, 죄를 범한 불쌍한 사람들의 더럽혀진 영대(領帶)를 깨끗하게 할 만한 양의 피를 떠낼 때에는, 더 큰 죄로, 또는 하나가 아닌 여러 죄로 너희들 자신을 더럽히지 않도록 깨끗하게 될 뿐 아니라, 완전한 자들이 되어라. 너희들이 하느님의 피를 불경하게 흘리고 만지거나, 애덕과 의덕을 어기거나, 또는 그 피를 주기를 거절하거나, 주기는 주되 그리스도가 했던 것과는 달리 준엄하게 주면 너희들 자신을 더럽히는 것이 될 것이다. 그리스도는 약한 사람들을 자기 마음으로 끌어들이기 위하여 그들에게 친절하게 대했고, 약한 사람들을 신뢰로 이끌기 위하여 그들에게는 삼중(三重)으로 친절하게 대했다. 그러므로 너희들이 이와 같이 준엄하게 굴면, 내 뜻과 내 가르침과 내 정의를 거스르는 것이기 때문에 너희들을 삼중으로 비열하게 더럽히는 것이 될 것이다. 그들은 우상숭배자인 목자들인데 어떻게 어린 양들에 대해서 그렇게 엄혹하게 굴 수가 있겠느냐?

내가 시작한 사업을 계속하라고, 현세가 존재하는 한 언제까지나 이어질 이 사업을 계속하라고 온 세상의 길로 두루 보내는 지극히 사랑하는 내 벗들아, 내 말을 기억하여라. 내가 너희들에게 이 말을 하는 것은 성직을 행하라고 너희들을 축성한 그 성직을 위하여 너희들이 축성할 사람들에게 이 말을 하라고 그러는 것이다.

나는 본다. …나는 긴 세월을 내다본다. …장차 올 시간과 장차 있을 무한한 사람의 무리가 모두 내 앞에 있다. …나는… 학살과 전쟁, 거짓 평화와 소름끼치는 대량학살, 증오와 도둑질, 관능성과 교만을 본다. 이따금씩 푸른 오아시스가 보인다. 십자가로 돌아오는 시기이다. 악의 독이 사람들을 분노의 병에 걸리게 한 다음에는 사막의 메마른 모래 가운데 있는 맑은 물을 가리키는 오벨리스크(Obélisque-방첨탑-方尖塔)와 같이 내 십자가가 사랑으로 세워질 것이고, 그 둘레에는 몸에 좋은 물가에 심어진 종려나무가 꽃필 것인데, 그것은 세상에 평화와 선(善)의 한 시기가 있다는 것을 가리킨다. 영들은 마치 사슴과 영양과 같이, 제비와 비둘기와 같이 그들의 고통을 없애고 다시 희망을 갖기 위하여 이 아늑하고 시원하고 영양이 되는 피난소로 달려올 것이다. 그러면 종려나무는 폭풍우와 삼복더위에서 보호해 주기 위해 가지들을 쥘 것이고, 악을 쫓아버리는 표를 가지고 뱀과 야수를 얼씬도 못하게 할 것이다. 그리고 사람들이 원하는 동안은 이러할 것이다.

나는… 사람들을, 또 남자와… 여자들, 노인, 어린이, 병사, 학생, 박사, 농부들을 본다. …모두가 그들의 희망과 고통의 짐을 지고 지나간다. 그리고 많은 사람이 비틀거리는 것을 본다. 그것은 고통이 너무 많고 희망은 무거운 짐에서, 너무 무거운 짐에서 제일 먼저 흘러내려가 땅에 부딪혀 부스러졌기 때문이다. 그리고 또 많은 사람이 길가에 넘어지는 것이 보이는데, 그것은 더 힘센 사람들이 떼밀기 때문이다. 힘이 더 세거나 짐이 가볍기 때문에 운이 더 좋은 사람들이 말이다. 그리고 또 지나가는 사람들에게 버림을 받고 짓밟히기까지 하고 그래서 죽어간다고 느끼면서 미워하고 저주하게 되는 많은 사람도 보인다.

불쌍한 자녀들! 인생에서 타격을 입으면서 지나가거나 넘어지는 이 모든 사람들 가운데 내 사랑은 계획적으로 동정심이 많은 사마리아 사람들과 착한 의사들을 밤중에 밝혀 주는 빛과 침묵 속에 들려오는 목소리 모양으로 사방에 퍼뜨려 놓아, 넘어지는 약한 사람들이 도움을 얻고, 빛을 보고, '바람을 가져라. 너는 혼자가 아니고, 네 위에는 하느님이 계시고, 너와 함께 예수님이 계시다' 하고 말하는 목소리를 듣게 하였다. 나는 내 불쌍한 자녀들이 아버지의 집을 잃고 죽지 않도록, 내 대리자들에게서 내 반영을 봄으로써 사랑인 나를 계속 믿도록 계획적으로 이 활동적인 사랑들을 배치하였다.

그러나 골고타 언덕에서 뚫렸을 때와 같이 내 심장의 상처에서 피가 흐르게 하는 고통! 아니, 하느님인 내 눈에 무엇이 보이느냐? 지나가는 수많은 군중 가운데 신부가 없는 것이냐? 그렇기 때문에 내 심장에서 피가 흐르는 것이냐? 신학교들이 비었느냐? 도대체 하느님인 내 부름이 이제 사람들의 마음 속에 울려 퍼지지 않게 되었단 말이냐? 사람의 마음은 이제 내 부르는 소리를 들을 수 없게 되었단 말이냐? 아니다. 세월이 지나가는 동안, 신학교들이 있을 것이고, 거기에는 성직자들이 있을 것이다. 청소년 때에는 내 부르는 소리가 많은 마음 속에 천상의 목소리로 울려 퍼지고, 그 청소년들이 그 부르는 소리를 따를 것이므로, 신학교들에서는 신부들이 나올 것이다. 그러나 그후 청년기와 장년기에는 다른 목소리, 다른 목소리, 또 다른 목소리들이 올 것이고, 내 목소리는 그들의 마음 속에서 들리지 않게 될 것이다. 세월이 흐르는 동안 줄곧 내 대리자들이 항상 지금 너희와 같은 사람으로, 즉 그리스도의 학교에서 배우는 사도들로 있도록 하려고 그들에게 말하는 내 목소리가 말이다. 옷은 그대로 있지만 사제는 죽었다. 세월이 흐르는 동안 너무나 많은 사람들에게서 이런 일이 일어날 것이다. 쓸 데 없고 어두운 그림자 모양으로, 그들은 들어올리는 지렛대가 되지 못할 것이고, 끌어당기는 밧줄 목마름을 풀어주는 샘 영양이 되는 낟알 베개 노릇을 하는 가슴, 어둠에 빛, 스승이 그에게 말하는 것을 되풀이하는 목소리가 되지 못할 것이다. 오히려 그들은 불쌍한 인류에게 죄의 기회를 주는 짐이 되고 죽음 같은 무게가 되며 기생충과 부패가 될 것이다. …소름끼치는 일이다! 가장 못된 유다를 나는 내 사제들 가운데에서 또 갖게 될 것이고, 항상 가지게 될 것이다.

벗들아, 나는 지금 영광 중에 있다. 그런데도 울고 있다. 나는 이 수많은 무죄를, 목자가 없거나 목자가 너무 모자라는 양떼들을 불쌍히 여긴다. 무한히 동정한다! 그런데 내 천주성으로 맹세한다마는, 나는 이 일을 하라고 택한 사람들이 주고자 하지 않는 빵과 물과 빛과 목소리를 이들에게 주겠다. 세월이 흐르는 동안, 나는 빵과 물고기의 기적을 되풀이하겠다. 보잘 것 없는 작은 물고기 몇 마리와 빵 몇 덩어리를 가지고, 즉 보잘 것 없는 평신도를 가지고 많은 사람에게 먹을 것을 주겠고, 그래서 그들은 배불리 먹을 것이며, 그후에 올 사람들에게도 먹을 것이 있을 것이다. 그것은 '내가 이 무리를 불쌍히 여기고' 그들이 죽는 것을 원치 않기 때문이다.

이러한 사람들이 될 자격을 가질 사람들은 정말 복되다. 이러한 사람들이기 때문에 축복을 받을 것이 아니라 그들의 사랑과 희생으로 그런 자격을 얻었기 때문에 축복을 받을 것이다. 그리고 사도로 남아 있을 줄을 안 사제들은 완전히 축복을 받을 것이다. 내 불쌍한 자녀들이 빵과 물과 빛, 그리고 목소리와 휴식과 약이 될 줄 안 사제들 말이다. 그들은 하늘나라에서 특별히 빛날 것이다. 진리인 내가 너희들에게 맹세한다.

자, 일어나자. 기도하는 방법을 또 가르쳐 줄 터이니 나와 같이 가자. 기도는 사도의 기운을 길러 주는 양식이다. 기도가 사도를 하느님과 하나가 되게 하기 때문이다.

그러면서 여기서 예수께서 일어나셔서 계단 쪽으로 가신다.

그러나 아래로 내려가셨을 예수님은 몸을 돌려 저를 바라보십니다. 아이고! 신부님! 예수님이 저를 바라다보십니다! 저를 생각하시는 것입니다! 예수님은 당신의 작은 "목소리"를 찾으십니다. 그리고 당신 벗들과 함께 계셔서 기쁘신데도 저를 잊지는 않으십니다! 예수님은 사도들의 머리 위로 저를 바라다보시면서 미소를 보내십니다. 예수님은 제게 강복을 주시려고 손을 들고 말씀하십니다. "평화가 너와 함께 있기를."

── 그리고 환상이 끝난다.

16. 부활하신 예수께서 게쎄마니에 가신다

사도들은 겉옷을 입으면서 여쭙는다. "주님, 저희들이 어디로 갑니까?"
그들의 말투는 수난 전에 그랬던 것처럼 그렇게 스스럼 없지가 않다. 이렇게 말할 수가 있다면, 그들은 영혼으로 무릎을 꿇고 말한다고 하겠다. 부활하신 주님 앞에 경의를 표하기 위하여 항상 약간 구부리고 있는 그들의 몸 자세보다도, 그들이 예수를 만질 때에 보이는 조심성보다도, 예수께서 그들을 만지시거나, 어루만지시거나, 껴안으시거나, 개별적으로 말씀을 하실 때 보이는 그들의 몸이 떨리는 기쁨보다도, 그들의 온 모습, 묘사할 수는 없지만 눈에 띄는 그 무엇이 그러하며, 그들의 인간성보다는 오히려 그들의 정신이 전에 선생님과 가졌던 관계에서 그랬던 것같이 다시 될 수가 없다는 것을 드러내보이며, 그들의 모든 인간 행위를 새로운 감정으로 합치시킨다는 것을 한층 더 드러내 보인다.

전에는 예수께서 "선생님"이셨다. 신앙으로는 하느님으로 믿지마는, 그들의 오관(五官)으로는 항상 "사람"이신 선생님이셨다. 그런데 지금 "주님"이시고, 하느님이시다. 그것을 믿는 데는 신앙 고백이 필요없다. 명증(明證)이 이 필요를 없애버렸다. 예수님은 하느님이시다. 주님께서 "내 오른편에 와서 앉으라"고 말씀하신 주님이시고, 당신의 말씀과 부활의 기적으로 그것을 선언하셨다. 아버지와 같은 하느님이시다. 그리고 그들이 그분에게 아주 많은 것을 받고 겁이 나서 버렸던 하느님이시다.

사도들은 항상 참으로 믿는 사람이 섬광 가운데에서 빛나는 빵 형상의 성체나 매일 미사 때에 신부가 들어올리는 그리스도의 몸을 쳐다보는 것과 같은 경건한 눈길로 예수를 쳐다본다. 전보다도 한층 더 아름다운 사랑하는 모습을 보고자 하는 그들의 눈길에는 감히 보지 못하는, 사람의 표정, 감히 눈길을 멈추지 못하는 사람의 표정도 있다. …사랑은 그들이 사랑하는 분을 똑바로 쳐다보도록 부추기지만, 두려움은 마치 예수의 광채가 눈이 부신 것과 같이 이내 눈꺼풀을 내리고 고개를 숙이게 한다.

과연 예수께서는, 부활하신 예수께서는 여전히 그분이시지만, 동시에 그분이 아니시기도 하다. 자세히 쳐다보면 달라지셨다. 얼굴 모습, 눈과 머리 빛깔, 키, 손, 발은 같지만, 역시 달라지셨다. 진짜 육체여서, 열린 창문으로 방으로 들어

오는 지는 해의 마지막 빛도 받으신다. 예수의 뒤에는 그분의 큰 키의 그림자가 비낀다. 그런데도 달라지셨다. 예수께서는 거만해지지도 않으시고 냉담하지도 않으시다. 그런데도 달라지셨다.

 지칠 줄 모르시는 선생님의 겸손하고 조심성있는 모습, 때로는 하도 조심성있어서 무엇에 압도되신 것같이 보이기까지 하던 모습만이 계속되던 거기에 새로운 위엄이 끊임없이 퍼진다. 마지막 시기의 야윈 모습은 사라졌고, 그분을 나이 들어 보이게 하던 육체적·정신적 피로의 그 흔적도 없어졌고, 말은 하지 않으면서도 "왜 나를 배척하느냐? 나를 받아들여다오…" 하고 청하던 그 괴로워하며 애원하던 눈길도 없어졌다. 부활하신 그리스도는 더 크고 더 튼튼해 보이시며, 일체의 중압에서 벗어나고, 자신만만하고 의기양양하고 위엄있고 숭고하신 것 같다. 강력한 기적을 행하셔서 강력하게 되시거나, 당신의 권위를 발휘하시던 두드러진 순간에도 부활하셔서 영광스럽게 되신 지금과 같지는 않으셨다. 빛을 내뿜지는 않으신다. 그러지는 않으신다. (다볼산에서의)거룩한 변모 때나 부활하신 후 처음 여러 번 나타나실 때와 같이 빛을 내뿜지는 않으신다. 그런데도 빛을 발하는 것같이 보인다. 그 육체는 참으로 영광스럽게 된 육체들의 아름다움을 가진 하느님의 육체이다. 그래서 끌어당기기도 하며 동시에 두려운 마음을 일으키기도 한다.

 아마 눈에 몹시 잘 띄는 손과 발의 그 상처들이 이 깊은 존경의 태도를 불러일으키는 것 같기도 하다. 잘 모르겠다. 내가 아는 것은 비록 예수께서 그들에게 대단히 상냥하게 대하시고 옛날 분위기를 다시 만들려고 애쓰시지만 사도들이 달라졌다는 것이다. 전에는 그렇게도 끈질기고 떠들고 했었는데, 지금은 말을 별로 하지 않고, 예수께서 대답을 하지 않으시면 고집하지도 않는다. 예수께서 그들에게 미소를 보내시거나 그들 중의 어떤 사람에게 미소를 보내시면, 그들은 얼굴빛이 변하며, 그분의 미소에 감히 미소로 응하지를 못한다. 예수께서 지금 하시는 것처럼 당신의 흰 겉옷을 — 예수께서는 부활하신 뒤로는 항상 가장 흰 사틴보다도 더 눈부시게 흰 옷을 입고 계시다 — 집으려고 손을 내미시는데도, 전에 하던 것 모양으로 예수를 도와드리는 영광과 기쁨을 누리려고 달려와서 서로 경쟁하는 사람이 아무도 없다. 그들이 예수의 옷과 몸에 손을 대는 것을 두려워하는 것 같다. 그래서 예수께서는 지금 하시는 것처럼 "요한아, 와서 네 선생님을 도와주려므나. 이 상처들은 진짜 상처들이다. …그래서 상처를 입은 내 손이 전처럼 날쌔지 못하다…" 하고 말씀하셔야 한다.

 요한은 순종하여 예수를 도와 넓은 겉옷을 입혀 드리는데, 상처 흔적이 빨갛게 나타나는 손을 건드리지 않으려고 어떻게나 신중하고 주의깊은 몸짓으로 입혀 드리는지 꼭 대사제에게 옷을 입혀 드리는 것과 같다. 그러나 더할 수 없이 조심을 했는데도 예수의 왼손에 부딪혔다. 그리고는 마치 자기 자신이 충격을 받은 것같이 외마디 소리를 지르고, 그 손에서 또 피가 흐르지 않을까 걱정을 하면서 손등을 뚫어지게 들여다 본다. 그 끔찍한 상처는 몹시도 선명하다!

예수께서는 요한의 머리에 한 손을 얹으시며 말씀하신다. "너는 십자가에서 내려진 나를 받았을 때는 용기가 더 많았다. 그리고 그 때에는 아직도 피가 몹시 흐르고 있어서 새로운 애인의 머리를 적시는 새로운 밤이슬같이 네 머리를 붉게 물들일 정도였다. 너는 나를 포도그루에서 포도송이를 따듯이 거두었다. …왜 우느냐? 나는 내 순교자의 이슬을 네게 주었다. 너는 내 머리 위에 네 동정의 이슬을 뿌렸다. 그러나 네가 그때는 울어도 되었지만… 지금은 안 된다. 그리고 너 시몬 베드로는 왜 우느냐? 너는 내 손에 부딪히지 않았고, 죽은 나를 보지 못했다…."

"아! 제 하느님! 저는 그 때문에 우는 것입니다! 제 죄 때문에요."

" 요나의 아들 시몬아, 나는 너를 용서하였다."

"그렇지만 저는 저 자신을 용서하지 못합니다. 정말입니다. 아무 것도 제 눈물을 그치게는 못합니다. 주님의 용서도."

"그러나 내 영광은 그렇게 한다."

"주님은 영광스러우시고, 저는 죄인입니다."

" 내 어부 노릇을 한 뒤에는 너도 영광스럽게 될 것이다. 베드로야, 너는 풍성하고 기적적인 위대한 고기잡이를 할 것이다. 그런 다음 내가 네게 '영원한 잔치에 오너라' 하고 말하겠다. 그러면 너는 울지 않게 될 것이다. 그런데 너희들 모두가 눈에 눈물이 글썽거리고 있구나. 그리고 저기 있는 내 형 야고보는 모든 재산을 잃은 것처럼 그 구석에 엎드려 있구나. 왜?"

"제가 바라던 것은… 그러면 주님은 아직도 상처를 느끼십니까? 아직도 느끼세요? 저는 주님께는 모든 고통이 없어지고, 모든 자국이 지워지리라고 바랐었는데요. …저희들 죄인을 위해서도 그 상처들은!… 그것들을 보는 것이 정말 괴롭습니다!"

"그렇습니다. 왜 그 상처 흔적들을 없애지 않으셨습니까? 라자로에게는 자국이 남지 않았는데요. …그것은… 그 상처들은 꾸지람과 같습니다! 그 상처들은 무서운 소리로 외칩니다! 그 상처들은 시나이산의 벼락보다도 더 번쩍거리고 더 무섭습니다" 하고 바르톨로메오가 말한다.

"주님이 그 상처들을 받으실 때 저희들은 도망치고 있었기 때문에 그 상처들은 저희들의 비열한 행동을 꾸짖고 있습니다…" 하고 필립보가 말한다.

"그리고 그 상처들을 보면 볼수록 저희들의 양심이 저희들의 비열함과 어리석음과 의심많음을 더 꾸짖습니다" 하고 토마가 말한다.

"주님은 세상을 용서하시기 위해서 돌아가셨다가 부활하셨으니, 저희들의 평화와 죄인인 이 백성의 평화를 위해 세상에 대한 그 비난을 없애십시오. 주님!" 하고 안드레아가 빈다.

"이 상처들은 세상의 구원이다. 여기에 구원이 있는 것이다. 미워하는 세상이 이 상처들을 냈지만, 사랑은 이것을 가지고 약과 빛을 만들었다. 이 상처들에 의해서 죄가 못박혔다. 이 상처들이 사람들의 모든 죄를 매달고 받쳐서 사랑의 불이 참다운 제단 위에서 그 죄들을 불사르게 하였다. 지극히 높으신 분께서 모세에게 계약의 궤와 향을 피우는 제단을 지시하실 때에, 그것들을 처들어서 주님께서 원하시는 곳으로 가져갈 수 있도록 고리로 꿰뚫으라고 명령하지 않으셨느냐? 나도 꿰뚫렸다. 나는 계약의 궤와 제단보다 더 높은 존재이다. 계약의 궤와 제단보다 훨씬 더 높은 존재이다. 나는 하느님과 이웃에 대한 내 사랑의 향을 피웠고, 세상의 모든 죄악의 무거운 짐을 짊어졌다. 그러므로 세상은 그 때문에 하느님께 얼마나 큰 고통을 드렸는지를 기억하기 위하여 이것을 기억해야 한다 하느님이 어떻게 세상을 사랑하셨는지를 기억하기 위하여. 죄가 어떤 결과를 가져오는지를 기억하기 위하여 구원은 오직 한 분에게 있다는 것을, 즉 그들이 꿰뚫은 그분에게 있다는 것을 기억하기 위하여, 만일 세상이 내 상처가 빨개지는 것을 보지 않으면, 정말이지, 그의 죄 때문에 하느님이 희생되셨다는 것을 이내 잊어버릴 것이고, 내가 정말로 가장 잔인한 고문을 받으며 죽었다는 것을 잊을 것이며, 그들의 상처를 위한 방향제(芳香劑)가 어떤 것인지를 잊어버릴 것이다. 여기에 그 방향제가 있다. 와서 입맞춤하여라. 입맞춤 하나하나가 너희들에게는 정화와 은총의 증가가 된다. 너희들에게 정말 분명히 말한다마는, 세상은 하늘이 그에게 쏟아주는 것을 다 써버리기 때문에 평화와 은총이 결코 충분하지 못할 것이다. 그래서 세상의 폐허를 하늘과 그 보물로 메워야 한다. 나는 하늘이다. 하늘 전체가 내 안에 있고, 하늘의 보물이 내 벌려진 상처에서 흘러나온다."

예수께서는 사도들이 입맞춤하도록 양손을 내미신다. 그리고 예수를 더 아프게 해드릴까봐 겁이 나서 그 입술들을 그 상처에 갖다 대지를 못하기 때문에 당신이 그 상처입은 손을 갈망하면서도 겁이 많은 그들의 입에 갖다대 주어야 한다.

"그렇게 하면 뻣뻣한 느낌은 주지만 고통은 주지 않는다. 고통은 다른 것이다!..."

"어떤 것입니까, 주님?" 하고 알패오의 야고보가 묻는다.

"너무나 많은 사람에게는 내 죽음이 무익하다는 것이다. ···그러나 가자. 오히려 먼저들 가거라. 우리는 게쎄마니로 간다. ···뭐라구? 겁이 나느냐?"

"저희들 때문이 아닙니다. 주님. 예루살렘의 유력자들이 주님을 이전보다도 더 미워하기 때문에 그럽니다."

"염려 말아라. 하느님께서 너희들을 보호하시니까 너희들 때문에도 염려하지 말고, 내게는 인간의 속박이 끝났으니까 나 때문에도 염려하지 말아라. 나는 어머니께 갔다가 너희들 있는 데로 가겠다. 우리는 최근에 있었던 죄와 과거의 미움의 소름끼치는 많은 것을 지워버려야 한다. 그리고 우리는 그것을 죄가 한 것과는 반대의 것으로, 사랑을 가지고 하자. …알겠느냐? 너희들이 입맞춤을 할 때마다 생살에 박히는 못으로 인한 고통과 그 결과가 없어지고 가라앉는다. 이와 마찬가지로 우리가 이제 할 일은 소름끼치는 흔적을 지워버리고, 죄가 더럽힌 곳을 거룩하게 할 것이니 그 때는 그것들을 보는 것이 너무 고통스럽지 않게 될 것이다…."

"저희들이 성전에도 갑니까?" 염려와 더 나아가서는 심한 공포의 빛이 모든 얼굴에 역력히 드러난다.

"아니다. 내가 가면 성전이 성화될 것이다. 그런데 성전은 성화가 될 수 없다. 그렇게 될 수가 있었는데, 그렇게 되기를 원치 않았다. 이제 성전을 위하여는 구속이 없어졌다 그것은 빨리 썩어가는 시체와 같다. 그것을 죽은 자들에게 맡겨두자. 그자들이 그 것을 파묻는 일마저 하라고 하자. 정말이지 사자들과 독수리들이 무덤과 시체를 산산조각 내서, 생명을 원치 않고 죽은 거인의 뼈대조차도 남지 않게 될 것이다."

예수께서는 층계를 올라가셔서 나가신다. 다른 사람들도 말없이 예수께서 하신 대로 한다. 그러나 안마당 노릇을 하는 복도에 발을 들여놓았을 때에는 예수께서 그 곳에 계시지 않았다. 집은 조용하고 사람이 없는 것 같다. 모든 문이 닫혀 있다.

요한은 최후의 만찬실 앞쪽에 있는 문을 가리키며 말한다. "마리아 어머님이 저기 계셔. 늘 거기 계시는데 끊임없이 황홀한 상태에 계셔. 어머니의 얼굴은 말할 수 없는 빛으로 빛나고 있어. 그것은 그분의 마음에서 우러나오는 기쁨이야. 어제는 내게 이렇게 말씀하셨어. '요한아, 얼마나 큰 행복이 하느님의 모든 나라에 퍼졌는지 생각해 보아라.' 나는 어머니께 이렇게 여쭈었지. '무슨 나라를 말입니까?' 나는 어머니께서 죽음까지도 이기신 당신 아들의 나라에 대해서 어떤 굉장한 계시를 알고 계신 줄로 생각했어. 그랬더니 이렇게 대답하셨어. '천국과 연옥과 고성소(古聖所)에 말이다. 연옥에 있는 사람들에게는 용서가 주어지고, 의인들과 용서를 받은 사람들이 하늘로 올라가고, 천국에는 지극히 행복한 사람들이 가득 차고, 하느님께서는 그들을 통해 찬미를 받으신다. 우리 조상들과 부모들이 천국에 환희 중에 있다. 그리고 또 세상이라는 이 나라에도 큰 행복이 있다. 세상에 지금은 표가 빛나고 있고, 사탄을 이기고 원죄와 본죄(本罪)를 없애는 샘이 파졌다. 착한 뜻을 가진 사람들에게 평화가 있을 뿐 아니라, 구속이 되어 하느님의 아들의 지위로 다시 선택된다. 나는 무리들이, 그렇지, 수많은 무리들이 그 샘으로 내려가, 새 사람이 되어 결혼식 예복과 왕의 옷을 입고 아름다운 모습으로 나오기 위해서 샘에 몸을 담그는 것을 본다. 영혼들이 은총과 더불어, 그리고 아버지의 아들과 예수의 형제가 되는 왕권과 더불어 하는 결혼이다' 하고 말이야."

그들은 말을 하면서 거리로 나와 멀어져가는데 저녁 어두움이 내리깔리기 시작한다.

거리에는 사람이 별로 많지 않다. 특히 이 시간에는 사람들이 저녁식사를 하려고 식탁 둘레에 모여 있으니 더 그렇다. 예루살렘은 과월절을 지내려는 사람들이 강물처럼 가득 찼다가, 올해에는 그렇게도 비극적이었던 그 명절이 지나자 모두 떠나버려서 어느 때보다 한층 더 빈 것 같다. 토마가 그것을 알아차리고 지적한다.

"그렇게 됐어" 하고 열성당원이 말한다. "외부 사람들은 겁을 집어먹고 금요일이 지나자 부랴부랴 떠났고, 그날의 큰 공포를 그래도 견디어냈던 사람들도 두 번째 지진, 즉 틀림없이 주님이 무덤에서 나오실 때 일어난 지진에는 도망쳐 버렸어. 그리고 이방인이 아니던 사람들도 도망쳤대. 이건 확실한 출처에서 들어서 아는 건데, 어린 양고기도 마저 먹지 못한 사람이 많아서, 그 사람들은 보충 과월절을 지내려 다시 와야 할 거라네. 그리고 이곳 주인들까지도 도망을 치거나 떠나거나 했는데, 어떤 사람은 안식일 전날의 지진 통에 죽은 그들의 가족을 치우느라고 그랬고, 다른 사람들은 하느님의 분노가 두려워서 그랬다는 거야. 가르침이 엄했던 거야."

"그건 잘 된 일이야. 모든 죄인의 머리에 벼락과 돌이 떨어져야 해!" 하고 바르톨로메오가 투덜거린다.

"그런 말하지 말아! 그런 말하지 말라구! 다른 모든 사람들보다도 우리가 더 하늘의 벌을 받아 마땅해. 우리도 죄인이야. …이곳에서의 지난 일이 생각나나? …시간이 얼마나 지났지? 열흘? 열흘밤… 그렇잖고 10년, 아니면 열 시간? 내 죄가 먼 옛날 같기도 하고 엊그제 일인 것 같기도 하고, 그날 저녁, 그 시간들도 말이야. …도무지 모르겠어. …얼마나 어리석은 사람이었어! 우리는 그렇게도 자신만만하고 호전적이고 영웅적이었는데 말이야! 그 다음엔? 그 다음엔 어떻게 됐어? 아!…" 그러면서 베드로는 손으로 이마를 치며 작은 광장을 가리킨다. 그들은 벌써 그 곳에 가 있었던 것이다. "여기야. 난 여기서 벌써 겁이 났었어!"

16. 부활하신 예수께서 게쎄마니에 가시다

"그만해 둬! 시몬, 그만해 두라구! 주님은 자넬 용서해 주셨어. 그리고 주님보다 먼저 어머님이 용서해 주셨구. 그만해 둬! 자넨 자신을 괴롭히고 있어" 하고 요한이 말한다.

"아이고! 그랬으면 얼마나 좋아! 그리고 자넨 항상 내 힘을 돋우어 주게. 항상! 자넨 인도할 줄을 알기 때문에 주님이 당신 어머니를 자네에게 맡기신거야. 그건 옳은 일이야. 그렇지만 비겁하고 거짓말쟁이인 벌레 같은 나는 어머님보다도 더 인도를 받을 필요가 있어. 나는 눈에 꺼풀이 씌워져서 보질 못하니까 말이야…."

"자네가 이렇게 하면 정말 꺼풀이 자네 눈에 씌워지고, 정말 자네 눈동자를 태우게 되고, 그러면 주님도 자네 눈을 고쳐 주러 오지 않으실 거야…" 하고 요한은 베드로를 위로하려고 껴안으면서 또 말한다.

"내게는 영혼으로 잘 보기만 하면 충분할 거야. 그리고… 눈은 중요하지 않아."

"그렇지만 많은 사람에게는 눈이 중요해! 이젠 병자들을 어떻게 할 거야? 형도 어제 그 여자 봤지. 얼마나 낙망하고 있었어!" 하고 안드레아가 말한다.

"그런데…" 그들은 서로 똑바로 바라본다. 그러다가 모두 함께 이렇게 말한다. "그런데 우리 중에는 그 여자에게 안수를 해줄 자격이 있다고 느낀 사람이 아무도 없었어…" 그들의 행동으로 인해 생긴 겸손이 그들을 괴롭힌다.

그러나 토마가 요한에게 말한다. "그렇지만 자넨 그렇게 할 수 있었어. 자넨 도망치지 않았고, 모른다고 하지 않았고, 의심많지도 않았으니까…."

"나도 죄가 있어. 그리고 내 죄도 자네들 죄와 마찬가지로 사랑을 거스른 죄야. 나는 여호수아의 집 홍예 곁에서 엘키아가 어머니를 욕했기 때문에 그 사람의 멱살을 잡고 목을 조를 뻔했어. 그리고 가리옷의 유다를 미워하고 저주했어" 하고 요한이 말한다.

"입 닥쳐! 그 이름은 말하지 말아. 그건 마귀의 이름이야. 난 그 사람이 아직 지옥에 가지 않고, 여기 우리 주위를 돌아다니면서 우리를 또 죄짓게 하려는 것 같은 느낌이 든단 말이야" 하고 베드로가 정말 무서워하면서 말한다.

"오! 그 사람은 분명히 지옥에 있어! 그렇지만 여기 있다 하더라도 그 사람의 힘은 이제 끝났어. 그 사람은 천사가 될 수 있는 것을 모두 가지고 있었는데 마귀가 되었단 말이야. 그런데 예수님이 마귀를 이기셨거든" 하고 안드레아가 말한다.

"좋아… 하지만 그 사람 이름은 부르지 않는 것이 더 좋아. 난 겁이 나거든. 이젠 내가 얼마나 약한지 안단 말이야. 그리고 요한, 자네에 관해서는 죄를 지었다고 생각하지 말아. 모든 사람이 선생님을 배반한 사람을 저주할 거야!"

"그렇게 하는 것은 정당한 일이야"라고 가리옷 사람에 대하여 항상 이 생각을 가졌던 타대오가 말한다.

"아니야. 어머니는 그에게는 하느님의 심판으로 충분하다고, 그리고 우리에게는 배반자가 되지 않은 데 대한 감사의 생각만이 있어야 한다고 말씀하셨어. 그리고 당신 아드님이 고문당하시는 것을 보신 어머님이 그 사람을 저주하지 않으시는데, 우리가 그렇게 해야 하겠어? 잊어버리세…."

"그건 어리석은 짓이야!" 하고 그의 형 야고보가 외친다.

"그렇지만 이것이 유다의 죄들에 대한 선생님의 말씀이야…" 이렇게 말하고 요한은 입을 다물고 한숨을 쉰다.

"뭐라구? 다른 죄들이 또 있니? 넌 알지… 말해라!"

"난 잊어버리도록 힘쓰겠다고 약속했고, 그렇게 하려고 힘쓰고 있어. …엘키아에 대해서는… 내가 너무 지나쳤어. …그렇지만 그날은 우리 각자가 그 곁에 천사와 마귀를 가지고 있었는데, 우리는 늘 빛의 천사의 말만을 듣지는 않았어…."

열성당원은 이렇게 말한다. "자넨 나훔이 불구가 됐고, 그의 아들이 벽인지 산의 한 면인지에 깔려 죽었다는 걸 아나? 그래 선생님이 돌아가시던 날이었어. 그 아들의 시체는 나중에야 발견됐지. 오! 훨씬 뒤에 벌써 썩은 냄새가 날 때에 발견됐어. 시장에 가던 어떤 사람에게 발견됐어. 그리고 나훔은 저와 같은 다른 사람들과 같이 있었는데, 그가 어떤 일을 당했는지 영문을 모르겠어. 돌을 맞은 것인지 매를 맞은 것인지. 내가 아는 것은 그 사람이 부숴진 것 같고 아무 것도 이해하지 못하게 되었다는 거야. 그 사람은 짐승같이 침을 뻬 흘리고 신음을 해. 그리고 어제는 그의 집에 갔던 그의 선생의 멱살을 성한 한 손으로 잡고는 이렇게 소리소리 질렀어. '당신 때문이었소, 당신 때문이었소!' 하고. 하인들이 달려오지 않았더라면…"

"그걸 어떻게 아나, 시몬?" 하고 동료들이 열성당원에게 묻는다.

"어제 요셉을 보았어" 하고 시몬은 간결하게 대답한다.

"나는 선생님이 늦으시는 것 같은데. 불안한 걸" 하고 알패오의 야고보가 말한다.

"오던 길로 도로 가세…" 하고 마태오가 제안한다.

"그렇잖으면 여기 작은 다리에서 멈추세" 하고 바르톨로메오가 말한다.

그들은 걸음을 멈춘다. 그러나 제베대오의 야고보와 또 다른 야고보와 안드레아와 토마는 뒤돌아오면서 무슨 생각에 잠긴 듯이 땅을 내려다보고 집들을 바라다본다. 안드레아는 얼굴이 창백해지면서 흰 석회 위에 검붉은 반점이 분명히 나타나는 어떤 집의 벽을 손가락으로 가리키면서 말한다. "이건 피야! 선생님의 피인가보지? 여기서 벌써 피를 흘리셨나? 아이고! 말들 좀 해줘!"
 "우리 중의 아무도 주님을 따라가지 않았는데 우리더러 무슨 말을 하라는거야?" 하고 알패오의 야고보가 낙담이 되어 말한다.
 "그렇지만 내 형하고 요한은 따라갔는데…."
 "즉시는 아니었어. 즉시는 아니었단 말이야. 요한은 그들이 말라키아의 집에서부터 선생님을 따라갔다고 내게 말했어. 여기에는 아무도 없었어. 우리 중의 아무도…" 하고 제베대오의 야고보가 말한다.
 그들은 최면술에 걸린 듯이 땅에서 얼마 떨어지지 않은 곳에 있는 흰 벽 위의 거무스름한 넓은 반점을 들여다본다. 그리고 토마가 지적을 한다. "비가 왔는데도 지워지지 않았고, 요새 우박이 그렇게 세게 왔는데도 이 반점이 벗어지지 않았어. …이것이 선생님의 피라는 것을 알게 되면, 이 벽에서 이걸 벗겨버리겠어…."
 "이 집 사람들에게 물어보세. 아마 그 사람들은 알겠지…" 하고 그들에게로 온 마태오가 권한다.
 "안 돼. 그들이 우리를 선생님의 사도로 알아 볼 지도 몰라. 그 사람들이 그리스도의 원수일 수도 있어. 그리고…" 하고 토마가 대답한다.
 "그리고 우리는 아직도 용기없는 사람들이란 말이야…" 하고 알패오의 야고보가 깊은 한숨을 지으며 말한다.
 모두가 가만히 그 담에 가까이 가서 들여다본다. …한 여자가 지나간다. 신선한 물이 넘치는 물병들을 가지고 샘에서 늦게 돌아오는 여자이다. 그 여자는 사도들을 눈여겨 보더니 물병들을 내려놓고 그들에게 말을 건다.
 "당신들은 이 얼룩을 들여다보는 거지요? 당신들은 선생님의 제자들이지요? 당신들은 얼굴이 야위었어도 그리고… 주님이 붙잡혀서 죽음을 당하려고 끌려가실 때 당신들이 주님을 따라가는 것을 보지는 못했어도 당신들의 주님의 제자들인 것 같군요. 하긴 내게 자신을 못 가지게 하는 점이 있기는 해요. 유리한 때에 선생님을 따라다니고, 선생님의 제자로 있기를 열망하고, 자기들처럼 선생님을 따르기 위해서 모든 것을 버릴 각오를 하지 않는 사람들을 엄한 눈으로 보는 제자라면, 좋지 못한 시간에도 선생님을 따라야 하니까 말입니다. 적어도 제자라면 그렇게 해야 했을 것입니다. 그런데 나는 당신들을 보지 못했어요. 그래요. 당신들을 보지 못했어요. 그리고 내가 당신들을 보지 못했다는 것은, 시돈의 아내인 나는 이스라엘 사람들인 그분의 제자들이 따라가지 않은 그분을 따라갔다는 표가 됩니다.
 나는 선생님에게서 은혜를 받았어요. 당신들은… 아마 그분에게서 은혜를 받은 일이 없었던 모양이지요? 그건 참 이상하군요. 그분은 이방인들과 사마리아인들과 죄인들과 도둑들에게까지도 은혜를 널리 베푸셨고, 그들에게 육체의 생명을 주실 수 없을 때에는 영원한 생명을 주셨거든요. 선생님이 아마 당신들을 사랑하지 않으셨나보지요? 그렇다면 당신들은 독사나 더러운 하이에나보다도 더 나빴다는 표입니다. 사실은 그분이 독사와 재칼까지도 사랑하셨는데, 그것들이 독사나 재칼이래서 사랑하신 것이 아니라 아버지께서 창조하신 것들이기 때문에 사랑하셨다고 생각하지만 말입니다. 이것은 피입니다. 예, 피예요. 큰 바닷가에 살던 여자의 피입니다. 그 곳은 전에 펠리시테 사람들이 살던 곳이고, 그 주민들은 아직도 히브리 사람들에게서 좀 업신여김을 당하고 있지요. 그런데도 그 여자는 남편에게 맞아 죽을 때까지 선생님을 옹호할 줄을 알았습니다. 남편이 그 여자를 어떻게나 무지막지하게 때렸던지 머리가 깨져서 뇌와 피가 그의 집 벽에 튀었어요. 집에서는 지금 고아들이 울고 있습니다.

　그러나 그 여자는 은혜를 입었었어요. 선생님이 부끄러운 병에 걸린 그 여자의 남편을 고쳐 주셨거든요. 그리고 그 여자는 이 때문에 선생님을 사랑했습니다. 그 여자는 선생님을 위해 죽기까지 선생님을 사랑했어요. 그 여자는 당신들이 말하는 것처럼 선생님보다 먼저 아브라함의 품으로 갔습니다. 안나리야도 선생님보다 먼저 갔습니다. 그런데 안나리야도 전에 죽지 않았으면 아마 그렇게 죽었을 것입니다. 그리고 어떤 어머니도 좀 더 윗쪽에서 그의 피로 길을 씻었습니다. 선생님을 변호하려고 난폭한 그의 아들에게 갈라진 배의 피로 말입니다. 어떤 늙은 부인은 자기 아들의 눈을 다시 보게 하셨던 선생님이 상처를 입고 매를 맞으시는 것을 보고 괴로워서 죽었습니다. 어떤 노인 거지는 선생님을 옹호하려고 몸을 일으켰기 때문에 당신들의 주님의 머리를 때리려고 던진 돌에 맞아 죽었습니다.

　당신들은 그분이 주님이라고 믿었으니까 말입니다. 그렇지요? 왕의 기사들은 왕 주위에서 죽습니다. 그런데도 당신들 중에서는 아무도 죽지 않았어요. 당신들은 선생님을 때리는 사람들에게서 멀리 떨어져 있었어요. 아! 아니지요! 한 사람은 죽었어요. 자살했지요. 그렇지만 선생님을 옹호하기 위해서, 고통으로 죽은 것은 아닙니다. 그 사람은 우선 선생님을 배반했고, 그 다음에는 입맞춤으로 일러 주었고, 그 다음에는 자살했어요. 그 사람은 달리 할 일이 없었지요. 그 사람은 그 이상 더 타락할 수 없었어요. 벨제붓처럼 그의 악이 완전했으니까요. 세상 사람들이 그를 이 세상에서 사라지게 하려고 돌로 쳐죽였을 것입니다. 오! 나는 고통받으시는 선생님을 사람들이 때리는 것을 막으려다가 죽은 동정심많은 그 여자와 선생님이 그런 상태에 계신 것을 보고 고통으로 죽은 늙은 안나와 늙은 거지와 사무엘의 어머니도, 죽은 동정녀도, 그리고 어린 양들과 멧비둘기들을 제물로 바치는 것을 보는 것이 괴롭기 때문에 성전에 올라가지 못하는 나도 그 사람을 돌로 쳐죽이는 용기를 가졌을 것이라고, 또 그 사람이 우리 돌을 맞고 죽은 것을 보아도 몸을 떨지 않았을 것이라고 생각합니다. …그 사람도 그걸 알고서 세상 사람들에게 그를 죽이는 수고를 덜어 주었고, 죄없는 분의 원수를 갚기 위해 우리가 살인자가 되는 것을 면하게 해 주었습니다….”

그 여자는 사도들을 업신여기는 눈초리로 바라본다. 그의 업신여김은 그 여자가 말하는 데 따라서 점점 더 분명해졌다. 그 여자의 크고 검은 눈은 사도들의 무리를 바라다보는 동안 맹금류의 눈같이 냉혹하게 되고, 사도들은 반항할 줄도 모르고 반항할 수도 없다. …그 여자는 입 안에서 “서자들 같으니라구!” 하는 마지막 말을 조롱조로 한다. 그리고는 스승을 버린 제자들에게 자기의 멸시를 쏟아놓은 것을 만족하게 생각하며 물병을 다시 들고 간다.

사도들은 어찌할 바를 몰랐다. 그들은 기진맥진하여 고개를 숙이고 팔을 힘없이 내려뜨리고 서 있다. …그들은 진실에 압도된 것이다. 그들은 자기들의 비겁의 결과를 곰곰이 생각하고… 입을 다물고 있다. …감히 서로 바라보지를 못한다. 요한과 열성당원조차도, 이 죄를 짓지 않은 무죄한 두 사람도 다른 사람들과 같은 태도를 취하고 있다. 아마 그들이 이렇게 자존심이 해쳐진 것을 보는 것이 괴로워서 그렇기도 하고, 또 그 여자의 솔직한 말로 생긴 상처를 처매 줄 수가 없기 때문에도 그럴 것이다. …길이 이제는 어둑어둑하다. 달은 그믐날이 가까워오기 때문에 늦게 뜬다. 그래서 황혼이 빨리 다가와 어두워진다. 완전히 고요하다. 소리도 없고 사람의 목소리도 없고, 적요한 가운데서 키드론 개울의 물흐르는 소리만이 퍼진다. 그래서 예수의 목소리가 울릴 때, 그들은 마치 그 목소리가 무서운 소리이거나 한 것처럼 펄쩍 뛰게 되었다. 그러나 예수께서 “이곳에서 무엇을 하느냐? 나는 올리브나무 사이에서 너희들을 기다렸는데… 생명이 너희를 기다리고 있는데, 너희들은 왜 죽은 것들을 보고 서 있느냐? 나하고 같이 가자” 하고 말씀하실 때 그분의 목소리는 지극히 상냥하시다. 예수께서는 게쎄마니에서 그들에게로 오시는 것 같다. 예수께서는 그들 곁에 발을 멈추신다.

예수께서는 사도들이 아직 겁에 질린 눈으로 들여다보고 있는 얼룩을 들여다보시며 말씀하신다. “그 여자는 벌써 평화 중에 있으며 고통을 잊었다. 그의 아들들에 대해서 활동을 하지 않고 있겠느냐? 아니다. 이중으로 활동하고 있다. 그리고 하느님께 자기 아들들을 거룩하게 해 주시기만을 청하고 있으므로 그들을 거룩하게 할 것이다.”

예수께서는 길을 떠나신다. 사도들은 예수를 말없이 따라간다.

그러나 예수께서는 돌아서시며 말씀하신다. “왜 너희들 마음 속으로 ‘그런데 그 여자는 왜 남편의 회개는 청하지 않을까? 만일 그 여자가 남편을 미워하면 성녀가 아닌데…' 하고 생각하느냐? 그 여자는 남편을 미워하지는 않는다. 그 여자는 남편이 자기를 죽일 때 벌써 용서했다. 그러나 빛의 나라에 들어간 영혼인 그 여자는 지혜와 정의를 가지고 본다. 그래서 그의 남편에게는 회개와 용서가 없다는 것을 본다. 그래서 그 여자는 그의 기도를 그 이익을 받을 수 있는 사람들에게로 돌린다. 이것은 내 피가 아니다. 내 피가 아니야. 그렇지만 나는 이 길에서도 피를 굉장히 많이 흘렸다! …그러나 원수들의 발자국이 그 피를 흩뜨려서 먼지와 오물과 섞어 놓았고, 비가 와서 그 피가 엷게 되고 먼지 쌓인 곳으로 떠내려갔다. 그러나 보이는 피가 아직 많이 있다. …하도 피가 많이 흘러서 발자국과 물이 쉽게 지울 수 없겠기 때문이다. 그리고 같이 가자. 그러면 너희들을 위하여 흘린 내 피를 보게 될 것이다…."

"어디로? 어디로 가시려는 건가? 선생님이 우신 곳으로 가시려는 것인가? 총독관저로 가시려는 것인가?" 하고 그들은 서로 묻는다.

그런데 요한이 이렇게 말한다. "글라우디아가 분개하고, 남편 곁에 남아 있는 것이 겁이 나기도 해서 안식일이 지난 지 이틀 후에 다시 떠났다는군. 글라우디아는 자기의 책임을 남편의 책임과 떼어놓은 거야. 그 여자는 선생님을 메시아로 보내신 지극히 높으신 분께 박해를 당하는 것보다 사람들에게 박해를 당하는 것이 더 나으니까 의인을 괴롭히지 말라고 남편에게 말했기 때문이야. 또 쁠라우띠나도 없고 리디아도 없어. 이 여자들은 글라우디아를 따라 가이사리아로 갔고, 또 발레리아는 요안나와 같이 베테로로 갔어. 그 여자들이 있었으면 우리가 들어갈 수 있었을 건데. 그러나 지금은… 모르겠어. …론지노도 없어. 글라우디아가 론지노에게 자기를 수행하라고 했으니까…."

" 풀이 피에 젖어 있는 걸 자네가 봤다는 곳으로 가시려는 것일 거야…."

앞서 가시던 예수께서 돌아서시며 말씀하신다. "골고타에 간다. 거기에는 내 피가 하도 많아서 먼지가 철광석같이 보일 지경이다. 그리고 너희들보다 먼저 그 곳에 간 사람이 있다…."

"하지만 그 곳은 부정한 데요!" 하고 바르톨로메오가 외친다.

예수께서는 동정의 미소를 띠시고 대답하신다. "그 끔찍한 죄를 지은 뒤에는 예루살렘의 어떤 장소나 다 부정하다. 그런데도 너희들은 이 곳에 남아 있으면서도 군중에 대한 두려움이라는 불편 말고 다른 불편은 느끼지 않고 있다…."

"도둑들이 여전히 그 곳에 죽은 채로 있는데요…."

"내가 그 곳에서 죽었다. 그래서 그 곳을 영원히 거룩하게 했다. 정말 잘 들어두어라. 이 세상이 끝날 때까지 그 곳보다 더 거룩한 장소가 없을 것이고, 그 장소는 온 세상의 그리고 모든 시대의 무리들을 끌어들여 그 먼지에 입맞춤하게 할 것이다. 그리고 조소와 복수를 두려워하지 않고, 부정을 타는 것도 두려워하지 않고 너희들보다 먼저 그 곳에 간 사람이 있다. 그렇지만 너희들보다 먼저 간 사람은 그것을 두려워할 두 가지 이유가 있었다."

"주님, 그게 누굽니까?" 하고 요한이 묻는다. 여쭈어보라고 베드로가 팔꿈치로 그의 옆구리를 쿡 찔렀던 것이다.

"라자로의 마리아다! 마리아는 내가 과월절 전에 그의 집에 들어갈 때에 내 발에 밟힌 꽃들을 주워서 그의 기쁨의 기념품으로 친구들에게 준 것과 같이, 이제는 갈바리아산에 올라가서, 내 피로 굳어진 땅을 손으로 파서, 그 판 흙을 가지고 내려와서 내 어머니 무릎에 갖다놓을 줄을 안 것이다. 마리아는 두려워하지 않았다. 그런데 마리아는 '죄녀'로 또 '제자'로 알려져 있었다. 그리고 해골산의 그 부식토(腐植土)를 무릎에 받아들이신 그분도 부정을 탄다고 생각하지 않으셨다. 내 피가 모든 것을 해제했고, 내 피가 떨어진 땅은 거룩하다. 내일 오정 전에 골고타에 올라가거라. 내가 너희들과 합류하마. …그러나 누가 내 피를 보고 싶으면 여기 있다." 예수께서는 작은 다리의 난간을 가리키신다. "여기서 사람들이 내 입을 때려서 입에서 피가 났다. …내 입은 거룩한 말과 사랑의 말 밖에 하지 않았었다. 그러면 사람들이 왜 내 입을 때렸고, 입맞춤으로 내 입을 치료해 주는 사람이 아무도 없었느냐?…"

그들은 게쎄마니로 들어간다. 그러나 예수께서는 우선 올리브 동산 출입구를 막는 자물쇠를 열으셔야 한다. 새 자물쇠이다. 끝이 뾰죽한 말뚝으로 된 높고 튼튼한 울타리인데, 아주 든든한 새 자물쇠로 잠겨 있다. 예수께서는 열쇠를 가지고 계신데, 열쇠가 하도 새 것이라 강철처럼 반짝인다. 지금은 밤으로 완전히 어두웠기 때문에 볼 수 있게 하느라고 필립보가 불을 붙인 나뭇가지의 빛으로 예수께서 자물쇠를 여신다.

"전에는 없었는데… 왜 만들었지?…" 그들은 지금은 게쎄마니를 격리시키는 울타리를 살펴보면서 서로 수근거린다. "분명히 라자로는 여기 아무도 오는 것을 원치 않은 거야. 저기 봐, 돌들하고 벽돌들하고 피가 있어. 이제는 재목도 없는 걸 보니, 다음에는 담을 쌓을 모양이지…."

예수께서 말씀하신다. "이리들 오너라. 죽은 물건은 상관하지 말라는데도 그러는구나. …자, 너희들은 여기에 있었다. …그리고 여기서 내가 에워싸여서 붙잡혔고, 너희 둘은 이쪽으로 해서 도망쳤다. …그 때에 이 울타리가 있었더라면 …그 때문에 너희들은 빨리 도망치지 못했을 것이다. 그러나 나를 따라오기를 열망하던 라자로가 어떻게 너희들이 도망치리라고 생각할 수 있었겠느냐? 내가 너희들을 괴롭히느냐? 나는 먼저 고통을 당했다. 그리고 나는 이 고통을 없애버리고자 한다. 베드로야, 내게 입맞춤해라…."

"안 됩니다. 주님! 안 돼요! 여기서 같은 시간에 유다가 한 몸짓을 하다니,

그건 안 됩니다. 안 됩니다. 안 돼요!"

"내게 입맞춤해라. 나는 유다가 진실성을 가지지 않고 한 몸짓을 너희들이 진실한 사랑을 가지고 해 주기를 요구한다. 그 다음에는 너희들이 행복할 것이다. 우리가 더 행복할 것이다. 너희들과 내가. 베드로야, 와서 내게 입맞춤해라."

베드로는 예수께 입맞춤하는 데 그치지 않고, 눈물로 주님의 뺨을 적시고 얼굴을 감싸 쥐고 물러나 땅바닥에 주저앉아 운다. 다른 사도들도 한 사람씩 같은 자리에 입맞춤한다. 더하고 덜한 차이는 있지만 모두가 얼굴이 눈물로 젖어 있다….

"그럼 이제는 모두 함께 가자. 나는 그날 저녁 너희들을 내 몸으로, 그것도 몇 시간 동안 든든하게 내놓고 너희를 내게서 떼어놓았다. 그러나 너희들은 이내 넘어졌다. 너희들이 얼마나 약했는지를 기억하고, 하느님의 도움이 없이는 한 시간도 정의에 머무를 수 없으리라는 것을 기억하여라. 보아라. 여기서 나는 자기들이 가장 굳세다고 믿던 사람들, 내 술잔으로 포도주를 마시기를 청하고, 죽는 한이 있어도 나를 버리지 않겠다고 공언할 정도로 굳세다고 믿던 사람들에게 깨어 있으라고 말했다. 그리고 기도하고 있으라고 이르고 그들을 떠나갔다. …그들을 떠났는데, 그들은 잠을 잤다. 이것을 기억해 두어라. 그리고 예수가 남겨놓고 떠난 사람은 기도로써 예수와 접촉을 유지하고 있지 않으면 잠이 들고 붙잡힐 수 있다는 것을 가르쳐라.

사실, 내가 만일 깨우지 않았더라면 너희들은 자는 동안에 맞아 죽어서 인성의 둔한 몸으로 하느님의 심판 대전에 출두할 수도 있었을 것이다. 이리 오너라. …자! 필립보야, 나뭇가지를 내려라. 보아라! 내 피를 보고자 하는 사람은 들여다 보아라. 나는 여기서 극도의 불안 속에서, 죽어가는 사람과 같이 피땀을 흘렸다. … 들여다 보아라. …피땀을 얼마나 흘렸던지 그로 인해 흙이 단단해질 정도였고, 풀줄기와 꽃부리 가운데에 엉기어서 말라진 핏덩이를 빗물도 녹이지 못했기 때문에 풀이 아직도 피로 빨갛게 되어 있다. 그렇다! 그리고 여기에 내가 기댔었고, 여기는 하느님의 뜻을 이루고자 하는 내 뜻을 굳세게 하기 위하여 주의 천사가 떠돌던 곳이다. 너희들이 항상 하느님의 뜻을 행하기를 원하면, 사람이 지탱할 수 없는 곳에는 하느님께서 당신 천사와 함께 오셔서 기진맥진한 용사를 부축해 주신다는 것을 기억해 두어라. 너희가 몹시 불안한 때에도, 너희들이 하느님께서 원하시는 것을 끈질기게 원하기만 하면 비겁함이나 신앙포기에 빠질까봐 걱정하지 말아라. 너희들이 하느님의 뜻을 충실히 따르고 있으면 하느님께서 너희들을 용맹한 거인으로 만드실 것이다. 이것을 기억해 두어라! 단단히 기억해 두어라! 전에도 너희들에게 말했지만, 광야에서 유혹을 당한 다음 천사들의 부축을 받았다. 이제는 여기서도 극도의 유혹을 당한 후 한 천사의 부축을 받았다는 것을 알아라.
 그리고 너희들에 대해서도, 또 내게 충실할 모든 사람에게도 그렇게 될 것이다. 진정으로 너희들에게 말한다마는, 내가 받은 도움을 너희들도 받을 것이기 때문이다. 아버지께서 벌써 사랑가득한 정의로 너희들에게 그 도움을 주시려고 하지 않으신다면, 나 자신이 그 도움을 너희들에게 얻어줄 것이다. 다만 고통은 아무래도 내 고통만은 못할 것이다. …앉아라. 달이 동쪽에서 떠오르고 있다. 곧 환해질 것이다. 너희들이 아직도 지극히 또 순전히 인간들이기는 하지만, 오늘밤에도 너희들이 자리라고 생각하지 않는다. 그렇다. 너희들 안에 전에는 너희들이 갖지 않았던 활동하는 요소가 들어갔기 때문에 자지 않을 것이다. 그것은 가책이다. 그것이 하나의 고통이기는 하다. 그러나 그것은 선으로나 악으로나 더 높은 단계로 올라가는 데 소용된다. 가리옷의 유다에게는, 그가 하느님에게서 멀리 떠났었기 때문에 그 가책이 실망과 영벌의 판결을 초래하였다. 하느님 곁을 결코 떠나지 않은 너희들에게는 ── 너희들에게 그렇게 할 뜻이 있던 것이 아니고, 또 너희들이 하는 일이 완전히 정신을 차리고 한 것이 아니기 때문에 이렇게 단언하는 것인데 ── 그 가책은 너희들을 지혜와 정의로 인도해 줄 뉘우침을 갖게 할 것이다. 너희들은 그대로 있어라. 나는 활 한 바탕 거리가 되는 저기 물러가서 새벽을 기다리겠다."
 "아이고! 주님! 저희들을 떠나지 마십시오. 주님을 멀리 떠나 있으면 저희들이 어떻게 된다는 것을 주님이 말씀하셨지요!" 안드레아가 마치 동냥 한 푼을 청하는 것처럼 무릎을 꿇고 손을 내밀면서 애원한다.
 "너희들은 가책을 가지고 있다. 그것이 착한 사람들에게는 좋은 친구이다."
 "주님, 멀리 가지 마십시오! 주님은 저희들과 함께 기도하실 것이라 말씀하셨지요…" 하고 타대오가 애원한다. 그는 부활하신 주님께 대하여 감히 친척으로서의 몸짓을 하지 못하고, 주님을 숭배하기 위하여 그 큰 키를 약간 앞으로 구부리고 있다.
 "그런데 묵상은 가장 활동적인 기도가 아니냐? 그리고 내가 너희들을 길에서 다시 만난 때부터 참된 거룩한 감정의 행위를 가지고 너희들의 마음을 움직임으로써 묵상 거리를 보고 묵상하게 하려고 주지 않았더냐? 이 사람들아! 묵상기도란 이런 것이 다. 즉 영원하신 분과 또 정신을 이 세상 저 너머로 데려가는 데 소용되는 것들과 접 촉하는 것이고, 하느님의 완전과 인간의, 나 자신의 비참에 대한 묵상으로 사랑하거나 보속하는, 그러나 항상 흠숭하는 의지의 행위를 일으키는 것이다. 그것이 죄와 벌에 대한 묵상에서 생겨나는 의지라도 말이다. 선과 악은 그것을 쓸 줄 알면 최종 목적에 소용된다. 이 말은 여러 번 했다. 죄는 뉘우침과 보속이 뒤따르지 않는 때에만 회복할 수 없는 파멸이 되는 것이다.

이와 반대의 경우에는, 마음의 뉘우침을 가지고 좋은 결심이라는 돌로 성덕의 기초를 단단하게 다지기 위한 회반죽을 만드는 것이다. 회반죽 없이 돌들을 서로 붙어 있게 할 수 있겠느냐? 겉으로 보기에 천한 원료 그대로의 물질이지만, 그것이 없으면 반들반들한 돌들과 반짝이는 대리석들이 결합해서 건물을 이루지 못하게 될 그 물질이 없으면 말이다."

예수께서 가려고 하신다.

형과 또 다른 야고보와 동시에 베드로와 바르톨로메오가 작은 목소리로 무엇이라고 말하니, 요한이 일어나서 예수를 따라가며 말씀드린다. "제 하느님, 에수님, 저희들은 주님과 함께 주님의 아버지께 기도드리기를 바랐습니다. 주님의 기도를요. 저희들에게 그 기도를 주님과 같이 드리도록 해주지 않으시면, 저희들은 용서를 별로 받지 못한 것으로 느끼게 됩니다. 저희들은 그렇게 할 필요를 몹시 느끼고 있습니다…."

"두 사람이 모여서 기도하는 곳에는, 내가 그들 가운데 있다. 그러니 너희들끼리 기도를 드려라. 그러면 내가 너희들 가운데 있을 것이다."

"아! 주님은 이제 저희들이 주님과 기도할 자격이 없다고 판단하시는 것이군요!" 하고 베드로가 하느님의 피가 온전히 없어지지 않은 풀에 얼굴을 파묻고 엉엉 울면서 외친다.

알패오의 야고보는 이렇게 외친다. "저희들은 불행합니다. 아우… 주님." 그는 아우님이라는 말 대신에 "주님"이라는 말을 써서 이내 고쳐 말한다.

예수께서는 그를 바라보시며 말씀하신다. "왜 나를 아우라고 부르지 않느냐, 내 혈족인 네가? 나는 모든 사람의 형제이지만, 네게는 아람의 후손으로, 다윗의 자손으로, 하느님의 아들로, 이렇게 이중, 삼중으로 형제이다. 말을 마쳐라."

"아우님, 주님, 저희들은 불행하고 어리석습니다. 주님이 아시다시피. 그리고 저희들이 느끼고 있는 창피 때문에 더 어리석게 됩니다. 주님의 기도의 뜻을 알지 못하면, 어떻게 저희들이 그 기도를 감정을 가지고 드릴 수 있겠습니까?"

"미성년 자녀에게처럼 몇 번이나 그것을 설명해 주었느냐? 그러나 너희들은 어떤 교사의 생도들 중에서 제일 방심한 생도보다도 머리가 더 둔해서 내 말을 기억해 두지 못했다!"

"맞습니다! 그러나 이제는 저희들의 정신이 주님의 말씀을 알아듣지 못한데 대한 가책에 고정돼 있습니다. …오! 저희들은 아무 것도 알아듣지 못했습니다! 제가 모두를 대신해서 인정합니다! 주님, 저희들은 아직도 주님을 잘 이해하지 못합니다. 그러나 제발 저희들의 악에 대한 관용을 저희들을 둔하게 만드는 악 자체에서 끌어내십시오. 주님이 숨을 거두셨었는데, 위대한 선생이 그곳 주님의 십자가 아래에서 이스라엘이 진실로 우둔하게 부르짖었습니다. 그래서 어디에나 계시는 하느님이시고, 육체의 감옥에서 해방되신 하느님의 영이신 주님은 이 말을 들으셨습니다. '정신적인 맹목(盲目)의 길고도 긴 세월이 내적인 눈 위에 씌워진 채로 있습니다.'

그리고 그 사람은 주님께 이런 기도를 드렸습니다. '공식집(公式集)에 갇혀 있는 이 생각에 해방자이신 선생님이 뚫고 들어가십시오' 하고. 저희들의 죄를 짊어지시고, 주님의 완전한 사랑의 뜨거운 불로 태워 없애서 저희들을 원죄에서 구해 주신 예수님, 제가 흠숭하는 예수님, 흠숭받으셔야 할 예수님, 완고한 이스라엘 사람으로서의 저희들의 지능도 태워 없애십시오. 어머니의 배에서 나오는 어린아이의 정신과 같이 새롭고 순결한 정신을 저희들에게 주십시오. 그리고 저희들에게 주님의 지혜만을 가득 채워 주십시오. 그 소름끼치는 날에 과거의 수많은 일들이 죽었습니다. 주님과 같이 죽었습니다. 그러나 주님이 부활하신 지금, 저희들 안에 새 생각이 나게 해주십시오. 주님, 저희 안에 새로운 마음과 정신을 만들어 주십시오. 그러면 주님을 이해할 것입니다." 이렇게 요한이 청한다.

"이 임무는 내게 있지 않고, 내가 최후의 만찬에서 너희들에게 말한 그분께 있다. 내 말 한마디 한마디가 전체로나 부분적으로 너희들의 생각의 심연 속에 들어가 사라지거나 그 정신 속에 그대로 갇히고 봉해져 있다. 파라클레트(Paraclet) 성령께서 오시면 그분만이 너희들의 마음의 심연에서 내 말들을 꺼내고 그것들을 열어, 너희들에게 그 정신을 깨닫게 하실 것이다."

"그러나 주님이 성령을 저희들에게 불어넣어 두셨는데요" 하고 열성당원이 이의를 제기한다.

"그렇지만 주님이 아버지께로 가시면, 진리의 성령께서 오실 것이라고 말씀하셨지요" 하고 마태오가 열성당원과 동시에 이의를 제기한다.

"말해 봐라, 어린아이가 날 때에, 그 어린아이에게는 영혼이 주입되어 있느냐?"

"물론 주입되어 있습니다" 하고 모두가 대답한다.

"그러나 그 영혼이 하느님의 은총이냐?"

"아닙니다. 원죄가 그 영혼 위에 있어서 은총을 빼앗아 갑니다."

"그러면 영혼과 은총은 어디에서 오느냐?"

"하느님에게서 옵니다!"

"하느님께서는 왜 사람에게 은총 지위에 있는 영혼을 그저 단순히 주시지 않느냐?"

"그것은 아담이 벌을 받았고, 저희들도 아담을 통해서 벌을 받았기 때문입니다. 그러나 지금은 주님이 구속을 하셨으니까 그렇게 될 것입니다."

"아니다. 그렇게 되지 않을 것이다. 사람들은 언제나 하느님께서 창조하신 영혼이 더러워진 채로 태어날 것인데, 그것은 아담으로부터 유전적으로 더러워진 것이다. 그러나 사람 안에 주입된 영혼이 어떤 의식에 의하여 은총으로써 되살아나야 되고 주님의 성령께서 그 영혼을 차지하실 것이다. 그 의식은 다음 번에 설명해 주마. 그러나 요한에게 물로 세례를 받은 너희들은 하느님의 능력의 불로 세례를 받을 것이고, 그 때에는 하느님의 성령께서 정말 너희들 안에 계실 것이다. 그리고 그분은 사람들이 박해할 수도 없고 내쫓을 수도 없는 선생님이시고, 너희들의 마음 속에서 내 말의 정신과 그밖에 많은 가르침을 너희들에게 말씀해 주실 것이다. 내가 성령을 너희에게 불어넣어 준 것은 내 공로에 의해서만 무엇이든지 얻어질 수 있고 유효하기 때문이다. 그래야 하느님을 차지할 것이고, 하느님의 대리자의 말이 유효할 것이다. 그러나 진리의 성령께서 아직 선생님으로 너희 안에 계시지 않는다."

"그러면 그렇게 되게 해 주세요. 성령께서는 때가 되면 오시겠지요. 그렇지만 우선 저희들에게 주님의 용서를 느끼게 해주세요. 오! 주님, 저희들에게 선생님으로 계셔 주십시오. 주님이 일곱 번씩 일흔 번을 용서해야 한다고 말씀하셨으니, 아직도 계속해서요" 하고 요한이 조른다. 그리고 ─ 요한이 여전히 가장 신뢰하고 가장 애정이 넘치는 사도이다 ─ 감히 두 손으로 예수의 늘어뜨린 왼손을 잡으면서 말을 끝맺는데, 그 손에는 못으로 뚫려 찢어진 자국이 달빛으로 더 크게 보인다. "영원한 빛이신 주님은 당신 종들이 그대로 어둠 속에 남아 있는 것을 허락하지 마십시오." 그러면서 손가락 끝에 가볍게 입맞춤을 한다. 손에 상처를 입었다가 낫기는 했지만, 여전히 힘줄이 약간 오그라든 사람의 손가락과 똑같이 약간 구부러져 있다.

"오너라. 좀 더 올라가서 함께 기도를 드리자" 하고 예수께서 동의하시고, 손을 요한의 양손에 잡히신 채 게쎄마니의 제일 높은 경계 쪽으로, 갈릴래아 사람들의 야영지를 지나 베다니아로 가는 높은 길이 있는 쪽으로 걸어가신다.

여기서도 라자로가 시킨 경계 확정공사가 진행 중임을 볼 수 있다. 그리고 여기에는 올리브밭 지키는 사람의 집 저쪽으로, 전에 게쎄마니의 경계를 이루던 울타리와 꼬불꼬불한 오솔길을 따라 벌써 매끈매끈하고 높은 담이 세워져 있다. 저 밑에는 예루살렘이 천천히 어둠 속에서 나오는데, 지금은 달이 중천에 떠서 그 가는 낫과 같은 형태로 모든 물건을 흰 빛으로 감싸기 때문에 서쪽에 있는 부분까지도 보인다. 달은 어두운 하늘에 놓인 금강석 광채같이 빛나는데, 그 하늘에는 수없이 많은 별들의, 동방의 하늘의 저 거짓말같이 많은 별들의 빛나는 꽃부리가 깜박이고 있다.

예수께서는 기도하실 때 늘 하시는 자세로 양팔을 올리시고 읊기 시작하신다.

"하늘에 계신 우리 아버지." 예수께서는 중단하시고 설명하신다. "하느님께서 아버지이시라는 것에 대하여는 너희들을 용서하심으로 보여 주셨다. 모든 사람보다 더 완전하게 되어야 하는 너희들을, 그렇게도 많은 은혜를 받은 너희들을, 너희들이 말하듯이 너희들의 임무에 그렇게도 어울리지 않는 너희들을, 아버지가 아닌 어떤 지배자인들 벌하지 않았겠느냐? 그러나 나는 너희를 벌하지 않았고, 아버지도 너희들을 벌하지 않으셨다. 아버지께서 하시는 것은 아들도 하고, 아들이 하는 것은 아버지께서도 하시기 때문이며, 우리는 사랑 안에서 오직 하나인 천주성이기 때문이다. 나는 아버지 안에 있고, 아버지께서는 나와 함께 계신다. 말씀은 시작이 없는 하느님 곁에 항상 있다. 그리고 말씀은 만물보다 앞서, 오래 전부터, 항상이라는 이름을 가진 영원으로부터, 하느님 곁에 영원한 현존자(現存者)로 있으며, 하느님의 생각의 말씀이기 때문에 하느님과 같이 하느님이다.

그러므로 내가 가고 난 다음에는, 우리 아버지께 이렇게 기도할 때에, 즉 그분을 통해서 우리가 형제가 되어, 나는 맏아들이고, 너희들은 둘째와 그 이하의 아들들이 되는 내 아버지와 너희들의 아버지께 이렇게 기도를 드릴 때에, 나와 너희들의 아버지 안에서 항상 나를 보도록 하여라. 너희에게는 '선생'이 되었었고, 죽음에 이르기까지 또 죽음을 넘어서까지 너희들을 사랑해서 자기 자신을 너희들에게 음식으로 남겨 주어서, 귀양살이가 계속되는 동안에는 너희들이 내 안에, 또 내가 너희들 안에 있게 하고, 또 그 다음에는 너희들과 내가 하느님 나라에 있게 하려고 한 말씀을 보도록 하여라. 그 나라를 위하여, 이 세상과 하늘에서 주님께 영광을 드림으로써 너희들의 행동이 주님의 이름을 거룩히 빛나게 하도록 간청한 다음 '그 나라가 임하시며' 하고 기도하라고 가르쳤다. 그렇다. 만일 너희가 하느님의 율법과 내 말을 실제로 지킴으로써 먼저 너희들 안에 하느님의 나라가 임하기를 원치 않으면, 너희들을 위한 나라가 하늘에 없을 것이고, 너희들과 같이 믿을 사람들에게도 나라가 없을 것이다. 내 말은 율법의 완성으로서 은총의 시대에 선택된 사람들의 율법을 주었다. 선택된 사람들의 율법이란 모세 시대의 세속적·윤리적·종교적 법들을 초월하여 벌써 그리스도 시대의 영적인 율법에 들어와 있는 사람들의 율법을 말하는 것이다.

너희들은 하느님을 곁에 모시고 있지만, 하느님을 너희들 안에 모시지 않는 것이 어떤 것인지, 하느님의 말씀을 가지고 있지만 그 말씀을 실제로 지키지 않는 것이 어떤 것인지 알겠지. 하느님을 이렇게 가까이에 모시고 있지만, 마음 속애는 하느님을 모시지 않고 있는 데에서 모든 죄가 저질러졌고, 말씀을 알고는 있지만, 그 말씀을 따르지 않은 데에서 저질러지는 것이다. 모든 것이! 모든 것이 그 때문에 일어나는 것이다. 우둔함과 범죄행위, 배반, 고문, 죄없는 이와 그를 죽인 카인의 죽음 따위 모두가 이 때문에 일어난 것이다. 그렇지만 유다만큼 내게서 사랑을 받은 자가 누가 있느냐? 그러나 그는 하느님인 나를 그의 마음 속에 모시지 않았었다. 그래서 그의 칠죄종(七罪宗)과 그의 다른 모든 죄 때문에 단죄된 것 외에, 이스라엘 사람으로서, 제자로서, 자살한 사람과 하느님을 죽인 사람으로서 무한히 죄있는 사람으로 단죄된 것이다.

하느님의 나라가 이제는 너희들 안에 더 쉽게 얻어질 수 있다. 그것은 내가 죽음으로 그것을 너희들에게 얻어 주었기 때문이다. 나는 고통으로 너희들을 구속하였다. 이것을 기억해 두어라. 그리고 은총은 하느님의 생명과 피의 값으로 얻어진 것이기 때문에 아무도 그것을 짓밟아서는 안 된다. 그러므로 하느님의 나라가 사람들인 너희들에게는 은총으로 와야 하고, 이 세상에는 교회를 통해서 와야 하며, 하늘에는 마음 속에 하느님을 모시고 살았던 지극한 행복을 누리는 사람들을 위해 와야 하는 것이다. 이 사람들은 그리스도를 머리로 하는 몸에 결합하고, 그리스도인은 누구나가 가지가 되는 포도나무에 결합하여 모든 것이 그를 위하여 만들어진 분의 나라에서 쉴 자격을 얻는 것인데, 모든 것이 그를 위하여 만들어진 분이란 너희들에게 말을 하고 있는 나이며, 모든 것이 이루어질 수 있도록 나 자신을 아버지의 뜻에 바친 나이다. 그렇기 때문에 나는 '아버지의 뜻이 하늘에서와 같이 땅에서도 이루어지이다' 하고 말해야 한다고 위선없이 너희들에게 가르칠 수 있다. 내가 팔레스티나의 흙덩이리와 초목과 꽃과 돌과 상처입은 내 육체에 이르기까지 아버지의 뜻을 행했기 때문에 온 백성이 이렇게 말할 수 있는 것이다.

너희들도 내가 한 것과 같이 끝까지, 만일 하느님께서 원하시면 십자가에 못박혀 죽기까지 하여라. 너희가 기억해야 할 것은 내가 그렇게 했고, 또 나보다 더 자비를 받을 자격이 있는 제자는 없다는 것이기 때문이다. 그런데도 나는 가장 큰 고통을 끝까지 당했고, 끊임없는 포기로 순종하기까지 하였다. 너희들도 그것을 알고 있다. 장차 너희가 내 고난의 잔에서 한 모금 마심으로써 나를 닮게 되면 훨씬 더 잘 이해하게 될 것이다. …너희들은 '선생님이 아버지께 순종하심으로, 우리를 구해 주셨다'는 이 생각을 끊임없이 하고 있어라.

그리고 구조자가 되려거든 내가 한 대로 하여라. 십자가까지 체험하는 사람들도 있을 것이고, 폭군들의 고문을 당하는 사람들이나 하늘 나라에 올라가기 전에 대단히 늙은 나이에 이르기까지 그곳을 지향함으로 인해 천국에 대한 사랑과 귀양살이의 고문을 당하는 사람들도 있을 것이다. 어떻든 모든 일에 하느님의 뜻이 이루어져야 한다. 죽음의 형벌이나 또는 너희들이 내가 있는 곳에 오려고 죽기를 원하는데 살게 되는 형벌이나 모두 기쁜 순종으로 당하면, 하느님의 눈에는 똑같은 것이다. 그것들은 하느님의 뜻이며, 이 때문에 거룩한 것이다.

'저희들에게 일용할 양식을 주십시오.' 그날' 그날, 그시간 그시간, 하루의 양식을 청하고, 주시는 대로 받아들이는 것은 믿음이고, 사랑이고, 순종이고, 겸손이며, 희망이다. 오늘은 달고 내일은 쓸 수도 있고, 많을 수도 , 얼마 안 될 수도 있고, 양념이 되어 있거나 재가 섞여 있을 수도 있다. 그런 대로 언제나 옳은 것이다. 아버지이신 하느님께서 그것을 주시는 것이다. 그러므로 그것은 좋은 것이다.

다음 번에는 다른 빵에 대해서 말하겠는데, 그것은 날마다 먹기를 원하는 것이 유익하고, 아버지께 그것을 보존해 주시기를 청하는 것이 유익한 빵이다. 그것은 사람들의 뜻으로 인하여 그 빵을 갖지 못하게 될 그날들과 그 장소들은 불행하겠기 때문이다! 그런데 너희들은 그들의 어두움의 일을 하는 데 능력이 많은지를 스스로 알고 있다. 그러므로 아버지께 그 빵을 지켜 주시고 너희들에게 주시기를 청하여라. 어두움이 안식일 전날 한 것과 같이 빛과 생명을 질식시키기를 원할 것이기 때문에 그만큼 더 아버지께 그 빵을 주시기를 청해야 한다. 두 번째 안식일 전날에는 부활이 없을 것이다. 이것을 모두 기억해 두어라. 말씀은 이제 다시 죽임을 당할 수 없겠지만, 그의 가르침은 아직도 죽임을 당할 수 있을 것이고, 너무나 많은 사람에게서 그를 사랑할 자유와 뜻이 없어질 수도 있을 것이다. 그러나 그 때에는 생명과 빛도 사람들에게는 끝장일 것이다. 그리고 그날은 불행할 것이다! 성전이 너희들에게 본보기가 되어야 한다. '성전은 커다란 시체이다' 하고 내가 말한 것을 기억하여라.

'저희들에게 잘못한 이들을 저희가 용서하듯이 저희들의 죄를 용서해주십시오.'

너희는 모두 죄인이니, 죄인들에게 친절하여라. '먼저 네 눈에서 들보를 치우지 않으면, 형제의 티를 들여다 보아서 무엇하겠느냐?' 고 한 내 말을 기억하여라. 내가 너희들에게 불어넣어 준 성령과 너희에게 준 그 명령은 너희들에게 하느님의 이름으로 이웃의 죄를 사해 줄 권한을 준 것이다. 그러나 만일 하느님께서 너희들에게 죄를 사해 주지 않으시면 너희가 어떻게 그렇게 할 수 있겠느냐? 여기에 대해서는 다음 번에 말하마. 지금 당장은 너희들에게 이렇게 말하겠다. 너희들이 용서를 받기 위하여, 그리고 사죄하거나 단죄(斷罪)할 권한을 가지기 위하여 용서하여라. 죄가 없는 사람은 그것을 완전한 정의를 가지고 할 수가 있다. 그러나 용서를 하지 않고 죄를 짓고 있으면서 분노하는 체하는 사람은 위선자이고, 지옥이 그를 기다리고 있다. 후견인의 보호를 받는 피후견인(被後見人)에게는 그대로 자비가 있지만, 그들을 도와주시는 성령을 충만히 가지고 있으면서도 같은 죄나 더 큰 죄를 짓는 후견인들에게는 준엄한 심판이 내려질 것이기 때문이다.

'저희들을 유혹에 빠지지 말게 하시고, 악에서 구해 주십시오.' 이것이 완덕의 주춧돌인 겸손이다. 진정으로 말하지만, 너희들에게 모욕을 주는 사람들에게 축복하여라. 너희들의 천상 왕권에 필요한 것을 그들이 너희에게 주기 때문이다.

만일 사람이 아버지 곁에 다소곳이 있으면서 사탄과 세속과 육신이 그를 이기도록 허락하지 마시기를 청하면, 유혹은 파멸이 아니다. 아니고 말고 지극한 복을 누리는 사람들의 월계관은 그들이 이긴 유혹들의 보석으로 꾸며져 있다. 유혹을 찾지는 말아라. 그러나 유혹이 올 때에는 비겁하게 굴지 말아라. 겸손하게 따라서 굳세게 나와 너희들의 아버지께 부르짖어라. '저희들을 악에서 구해 주십시오' 하고 그러면 너희가 악을 이기게 될 것이다. 그러면 내가 처음에 말한 것과 같이 너희들의 행동으로 하느님의 이름을 거룩히 빛나게 할 것이다. 그것은 누구나가 너희들을 보고 '저 사람들은 신들같이 생활을 하니, 그들의 행동이 저렇게까지 완전한 것을 보면 하느님이 계시다'라고 말할 것이고, 하느님께로 와서 하느님 나라의 주민의 수를 늘리겠기 때문이다.

내가 너희들에게 강복해서 내 강복이 너희들의 정신을 활짝 열어 묵상을 하게 할 터이니 무릎을 꿇어라."

그들은 땅에 엎드리고, 예수께서는 그들에게 강복하시고, 달빛에 빨려 들어가시듯이 사라지신다.

조금 후에 사도들은 다른 말이 들리지 않는 것이 이상해서 머리를 쳐들고 나서야 예수께서 사라지신 것을 알게 된다. …그들은 하느님께서 하늘에 계시는데, 그분과 접촉하였다는 것을 깨닫는 모든 이스라엘 사람이 아주 오래 전부터 가지는 공포에 사로잡혀 다시 땅에 얼굴을 대고 엎드린다.

17. 사도들이 골고타 언덕에 올라간다. 그리고…

예루살렘은 한낮의 태양 아래 벌써 타고 있다. 집들의 흰 벽을 내리쬐고 길의 흙을 태우는 햇빛에 눈부시게 된 눈에는 그들을 이루는 장식 홍예창틀이 시원하게 해주는 물건이 된다. 백열(白熱)하는 벽의 흰 빛깔과 장식 홍예창틀은 예루살렘을 흰 빛깔과 검은 빛깔로 된 이상한 그림처럼 만들어 놓았고, 강렬한 빛과 이 강렬한 빛과의 대조로 어두움같이 보이는 희미한 빛이 갈마들게 하는데, 이렇게 강렬한 빛과 희미한 빛이 갈마드는 것이 하나의 망상과 같이 괴롭힌다. 그것은 너무 강한 빛 혹은 너무 지나친 어두움으로 인하여 보는 기능을 빼앗아 가기 때문이다. 그들은 눈을 가늘게 뜨고 나아가며 빛과 열이 있는 구역에서는 뛰어가려고 애를 쓰고, 장식 홍예창틀 아래에서는 걸음을 늦춘다. 거기서는 걸음을 늦출 수밖에 없는 것이 빛과 어두움의 대조로 인하여 눈을 뜨고 있어도 아무 것도 보이지 않기 때문이다.
 사도들은 한낮의 시간에 사람의 발길이 끊긴 도시를 이렇게 걸어 간다. 그들은 땀을 흘리며, 두건으로 얼굴과 목을 닦고 헐떡거린다….
 그러나 그들이 시내에서 나가야 할 때에는 그들에게 장식 홍예창틀의 위안도 없어진다. 성벽을 끼고 가며 북쪽과 남쪽으로 백열하는 먼지의 눈부신 리본처럼 멀어져 가서 보이지 않게 되는 길은 큰 화덕의 바닥과도 같다. 길에서는 아궁이에서와 같이 뜨거운 기운이 올라온다. 허파를 말리는 뜨거운 기운이다. 성벽 너머에 있는 작은 급류는 조약돌로 된 개울 바닥을 흘러가는 가느다란 물줄기를 이루고 있는데, 해로 인하여 타서 석회처럼 된 두개골같이 희게 되었다. 사도들은 그 가느다란 물줄기로 마구 뛰어가서 물을 마신다. 그리고 두건을 물에 담갔다가 세수를 한 다음에 젖은 두건을 머리에 올려놓는다. 맨발로 그 가느다란 물줄기에 들어가서 흙탕물을 일으키며 왔다갔다 한다. 그렇고 말고! 그러나 그것은 매우 빈약한 납량(納凉)이다. 물은 활활 타는 불에 올려놓았던 남비에서 쏟아 놓은 것처럼 뜨겁다. 그래서 그들은 말한다. "물이 뜨겁고 또 많지도 않구먼. 진흙과 잿물맛이 나는데, 물이 이렇게 얼마 되지 않을 때는 새벽에 한 빨래맛이 그대로 남아 있단 말이야."
 그들은 골고타를 올라가기 시작한다. 보름 전에는 누르스름한 산 위에 드문드문 나 있는 솜털처럼 보이던 얼마 안 되던 풀을 뜨거운 햇볕이 말려버린 타는 듯한 골고타산을 올라가기 시작하는 것이다. 지금은 잎은 없고 가시만 돋힌 뻣뻣한 가시나무 같은 풀덤불들만이 드물게 땅 속에서 파낸 해골 같은 줄기를 여기저기 세워놓고 있는데, 산의 먼지로 누르스름한 초록빛을 띠고 있어서 정말 방금 땅 속에서 꺼낸 해골과 같다. 그렇다. 정말이지 석회처럼 된 해골 다발을 땅에 심은 것 같다. 그 중에는 손바닥 길이 둘쯤 되는 곧은 줄기가 올라가다가 갑자기 구부러지면서 팔렛트 모양이 된 다음 다섯 손가락의 형태로 끝나는 식물이 하나 있다. 그것은 지나가는 사람을 움켜잡아서 무시무시한 이곳에 붙잡아 두려고 내밀고 있는 해골의 손 같다.
 "먼 길로 가겠어. 가까운 길로 가겠어?" 하고 이 산에 올라와 본 사람으로는 오직 그뿐인 요한이 묻는다.
 "더 가까운 길로! 더 가까운 길로! 빨리 하자구. 여기선 더워 죽겠구먼!" 하고 열성당원과 알패오의 야고보를 빼놓은 다른 사람 모두가 말한다.
 "가세!"
 길에 깐 돌들은 마치 불에서 꺼낸 판처럼 뜨겁다.
 "아니 여기선 앞으로 갈 수가 없구먼! 갈 수가 없어!" 하고 그들은 몇 미터를 간 다음에 말한다.

"그렇지만 주님은 저 가시덤불이 있는 곳까지 올라오셨단 말이야. 게다가 주님은 벌써 상처를 입으시고 십자가를 지고 계셨어" 하고 요한이 지적한다. 요한은 갈바리아에 올라온 때부터 울고 있다.

그들은 계속해서 올라간다. 그러나 오래지 않아 기진맥진하여 땅에 쓰러져 숨을 헐떡이고 있다. 개울물에 적셨던 두건들은 벌써 햇볕에 말랐고, 반대로 옷은 땀으로 얼룩졌다.

"너무 가파르고 너무 덥구먼" 하고 바르톨로메오가 숨을 몰아쉬며 말한다.

"그래, 너무 가파르고 너무 더워" 하고 얼굴이 새빨개진 마태오가 확인한다.

"해는 다 마찬가지야. 그렇지만 올라가는 데는 이 길로 가세. 이 길은 더 멀지만 덜 피로해. 론지노 자신도 주님이 올라가실 수 있게 하려고 이 길로 갔어. 여기가 보이나? 좀 어두운 빛깔인 저 돌이 있는 이곳 말이야. 여기가 주님이 넘어지신 곳이야. 우리는 주님이 돌아가신 줄 알았어. 우리는 여기서 북쪽으로 거기를 바라보고 있었어. 저기 보이지. 비탈이 가파르게 되기 전에 움푹 들어간 그 곳 말이야. 주님은 움직이지 않고 계셨어. 아이고! 어머니의 비명 소리! 지금도 여기에 울려 와! 나는 생전 그 비명 소리를 잊지 못할 거야! 어머니의 비명 소리를 조금도 잊지 못할 거야. …한 시간 동안에 우리를 늙게 하고, 세상의 모든 고통을 당하는 것 같은 느낌을 주는 것들이 있어. 자, 가세! 고통을 당하시는 주님은 자네들보다 덜 멈추셨어!" 하고 요한이 격려한다.

그들은 정신이 멍해서 일어나 요한을 따라 돌을 깐 길과 꼬불꼬불한 오솔길의 교차점까지 가서 오솔길로 돌아간다. 그렇다! 여기는 덜 가파르다. 그러나 햇볕은! 그런데 이 오솔길이 끼고 도는 비탈이 벌써 햇볕에 그을린 길손들에게 태양의 열기를 반사하기 때문에 더위는 한층 더 심하다.

"그런데 왜 이런 시간에 여길 올라오게 하시지? 우리가 어디에 발을 디디는지 볼 수 있게 새벽 해뜰 무렵에 올라오게 하실 수는 없었나? 더군다나 우리는 성 밖에 있었기 때문에 성문여는 걸 기다리지 않고도 올 수가 있었는데 말이야." 그들은 불평하며 자기들끼리 투덜거린다.

아직도 여전히 사람들이며, 죽어가시면서도 여전히 영웅적이고 당당하셨던 그리스도의 비극이기보다는 오히려 한층 더 오만하고 비겁하였던 그들의 인간성의 비극이었던 성 금요일의 비극이 지난 후인 지금도 인간이며, 군중의 호산나 소리에 취하고 라자로의 집에서 있었던 호화로운 축제와 연회를 생각하고 몹시 기뻐하던 그런 때와 마찬가지로 인간들이었으며… 가까이 다가온 폭풍우의 모든 징조와 경고에는 깜깜한 귀머거리요 소경이었던 사람 그대로인 인간들이다.

알패오의 야고보와 열성당원은 조용히 울고 있다. 안드레아도 요한의 마지막 말을 들은 다음에는 불평을 하지 않는다. 그래서 요한이 이제는 그의 기억을 새롭게 하면서 말을 하는데, 그 회상은 불평하지 말라는 하나의 형제적인 경고이고 권고이다. …그는 이렇게 말한다. "지금이 주님께서 여기 올라오신 시간이야. 그런데 주님은 벌써 오래 전부터 걷고 계셨어. 오! 주님이 최후의 만찬실에서 나오신 순간부터 한 순간도 휴식이 없었다고 말할 수 있을 거야! 그리고 그 날도 굉장히 더웠어! 소나기가 가까이 오는 숨막히는 무더위였어. …그리고 주님은 열에 들떠 계셨어. 니까는 주님의 얼굴에 수건을 갖다 댔을 때 불을 만지는 것 같은 느낌이었다고 말했어. 여기가 주님이 여인들을 만나신 곳일 거야. …우리는 반대편에 있어서 그 만남을 보지는 못했어. 그렇지만 니까와 다른 여자들이 말한 것에 의하면 그래… 자, 나아가세! 가마를 타고 다녀 버릇한 로마 여자들이 주님이 사형선고를 받으신 때인 아침 아홉 시부터 햇볕을 줄곧 받으면서 이 길을 걸어 왔다는 것을 생각들 하게. 아이고! 이교도인 그 여자들은 모든 사람들을 앞질러 가면서, 어떤 이유로 그 곳에 없었던 다른 여자들에게 알리려고 노예들을 보냈어…."

그들은 앞으로 나아간다. 이 길은 불의 수난이다! 그들은 비틀거리기까지 한다. 베드로는 말한다. "만일 주님이 기적을 행하지 않으시면, 우리는 일사병으로 쓰러질 걸세."

"그래. 심장이 목 안에서 퍼지는 것 같아" 하고 마태오가 맞장구를 친다.

"바르톨로메오는 이제 말이 없다. 술에 취한 것 같다. 요한은 피로 물든 금요일에 어머니를 그렇게 한 것과 같이 바르톨로메오의 팔꿈치를 잡고 부축한다. 요한은 그의 기운을 북돋워 준다. "여기서 얼마 안 가서 그늘이 좀 있어. 내가 어머니를 모시고 갔던 곳이야. 거기서 쉬어 가도록 하세."

그들은 점점 더 천천히 간다. …그들은 이제 성모 마리아가 가 계셨던 바위 앞에 왔고, 요한이 그 말을 한다. 과연 그늘이 좀 있기는 하다. 그러나 공기가 움직이지 않아 매우 덥다.

"아니스 한 대만이라도, 박하잎 하나라도, 풀 한 포기라도 있었으면! 내 입은 불꽃 옆에 놓인 양피지와 같아. 그렇지만 아무 것도 없단 말이야! 아무 것도!" 하고 목과 이마에 핏줄이 부풀어 오른 토마가 탄식한다.

"나에게 물 한 방울을 준다면 내게 남아 있는 여생도 내놓겠어" 하고 제베대오의 야고보가 말한다.

유다 타대오는 울음을 터뜨리며 말한다. "우리 가엾은 형제, 얼마나 괴로웠어! 주님은 말씀하셨어. …목이 말라 죽을 지경이었다고 말씀하셨어. 생각들 나나? 오! 이제는 알아듣겠어! 그 말이 어느 정도의 중요성이 있는지를 깨닫지 못했었어! 주님은 목이 말라 돌아가실 것 같았어! 그런데 주님이 아직 물을 마실 수 있을 때에 물 한 모금을 주님께 드리는 사람이 아무도 없었단 말이야! 그리고 주님은 햇볕 외에 열이 나고 있었단 말이야!"

"요안나가 목을 축일 만한 것을 가져왔었는데…" 하고 안드레아가 말한다.

"그 때는 이미 마실 수가 없으셨어! 말씀도 하실 수가 없었어. …우리 있는 데에서 열 걸음쯤 되는 곳에서 어머니를 만나셨을 때에도 '어머니!'라는 말밖에는 못하셨고, 키레네 사람 시몬이 십자가를 대신 졌는데도, 멀리서나마도 입맞춤을 보내실 수가 없었어. 주님의 입술은 상처로 단단해지고 타 있었어. …오! 나는 군사들이 늘어서 있는 너머로 주님을 잘 보고 있었어! 이쪽으로 넘어오질 못했거든. 그들이 나를 지나가게 놔두었더라면 내가 주님의 십자가를 졌을 거야! 그렇지만 그들은 내 걱정을 해준 거야. …그리고 우리를 돌로 쳐죽이려고 하는 군중 때문에 그랬었지. …주님은 말씀도 하실 수 없고… 물을 마실 수도 없고… 입맞춤을 보내실 수도 없었어. …주님은 이마에서 흘러 내려와 딱딱하게 엉긴 피 사이로 그 아픈 눈을 가지고 거의 보실 수가 없게 되었었어! …주님의 옷은 무릎 언저리가 찢어졌는데, 무릎은 터져서 피가 흐르는 것이 보였어. …손은 붓고 상처가 나 있었어. …턱과 뺨에도 상처가 있었어… 벌써 채찍으로 맞아 터진 어깨에 십자가로 인해서 상처가 더 생겼었어. …허리는 밧줄로 묶여 상처가 났었고… 머리카락은 가시에서 흐르는 피로 범벅이 되어 있었어. …주님은…"

"그만 둬! 그만 둬! 자네 말을 들을 수가 없어! 입닥쳐! 제발 부탁이야, 그리고 명령이야!" 하고 고문을 당하는 것 같은 베드로가 외친다.

"내 말을 들을 수가 없다구! 자네들은 내 말을 들을 수가 없다구! 그렇지만 나는 주님을 봐야 했고, 주님의 경련하는 소리를 들어야 했어! 그리고 어머니는? 그럼 어머니는?"

그들은 흐느끼며 고개를 숙인다. 그리고 다시 걷기 시작하고, 또 걷는다. 이제는 자기들 때문에 불평을 하지 않고, 그리스도의 고통을 생각하며 운다.

그들은 이제 산꼭대기에 올라왔다. 첫번째 작은 광장에. 그 곳은 뜨거운 금속판과 같은 곳이다. 태양빛의 반사가 얼마나 심한지 사막의 불타는 것 같은 모래 위에 태양이 만들어내는 것과 같은 그 현상의 결과로 땅이 흔들리는 것 같이 보일 지경이다.

"이리들 오게. 이쪽으로 올라가세. 백부장(百夫長)이 우리를 이리로 건너오게 했어. 나도. 그들은 나를 마리아의 아들인 줄 알았던 거야. 여자들은 거기 있었고, 목자들은 여기에, 그리고 여기에 유다인들이 있었지…" 요한은 여러 장소를 가리키며 말을 마친다. "그렇지만 군중은 아랫쪽에 있었어. 계곡까지, 길있는 데까지 비탈을 뒤덮고 있었어. 군중은 성벽 위에도 있었고, 성벽 근처 고개에도 있었어. 눈으로 볼 수 있는 데까지 차 있었어. 나는 해가 가려지기 시작할 때에 그걸 보았어. 그 전에는 지금과 같아서 볼 수가 없었어…."

과연 예루살렘은 저 아래에서 떨리고 있는 신기루 같다. 빛이 너무 강렬해서 그것을 보고자 하는 사람의 눈에는 희미하게 보일 뿐이다. 그런데 요한은 이렇게 말한다. "언제 왔었는지 또 왜 왔었는지는 모르지만, 라자로의 마리아가 말했는데, 다른 시간에는 벼락으로 불탄 집들의 시꺼먼 잔해가 보인다네. 가장 죄 많은 사람들의 집들 말이야. … 적어도 그들 중 많은 사람이 죄가 있었어. … 자, 보라고! 여기(요한은 발걸음을 세면서 그 때 광경을 재현한다) 여기 론지노가 있었고, 여기 어머니 마리아와 내가 있었어. 여기는 뉘우친 도둑의 십자가가 있었고, 거기는 다른 도둑의 십자가가 있었어. 그리고 여기서 옷을 놓고 제비를 뽑았어. 주님이 돌아가셨을 때 어머니가 쓰러지신 것이 저기였어. …그리고 주님의 심장이 찔리는 것을 내가 본 것이 여기서였어(요한은 죽은 사람처럼 얼굴이 창백해진다). 주님의 십자가가 여기 있었으니까." 그러면서 경배하기 위하여 땅바닥에 무릎을 꿇고 땅에 얼굴을 댄다. 땅은 십자가의 가로대의 그늘에 따라, 그리고 세로대 둘레에 피흐른 자리가 눈에 띄게 패어 있다.

막달라 마리아는 돌과 파편들이 섞여서 일종의 단단한 껍질이 되다시피한 그 단단한 땅을 적어도 손바닥 너비 하나만큼의 깊이로 그렇게 파느라고 무척 힘든 일을 하였음이 틀림없다! 사도들은 모두 땅에 엎드려, 그 먼지에 입맞춤을 하는데, 지금은 그들의 눈물로 그 먼지를 적신다….

그러나 요한은 제일 먼저 일어나서 다정스러우면서도 무자비하게 모든 삽화(挿話)를 환기시킨다. …그는 이제 태양을 깨닫지 못한다. …아무도 태양을 깨닫지 못하게 되었다. …그는 예수께서 몰약(沒藥)을 탄 포도주를 물리치신 순간에 대하여 말하고, 옷을 벗고 어머니의 베일을 두르신 순간, 심하게 채찍으로 맞아 상처를 입으신 상태로 나타나신 순간, 십자가 위에 누으시고, 첫번째 못을 박을 때 비명을 지르시다가, 어머니께서 너무 괴로워하지 않으시도록 비명지르는 것을 그치신 순간, 사형 집행인들이 예수의 손목을 찢고, 미리 만들어 놓은 구멍에까지 팔을 끌어당기느라고 팔을 탈구(脫臼)시킨 순간, 예수께서 완전히 못박히신 다음, 못을 사리기 위하여 십자가를 뒤집어 놓아서 그 무게가 희생자의 몸을 찍어누르는 바람에 희생자의 헐떡이는 숨소리가 들리던 순간, 십자가를 다시 젖혀놓고 세워서 끌고 가 구멍에 떨어뜨리고 쐐기로 고정시킨 순간, 몸이 떨어지면서 손들이 찢어지고, 가시관이 움직이면서 머리를 찢어놓은 순간에 대해서 말한다. 그리고 하늘에 계신 아버지께 드리는 말씀, 당신을 십자가에 못박는 사람들을 위하여 용서를 비시던 말씀, 또 뉘우치는 도둑을 용서하신 말씀, 그리고 어머니와 요한에게 하신 말씀, 모든 사람에게 도전하여 그렇게도 **공공연**

하게 영웅적인 행동을 한 요셉과 니고데모가 온 일, 막달라 마리아의 용기, 당신을 버리신 아버지께 대한 고민의 부르짖음, 목마름, 쓸개를 탄 초, 마지막 임종의 고통, 어머니를 부르던 가냘픈 목소리, 고통, 고통의 연속 때문에 이미 죽음의 문턱에까지 이르렀던 영혼으로 하시던 어머니의 말씀, …그리고 인종(忍從)하시며 하느님께 맡기심, 소름끼치는 마지막 경련, 세상을 떨게 한 외침, 예수께서 돌아가신 것을 보았을 때 지르신 어머니의 비명… 따위의 이야기를 한다.

"그만 해! 그만 해! 그만 해!" 하고 베드로가 외치는데, 그 자신이 창에 찔리는 것같이 보인다. 다른 사도들도 요한에게 "그만 해! 그만 해!…" 하고 부탁한다.

"이젠 아무 것도 말할 것이 없어. 희생이 끝났었어. 장사… 주님의 애를 끊는 듯한 괴로움이 아니라, 우리의 지극한 괴로움, 그러나 우리의 괴로움은 어머니의 고통으로써만 가치가 있었어. 애를 끊는 듯한 우리의 괴로움! 이것이 동정을 받을 자격이 있는 것인가? 우리를 불쌍히 여겨 주십사 하고 청하는 대신에 동정을 주님께 드리세. 우리는 고통과 피로와 저버림을 항상 너무나 피하고, 모든 것을 주님께, 주님께만 맡겨 드렸어. 정말이지, 우리는 사랑받는 기쁨을 누리기 위해서 주님을 사랑하고, 주님의 나라에서 위대한 인물이 된다는 교만 때문에 주님을 사랑했지만, 고통 중에서는 주님을 사랑할 줄 모르는 부당한 제자들이었어. …지금도 그래. 여기, 여기서 우리는 맹세해야 하네. 그리고 여기 제단이 있어, 제단은 하늘과 땅 앞에 세워져 있어. 다시는 그렇게 되지 않을 것이라고 맹세해야 하네. 지금 주님께는 기쁨이 있고, 십자가는 우리의 것일세. 그렇게 하겠다고 맹세하세. 이렇게 해야만 우리가 우리 영혼에 평화를 줄 수 있을 거야. 여기서 메시아이시며 주님이신 나자렛의 예수님이 구세주와 구속자가 되시려고 돌아가셨어. 여기서 사람으로서의 우리가 죽고 참된 제자가 다시 살아나야 하네. 일어들 나게! 우리가 세상의 구속을 위해 죽을 줄 알기까지 주님의 가르침을 믿겠다고 예수 그리스도의 거룩하신 이름을 걸고 맹세하세." 요한은 세라핌 (Seraphim=치품·熾品·천사) 같다. 그가 몸짓을 하는 바람에 두건이 떨어져서 금발이 햇빛에 반짝인다. 그는 아마 도둑들의 십자가의 받침대였던, 한편에 치워놓은 파편들 위에 올라가서 얼떨결에 예수께서 가르치실 때 자주 하시던 태도, 특히 십자가 위에서 가지셨던 태도인 양팔을 벌리는 태도를 취하였다.

다른 사도들은 몹시도 아름답고 매우 정열적이며 대단히 젊은, 모든 사도들 중에서 제일 어리면서도 정신적으로는 그렇게도 성숙한 그를 쳐다본다. 갈바리아는 그를 완전한 나이에 이르게 하였다. …그들은 요한을 쳐다보며 외친다. "우리는 그걸 맹세하네!"

"그러면 아버지께서 우리의 맹세를 단단하게 해 주시기를 기도드리세. '하늘에 계신 저희들의 아버지…' 하고."
 열한 목소리의 합창은 그들이 계속하는 데 따라서 점점 더 침착해진다. 베드로는 "저희들의 죄를 용서하시고" 하고 말할 때에 가슴을 친다. 그리고 마지막 간청인 "저희들을 악에서 구해 주십시오" 하고 말할 때에는 모두가 무릎을 꿇는다. 그들은 이렇게 땅에까지 몸을 숙이고 묵상한다….
 예수께서 그들 가운데에 계신다. 나는 언제 어디서 나타나셨는지 보지 못하였다. 사람이 올라 갈 수 없는 산쪽에서 오신 것 같다. 예수께서는 한낮의 환한 빛을 받으면서 사랑으로 빛나시며 말씀하신다. "내 안에 머물러 있는 사람은 마귀에게서 손해를 입지 않을 것이다. 진정으로 너희들에게 말한다마는, 모든 사람의 구원을 원하시는 지극히 높으신 조물주를 섬김으로써 나와 결합해 있는 사람은 마귀를 내쫓을 수 있을 것이고, 하느님께서 당신을 섬기라고 그들이 세상에 남아 있기를 원하시는 동안은 맹수와 불길 가운데로 지나가도 손상을 입지 않을 것이다."
 "주님, 언제 오셨습니까?" 하고 그들은 무릎을 꿇은 채 말한다.
 "너희들의 맹세가 나를 불렀다. 그리고 이제는, 내 사도들의 발이 이 땅을 밟은 지금은 빨리 시내로, 최후의 만찬 집으로 내려가거라. 오늘 저녁 갈릴래아의 여자들이 내 어머니와 같이 떠날 참이다. 너와 요한은 그 여자들과 같이 가거라. 우리는 모두 갈릴래아의 다볼산 위에서 다시 모인다" 하고 열성당원과 요한에게 말씀하신다.
 "언제입니까, 주님?"
 "요한이 그것을 알게 될 것이고 너희들에게 말해 줄 것이다."
 "주님, 저희들을 떠나십니까? 저희들에게 강복을 주지 않으십니까? 저희들은 주님의 강복이 무척 필요합니다."
 "너희들에게 여기서도 강복을 주고, 최후의 만찬실에서도 주마. 엎드려라."
 예수께서 그들에게 강복을 주신다. 그리고 변모 때와 같이 태양 광채가 예수를 둘러싼다. 그러나 여기서는 예수를 감춘다. 예수께서는 이미 그곳에 계시지 않는다.
 그들은 머리를 든다. 태양과 타는 듯한 땅밖에는 아무 것도 없다….
 "일어나서 가세! 주님은 가셨네!" 하고 그들은 서글프게 말한다.
 "우리들 가운데에는 점점 더 짧게 계시는구먼!"
 "그렇지만 오늘은 어제 저녁보다는 더 만족하신 것 같았어. 형, 그런 느낌이 들지 않았어?" 하고 타대오가 알패오의 야고보에게 묻는다.
 "우리의 맹세가 주님을 기쁘시게 했어. 요한이 우리에게 그렇게 하게 했으니,

축복받게!" 하고 베드로가 요한을 껴안으면서 말한다.

"나는 주님이 당신 수난에 대해서 말씀해 주실 것으로 바랐었는데! 우리에게 이리 오라고 하시고 왜 아무 말씀도 안 하셨을까?" 하고 토마가 말한다.

"오늘 저녁에 여쭈어 보세" 하고 안드레아가 말한다.

"그러세. 그렇지만 이젠 떠나세. 길은 멀고, 또 우리는 어머니 마리아가 떠나시기 전에 좀 같이 있고 싶어" 하고 알패오의 야고보가 말한다.

"또 한 가지 즐거움이 끝나는구먼!" 하고 타대오가 한숨짓는다.

"우리는 고아로 있을 터이니, 어떻게 하지?"

그들은 요한과 열성당원 쪽으로 몸을 돌리며 약간 부러워하는 목소리로 말한다. "자네들은 적어도 어머니를 모시고 가지. 그리고 항상 모시고 있고."

요한은 "그렇게 됐어" 하고 말하는 듯한 몸짓을 한다. 그러나 악의없이 두 사람을 부러워하는 그들은 즉시 이렇게 말한다. "그렇지만 그건 정당해. 자넨 어머니와 같이 여기 있었고, 또 자네는 순종으로 여기 오는 것을 단념했으니까. 우리는…."

그들은 내려오기 시작한다. 그러나 더 아랫쪽에 있는 작은 광장에 발을 들여놓았을 때, 햇볕이 내리쬐는 가운데 제일 가파른 길로 한 여인이 와서 말 없이 그들의 얼굴을 뚫어지게 보고는 더 윗쪽에 있는 작은 광장을 향하여 자신있게 가는 것을 본다.

"벌써 사람이 여기 오는구먼! 마리아만 오는 것이 아니야. 그렇지만 저 여잔 뭘 하는 걸까? 땅에서 뭘 찾으면서 울고 있는데. 아마 그날 무엇인가를 잃어버린 여자인 모양이지?" 하고 서로들 묻는다. 누군지 모르겠으니, 아마 사실 그런지도 알 수 없다. 여자의 얼굴은 완전히 베일로 가려져 있다.

토마가 우렁찬 목소리로 묻는다. "부인, 무엇을 잃었습니까?"

"아무 것두요. 나는 주님의 십자가가 서 있던 자리를 찾는 겁니다. 오빠가 죽어가는데, 친절하신 선생님이 세상에 안 계시니…" 베일을 쓴 여자는 운다. "사람들이 그분을 쫓아 버렸어요!"

"그분은 부활하셨습니다, 부인. 영원히 거기 계십니다."

"그분은 하느님이시고, 하느님은 죽지 않으시니까 그분이 영원히 계시다는 것은 나도 알아요. 그렇지만 우리들 가운데는 안 계시게 됐어요. 세상이 그분을 원치 않으시니까 떠나셨어요. 세상이 그분을 모독했고, 그분의 제자들까지도 도둑이기나 한 것처럼 그분을 버렸어요. 그래서 그분도 세상을 버리셨습니다. 나는 그분의 피를 조금 구하러 왔어요. 나는 그분 제자들의 안수보다는 오히려 그 피가 내 오빠를 낫게 하리라고 믿어요. 나는 그 제자들이 불충실한 뒤에도 기적을 행할 수 있으리라고는 믿지 않으니까요."

17. 사도들이 골고타 언덕에 올라간다. 그리고… **141**

"부인, 주님이 방금 여기 계셨었습니다. 주님은 영혼과 육체로 부활하셨고, 아직도 우리들 가운데 계십니다. 주님의 강복의 향기가 아직도 우리 위에 있습니다. 보세요. 여기가 조금 전에 주님이 디디고 계셨던 곳입니다" 하고 요한이 말한다.

"아니, 나는 그분의 피 한 방울을 찾는 것입니다. 나는 여기 없었기 때문에 그 장소를 모릅니다…" 그러면서 몸을 잔뜩 구부리고 땅 위를 찾는다.

요한이 여자에게 말한다. "여기가 주님의 십자가가 서 있던 곳입니다. 나는 여기 있었습니다."

"당신이 여기 있었어요? 친구로 있었나요, 또는 그분을 십자가에 못박느라고 있었나요? 그분이 좋아하시던 제자 중의 한 사람만이 그분의 십자가 아래 있었고, 충실한 다른 제자 몇 사람도 그와 같이 이 근처에 있었다고 하더군요. 그렇지만 나는 주님을 못박은 어떤 사람과는 말하고 싶지 않아요."

"부인, 나는 그런 사람이 아닙니다. 보세요. 여기에 십자가가 있었습니다. 그래서 누군가가 팠지만 아직도 흙이 피 때문에 붉은 빛깔입니다. 피가 너무도 많이 흘러서 깊이 스며들었습니다. 자, 받으시오. 그리고 부인의 믿음이 갚음받기를 바랍니다." 요한이 십자가가 서 있었던 구멍 속을 손가락으로 파서 불그레한 부식토를 꺼내 주니 여인은 작은 수건에 그것을 받는다. 그 여자는 고맙다는 인사를 하고 그 보물을 가지고 빨리 간다.

"우리가 누구라는 걸 알리지 않길 잘 했네."

"왜 자네가 누구라는 것을 말하지 않았나?" 하고 사도들이 말한다. 언제나 그렇듯이 인간적인 생각이 반대를 한다.

요한은 그들을 바라다보며 말을 하지 않는다. 그는 제일 먼저 돌을 깐 가파른 길로 내려온다. 내려오는 것이 올라가는 것보다는 쉽지만, 해는 아직도 견디기가 힘들다. 그래서 아래, 골고타산 밑에 내려왔을 때는 정말 목이 마르다. 그러나 양들이 개울에 들어가 있고, 목자들도 양들과 같이 있다. 그들은 틀림없이 저녁이 되기 전에 양들에게 풀을 뜯게 하려고 어떤 이웃 외양간에서 나온 모양이었다. 물은 흐리고 마실 수가 없다.

하도 목이 말라서 바르톨로메오가 어떤 목자를 보고 말한다. "당신 수통에 물 한 모금 있소?"

그 사람은 그들을 엄한 눈으로 바라다보며 말을 안 한다.

"그럼, 양 젖을 좀 주시오. 당신 양들의 젖이 퉁퉁 불었소. 돈을 내겠소. 우리는 시원한 음료를 마시고 싶지만, 아무거나 마시기만 하면 되겠소."

"나는 그들의 선생을 버린 사람들에게는 줄 물도 없고 양 젖도 없소. 난 당신들을 알아보오, 알겠소? 어느 날 벳수르에서 당신들을 보고 당신들이 말하는 것을 들었소. 바로, 마실 것을 청하는 당신 말이오. ····그러나 나는 사람들이 죽인 그분을 내렸을 때 당신들을 보지 못했고 저 사람밖에 없었소. 그분에게는 물을 주지 않았다고 산꼭대기에 있었던 사람들이 내게 말했소. 그러니까 당신들에게 줄 물도 없소." 그는 휘파람을 불어 그의 개를 부르고 양들을 모아서 북쪽으로 간다. 그 곳에서는 올리브나무와 풀이 뒤덮인 야산들이 시작된다.

사도들은 압도되어 다리를 건너 시내로 들어간다.

그들은 두건을 눈 위에까지 푹 내려쓰고 몸을 약간 구부리고 성벽에 바짝 붙어서 걸어간다. 지금은 오후가 되면서 대단히 더웠던 시간이 지난 다음 거리가 활기를 되찾았기 때문이다.

그러나 최후의 만찬 집에 가기 전에 온 시내를 건너질러 가야 하는데, 사도들을 아는 사람이 너무나 많기 때문에 그들이 아무 말썽없이 지나가지는 못할 것이다. 사실 얼마 안 가서 어떤 율법교사가 (나는 이제 이 사람들은 안 보게 되리라고 생각하고 좋아하고 있었다) 분수의 물이 찰랑거리는 소리가 들리는 그 좁은 네거리에 있는 많은 사람들에게 "저기 그자들이 온다! 저자들을 보라구! 위대한 왕의 패잔병들! 비겁한 용사들이고, 유혹자의 제자들! 저들에게는 경멸과 조소가 있어야 하고, 미치광이들에 대한 것과 같은 동정이나 있어야 해!" 하고 외치는 동안 가혹한 웃음이 그들을 맞이하게 된다.

이것이 질풍같이 몰아치는 조소의 시초였다.

어떤 사람들은 외친다. "그자가 고통을 당할 때 당신들은 어디 있었소?" "제자들이 이젠 그자가 거짓 예언자였다는 걸 확신하게 됐나?" 하고 말하는 사람들이 있는가 하면, "당신들이 그자를 훔쳐다가 감춰도 소용없소. 사상은 사라졌고, 나자렛 사람은 죽었소. 갈릴래아 사람이 야훼의 벼락을 맞았고, 당신들도 그자와 같이 벼락맞았소" 하고 말하는 사람들도 있다. 어떤 사람은 거짓 동정을 가지고 "저 사람들을 가만 놔 두라구! 저 사람들은 그걸 깨닫고 뉘우쳤어. 너무 늦긴 했지만, 그래도 마침 좋은 때에 도망칠 만큼은 알맞게 뉘우친 거야!" 하고 말하고, 어떤 사람들은 사도들의 편을 드는 경향이 있는 여자들이 대부분인 서민들에게 연설을 한다. "우리의 정의를 아직 의심하는 당신들은 나자렛 사람의 가장 충실한 제자들의 행동으로 진상을 분명히 알아야 합니다. 만일 그 사람이 하느님이었다면 저 사람들을 강하게 했을 깃입니다. 만일 저 사람들이 그를 진짜 메시아로 인정했다면, 사람의 힘이 그리스도를 이기지는 못하리라고 생각해서 도망을 치지 않았을 것입니다. 이와 반대로 그 사람은 백성들이 보는 앞에서 죽었고, 저 사람들은 잠든 경비병들을 습격한 다음 시체를 훔쳐 갔지만 소용없습니다. 일이 이렇게 되지 않았는지 지키던 병사들에게 물어보시오. 그 사람은 죽었고, 그의 제자들은 흩어졌습니다. 그리고 예루살렘에서 그 사람의 마지막 흔적을 지워버리는 사람은 지극히 높으신 분의 눈에 위대한 사람으로 보일 것입니다. 나자렛 사람의 지지자들을 저주합시다! 오! 거룩한 백성이여, 돌을 집으시오. 이 사람들을 성 밖에서 돌로 쳐죽이시오."

그것은 사도들의 아직 단단하지 못한 용기로는 감당할 수 없는 일이었다! 그들은 비난하는 자들에 대한 무모한 도전으로 민중이 들고 일어나는 것을 부추기지 않으려고 벌써 성벽 쪽으로 좀 물러났었다. 그러나 지금은 신중보다도 공포가 더 우세해진다. 그래서 그들은 등을 돌리고 성문 쪽으로 도망쳐 달아난다. 알패오의 야고보와 제베대오의 야고보가 다른 사람들보다 더 침착하고 자기를 더 억제하는 요한과 베드로와 열성당원과 함께 뛰지 않고 동료들을 따라가는데, 성문으로 나가기 전에 돌 몇 개를 맞고, 특히 오물을 많이 맞는다.

초소에서 나온 경비병들이 성 밖으로 쫓아가는 것을 막는다. 그러나 사도들은 뛰고 또 뛰어서 요셉의 사과밭, 무덤이 있던 곳으로 피신한다.

그 곳은 고요하고 조용하며, 요사이 잎이 나기 시작해서 많지는 않아도 그 에메랄드 빛깔이 든든한 나무줄기 아래 기분좋은 빛깔의 베일을 만들어 놓아 나무 밑에는 햇빛이 부드럽다. 그들은 심장이 크게 뛰는 것을 멈추게 하려고 땅에 주저앉는다. 정원 안쪽에서는 한 남자가 젊은이의 도움을 받으며 괭이로 땅을 파고 야채에 북을 주는데, 어떤 울타리 뒤에 몸을 숨긴 사도들이 있는 것을 알아차리지 못한다. 하늘을 살펴보고 큰 소리로 "요셉아, 이리 오너라, 그리고 나귀를 데려와서 짐수레를 달아라" 하고 말하고 나서야 사도들 쪽으로 온다. 거기에는 가시덤불에 가려진 촌스러운 우물이 있는데, 가시덤불로 그늘이 져 있다.

"뭣들 하시오? 당신들은 누구요? 아리마태아의 요셉의 동산에서 뭘 찾는 거요? 그리고 바보 같은 녀석, 너는 요셉님이 철책을 만들어 놓은 지금 그걸 잠그라고 하셨는데 왜 열어 놓았니? 주님의 시체를 모셨던 이곳에는 요셉님이 아무도 들어오지 못하게 한다는 걸 알지 못하니?"

나는 예수의 시체를 모시는 것을 보는 슬픔 속에서, 그리고 부활을 보고 깜짝 놀라는 가운데 회양목과 가시나무로 된 울타리 너머로 동산에 철책이 있었는지 없었는지 눈여겨 보지 못했었다고 말하는 것은 진실을 말하는 것이다. 그러나 사실 그 철책이 만들어진 지가 얼마 안 되는 것으로 생각한다. 그것은 철책이 아주 새 것이고, 정사각형의 기둥 두 개로 지탱되어 있는데, 그 기둥의 칠이 오래된 것 같지 않기 때문이다. 요셉도 라자로처럼 예수께서 거룩하게 하신 장소에 잠그는 장치를 만들어 놓은 것이다.

요한은 열성당원과 알패오의 야고보와 동시에 땅에서 일어나서 무서워하지 않고 말한다. "우리는 주님의 사도들이오. 나는 요한이고, 이 사람은 요셉의 친구 시몬이고, 또 이 사람은 주님의 형제 야고보요. 주님이 우리를 골고타로 부르셔서 갔었소. 주님은 우리에게 어머님이 계시는 집으로 가라고 명령하셨소. 그러다가 군중에게 쫓겼소. 그래서 여기로 들어와서 저녁 때를 기다리기로 한 거요…."

"아니, 그런데 상처를 입었군요? 당신도 그렇고, 또 당신도! 치료를 해 줄 테니 이리 오시오. 목이 마릅니까? 숨이 차시는군요. 너는 빨리 물을 길어 오너라. 첫번째 길은 물은 깨끗하다. 그렇지만 그 다음에는 두레박 때문에 물이 흐려진다. 이분들에게 마실 물을 드려라. 그런 다음 저 신선한 상처를 씻어서 접지(接枝)에 바르는 기름을 부어라. 나는 이것밖에 드릴 것이 없습니다. 내 집은 여기 있지 않습니다. 그렇지만 기다리신다면 내가 당신들을 데려다 드리겠습니다…."

"아니오, 아니오. 우리는 주님을 만나뵈러 가야 합니다. 하느님께서 당신께 갚아 주시기를 바랍니다." 그들은 물을 마시고 치료를 받는다. 그들은 모두 머리를 다쳤다. 유다인들은 겨냥을 잘 한다!

"너는 길에 가서 사람의 눈에 띄지 않게 어떤 정탐꾼이 있는지 살펴보고 오너라" 하고 동산지기는 소년에게 말한다.

"아버지, 아무도 없어요. 길엔 사람이 없어요" 하고 소년이 돌아와서 말한다.

"가서 성문 쪽을 살펴보고 빨리 돌아오너라."

그는 아니스 줄기를 뜯어서 사도들에게 주면서 지금은 사과 꽃이 막 진 계절이기 때문에 야채와 상치와 아니스밖에 줄 것이 없다고 하며 미안해 한다.

소년이 돌아와서 말한다. "아버지 아무도 없어요. 성문 저쪽 길에도 사람이 없어요."

"그러면 갑시다. 짐수레를 나귀에게 메우고 우리가 자른 풀을 그 위에 던져 넣어라. 우리는 밭에서 돌아오는 농부들처럼 보일 것입니다. 나하고 같이 갑시다. 길은 더 멀 겁니다. …그렇지만 돌 세례를 받는 것보다는 이편이 낫지요."

"그래도 우리는 역시 시내로 들어가야 할 것입니다…."

"맞습니다. 그렇지만 다른 쪽에 있는 어둡고 좁은 골목길로 해서 들어갈 것입니다. 겁내지 말고 가십시다."

그는 큰 열쇠로 든든한 문을 잠그고, 나이많은 사도들은 짐수레에 오르게 하고, 다른 사람들에게는 괭이와 쇠스랑을 주고, 토마에게는 자른 나뭇가지 한 단을 지우고, 요한에게는 풀 한 다발을 지운다. 그리고는 성벽을 끼고 침착하게 남쪽을 향해 간다.

"그렇지만 당신 집은… 여긴 집이 없는데요."

"집은 저쪽에 있습니다. 그렇지만 그 집은 달아나지는 않습니다. 아내는 기다릴 거구요. 나는 우선 주님의 종들에게 봉사하겠습니다. 그는 사도들을 바라다본다. …이거 보세요! 모든 사람이 잘못 생각하고 있습니다! 나도 무서웠습니다! 그리고 우리 모두는 그분의 이름 때문에 미움을 받습니다. 요셉님까지도. 그러나 그러면 어떻습니까? 하느님께서 우리와 같이 계시는데. 사람들은!… 미워하고 또 사랑합니다. 사랑하다가 또 미워하고. 그리고는! 오늘 하던 일을 내일은 잊어버립니다. 물론입니다. …잔인하고 비열한 사람들만 없었다면! 그야 그자들이 사람들을 선동하는 거지요. 그자들은 주님이 부활하셨기 때문에 화가 잔뜩 나 있습니다. 아이고! 주님이 성전의 첨탑에 나타나셔서 백성들에게 주님이 부활하셨다는 확증을 주셨으면 좋겠는데, 왜 그렇게 안 하실까요? 나는 믿습니다. 그러나 모든 사람이 믿을 줄을 모릅니다. 그리고 그자들은 당신들이 벌써 썩은 시체를 훔쳐다가 요사팟의 어떤 동굴에 묻거나 태웠다고 백성들에게 말하는 자들에게 돈을 듬뿍 줍니다."

그들은 이제 시내의 남쪽 힌놈 계곡에 와 있다.

"자, 여기는 시온 성문입니다. 여기서 그 집까지 가는 길을 알겠습니까? 금방입니다."

"압니다. 당신의 친절 때문에 하느님께 당신과 함께 계시기를 바랍니다."

"내가 보기로는 당신들은 여전히 선생님의 성인들입니다. 당신들도 사람이고 나도 사람입니다. 선생님만이 인간 이상이시니 떠실 수가 없습니다. 나는 이해할 줄도 알고 동정할 줄도 압니다. 그래서 말하는 건데, 당신들이 오늘은 약하지만 내일은 강할 것입니다. 평화가 당신들에게 있기를."

그는 사도들에게서 풀과 농기구를 치우고 뒤로 돌아간다. 그동안 사도들은 산토끼처럼 날래게 변두리 골목길로 해서 최후의 만찬실 있는 집쪽으로 달아난다. 그러나 이 날의 시련은 아직 끝나지 않았다. 로마군단의 병사 한떼가 근처 술집으로 가다가 그들과 마주쳤는데, 그 중 한 사람이 그들을 살펴보더니 다른 사람들에게 그들을 가리킨다. 그리고는 모두 웃기 시작한다. 그리고 학대를 당하는 그 가엾는 제자들이 그들 앞을 지나갈 수밖에 없게 되었을 때 성문에 기대 있던 병사들 중의 한 사람이 그들에게 갑자기 말은 건다. "여보시오! 갈바리아가 당신들에게 돌을 던지지 않았소? 그리고 사람들이 당신들을 때렸소? 제기랄! 난 당신들이 용기가 더 있는 줄 알았었단 말이야! 그리구 당신들이 저 위엘 올라갈 만한 용기가 있었으니 아무 것도 무서워하지 않는 것으로 생각했었소. 산의 돌들이 당신들을 비겁하다고 나무라지 않았소? 그런데 당신들은 거기 올라갈 만큼 용기가 많았었소? 나는 항상 죄있는 사람들은 그들의 죄를 생각나게 하는 곳은 피하는 걸 봤는데. 네메시스* 가 그들을 뒤쫓는 거요. 그렇지만 어쩌

＊역주 : Nemesis = 그리이스 신화에 나오는 인간의 오만과 부덕을 벌한 응보(應報)의 여신.

면 그 여신이 당신들을 그리고 끌고 가서 그때 당신들이 동정으로 몸을 떨지 않았으니까 오늘은 공포로 떨게 하려고 했는지도 모르겠군요."
아마 술집 주인인 듯한 한 여자가 성문으로 와서 웃는다. 그 여자는 무서운 매춘부 같은 얼굴을 하고 있는데, 큰 소리로 이렇게 외친다. "히브리 여인들, 당신들 배에서 어떤 사람들이 나오는지 보시오! 위험이 지나간 다음에야 자기들의 소굴에서 나오는 믿지 못할 비겁한 자들이오. 로마 여자의 배는 영웅들밖에 배지 않아요. 당신들은 와서 로마의 권세에 축배를 드시오. 특제 포도주와 아름다운 여자들이 있소…." 그러면서 병사들의 앞장을 서서 그의 어두운 소굴로 멀어져 간다.
한 히브리 여인이 바라다보다가 — 물항아리를 든 여인들이 길에 있는데 거기서는 벌써 최후의 만찬실이 있는 집 근처에 있는 분수의 물흐르는 소리가 들린다 — 동정을 한다. 나이먹은 여인이다. 그 여인은 동무들에게 이렇게 말한다. "저 사람이 잘못했어. …그렇지만 백성 전체가 잘못했는 걸." 그 여인은 사도들 있는 데로 가서 인사를 한다. "여러분에게 평화. 우리는 잊어버리지 않습니다. …그렇지만 한 마디만 해 주십시오. 선생님이 정말 부활하셨습니까?"
"부활하셨습니다. 우리들이 맹세합니다."
"그러면 두려워 마세요. 선생님은 하느님이십니다. 그리고 하느님은 이기실 것입니다. 오라버니들에게 평화. 그리고 주님께 이 백성을 용서해 주십사 하고 말씀드리세요."
"그럼 부인들은 백성이 우리를 용서해 주고 우리가 일으킨 분노를 잊도록 기도해 주십시오. 부인 여러분, 나 시몬 베드로가 여러분에게 용서를 청합니다." 하고 베드로는 운다….
"여보세요, 우리는 어미이고 누이이고 아내들입니다. 그리고 당신의 죄는 우리 아들들과 오라비들과 남편들의 죄입니다. 모든 사람에게 주님이 연민을 가져 주시기 바랍니다."
그 경건한 여자들은 사도들과 집에까지 동행하고, 빗장을 지른 대문을 그들이 직접 두드린다. 그런데 예수께서 대문을 열어 나오셔서 어두운 입구를 영광스럽게 되신 당신으로 가득 채우신다. 그리고 그 여자들에게 말씀하신다. "당신들의 동정 때문에 당신들에게 평화가 있기를 바랍니다."
여인들은 깜짝 놀라서 화석같이 되었다. 그 여자들은 대문이 다시 닫히고 예수와 사도들이 사라질 때까지 그대로 있다. 그러다가 정신이 돌아온다.
"선생님을 보았어? 선생님이었어. 아름다우셨어! 전보다도 더 아름다우셨어. 그리고 살아 계셨어! 유령이 아니었어! 진짜 사람이야. 그분의 목소리! 그분의 미소! 손을 움직이고 계셨어. 그 상처가 얼마나 빨간지 봤어? 아니야. 난 그분의 가슴이 산 사람과 같이 정말 숨을 쉬고 있는 걸 봤어. 오! 그자들이 와서 우리더러 그게 참말이 아니라고 말하지 말라고 해! 가세! 집에 가서 이 말을 하세! 아니야, 선생님을 또 보게 여기 문을 두드리세. 도대체 무슨 말을 하는 거야. 그분은 부활하신 하느님의 아들이셔. 보잘 것 없는 여자들인 우리에게 나타나신 것만 해도 벌써 좋은 일이야. 선생님은 어머니와 여제자들과 사도들과 같이 계셔. 아니야. 그래…" 신중한 여자들이 우세하다. 그래서 여인의 떼는 떠나간다.

그동안 예수께서는 사도들과 같이 최후의 만찬실로 들어가셨다. 예수께서는 그들을 살펴보시며 빙그레 웃으신다. 그들은 붕대 모양으로 썼던 두건을 집안으로 들어가기 전에 벗었다가 관습에 따라 다시 썼다. 그러므로 상처들이 보이지 않는다. 그들은 지친 몸으로 말없이 앉았는데, 지치기보다는 오히려 괴로움이 더하다.

"늦었구나" 하고 예수께서 부드럽게 말씀하신다.

침묵.

"내게 왜 아무 말도 하지 않느냐? 말하여라! 나는 여전히 예수이다. 오늘의 너희 용기가 벌써 꺾였느냐?"

"아이고! 선생님! 주님!" 하고 베드로가 예수의 발 앞에 무릎을 꿇으며 부르짖는다. "저희들의 용기는 꺾이지 않았습니다. 그렇지만 주님의 믿음에 대해서 저지른 잘못을 확인하고 풀이 꺾였습니다. 저희들은 납작해졌습니다!"

"교만이 죽으면 겸손이 생기고, 지식이 쌓이면 사랑이 불어난다. 염려 말아라. 이제야말로 너희들이 사도가 된다. 내가 원하는 것이 이것이었다.'

"그렇지만 저희들은 이제 아무 것도 할 수 없을 것입니다! 백성들이 저희들을 조롱합니다. 그건 잘하는 일입니다! 저희들은 주님의 사업을 망치고, 주님의 교회를 파괴했습니다!" 하며 모두가 괴로워한다. 그들은 소리를 지르고 몸부림을 친다….

예수께서는 장중하게 침착하시다. 손짓으로 당신의 말씀을 뒷받침하시며 말씀하신다. "조용해라! 조용해! 지옥 자체도 내 교회를 무너뜨리지 못할 것이다. 돌 하나가 아직 단단히 박히지 않아서 흔들린다고 건물이 무너지지는 않을 것이다. 조용해라! 조용해! 일들을 해라. 그러니까 너희들이 어떤 사람들이라는 것을 겸손되이 알게 된 지금, 일을 하란 말이다. 그것은 너희들이 이제는 큰 지혜로 슬기로운 사람들이 되었기 때문이다. 큰 지혜란 어떤 행위든지 대단히 광범위하고 때로는 사라지지 않는 결과를 낳는다는 것을 아는 지혜이고, 높은 자리에 있는 사람은 ── 등불은 사람들이 볼 수 있게 높은 곳에 놓아야 하지만, 바로 모든 사람이 보는 그것 때문에 불꽃이 맑아야 한다고 말한 것을 기억하여라

— 그렇지 않은 사람보다 완전한 사람이 될 의무를 더 가지고 있다는 것을 아는 지혜이다. 내 아들들아, 알겠느냐? 어떤 신자가 했을 때에는 사람의 눈에 띄지 않고 지나가거나 용서받을 만한 것으로 보일 것도 사제가 행하면, 눈에 띄지 않게 지나가지 않고, 신자들의 심판은 준엄하다. 그러나 너희들의 미래는 너희 과거를 지울 것이다. 골고타에서 나는 너희들에게 말하지 않고, 세상 사람들이 말하게 내버려두었다. 내가 너희를 위로한다. 자, 울지들 말고, 이제는 음식을 먹어라. 내가 너희들을 고쳐 줄 테니 가만히 있어라. 이렇게." 예수께서는 그들의 다친 머리를 가볍게 스치신 다음 말씀하신다. "그렇지만 너희들이 여기서 떠나는 것이 좋다. 그렇기 때문에 너희들에게 ' 다볼산으로 기도하러 가라'고 말한 것이다. 너희들은 이웃 마을에 머무르면서 매일 새벽에 올라와서 나를 기다릴 수 있을 것이다."

"주님, 세상 사람들은 주님이 부활하셨다는 것을 믿지 않습니다" 하고 타대오가 작은 목소리로 말한다.

"내가 세상 사람들을 설득하겠다. 내가 너희들을 도와 세상을 이기게 하겠다. 너희들은 내게 충실하여라. 그 이상의 것을 요구하지 않는다. 그리고 너희를 모욕하는 사람들이 너희를 거룩하게 하는 것이니, 그들에게 축복하여라."

예수께서는 빵을 잘라서 바치신 후 나누어 주시며 말씀하신다. "길을 떠나는 너희들에게 줄 먹을 것이 여기 있다. 나는 내 순례자들을 위해 벌써 먹을 것을 마련해 놓았다. 너희들도 장차 길을 떠나는 사람들에게 이렇게 하여라. 내가 하거나 너희에게 시키는 것을 모두 너희들도 하여라. 그리고 고통의 길에서 묵상을 하고 묵상을 하도록 시키면서 하는 갈바리아의 여행을 장래에도 하여라. 눈여겨 보아라! 내 고통을 곰곰이 생각하여라. 내가 너희를 구원한 것이 고통으로 한 것이지, 현재의 영광으로 한 것이 아니기 때문이다. 옆방에 라자로가 누이들과 같이 있다. 그들은 어머니께 인사드리러 왔다. 너희들도 그 방에 가거라. 내 어머니가 조금 후에 라자로의 마차로 떠나실 테니까. 너희들에게 평화." 예수께서는 일어나셔서 빨리 나가신다.

"주님! 주님!" 하고 안드레아가 외친다.

"아우, 왜 그래?" 하고 베드로가 묻는다.

"주님께 많은 것을 청하려고 했는데. 병을 고쳐 주시기를 청하는 사람들에 대해서 말씀드리려고 했는데… 모르겠어! 주님이 우리 가운데 계실 때에는 우리가 아무 말도 할 줄을 모른단 말이야!" 그러면서 안드레아는 주님을 찾으려고 뛰어 나간다.

"사실이야! 우리가 기억력을 잃은 것 같이 돼" 하고 모두가 시인한다.

"그렇지만 우리들에게 더 없이 친절하셔서. 주님이 우리를 어떻게나 다정스럽게 '아들'이라고 부르셨던지 내 마음이 확 열렸어!" 하고 알패오의 야고보가 외친다.

"그렇지만 지금은 정말 하느님 같으셔! 주님이 내 곁에 계실 때에는 마치 지성소 곁에 있는 것처럼 몸이 떨려" 하고 타대오가 말한다.

안드레아가 돌아와서 말한다. "주님은 여기 안 계셔. 공간과 시간과 벽이 주님께 복종해."

"주님은 하느님이셔! 주님은 하느님이셔!" 하고 모두가 말하며 지극히 숭배하는 태도를 취하고 있다.

18. 예수께서 여러 곳에서 당신을 믿는 사람들에게 당신의 부활을 확증하신다

I. 안나리야의 어머니

안나리야의 어머니 엘리사가 그의 집에서 한 작은 방에 틀어박혀 절망적으로 울고 있다. 그 작은 방에는 침구가 없는 작은 침대가 하나 있다. 아마 안나리야의 침대인 모양이다. 엘리사는 머리를 양팔에 힘없이 얹고 있는데, 팔은 또 팔대로 작은 침대 전체를 안으려는 듯이 그 위에 뻗은 채로 있다. 그의 몸은 무기력한 자세로 무릎에 실려 있다. 힘찬 것이라고는 오직 그의 울음뿐이다.

열린 창문으로 빛이 조금 들어온다. 조금 전에 날이 밝기 시작하였다. 그러나 예수께서 들어오실 때에는 강한 빛이 생긴다. 예수께서 그전에 안 계시던 방에 계시다는 것을 말하기 위해 나는 들어오신다는 말을 쓴다. 그리고 닫혀 있는 어떤 곳에 예수께서 나타나시는 것을 알릴 때에는 항상 이렇게 말하겠다. 예수께서 어떻게 변모 때 나타났던 것과 같은 환한 빛 뒤에서, 즉 이렇게 비교할 수가 있다면, 예수께서 숨을 쉬고 단단하고 그러면서도 영광스럽게 된 참다운 육체를 가지고 나타나실 수 있도록 벽과 문을 액화(液化)시키는 것 같은 흰 불빛 뒤에서 나타나시며, 예수께서 가실 때에는 그분을 감싸고 감추는 빛 뒤로 어떻게 사라지시는지를 되풀이하여 말하지는 않겠다. 그러나 그 다음에는 부활하신 분의 대단히 아름다운 자세를 취하시지만, 사람으로, 이미 수난 전에 가지셨던 것보다도 백배나 더한 아름다움을 가지신 진짜 사람의 모습을 취하신다. 예수님이시다. 그러나 영광스러우신 예수, 왕이신 예수님이시다.

"엘리사, 왜 울어요?"

혼동할 수 없는 이 목소리를 이 여자가 못 알아 듣는지 모르겠다. 아마 고통으로 인하여 얼이 빠진 모양이다. 엘리사는 아마 안나리야가 죽은 다음에 자기를 찾아온 어떤 친척에게 말하는 것처럼 대답한다.

"어저께 그 사람들이 말하는 걸 들었어요? 선생님은 아무 것도 아니었다고 했어요. 마술적인 능력이지 하느님의 능력이 아니었다고. 나는 내 딸이 하느님의 사랑을 받으며 평안히 있다고 생각하며 그 애의 죽음을 단념하고 있었는데 … 선생님이 내게 그렇게 말씀하셨거든요!…" 울음이 더 심해진다.

"그러나 그분이 부활하신 걸 본 사람이 많이 있어요. 하느님만이 당신의 힘으로 부활하실 수 있어요."

"나도 어제 그 사람들에게 그렇게 말했어요. 당신도 그 말을 들었지요. 그 사람들의 말은 내 바람과 내 평화의 죽음을 뜻하는 것이기 때문에 나는 그들의 말에 반대했어요. 그렇지만 그 사람들은 ― 당신도 그 사람들의 말을 들었어요? ― 이렇게 말했어요. '그것은 모두가 그를 지지하던 사람들이 자기들이 미친 사람이라는 것을 인정하지 않으려고 꾸며낸 연극이오. 그 사람은 죽었어요. 진짜로 죽었고, 또 썩었어요. 제자들이 시체를 훔쳐다가 없애버리고는 그 사람이 부활했다고 말하는 겁니다' 하고. 그 사람들은 이렇게 말했어요. …그리고 그 때문에 지극히 높으신 분께서 그들의 불경한 거짓말에 대한 당신의 분노를 그들에게 깨닫게 하시려고 두번째 지진을 보내셨다고. 아이고! 나는 이제 위안이 없어졌어요!"

"그렇지만 만일 당신이 부활하신 주님을 당신의 눈으로 보고, 당신의 손으로 주님을 만져보면 믿겠어요?…"

"나는 그럴 자격이 없어요. …그렇지만 믿기야 물론 믿지요! 주님을 뵙기만 하면 내겐 충분해요. 나는 주님의 살을 감히 만지지는 못할 것입니다. 주님이 부활하셨다면 하느님의 살일 터인데, 여자는 거룩하신 분 중에서 거룩하신 분께 가까이 갈 수가 없으니까요."

"엘리사, 고개를 들고 누가 당신 앞에 있는지 보시오!"

여인은 백발이 된 머리와 눈물로 보기 흉하게 된 얼굴을 들고 본다. …여인은 발꿈치에 받친 몸을 한층 더 낮추고 눈을 비비고, 소리를 지르려고 입을 벌린다. 그러나 외치는 소리는 올라오려고 하지만 놀람으로 인하여 목이 꽉 막힌다.

"주님인 나요. 내 손을 만지고 입맞춤하시오. 당신을 딸을 내게 희생으로 바쳤으니, 그럴 자격이 있어요. 그리고 이 손에서 당신 딸의 영적인 입맞춤을 다시 찾아내시오. 당신 딸은 지금 하늘에서 지극한 행복을 누리고 있어요. 이 말을 제자들에게 하시오, 오늘 당장."

여인은 하도 매혹되어서 감히 몸짓을 하지 못한다. 그래서 예수께서 친히 당신의 손가락 끝을 그의 입술에 꼭 대주신다.

"아이고! 주님 정말 부활하셨군요!!! 저는 기쁩니다! 기뻐요! 저를 위로해 주신 것 때문에 찬미받으십시오!"

여인은 예수의 발에 입맞춤하려고 몸을 구부린다. 여인은 입맞춤을 하고 그대로 있다. 초자연적인 빛이 찬란하게 그리스도를 감싸고, 방에서는 예수님이 없어지신다. 그러나 어머니의 마음에는 흔들리지 않는 확신이 가득 차 있다.

II. 가리옷에서 시몬의 마리아에게

요안나의 어머니 안나의 집. 예수께서 유다의 어머니와 같이 가셔서 안나의 병을 기적으로 고쳐 주신 별장이다. 여기에도 어떤 방에 한 여인이 침대에 누워 있다. 이 여인은 견딜 수 없는 극도의 불안으로 어떻게나 보기 흉하게 되었던지 알아볼 수가 없게 되었다. 얼굴이 야위었다. 얼굴은 열에 들뜨고 광대뼈가 새빨갛게 되고 불쑥 튀어나왔기 때문에 뺨이 푹 팼다. 검은 테가 둘러쳐지고 열과 눈물로 새빨개진 눈은 부은 눈꺼풀 밑에 반쯤 감겨 있다. 열로 빨개지지 않은 곳의 얼굴빛은 몹시 누렇고, 피 속에 담즙이 확 퍼져 있는 것처럼 푸르스름하다. 바싹 마른 팔과 가느다란 손은 헐떡임으로 인하여 들먹거리는 담요 위에 기운없이 던져져 있다.

다른 사람이 아니라 유다의 어머니인 병자 곁에는 요안나의 어머니 안나가 있다. 안나는 눈물과 땀을 씻어 주고, 종려나무 잎으로 된 부채를 흔들어 주고, 향료를 섞은 초에 담근 수건을 갈아서 병자의 이마와 목에 얹어 주고, 손을 어루만지고, 흐트러진 머리카락을 쓰다듬는데, 시간이 얼마 지나지 않았는데도 검은 머리보다는 흰 머리가 더 많아진 그 머리카락이 베개 위에 흩어져 있고 말갛게 된 귀에 달라 붙어 있다. 그리고 안나도 위로의 말을 하면서 울고 있다. "그러지 말아요, 마리아! 그러지 말라구! 그만 해요? 죄를 지은 건 그 애지… 그 애란 말이야. 그렇지만 당신은 주 예수님이 어떠시다는 걸 알고 있지…"

"입 닥쳐! 그 이름을… 내게 말하면… 그 이름을 더럽히는 거야.… 나는… 하느님을 죽인… 카인의… 어미란 말이야! 아아!" 조용하던 울음이 길고 가슴을 에는 듯한 흐느낌으로 변한다. 병자는 물에 빠진 것 같은 느낌을 가지고 친구의 목에 매달리니, 친구는 병자가 담즙을 토하는 동안 도와준다.

"조용히! 조용히! 마리아! 그러지 말아! 아이고! 주님은 당신을 사랑하고 계시다는 걸 설득하려면 무슨 말을 해야 하지? 되풀이해 말하겠어! 나는 이 말에 대해서 내게 제일 거룩한 것, 즉 구세주와 내 아이를 두고 맹세해! 당신이 내게 주님을 모시고 왔을 때, 주님이 내게 그 말씀을 하셨어. 주님은 당신에 대해서 무한한 사랑과 배려의 말씀을 하셨어. 당신은 죄가 없어. 주님은 당신을 사랑하셔. 난 그걸 확신해. 주님은 고통을 당하는 가엾은 어머니인 당신에게 평화를 주시기 위해서 당신을 바치실 것이라고 확신해."

"하느님을 죽인 카인의 어미! 저 소리가 들려? 저 밖의 바람소리… 저 바람이 그걸 말하고 있어. …저 목소리가… 저 바람소리가 세상을 두루 다니면서 이렇게 말하고 있어. '스승을 배반하고 넘겨줘서 십자가에 못박게 한 그 유다의 어미, 시몬의 마리아'라고. 저 소리가 들려? 모든 것이 그 말을 하고 있어.… 저 밖에 있는 개울도 말하고… 멧비둘기들도… 양들도… 온 세상이 외치고 있어. 내가 누구라고… 아니야, 난 낫기 싫어. 난 죽고 싶어!… 하느님께서 공평하시니까 저 세상에서는 나를 벌하지 않으실 거야. 그렇지만 여기서는 그렇지 않아. 세상은 나를 용서하지 않고… 구별하지도 않아. …세상이 '당신은 유다의 어미야!'하고 외치기 때문에… 나는 미치겠어." 마리아는 기진맥진하여 베개 위에 다시 쓰러진다. 안나가 그를 다시 일으켜 앉히고 더럽혀진 수건을 밖으로 내가려고 나간다….

마리아는 눈을 감고 힘을 쏟은 뒤라 핼쑥해진 얼굴로 탄식한다. "유다의 어미! 유다의! 유다의 어미!"하고 헐떡이다가 다시 말을 잇는다. "아니, 유다가 뭐지? 내가 뭘 낳았어? 유다가 뭐야? 내가 뭘…."

넓은 방을 밝게 하기에는 햇빛이 아직 약하기 때문에 흔들리는 빛으로 겨우 비추인 방 안에 예수께서 계신다. 침대는 하나 밖에 없는 창문에서 아주 멀리 그 큰방 안쪽에 있다. 예수께서 가만히 "마리아! 시몬의 마리아!"하고 부르신다.

여인은 거의 정신착란을 일으키고 있어서 목소리를 알아차리지 못한다. 그 여자는 그 고통의 소용돌이에 휩쓸려 정신이 나가서, 그의 뇌를 사로잡고 있는 생각을 벽시계의 똑딱거리는 소리와 같이 단조롭게 되풀이한다. "유다의 어미! 내가 뭘 낳았나? 세상은 '유다의 어미'하고 외친다…."

예수의 지극히 온화한 두 눈가에 눈물 두 방울이 맺혔다. 나는 그 눈물을 놀랍게 생각한다. 나는 예수께서 부활하신 후에도 우실 수 있으리라고는 생각하지 않았다. …예수께서는 몸을 숙이신다. 키가 대단히 큰 예수께서는 그 침대가 너무도 낮다! 예수께서는 초에 담궜던 수건을 밀어 놓으시고 열이 있는 이마에 손을 얹으시며 말씀하신다. "불행한 사람, 이것이지 다른 것이 아니라고 세상은 외치지만 하느님께서는 세상의 외침을 들리지 않게 하시며 당신에게 이렇게 말씀하니 '내가 너를 사랑하니 안심해라'하고. 가엾은 어머니 나를 보시오! 방황하는 당신 정신을 다시 불러다가 내 손에 놓으시오. 나는 예수요!…"

시몬의 마리아는 마치 악몽에서 깨어난 듯이 눈을 뜨고, 주님을 보고, 그분의 손을 이마에 느낀다. 그래서 떨리는 두 손을 얼굴로 갖다 대고 신음한다. "저를 저주하지 마십시오! 만일 제가 어떤 자식을 낳을 것인지 알았더라면, 그 애가 태어나지 못하게 태를 떼어냈을 것입니다."

"그러면 죄를 지었을 것이오. 마리아! 오! 마리아! 다른 사람의 죄 때문에 당신의 정의를 떠나지 마시오. 의무를 다한 어머니들은 자식들의 죄에 대해서 책임이 있다고 생각해서는 안 됩니다. 마리아, 당신은 의무를 다했어요. 그 가엾은 손을 내게 주시오. 가엾은 어머니, 안심하시오."

"저는 유다의 어미입니다. 마귀가 만진 모든 것이 그런 것처럼 저는 더럽습니다. 마귀의 어미! 저를 만지지 마십시오." 마리아는 그를 붙잡으려고 하는 하느님의 손에서 빠져나가려고 몸부림친다. 예수의 눈물 두 방울이 열이 나서 새빨개진 그의 얼굴에 떨어진다.

"마리아, 내가 당신을 깨끗하게 했어요. 내 연민의 눈물이 당신 위에 떨어졌어요. 나는 내 고통을 다 당하고 난 뒤로는 누구를 보든지 울지 않았습니다. 그러나 당신에 대해서는 내 다정한 모든 연민을 가지고 웁니다." 예수께서는 마침내 병자의 손을 잡으실 수 있었고, 떨리는 그 손을 당신 두 손으로 잡으신 채 앉으신다. 그렇다. 정말 침대 가장자리에 걸터앉으신다.

예수의 빛나는 눈의 다정스러운 연민이 불행한 여인을 어루만지고, 감싸고, 보살피니, 여인은 진정되어 소리없이 울면서 속삭인다. "주님은 제게 대해서 원한을 품지 않으십니까?"

"나는 사랑을 가지고 있습니다. 그렇기 때문에 왔습니다. 마음을 편히 가지시오."

"주님은 저를 용서하십니다! 그러나 세상은! 주님의 어머님은! 어머님은 저를 미워하실 것입니다."

"내 어머니는 당신을 언니처럼 동생처럼 생각하십니다. 세상은 가혹해요. 그것은 사실입니다. 그러나 내 어머니는 사랑의 어머니이시고, 인자하십니다. 당신은 세상을 돌아다닐 수가 없지요. 그러나 모든 것이 평안할 때에 내 어머니가 당신에게 오실 것입니다. 세월이 모든 것을 진정시킵니다…."

"주님이 저를 사랑하시면, 저를 죽게 해 주십시오…."

"잠시 동안만 더. 당신 아들은 내게 아무 것도 줄 줄을 몰랐습니다. 당신은 잠시 동안 당신의 고통을 내게 주시오. 그 시간은 짧을 것입니다."

"제 아들은 너무 많은 것을 주님께 드렸습니다. 무한한 추악을 주님께 드렸습니다."

"그리고 당신의 고통도 주었어요. 이제 추악한 것은 지나가서 더 이상 소용이 없습니다. 그러나 당신의 고통은 소용이 됩니다. 당신의 고통은 내 상처와 결합하고, 당신의 눈물과 내 피는 세상을 깨끗이 합니다. 모든 고통이 결합해서 세상을 깨끗하게 합니다. 당신의 눈물은 내 피와 내 어머니의 눈물 사이에 있고, 그 둘레에는 그리스도와 사람들을 위하여, 내게 대한 사랑과 사람들에 대한 사랑을 위하여 고통을 당할 성인들의 모든 고통이 있어요. 가엾은 마리아!" 예수께서는 병자를 조용히 누이시고, 손을 십자형으로 포개 주시고, 병자가 진정되는 것을 들여다보신다….

안나가 들어오다가 깜짝 놀라서 문지방에 그대로 서 있다.

다시 몸을 일으키신 예수께서는 안나를 바라보시며 말씀하신다. "당신은 내 소원을 채웠습니다. 순종하는 사람들에게 평화가 있습니다. 당신의 영혼은 나를 이해했으니, 내 평화 안에서 사시오."

예수께서는 다시 눈을 내리뜨고 더 조용한 눈물을 흘리며 당신을 처다보는 시몬의 마리아를 보시며 그에게 또 미소를 보내신다. 그리고 또 이렇게 말씀하신다. "모든 바람을 주님께 대해 가지시오. 주님께서는 모든 위로를 주실 것입니다." 그러면서 마리아에게 강복하시고 가시려 하신다.

시몬의 마리아는 열정적으로 부르짖는다. "제 아들이 입맞춤으로 주님을 배반했다고들 말합니다! 주님, 그것이 사실입니까? 그것이 사실이라면 제게 주님의 손에 입맞춤해서 그 애의 입맞춤을 씻게 해주십시오. 저는 다른 일을 할 수가 없습니다! 지우기 위해서… 지우기 위해서… 다른 일을 할 수가 없습니다…" 마리아는 다시 더 심한 고통에 사로잡힌다.

예수께서는 오! 예수께서는 손에 입맞춤하라고 그에게 내밀지 않으신다. 당신의 흰 옷의 넓은 소매가 장골(掌骨)에까지 내리덮어서 상처가 보이지 않게 된 그 손을. 그 대신 손으로 병자의 머리를 잡으시고 몸을 굽혀 여인 중에서 가장 불행한 여인의 타는 듯한 이마에 당신의 숭고한 입술을 살짝 갖다 대신다. 그리고 다시 몸을 일으키시며 말씀하신다. "내 눈물과 내 입맞춤! 아무도 내게서 이렇게 많이 받지 못했습니다. 그러니까 평안히 계세요. 당신과 나 사이에는 다만 사랑만이 있을 뿐이니까요." 예수께서는 병자에게 강복하시고 방을 빨리 지나신 다음 안나 뒤로 나오신다. 안나는 감히 앞으로 나아가지도 못하고 말도 못한다. 그러나 감격해서 울고 있다.

그러나 그들이 집 대문으로 나가는 복도에 있을 때에 안나는 감히 말을 하고, 마음에 몹시 걸리는 질문을 한다. "제 딸 요안나는요?"

"요안나는 보름째 하늘에서 복을 누리고 있어요. 당신 딸과 그의 아들 사이에는 너무도 심한 대조가 있기 때문에 그 말을 하지 않은 것입니다."

"사실입니다! 가슴을 에는 듯한 큰 고통입니다! 마리아는 그 때문에 죽을 것 같습니다."

"아니, 곧은 아닙니다."

"이제는 마음이 좀 더 평온할 것입니다. 주님께서 위로해 주셨으니까요. 주님! 그 어느 누구보다도 주님께서…."

"그 누구보다도 더 동정하는 나요. 나는 하느님의 연민이요, 나는 사랑입니다. 부인 내가 분명히 말합니다만, 만일 유다가 뉘우치는 눈으로 나를 쳐다보기 만 했더라도, 하느님의 용서를 내가 얻어 주었을 것입니다….”

예수의 얼굴에 지극한 서글픔의 기운이 떠돈다! 여인은 그것으로 충격을 받았다. 말과 침묵이 그의 입술 위에서 싸우고 있다. 그러나 역시 여자라, 호기심이 우세해서, 여인은 이렇게 여쭈어본다. “그렇지만 그것이 한…번이었습니까? 예, 제 말씀은 그 불행한 사람이 갑자기 죄를 지었습니까 그렇지 않으면… 이것을 여쭙는 것입니다.”

“여러 달 전부터 그 사람이 죄를 범했었는데, 내 편에서 어떤 말을 해도 어떤 행동을 해도 말릴 수가 없었어요. 그만큼 죄를 지을 뜻이 강했었습니다. 그러나 이 말을 마리아에게는 하지 마시오….”

“그 말은 하지 않겠습니다!… 주님! 아나니아가 과월절을 끝내지도 않고, 안식일 전날 밤에 예루살렘에서 도망쳐 와서 여기 들어오면서 '당신 아들이 선생님을 배반하고 선생님의 원수들에게 넘겨 주었어! 그 애가 선생님을 입맞춤으로 배반했어. 그래서 나는 선생님이 당신 아들의 중개로 매를 맞으시고, 침에 더럽히시고, 채찍질을 당하시고, 가시관을 쓰시고, 십자가를 지시고, 십자가에 못박혀 돌아가시는 것을 보았어요. 그리고 우리의 이름을 선생님의 원수들이 불손하게 의기양양해서 외치고, 사람들은 당신 아들이 어린 양 한 마리 값도 못되는 값으로 메시아를 팔고, 입맞춤으로 배반해서 선생님을 경비원에게 일러 주었다고 얘기해요!' 하고 외쳤을 때, 마리아는 땅에 쓰러졌고, 곧 꺼멓게 되었습니다. 그리고 의사는 그의 쓸개가 확 퍼졌고, 간이 터져서 피가 모두 상했다고 말했습니다. 그런데… 세상은 나쁩니다. 마리아의 말이 옳습니다. …저는 마리아를 이리로 옮겨야 했습니다. 가리옷의 그의 집 근처에는 사람들이 와서 '당신 아들은 하느님을 죽이고 자살했어! 목을 매 죽었소! 그리고 벨제붓이 그의 영혼을 데려갔고, 사탄까지 와서 그의 시체를 가져갔소' 하고 외치기 때문이었습니다. 그 소름끼치는 경이(驚異)가 참말입니까?”

“부인, 아닙니다. 올리브나무에 목매 죽은 것을 발견했습니다.”

“아! 그리고 그 사람들은 이렇게 외쳤습니다. '그리스도는 부활하셨소, 그분은 하느님이오. 당신 아들은 하느님을 배반했소. 당신은 하느님을 배반한 사람의 어미요. 당신은 유다의 어미요' 하고. 밤 동안에 아나니아와 제게 남아 있는 충실한 하인 오직 한 사람과 같이 — 아무도 마리아 곁에 남이 있기를 원치 않았으니까요 — … 마리아를 이리로 옮겼습니다. 그렇지만 그 외침소리들을 마리아는 바람소리에서도 듣고 땅에서 나는 소리에서도 듣고, 모든 것에서 듣습니다.”

“불쌍한 어머니! 그것은 소름끼치는 일입니다. 그래요.”

"주님, 그렇지만 그 마귀는 이것을 생각하지 못했습니까?"

"이것이 그 사람을 말리려고 내가 쓰던 이유 중의 하나였지요. 그러나 그것은 도무지 소용이 없었어요. 유다는 아버지와 어머니도, 또 이웃인 다른 어떤 사람도 참된 사랑으로 사랑한 적이 없어서, 하느님을 미워하기에 이른 것입니다."

"사실입니다.!"

"부인, 안녕히 계세요. 내 강복이 당신에게 마리아에 대한 동정 때문에 받는 세상의 멸시를 참고 견딜 힘을 줍니다. 내 손에 입맞춤하시오. 당신에게는 내 손을 보여줄 수 있어요. 마리아는 이것을 보는 것이 너무나 괴로웠을 것입니다." 예수께서는 소매를 뒤로 젖히셔서 꿰뚫린 손목을 드러내 보이신다.

안나는 손가락 끝을 입술로 겨우 스치면서 신음 소리를 낸다.

문 열리는 소리와 목소리를 줄인 외침 소리가 들린다. "주님!" 그리고 나이 많은 남자 한 사람이 땅에 엎드려 일어나지 않고 있다.

"아나니아, 주님은 인자하셔요. 주님은 당신의 친척과 우리들까지 위로하시려고 오셨어요" 하고 안나는 너무 흥분한 작은 노인의 용기를 북돋워 주느라고 이렇게 말한다.

그러나 그 남자는 감히 움직이지를 못한다. 그는 울면서 말한다. "저희들은 치욕을 당한 집안 사람들입니다. 저는 감히 주님을 쳐다볼 수가 없습니다."

예수께서 그에게로 가셔서 그의 머리를 만지시며 시몬의 마리아에게 벌써 하신 것과 같은 말씀을 하신다. "그들의 친척의 의무를 다한 친척들은 그들의 죄에 대하여 책임이 있다고 생각할 필요가 없습니다. 용기를 내세요. 영감님! 하느님은 공정하십니다. 영감님과 이 집에 평화가 있기를 바랍니다. 나는 여기 왔습니다만 영감님은 내가 보내는 곳으로 가십시오. 보충 과월절을 지내기 위해 제자들이 베다니아에 갈 것입니다. 그들에게 가서, 주님이 돌아가신 지 열 이틀째 되는 날에 가리옷에서 참다운 육체와 영혼과 천주성으로 살아 계신 주님을 보았다고 말씀하세요. 내가 그들과 벌써 같이 많이 있었으니까 영감님의 말을 믿을 것입니다. 이렇게 하면 내가 같은 날 여러 곳에 있다는 것을 알고 내 천주성에 대한 그들의 믿음이 굳어질 것입니다. 그리고 이보다도 먼저 오늘 당장 가리옷에 가서 회당장에게 사람들을 모아 달라고 하여, 내가 여기 왔다는 것을 모든 사람 앞에서 말하고, 내가 한 작별 인사의 말을 기억하라고 말씀하세요. 그 사람들은 틀림없이 그분이 왜 우리에게는 안 오셨소?' 하고 말할 것입니다. 그러면 이렇게 대답하세요. '주님은 나더러 여러분에게 이렇게 말하라고 하셨소. 즉 만일 당신들이 죄가 없는 어머니에 대해서 주님께서 하라고 말씀하신 대로 했더라면 나타나셨을 것입니다. 그런데 당신들은 사랑을 어겼습니다. 이 때문에 주님이 나타나지 않으셨습니다' 하고. 그렇게 하시겠습니까?"

"주님, 그것은 어려운 일입니다! 하기가 어렵습니다! 그 사람들은 저희 모두를 마음의 문둥병에 걸린 사람으로 생각합니다. …회당장이 제 말을 듣지 않을 것입니다. 그리고 백성들은 제가 말을 하게 내버려두지 않을 것입니다. …그러나 주님께서 하라고 하시니 그렇게 하겠습니다." 작은 노인은 고개를 들지 않는다. 그는 깊이 꿇어 엎드린 채 몸을 숙이고 말한다.

"아나니아, 나를 보시오!"

그는 숭배의 정으로 사뭇 떨리는 얼굴을 쳐든다.

예수께서는 다볼산에서처럼 빛나고 아름다우시다. …빛이 예수를 감싸서 그분의 모습과 미소를 가린다. …그리고 예수께서 지나가시라고 아무 문도 움직이지 않았는데, 복도에는 예수의 모습이 보이지 않는다.

두 사람은 하느님의 나타나심으로 순전히 숭배하는 사람이 되어, 경배하고 또 경배한다.

Ⅲ. 유다에서

사라의 집 과수원. 아이들이 잎이 우거진 나무 아래서 놀고 있다. 제일 작은 아이는 잎이 우거진 포도나무가 빽빽이 늘어선 곁의 풀밭에서 딩굴고 더 큰 다른 아이들은 명랑한 제비 같은 소리를 지르면서 쫓고 쫓기고 하면서 울타리와 포도나무 뒤에서 숨박꼭질을 하며 놀고 있다.

예수께서는 당신의 이름을 붙여 주신 꼬마 곁에 나타나셨다. 오! 죄없는 어린이들의 거룩한 순박함! 예사이는 예수님이 그곳에 불쑥 나타나신 것을 보고 조금도 놀라지 않고, 예수님더러 안아 달라고 작은 팔을 예수께 내밀자, 예수께서는 예사이를 안으신다. 이 일이 지극히 자연스럽게 행하여진다. 다른 아이들도 뛰어 와서 ─ 다시 한 번, 어린이들의 복된 순박함! ─ 놀라지 않고, 좋아서 예수께로 가까이 간다. 그들에게는 아무 것도 변한 것이 없는 것 같다. 어쩌면 그들은 모르고 있는 지도 알 수 없다. 그러나 예수께서 하나씩 쓰다듬어 주신 다음에, 제일 크고 제일 분별있는 마리아가 말한다. "주님, 그럼 이젠 부활하셨으니까 아프지 않아요? 많이 아팠지요!…"

"이젠 아프지 않다. 내가 하늘에 계신 너희들의 아버지께 올라가기 전에 너희들에게 강복하려고 왔다. 그렇지만 너희들이 항상 착한 대로 있으면 하늘에서도 늘 너희들에게 강복하겠다. 내가 오늘 내 강복을 너희들에게 남겨 주었다고 나를 사랑하는 사람들에게 말하고 이 날을 기억해라."

"주님, 우리 집엔 안 가세요? 엄마가 있는데. 우릴 믿지 않을 거예요" 하고 마리아가 또 말한다.

그러나 그의 남동생은 묻지 않고 큰 소리로 외친다. "엄마, 엄마! 주님이 여기 오셨어!…" 하며 집으로 뛰어 간다. 그는 되풀이해서 이렇게 외친다.

사라가 달려 와서 모습을 나타낸다. …과수원 경계에서 지극히 아름다우신 예수께서 빛 가운데로 휩쓸려 사라지시는 것을 볼 수 있을 만큼 때 맞추어…

"오, 주님! 아니, 너희들 왜 나를 일찍 부르지 않았어?…" 하고 사라가 말을 할 수 있게 되자마자 말한다. "그런데 언제, 어디서 오셨니? 혼자 오셨니? 너희들 정말 바보로구나!"

"우린 주님을 여기서 보았어. 조금 전에는 없었어. …길에서도 오지 않구, 정원에서두 오지 않았어. 주님은 예사이를 안고 있었어. …그리구 우리한테 강복하려구, 또 유다에서 주님을 사랑하는 사람들에게 강복을 주려구 왔다구 말하면서 우리보구 이 날을 기억하라구 했어. 그리구 이제 하늘에 가신대. 그렇지만 우리가 착하면 우리를 사랑한다구 했어. 아이구, 정말 아름다웠어! 손에 상처가 있었는데, 이젠 아프지도 않대. 발에두 상처가 있었어. 난 풀을 밟구 있는 발을 봤어. 이 꽃이 바루 한 발의 상처에 닿았었어. 난 이 꽃, 꺾는다…" 아이들은 몹시 흥분해 모두 함께 말한다.

사라는 그들을 쓰다듬으며 중얼거린다. "하느님은 위대하시다! 가자, 이리 오너라. 가서 모든 사람에게 이 말을 하자. 죄없는 너희들이 말해라. 너희들은 하느님에 대해서 말할 수 있다."

Ⅳ. 뻴라에서 젊은 아이아에게

젊은 사람이 짐수레 곁에서 열심으로 일하고 있다. 그는 옆에 있는 채소밭에서 거둔 야채를 짐수레에 싣고 있다. 나귀는 시골길의 단단한 땅을 발굽으로 구르고 있다.

상치 한 바구니를 집으려고 돌아서다가 그는 미소를 보내시는 예수를 본다. 그는 바구니를 땅에 떨어뜨리고 무릎을 꿇고 눈을 비비며 그가 보는 것을 믿지 못하며 중얼거린다. "지극히 높으신 하느님, 저를 환상에 빠지지 말게 하십시오! 주님, 매력적인 거짓 외관으로 사탄에 속게 허락하지 마십시오. 제 주님은 돌아가셨습니다. 그리고 묻히셨습니다. 그런데 지금 저 사람들은 시신을 훔쳐 갔다고들 말합니다. 지극히 높으신 주님, 불쌍히 여겨 주십시오! 진리를 보여 주십시오."

"야이아, 내가 진리네. 나는 세상의 빛이네. 나를 쳐다보게. 나를 보게. 그러라고 자네의 눈이 보이도록 해준 걸세. 자네가 내 능력과 내 부활을 증언할 수 있으라고."

"아이고! 정말 주님이시군요! 주님이셔요! 그렇습니다. 바로 예수님이십니다!"

"자네가 나를 보고 말을 했다고, 내가 정말 살아 있다고 말하게. 자네에게 평화와 내 강복을 주네."

야이아는 기뻐하며 혼자 있다. 그는 짐수레와 야채를 잊어버렸다. 나귀가 기다리는 것 때문에 흥분해서 항의하느라고 길을 구르고 울부짖고 하지만 소용이 없다. …야이아는 황홀해 있다.

한 여인이 채소밭 곁에 있는 집에서 나와, 젊은이가 흥분으로 창백해지고 정신나간 얼굴로 거기 있는 것을 본다. 그 여자는 "야이아! 무슨 일이야? 무슨 일이 있었어?" 하고 외치며 달려와 그를 흔들어 정신이 들게 한다….

"주님! 부활하신 주님을 보았어요. 주님의 발에 입맞춤하고 상처를 보았습니다. 그 사람들이 거짓말했어요. 그분은 정말 하느님이셨고 부활하셨습니다. 저는 그게 속임수가 아닌가 하고 걱정했었습니다. 그렇지만 주님이십니다! 주님이셔요!"

여인은 흥분으로 몸을 떨고 몸서리를 치면서 중얼거린다. "자네 정말 자신이 있나?"

"아주머니는 착하십니다. 주님께 대한 사랑으로 제 어머니와 저를 하인으로 쓰셨습니다. 믿기를 거부하지 마십시오!…"

"자네가 확실하다면 믿겠네. 그렇지만 정말 육체를 가지고 계시던가? 따뜻하시던가? 숨을 쉬시고 말씀을 하시던가? 정말 목소리를 가지고 계시던가, 그렇지 않으면 그렇게 생각되었는가?"

"확실합니다. 산 사람과 같이 따뜻한 육체였고, 진짜 목소리였고, 호흡이었습니다. 하느님처럼 아름다우시면서 아주머니와 저같은 사람이셨습니다. 자, 가서 고통받는 사람들이나 의심하는 사람들에게 이 말을 합시다."

V. 노베의 요한의 집에

노인이 혼자 집안에 있다. 그러나 차분하다. 그는 한쪽에 못이 빠진 일종의 의자를 고치고 있다. 그러면서 무슨 꿈 생각을 하고 그러는지 빙그레 웃는다.

문두드리는 소리가 들린다. 노인은 하던 일을 멈추지 않고 말한다. "들어오시오. 오는 사람이 누군지, 무슨 일이오? 또 그 사람들 중의 한 사람이오? 나는 늙어서 변하지 않아요! 세상 사람이 모두 '그 사람은 죽었어' 하고 외친다 해도 나는 '그분은 살아계시다'고 말하겠소. 그 말을 한 탓으로 죽어야 한다 하더라도. 들어오라니까요!"

노인은 누가 문을 두드리면서 들어오지 않는지 문에 가서 보려고 일어난다. 그러나 그가 문 아주 가까이에 갔을 때 문이 열리면서 예수께서 들어오신다.

"오! 오! 아이고! 주님! 살아 계신 주님! 저는 믿었습니다! 그래서 주님이

제 믿음을 갚아 주시려고 오시는군요! 찬미받으십시오! 저는 의심하지 않았습니다. 저는 고통 중에서 이렇게 말했습니다. '주님이 기쁨의 잔치를 하라고 어린 양을 보내셨으니, 그 날 주님이 부활하시리라는 표다' 하고, 그때 저는 모든 것을 이해했습니다. 주님이 돌아가시고 땅이 흔들렸을 때 제가 아직 알아듣지 못했던 것을 알아들었습니다. 그리고 저는 노베에서 미치광이로 보였습니다. 안식일 다음날 해가 지자, 저는 잔치를 준비하고 거지들을 청하러 가서 '우리 친구분이 부활하셨어' 하고 말했기 때문입니다. 벌써 사람들은 그것이 참말이 아니라고, 주님의 시신을 밤에 훔쳐 갔다고 말하고 있었습니다. 그렇지만 저는 그 사람들의 말을 믿지 않았습니다. 그것은 주님이 돌아가신 때부터 주님은 부활하시려고 돌아가시는 것이라고, 또 그것은 요나의 표라는 것을 깨달았기 때문이었습니다."

예수께서는 미소지으시면서 노인이 말하게 내버려 두신다. 그러다가 이렇게 물으신다. "그러면 할아버지는 세상을 떠나기를 원하십니까, 그렇지 않으면 내 영광을 증언하기 위해 세상에 남아 있기를 원하십니까?"

"주님께서 원하시는 대로요!"

"아니오. 할아버지가 원하시는 대로요." 노인은 곰곰히 생각하더니 결정을 한다.

"주님이 그전처럼 계시지 않는 이 세상을 떠나는 것은 기분좋은 일일 것입니다. 그러나 저는 믿지 않는 사람들에게 '나는 주님을 보았소' 하고 말하기 위해 하늘나라의 평화를 포기하겠습니다."

예수께서는 그에게 강복하시려고 손을 그의 머리에 얹으시고 덧붙이신다. "그러나 멀지 않아 평화로 올 것이고, 할아버지는 그리스도의 증거자라는 칭호를 가지고 내게로 올 것입니다."

그리고 예수께서는 떠나신다. 여기서는 아마 나이많은 노인에 대한 동정으로 그렇게 하셨겠지만, 당신이 나타나시고 사라지시는 것을 놀라운 형태로 하지 않으시고, 어떤 집에 인간적으로 들어가고 나가고 하시던 옛날의 예수이신 것처럼 행동하신다.

Ⅵ. 아베스 갈라앗의 혼자 사는 마티아의 집에

노인은 채소를 돌보는 일을 하면서 혼잣말을 한다. "이 모든 재산이 주님을 위해서인데 그렇지만 주님은 이제 이것을 결코 맛보지 못하시겠지. 나는 헛일을 했어. 나는 그분이 하느님의 아들이시고, 돌아가셨다가 부활하신 것을 믿는다. 그러나 이제는 가난한 사람이나 부자의 식탁에 앉으셔서 똑같은 사랑으로, 또 아마 부자보다는 틀림없이 더 많은 사랑을 가지고 가난한 사람과 같이 음식을 들기까지 하신 선생님이 아니셔. 이제는 부활하신 주님이셔. 주님은 우리 충실한 사람들의 믿음을 굳게 하시려고 부활하셨다. 그런데 저 사람들 그것이 사실이 아니라고, 아무도 자기 힘으로 부활한 사람은 절대로 없었다고 말하고 있어. 아무도. 부활하지 못했다. 어떤 누구도. 그러나 주님은 부활하셨어. 주님은 하느님이시니까."

그는 새로 괭이로 파서 씨를 뿌린 땅에서 씨앗들을 쪼아 가려고 내려오는 그의 비둘기들을 손바닥을 두드려서 쫓으며 말한다. "이제는 너희들이 새끼를 까도 소용없다! 이제는 주님이 맛보지 못하실 거니까! 또 너희 벌들도 쓸 데 없다! 너희들이 누구를 위해 꿀을 만드니? 나는 전보다 덜 가난한 지금 적어도 한 번 주님을 모시기를 바랐었는데. 주님이 오신 뒤로는 이곳의 모든 일이 순조롭게 되었다. …아! 그러나 내가 손을 대지 않은 이 돈을 가지고 나자렛의 주님의 어머니께로 가서 이렇게 말씀드릴 테다. '저를 하인으로 써 주십시오. 어머니 계신 곳에 제가 있게 해 주십시오. 어머니도 주님이시니까요'… 하고." 노인은 손등으로 눈물 한 방울을 닦는다.

"마티아, 길손에게 줄 빵이 있습니까?"

마티아는 고개를 든다. 그러나 무릎을 꿇고 앉아 있으므로 그의 작은 소유지에 둘러친 높은 울타리 뒤에서 말하는 사람이 보이지 않는다. 그의 작은 소유지는 요르단강 건너에 있는 이곳의 인가 없는 푸른 들판에 파묻혀 있다. 그러나 그는 대답한다. "누구든지 주 예수의 이름으로 오시오." 그러면서 창살문을 열려고 일어난다.

그는 예수와 마주친다. 그래서 빗장에 손을 댄 채 손 하나 까딱 하지 못하고 그대로 서 있다.

"마티아, 나를 손님으로 맞이하기를 원치 않습니까? 나를 한 번 맞아들였었지요. 그러면서 이제는 그렇게 할 수 없게 되었다고 한탄했지요. 그런데 내가 여기 왔는데도 문을 열어 주지 않습니까?" 하고 예수께서는 미소지으시면서 말씀하신다.

"아이고! 주님… 저는… 저는… 저는 주님께서 여기 들어오시기에 어울리는 사람이 아닙니다. …저는…"

예수께서는 격자문 위로 손을 넘겨서 빗장을 벗기시며 말씀하신다. "마티아, 주님은 들어가고 싶은 곳에는 어디든지 들어갑니다." 예수께서는 들어오셔서 보잘 것 없는 정원으로 깊숙히 들어오시고 집으로 가시어 문지방에서 말씀하신다. "그러니 영감님의 비둘기 새끼들을 희생시키고, 땅에서 야채를 뽑고, 벌에게서 꿀을 빼앗아 오시오. 식사를 같이 합시다. 그러면 영감님의 일이 헛일이 안 될 것이고, 소원이 헛되지도 않을 것입니다. 그리고 멀지 않아 정적과 버림받음이 있는 곳에 가지 않아도 이곳이 영감님에게 소중한 곳이 될 것입니다. 마티아, 나는 어디에나 있어요. 그리고 나를 사랑하는 사람은 항상 나와 같이 있어요. 내 제자들이 예루살렘에 갈 것입니다. 거기에 내 교회가 태어날 것입니다. 그 곳에서 보충 과월절을 지낼 수 있도록 하시오."

"주님, 저를 용서해 주십시오. 그러나 저는 그곳에 그대로 있지를 못하고 도망쳤습니다. 저는 과월절 전날 오후 세 시에 그곳에 도착했고, 다음날… 오! 저는 주님이 돌아가시는 것을 보지 않으려고 도망쳤습니다. 주님, 순전히 그 때문이었습니다."

"나도 압니다. 그리고 내 무덤에서 울려고 제일 먼저 돌아온 사람들 중의 한 사람이라는 것도 압니다. 그러나 나는 이미 그곳에 있지 않았어요. 나는 무엇이든지 다 압니다. 자, 나는 여기 앉아서 쉽니다. 나는 늘 여기서 쉬었지요. 그리고 천사들도 이것을 압니다."

그는 다시 일하기 시작한다. 그러나 그의 몸 움직임이 어떻게나 경건한지 성당 안에서 움직이는 것 같다. 작은 비둘기들을 잡아 죽여서 마련을 하고, 불을 피우고, 야채를 뜯어서 씻고, 빨리 익는 무화과를 쟁반에 담고, 제일 좋은 식기로 식탁을 차리느라고 왔다갔다 하는 동안, 그는 가끔 그의 미소 속에서도 흘러내리는 눈물을 닦는다. 그런데 모든 것이 준비되었을 때 어떻게 앉아서 먹을 수가 있는가? 그는 시중들기를 원하며, 그에게는 이것도 벌써 대단한 일이기에 다른 것은 아무 것도 바라지 않는다. 그러나 음식을 바치고 축복하신 예수께서는 당신이 자르신 비둘기 반 마리의 고기를 소스에 담겼던 일종의 비스켓을 한 조각 얹어서 그에게 주신다.

"아이고! 귀염둥이에게처럼!" 하고 그는, 기쁨과 감동의 눈물을 흘리면서 먹으며, 눈은 음식을 드시는 예수를 떠나지 않는다. …예수께서는 포도주를 마시고, 야채와 과일과 꿀을 맛보시고, 포도주 한 모금을 드신 다음 노인에게 잔을 주신다. 예수께서 전에는 항상 물을 드셨다.

식사가 끝났다.

"나는 정말 살아 있어요. 영감님도 이것을 보고 몹시 기쁘지요. 내가 열이틀 전에 사람들의 뜻으로 죽었지만, 사람들의 뜻이 하느님의 뜻과 일치하지 않을 때에는 무가치하다는 것을 기억하시오. 그리고 사람들의 반대되는 뜻이 영원한 뜻의 노예 같은 도구가 되기까지 한다는 것도 기억하시오. 마티아, 안녕히 계세요. 내가 나그네였을 때, 그리고 이 나그네에 대해 아직 의심을 할 수도 있을 때, 내게 마실 것을 준 사람은 나와 같이 있을 것이라고 내가 말했으니, 나는 영감님에게 말합니다. 영감님은 내 하늘나라에서 한 몫 받을 것이라고."

"그렇지만 주님, 지금은 주님을 잃습니다!"

"모든 나그네를 나로 보시오 모든 거지를 나로 보고 몸이 성하지 못한 사람을 누구나 나로 보며, 빵과 물과 옷이 필요한 모든 사람을 나로 보시오. 나는 고통받는 어떤 사람에게나 있습니다. 그러므로 고통받는 사람에게 해주는 것은 내게 해주는 것입니다."

예수께서는 강복하시려고 팔을 벌리시고 사라지신다.

Ⅶ. 엔갓디의 아브라함의 집에

엔갓디의 광장은 살랑거리는 종려나무들이 다주식(多柱式) 신전 모양으로 늘어서 있고, 분수못은 4월의 하늘을 거울처럼 비추며, 비둘기들은 오르간의 낮은 음같이 속삭인다. 늙은 아브라함이 연장들을 어깨에 메고 광장을 지나간다. 한층 더 늙었지만, 심한 폭풍우 뒤에 고요함을 만난 사람과 같이 차분하다. 그는 시내의 마지막 부분도 지나서 샘물 근처에 있는 포도밭으로 간다. 벌써 풍성한 수확을 단단히 약속하는 아름답고 기름진 포도나무들이다. 그는 포도밭으로 들어가 김을 매고, 전지를 하고, 붙들어 매주기 시작한다. 그는 이따금씩 몸을 일으켜서 괭이에 의지하고 서서 생각에 잠긴다. 그는 숱이 많고 잘 생긴 수염을 가다듬으며, 한숨을 쉬고, 속으로 어떤 연설을 하면서 머리를 젓는다.

겉옷을 꼭 여민 한 남자가 샘물과 포도밭을 향하여 길을 올라온다. 나는 한 남자라고 말하였지만, 그분의 옷과 걸음걸이로 보아 예수님이시다. 그러나 노인이 보기에는 어떤 남자이다. 그런데 그 남자가 아브라함에게 "여기서 좀 쉬어도 되겠습니까?" 하고 말을 건다.

"환대는 신성한 것입니다. 나는 이것을 아무에게도 거절한 적이 없습니다. 오시오, 들어오세요. 내 포도나무 그늘에서 쉬는 것이 당신께 기분좋은 일이 되기를 바랍니다. 양젖을 드릴까요? 빵을 드릴까요? 여기 내가 갖고 있는 것은 다 드리겠습니다."

"그럼 저는 무엇을 드릴 수 있겠습니까? 저는 아무 것도 가진 것이 없는데."

"메시아이신 분이 내게 모든 것을 주셨고, 모든 사람을 위해 주셨습니다."

"그 사람들이 그분을 십자가에 못박은 것을 아십니까?"

"나는 그분이 부활하신 것을 압니다. 당신이 그분을 십자가에 못박은 사람 중의 한 사람입니까? 그분은 미워하는 것을 원치 않으시기 때문에 나는 당신을 미워할 수가 없습니다. 그러나 만일 내가 미워할 수가 있다면, 그리고 당신이 그런 사람이라면 당신을 미워할 것입니다."

"저는 그분을 십자가에 못박은 사람 중의 한 사람이 아닙니다. 안심하세요. 그러면 할아버지는 그분에 대해서 다 아시는군요."

"다 압니다. 그리고 엘리세오는… 내 아들이지요. 아시겠어요? 엘리세오는 예루살렘에 갔다가 돌아오지 않고 이런 말을 했습니다. '아버지, 저는 주님을 전파하려고 모든 재산을 버렸으니까 내보내 주세요. 저는 요한을 찾아 가파르나움으로 가서, 충실한 제자들과 결합하겠습니다' 하고."

"그럼 아드님이 할아버지를 버렸군요. 이렇게 연세가 많고 혼자 계신 분을?"

"당신이 버림이라고 부르는 것이 내게는 더할 나위 없는 기쁨입니다. 내가 문둥병 때문에 그 애를 잃지 않았었습니까? 그런데 누가 그 애를 내게 돌려 주었습니까? 메시아가 돌려 주셨습니다. 그리고 그 애가 주님을 전파하니까 혹 내가 그 애를 잃는 것입니까? 천만에요! 나는 영생에서 그 애를 또 다시 만납니다. 한데 당신은 내게 수상쩍은 생각이 들게 말하는군요. 성전의 밀정이 아닙니까? 부활하신 분을 믿는 사람들을 박해하려고 왔습니까? 치시오! 나는 도망치지 않습니다. 나는 옛날의 세 현자를 본받지는 않겠습니다. 나는 그대로 여기 있겠습니다. 만일 내가 그분을 위해서 쓰러지면, 하늘에 가서 그분이 계신 곳에 있게 되고, 그래서 작년에 내가 한 기도가 이루어질 테니까요."

"옳습니다. 할아버지는 그때 이렇게 말씀하셨지요. '나는 주님을 애타게 기다렸습니다. 그랬더니 주님께서 나를 돌아보셨습니다' 하고."

"그것을 어떻게 아십니까? 그분의 제자 중의 한 사람입니까? 내가 그분께 청할 때에 거기 있었습니까? 아이고! 그렇다면, 내 부르짖음을 그분께 가게 해서 그분이 그것을 기억하시게 하도록 나를 도와주시오." 그는 어떤 사도에게 말하는 것으로 생각하여 엎드린다.

"엔갓디의 아브라함, 나요, 그리고 '이리 오시오' 하고 말합니다." 예수께서는 이렇게 당신을 나타내시면서 팔을 벌리시고 그에게 당신 가슴으로 뛰어들어 몸을 맡기라고 권하신다.

그때에 포도밭으로 한 어린이가 젊은이 한 사람을 데리고 들어오면서 "아버지! 아버지! 저희들이 도와드리러 왔어요." 하고 외친다.

그러나 어린이의 외침소리는 노인의 힘찬 외침, "예! 갑니다!" 하는 진짜 해방의 외침소리 때문에 들리지 않는다. 그러면서 아브라함은 예수의 품 안으로 뛰어들면서 또 이렇게 외친다. "거룩하신 메시아이신 예수님! 주님 손에 제 영혼을 맡깁니다!"

지극히 행복한 죽음! 내가 부러워하는 죽음이다! 꽃이 핀 4월의 들판의 평화 속에서 그리스도의 품에 안겨….

예수께서는 포도나무들이 줄지어 늘어선 아래 산들바람에 물결치는 꽃핀 풀밭에 노인을 조용히 내려놓으시고, 놀라고 겁이 나서 울려고 하는 어린이들에게 말씀하신다. "울지들 말아라. 아버지는 주님 안에서 돌아가셨다. 주님 안에서 죽는 사람들은 참으로 행복하다! 애들아, 가서 엔갓디 사람들에게 회당장이 부활하신 분을 보고, 또 부활하신 분이 회당장의 기도를 들어 주셨다고 알려라! 울지들 말아라! 울지 말아!" 예수께서는 그들을 출입구까지 데려다주시며 그들을 쓰다듬으신다. 그런 다음 죽은 사람 곁으로 다시 오셔서 수염과 머리를 가다듬어 주시고, 반쯤 감긴 눈꺼풀을 내려쓸으시고, 팔다리를 제 자리에 가지런히 해 놓으시고, 아브라함이 일하기 위하여 벗어 놓았던 겉옷을 그의 위에 펴 놓으신다.

예수께서는 길에서 사람들 목소리가 들려올 때까지 그대로 계시다가 몸을 일으키신다. 빛나는 모습으로… 달려오는 사람들이 예수를 본다. 그들은 소리를 지르며, 예수 계신 곳으로 오려고 더 빨리 온다. 그러나 예수께서는 더 환한 태양빛의 광채 속으로 들어가셔서 그들의 눈에 보이지 않게 되신다.

Ⅷ. 가릿의 에세네파 사람 엘리야

거칠은 산 속의 쓸쓸한 정적. 그 산 아래에는 가릿 시내가 흐르고 있다. 엘리야는 기도를 드리고 있는데, 더 야위고 수염이 더 더부룩하며, 회색도 아니고 밤색도 아닌 꺼칠꺼칠한 모직옷을 입고 있어서 그를 둘러싸고 있는 바위들과 비슷해 보인다.

그는 바람이나 천둥 같은 소리를 듣고 고개를 든다. 밑에는 급류가 흐르고 있는 절벽 위에 불안정하게 매달려 있는 바위에 예수께서 나타나셨다.

"선생님!" 그는 땅에 엎드리며 얼굴을 땅바닥에 갖다댄다.

"엘리야, 나요. 당신은 안식일 전날 지진을 깨닫지 못했소?"

"저도 느꼈습니다. 그래서 예리고로 내려가 니까의 집에 갔습니다. 저는 선생님을 사랑하던 사람을 한 사람도 만나지 못했습니다. 선생님의 소식을 물었다가 매를 맞았습니다. 그런 다음 또 한 번 땅이 흔들리는 것을 느꼈습니다. 그러나 이번에는 더 가볍게 흔들렸습니다. 저는 하늘의 분노의 둑이 터진 것이라고 생각하고 보속을 하려고 이리로 돌아왔습니다."

"하느님의 자비의 둑이 터졌소. 나는 죽었다가 부활했소. 내 상처를 보시오. 다볼산에 가서 주님의 종들과 합류하시오. 그리고 내가 당신을 보냈다고 말하시오."

예수께서는 그에게 강복하시고 사라지신다.

Ⅸ. 필립보의 가이사리아에

도르카의 아이가 엄마의 부축을 받으며 요새의 능보(稜堡)에서 걸음마를 배우고 있다. 그리고 도르카는 몸을 구부리고 있어서 주님이 나타나시는 것을 보지 못한다. 그러나 어린 것을 좀 자유롭게 놓아두었다가 그 애가 자신있게 빨리 걸어서 능보 구석으로 가는 것을 보고는 어쩌면 넘어져서 돌출회랑(突出回廊), 즉 공격용 무기를 위하여 일부러 만들어 놓은 통로로 빠져서 죽을지도 모르므로 그것을 막기 위해 달려가려고 몸을 일으킨다. 그렇게 하다가 그 여자는 아이를 안고 입맞춤을 하시는 예수를 본다. 여인은 감히 몸을 조금도 움직이지를 못하고, 다만 소리를 지른다. "주님! 주님이! 메시아께서 여기 오셨어요. 주님은 정말 부활하셨어요" 하고 외치는 소리에 마당에 있던 사람들은 머리를 들고, 집안에 있던 사람들은 창문으로 얼굴을 내민다. 그러나 사람들이 달려오기 전에 예수께서는 이미 사라지셨다.

"당신 미쳤어! 꿈을 꾼 거야! 빛의 조화로 환상을 본 거야."

"아이고! 주님은 분명히 살아 계셨어요! 내 아들을 보세요. 얼마나 저쪽을 바라보고 있나, 그리고 제 얼굴처럼 아름다운 사과를 손에 들고 있는 걸 보세요. 그 작은 이빨로 사과를 갉아 먹으면서 웃고 있어요. 난 사과가 없어요…."

"요새는 저렇게 싱싱하게 익은 사과를 가진 사람이 아무도 없어요…" 하고 그 사람들은 말하며 흥분해 있다.

"토비아에게 물어봅시다" 하고 여자 몇 사람이 말한다.

"그래서 어쩌겠다는 거예요? 엄마 소리나 겨우 할 줄 아는데!" 하고 말하며 남자들이 여자들을 비웃는다.

그러나 여자들은 꼬마에게로 몸을 구부리고 "누가 사과를 줬니?" 하고 말한다.

그런데 겨우 가장 기초적인 말이나 몇 마디 할 줄 아는 입이 그 조그만 이빨과 아직 꽉 차지 않은 잇몸으로 활짝 웃으면서 자신있게 "예수가" 하고 말한다.

"오!"

"이봐요! 당신들은 이애를 예사이라고 부르지요! 이 애가 제 이름이야 말할 줄 아는 거지요."

"너 예수를 말하는 거냐, 주 예수를 말하는 거냐? 어떤 주님을 말하는 거냐? 너 어디서 예수를 봤니?" 하고 여자들이 질문을 퍼붓는다.

"여기서 주님을, 예수 주님."

"지금 어디 있니? 어디로 갔니?"

"저기." 어린 아이는 해가 쨍쨍 내리쬐는 하늘을 가리키며 좋아서 웃는다. 그리고 사과를 깨문다.

그리고 남자들이 머리를 흔들면서 가는 동안 도르카는 여인들에게 말한다. "주님은 아름다우셨어요. 빛을 입고 계신 것 같았어요. 그리고 손에는 그렇게 환한 흰 빛깔 가운데 보석처럼 빨간 못자국이 있었어요. 주님이 아이를 이렇게 안고 계셨기 때문에 나는 잘 봤어요." 그러면서 예수의 몸짓을 해 보인다.

관리인이 달려와서 이야기를 다시 하게 해서 듣고 곰곰히 생각하더니 결론을 내린다. "시편에 이런 말씀이 있지요. '어린 아이들과 젖먹이의 입에 완전한 찬미를 두셨나이다.' 그런데 왜 진리를 놓아두시지는 못하겠습니까? 아이들은 죄가 없습니다. 그런데 우리는… 오늘을 기억합시다. …아니! 나는 제자들이 있는 마을로 가서, 선생님이 거기 계신 지 보겠어요. …그렇지만… 주님은 돌아가셨는데… 그러나!…"

그리고 이 "그러나!" 라는 소리를 하고 결론은 속으로 내리면서 관리인은 간다. 그동안 여인들은 흥분하여 어린 아이에게 계속 질문을 퍼붓는다. 꼬마는 웃으면서 되풀이한다. "예수가 여기, 그리고 여기, 예수 주님." 그러면서 예수께서 계셨던 곳을 가리키고, 그 다음에는 예수께서 사라지시는 것을 본 해를 가리키면서 좋아하고 또 좋아한다.

X. 게데스에

게데스의 사람들이 회당에 모여서, 회당장인 나이많은 마티아와 최근에 있었던 일들에 대하여 토론한다. 문들이 닫혀 있고 창문에는 커어튼이 드리워져 있기 때문에 회당 안은 꽤 어두운 편이다. 커어튼은 무거워서 사월의 바람에 잘 흔들리지 않는다.

번갯불에 방이 환해진다. 번갯불 같지만 사실은 예수를 앞서 나타나는 빛이다. 그리고 예수께서 나타나셔서 많은 사람이 몹시 놀란다. 예수께서 팔을 벌리시는데 손에 상처가 분명히 나타나고, 또 닫힌 문으로 가는 데 있는 세 단중의 마지막 단 위에 나타나셨기 때문에 발에도 상처가 분명히 보인다. 예수께서는 말씀하신다. "나는 부활했습니다. 율법학자들과 나 사이에 있었던 토론을 여러분에게 상기시킵니다. 이 고약한 세대에 내가 약속했던 표, 즉 요나의 표를 주었습니다. 나를 사랑하고 내게 충실한 사람에게 나는 강복을 줍니다." 그이상 아무것도 없다. 예수께서는 사라지셨다.

"하지만 선생님이셨어! 어디서 오셨을까? 그렇지만 살아 계셨어! 선생님은 그렇게 말씀하셨었지! 자, 봐! 이제 나는 알아들었어. 요나의 표, 즉 땅 속에 사흘 동안 계시다가 부활하신 것…."

이러쿵 저러쿵 논평의 소리가 요란하다….

XI. 지스칼라에

악의있는 유다교 교사 한떼가 망설이고 있는 몇 사람에게 그들의 청을 듣게 하려고 애쓴다. 교사들은 이 사람들에게서 집에 틀어박혀서 아무도 만나려 하지 않는 가믈리엘의 집에 가겠다는 승낙을 얻어내려고 하는 것이다.

이 사람들은 말한다. "그분은 여기 안 계시다니까요. 어디 계신 지도 모릅니다. 그분이 여기 오셔서 두루마리를 참고하시고는 가셨습니다. 한 마디 말도 없었습니다. 어떻게나 마음이 뒤흔들리고 늙으셨는지 무서웠습니다" 하고 다른 사람들이 대꾸한다.

교사들은 그렇게 말하는 사람들에게 마지 못해 등을 돌리고 가면서 말한다. "가믈리엘도 시몬처럼 미쳤어! 갈릴래아 사람이 부활했다는 건 참말이 아니야! 진실이 아니야. 정말이 아니야! 그가 하느님이라는 것도 참말이 아니야. 참말이 아니야. 아무 것도 참말이 아니야. 우리만이 진리를 가지고 있어." 극도의 불안을 가지고 그것이 참말이 아니라고 말하는 것 자체가 그것이 참말이 아닐까 하는 그들의 두려움과 안심을 할 그들의 필요를 나타낸다.

그들은 그 집의 담을 끼고 가서 이제는 힐렐의 무덤 옆에 와 있다. 여전히 그들의 부인(否認)을 떠들어대면서 그들은 얼굴을 쳐든다. …그러다 비명을 지르면서 도망친다. 착한 사람들과는 지극히 인자하신 예수께서 그곳에 계신데, 무서운 능력을 가지신 분으로, 십자가에 달리셨을 때처럼 팔을 벌리고 계시다. 상처는 피가 스며나오는 것처럼 빨갛다. 아무 말씀도 안하신다. 그러나 그분의 눈초리는 쏘는 것 같다.

교사들은 도망치다가 넘어지고, 다시 일어나고, 나무와 돌에 부딪혀 다치고, 미치광이 같다. 무서워서 미친 사람들 같다. 그들은 그들이 죽인 사람 앞에 다시 끌려온 살인자들 같다.

XII. 보즈라의 요아킴과 마리아의 집

"마리아! 마리아! 요아킴과 마리아! 밖으로 나오시오!"

등을 켜 놓은 조용한 방에서 한 사람은 바느질을 하고, 한 사람은 계산을 하고 있던 두 사람은 고개를 들고 서로 바라본다. …요아킴은 겁에 질려 파랗게 된 얼굴로 속삭인다. "선생님의 목소리야! 저 세상에서 오셨어. …" 아내는 겁이 나서 남편에게 꼭 달라붙는다. 그러나 부르는 소리는 되풀이 된다. 그래서 두 사람은 서로 용기를 주기 위하여 꼭 붙어서 감히 밖으로 나가 목소리가 들려오는 쪽으로 간다.

낫같은 초생달이 비추고 있는 정원에는 예수께서 달 여러 개보다도 더 강한 빛으로 빛나고 계시다. 빛이 예수를 둘러싸고 있어 하느님처럼 보이게 한다. 지극히 상냥한 웃음과 다정스러운 눈길은 예수를 사람으로 보이게 한다. "보즈라의 사람들에게 가서 실제로 살아 있는 나를 보았다고 말하시오. 그리고 요아킴 당신은 다볼산에 가서, 거기 온 사람들에게 이 말을 하시오." 예수께서는 그들에게 강복하시고, 사라지신다.

"그렇지만 선생님이셨어! 꿈이 아니었어! 나는… 내일 갈릴래아에 가겠어. 선생님은 다볼산에 가라고 말씀하셨지?…"

XIII. 에브라임의 야곱의 마리아 집에

여인은 빵을 만들려고 밀가루 반죽을 하고 있다. 여인은 자기를 부르는 소리를 듣고 몸을 돌리다가 예수를 본다. 여인은 얼굴을 땅바닥에 대고, 손은 땅을 짚고, 약간 무서워하며 말없이 흠숭하는 태도를 취하고 있다.

예수께서 말씀하신다. "당신이 나를 보았고 내가 당신에게 말을 했다고 모든 사람에게 말하시오. 주님은 무덤에 굴복해 있지 않아요. 나는 약속한 대로 사흗날에 부활했어요. 내 길을 따르고 있는 당신들은 끝까지 꾸준하시오. 그리고 나를 십자가에 못박은 사람들의 말에 매혹되지 마시오. 당신에게 내 평화를 줍니다."

XIV. 안티오키아의 신디카의 집에

신디카는 여행 보따리를 꾸리고 있다. 옷을 개키고 있는 여인 곁에 있는 탁자 위의 작은 등불이 그리 밝지 못한 빛을 내며 흔들리고 있는 것을 보면 지금은 밤이다.

방이 환하게 밝아지니, 신디카는 일어나는 일을 보고 놀라서, 사방이 막혀 있는 이 방에 저렇게도 환한 빛이 어디서 오나 하고 머리를 든다. 그러나 그 여자가 보기 전에 예수께서 앞질러 말씀하신다. "나요, 무서워하지 마시오. 나는 그들의 믿음을 굳게 해 주려고 여러 사람에게 나타났소. 순종하는 충실한 제자인 당신에게도 나타나는 것이오. … 나는 부활했소. 알겠소? 나는 이제 고통을 느끼지 않아요. 왜 울어요?"

여자는 영광스럽게 되신 분의 아름다움 앞에서 말을 잃었다. … 예수께서는 그를 격려하기 위하여 미소를 보이시며 덧붙이신다. "나는 당신을 가이사리아 근처 길에서 맞이했던 바로 그 예수요. 그때는 벌벌 떨면서도, 그리고 내가 모르는 남자인데도 말을 할 줄 알았는데, 지금은 내게 말을 한 마디도 할 줄 모르오?"

"주님! 저는 길을 떠나려던 중입니다. … 제 마음에서 이 많은 불안과 고통을 없애려고요."

"고통은 왜? 내가 부활했다는 말을 못 들었소?"

"그 말도 들었고, 그렇지 않다고 부인하는 말도 들었습니다. 그러나 저는 이 모순으로 마음이 흔들리지 않았습니다. 저는 주님이 무덤 속에서 썩으실 수가 없다는 것을 알고 있었습니다. 저는 주님이 고통을 당하고 돌아가신 것을 슬퍼했습니다. 그러나 사람들이 그 말을 하기 전에 주님의 부활을 믿었습니다. 그리고 다른 사람들이 와서 그것이 사실이 아니라고 말했을 때도 계속 믿었습니다. 그렇지만 저는 갈릴래아에 가려고 했습니다. 저는 이렇게 생각하고 있었습니다. '주님을 이제는 사람들이 해칠 수가 없다. 주님은 사람이시기보다는 더 하느님이시다.' 제가 말을 제대로 하는지 모르겠습니다…."

"당신 생각을 이해하오."

"그리고 저는 이렇게 말했습니다. '나는 주님께 경배하고 마리아 어머님을 뵙겠다. 저는 주님이 저희들 가운데 오래 머무르지 않으시리라고 생각해서 서둘러 길을 떠나려고 했습니다. 저는 이렇게 생각했습니다. 주님이 말씀하신 것처럼 아버지께로 돌아가시면, 주님의 어머니는 기쁨 중에서도 좀 슬프실 것이다. 어머님은 영혼이시지만 또한 어머니이기도 하시니까… 그러니 어머님이 혼자 계시는 지금은 위로해 드리도록 힘쓰겠다' 하고… 제가 주제넘었지요!"

"아니오. 그것은 동정이었소. 나는 당신의 생각을 어머니께 말씀드리겠소. 그러나 그리 가지 말고, 지금 있는 데 그대로 남아서 계속 나를 위해 일하시오. 당신의 형제들인 제자들이 내 가르침을 전파하기 위하여는 모든 사람의 일이 필요하오. 당신은 나를 보았소. 내 어머니는 요한에게 맡겼소. 조금도 걱정하지 마시오. 당신은 나를 보았다는 확신과 내 강복의 능력으로 당신의 정신을 튼튼하게 할 수 있을 거요."

신디카는 예수께 입맞춤하고 싶은 마음이 간절하지만 감히 그러지 못한다. 예수께서 그에게 "오시오" 하고 말씀하신다. 그러니까 그 여자는 무릎으로 기어서 감히 예수께 가까이 가서 발에 입맞춤하려고 한다. 그러나 두 상처를 보고는 감히 그러지 못한다. 그 여자는 예수의 옷자락을 잡고 울면서 입맞춤하고 속삭인다. "그 사람들이 주님께 무슨 짓을 했습니까!" 그런 다음 질문을 하나 한다. "그런데 요한 펠릭스는 어떻게 됐습니까?"

"그는 지금 행복하오. 그는 지금 사랑만을 기억하고 있고, 그 안에서 살고 있소. 신디카, 당신에게 평화 있기를." 그런 후 예수께서는 사라지신다.

여인은 경배의 행위를 계속하고 있다. 무릎을 꿇고, 얼굴을 쳐들고, 두 손은 좀 내밀고, 얼굴에는 눈물을 흘리고, 입에는 미소를 머금고….

XV. 레위파 사람 즈가리야의 집에

그 사람은 작은 방에 앉아 생각에 잠겨 있다. 한 손으로 머리를 괴고 있다. 레위파의 사람 즈가리야이다.

"의심을 하지 말게. 자네의 마음을 흔들어놓는 목소리들을 받아들이지 말게. 나는 진리요 생명이네. 나를 쳐다보고, 나를 만져보게."

젊은이는 처음 말에 얼굴을 들고 예수를 보았다. 그리고 무릎을 꿇으며 부르짖는다. "주님, 용서해 주십시오. 제가 죄를 지었습니다. 저는 주님의 진리에 대해 의심을 품었습니다."

"자네보다도 자네의 정신을 매혹하려고 애쓰는 사람들이 더 죄가 있네. 그들의 유혹에 넘어가지 말게. 나는 실제로 살아 있는 육체일세. 내 손의 무게와 체온과 단단함과 힘을 느껴 보게" 하시며 그의 아랫팔을 붙잡고 힘있게 그를 일으키시면서 말씀하신다. "일어나서 의심하지 말고 겁내지 말고 주님의 길로 걸어가게. 그리고 자네가 끝까지 꾸준하면 행복할 걸세."

예수께서는 그에게 강복하시고 사라지신다.

젊은이는 잠시 경탄으로 인하여 어리둥절하고 있다가 방 밖으로 튀어나오며 외친다. "어머니! 아버지! 저는 선생님을 뵈었습니다. 다른 사람들이 말하는 것은 사실이 아니었어요! 저는 미치지 않았었어요. 계속 거짓말을 믿지 마시고, 당신 종을 불쌍히 여기신 지극히 높으신 분을 저와 함께 찬미하세요. 저는 길을 떠납니다. 갈릴래아로 갑니다. 가서 제자들 몇 사람을 만나서 믿으라고 말할래요. 선생님은 정말 부활하셨다는 것을 말입니다."

그는 음식과 옷을 넣은 가방도 갖지 않고, 겉옷을 가지고, 부모들에게 어리둥절했던 정신을 차릴 여유도 주지 않고, 그를 말리기 위해 손을 쓸 여유도 주지 않고 뛰어서 간다.

XVI. 사론 평야의 어떤 여자에게

바닷가의 길인데, 아마 가이사리아에서 욥베로 가는 길인 것 같다. 그렇지 않으면 다른 길인지도 모르겠다. 내가 아는 것은 안쪽으로는 평야가 보이고, 바깥쪽으로는 해안의 누르스름한 선을 지나서 아주 새파란 바다가 보인다는 것이다. 길은 로마인들이 만든 간선도로인 것이 틀림없다. 그것은 돌을 깔아 포장한 것으로 증명된다.

한 여인이 울면서 맑은 아침의 이른 시간에 이 길을 걸어가고 있다. 날이 샌 지가 얼마 되지 않는다. 여인은 가끔 걸음을 멈추고 이정표(里程標)에나 길바닥에 앉는 것을 보면 대단히 피곤한 모양이다. 그러다가는 매우 피로한데도 불구하고 무엇이 걸음을 재촉하는 듯이 다시 일어나서 앞으로 나아간다.

겉옷을 뒤집어쓴 길손 모습의 예수께서 여인 곁으로 걸어가신다. 여인은 예수를 쳐다보지 않고, 자기 고통에 잠긴 채 걸어간다. 예수께서 여인에게 물으신다. "부인, 왜 우십니까? 어디서 오며, 어디로 이렇게 혼자서 가십니까?"

"예루살렘 제 집으로 돌아갑니다."

"멉니까?"

"욥베와 가이사리아 중간에 있습니다."
"걸어서요?"
"모딘 못미처 계곡에서 도둑들이 제 나귀와 나귀에 실었던 것을 모두 빼앗아 갔습니다."
"혼자 길을 가다니, 부인은 무모했습니다. 과월절에는 혼자 가는 것이 관습이 아닙니다."
"저는 과월절 때문에 간 것이 아닙니다. 저는 앓는 아이가 있기 때문에 — 그 애가 아직 살아 있기를 바랍니다만 — 집에 남아 있었습니다. 남편은 다른 사람들과 같이 갔었습니다. 저는 남편이 떠나는 것을 내버려두었습니다. 그리고 나흘 후에 떠났습니다. 제가 떠난 것은 '선생님이 틀림없이 과월절을 지내시려고 예루살렘에 가셨을 거다. 나는 선생님을 찾겠다' 하고 생각했기 때문입니다. 저는 조금 무서웠지만 이렇게 혼자 말했습니다. '나는 나쁜 짓을 하나도 하지 않는다. 하느님께서 보고 계시다. 나는 선생님이 인자하다는 것을 믿고 또 안다. 선생님은 나를 물리치지 않으실 거야. 왜냐하면…'" 그 여인은 겁에 질린 듯이 말을 중단하고 자기 옆에서 걸어가는 남자를 흘낏 쳐다본다. 그 남자는 하도 겉옷을 푹 뒤집어 써서 겨우 눈만 보일 뿐이다. 비할 데 없는 예수의 눈만이.
"왜 말을 안하십니까? 나를 무서워하는 거로군요. 내가 부인이 찾는 분의 원수라고 생각하십니까? 남편이 집에 없는 동안 부인의 집에 와서 아이의 병을 낫게 해달라고 나자렛 선생님에게 청하려고 그분을 찾았으니까요…."
"선생이 예언자라는 것을 알겠군요. 맞습니다. 그러나 제가 예루살렘에 도착했을 때는 선생님이 돌아가신 뒤였습니다." 그 여자는 눈물로 숨이 막힌다….
"선생님은 부활하셨습니다. 그걸 믿지 않으십니까?"
"저도 그걸 알고, 믿습니다. 그러나 저는… 그러나 저는… 며칠 동안 저도 그분을 보기를 바랐었습니다. …어떤 사람들에게는 나타나셨다는 말을 들었습니다. 그래서 저는 떠나는 것을 미루고 있었습니다. …하루하루가 제게는 고통이었습니다. 그것은 … 제 아이가 몹시 앓고 있으니까요. …제 마음은 두 갈래로 갈라져 있었습니다. …아이의 죽음을 위로하러 가느냐… 남아서 선생님을 찾느냐… 하고. 저는 선생님이 제 집에 오시기를 바라지는 못하고, 병나음을 약속해 주시기만을 바랐습니다."
"그러면 믿었겠습니까? 부인 생각에는 그렇게 멀리서도?…"
"저는 믿습니다. 오! 선생님이 '안심하고 가라. 네 아들은 나을 것이다' 하고 말씀하셨더라면 저는 의심치 않았을 것입니다. 그러나 저는 그것을 바랄 자격이 없습니다. 그것은…" 그 여자는 말하는 것을 자제하려고 그러는 것처럼 베일을 입에다 꼭 대고 운다.

"부인의 남편이 예수 그리스도를 고발하고 죽인 사람들 중의 한 사람이기 때문이지요. 그러나 예수 그리스도는 메시아이십니다. 하느님이십니다. 그리고 하느님은 정의로우십니다. 부인, 하느님께서는 죄있는 사람 때문에 죄없는 사람을 벌하지는 않으십니다. 하느님께서는 아버지가 죄인이라고 해서 어머니에게 큰 고통을 주지 않으십니다. 예수 그리스도는 살아 계신 자비이십니다…."

"아이고! 선생은 아마 그분의 사도들 중의 한 분이신 게로군요? 선생님이 어디 계신 지 혹 아십니까? 선생… 어쩌면 선생님께서 선생을 보내서 제게 이 말을 하게 하셨는지도 모르겠군요. 선생님께서 제 고통과 제 믿음을 느끼시고 보시고, 지극히 높으신 분께서 토비아에게 대천사 라파엘을 보내신 것처럼 선생을 제게 보내신 거로군요. 그렇다면 말씀해 주세요. 그러면 저는 열이 날 정도로 피로하지만, 주님을 찾으려고 뒤로 돌아가겠습니다."

"나는 사도가 아닙니다. 그러나 사도들은 주님이 부활하신 뒤에도 아직 여러 날 동안을 예루살렘에 남아 있었습니다…."

"그렇군요. 제가 사도들에게 물어볼 수 있었는데 그랬군요."

"물론이지요. 사도들은 선생님의 계승자들입니다."

"저는 그분들이 기적을 행할 수 있다고는 생각하지 않았습니다."

"그들은 또 기적을 행했습니다…."

"그러나 지금은… 저는 한 사람만이 충실하게 남아 있었다는 말을 들었습니다. 그래서 그렇게 생각하지 않았습니다…."

"그렇지 않습니다. 부인의 남편이 거짓 승리자의 망상 속에서 부인을 비웃느라고 그렇게 말했습니다. 그러나 나는 분명히 말하지만 사람은 누구나 다 죄를 지을 수 있습니다. 하느님만이 완전하시니까요. 그리고 사람은 뉘우칠 수가 있습니다. 또 사람이 뉘우치면 그의 힘이 커지고, 하느님께서는 그의 통회 때문에 은총을 더 많이 주십니다. 지극히 높으신 주님께서 다윗을 용서하지 않으셨습니까?"

"그런데 선생은 누구십니까? 사도가 아니시라면 누구시기에 그다지도 부드럽고 지혜롭게 말씀을 하십니까? 혹 천사가 아니십니까? 제 아이의 천사, 그애가 숨겨서 제 마음을 준비시키려고 오셨나보군요…."

예수께서는 머리와 얼굴에서 겉옷을 내리시고, 보통 길손의 보잘 것 없는 모습이던 분이 죽음에서 다시 돌아오신 사람이신 하느님의 위엄있는 모습으로 변하시며 친절하면서도 장중하게 말씀하신다. "나입니다. 사람들이 헛되이 십자가에 못박은 메시아입니다. 나는 부활이요 생명입니다. 부인, 가시오. 내가 부인의 믿음을 보상했기 때문에 부인의 아들이 살았습니다. 부인의 아들은 병이 나았습니다. 그것은 나자렛의 선생님은 그의 사명을 마쳤지마는, 임마누엘은 한

분이시고 세위이신 하느님께 대하여 믿음과 소망과 사랑을 가진 모든 사람을 위하여 세상마칠 때까지 그의 사명을 계속하기 때문입니다. 강생하신 하느님의 말씀은 한위이신데, 하느님의 사랑 때문에 사람들에게 생명을 주고 가르치고 고통을 당하며 죽으러 오기 위하여 하늘을 떠났던 것입니다. 부인, 평안히 가시오. 그리고 한 집안에서 내게 대한 미움이나 사랑으로 남편이 아내를 반대하고, 아버지가 자식들을 반대하고, 자식들이 아버지를 반대하는 때가 왔으니 믿음을 굳게 가지시오. 그러나 박해가 와도 내 곁을 떠나지 않는 사람들은 정말 행복할 것입니다."

예수께서는 여인에게 강복하시고 사라지신다.

XVII. 대(大)헤르몬산의 목자들에게

양떼들과 목자의 한 떼가 있다. 이들은 훌륭한 목초가 있는 산비탈에 머물러 있다. 목자들은 예루살렘에서 일어난 일들에 대한 이야기를 하고 있다. 그들은 서로 이렇게 말하며 몹시 슬퍼하고 있다. "우리는 이제 이 세상에서 목자들의 친구를 갖지 못하게 됐어" 하고. 그러면서 여기저기서 그분과 많이 만났던 기억을 되살린다…. "이제 다시는 맛보지 못할 만남들이었지" 하고 늙은 목자가 말한다.

예수께서는 오솔길을 보이지 않게 가리고 있는 낮은 덤불들이 큰 나무줄기들을 감싼 얽힌 작은 숲 뒤의 이곳에 발을 들여놓으시는 듯이 나타나신다. 목자들은 그 혼자 있는 사람을 예수로 알아보지 못하고 그렇게 흰 옷으로 몸을 감싸고 있는 그 사람을 보고 속삭인다. "누굴까? 에세네파 사람인가? 여기에? 부자 바리사이파 사람인가?" 그들은 어쩔 줄 모른다.

예수께서 그들에게 물으신다. "당신들은 왜 주님을 다시는 만나지 못할 것이라고 말합니까? 당신들이 지금 주님에 대해서 말을 하고 있는 거지요?"

"우리도 그것을 압니다. 그러나 선생은 그 사람들이 그분께 어떻게 했는지를 모르십니까? 지금은 그분이 부활하셨다고 말하는 사람들도 있고, 그렇지 않다고 말하는 사람들도 있습니다. 그렇지만 우리가 그렇게 믿는 것이 더 좋은 것처럼 그분이 부활하셨다 해도 이제는 떠나셨습니다. 어떻게 당신을 못박아 죽인 백성을 사랑하고 그들 가운데 머물러 계실 수 있겠습니까? 그래서 우리가 모두 그분을 알지는 못했어도 우리는 그분을 사랑은 했으니까 그분을 잃은 것을 슬퍼하는 것입니다."

"아직 그분을 모시는 방법이 한 가지 있습니다. 그분이 그것을 가르쳐 주셨어요."

"아이고! 그렇지요. 그분이 가르치신 대로 한다면 말이지요. 그러면 하늘 나라를 차지하고 그분과 같이 있게 되지요. 그렇지만 그전에 살다가 죽어야 합니다. 그런데 그분이 이제는 우리 가운데 계시면서 용기를 돋우어 주시지 못하게 됐단 말입니다." 그들은 머리를 내젓는다.

"이것 보시오, 그분의 가르침을 마음 속에 간직하면서 그분이 가르치신 것을 그대로 살아가는 사람들은 마음 속에 예수를 모시고 있는 것과 같습니다. 과연 말씀과 가르침은 똑같은 것입니다. 그분은 당신의 실제와 같지 않은 것을 가르칠 선생님은 아니셨습니다. 따라서 그분이 말씀하신 대로 하는 사람은 자기 안에 살아 계신 예수를 모시고 그분과 헤어지지 않습니다."

"선생은 말씀을 잘 하십니다. 그러나 우리는 보잘 것 없는 사람들이라… 기쁨을 느끼기 위해서 우리 눈으로 선생님을 보았으면 좋겠습니다. 나는 그분을 본 적이 없고, 내 아들도 그렇고, 이 사람 야곱도, 이 사람 멜키아도, 저 사람 야고보도, 사울도 못 보았습니다. 우리 중에 몇 사람이 그분을 보지 못했는지 아시겠지요. 우리는 늘 그분을 찾아갔어요. 그런데 우리가 도착하면, 그분은 떠나고 안 계시곤 했습니다."

"당신들은 그날 예루살렘에 안 갔었습니까?"

"아이고! 갔었지요! 그렇지만 그 사람들이 선생님께 무슨 짓을 하려 했는지를 알고는 미친 사람들처럼 도망쳐서 산으로 돌아와서 안식일이 지난 다음에 성도에 다시 가려고 했습니다. 우리는 시내에 없었으니까 그분이 피흘리신 데 대한 죄는 없습니다. 그러나 우리가 비겁하게 행동한 것은 잘못이었습니다. 적어도 그분을 보고 인사는 했을 텐데 말입니다. 틀림없이 그분은 우리의 구원을 위해 우리에게 강복하셨을 것입니다. …그렇지만 우리는 정말 고통을 당하시는 그분을 바라다 볼 용기가 없었습니다…."

"그분이 지금 당신들에게 강복합니다. 당신들이 그 얼굴을 보고 알기를 갈망하는 그분을 잘 보시오."

예수께서는 파란 풀밭 위에서 찬란하게 숭고한 모습으로 나타나신다.

몹시 놀라서 땅에 엎드리면서도 눈동자는 숭고한 얼굴에 고정시키고 있는 그들 앞에서 예수께서는 눈부신 빛 속으로 사라지신다.

XVIII. 시돈에서 소경으로 태어났던 어린이의 집에

어린이가 잎이 무성한 덩굴을 올린 정자 밑에서 혼자 놀고 있다. 어린아이는 저를 부르는 소리를 듣고 예수와 마주친다. 그러나 조금도 무서워하지 않고 이렇게 묻는다. "아니, 내 눈을 보게 한 선생님이지?" 그러면서 예수의 눈과 같이 파랗고 맑은 어린 눈으로, 빛나는 숭고한 눈을 뚫어지게 들여다 본다.

"얘야, 나다. 내가 무섭지 않느냐?" 예수께서는 어린아이의 머리를 쓰다듬어 주신다.
"무서우냐구? 아니. 그렇지만 아빠가 일찍 돌아와서 사람들이 선생님을 죽게 하려고 붙잡았기 때문에 도망해 왔다고 말했을 때 엄마하고 나하고 많이 울었어. 아빠는 과월절을 지내지 않았어. 그래서 과월절을 지내러 다시 가야 해. 그런데 선생님은 그때 죽지 않았어?"
"나는 죽었다. 이 상처들을 봐라. 십자가에 못박혀 죽었다. 그렇지만 다시 살아났다. 아빠한테 두번째 과월절 다음 얼마 동안 예루살렘에 그대로 있으라 하고, 벳파게의 올리브밭 근처에 머물러 있으라고 말해라. 그 곳에서 어떤 사람을 만날 것인데 그 사람이 아빠에게 무슨 일을 해야 할지 말해 줄 것이라고."
"아빠는 선생님을 찾으러 가려고 했어. 장막절 때에 아빠는 선생님한테 말을 못했대. 아빠는 선생님이 내 눈을 보게 해준 것 때문에 선생님을 사랑한다고 말하려고 했대. 그렇지만 그 때도 못했고, 지금도 못하게 됐어…."
"아빠는 나를 믿는 믿음으로 그렇게 할 것이다. 애야, 잘 있거라. 평화가 너와 네 집안에 있기를."

XIX. 죠가나의 농부들의 집에

죠가나의 밭들이 달빛의 세례를 받고 있다. 소리 하나 없이 고요하다. 숨막히는 밤하늘 밑에 늘어서 있는 초라한 농부의 집들. 숨이 막힐 지경인 밤이기 때문에 수용능력을 초과한 너무나 많은 육체가 포개어 있는 낮은 방에서 더위로 죽지 않으려면 적어도 문 하나는 열어놓아야 한다.
예수께서 방안으로 들어가신다. 바로 달이 그 복사 광선을 늘여, 흙을 다져 만든 바닥에 예수께서 지나가실 훌륭한 양탄자를 깔아 놓은 것 같다. 예수께서는 배를 깔고 피로로 인하여 깊은 잠을 자고 있는 한 사람에게로 몸을 숙이시고, 그를 부르신다. 다 른 사람에게로, 또 다른 사람에게로 건너가시며, 당신의 충실하고 가난한 친구들을 모두 부르신다. 예수께서는 날아 다니는 천사와 같이 가볍고 빠르게 지나가신다. 그리고 또 다른 누추한 집 여러 군데로 들어가신다. …그런 다음 밖으로 나오셔서 나무 몇 그루가 있는 곳에서 그들을 기다리신다. 농부들은 잠이 덜깬 채 그들의 누추한 집에서 나온다. 두 사람, 세 사람, 혼자서, 다섯 사람이 함께, 또 여자들도 몇 사람 있다. 그들은 모두에게 "사과밭으로 오시오" 하는 똑같은 말을 한 그들이 아는 목소리로 이렇게 불려 나왔다는 것에 어리둥절해 있다.
남자들은 그들의 초라한 옷을 마저 입으면서, 그리고 여자들은 많아늘인 머리를 매만지면서 모두 그리로 가며 조용히 말한다.
"내 생각에는 나자렛 예수님의 목소리 같았어."

"어쩌면 그분의 영인지도 모르지. 그사람들이 그분을 죽였어. 자네들 그말 들었나?"

"난 그걸 믿을 수가 없어. 그분은 하느님이셨어."

"그렇지만 요엘은 선생님이 십자가를 지고 가시는 걸 봤대…"

"나는 어제 관리인이 흥정하는 걸 기다리는 동안 그사람에게서 들은 말인데, 제자들이 예즈라엘로 지나가면서 그분이 정말 부활하셨다고 말했대."

"입닥쳐! 자네 주인이 뭐라고 말했는지 알지. 이렇게 말하는 사람은 채찍으로 맞을 거라고."

"죽일 지도 몰라. 그렇지만 이렇게 고통을 당하는 것보다는 차라리 그편이 더 낫지 않겠어?"

"그런데 이제는 선생님도 안 계시고!"

"선생님을 죽이는 데 성공한 지금 저 사람들은 한층 더 나빠졌어."

"저 사람들이 못되게 구는 건 선생님이 부활하셨기 때문이야."

그들은 지정된 지점으로 가면서 조용히 말한다.

"주님!" 하고 한 여자가 제일 먼저 무릎을 꿇으며 소리를 지른다.

"주님의 망령이야!" 하고 어떤 사람들은 부르짖고, 어떤 사람들은 무서워한다.

"나요, 두려워 마시오. 소리지르지 말고 앞으로 나아오시오. 정말, 나요. 나는 당신들의 믿음이 다른 사람들에게 공격당하는 것을 알고, 그것을 굳게 하려고 왔습니다. 당신들, 보이지요? 내 몸은 진짜 몸이기 때문에 그림자가 있어요. 당신들은 꿈꾸는 것이 아닙니다. 이것은 진짜 내 목소리입니다. 나는 당신들과 같이 식사를 하고 당신들에게 사랑을 주던, 같은 예수요. 지금도 나는 당신들에게 내 사랑을 줍니다. 나는 당신들에게 내 제자들을 보내겠습니다. 그런데 그것도 역시 나일 것입니다. 그것은 내 제자들도 내가 당신들에게 준 것을 줄 것이고, 또 나를 믿을 사람들에게 전해줄 수 있도록 내가 그들에게 준 것을 당신들에게 줄 테니까요. 내가 내 십자가를 진 것과 같이 당신들도 당신들의 십자가를 지시오. 참으시오, 그리고 용서하시오. 내 제자들이 내가 어떻게 죽었는지 말할 것입니다. 나를 본받으시오. 고통의 길은 하늘의 길입니다. 하느님의 뜻을 참고 따르는 것과 모든 사람에 대해서 너그럽고 사랑하는 길 외에 다른 길은 없습니다. 다른 길이 있었으면 당신들에게 내가 그 길을 가리켜 주었을 것입니다. 그 길이 옳은 길이기 때문에 나도 그 길로 지나왔습니다. 십계명으로 변함이 없는 시나이산의 율법을 충실히 지키고, 내 가르침을 충실히 따르시오. 당신들이 악한 사람들의 음모에 맡겨져 있지 않도록 하기 위해서 당신들을 가르칠 사람들이 올 것입니다. 당신들에게 강복합니다. 내가 당신들을 사랑했다는 것과 내가 영광스럽게 되기 전과 후에 당신들에게 왔었다는 것을 항상 기억하시오. 당신들에게 진정 말하지만, 지금 나를 보기를 바랄 사람이 많지만 나를 보지 못할 것입니다. 많은 실력자들이 말입니다. 나는 내가 사랑하고 그들도 나를 사랑하는 사람들에게 나타납니다."

한 남자가 용기를 내서 말한다. "그러면… 정말 하늘 나라가 있습니까? 주님은 정말 메시아이십니까? 저 사람들이 저희들에게 영향을 줍니다…."

"그 사람들의 말을 듣지 마시오. 내 말을 기억하고, 당신들이 아는 내 제자들의 말을 받아들이시오. 그것이 진리의 말입니다. 그리고 그 말을 받아들이고 실천에 옮기는 사람은 비록 타인이나 노예일지라도 내 나라의 주민과 공동 상속인이 될 것입니다." 예수께서는 팔을 벌려 그들에게 강복하시고 사라지신다.

"아이고! 나는… 나는 이젠 무섭지 않아!"
"나두야. 자네 들었나? 우리에게두 자리가 하나 있대!"
"착한 사람이 돼야 해!"
"용서해야 하구!"
"참아야 하구!"
"저항할 줄을 알아야 해."
"제자들을 찾아야 해."
"주님이 보잘 것 없는 하인들인 우리들에게 오셨어."
"이 말을 주님의 사도들에게 하세."
"죠가나가 이걸 알면 어쩌지?"
"또 로라는!"
"이 사람들은 우리가 말을 못하게 죽일 거야."
"그렇지만 말을 하지 말세. 주님의 종들에게만 이 말을 하세."
"미케야, 자넨 이 짐을 가지고 세포리스에 가야 되지 않나? 왜 나자렛에 가서 이 말을 하지 않나?"
"누구한테?"
"어머님께, 사도들에게. 사도들은 아마 어머님과 같이 있을 거야…."

그들은 자기들의 계획을 이야기하면서 그 곳을 떠난다.

XX. 엘키아의 친척 다니엘의 땅에. 베테론(?)에

바리사이파 사람 엘키아는 자기와 똑같은 사람들과 최고회의 회원 시몬을 어떻게 할 것인지를 의논하고 있다. 시몬은 성 금요일부터 미쳐서 너무 많은 말을 하고 있는 것이다. 의견이 분분하다. 어떤 사람은 그들과 생각을 같이하는 아주 **충실한** 하인 한 사람만을 딸려서 그의 외치는 소리를 들을 수 없을 아무도 없는 어떤 곳에 격리하자고 말하고, 일시적인 불편이니까 그가 있는 데 그대로 두면 충분하다는 확신을 가진 좀 더 친절한 사람도 있다.

엘키아가 대답한다. "나는 저 사람을 다른 곳 어디로 데려 가야 할 지를 몰라서 이리로 데려왔소. 하지만 당신들도 알다시피 나는 내 친척 다니엘을 몹시 의심하고 있소…."

엘키아보다도 더 나쁜 다른 사람들이 말한다. "저 사람은 도망쳐서 바다로 가겠다고 하는데, 왜 저 사람의 욕망을 채워주지 않는단 말이오?…"

"그것은 저 사람이 질서있는 행위를 할 능력이 없기 때문이오. 혼자서 바다에 가면 죽을 터인데, 우리 중에는 배를 다룰 수 있는 사람이 아무도 없단 말이오."

"그렇더라도! 그렇다고 하면! 그가 상륙하는 곳에서는 그가 말하는 것으로 인해서 무슨 일이 일어날 거요? 그가 제 갈 길을 택하게 내버려 두시오. …모두가 있는 앞에서, 당신 친척도 있는 앞에서 그가 자기 뜻을 말하게 하고, 그가 원하는 대로 해주게 합시다."

이 제안에 찬성을 한다. 그래서 엘키아는 하인 한 사람을 불러 시몬을 데려오고 다니엘을 불러 오라고 명령한다. 두 사람이 다 온다. 그런데 다니엘은 어떤 사람들 곁에 있으면 거북해 하는 사람의 태도를 보이지만, 또 한 사람은 정말 미친 사람 같은 태도를 보인다. "시몬, 우리 말을 들어보시오. 당신은 우리가 당신을 죽이고자 하기 때문에 당신을 가둔다고 말하는데…"

"명령이 그런 것이니까 당신들은 그렇게 해야 돼."

"시몬, 당신은 헛소리를 하오. 입다물고 말들어요. 당신이 어디 가면 병이 나을 것 같소?"

"바다에, 바다에. 바다 한가운데에. 목소리가 없는 곳에. 무덤이 없는 곳에. 왜냐하면 무덤이 열리고 죽은 사람들이 거기서 나오고, 또 내 어머니가 말하는데…"

"입닥쳐요! 이거 봐요. 우리는 당신을 우리 자신같이 사랑하오. 당신, 정말 바다에 가고 싶소?"

"물론 가고 싶지. 왜냐하면 여기서는 무덤이 열리고 내 어머니가…"

"당신은 바다에 가게 될 거요. 우리가 당신을 바다로 데리고 가서 배를 한 척 주겠소. 그럼, 당신은…"

"그렇지만 그건 살인입니다! 이 사람은 미쳤어요! 혼자서 갈 수는 없습니다!" 하고 정직한 다니엘이 외친다.

"하느님은 사람의 의지를 강제하지 않으시오. 하느님께서 하지 않으시는 것을 어찌 우리가 할 수 있겠소?"

"그렇지만 이 사람은 미친 사람입니다! 이 사람에게는 의지가 없어요. 이 사람은 갓난아이보다도 더 의지가 없어요! 당신들은 그렇게 못합니다!…"

"입닥쳐! 당신은 농부이지, 그 이상의 아무 것도 아니야. 우리가 알지… 우리는 내일 바다로 갈 거야. 시몬, 기뻐하시오. 바다로 간단 말이오, 알겠소?"

"아! 이제는 땅의 목소리를 듣지 않게 되겠구나! 목소리를 안 듣게 돼… 아!" 긴 비명, 몸을 마구 흔드는 경련, 그의 눈이 감기고 귀가 막힌다. 그리고 또 다른 비명이 들리는데, 그것은 공포에 질려서 도망하는 다니엘의 비명소리이다.

"아니, 누구야? 무슨 일이야? 이 미치광이와 이 바보를 붙들어요! 아마 우리 모두가 지금 머리가 돌고 있는 모양이야?" 하고 엘키아가 외친다.

그러나 엘키아가 바보라고 부르는 사람, 즉 그의 친척 다니엘은 몇 미터를 뛰어 가더니 땅에 엎드린다. 그동안 또 한 사람은 무섭게 경련을 일으키고 있는 그 곳에서 거품을 물고 소리를 지르고 또 지른다. "저 사람을 말 못하게 해! 저 사람 죽지 않았어. 그리고 외치고, 외치고, 또 외치고 있어! 내 어머니보다도 더, 내 아버지보다도 더, 골고타에서 외치던 것보다도 더 외치고 있어! 거기, 거기, 당신들 거기 보이지 않아?" 그는 다니엘이 얼굴을 땅에 박고 있다가 지금은 얼굴을 들고 조용히 미소짓고 있는 곳을 가리킨다.

엘키아는 다니엘에게로 가서 화가 나서 마구 흔들며 시몬은 상관하지도 않는다. 시몬은 다른 사람들이 겁에 질려 빙 둘러 서 있는 가운데에서 거품을 물고 땅바닥에 딩굴며 짐승처럼 부르짖는다.

엘키아는 다니엘에게 심한 말을 한다. "이 게으름뱅이 몽상가, 지금 뭘 하고 있는지 말해 주겠어?"

"날 가만 놔둬요. 이제 나는 당신을 알았어요. 그래서 당신을 떠나는 거요. 나는 당신들이 죽었다고 믿게 하려는 그분을 보았어요. 내게는 친절하시고 당신들에게는 무서운 그분을! 난 갑니다. 나는 돈보다도 어떤 재물보다도 내 영혼을 보호합니다. 저주받은 사람, 난 가오! 그리고 당신도 할 수 있으면 하느님의 용서를 얻을 만한 사람이 되도록 하시오."

"아니 어디로 가는 거야? 어디로? 난 떠나보내지 않겠어!"

"당신이 나를 포로로 잡아 둘 권리가 있어요? 누가 당신에게 그런 권리를 주었어요? 나는 당신이 좋아하는 것을 당신에게 남겨두고 내가 사랑하는 것을 따라갑니다. 나는 가오." 그러면서 어떤 초인적인 힘에 끌리는 것처럼 엘키아에게 빨리 등을 돌리고 올리브나무와 과수들이 있는 푸른 비탈을 내려간다.

엘키아는 얼굴이 납빛이 되었다. 그리고 엘키아만이 그런 것이 아니다. 모두 화가 나서 숨이 막힐 지경이다. 엘키아는 그의 친척에게 복수를 하겠다고 위협하고, 갈릴래아 사람이 살아 있다고 "열중해서"(이것이 그의 말이다) 단언하는 모든 사람에게 복수를 하겠다고 위협한다. 그는 말하고자 하고 행동하고자 한다….

어떤 사람인지는 모르겠는데, 누군가 이렇게 말한다. "우리는 행동하고 또 행동할 거요. 하지만 모든 입을 막지 못할 것이고, 보기 때문에 말하는 그 사람들의 눈동자를 가질 수도 없을 거요. 우리는 졌소! 우린 우리 죄악에 짓눌리오. 이제는 죄값이 오는 거요…" 그러면서 고민에 사로잡혀 가슴을 치는데, 마치 교수대의 단을 올라가는 사람과도 같다. 또 "야훼의 복수"라는 말도 하는데, 그 목소리에서는 수천년째 내려오는 이스라엘의 온 공포가 노출된다.

그동안 상처를 입고 거품을 물고 무서운 몰골이 된 시몬은 지옥에 떨어진 사람과 같은 비명을 지른다. "저 사람은 나보고 부모를 죽인 놈!이라고 말해. 저 사람 말을 못하게 해! 입닥치게 해! 부모를 죽인 놈! 내 어머니의 말과 같은 말! 대관절 죽은 사람은 모두 같은 말을 하는 거야?…"

XXI. 갈릴래아의 한 여인에게

다 지게 된 달이 아직 가는 활 같은 초생달의 모습을 산봉우리 뒤로 숨길 참이다. 그러므로 그 빛이라는 것이 별 것이 아니고, 얼마 안 가서 넓은 들판을 비추지 못하게 될 것이다.

그런데 외딴 길에 나그네 한 사람이 있다. 작은 길, 다름아닌 밭들 가운데를 지나가는 오솔길이다. 그 사람은 불완전한 초롱을 고리에 꿰서 들고 가는데, 이런 초롱은 아주 먼 옛날부터 일반적으로 마차꾼들이 쓰는 것으로 생각된다. 유리는 흔한 물건이 아니었기 때문에 —나는 아무 집에서도 잔이나 그릇이나 창문을 막는 것으로나 쓰이는 것을 본 일이 도무지 없기 때문에 전혀 알려지지 않은 물건이라고까지 생각한다— 이 초롱에는 운모(雲母)나 양피지(羊皮紙) 같은 것을 써서 불꽃을 보호한다. 그리로 새어나오는 빛은 하도 약해서 고작 초롱 둘레의 좁은 공간이나 비추는 데 소용될 뿐이다. 그래도 달이 완전히 가려지자 보잘 것 없는 초롱의 빛이 더 힘있어 보이고, 캄캄한 들판에 흔들리는 빛을 퍼뜨린다.

나그네는 쉬지 않고 걷는다….

지평선 끝의 하늘에는 동이 트기 시작한다. 그러나 당장은 새벽빛이 하도 약해서 희미한 불빛이 아직 소용된다.

작은 다리 곁에서 누구를 기다리고 있는 것인지 쉬고 있는 것인지, 겉옷을 푹 뒤집어 쓴 다른 나그네 한 사람이 있다. 그 다리를 향하여 가던 초롱 가진 나그네가 머뭇머뭇거린다. 그 사람은 그리로 지나가야 할지, 그렇지 않으면 뒤로 돌아서 작은 개울바닥에 넓은 돌들이 있어 바닥에 얼마 안 되는 물로 해서 건너갈 수가 있는 곳으로 지나가야 할지 망설인다.

아직 하얗고 푸른 껍질이 그대로 있는 나무 줄기로 만든 다리 난간에 걸터앉아 있는 나그네는 고개를 들어 걸음을 멈춘 나그네를 살펴본다. 그는 일어나서 말한다. "나를 무서워하지 마시오. 앞으로 오시오. 나는 좋은 동행이지 도둑이 아닙니다."

예수님이시다. 나는 모습으로보다는 오히려 목소리로 예수님인 것을 알아본다. 예수께서 계신 곳까지는 빛이 비추지를 못하는 깊은 어둠 때문에 예수님의 모습은 가려진 채로 있다. 그러나 걸음을 멈춘 사람은 아직 망설인다.

"부인, 겁내지 말고 오시오. 얼마 동안 길을 함께 갑시다. 그것이 부인에게 좋을 것입니다."

여자는—나는 이제 그 나그네가 여자라는 것을 안다—부드러운 목소리나 또는 비밀의 힘에 져서 앞으로 간다. 그리고 앞으로 가면서 머리를 흔들고 중얼거린다. "내게는 이제는 좋은 일이 없구나."

이제는 그들이 행인 두 사람이 지나갈 수 있을 만큼 넓은 길을 나란히 걸어간다. 새벽빛이 점점 밝아지면서 길 한쪽으로는 낫질을 기다리는 익은 곡식들이 줄지어 놓은 뻣뻣한 수풀같이 늘어서 있는 것이 보인다. 또 한쪽에는 벌써 베어져서 단으로 묶인 곡식들이 익은 수확물이라는 영광을 빼앗긴 밭에 누워 있다.

"저주받은 것들!" 여자는 땅에 누워 있는 곡식단들을 힐끗 바라보면서 나지막 하게 중얼거린다.

예수께서는 입을 다물고 계시다.

날이 밝아온다. 여인은 초라한 초롱불을 끈다. 그리고 그렇게 하느라고 눈물로 뒤범벅이 된 얼굴을 드러내보인다. 그 여자는 얼굴을 들어 불그레하고 노란 선의 해가 떠올라 오는 것을 알려 주는 동쪽을 쳐다본다. 그 여자는 주먹을 동쪽을 향해 내밀면서 또 말한다. "저주를 받아라!"

"해를? 하느님께서 낟알을 창조하신 것처럼 해도 창조하셨습니다. 이것들은 하느님의 은혜들이니, 저주해서는 안 됩니다 …" 하고 예수께서 부드럽게 말씀하신다.

"그렇지만 나는 저주합니다. 해와 수확물들을 저주합니다. 그리고 나는 그럴 만한 이유가 있습니다."

"그것들이 여러 해 동안 당신에게는 좋지 않았습니까? 해는 당신이 날마다 먹는 빵과 술로 변하는 포도와 야채밭의 야채와 정원의 과일들을 익게 하고, 양과 어린 양들을 기르는 목초를 자라게 하여, 그 젖과 고기를 먹고 그 털로 옷을 짜 입고 살게 해주지 않았습니까? 또 낟알은 당신과 당신의 아이들과 부모와 남편에게 빵을 주지 않았습니까?"

여인은 울음을 터뜨리고 부르짖는다. "나는 남편을 잃었습니다. 해와 곡식단이 남편을 죽였습니다! 우리는 아이가 일곱이고 우리가 가진 얼마 안 되는 것으로는 열 식구가 먹고 살기에 부족하기 때문에 남편은 일을 하러 갔었습니다. 어제 저녁, 남편은 돌아와서 '나 기운이 없고 기분이 아주 이상해' 하고 말하면서 자리에 누웠는데, 몸이 펄펄 끓었습니다. 시어머니와 나는 오늘, 읍내의 의사를 불러 오리라 생각하고 우리 힘닿는 데까지 남편을 도왔습니다. …그러나 남편은 첫닭이 운 다음에 죽었습니다. 해가 남편을 죽인 것입니다. 나는 읍내에 갑니다. 예, 필요한 것을 사러 가는 거지요. 갔다 와서, 남편의 형제들에게 알릴 생각입니다. 나는 시어머니께 아들과 손자들을 지키라고 맡기고… 필요한 것을 장만하러 떠났습니다. …그래도 뜨거운 해와 낟알을 저주하지 말아야 합니까?"

그 여자는 처음에는 여자라고 생각하지 못할 정도로, 특히 몹시 슬퍼하는 여자라고 생각할 수 없을 정도로 조심성이 있었는데, 지금은 그의 고통이 둑을 무너뜨리고 힘차게 넘쳐흐른다. 그 여자는 "옆방에서 자고 있는 아이들을 깨우지 않으려고" 집에서 말하지 않았던 것, 가슴이 터질 것 같은 생각이 들 만큼 짓누르는 모든 것을 털어놓는다. 사랑에 대한 추억, 미래에 대한 두려움, 과부가 된 고통, 이런 것들이 마치 강기슭에서 떨어져 나온 조각들이 불어난 강물에 떠내려 가듯이… 어수선하게 지나간다.

예수께서는 그 여자가 말을 하게 가만 내버려두신다. 예수께서는 고통을 동정할 줄 아시기 때문에, 그 여자가 마음을 털어놓게 내버려두셔서, 그렇게 함으로써 그 여자의 마음이 가벼워지게 하시고, 고통의 폭발에 뒤따르는 피로, 바로 그것으로 인하여 그를 위로하는 사람의 말을 귀담아 듣게 되도록 하시려고 한다. 그리고 조용히 이렇게 말씀하신다. "나임과 나자렛, 그리고 두 읍내 사이에 있는 마을들에 나자렛의 선생님의 제자들이 있으니, 그 사람들을 찾아가 보시오…."

"그렇지만 그 사람들더러 무얼 하라는 것입니까? 선생님이 아직 계셨더라면!… 그러나 그 사람들은? 그 사람들은 성인이 아닙니다! 내 남편이 그날 예루살렘에 가 있었기 때문에 알고 있습니다. …아이고! 아니지요? 알고 있었지요! 이제는 아무 것도 모릅니다! 죽었으니까요!"

"그날 당신 남편은 뭘 했습니까?"

"거리의 함성 때문에 잠이 깨서, 형제들과 같이 있던 집의 옥상으로 뛰어올라가서 사람들에게 끌려서 총독 관저로 가시는 선생님이 지나가시는 것을 보고 다른 갈릴래아 사람들과 같이 선생님이 돌아가실 때까지 따라 갔답니다. 산 위에서 남편이 갈릴래아 사람이라는 것을 알고는 사람들이 남편과 다른 갈릴래아 사람들에게 돌을 던지고, 아랫쪽으로 밀어냈답니다. 그러나 그들은 모든 것이 끝날 때까지 거기 있다가… 떠났답니다. …그런데 이제는 남편이 죽었습니다.

아이고! 남편이 선생님을 동정한 것 때문에 평화 중에 있다는 것만이라도 알았으면 좋겠어요!"

예수께서는 이 소원에는 응답을 안하시고 말씀하신다. "그러면 당신 남편은 골고타 위에서 제자들을 보았겠군요. 아마 갈릴래아 사람 모두가 당신 남편 같았겠지요?"

"아! 아닙니다. 많은 갈릴래아 사람, 그리고 나자렛 사람들까지도 선생님께 욕을 했답니다. 우리도 그걸 압니다. 정말 부끄러운 일입니다!"

"그렇다면 많은 나자렛 사람들까지도 그들의 예수를 사랑하지 않았는데도, 선생님이 그들을 용서해 주셨고, 또 많은 사람이 장차 거룩하게 될 터인데, 당신은 왜 그리스도의 제자들을 똑같이 비판하려고 합니까? 당신은 하느님보다 더 준엄하려고 합니까? 하느님께서는 용서하는 사람에게는 많은 것을 내려주십니다…."

"인자하신 선생님이 이젠 안 계십니다! 이젠 이 세상에 안 계셔요! 그런데 내 남편은 죽었습니다."

"선생님은 당신이 하던 것을 할 능력을 제자들에게 주셨습니다."

"나는 그걸 믿고 싶습니다. 그러나 죽음을 이기는 분은 선생님밖에 없었습니다. 선생님뿐이었어요!"

"그렇지만 엘리야가 사렙다의 과부의 아들에게 영을 돌려 주었다는 말이 있지 않습니까? 분명히 말합니다만, 엘리야는 큰 예언자였습니다. 그러나 구세주는 사람들을 구속하기 위하여 사람이 되신 참 하느님의 아들이었기 때문에 돌아가셨다가 부활하셨는데, 그분의 종들은 한층 더 큰 능력을 가지고 있습니다. 그것은 구세주께서 하느님이신 당신의 지혜로 그들의 통회하는 정신의 참다운 고통을 아시고 십자가 위에서 우선 그들의 죄를 용서하셨고, 부활하신 다음에는 새로운 용서로 그들을 거룩하게 하셨고, 내가 떠난 다음에 세상이 슬픔에 잠긴 채로 있지 않도록 말과 행동으로 나를 훌륭하게 대리할 수 있게 하려고 성령을 불어넣어 주셨습니다."

여인은 깜짝 놀라 급히 뒤로 물러선다. 그리고 동행을 더 잘 보려고 베일을 뒤로 젖힌다. 그런데도 예수를 알아보지 못한다. 그 여자는 잘못 알아들었다고 생각한다. 그러나 이제는 감히 말을 하지 못한다….

"내가 무섭습니까? 당신은 처음에는 장사지내는 데 필요한 물건을 사려고 가슴에 넣고 오는 돈을 빼앗으려는 도둑으로 생각하고 나를 무서워했지요. 그런데 지금은 내가 예수라는 것을 알고 무서워하는 것입니까? 그렇지만 예수는 주기는 하지만 빼앗지는 않는 사람이 아닙니까? 구원을 하고 해치지는 않는 사람이 아닙니까? 뒤로 돌아가시오. 나는 부활이요 생명입니다. 죽지 않은 사람에게는 수의와 향료가 필요없습니다. 나는 죽음을 이기고, 믿음을 가진 사람에게 상을 주는 사람이니까 남편이 이제는 죽어있지 않습니다. 가시오! 집으로 가시오! 당신 남편이 살아 있습니다. 나를 믿는 믿음은 상을 받지 않는 일이 없습니다." 예수께서는 그 여자에게 강복하시고 가라고 하는 손짓을 하신다.

여인은 무감각상태에서 벗어난다. 그 여자는 묻지도 않고, 의심도 하지 않는다. …그렇다. 그녀는 그렇게 하지 않고, 경배하기 위하여 무릎을 꿇는다. 그리고 마침내 입을 벌리고, 품속을 뒤져 작은 돈주머니를, 가난해서 그들의 고인들에게 장엄한 장례식도 해줄 수 없는 불쌍한 사람들의 보잘 것 없는 돈주머니를 꺼내서 드리며 말한다. "저는 다른 것은 없습니다. …주님께 감사하고 주님께 경의를 표하고… 하기 위해서 다른 것은 가진 것이 아무 것도 없습니다…."

"부인, 나는 돈은 필요없습니다. 그 돈은 내 사도들에게 갖다 주시오."

"아! 그러구 말구요. 남편하고 같이 가겠습니다. …그렇지만 주님, 그때는 뭘 드려야 할까요? 무엇을요? 제게 나타나신 주님… 이 기적… 그런데 저는 주님도 알아뵙지 못했고… 저는 화를 그렇게 냈고… 그렇습니다. 물건들에 대해서까지도 아주 옳지 못했었습니다…."

"그렇습니다. 그리고 당신은 그 물건들은 내가 있기 때문이고, 하느님께서 만드신 것은 모두가 좋다는 것을 생각하지 못하고 있었습니다. 만일 해가 없었더라면, 낟알이 없었더라면, 당신이 방금 받은 이 은총을 받지 못했을 것입니다."

"그렇지만 얼마나 아프셨습니까!…" 여인은 그 생각을 하면서 운다.

예수께서는 미소를 지으시고 당신 손을 보이시며 말씀하신다. "이것은 내 고통의 아주 작은 일부분이오. 그리고 나는 그 고통 전부를 당신들의 이익을 위해서 불평하지 않고 당했어요."

여인은 알아보기 위하여 땅에까지 몸을 숙인다. "사실이군요. 제 불평을 용서해 주십시오."

예수께서는 당신 빛 속으로 사라지시고, 여인이 얼굴을 들었을 때에는 자기혼자만이 있는 것을 보게 된다. 그 여자는 일어나서 주위를 둘러본다. 이제는 날이 환하게 밝았으므로 그의 눈을 방해하는 것이 아무 것도 없고, 둘레에는 어디를 보나 곡식이 익은 밭들뿐이다. 여인은 혼잣말을 한다. "그렇지만 내가 꿈을 꾼 것은 아니지!"

그 여자가 손에 들고 있는 돈주머니의 무게를 가늠해보면서 잠시 동안 불안해하는 것을 보면 아마 의심을 하도록 마귀가 그 여자를 유혹하는 모양이다. 그러나 그 다음에는 믿음이 우세해져서 자기가 가던 곳으로 등을 돌리고, 바람에 밀리는 것처럼 빨리 돌아오는데, 피로하지도 않고, 인간적인 기쁨보다도 더 큰 기쁨으로 얼굴이 환해져 있다. 그만큼 그 기쁨은 평화로운 기쁨이다. 그 여자는 줄곧 이렇게 되풀이한다. "주님은 얼마나 인자하신가! 주님은 정말 하느님이시다! 주님은 얼마나 인자하신가! 주님은 정말 하느님이시다! 주님은 하느님이셔. 지극히 높으신 분과 그분이 보내신 분은 찬미받으십시오." 그 여자는 다른 말은 할 줄을 모른다. 그리고 그가 길게 늘어놓는 말들이 이제는 새들의 노래와 섞인다. 여인은 하도 자기 생각에 잠겨서 몇몇 수확하는 사람들이 그 여자가 지나가는 것을 보고 인사를 하며 이 시간에 어디에서 오느냐고 묻는 것도 듣지 못한다….

수확하던 사람 중의 한 사람이 그 여자에게 와서 묻는다. "마르코는 좀 차도가 있나요? 의사를 데리러 갔었나요?"

"마르코는 첫닭이 울 때에 죽었었는데 다시 살아났어요! 주님의 메시아가 그렇게 하셨으니까요" 하고 그 여자는 여전히 빨리 가면서 대답한다.

"비통해서 미쳤구먼!" 하고 그 남자는 중얼거리고 머리를 내저으면서 곡식을 베기 시작한 동료들에게로 간다.

들판에는 사람들이 점점 더 많아진다. 그러나 많은 사람이 호기심에 끌려서 여인을 따라가기로 결정한다. 여인은 점점 더 빨리 걷는다.

그 여자는 가고 또 간다. 들판 가운데 외따로 떨어진 매우 낮고 초라한 작은 집이 나타난다. 그 여자는 두 손으로 가슴을 누르며 그 집으로 간다.

여인은 집으로 들어간다. 발을 들여놓자마자 어떤 늙은 여인이 그의 품으로 뛰어들면서 외친다. "아이고! 얘야, 얼마나 큰 주님의 은총이냐? 얘야, 용기를 내라. 내가 네게 말해야 하는 일이 너무도 엄청나고 너무도 기쁜 일이니까 말이다…."

"어머님, 저도 압니다. 마르코가 이제는 죽은 사람이 아니지요. 어디 있어요?"

"너도 아는구나… 그런데 어떻게?"

"저는 주님을 만났습니다. 저는 못알아 뵈었어요. 그렇지만 주님은 제게 말씀을 하셨고, 당신이 좋다고 생각하셨을 때 제게 '네 남편이 살아 있다'고 말씀하셨어요. 그렇지만 여기는… 언제?"

"그때 나는 창문을 열었었고, 처음 햇살이 무화과나무에 떨어지는 것을 보고 있었다. 그래, 정말 그랬었다. 그때 처음 햇살이 방 옆에 있는 무화과나무에 와 닿았었다. …그때 잠을 깨는 사람이 내는 것 같은 깊은 한숨 소리가 들려 왔다. 깜짝 놀라서 돌아섰더니, 마르코가 앉으면서 내가 얼굴에 덮어 주었던 홑이불을 젖히면서 이상한 얼굴로, 정말 이상한 얼굴로 윗쪽을 쳐다보고 있더구나… 그러다가 나를 보고는 '어머니, 저 나았어요!' 하고 말했다. 나는… 나는 하마터면 죽을 뻔했다. 그래서 마르코가 나를 도와주었고, 제가 죽었었다는 걸 깨달았다.

그애는 아무 것도 기억하지 못한다. 침대에 뉘어진 순간까지는 기억하는데, 그 뒤에는 한 천사가, 나자렛의 선생님의 얼굴을 한 천사 같은 분이 그애에게 '일어나라!' 하고 말하는 것을 본 순간까지는 아무 것도 기억하지 못한다고 말한다. 그리고는 일어났다. 해가 완전히 떠오른 바로 그 시간이었다."

"주님께서 '네 남편이 살아 있다'고 말씀해 주신 시간입니다. 아이고! 어머님, 이 얼마나 큰 은총입니까! 하느님께서 우리를 얼마나 사랑하셨습니까!"

그 집에 도착한 사람들은 두 여인이 껴안고 눈물을 흘리고 있는 것을 발견한다. 그들은 마르코가 죽었고, 그의 아내는 잠깐 제정신이 들었을 때 자기의 불행을 깨달은 것으로 생각한다. 그러나 마르코는 사람들의 목소리를 듣고 침착하게 나타난다. 아이 하나는 안고 다른 아이들은 속옷에 매달려 있다. 그는 이렇게 말하다. "나 여기 있소. 주님을 찬미합시다."

뜻밖에 온 사람들은 그에게 질문을 퍼붓는다. 그리고 인간들의 일에는 항싱 그런 것과 같이 반대가 일어난다. 어떤 사람들은 참다운 부활을 믿고, 더 많은 다른 사람들은 강경증(强硬症)에 걸렸던 것이지 죽지는 않았다고 생각한다. 그리스도께서 라헬에게 나타나셨다는 것을 인정하는 사람들이 있는가 하면, 그것은 모두 지어낸 이야기라고 말하는 사람들도 있다. 이들 중에는 "그분이 죽었기" 때문이라고 말하는 사람들도 있고, "그분이 부활하셨지만, 하도 분개하셨기 때문이라고, 당신을 죽인 백성을 위해서는 더 이상 기적을 행하지 않으실 만큼 틀림없이 분개해 계실 것이기" 때문이라고 말하는 사람들도 있다.

"당신들 말하고 싶은 대로 말하시오" 하고 그 사람이 더 이상 참지 못하고 말한다. "그리고 당신들이 말하고 싶은 곳에서 맘대로 말하시오. 주님이 나를 부활시키신 여기에서만 그 말을 안하면 되오. 불쌍한 사람들, 가시오! 그리고 하늘이 당신들의 머리를 계발해서 당신이 믿게 되기를 바라오. 그러나 지금 당장은 가시오, 그러니 우리를 조용히 내버려두시오."

그는 사람들을 밖으로 밀어내고 문을 닫는다. 그는 아내와 어머니를 껴안으면서 말한다. "나자렛은 여기서 멀지 않습니다. 거기 가서 기적을 소리높이 외치겠어요."

"여보, 주님께서 그렇게 하라고 하셨어요. 이 돈을 제자들에게 갖다 드립시다. 주님을 찬미하러 갑시다. 우리 있는 그대로. 우린 가난해요. 그렇지만 주님도 가난하셨으니, 주님의 사도들도 우리를 업신여기지 않을 것입니다."

여인은 아이들의 샌들 끈을 매기 시작하고, 그동안 시어머니는 배낭에 식량을 좀 넣고, 문과 창문들을 닫는다. 그리고 마르코는 무슨 일인지 하러 간다. 다 준비가 되자 그들은 나와 제일 작은 아이들은 안고 빨리 걸어 간다. 다른 아이들은 약간 놀라 빙 둘러 서서, 동쪽으로 간다. 나자렛 쪽으로 간다는 것을 알 수 있다. 이곳은 아직 에스드렐론 평야인 것 같다. 그러나 죠가나의 토지가 있는 지점과는 다른 지점인 것 같다.

19. 예수께서 호숫가에 나타나신다

고요한 밤이고 숨막히는 더위이다. 바람 한 점 없다. 맑은 하늘에는 깜박이는 많은 별이 꽉 찼다. 바람을 받지 않게 막아 놓은 굉장히 넓은 수반같이 보일 정도로 고요하고 잔잔한 호수는 별이 깜박이는 이 하늘을 그 수면에 반사하고 있다. 호숫가를 따라 서있는 나무들은 잎도 살랑거리지 않는 덩어리를 이루고 있다. 호수가 하도 잔잔하여 물결이 기슭에서 아주 가볍게 찰랑거리는 소리밖에 들리지 않는다. 호수 먼 곳에 떠 있어서 희미한 형체 모양으로 겨우 보일까 말까한 어떤 배가 작은 배 안을 비추려고 돛대에 달아 놓은 등불로 수면에서 별로 떨어지지 않은 곳에 작은 별 같은 빛을 내고 있다. 여기는 호수의 어느 지점인지 모르겠다. 가장 남쪽, 즉 호수가 다시 강이 되려고 하는 지점인 것 같다. 다리케아 근처가 아닌가 생각된다. 읍내는 산으로 된 곳처럼 호수로 쑥 내민 한 무더기 나무들에 가려 보이지 않으니까 읍내를 보고서 그렇게 생각하는 것이 아니라, 호숫가에서 떨어져 북쪽으로 향하여 멀어져 가는 배들의 작은 별 같은 등불들을 보고 그렇게 생각한다. 다리케아 근처일 것이라고 말한 것은 작은 곳 아랫쪽에 한 떼의 오막살이가 있기 때문인데, 집이 별로 많지 않아서 마을을 이룰 정도도 되지 못한다. 그것들은 거의 호숫가에 있는 초라한 집들인데, 틀림없이 어부들의 집일 것이다. 배들은 작은 모래밭에 끌어올려져 있고, 어떤 배들은 항행을 하려고 벌써 호숫가 물에 떠 있는데, 하도 꼼짝 안하고 있어서 흔들리지 않고 땅에 박혀 있는 것같이 보인다.

베드로가 어떤 작은 집에서 머리를 내민다. 떨리는 등잔불과 연기가 나는 부엌에 피워 놓은 불이 사도의 투박한 얼굴을 뒤에서 비추는 바람에 그림처럼 두드러지게 보인다. 그는 하늘을 쳐다보고 호수를 바라다본다. …그는 호숫가에까지 나아가서는 짧은 속옷에 맨발 바람으로 허벅지까지 차는 물 속으로 들어가 근육이 울퉁불퉁한 팔을 내밀어 뱃전을 어루만진다. 제베대오의 아들들도 그가 있는 곳으로 온다.

"아름다운 밤이로구먼."
"얼마 안 있어 달이 뜨겠지."
"고기잡이하기에 알맞은 밤이야."
"그렇지만 노를 저어야 할 거야."
"바람이 없으니."

"어떻게 하지?"

그들은 주의가 요구되고 따라서 말은 별로 소용되지 않는 고기잡이와 돛과 그물을 다루는 일에 습관이 된 사람들같이 똑똑 떨어진 말로 느리게 말한다.

"시작해 보는 게 좋겠어. 잡은 고기를 일부분 팔도록 하지."

호숫가로 안드레아와 토마와 바르톨로메오가 나온다.

"굉장히 더운 밤이로구먼!" 하고 바르톨로메오가 부르짖는다.

"돌풍이 불 건가? 자네들 그날밤 생각나나?" 하고 토마가 묻는다.

"아! 아니야! 잔잔할 거야, 아마 안개는 끼겠지만, 돌풍은 없을 거야. 난… 고기잡으러 갈라네. 누가 나하고 같이 갈 거야?"

"우리 모두 가지. 먼 바다로 나가면 아마 좀 낫겠지" 하고 땀을 흘리는 토마가 말한다. 그리고 이렇게 덧붙인다. "그 불은 여자에게나 필요한 불이었어. 그렇지만 우리는 꼭 공중목욕탕에 있는 것 같았단 말이야…."

"시몬에게 가서 말할래. 시몬은 저기 혼자 있거든" 하고 요한이 말한다.

베드로는 안드레아와 요한과 함께 벌써 배를 준비한다.

"집에까지 갈 거야? 우리 어머니가 깜짝 놀랄 텐데…" 하고 야고보가 묻는다.

"아니야. 마루잠을 오라고 해도 될지 모르겠어. 그런데… 가기 전에… 그래, 결국! 예루살렘에 가기 전에 말이야 ― 우리 아직 에브라임에 있었는데 ― 주님은 둘째 과월절을 마루잠과 같이 지내고 싶다고 말씀하셨거든. 그렇지만 그 뒤에는 내게 다른 말씀이 없었단 말이야…."

"나는 주님이 그러라고 말씀하신 것 같은데?" 하고 안드레아가 말한다.

"그래. 둘째 과월절은 그래. 그렇지만 그를 그전에 오게 하는 걸 주님이 원하시는지 모르겠어. 나는 하도 실수를 많이 해서… 아이고! 자네도 가겠나?"

"응, 요나의 시몬. 이 고기잡이는 내게 많은 것을 생각나게 할 거야…."

"이봐! 우리 모두에게 많은 추억을 되살려 줄 거야. …다시는 오지 않을 일들 말이야. …이 배를 선생님과 같이 타고 호수를 다녔었지. …그래서 나는 이 배를 왕궁이나 되는 듯이 사랑했고, 이 배 없이는 살 수 없을 것같이 생각되었어. 그러나 선생님이 배 안에 안 계신 지금은… 자, 보란 말이야. …내가 이 배 안에 있지만, 이젠 기쁘지 않단 말이야" 하고 베드로가 말한다.

"아무도 이제는 지난 일에 대해서 기쁨을 느끼지 못해. 이젠 전과 같은 생활이 아니야. 그리고 뒤를 돌아다봐도… 저 지난 시간과 현재의 시간 사이에는 한가운데에 저 소름끼치는 시간이 있단 말이야…" 하고 바르톨로메오가 말하며 한숨짓는다.

"다 준비됐지. 이리들 오게. 자네는 키를 잡고, 우리는 노를 젓고, 히포만 쪽으로 가세. 거기가 좋은 자리야. 에야디야! 에야디야!"
 베드로가 출발 신호를 하니 바르톨로메오가 키를 잡은 배는 고요한 물 위를 미끄러져 간다. 토마와 열성당원은 선원 노릇을 하며 벌써 펴 가지고 있던 그물을 던질 준비를 하고 있다. 달이 떠오르고 있다. 즉 가다라(내 생각이 틀리지 않는다면)인지 가마라인지의 산들 위로 올라온다. 요컨대 호수 동쪽에 있는 산들이지만 남쪽에 있는 산들 위로 올라오는 것이다. 그러니까 호수는 고요한 물 위에 금강석 길을 만들어 놓는 달빛을 받는다.
 "달이 아침까지 우리와 동행할 거야."
 "안개가 일지 않으면."
 "고기들이 달에 끌려서 바닥에서 올라오지."
 "고기가 많이 잡히면 안성맞춤일 거야, 우린 돈이 떨어졌으니까 말이야. 빵을 사서 물고기와 빵을 산에 있는 사람들에게 갖다 주어야지." 매 단어마다 쉬엄쉬엄 말하는 느린 말이다.
 "시몬, 자넨 노를 잘 젓는구먼. 노질솜씨는 잃지 않았어!…" 하고 열성당원이 감탄하며 말한다.
 "그래… 빌어먹을!"
 "아니 무슨 일이야?" 하고 다른 사람들이 묻는다.
 "나는… 나는 그 사람의 기억이 어디에나 쫓아다닌단 말이야. 나는 누가 더 빨리 저어가나 두 배가 서로 경쟁하던 날 생각이 난단 말이야. 그런데 그 사람은…"
 "나는 그 사람의 배반의 구렁을 본 처음 몇 번 중 한 번을 생각하고 있었는데, 그게 바로 우리가 로마인들의 배를 만난, 아니 그들의 배에 접근했던 그때였어. 자네들 생각나나?" 하고 열성당원이 말한다.
 "이봐! 생각나고 말고! 그렇지만!… 선생님은 그사람을 변호하고 계셨지.… 그래서 우리는… 선생님의 변호와 우리… 동료의 이중성격 사이에서 도무지 이해하질 못했었어…" 하고 토마가 말한다.
 "흠! 나는 여러 번… 그렇지만 선생님은 '시몬아, 판단하지 말아라!' 하고 말씀하셨지."
 "타대오는 늘 그 사람을 수상히 여겼어."
 "내가 믿을 수 없는 건 얘가 그걸 도무지 알지 못했다는 거야." 하고 야고보가 동생을 팔꿈치로 찌르면서 말한다.
 그러나 요한은 아무 말 없이 고개를 숙인다.
 "이제는 자네도 그 사람 이야기를 할 수 있어" 하고 토마가 말한다.
 "나는 잊으려고 애를 쓰고 있어. 이게 내가 받은 명령이야. 왜 내게 명령을 어기게 하려는 거야?"

"자네 말이 옳아. 이 사람은 가만 내버려두세" 하고 열성당원이 요한을 변호하느라고 말한다.

"그물을 치게. 조용히… 자네들은 노를 젓고, 천천히 젓게. 바르톨마이, 왼쪽으로 돌려, 기슭에 대게. 돌려, 대, 돌려. 그물이 팽팽하게 당겨졌나? 그래? 그럼 노를 올리게, 그리고 기다리세" 하고 베드로가 지휘한다.

밤의 고요 속에 달빛을 받고 있는 아늑한 호수는 얼마나 아름다운가! 얼마나 깨끗한지 낙원같이 느껴진다. 달이 하늘에서 거침없이 호수에 비치며, 호수를 금강석같이 보이게 하고, 그 인광(燐光)이 야산 위에서 떨면서 그것들을 드러내보이고 호숫가에 있는 도시들을 눈으로 덮는 것 같다. …그들은 가끔 그물을 올린다. 금강석의 폭포가 은빛 호수에 아르페지오를 울리면서 떨어진다. 그물은 텅 비었다. 그들은 그물을 다시 잠근다. 자리를 옮긴다. 운이 없다. …시간은 흐른다. 새벽빛이 파랗고 푸른 확실치 않은 길을 헤치며 오는 동안 달은 넘어간다. …더운 안개가 호숫가 쪽에 피어 오른다. 특히 티베리아 호수 남쪽 끝에 많이 피어 올라 그곳을 가리고 다리케아도 가린다. 별로 짙지 않고 낮게 깔린 안개로서, 아침 햇살이 나타나기만 하면 사라질 안개이다. 안개를 피하기 위하여 그들은 안개가 덜 짙은 동쪽 기슭을 따라 가는 길을 택한다. 그런데 서쪽으로는 요르단강 우안(右岸)에 있는 다리케아 저쪽에 위치한 늪에서 오는 안개가 마치 늪에서 연기가 나는 것처럼 짙어간다. 호수를 잘 아는 그들은 얕은 곳에 있는 어떤 위험을 피하려고 조심하며 배를 저어 간다.

"배에 있는 양반들, 무엇 먹을 것 좀 없소!" 남자의 목소리가 호숫가에서 들려온다. 그 목소리를 듣고 그들은 깜짝 놀란다.

그러나 그들은 어깨를 들썩하면서 "없소!" 하고 큰소리로 대답한다. 그리고는 자기들끼리 말한다. "언제나 선생님 목소리를 듣는 것 같단 말이야!…"

"배 오른쪽으로 그물을 치시오. 그러면 잡을 겁니다."

오른쪽은 호수 한가운데 쪽이다. 그들은 약간 당황해서 그물을 던진다. 그물이 흔들리면서 무게로 인하여 그물이 있는 쪽으로 배가 기운다.

"아니, 주님이셔!" 하고 요한이 외친다.

"주님이라구?" 하고 베드로가 묻는다.

"그래도 의심하나? 우리가 주님의 목소리 같다고 생각했는데, 이게 증거야. 그물을 봐! 꼭 그때 같아! 주님이시라니까. 오 예수님! 어디 계십니까?"

그물을 그냥 올리려고 하는 것은 위험한 작업이기 때문에 배 뒤로 끌도록 잘 마련을 해 놓고 모두가 짙은 안개를 뚫어 보려고 애를 쓴다. 그러면서 호숫가로 가기 위하여 노를 젓는다. 그러나 토마가 베드로 대신 노를 잡아야 한다. 베드로는 대단히 짧은 쇠코잠방이 위에 짧은 속옷을 아주 급히 입었다. 하기는 이것이 그가 입은 옷 전부이고, 바르톨로메오만 빼고는 다른 사람들의 옷도 다 그 모양이다. 베드로는 호수에 뛰어들어 헤엄을 쳐서, 크게 팔을 휘저어 조용한 물을 가르며 배를 앞서 간다. 그가 제일 먼저 아무도 없는 작은 모래밭에 발을 들여놓으니, 그곳에는 가시덤불이 가려진 곳에 돌 두 개가 놓여 있고, 잔가지를 태운 불이 빛을 내고 있다. 그리고 거기 바로 불 곁에 예수께서 친절히 미소짓고 계시다.

"주님! 주님!" 베드로는 감격으로 가쁜 숨을 쉬며 다른 말을 하지 못한다. 물이 줄줄 흐르고 있기 때문에 그는 감히 예수의 옷도 만지지 못하고, 몸에 착 달라붙은 짧은 속옷바람으로 모래 위에 엎디어 경배를 하고 있다.

배가 모래를 긁으며 멎는다. 모두가 기쁨으로 흥분해서 서있다.

"그 고기들을 좀 가져오너라. 불을 피워 놓았다. 와서 먹어라" 하고 예수께서 명령하신다.

베드로는 배로 뛰어 가서 그물 올리는 것을 돕고, 펄떡거리는 고기 무더기에서 큰고기 세 마리를 잡는다. 그놈들을 뱃전에 쳐서 죽이고, 그의 칼로 배를 갈라 내장을 들어낸다. 그러나 손이 떨린다. 오! 추워서 떨리는 것은 아니다! 그는 그놈들을 물에 헹구어서 불 있는 곳으로 가져가, 불에 올려놓고 구워지는 것을 지켜본다. 다른 사람들은 그렇게도 하느님다운 능력을 가지신 주님 앞에서 늘 그러는 것과 같이 두려워하며, 주님에게서 약간 떨어져 경배를 하고 있다.

"자, 여기 빵이 있다. 너희들은 밤새껏 일을 해서 피곤하다. 이제는 기운을 회복하여라. 베드로야, 다 되었느냐?"

"예, 주님" 베드로는 머리를 숙여 불을 들여다보며 여느 때보다도 더 쉰 목소리로 말한다. 그리고 마치 연기가 목과 동시에 눈을 자극해서 눈물을 흘리게 하는 것처럼 눈물이 뚝뚝 흐르는 눈을 닦는다. 그러나 연기 때문에 목소리가 그렇게 되고, 그렇게 눈물을 흘리는 것이 아니다. …그는 물고기를 가져다가 꺼칠꺼칠한 잎에 펴놓는다. 그것은 호박잎 같은데, 안드레아가 호수에 가서 헹구어 가져온 것이다.

예수께서는 음식을 바치시고 강복하신다. 그리고 빵과 물고기를 잘라서 여덟 몫을 만들어 나누어 주시고, 당신도 맛보신다. 사도들은 무슨 의식을 행하는 듯한 경의를 가지고 먹는다. 예수께서는 그들을 둘러보시며 미소지으신다. 그러나 예수께서도 말씀을 안 하시다가 어느 순간 "다른 사람들은 어디 있느냐?" 하고 물으신다.

"주님께서 말씀하신 산에 올라가 있습니다. 그런데 저희들은 돈이 떨어졌기 때문에, 또 제자들에게 폐를 끼치고 싶지 않아서 고기를 잡으러 왔습니다."

"잘들 하였다. 그러나 이제부터 너희 사도들은 산에 남아서 기도하여, 너희들의 모범으로 제자들을 선도하여라. 이 사람들은 고기잡이하라고 보내라. 그러나 너희들은 거기서 기도를 하고 있으면서 충고를 받을 필요가 있는 사람들이나 너희들에게 소식을 전하러 오는 사람들을 올 수 있게 하는 것이 좋다. 제자들이 대단히 일치해 있게 하여라. 오래지 않아 내가 가겠다."

"주님, 그렇게 하겠습니다."

"마루잠은 너와 같이 있지 않느냐?"

"그렇게 빨리 오게 하라고 주님께서 말씀하지 않으셔서요."

"그 사람을 오게 하여라. 그의 순종은 끝이 났다."

"주님, 오게 하겠습니다."

침묵. 그러다가 곰곰이 생각하시느라고 머리를 약간 기울이고 계시던 예수께서 머리를 드시고 베드로를 똑바로 들여다 보신다. 예수께서는 가장 큰 기적을 행하실 때나 가장 큰 명령을 내리실 때와 같은 눈길로 베드로를 들여다보신다. 베드로는 그로 인하여 겁이 나서 거의 몸을 떨며 약간 뒤로 물러난다. …그러나 예수께서는 베드로의 어깨에 한 손을 얹으셔서 억지로 붙잡아 앉히시고, 그를 이렇게 붙잡으신 채 물으신다. "요나의 아들 시몬아, 나를 사랑하느냐?"

"예, 주님! 아시는 바와 같이 저는 주님을 사랑합니다" 하고 베드로가 자신 있게 대답한다.

"내 어린 양 들을 잘 돌보아라. …요나의 아들 시몬아, 네가 나를 사랑하느냐?"

"예, 주님, 아시는 바와 같이 저는 주님을 사랑합니다." 그의 목소리는 덜 자신있고, 이 질문을 되풀이 하시는 것을 약간 이상히 여기기까지 하는 기색이 엿보인다.

"내 어린 양들을 잘 돌보아라. …요나의 아들 시몬아, 네가 나를 사랑하느냐?"

"주님… 주님께서는 모든 일을 다 알고 계십니다. …그러니 제가 주님을 사랑한다는 것도 알고 계십니다…" 베드로의 목소리가 떨린다. 그것은 베드로가 자기의 사랑에 대하여는 자신이 있지만, 예수께서는 그 사랑을 확신하지 않으신다는 느낌을 가졌기 때문이었다.

"내 양들을 잘 돌보아라. 사랑을 세 번 고백한 것이 세 번 부인한 것을 지워버렸다. 요나의 아들 시몬아, 너는 완전히 깨끗해졌다. 그리고 나, 네게 분명히 말한다마는, 대사제의 옷을 입어라. 그리고 네 양떼 가운데에서 주의 성덕을 지녀라. 네 옷을 허리띠로 졸라 매라. 그리고 목자이던 너도 어린 양이 될 때까지 옷에 허리띠를 매고 있어라. 정말 잘 들어 두어라. 네가 젊었을 때에는 네 손으로 띠를 매고 마음대로 돌아다닐 수 있었다. 그러나 이제 나이를 먹으면 그 때는 팔을 벌리고 남이 와서 허리를 묶어 네가 원하지 않는 곳으로 끌고 갈 것이다. 그러나 지금은 내가 네게 '허리띠를 매고 나의 길로 나를 따라오너라' 하고 말하겠다. 일어나 이리 오너라."

예수께서 일어나시고 베드로도 호숫가로 가려고 일어난다. 그리고 다른 사람들은 모래를 덮어서 불을 끄기 시작한다. 그러나 요한은 빵 남은 것을 모아 가지고 예수를 따른다. 베드로가 그의 발소리를 듣고 머리를 돌린다. 그는 요한을 보고 예수께 그를 가리키며 묻는다. "그럼 이 사람은 어떻게 되겠습니까?"

"내가 돌아올 때까지 이 사람이 그대로 남아있기를 내가 원한다 한들 네게 무슨 상관이냐? 너는 나를 따라라."

그들은 물가에 이르렀다. 베드로는 말을 더하고 싶지만, 예수의 위엄과 그가 들은 말 때문에 못한다. 그는 무릎을 꿇고 경배하고, 다른 사람들도 그가 하는 대로 따라 한다. 예수께서는 그들에게 강복하시고 떠나보내신다. 그들은 배에 올라가 노를 저어 멀어져 간다. 예수께서는 그들이 떠나가는 것을 바라다보신다.

20. 다볼산에 나타나신 예수

모든 사도와 제자들인 모든 목자가 여기 있고, 쿠자가 그에게 봉사하는 일을 그만두게 하고 내보낸 요나타도 있다. 마루잠과 마나헨과 72 제자 중의 많은 사람과 다른 사람들도 많이 있다. 그들은 무성한 잎으로 빛과 더위를 완화하는 나무 그늘에 있다. 그들은 변모 때에 일어났던 저 위 정상쪽에 있지 않고 산 중턱에 있다. 그곳에는 참나무 숲이 산꼭대기를 가리려는 것 같고, 그 힘있는 뿌리로 산허리를 떠받치려는 것 같다.

시간도 그렇고 할일도 없고, 또 오래 기다리기도 한 까닭에 거의 모두가 졸고 있다. 그러나 어떤 어린이의 외침이 들리기가 무섭게 ― 내가 있는 곳에서는 그 어린이가 보이지 않기 때문에 누군지는 모르겠다 ― 모두가 최초의 충동으로 일어났다가 이내 얼굴을 돌에 대고 꿇어 엎드리는 자세로 변한다.

"너희 모두에게 평화. 자, 내가 너희들 가운데 왔다. 너희들에게 평화. 너희들에게 평화." 예수께서는 그들에게 인사를 하시고 강복을 하시며 그들 가운데로 지나가신다. 많은 사람이 울고, 어떤 사람들은 매우 기뻐서 미소짓고 있다. 그러나 모두가 매우 큰 평화를 맛보고 있다.

예수께서는 사도들과 목자들이 마루잠과 마나헨, 스테파노, 니콜라이, 에페소의 요한, 헤르마, 그리고 이름이 기억나지 않는 제자들 중 몇몇 사람이 큰 무리

20. 다불산에 나타나신 예수

를 이루고 있는 곳으로 가셔서 발을 멈추신다. 예수를 따르려고 아버지의 장례식도 포기한 코라진의 제자와 다른 때 한 번 본 일이 있는 다른 제자 한 사람도 있다. 예수께서는 당신을 쳐다보며 울고 있는 마루잠의 머리를 두 손으로 잡으시고 그의 이마에 입맞춤하신 다음 꼭 껴안으신다.

그런 다음 다른 사람들에게로 몸을 돌리시고 말씀하신다. "많기도 하고 얼마 안 되기도 하다. 다른 사람들은 어디 있느냐? 나는 충실한 내 제자들이 많다는 것을 안다. 그런데 너희들 중 아무개 아무개의 아들들인 어린이들을 치지 않으면, 왜 겨우 500명밖에 안 된단 말이냐?"

베드로가 일어나서 모든 사람을 대신해서 말한다. 그는 풀에 무릎을 꿇은 채였다. "주님, 주님께서 돌아가신지 열 사흘째 되는 날부터 스무째 되는 날 사이에 팔레스티나의 많은 도시에서 여기로 와서 주님께서 그들에게 나타나셨다는 말을 했습니다. 그래서 저희들 중의 많은 사람이 주님을 그전에 뵈려고 이런 곳 저런 곳으로 갔습니다. 이떤 사람들은 방금 떠났습니다. 여기 온 사람들은 서로 다른 여러 곳에서 주님을 뵙고 말을 했다고 했는데, 놀라운 일은 모두가 주님이 돌아가신지 열 이틀째 되는 날에 주님을 뵈었다고 말하는 것이었습니다. 저희들은 선택된 사람들을 속이기 위해 나타날 것이라고 주님께서 말씀하신 거짓 예언자 중 어떤 사람의 속임수라고 생각했습니다. 주님께서는 그 말씀을 저기 올리브산에서 그… 그전 저녁에 하셨습니다…" 베드로는 그 생각을 하고 다시 괴로워하며 고개를 떨어뜨리고 입을 다문다. 눈물 두 방울이 흘러 그의 수염에서 땅으로 떨어지고, 다른 눈물이 계속해서 떨어진다….

예수께서는 오른 손으로 베드로의 어깨를 짚으시고, 베드로는 이 접촉에 몸을 떨고, 이 손을 감히 그의 손으로 만지지 못하고, 목과 얼굴을 숙여 이 흠숭하올 손을 뺨으로 비비고 입술로 살짝 건드린다.

알패오의 야고보가 이야기를 계속한다. "그래서 저희들 중에서 큰바다쪽으로나 보즈라나 필립보의 가이사리아, 펠라나세레스, 예리고 근처에 있는 산이나 에스드렐론 평야 같은 평야나, 대헤르몬산이나 벳호론과 벳세메스 같은 곳, 또 야비아 근처나 길르앗 근처 평야에 외따로 떨어져 있는 집들이기 때문에 지명도 없는 다른 곳으로 달려가려고 일어나는 사람들을 그 발현들을 믿지 말라고 말렸습니다. 너무도 불확실한 발현이었으니까요. 어떤 사람들은 '주님을 보고 말도 했다'고 말했고, 어떤 사람들은 주님을 뵈었고 주님과 같이 식사까지 했다는 말을 사람을 시켜 전해왔습니다. 그렇습니다. 저희들은 그들을 말리려고 했습니다. 그것이 저희들과 싸우는 자의 계략이라고, 또는 의인들이 하도 주님을 생각한 끝에 주님께서 계시지 않는 곳에서 주님을 보고야 마는 그런 환영일 것이라고까지 생각한 때문이었습니다. 그러나 그들은 가고자 했습니다. 어떤 사람들은 어떤 곳으로, 또 다른 사람들은 다른 곳으로 그렇게 되어서 저희들의 수가 삼분의 일로 줄었습니다."

"너희들이 그들을 자꾸 말린 것은 잘한 일이다. 그들이 와서 너희들에게 내가 그곳에 갔었다고 말한 그곳에 내가 실제로 가지 않았기 때문에 그런 것이 아니라, 여기 남아서 일치해서 기도하며 나를 기다리라고 말했기 때문이다. 그리고 나는 사람들이 내 말에 순종하기를, 특히 내 봉사자들인 사람들이 내 말을 따르기를 원하기 때문이다. 만일 봉사자들이 불복종하기 시작하면 신자들은 어떠하겠느냐?

내 둘레에 있는 너희들은 모두 잘 들어라. 한 조직체가 참으로 활동적이고 건전하려면, 그 안에 계급제도가 있어야 한다. 즉 명령하는 사람과 명령을 전달하는 사람과 순종하는 사람이 있어야 한다. 왕국 정부에서도 그렇고, 우리 히브리인들의 종교에서 부도덕한 종교까지도 포함한 다른 종교에 이르기까지 그렇다. 언제든지 우두머리가 한 사람 있고, 그의 사제들이 있고, 사제들의 봉사자들이 있고, 끝으로 신자들이 있다. 대사제가 혼자서는 행동할 수 없고, 왕도 혼자서는 행동할 수 없다. 그리고 이들이 명령하는 것은 순전히 인간적인 우발적 사태나 의식에 관한 형식에 관계되는 것들이다. …그렇다. 불행히도 이제부터는 모세가 제정한 종교에서까지도 의식의 형식 존중밖에 남은 것이 없다. 즉 몸짓이 나타내던 정신이 죽은 지금까지도 같은 몸짓을 계속 행하는 기구(機構)의 일련의 동작밖에 남지 않았다. 몸짓의 정신은 영원히 죽었다. 그 몸짓에 생명을 주시던 하느님께서, 의식에 가치를 붙여 주시던 분께서 그들 가운데에서 물러가셨다. 그래서 의식은 몸짓일 뿐, 그 이상의 아무 것도 아니다. 어떤 서투른 배우도 원형극장의 무대에서 흉내낼 수 있는 몸짓이다. 어떤 종교가 죽어서, 원래는 실제적으로 살아 있는 힘이던 것이 요란스러운 외부적인 과장된 태도가 되고, 색칠한 무대장치와 호화로운 옷 뒤에 있는 속이 빈 물건이 되며, 용수철을 작동시키는 열쇠와 같이 정해진 운동을 하는 기계장치의 움직임같이 되는 때에는 불행하다. 용수철도 열쇠도 그것들이 무엇을 하는지 의식하지 못하는 것이다. 불행하다! 곰곰히 생각들 하여라!

이것을 항상 기억하여라. 그리고 이 진리가 오랜 세월 동안에 알려지도록 너의 후계자들에게 이 말을 해 주어라. 별이 하나 떨어지는 것이 종교가 타락하는 것보다 덜 무섭다. 하늘에서 천체와 유성(遊星)들이 없어진다 하더라도 백성들에게는 실제적인 종교 없이 있는 불행과 같은 불행은 아닐 것이다. 하느님께서 선견지명이 있는 당신 능력으로 인간의 필요를 보충해 주실 것이다. 그것은 슬기로운 길로 혹은 그들의 무식한 머리로 아는 길을 걸으면서 올바른 정신으로 하느님을 찾고 사랑하는 사람들을 위하여는 하느님께서 무엇이든지 하실 수 있기 때문이다. 그러나 만일 모든 종교의 사제들이 제일 먼저 종교를 믿지 않음으로써 종교를 가지고 속이 빈 무언극을 만들어 놓았기 때문에 사람들이 하느님을 사랑하지 않게 되는 날이 오게 되면, 이 세상은 불행하다!

 부도덕한 종교들 중에서 어떤 것들은 어떤 현자에게 주어진 부분적인 계시에 따라 생겼고, 어떤 것들은 영혼에게 어떤 신을 사랑한다는 양식을 주기 위하여 어떤 믿음을 만들어 가져야 하겠다는 인간의 본능적인 필요에서 생겼다. 왜냐하면 이 필요는 인간의 가장 강력한 자극물이고, 스스로 계신 분에 대한 영속적인 탐구의 상태로서, 비록 교만한 지능이 어떤 신에게도 복종하기를 거부한다 하더라도, 또 사람이 영혼이라는 것을 몰라서 자기 안에서 불안해 하는 이 필요를 어떻게 불러야 할지를 모른다 하더라도, 정신은 그 필요를 원하기 때문이다. 그런데 방금 한 말은 이런 종교들에 대해서 한 것이다. 그러니 내가 너희들에게 준 종교, 내 이름을 가진 종교, 내가 너희들을 그 종교의 대사제와 사제를 만든 종교, 너희들에게 그것을 온 세상에 전파하라는 명령을 순 종교에 대하여는 무슨 말을 해야 하겠느냐? 참되고 완전하고, 스승인 내가 가르친 변함없는 교리를 가진 유일한 이 종교에 대하여는 무슨 말을 해야 하겠느냐 말이다. 내 교회는 장차 오실 분인 성령의 계속적인 가르침으로 보충될 것인데, 성령은 내 대사제들에게 지극히 거룩하신 인도자가 되실 것이고, 또 내 대사제들을 도와서 내 말이 확증될 여러 지방에 세워질 여러 교회에서 보조적인 우두머리가 될 대사제들에게도 지극히 거룩하신 인도자가 되실 것이다. 이 교회들은 비록 숫적(數的)으로는 서로 다르겠지만, 생각은 서로 다르지 않을 것이고, 그들의 각 부분으로 점점 더 커지는 큰 건물을 이룸으로써 전체교회와 오직 하나가 될 것이며, 이 위대하고 새로운 성전은 그 별채를 세상의 끝에까지 세우게 될 것이다. 이 교회들은 서로 생각이 다르지 않고, 서로 대립하지 않고, 오히려 서로 화합하고 우애를 가지며, 세상 마칠 때까지 모두 교회의 우두머리인 베드로와 그 후계자들에게 순종할 것이다. 그리고 어떠한 동기에서건 어머니교회에서 떨어져 나가는 교회들은 갈라진 지체가 되어, 교회의 하느님인 우두머리인 나에게서 오는 은총인 피의 영양을 얻지 못할 것이다. 그들은 스스로 아버지의 집을 떠난 탕자와 같이 그들의 덧없는 재산을 누리다가 다음에는 점점 더 심해지는 변함 없는 비참 속에서 살며, 그들의 영적인 지능을 너무 무거운 음식과 술로 무디게 하고, 그 다음에는 더러운 짐승들이 먹는 쓰디쓴 도토리나 먹으면서 신음할 수밖에 없게 되었다가, 마침내 뉘우치는 마음으로 아버지의 집으로 돌아와 '저희들은 죄를 지었습니다. 아버지 용서해 주시고, 아버지의 집 문을 열어 주십시오' 하고 말하게 될 것이다. 그러면, 갈라져 나간 교회의 한 지체이든지, 또는 그 교회 전체이든지 ── 오! 이렇게 되었으면 좋겠다. 그러나 갈라져 나간 이들 교회들 전체를 그들의 목숨을 바쳐 구제할 수 있는 내 모방자들이 언제 어디에서 넉넉히 많이 일어나, 내가 열렬히 바라는 것과 같이 한 목자 밑에 한 우리를 만들겠느냐? 아니 다시 만들겠느냐? ─ 그러니까 혹 한 사람만이 돌아오든지 전체 회중이 돌아오든지, 그들에게 문을 열어주어라. 온정을 가져라. 너희들 모두가, 너희들 각자가 한 시간 또는 여러 시간 동안, 또는 여러 해 동안 욕망에 사로잡힌 탕자였다는 것을 생각하여라. 뉘우치는 사람들에게 무자비하게 굴지 말아라. 잘 기억하여라! 잘 기억해!

너희들 중에서 여러 사람이 도망쳤던 것이 오늘로 스무 이틀이 된다. 그런데 도망친 것은 내게 대한 너희들의 사랑을 포기한 것이 아니었더냐? 그러므로 너희들이 뉘우치고 내게 돌아오자마자 내가 받아들인 것과 같이, 너희들도 그렇게 하여라. 내가 한 것은 무엇이든지 너희도 그렇게 하여라. 이것이 내 계명이다. 너희들은 3년 동안 나와 같이 살았다. 내가 한 일과 내 생각을 너희들은 알고 있다. 너희들이 장차 결단을 내려야 할 경우를 당하게 되면, 나와 같이 있었던 시절로 눈길을 돌려라. 그리고 내가 처신한 것과 같이 처신하여라. 그러면 절대로 잘못하지 않을 것이다. 나는 너희들이 어떻게 해야 할 것인가에 대한 살아 있는 완전한 본보기이다.

또 가리옷의 유다에게까지도 나 자신을 거부하지 않았다는 것을 기억하여라. …사제는 모든 방법을 다 써서 구원하려고 애써야 한다. 그리고 구원하려고 쓰는 방법중에서 항상 사랑이 우세해야 한다. 나는 유다의 끔찍한 생각을 모르지 않았다는 것을 생각하여라. …그러나 일체의 혐오감을 극복하고, 그 불행한 사람을 요한을 다룬 것과 같이 다루었다. 너희들은… 너희들은 어떤 일을 해도 사랑하는 제자를 구하는 데에는 소용이 없다는 것을 알게 되는 고민은 대개 면하게 될 것이다. …그러므로 너희들은 모든 것이 쓸 데 없다는 것을 알 때에 너희를 엄습하는 권태를 느끼지 않고 행동할 수 있을 것이다. 그런 때에도… 항상 일해야 한다. …모든 것이 이루어질 때까지…"

"아니, 주님, 괴로워하시는군요!!! 아이고! 저는 주님이 이제는 괴로워하지 않으시리라고 생각했었는데! 아직 유다 때문에 괴로워하시는군요! 주님, 그 사람은 잊어버리세요!" 주님에게서 눈길을 떼지 않았던 요한이 이렇게 부르짖는다.

예수께서는 어떤 고통스러운 사실을 체념하고 인정하실 때 늘 하시는 몸짓으로 팔을 벌리시고 말씀하신다. "그렇다. …유다는 수없이 많은 내 고통 중에서 가장 큰고통이었고, 지금도 그러하다. 이것은 사라지지 않는 고통이다. …다른 고통들은 희생이 끝남과 동시에 끝났다. 그러나 이 고통은 그대로 남아 있다. 나는 그를 사랑하였다. 나는 그를 구해보려는 노력으로 나 자신을 소모하였다.

…나는 고성소의 문을 열어 의인들을 거기서 끌어낼 수가 있었고, 연옥의 문을 열어 자신을 정화하고 있는 사람들을 끌어낼 수가 있었다. 그러나 그가 갇혀 있는 처참한 곳의 문은 닫혀 있었다. 그에게는 내 죽음이 무익하였다."

"괴로워 마십시오! 괴로워 마세요! 주님은 지금 영광스러우십니다! 주님께는 기쁨과 영광이 있을 뿐입니다. 주님은 주님의 고통을 다 당하셨습니다!" 하고 요한은 또 애원하며 말한다.

"정말이지, 주님이 아직도 괴로워하실 수 있으리라고는 아무도 생각하지 못했어!" 제자들은 모두 놀라고 흥분해서 이렇게 주고 받는다.

"그런데 오랜 세월이 흐르는 동안 회개하지 않는 죄인, 나를 부인하는 이단, 나를 버리는 신자들 때문에, 그리고 — 이것은 가슴이 찢어지는 듯한 고통 중에서도 가장 심한 고통이지만 — 걸려 넘어지게 하고 파멸로 이끌어가는 원인이 되는 죄있는 사제들 때문에 내 마음이 아직도 받아야 할 고통을 너희들은 생각하지 못하느냐? 너희들은 알지 못한다! 너희들은 아직 몰라. 너희들은 나와 함께 하늘의 빛 속에 있지 않는 동안은 결코 완전히 알지는 못할 것이다. 그때에는 너희들이 깨닫게 될 것이다. …유다를 유심히 볼 때에 나는 그들의 타락한 의지로 인하여 선택이 파멸로 변하는 선택받은 사람들을 보았다.… 오! 충실한 너희들, 장래의 사제들을 양성할 너희들은 내 고통을 기억하고, 내 고통을 위로하기 위하여 점점 더 성덕을 닦고, 미래의 사제들에게 성덕을 닦게 하여 할 수 있는 대로 이 고통이 되풀이되지 않게 하여라. 격려하고, 보살피고, 가르치고, 억제하며, 어머니들처럼 세심하고, 스승들처럼 끈기있고, 목자들처럼 조심하고, 군인들처럼 씩씩해서 너희들이 양성할 사제들을 부축해 주어라. 열 두째 사도의 잘못이, 오! 장차 너무 되풀이되지 않게 되도록 하여라….

내가 너희들에게 한 것과 같이, 지금 너희들에게 하는 것과 같이 하여라. 나는 너희들에게 '하늘에 계신 너희 아버지와 같이 완전하게 되어라' 하고 말하였다. 그런데 지금 너희들의 인성은 이런 계명 앞에서 벌벌 떨고 있다. 내가 이 말을 너희들에게 했을 때보다도 지금 더 떨고 있는 것은, 지금은 너희들이 너희의 약함을 알고 있기 때문이다.

그러면 너희들에게 용기를 다시 주기 위하여 '너희들의 선생과 같이 되어라' 하고 말하겠다. 나는 사람이다. 그러니까 내가 한 것을 너희들도 할 수 있다. 기적들까지도. 그렇다, 기적들까지도. 이것은 내가 너희를 보낸다는 것을 세상이 알도록 하기 위해서이고, 고통을 당하는 사람들이 '그분이 이제는 우리 가운데 계시지 않기 때문에 우리 병자들을 고쳐주지 못하시고 우리의 고통을 위로하지도 못하신다'고 생각하고 낙망해서 울지 않게 하기 위해서이다. 요사이 내가 기적들을 행했는데, 그것은 사람들의 마음을 위로하고, 또 그리스도를 죽였다고 해서 그리스도가 박멸된 것이 아니고, 오히려 반대로 더 강하게 되었다고, 영원히 강하고 능력이 있게 되었다는 것을 그들에게 믿게 하기 위해서였다. 그러나 새 종교에 대한 사랑은 기적의 힘보다는 오히려 너희들의 성덕으로 더 커질 것이다. 너희들이 조심스럽게 지켜야 할 것은 내가 너희에게 넘겨주는 선물이 아니라 너희들의 성덕이다. 너희들이 더 거룩하면 더 거룩할수록 너희들이 내 마음에 더 소중한 존재가 될 것이고, 하느님의 성령이 너희를 비추실 것이고, 하느님의 인자와 능력은 너희들의 손에 하늘의 선물을 가득 채워주실 것이다. 기적은 믿음을 가지고 사는 데 필요불가결한 보통 행위가 아니다. 그뿐이 아니다! 그들이 믿는 것을 도와주기 위한 예외적인 수단이 없어도 믿음을 보존할 줄 아는 사람들은 지극히 행복한 사람들이다! 그러나 한편 기적은 오로지 어떤 특별한 시대에만 한정된 것이이서 이 시대가 지나간 다음에는 그쳐야 하는 행위도 아니다. 기적은 세상에 있을 것이다. 항상. 그리고 세상에 의인이 많으면 많을수록 기적도 그만큼 더 많아질 것이다. 진짜 기적들이 아주 드물어지는 것을 보게 되면, 그 때에는 믿음과 정의가 침체해졌다고 말해야 한다. 과연 나는 '너희가 믿음이 있으면 산도 옮길 수 있을 것이다' 하고 말하였다. 과연 나는 이런 말도 하였다. '나를 참으로 믿는 사람들을 따라다닐 표들은 마귀와 병과 자연의 힘과 계략에 대한 승리일 것이다' 하고.

하느님께서는 당신을 사랑하는 사람과 더불어 계시다. 내게 충실한 사람들이 어떻게 내 안에 있겠는가 하는 표는 그들이 내 이름으로, 또 하느님을 찬미하기 위하여 행할 기적의 수와 힘일 것이다. 참된 기적이 없는 세상에서 '너는 믿음과 정의를 잃었구나, 너는 성인이 없는 세상에 있으니 말이다' 하고 말해도 중상이 아닐 것이다.

그러면 처음으로 다시 돌아가서, 어떤 노래 곡조나 이상하게 번쩍거리는 것에 매혹된 어린이들처럼 착실한 것에서 멀리 떨어진 곳으로 달려가서 헤매려는 사람들을 너희가 말리려고 한 것은 잘 한 일이다. 그러나 너희가 보다시피, 그 사람들은 내 말을 듣지 못하니 자기네 행동에 대한 벌을 받은 셈이다. 그러나 너희들도 잘못한 것이 있다. 너희들은 내가 어떤 곳에 있다고 단언하는 어떤 목소리를 들었다고 해서 이리 뛰고 저리 뛰고 하지 말라고 내가 말한 것은 기억하였다. 그러나 너희는 그리스도가 두번째 올 때에는, 마치 눈 깜짝하는 시간보다도 더 짧은 시간에 동쪽에서 나와 서쪽으로 가는 번갯불과 같을 것이라고도 말한 것을 기억하지 못하였다.

그런데 이 두번째 오는 것은 내가 부활하는 순간에 시작되었다. 이 재림은 심판자그리스도가 부활한 모든 사람 앞에 나타날 때에 끝날 것이다. 그러나 그전에 **나는 회개시키고, 병을 고쳐 주고, 위로하고, 가르치고, 명령을 주기 위하여** 얼마나 여러 번 나타날지 모른다! 정말 잘 들어 두어라. 나는 아버지께로 돌아간다. 그러나 이 세상은 내 현존(現存)을 잃지 않을 것이다. 나는 육체나 영혼에게, 죄인이나 성인에게 내가 필요하거나, 다른 사람들에게 내 말을 전하라고 내게 선택된 사람들이 있는 곳에는 친구와 선생과 의사로 주의를 기울이고 있겠다. 그것은 인류가 내 편에서 끊임없는 사랑의 행위를 받을 필요가 있겠기 때문에, 또 인류는 복종하는 것을 몹시 힘들어 하고, 아주 쉽게 식고, 대단히 빨리 잊어버리고, 올라가기보다는 내려가기를 더 좋아해서, 내가 초자연적인 방법으로 붙잡아 주지 않으면, 율법과 복음도 진리에 대한 지식과 하늘 나라에 가고자 하는 의지를 보존하라고 내 교회가 인류에게 줄 초자연적인 방법도 소용이 없으리라는 것도 사실이기 때문이다. 그리고 여기서 말하는 인류란 나를 믿는 인류를… 세상에 사는 전체 주민과 비교하면 언제나 보잘 것 없는 수효인 인류를 말하는 것이다.

나는 올 것이다. 나를 가진 사람은 계속 겸손해야 하고, 나를 가지지 못한 사람은 칭찬을 들으려고 나를 가지기를 갈망해서는 안 된다. 아무도 놀랄 만한 일을 바라지 말아야 한다. 하느님께서는 언제 어디서 그런 것을 주셔야 할지 알고 계시다. 하늘 나라에 들어가는 데에는 놀랄 만한 것을 가지는 것이 필요치 않다. 이것은 잘못 쓰면 하늘 나라 대신에 지옥의 문을 열 수 있는 무기이기도 하다. 이제는 어떻게 해서 그렇게 되는지를 말해 주겠다. 그것은 교만이 생겨날 수 있기 때문이고, 하느님의 눈에 비열한 것으로 비치는 정신상태에 이를 수 있기 때문이다. 그리고 하느님의 눈에 비열한 것으로 비친다고 한 것은 그 정신상태가 일종의 마비상태와 비슷하기 때문인데, 어떤 사람은 그 상태에 머물러 있으면서 자기가 이 선물을 받았다고 해서 벌써 천국에 가 있는 줄로 생각함으로써 가지게 된 그 보물을 어루만지며 만족해 한다. 그런데 사실은 그렇지 않다. 이 경우에는 이 선물이 불꽃과 날개가 되기는 고사하고, 얼음과 무거운 돌이 되어 영혼이 떨어져 죽는다. 또 이런 것도 있다. 즉 선물을 잘못 쓰면, 더 큰 칭찬을 듣기 위하여 선물을 더 많이 가지고자 하는 강한 욕망이 일어날 수 있다. 그러면 이 경우에는 주님 대신에 악마가 들어서서 불순한 이적(異蹟)으로 무모한 사람들을 유혹하려 들 수도 있을 것이다. 어떤 종류의 유혹에서든지 항상 멀리 떨어져 있어라. 유혹들을 피하여라. 하느님께서 너희들에게 내려주시는 것으로 만족하여라. 하느님께 서는 무엇이 너희들에게 유익한지 또 어떻게 유익한지 아신다. 어떤 선물이든지 선물인 것 외에 시험이라는 것을, 너희들의 올바름과 너희들의 의지에 대한 시험이라는 것을 항상 생각하여라. 나는 너희들에게 같은 것을 주었다. 그러나 너희들을 더 좋은 사람이 되게 한 그것이 유다는 파멸시켰다. 그러면 선물이 나쁜 것이었단 말이냐? 아니다. 그렇지 않고 그 사람의 의지가 나빴던 것이다….
 지금도 마찬가지이다. 나는 많은 사람에게 나타났다. 그것은 그저 위로나 해주고 은혜나 가득히 내려주려고만 그런 것이 아니고, 너희에게 만족을 주기 위해서였다. 너희들은 내게 내가 부활했다는 것을 백성들에게 믿게 하라고 청하였다. 최고회의 사람들이 그들 생각을 받아들이게 하려고 애쓰는 백성들 말이다. 나는 같은 날, 여기서 저기로 가려면 여러 날이 걸려야 할 만큼 멀리 떨어진 여러 장소에서 어린이들과 어른들에게 나타났다. 내게는 이제 거리에 대한 속박이 없다. 그런데 이렇게 동시에 여러 군데서 나타난 것 때문에 너희들은 어리둥절하였다. 너희들은 서로 이렇게 말하였다. '그 사람들은 유령을 보았다'고. 그러니까 너희들은 내 말의 일부분을 잊어버린 것이다. 즉 이후로는 동쪽이고 서쪽이고, 남쪽이고 북쪽이고 내가 있어 마땅하다고 생각하는 곳이면, 아무런 방해도 받지 않고, 하늘을 가르는 번갯불처럼 빨리 가 있을 것이라고 한 말을 말이다. 나는 진짜 사람이다. 내 사지와 단단하고, 따뜻하고, 움직일 수 있고, 숨쉴 수 있는 너희 육체와 같은 내 육체를 보아라. 그러나 나는 또 참 하느님이다. 그리고 33년 동안은 천주성이 어떤 최상의 목적 때문에 인성 안에 가려져 있었지만, 이제는 인성과 결합하여 있기는 하지만 천주성이 우세해서, 인성이 영광스럽게 된 육체의 완전한 자유를 누린다. 천주성과 더불어 여왕이 된 인성은 이제는 인성에 있어서 제한이 되는 아무 것에도 지배받지 않게 되었다. 내가 여기 있다. 내가 너희들과 같이 있다. 그러나 만일 내가 하고자 하면 일순간에 세상 끝까지 가서 나를 찾는 사람을 내게로 끌어당길 수 있을 것이다.
 그리고 바닷가의 가이사리아 근처와 높은 지대의 가이사리아, 또 가릿과 엔갓디, 벨라와 유타 근처, 유다의 다른 여러 곳, 보즈라와 대헤르몬산 위, 시돈과 갈릴래아 경계 지역에 내가 있었던 것이 어떤 결과를 가져오겠느냐? 또 어린아이를 고쳐주고, 조금 전에 죽은 어떤 사람을 다시 살려주고, 고민하는 사람을 위로해주고, 심한 고행을 해서 몸을 괴롭힌 어떤 사람을 내 일을 하라고 부르고, 그렇게 해달라고 청하는 의인을 하느님께로 불러가고, 죄없는 사람들에게 내 메시지를 주고, 충실한 마음을 가진 어떤 사람에게 내 명령을 주고 한 것이 무슨 효과가 있겠느냐? 그랬다고 세상이 믿게 되겠느냐? 아니다, 믿는 사람들은 계속 믿을 것인데, 더 안심하고 믿겠지마는, 이미 참으로 믿을 줄 알았기 때문에 더 힘있게 믿지는 않을 것이다. 참된 믿음을 가지고 믿을 줄 알지 못한 사람들은 계속 확신을 가지지 못한 채로 있을 것이고, 악한 사람들은 내가 나타난 것을 정신착란이고, 거짓말이라고, 그 죽은 사람은 정말 죽었던 것이 아니라 잠들어 있었던 것이라고, 말할 것이다. …내가 악한 부자의 비유를 말해 준 것이 생각나느냐? 나는 이런 말을 했었다. 아브라함이 지옥에 떨어진 사람에게 이렇게 대답하였었다. '그들이 모세와 예언자들의 말을 듣지 않으면, 누가 죽은 사람들 가운데에서 다시 살아나서 그들에게 어떻게 해야 할지 말해주더라도 믿지 않을 것이다' 하고. 그들이 혹 선생인 나와 내 기적들을 믿었느냐? 라자로에 대한 기적이 무엇을 얻어냈느냐? 내 유죄판결을 재촉하였다. 내부활이 무엇을 얻었느냐? 그들의 증오의 증가를 얻어냈다. 너희들 가운데에 있을 내 마지막 시간의 이 기적들까지도 그들을 믿게 하지 못할 것이고, 다만 현재에는 피로와 고생이 따르고 미래에는 영광이 있을 하느님의 나라를 선택해서 이미 이 세상 사람들이 아닌 사람들만을 믿게 할 것이다.

그러나 너희들의 믿음이 단단해지고 내 명령을 충실히 지켜서, 비록 좋은 일이기는 하지만 내가 너희들에게 지시한 것과는 다른 일들을 누리려고 인간적으로 서두르지 않고 이 산에 남아 있는 것은 내 마음에 든다. 불복종은 십분의 일은 주고 아홉은 빼앗아 간다. 저 사람들은 갔는데, 그들은 사람들의 말을, 항상 사람들의 말을 들을 것이다. 그런데 너희들은 남아 있었기 때문에 내 말을 들었다. 이 말이 이미 말한 것들을 상기시키더라도 여전히 좋고 유익한 말이다. 이 교훈은 미래를 위해서 너희 모두에게 본보기 노릇을 할 것이고 저들에게도 본보기가 될 것이다."

예수께서는 거기 모여 있는 그 얼굴들을 휘 둘러보시고 부르신다. "엔갓디의 엘리세오, 이리 오너라. 네게 할 말이 있다."

나는 늙은 아브라함의 아들인 옛날 문둥병자를 알아보지 못하였었다. 그때에는 해골처럼 마른 유령 같았는데, 지금은 한창나이의 건장한 사나이이다. 그는 가까이 와서 예수의 발아래 엎드리니, 예수께서 말씀하신다. "내가 엔갓디에 갔었다는 것을 네가 안 때부터 네 입술에는 한 가지 질문이 감돌고 있다. 그 질문은 '제 아버지를 위로하셨습니까?' 하는 것이지. 그래서 대답한다마는, '위로 이상의 일을 했다! 내가 데려왔다.'"

"주님이 데리고 오셨다구요. 어디 있는지 저는 못 보겠는데요."

"엘리세오, 나는 아직 잠시 동안 여기 있다. 그런 다음 내 아버지께로 간다…."

"주님!… 제 아버지가 세상을 떠났다는… 말씀이군요!"

"네 아버지는 내 품에서 잠들었다. 그에게도 고통은 끝났다. 고통을 다 소멸시켰어, 그리고 항상 주님께 충실했었다. 울지 말아라. 너는 나를 따르려고 아버지를 떠나지 않았느냐?"

"주님, 그렇습니다…."

"자, 네 아버지는 지금 나와 같이 있다. 그러니까 나를 따르면, 너는 아직 네 아버지 곁에 오는 것이다."

"그렇지만 언제? 어떻게 돌아가셨습니까?"

"아버지의 포도밭에서. 아버지가 내게 대한 말을 처음 들었던 곳에서. 아버지는 지난 해의 청을 내게 상기시켰다. 나는 '이리 오십시오' 하고 말했지. 아버지는 네가 나를 따르려고 모든 것을 버렸기 때문에 기뻐하며 세상을 떠났단다."

"제가 운다 하더라도 용서해 주십시오. …제 아버지였으니까요…."

"나는 네 괴로움을 이해할 수 있다." 예수께서는 그를 위로하시려고 그의 머리에 손을 얹으시고 제자들에게 말씀하신다. "여기 너희들의 새 동료가 한 사람 있다. 내가 이 사람을 무덤에서 나오게 해서 나를 섬기게 했으니까 너희 들에게도 소중한 사람이 되어야 한다."

그런 다음 부르신다. "엘리야, 내게로 오너라. 형제들 사이에 들어와 있는 외부사람처럼 부끄러워하지 말아라. 과거는 모두 사라졌다. 나를 위해 아버지 어머니를 떠난 즈가리야 너도 친티움의 요셉과 함께 일흔 두 명 제자들과 같이 있어라. 너희들은 나를 위하여 권력자들의 조치에 저항하였으니 그럴 자격이 있다. 그리고 필립보 너도, 또 네 이름이 소름끼치는 것으로 생각되기 때문에 네 이름을 부르는 것을 원치 않는 필립의 친구 너도 오너라. 그리고 네 이름이 싫으면 네 아버지의 이름을 가져라. 네 아버지는 나를 공공연하게 따르는 사람들 축에 아직 끼지 않지만, 의인이다. 모두들 알겠느냐? 나는 착한 뜻을 가진 사람은 아무도 배제하지 않는다. 이미 제자로서 나를 따르던 사람들도 배제하지 않고, 내 제자들의 무리에 속해 있지는 않아도 내 이름으로 착한 일을 하던 사람들도, 모든 사람이 좋아하지는 않는 당파에 속해 있던 사람들도 배제하지 않는다. 그들도 언제나 올바른 길로 들어올 수 있으며 따라서 제외되어서는 안 된다. 너희들은 내가 하는 대로 하여라. 나는 이들을 이전 제자들과 결합시킨다. 하늘나라의 문은 착한 뜻을 가진 모든 사람에게 열려 있기 때문이다. 그리고 비록 여기에 있지는 않지만, 이방인들까지도 물리치지 말라고 말하겠다. 나는 그들이 진리를 갈망한다는 것을 알고는 물리치지 않았다. 내가 한 대로 하여라. 또 사자 구덩이는 아니지만 정말 재칼 구덩이에서 나온 다니엘 너도 와서 이 사람들과 같이 있어라. 또 벤자민 너도 이리 오너라. 나는 너희들을 이들과(예수께서는 거의 전원이 모여 있는 일흔 두 제자를 가리키신다) 결합시킨다. 그것은 주님의 밭에 추수할 것이 많겠고 따라서 많은 일꾼이 필요하기 때문이다.

이제는 낮시간이 흐르는 동안 여기에 좀 그대로 있기로 하자. 저녁이 되면, 산을 떠나라. 그리고 새벽에는 너희 사도들과 내가 이름을 부른 너희 두 사람과 일흔 두 사람 중에서 여기 있는 사람들은(예수께서는 즈가리야와 내게 초면이 아닌 친티움의 그 요셉을 가리키신다) 나와 같이 가자. 다른 사람들은 여기 남아서, 할 일 없는 말벌처럼 이리저리 달려간 사람들을 기다렸다가, 게으르고 말안 듣는 아이들처럼 해서 주님을 만나는 것이 아니라고 내 대신 말해 주어라. 그리고 오순절 20일 전에 모두가 베다니아에 가 있으라고 일러라. 그뒤에는 나를 찾아도 소용없을 테니까. 모두들 앉아서 쉬어라. 너희들은 나와 같이 좀 외따른 곳으로 가자."

예수께서는 여전히 마루잠의 손을 붙잡고 길을 떠나시고, 열 한 사도가 뒤를 따른다. 예수께서 참나무 숲의 가장 깊숙한 곳에 앉으셔서 마루잠을 당신께로 끌어당기신다. 마루잠은 매우 침울하다. 하도 침울해서 베드로가 이렇게 말할 정도이다. "주님, 그애를 위로해 주십시오. 벌써 전에도 침울했었는데, 지금은 더 침울하군요."

"애야, 왜 그러느냐? 네가 아마 나하고 같이 있지 않은 모양이지? 너는 내가 고통을 이긴 것을 기뻐해야 하지 않겠니?"

마루잠은 대답 대신 눈물을 펑펑 쏟으며 운다.

"저애가 왜 저러는지 모르겠어. 물어 봤는데도 소용없었어. 그리고 오늘 저애가 이렇게 울 줄은 몰랐던 말이야!" 하고 베드로가 약간 화가 나서 투덜거린다.

"그렇지만 난 알아" 하고 요한이 말한다.

"거 잘됐군 그래! 그럼 왜 운대?"

"애가 우는 것이 오늘이 처음이 아니야. 여러 날째야…."

"그건! 나도 눈치챘어! 그렇지만 왜 운다는 거야?"

"주님이 알고 계셔. 나는 확신해. 또 주님만이 애를 위로하는 말씀을 하실 수 있으리라는 것도 알아" 하고 요한이 빙그레 웃으면서 또 말한다.

"사실이다. 나는 알고 있다. 나는 착한 제자인 마루잠이 지금은 정말 어린아이라는 것을, 사물의 진실을 보지 못하는 어린아이라는 것을 안다. 그러나 모든 제자들 중에서 가장 사랑하는 제자인 너는 내가 약해진 믿음을 굳게 해 주려고, 세상을 다 산 생명들을 사해주고 거두어 주려고, 더 약한 사람들에게 불어 넣어진 독을 품은 의심을 없애 주고, 아직도 내게 반대하고자 하는 사람들에게 동정을 가지고 또는 엄하게 대답하려고, 그리고 사람들이 내가 죽었다고 말하려고 가장 애를 쓰고 있는 곳에 나타남으로써 내가 부활했다는 것을 입증하기 위해서 갔었다는 것을 생각하지 못하고 있다. 애야, 네 믿음과 바람과 사랑과 의지와 순종을 내가 알고 있는데, 내게로 가는 것이 무슨 필요가 있었느냐? 내가 지금처럼 너를 데리고 있고, 또 여러 번 데리고 있을 터인데 잠깐 동안 네게 가는 것이 무슨 필요가 있었느냐? 나와 함께 과월절 잔치를 할 사람이 다른 모든 제자들 중에서 너말고 또 누가 있느냐? 이 사람들을 다 보아라. 이 사람들은 과월절을 지냈다. 그런데 어린 양과 누룩을 넣지 않은 빵의 맛이 그 후 몇 시간 동안에 그들의 입천장에는 온전히 재와 쓸개와 초같이 되어버렸다. 그러나 애야,

너와 나는 우리 과월절을 기쁘게 완성할 것이다. 그리고 그것은 하늘에서 내려와서 그대로 보존되는 꿀과 같을 것이다. 그때에 운 사람은 이제는 기뻐할 것이다. 그때 즐긴 사람은 또다시 즐기기를 바랄 수는 없다."

"참말… 저희들은 그날 그다지 즐겁지는 않았습니다" 하고 토마가 중얼거린다.

"그렇습니다. 저희들의 마음은 떨렸습니다…" 하고 마태오가 말한다.

"그리고 저희들은 의심과 분노의 폭발을 느끼고 있었습니다. 적어도 저는 그랬습니다" 하고 타대오가 말한다.

"그러니까 너희들 모두가 추가과월절을 지내고 싶단 말이로구나…."

"그렇습니다. 주님" 하고 베드로가 말한다.

"언젠가 너는 여자제자들과 네 아들이 과월절 잔치에 한 몫 끼지 못할 것이라고 불평을 했었다. 그런데 지금은 그때 즐기지 못한 사람들이 그들의 기쁨을 누려야 한다는 데 대해서 불평을 하는구나."

"그렇습니다. 저는 죄인입니다."

"그런데 나는 동정하는 사람이다. 나는 너희들 모두가 내 둘레에 있기를 바란다. 그리고 너희들뿐 아니라, 여자제자들까지도. 라자로가 또 한 번 우리를 환대할 것이다. 필립보야, 나는 네 딸들을 오게 하지 않았었다. 또 너희들의 아내들, 미르타, 노에미, 또 그들과 같이 있는 처녀도, 그리고 이 아이도 오지 못하게 하였었다. 예루살렘이 그 며칠 동안은 모든 사람이 있을 곳이 아니었다!"

"맞습니다! 여자들이 거기 있지 않은 것이 잘된 일이었습니다" 하고 필립보가 탄식한다.

"그렇습니다. 여자들은 저희들의 비겁을 보았을 것입니다."

"베드로야, 입 다물어라. 네 비겁은 용서를 받았다."

"예, 그러나 저는 제 비겁을 제 아들에게 털어놓았습니다. 그리고 이 애가 그 때문에 침울한 것으로 생각했습니다. 제가 그것을 털어놓은 것은, 제가 그것을 털어놓을 때마다 마음이 가벼워지기 때문입니다. 그것은 누가 제 가슴에서 큰 돌을 치워주는 거나 마찬가지입니다. 저를 낮출 때마다 더 죄사함을 받는다고 느껴집니다. 그러나 마루잠이 주님께서 다른 사람들에게는 나타나셨는데… 그 때문에 침울해 한다면…"

"그 때문이지 다른 일 때문이 아니예요, 아버지."

"그러면 기뻐해라! 주님은 너를 사랑하셨고, 지금도 사랑하고 계시다. 알겠지. 하지만 네게는 추가과월절 이야기를 했었는데…"

"주님, 저는 주님을 대신해서 폴피레아가 제게 주는 명령에 썩 달갑게 순종하지 않았다고 생각했습니다. 그리고 그 때문에 저를 벌하시는 거라고 생각했습니다. 그리고 주님이 제게 나타나지 않으신 것은 제가 유다를 미워하고, 주님을 십자가에 못박은 사람들을 미워했기 때문이라고 생각했습니다." 하고 마루잠이 자백한다.

"아무도 미워하지 말아라. 나는 용서하였다"

"예, 주님. 이제는 미워하지 않겠습니다."

"그리고 다시는 시무룩하지도 말아라."

"그러지 않겠습니다. 주님." 마루잠은 아주 어린아이들이 그런 것과 같이 다른 사람들보다 예수를 덜 두려워한다. 예수께서 그에게 화를 내고 계시지 않다는 것을 알게 된 지금은 예수의 팔에 몸을 맡긴다. 탁 믿고 그렇게 한다. 그리고 마치 병아리가 어미의 날개 밑으로 기어들어가듯, 그를 끌어당기는 품 안으로 완전히 파묻힌다. 그리고 여러 날 전부터 그를 우울하고 불안하게 만들었던 고민이 사라짐과 동시에 행복해서 잠이 든다.

"아직도 어린아이야" 하고 열성당원이 지적한다.

"그래, 하지만 얼마나 마음이 괴로웠겠어! 티베리아의 요셉의 통지를 받고 그애를 내게 데려왔을 때 폴피레아가 내게 그 말을 했어" 하고 베드로가 대답한다. 그리고 선생님께 "폴피레아도 예루살렘에 옵니까?" 하고 여쭙는다. 베드로의 목소리에는 간절한 소원이 깃들어 있다.

"여자들이 다 온다. 나는 아버지께 올라가기 전에 모두에게 강복하고 싶다. 여자들도 봉사를 하였고, 남자들보다 더 봉사한 적도 많이 있었다."

"그러면 주님의 어머니께서는요, 거기는 안 가십니까?" 하고 타대오가 여쭙는다.

"우리는 같이 있을 것이다."

"같이라니요? 언제요?"

"유다야, 유다야, 그래 네게는 어머니 곁에서 항상 기쁨을 얻은 내가 지금 어머니와 같이 있지 않는 것으로 생각되느냐?"

"그렇지만 마리아 아주머니는 지금 댁에 혼자 계십니다. 제 어머니가 어제 그 말을 해주었습니다."

예수께서는 빙그레 웃으시면서 대답하신다. "지성소의 장막 뒤로는 대사제만이 들어가는 것이다."

"그러면요? 무슨 말씀입니까?"

"묘사할 수도 없고 알 수도 없는 지복(至福)이 있는 것이다. 내 말은 이런 뜻이다."

예수께서는 마루잠을 가만히 떼어서 가장 가까이 있는 요한에게 맡기시고 일어나셔서 그들에게 강복하신다. 그동안 마루잠의 머리를 무릎에 올려놓고 있는 요한을 빼고는 모두가 무릎을 꿇고 머리를 숙인다. 그들이 강복을 받는 동안 예수께서는 사라지신다.

"주님은 정말 당신이 말씀하시는 것처럼 번갯불 같으시구먼" 하고 바르톨로메오가 말한다….

그들은 깊은 생각에 잠겨 해지기를 기다린다.

주님은 이 공책이 몇 장 남지 않았기 때문에 마지막 지시와 환상을 적을 자리가 없을 것이니까 다른 공책을 하나 쓰라고 하십니다.

저는 새 공책에 쓰기 시작했어야 되었을 것입니다. 그러나 마르타가 아프기 때문에 이 공책에 썼다가 새 공책에 다시 옮겨썼습니다.

21. 예수께서 사도들과 제자들에게 나타나신다

그들은 나자렛에서 멀리 떨어지지 않은 나무가 더 많은 또 다른 산 위에 있다. 이 산에는 산밑을 끼고 도는 길로 해서 올라간다.

예수께서는 그들을 빙 둘러 앉게 하신다. 가장 가까이에는 사도들이 있고, 그 뒤에는 제자들(일흔 두제자 중에서 이리저리 가지 않은 사람들)이 있고, 그밖에 즈가리야와 요셉이 있다. 마루잠은 예수의 발 앞에, 특별한 위치에 있다.

예수께서는 그들이 앉아서 모두 조용히 당신 말씀에 주의를 기울이게 되자 말씀을 하신다.

예수께서는 이렇게 말씀하신다. "내가 지금 말하려는 것은 대단히 중요한 것이니까 내 말에 온 주의를 기울여라. 너희들은 내 말을 아직은 모두 알아듣지는 못할 것이고, 또 모두 썩 잘 알아듣지는 못할 것이다. 그러나 내 뒤에 오실 분이 너희들에게 그것을 알아듣게 하실 것이다. 그러니까 내 말을 귀담아 들어라.

하느님의 도움이 없으면, 사람은 원죄로 인하여 약해진 아주 허약한 그의 체질 때문에 쉽게 죄를 짓는다는 것을 너희들보다 더 확신하는 사람은 아무도 없다. 그러므로 너희들을 구속하기 위하여 너희들에게 그렇게도 많은 것을 주고 나서 내 희생의 결과를 보존하는 방법도 아울러 주지 않으면, 나는 무모한 구속자가 될 것이다. 너희들은 죄를 쉽게 범하는 것이 모두 원죄에서 온다는 것을 알고 있다. 원죄는 사람들에게서 은총을 빼앗아 감으로써 그들의 힘을, 즉 은총과의 결합을 빼앗는다.

너희들은 '그렇지만 주님은 저희들에게 은총을 돌려주셨습니다' 하고 말하였다. 그러나 그렇지 않다. 은총은 내가 죽을 때까지 있었던 의인들에게 다시 주어졌다. 이제부터 올 사람들에게 은총을 돌려주는 데에는 어떤 방법이 필요하다. 이 방법은 의식적(儀式的)인 상징이 될 뿐 아니라, 그것을 받는 사람에게 아담과 하와가 그랬던 것과 같이 하느님의 자녀라는 실제적인 인호(印號)를 정말로 박아 줄 것이다. 아담과 하와의 영혼은 은총으로 생명을 얻어 하느님께서 가장 사랑하시는 피조물에게 주신 가장 고상한 선물들을 가지고 있었다.

사람이 어떠하였고 무엇을 잃었는지를 너희들은 알고 있다. 그런데 지금은 내 희생 덕택으로 은총의 문이 다시 열렸고, 은총은 내게 대한 사랑으로 그것을 청하는 모든 사람에게 내려올 수 있다. 이 때문에 사람들은 사람들 중의 맏아들, 지금 너희에게 말하는 사람, 너희들의 구속자, 너희들의 영원한 대사제, 아버지를 통한 너희들의 형, 너희들의 스승의 공로로 하느님의 자녀라는, 인호를 받을 것이다. 예수 그리스도를 통하여, 예수 그리스도의 덕택으로 지금 사람들과 미래의 사람들이 하늘 나라를 차지할 수 있을 것이고, 사람의 최종목적이신 하느님을 누릴 수 있을 것이다. 그 때까지는 가장 의로운 의인들이라도 비록 선택된 민족의 아들로 할례를 받았다 하더라도 이 목적을 달성하지는 못하였다. 그들의 덕행은 하느님께서 참작하시고, 그들의 자리는 하늘에 준비되어 있었다. 그러나 하늘의 문은 그들에게 닫혀 있었고, 하느님을 누리는 것은 거부당했었다. 그것은 모든 덕행의 꽃이 핀 축복된 화단인 그들의 영혼에는 원죄라는 저주받은 나무도 있었기 때문인데, 아무리 거룩한 행동이라도 그 나무를 없애버릴 수가 없었고, 또 그처럼 해로운 나무의 뿌리와 잎을 가지고는 하늘에 들어갈 수 없기 때문이다.

안식일 전날에 성조들과 예언자들과 이스라엘의 모든 의인들의 한숨이 구속이 완성된 기쁨으로 가라앉았다. 그들의 덕행으로 인하여 산위에 있는 눈보다도 더 흰 영혼들에게서는 그들을 하늘에 들어가지 못하게 하던 오직 하나의 흠마저 없어졌다. 그러나 세상은 계속된다. 사람들이 대를 이어 일어나고 있고, 또 일어날 것이다. 민족들이 뒤를 이어 그리스도에게로 올 것이다. 그리스도는 새 세대가 생길 때마다 그 세대를 위하여, 또는 그에게로 오는 민족 하나하나를 위하여 죽을 수 있느냐? 그렇지 않다. 그리스도는 오직 한 번만 죽었고, 다시는 영원히 죽지 않을 것이다. 그러면 이 세대들과 이 민족들은 내 말의 덕택으로 착하게 되어야 하면서도, 원죄로 인하여 손상되었기 때문에 하늘을 차지하지도 못하고 하느님을 누리지도 못해야 한단 말이냐? 그렇지 않다. 그것은 내게 대한 그들의 사랑이 쓸 데 없는 것이 되겠기 때문에 그들에게도 공평하지 못할 것이고, 또 나는 너무나 적은 수효의 사람을 위하여 죽은 것이 되겠기 때문에 내게 대해서도 공평치 못할 것이다.

그렇다면? 서로 다른 물건들을 어떻게 일치시켜야 하겠느냐? 수많은 기적을 행한 그리스도가, 사람들을 위하여 죽기를 원하기까지 그들을 사랑하고 나서, 세상을 떠나 하늘에 올라가기 전에 어떤 새로운 기적을 행하겠느냐? 그리스도는 튼튼하게 하고 거룩하게 하는 음식으로 그의 몸과 피를 너희들에게 남겨 줌으로써, 그리고 그의 사랑을 기억하기 위하여 나를 기억하여 내가 한 것과 같이 하고, 그것을 제자들을 위한 성화의 방법을 삼으라고, 또 세상 마칠 때까지 제자들과 또 제자들의 성화의 방법을 삼으라고 하는 명령을 너희들에게 줌으로써 이미 한 가지 기적을 행하였다.

그러나 그날 저녁에는 너희들이 겉으로는 깨끗하였는데, 내가 어떻게 하였는지 기억하느냐? 수건을 허리에 매고 너희들의 발을 씻었다. 그리고 너무 굴욕적인 이 행동을 분개하는 너희 중의 한 사람에게 '내가 너를 씻어 주지 않으면 너는 이제 나와 한 몫을 받지 못하게 된다'고 말하였다. 너희들은 내 말이 무슨 뜻인지, 내가 무슨 몫을 가지고 말하는 것인지, 내가 어떤 상징을 보여 주는 것인지 이해하지 못하였다. 자, 이렇게 된 것이다.

너희들에게 겸손을 가르치고, 내 나라에 한 몫 끼게 되기 위하여는 깨끗하게 되어야 하는 필요성을 가르친 것 말고도 하느님께서 의로운 사람에게서는, 즉 정신과 지능이 깨끗한 사람에게서는 의인들에게 있어서도 사람들 가운데 살아야 하기 때문에 그들의 깨끗한 지체와 그들의 살에 앉게 되는 먼지로 인하여 가장 쉽게 더러워질 수밖에 없는 부분을 마지막으로 씻으라고 요구하신다는 것을 친절하게 지적해 주었다. 그외에, 또 다른 것 한 가지를 가르쳐 주었다. 나는 너희들의 발을 씻어 주었다. 몸에서 가장 아래 있는 부분, 진흙과 먼지 속으로, 때로는 오물 속으로까지 가는 부분인 발을 씻어 주었는데, 그것은 사람의 물질적인 부분인 육체는 하느님의 작업으로, 혹은 천주성으로 원죄가 없는 사람들을 빼놓고는 언제나 결점을 가지고 있으며, 그것이 때로는 하느님께서만 보실 수 있을 정도로 극히 작은 것이기는 하지만, 사실은 그것들이 천성적인 습성이 되다시피해서 힘을 가지게 되지 않도록 경계해야 하며, 그것들을 뿌리뽑기 위하여 억제해야 한다는 것을 알려주기 위해서였다.

그래서 내가 너희들의 발을 씻어 주었다. 언제 씻었느냐? 빵과 포도주를 나누어 주며, 그것을 내 몸과 피로 본질적으로 변하게 하기 전에 그렇게 하였다. 그것은 내가 하느님의 어린 양이어서 사탄이 자국을 남긴 곳에는 내려갈 수가 없기 때문이다. 그러므로 우선 너희들을 씻어 주고 나서 나를 너희들에게 주었다. 너희들도 내게로 올 사람들을 세례로 씻어 주어라, 그래서 그들이 내 몸을 자격 없이 받음으로써 내 몸이 그들에게 무서운 사형선고로 변하게 되지 않도록 하여라.

너희들은 몹시 걱정하는구나. 그래서 서로 바라보는구나. 너희들의 눈길로 너희들은 서로 이렇게 묻는다. '그럼 유다는?' 하고. 나, 너희들에게 말한다마는 '유다는 그의 죽음을 먹었다.' 최후의 사랑의 행위로 그의 마음을 감동시키지는 못하였다. 그의 스승의 마지막 시도(試圖)는 돌 같은 그의 마음에 부딪혔다. 그

21. … 사도들과 제자들에게 나타나신다 **211**

돌에는 T*(도)자 대신에 사탄의 소름끼치는 약자, 동물의 기호가 새겨져 있었다.
 그러므로 나는 너희들의 죄의 고백을 듣기 전에, 너희들에게 성령을 불어넣기 전에, 따라서 다시 은총을 견고하게 가지게 된 참된 그리스도인과 내 사제들로서의 특징을 붙여주기 전에 너희들을 씻어 주었다.
 그러니까 그리스도인의 생활을 하라고 너희들이 준비시킬 다른 사람들에게도 이렇게 해야 한다.
 한분이시고 세위이신 하느님의 이름과 내 이름으로, 또 내 무한한 공로 때문에 물로 세례를 주어서, 사람들의 마음에서 원죄가 지워지고, 죄가 사해지고, 은총과 덕행들이 쏟아넣어지며, 성령께서 내려오셔서 주님의 은총으로 사는 사람들의 육체인 축성된 성전에서 머무르실 수 있게 하여라. 물이 죄를 없애는 데 필요하였느냐? 물은 영혼에는 미치지 못한다. 미치지 못하고 말고. 그러나 비물질적인 표로 모든 행동에 있어서 지극히 물질적인 사람의 시력에는 작용하지 못한다.
 나는 눈에 보이는 방법을 쓰지 않고도 얼마든지 생명을 불어넣어 줄 수 있었다.
 그러나 누가 그것을 믿었겠느냐? 보지 않고서 굳게 믿을 줄 아는 사람이 몇이나 있겠느냐? 그러므로 옛날의 모세의 율법에서 사람들이 시체와 접촉하여 오염한 다음에 부정한 그들을 깨끗하게 해서 다시 장막 안으로 들어오게 하기 위하여 쓰던 깨끗하게 하는 물을 떠오너라. 사실 사람은 누구나 은총에 죽은 영혼과 접촉하고 있기 때문에 오염된 상태로 태어난다. 그러므로 영혼은 깨끗하게 하는 물로 더러운 접촉이 깨끗이 씻어져서 영원한 성전에 들어갈 수 있는 자격을 얻어야 한다. 그리고 너희들은 물을 소중히 여겨야 한다. …수난으로 끝을 맺은 33년 동안의 피로한 생활로 속죄하고 구속한 다음, 사람들의 죄를 위하여 내 피를 전부 흘린 다음, 피가 다 빠져나간 희생자의 몸에서는 원죄를 씻는 데 유익한 물이 빠져나왔다. 나는 완성된 희생으로 너희들을 원죄에서 구해냈다. 만일 내 생애의 마지막 순간에 내 편에서 하느님으로서의 기적을 행하여 내가 십자가에서 내려왔더라면, 확실히 말하지만 내가 흘린 피로 죄들을 깨끗하게 하였을 것이다. 그러나 원죄는 깨끗이 씻지 못했을 것이다. 원죄를 위하여는 전적인 소모가 필요하였다. 정말이지, 에제키엘이 말하는 몸에 이로운 물이 내 옆구리에서 나왔다. 영혼들을 이 물에 담가서 성령을 받도록 더럽혀지지 않은 상태로 나오게 하여라. 성령께서는 창조주께서 아담에게 영을 불어넣어주시기 위하

---

* 역주 : Tau = "도-" = ㄷ(그레시아말에서 첫머리글자) = T = ✝ 십자가의 상징이다.

여, 따라서 당신의 모습을 닮게 하기 위하여 불어넣어 주신 그 입김을 기억해서, 구속된 사람들의 마음에 돌아오셔서 입김을 불어주시고 그 안에서 사실 것이다.

내 세례로 세례를 주어라. 그러나 세위이신 하느님의 이름으로 하여라. 그것은 참말이지 아버지께서 원치 않으시고 성령께서 이루지 않으셨더라면 말씀이 사람이 되지 않으셨을 것이고, 너희들은 구속을 받지 못했을 것이기 때문이다. 따라서 어떤 사람이든지 생명을 주고자 하는 뜻을 함께 가지셨던 분들의 이름으로, 아버지와 아들과 성령의 이름을 부르면서 세례를 주는 행위로 생명을 받는 것이 마땅하고 또한 의무이다. 그 사람은 나에게서 그리스도인이라는 이름을 받게 될 것인데, 이것은 세례를 과거와 미래의 다른 의식들과 구별하기 위한 것이다. 다른 의식들은 의식은 되겠지만 죽지 않는 부분에 새겨지는 지워지지 않는 표는 되지 못할 것이다.

내가 한 것과 같이 빵과 포도주를 들고 내 이름으로 강복하여 나누어서 돌려주어라. 그래서 그리스도인들이 나를 먹고 살게 하여라. 또한 빵과 포도주를 하늘에 계신 아버지께 제물로 바쳐라. 그런 다음 내가 너희들의 구원을 위하여 십자가 위에서 바치고 완성한 제사를 기념하여 그 제물을 먹어라. 사제임과 동시에 희생제물인 나는 자진해서 나를 바치고 소모되었다. 내가 그렇게 하고자 하지 않았을 경우에는 아무도 나를 그렇게 하지 못했을 것이다. 내 사제인 너희들은 나를 기억하여, 또 내 희생의 무한한 보배가 간구하며 하느님께로 올라가서 받아들여진 다음, 확실한 믿음을 가지고 내 희생에 호소하는 모든 사람에게 내려오게 하기 위하여 이것을 행하여라.

확실한 믿음이라고 말하였다. 성체의 양식과 미사성제에서 이익을 얻는 데에는 지식이 요구되지 않고 믿음이 요구된다. 나와 내 뒤에 올 사람들 — 즉 새 교회의 새 대사제인 너 베드로, 너 알패오의 야고보, 너 요한, 너 안드레아, 너 시몬, 너 필립보, 너 바르톨로메오, 너 토마, 너 유다 타대오, 너 마태오, 너 제베대오의 야고보에게서 — 권한을 받은 어떤 사람이 내 이름으로 축성하는 그 빵과 포도주는 내 진짜 몸이요 내 진짜 피이며, 그것을 받아 먹는 사람은 살과 피와 영혼과 천주성을 가진 나를 받는 것이고, 또 나를 바치는 사람은 예수 그리스도가 세상의 죄를 위하여 자기를 바친 것과 같이 그를 실제로 바친다는 것을 믿는 믿음 말이다. 어린이와 무식한 사람도 학자와 어른과 같이 나를 받을 수 있다. 그리고 어린이와 무식한 사람도 너희 중의 누구든지 받을 것과 같은 은혜를 받을 것이다. 그들에게 믿음과 주님의 은총만 있으면 되는 것이다.

그러나 너희들은 새 세례를 받을 것이다. 그것은 성령의 세례이다. 나는 성령을 너희들에게 약속하였고, 너희들은 성령을 받을 것이다. 성령께서 친히 너희들 위에 내려오실 것이다. 언제 오시겠는지 내가 말해주마. 그러면 너희들은 성령을 충만히 받고, 사제로서의 선물을 풍성하게 받을 것이다. 따라서 너희들도 내가 너희들에게 한 것과 같이 너희들 안에 가득하신 성령을 그리스도인들의 은총을 확고히 하기 위하여 불어넣어 줄 수 있을 것이고, 성령의 은혜들을 쏟아 넣어 줄 수 있을 것이다. 이것은 사제직보다도 별로 못하지 않은 장엄한 성사이므로 안수와 옛날에 사제들을 축성하기 위하여 사용한 향기로운 기름을 바름으로써 모세가 제정한 축성과 같이 장엄하게 행해져야 한다. 아니, 그렇게 겁에 질린 얼굴로 서로 바라보지들 말아라! 나는 하느님을 모독하는 말을 하지 않는다! 나는 하느님을 모독하는 행위를 너희들에게 가르치지 않는다! 되풀이해서 말하지만, 그리스도인의 품위는 아주 높은 것이어서 사제직보다 별로 떨어지지 않을 정도이다.

사제들은 어디에서 사느냐? 성전에서 산다. 그런데 그리스도인은 살아 있는 성전이다. 사제들은 무슨 일을 하느냐? 그들은 기도와 제사와 신자들을 돌봄으로 하느님을 섬긴다. 그들은 이렇게 해야 했을 것이다. …그런데 그리스도인도 기도와 제사와 형제적인 애덕으로 하느님을 섬길 것이다. 내가 너희들의 죄의 고백과 많은 사람의 죄의 고백을 듣고, 진실한 뉘우침을 본 곳에서는 용서해 준 것과 같이 너희들도 죄의 고백을 들어라.

불안해지느냐? 왜? 구별할 줄을 모를까봐 겁이 나느냐? 나는 죄와 죄에 대한 판단에 관해서 이미 여러 번 말하였다. 그러나 너희들이 판단을 할 때에 어떤 행동이 죄가 될 수 있거나 죄가 없거나 하는, 그리고 경중(輕重)이 다를 수 있는 일곱 가지 조건을 심사숙고해야 한다는 것을 기억하여라. 그것들을 다시 일깨워 주겠다. 언제, 몇 번, 누가, 누구와, 무엇을 가지고 죄를 지었는가? 죄의 소재는 무엇이고, 원인은 무엇이며, 왜 죄를 지었는가 하는 것이다.

그러나 두려워하지 말아라. 성령께서 너희들을 도와주실 것이다. 내가 진심으로 너희들에게 실천하라고 간절히 부탁하는 것은 거룩한 생활이다. 거룩한 생활은 너희들 안에 초자연적인 빛을 대단히 많아지게 해서, 너희들이 사람들의 마음을 틀림없이 읽게 되고, 그들의 잘못을 드러내보이는 것을 두려워하거나 고백하기를 거부하는 죄인들에게 사랑으로 또 권위로 그들의 심리상태를 말해 주어 소심한 사람들은 도와주고, 회개하지 않는 사람들에게 창피를 줄 수 있을 것이다. 세상은 죄를 사해 주던 분을 잃게 되고, 너희들은 내가 그랬던 것과 같이 공평하고 참을성 있고 자비로워야 하지만, 약해서는 안 된다는 것을 기억하여라. 너희들이 세상에서 푼 것은 하늘에서도 풀릴 것이고, 너희가 세상에서 맨 것은 하늘에서도 매여 있을 것이라고 나는 너희들에게 말하였다. 그러므로 어떤 사람에게도 동정이나 반감, 또는 선물이나 위협으로 타락하는 일 없이 곰곰히 또 신중히 판단하며, 사람이 약하다는 것과 원수들의 계략들이 있다는 것을 기억하고, 하느님이 그러신 것과 같이 어떤 일에나 누구에게 대해서나 공평무사하게 판단하여라.

하느님께서는 당신이 선택하신 사람들이 죄를 짓게 허락하시는 일이 있는데, 그것은 그들이 죄짓는 것을 보는 것이 좋아서가 아니라, 죄에서 장차 더 큰 이익이 올 수 있기 때문이라는 것을 너희에게 상기시키기 위함이다. 그러므로 넘어지는 사람에게 손을 내밀어라. 그렇게 넘어지는 것이 어쩌면 영원히 죽어서 구원을 주는 정화를 핏속에 넣어주게 되는 악의 최후의 발작인지도 모르기 때문이다. 구원이란 우리 경우에는 성덕을 ─ 말하는 것이다. 이와 반대로, 내 피를 존경하지 않고, 영혼이 하느님이 주시는 목욕물로 깨끗하게 된 다음 수없이 여러 번 진흙탕 속에 딩구는 사람들에게는 엄하게 굴어라. 그들을 저주하지는 말아라. 그러나 엄하게 굴고, 격려하고, 충고하기를 일흔 번씩 일곱 번을 하고, 그들을 선택된 백성과 갈라놓는 극단적인 벌은 다음과 같은 경우에만 주도록 하여라. 즉 그들이 형제들을 걸려 넘어지게 하는 죄를 계속 지어서, 그들의 행동의 공범자가 되지 않으려면 그렇게 하지 않을 수 없게 되었을 때에만 그런 벌을 주라는 말이다. 내가 너희들에게 말한 것을 기억하여라. '만일 네 형제가 죄를 지었으면 너와 단둘이 있을 때 나무라도록 하여라. 그래도 네 말을 듣지 않으면, 증인 두 세사람 앞에서 나무라도록 하여라. 그것도 부족하면 교회에 알려라. 만일 그 사람이 교회의 말도 듣지 않거든 이방인이나 세리처럼 취급하여라' 하고 말했었다.

모세의 종교에서는 결혼은 하나의 계약이다. 그런데 새로운 종교인 그리스도교에서는 부부를 인류 전파에 있어서의 주님의 대리자 중의 두 사람이 되게 하기 위하여 주님의 은총이 내려오는 신성하고 파기할 수 없는 행위가 되어야 한다. 너희들은 처음시기부터 새 종교에서 오는 남편이나 아내에게 아직 신자가 아닌 배우자를 개종시켜 교회 안에 들어와 신자들의 일원이 되라고 권고하도록 힘써, 우리들 가운데에서까지도 볼 수 있었던 가슴아프게 생각이 갈라지는 일들, 즉 평화가 깨짐을 피하도록 하여라. 그러나 주님께 충실한 부부들로 말하면, 하느님께서 결합시키신 것을 어떤 이유로도 사람이 갈라 놓아서는 안 된다. 그리스도인이면서 외교인과 결혼하게 된 남편이나 아내의 경우에는 그 남편이나 아내에게 그의 십자가를 인내와 온유를 가지고 또한 힘을 가지고 지고 갈 것이요, 그의 믿음을 지키기 위하여는 죽을 줄을 알기까지 하되, 완전히 동의해서 결합한 배우자는 버리지 않도록 하라고 권고한다. 이것은 그리스도교가 전파되어 신자들끼리 결혼할 수 있게 될 때까지 결혼 신분에서 더 완전한 생활을 하라고 주는 내 권고이다. 그러면 이 유대는 신성하고 파기할 수 없는 것이어야 하고

사랑은 거룩해야 한다.

 만일 남자들의 마음이 냉혹함으로 인하여 새 종교에서도 옛날 종교에서 일어났던 것과 같은 일이 일어나게 된다면, 즉 남자의 음란으로 인하여 생긴 스캔들을 피하기 위하여 이혼과 결혼해소를 허가하게 된다면 나쁠 것이다. 정말 너희들에게 단단히 말한다마는, 어떤 신분에서든지, 결혼 신분에서도 각자가 자기의 십자가를 져야 한다. 그리고 정말 잘 들어두어라. 부부 중의 한 사람이 죽기 전에 새로 결혼을 하고자 하는 사람에게 '그것은 허락되지 않는다'고 너희들이 말할 때, 어떤 압력에도 너희들의 권위가 굴복해서는 안 된다. 썩어가는 부분을 교회의 몸에 붙들어 매두기 위하여 결혼의 신성성(神聖性)에 반대되는 일을 허락하여, 소박한 사람들을 분개하게 하고, 그들로 하여금 사제들의 청렴에 불리한 말을 하게 하고, 또 재물과 권력의 가치에 대하여 불리한 말을 하게 하는 것보다는 차라리 썩어가는 부분만 단독으로 또는 다른 부분까지 포함해서 떨어져 나가는 것이 더 낫다. 결혼은 중대하고 거룩한 행위이다. 그리고 그것을 너희들에게 보여 주려고 결혼식에 참석하였고, 거기서 내 첫번째 기적을 행하였다. 그러나 만일 결혼이 음란이나 일시적인 사랑으로 변질하면 불행한 일이다. 남자와 여자의 자연적인 계약인 혼인이 이제부터는 영적인 계약으로 향상되어야 한다. 서로 사랑하는 두 사람의 영혼이 주님께 자녀를 드리기 위하여 생산을 하라시는 명령에 복종하려고 그분께 드린 서로의 사랑으로 주님을 섬기기로 맹세하는 영적인 계약으로 말이다.

 또… 야고보, 너는 가르멜산에서 있었던 대화가 생각나느냐? 그 때부터 나는 이것에 대해서 네게 말을 했었다. 그러나 다른 사람들은 알지 못한다. …너희들은 베다니아에서 안식일 만찬에서 라자로의 마리아가 내 수족에 기름을 바르는 것을 보았지. 그때 나는 너희들에게 '이 여자는 내 장사 준비를 한 것이다' 하고 말했었다. 정말이지 마리아는 기름을 발랐었다. 마리아는 그 고통이 아직 멀었다고 생각하고 있었기 때문에 장례를 위해서 그렇게 한 것이 아니고, 길에서 묻은 모든 더러운 것을 내 수족에서 깨끗이 씻어내고 내 수족을 향기롭게 해서, 방향성(芳香性) 기름으로 내가 향기롭게 되어 옥좌에 올라가게 하려고 그렇게 한 것이다. 사람의 일생은 길과 같다. 사람이 저 세상으로 들어가는 것은 왕국에 들어가는 것이 되어야 할 것이다. 어떤 왕이든지 옥좌에 올라가 백성 앞에 나타나기 전에 기름을 발라 향기롭게 되어야 한다. 그리스도인도 아버지께서 부르시는 나라로 가는 길을 걸어가고 있는 왕의 아들이다. 그리스도인의 죽음은 아버지께서 그에게 마련해 놓으신 옥좌에 올라가려고 나라에 들어가는 것일 뿐이다. 자기가 하느님의 은총 지위에 있다는 것을 알고 하느님을 무서워하지 않는 사람에게는 죽음이 무서운 것이 아니다. 그러나 옥좌에 올라가야 할 사람은 그 옷이 얼룩 하나 없이 깨끗하게 되어 부활 때까지 아름답게 보존되어야 하고, 그 정신도 깨끗해져서 아버지께서 그에게 마련해 주신 옥좌에서 빛나게 되어야 하고, 그렇게도 위대하신 왕의 아들에게 어울리는 위엄을 갖추고 나타나게 되어야 한다.

기름바름은 은총을 커지게 하고, 사람이 진심으로 뉘우치는 죄를 없애고, 선을 향한 열렬한 충동을 일으켜야 하며, 마지막 싸움을 위한 힘을 주어야 한다. 죽어가는, 아니 오히려 새로 태어나는 그리스도인들에게 주어지는 기름바름은 이러해야 한다. 너희들에게 진정으로 말하지만 주님 안에서 죽는 사람은 영원한 생명에 태어나기 때문이다.

마리아가 한 행동을 선택된 사람들의 손발에 되풀이하여라. 그리고 아무도 이 행동을 자기에게 어울리지 않는 행동이라고 생각하지 말아라. 나는 향기로운 그 기름을 한 여자에게서 받아들였다. 어떤 그리스도인이든지 이 기름을 받는 것을 자기의 어머니인 교회로부터 최고의 은총을 받아 명예롭게 되는 것으로 생각하고, 마지막 얼룩을 씻기 위하여 그것을 사제에게서 받아야 한다. 그리고 어떤 사제든지 고통받는 그리스도에게 행한 마리아의 사랑의 행위를 죽어가는 형제의 몸에 행하는 것을 기뻐해야 한다. 정말 잘 들어 두어라. 너희들이 한 여자가 너희들보다 더 낫게 하게 내버려두면서 행하지 않았지만 지금은 몹시 가슴아프게 생각하는 그 행동을 미래에는 행할 수 있을 것이고, 그것도 죽어가는 어떤 사람이 하느님을 만나뵙는 것을 준비시키기 위하여 그에게로 사랑을 가지고 몸을 숙일 때마다 그렇게 할 수 있을 것이다. 나는 거지들과 죽어가는 사람들 안에, 나그네와 고아들과 과부들과 죄수들 안에, 배고프고 목마르고 추위에 떠는 사람들 안에, 몹시 슬퍼하거나 피로한 사람들 안에 있다. 나는 내 모든 신자들의 결합체인 그리스도의 내 신비체의 모든 지체 안에 있다. 그들을 통하여 나를 사랑하여라. 그리고 내게 큰 기쁨을 주고 너희들에게는 지극히 큰 영광을 줌으로써 너희들의 수많은 사랑의 부족을 보상하여라.

끝으로 세상과 나이와 병과 시간과 박해가 너희들에 대하여 도당을 이루어 결탁하고 있다는 것을 생각하여라. 그러므로 너희들이 가진 것을 아끼지 말고 조심성없는 사람이 되지 말아라. 이 때문에 제자들 중에서 가장 나은 사람들에게 내 이름으로 사제직을 전해주어 이 세상에 사제가 없는 일이 없게 하여라. 그런데 이 신성한 자격은 철저한 심사를 한 후에 주어야 한다. 말에 대한 심사가 아니라, 사제가 되겠다고 청 하는 사람이나 사제가 될 수 있다고 너희들이 판단하는 사람의 행동에 대한 심사를 한 후에 말이다. 사제가 무엇인지, 사제가 어떤 선을 할 수 있고, 어떤 악을 할 수 있는지 곰곰히 생각하여라. 그 신성한 성격을 잃은 사제직이 어떤 일을 할 수 있는지 그 예를 너희들은 보았다. 너희들에게 진정으로 말한다마는, 성전의 잘못 때문에 이 민족이 흩어질 것이다. 그러나 정말 잘 들어 두어라. 극도의 불신이 새로운 사제직 안에 들어와서 사람들을 배교(背敎)로 이끌어 지옥의 가르침을 믿게 하면 이 세상도 그와 같이 멸망할 것이다. 그때에는 사탄의 아들이 나타날 것이고, 모든 민족들은 무서운 공포에 사로잡혀 신음할 것이고, 주님께 충실한 사람은 적을 것이며, 그때에는 또 소름끼치는 격변 속에 하느님과 그분의 선택을 받은 사람들의 승리와, 모든 저주받은 사람들에 대한 하느님의 분노와 더불어 종말이 올 것이다. 그 얼마 안 되는 수의 충실한 사람들을 위하여 그리스도의 성전의 마지막 보루(堡壘)인 성인들이 없으면 불행이다. 세 번 불행하다! 최초의 그리스도인들을 위하여 참 사제들이 있을 것처럼 최후의 그리스도인들을 튼튼하게 해주기 위한 참 사제들이 없으면 불행이다. 세 번 불행하다. 정말이지 마지막 박해는 소름끼치는 박해일 것이다. 그것은 사람들이 꾸미는 박해가 아니라 사탄의 아들과 그 일당의 박해이겠기 때문이다. 사제들은? 마지막 시간의 사제들은 사제 이상이어야 할 것이다. 가(假) 그리스도의 무리들의 박해는 그만큼 맹렬하겠기 때문이다. 에제키엘의 환상에 나타나는 주님 곁에 남아 있을 수 있을 만큼 거룩한 아마포옷을 입은 사람과 같이 사제들은 얼마 되지 않는 신자들의 영에 그들의 완덕으로 지치지 않고 도(Tau), 즉 십자가(✝)의 기호를 박아주어 지옥의 불이 그 기호를 지우지 못하게 해야 할 것이다. 사제들은? 천사들이어야 한다. 사탄의 장기(瘴氣)* 를 흩어 공기를 깨끗하게 하기 위하여 그들의 덕행의 향을 넣은 향로를 흔드는 천사들이어야 한다. 천사들이어야 한다고? 천사 이상이어야 한다. 마지막 시기의 신자들이 끝까지 항구할 수 있도록 사제들은 다른 그리스도, 다른 나 자신이 되어야 한다.

  사제들은 이러해야 할 것이다. 그러나 다음에 올 선과 악의 뿌리는 현재에 있다. 눈사태는 눈송이 하나에서부터 시작된다. 자격 없고, 부도덕하고, 이단적이고, 의심많고 냉담하거나 아주 차갑고, 활기가 없고, 싫증이 나고, 음란한 사제 한 사람이 같은 죄를 짓는 신자 한 사람보다 열 배나 더 해를 끼치고, 다른 많은 사람을 죄로 이끌어 간다. 사제직에 있어서의 태만과 사제직 안에 불순한 가르침과 이기주의와 탐욕과 사욕(邪慾)을 받아들이는 것이 어디로 귀착하는지 너희들은 안다. 하느님을 죽이는 죄로 이끌어 간다. 그런데 미래 시대에는 하느님의 아들은 죽임을 당할 수가 없을 것이다. 그러나 하느님께 대한 믿음과 하느님 사상은 죽임을 당할 수 있을 것이다. 그러니까 부활이 없을 것이므로 더 돌이킬 수 없는 하느님 죽이는 죄가 저질러질 것이다. 오! 하느님을 죽이는 그 죄

---

* 역주 : 대기 중에 있는 전염병독으로 파스퇴르(Pasteur)가 세균을 발견하기 전에는 전염병의 원인으로 간주하였었다.

가 저질러질 수 있고 말고. 내게는 그것이 보인다. …장차 올 여러 시대의 너무나 많은 가리옷의 유다들 때문에 그 죄가 저질러질 것이다. 소름끼치는 일이다!…

내 교회가 그 자신의 사제들에 의해서 제 자리에서 벗어나다니! 그리고 나는 희생들의 도움을 받아 그 교회를 떠받치고, 그런데 사제의 옷만 입고 있고 사제의 정신은 가지고 있지 않은 사제들인 그들은 네 작은 배를 뒤집어 엎으려고 지옥의 뱀이 휘저은 물의 솟구침을 도와주니, 오 베드로야, 일어서라! 일어서! 네 후계자들에게 이 명령을 전해주어라. '한 손으로는 키를 잡고, 한 손으로는 파선하기를 원해서 파선한 사람들, 하느님의 배를 나아가지 못하게 하려 애쓰는 자들 위에 채찍을 휘둘러라' 하고. 채찍으로 쳐라, 그러나 구원하고, 앞으로 나아가라. 엄격하여라, 강도들을 치는 것은 정당한 일이니까. 믿음의 보배를 지켜라, 뒤흔들린 물 위에 빛을 등대처럼 높이 쳐들어, 네 배를 따라오는 사람들이 보고 죽지 않게 하여라. 무서운 시기에 목자와 키잡이로서 사람들을 모으고 인도하고 내 복음서를 쳐들어라. 구원은 복음서에 있지 다른 지식에 있지 않기 때문이다. 이스라엘 사람들인 우리의 경우와 같이, 아니 이보다도 한층 더 심각하게, 사제직이 없어도 되는 것은 알고 필요불가결한 것은 모르거나, 또는 필요불가결한 것을 지금 사제들이 율법을 아는 것 같은 죽은 형태로, 즉 그 정신을 아는 것이 아니라, 술들을 달아 지나치게 무거워진 옷과 같은 형태로 알기 때문에 선택된 계급이라고 믿는 그런 때가 올 것이다. 모든 책이 성경 대신이 되고, 성경은 어떤 물건을 쓰지 않을 수 없는 사람이 그저 그것을 기계적으로만 다루는 것같이 쓰게 될 날이 올 것이다. 즉 엎은 땅에 뿌린 씨앗이 하느님의 자애로운 사랑의 덕택으로 대와 이삭이 되고, 그 다음에는 밀가루가 되고, 또 그 다음에는 빵이 되는, 해마다 되풀이 되는 이 씨앗의 번식은 깊이 생각하지 않고, 그저 밭갈고 씨뿌리고 거둬 들이는 농부와 같이 말이다. 누가 입에 빵 한 입거리를 넣으면서, 첫번째 씨앗을 다시 나게 하시고 자라게 하시며, 비와 열을 조절하시어 씨앗이 썩거나 타죽지 않고 벌어지고 올라오고 여물게 하시는 분께로 정신을 들어올리느냐?

마찬가지로 사람들이 복음을 학문적으로는 잘 가르치고, 영적으로는 잘못 가르칠 때가 올 것이다. 그런데 만일 지혜가 없으면 그 학문은 무엇이겠느냐? 지푸라기이다. 배는 부르게 하지만 영양은 주지 못하는 짚이란 말이다. 정말 잘 들어 두어라. 너무나 많은 사제들이 잔뜩 부풀어 오른 밀짚가리같이, 잔뜩 부풀었다고 으스대는 교만한 밀짚가리같이 되는 때가 올 것이다. 마치 그것들이 밀짚 꼭대기를 장식했던 저 모든 밀이삭을 그것들 자체가 만들어 낸 것처럼, 또는 이삭들이 아직 밀짚 꼭대기가 달려 있는 것처럼, 그리고 복음의 정신이라는 진짜

한줌의 양식 대신에 산더미! 같은 밀짚을 모두 가지고 있기 때문에 자기들이 중
요한 것이라고 믿을 때가 올 것이란 말이다. 산더미 같은 밀짚! 그러나 밀짚이
있으면 충분하냐? 밀짚은 짐바리 짐승들의 배에도 충분치 못하다. 그래서 주인
이 귀리와 신선한 풀로 그 짐승들을 튼튼하게 하지 않으면, 밀짚으로만 기른 짐
승들은 쇠약해져서 마침내는 죽고 만다.

그렇지만 너희들에게 말하고자 하는 것은 사제들이 내가 얼마 안 되는 밀이
삭을 가지고 진리를 사람들에게 가르쳤다는 것을 잊어버리고, 또 전적으로 하느
님의 지혜에서만 나오고, 하느님의 말씀이 가르쳐 준 이 정신의 참된 빵이 그들
의 주님께 얼마나 큰 댓가를 치르게 하였는지를 잊어버리고, 이 하느님의 말씀
이 그 교의적인 형태로는 당당하고, 한 번 말한 진리가 잃어지지 않도록 끊임없
이 되풀이 되지만, 인간의 지식의 야하게 번쩍거리는 옷이 없고, 역사적이고 지
리적인 보충적 설명이 없으므로 그 형태는 초라하다는 것을 잊어버리는, 시대가
올 것이고, 그 사제들이 복음의 정신에는 관심을 가지지 않고, 군중들에게 자기
들이 얼마나 많은 것을 아는지를 보이기 위하여 그것을 번드르르하게 덮을 싸
개에만 관심을 가져서, 복음의 정신은 인간 지식의 이 눈사태 속에 파묻히게 될
시대가 올 것이다. 그런데 그들이 이 복음의 정신을 가지고 있지 못하면 어떻게
그것을 전해줄 수 있겠느냐? 잔뜩 부풀어 오른 저 짚더미가 신자들에게 무엇을
주겠느냐? 지푸라기를 줄 것이다. 신자들의 정신이 거기에서 무슨 영양을 취하
겠느냐? 활기없는 생명이나 질질 끌고 가기에 필요한 것만큼만 받을 것이다. 이
가르침과 복음에 대한 불완전한 지식에서 어떤 열매들이 익겠느냐? 사람들의
마음이 냉담해지고, 유일한 참된 교리 대신에 이단적인 학설들과 이단보다도 한
층 더 심한 학설들과 사상들이 들어설 것이며, 악마를 위한, 그의 춥고 어둡고
무서운 일시적인 지배를 위한 지반(地盤) 준비가 있을 것이다. 정말 잘 들어 두
어라. 창조주이신 아버지께서 별을 많이 만드시어, 수명이 다해서 죽는 별들로
인하여 하늘이 텅 비지 않게 하시는 것과 같이, 이와 마찬가지로 나도 사람들
가운데 오랜 세월을 두고 분산배치할 제자들에게 백 번 천 번 복음을 전해야
할 것이다. 또 진정으로 너희들에게 말하지만, 그들의 운명은 내 운명과 비슷할
것이다. 즉 유다교와 교만한 자들이 나를 박해한 것과 같이 그들을 박해할 것
이다. 그러나 그들이나 나나, 우리는 모두 우리의 보상을 받을 것이다. 즉 하느
님의 뜻을 행하고, 하느님의 영광이 빛나고 하느님에 대한 지식이 사라지지 않
게 하기 위하여 십자가에 못박혀 죽기까지 하느님을 섬기는 보상을 말이다.

그러나 너 대사제와 너희 목자들은 너희들 자신과 너희 후계자들을 보살펴
복음 정신이 잃어지지 않게 하고, 너희 안에 끊임없이 성신강림이 새로워져서
─내 말이 무슨 뜻인지를 너희들이 지금은 알지 못하지만, 멀지 않아 알게 될

것이다―너희들이 모든 방언(方言)을 알아들을 수 있고, 내 목소리들을 고르고, 그것을 하느님의 흉내를 내는 자, 즉 사탄의 목소리와 구별할 수 있도록 꾸준히 성령께 기도하여라. 그리하여 이 다음에 들려올 내 목소리가 허공 속에 떨어지지 않게 하여라. 그 말 하나하나가 내 편에서 너희들을 돕기 위하여 내려오는 자비일 것이고, 또 하느님이 정하신 이유로 그리스도교가 시대의 돌풍을 극복하기 위하여는 그 말을 들을 필요가 있는 것을 내가 알겠기 때문에 그만큼 더 많아질 것이다.

목자이며 키잡이인 베드로야! 목자와 키잡이. 너는 언젠가 뱃사람이 되지 않으면 목자가 되는 것만으로 충분치 않을 것이고, 목자가 되지 않으면 뱃사람이 되는 것만으로 충분하지 않을 것이다. 지옥의 촉수(觸手)와 사나운 발톱이 빼앗아 가려고 애쓰거나, 지킬 수도 없는 약속의 거짓 노래로 유혹할 어린 양들을 모아서 지키기 위하여, 그리고 동·서·남·북 사방에서 불어오는 바람을 만나고, 깊은 물의 힘으로 채찍질당하고 얻어맞으며, 악마의 사수(射手)들이 쏘는 화살을 맞으며 용의 입김으로 불타고, 용의 꼬리로 뱃전이 휩쓸려 조심성없는 사람들은 불에 타거나 소용돌이치는 물 속에 빠져 죽게 된 배를 앞으로 나아가게 하기 위하여는 목자임과 동시에 키잡이로 되어야 한다.

무서운 시대에 목자이며 키잡이… 네 나침반은 복음이다. 복음 안에 생명과 구원이 들어 있다. 그리고 거기에는 모든 말씀이 있다. 복음에는 거룩한 법전의 모든 조항과 영혼들의 수많은 문제에 대한 해답이 들어 있다. 그러므로 사제들과 신자들이 복음에서 빗나가지 않게 하고, 복음에 대하여 의심이 생기지 않게 하고, 복음을 변질시키거나 바꾸거나 변조하지 못하게 하여라. 복음은 나 자신이다. 내가 태어난 때부터 죽을 때까지. 복음 안에는 하느님이 계시다. 복음 안에는 아버지와 아들과 성령의 업적이 나타나기 때문이다. 복음은 사랑이다. 나는 '내 말은 생명이다' 하고 말하였고, '하느님은 사랑이시다' 하고 말하였다. 그러므로 신자들은 하느님의 나라를 가지기 위하여 내 말을 알아야 하고, 그들 안에 사랑을, 즉 하느님을 모셔야 한다. 하느님 안에 있지 않은 사람은 그의 안에 생명을 가지고 있지 못하기 때문이며, 아버지의 말씀을 받아들이지 않을 사람들은 하늘에서 아버지와 아들과 성령과 더불어 오직 하나가 되지 못할 것이고, 내가 바라는 바와 같이 거룩하고 유일한 양떼에 속해 있지 못하겠기 때문이다. 내 말을 전부나 부분적으로 배척하는 사람은 생명의 액이 돌아다니지 않게 된 지체이기 때문에 포도나무에 달려 있는 가지가 아닐 것이다. 내 말은 영양을 주고, 자라게 하고, 열매를 맺게 하는 수액(樹液)이다.

이것을 너희에게 가르쳐 준 나를 기억해서 이 모든 것을 행하여라. 내가 지금 너희들에게 말한 것에 대하여 아직도 할 말이 있을 것이다. 그러나 나는 씨만을 뿌렸다. 성령께서 너희들에게 그것을 싹트게 하실 것이다. 나는 너희들의 마음을 알고, 두려움으로 인해서 정신적이고 비물질적인 계명에 대하여 어떻게 너희들이 망설이게 되겠는지를 알기 때문에, 나 자신이 너희들에게 씨를 뿌려 주고자 하였다. 틀리지 않을까 하는 두려움이 너희 의지를 완전히 마비시킬 것이다. 이 때문에 내가 먼저 모든 것을 너희들에게 말해 주었다. 그런 다음 성령께서 내 말을 너희들에게 상기시키시고 자세히 부연해서 설명하실 것이다. 그러면 너희들은 내가 첫번 씨앗을 너희들에게 뿌려 주었다는 것을 기억하겠기 때문에 두려워하지 않게 될 것이다. 성령께서 너희들을 인도하시게 맡겨 드려라. 너희를 인도하는 내 손도 부드러웠지만, 성령의 빛은 말할 수 없이 부드러울 것이다. 성령은 하느님의 사랑이시다. 따라서 나는 기쁘게 떠난다. 성령께서 내 대신 들어서서 너희들을 인도하여 하느님을 알게 할 것임을 알기 때문이다. 내가 하느님께 대하여 그렇게도 많이 말해 주었지마는, 너희들은 아직 하느님을 알지 못한다. 그러나 이것은 너희 탓이 아니다. 너희들은 나를 이해하려고 최선을 다 하였다. 그러므로 너희들은 무죄가 증명되었다. 은총이 부족해서 너희들의 정신이 무디어졌던 것이다. 비록 하느님의 은총이 내 십자가에서 너희들 위에 내려 왔지만, 지금도 너희들은 별로 이해하는 것이 없다. 너희들은 불을 받을 필요가 있다. 어느 날 나는 요르단강으로 가는 길에서 너희 중의 한 사람에게 여기에 대한 말을 하였다. 그 때가 올 것이다. 나는 아버지께로 돌아간다. 그러나 너희들을 혼자 내버려 두지 않는다. 성체를, 즉 사람들을 위하여 양식이 된 너희 구세주를 너희들에게 남겨 두었기 때문이다. 그리고 너희들에게 벗을 남겨 둔다. 성령 말이다. 성령께서 너희들을 인도하실 것이다. 나는 너희들의 영혼을 내 빛에서 성령의 빛으로 넘겨 준다. 그래서 그분이 너희들의 교육을 끝마치실 것이다."

"주님은 여기서 저희들을 떠나십니까? 지금이요? 이 산 위에서요?" 그들은 모두 섭섭해 한다.

"아직은 아니다. 그러나 시간은 빨리 흐른다. 그래서 그 때가 멀지 않아 올 것이다."

"아이고, 저를 주님없는 이 세상에 남겨두지 마십시오. 저는 주님을 나실 때부터 돌아가실 때까지, 돌아가신 때부터 부활하신 때까지 늘 사랑했습니다. 그렇지만 주님이 이제는 저희들 가운데 안 계시다는 것을 아는 것은 너무나 슬픈 일일 것입니다! 주님은 엘리세오의 아버지의 기도를 들어주셨고, 수많은 사람들의 소원을 들어주셨습니다. 주님, 제 소원도 들어주십시오" 하고 이사악이 무릎을 꿇고 두 손을 내밀고 애원한다.

"네가 아직 누릴 수 있는 생명은 나를 전파하는 일일 것이고, 또 어쩌면 순교의 영광을 가지는 것일지도 모른다. 너는 내가 어릴 적에 내게 대한 사랑으로 순교자가 될 줄 알았는데 지금은 영광스럽게 된 나를 위하여 순교자가 되는 것을 겁내느냐?"

"주님, 제 영광은 주님을 따르는 일일 것입니다. 저는 가난하고 어리석습니다. 제가 드릴 수 있던 것은 기꺼이 드렸습니다. 그리고 지금 제가 하고 싶은 일은 주님을 따르는 것입니다. 그러나 지금이나 언제나 주님이 원하시는 대로 되기를 바랍니다."

예수께서는 한 손을 이사악의 머리에 얹으신 채 오랫동안 어루만지신다. 그동안 다른 모든 사람에게 몸을 돌리시고 말씀하신다. "질문할 것이 없느냐? 이것들이 내 마지막 지시들이다. 너희 선생님에게 말하여라. …어린아이들은 나를 얼마나 탁 믿는지 알겠지?"

사실 오늘도 마루잠은 예수께 꼭 붙어서 그분의 몸에 머리를 기대고 있고, 또 이사악은 수줍어하지 않고 그의 소원을 말씀드렸다.

"정말이지… 있습니다. …여쭤볼 것이 있습니다…" 하고 베드로가 말한다.

"그러면 물어라."

"이렇습니다. …어제 저녁 주님이 떠나신 다음 저희들은 주님이 말씀하신 것에 대해서 서로 말들을 했습니다. 그런데 지금은 주님이 말씀하신 것 때문에 다른 말씀들이 저희들 머리에 꽉 찼습니다. 어제도 그렇고 오늘도 그렇고 곰곰이 생각해보면, 주님은 이단과 분리가 일어나야 하는 것처럼, 그것도 오래지 않아서 일어나야 하는 것처럼 말씀하셨습니다. 이 때문에 저희들은 저희들에게로 오기를 원할 사람들에 대해서 대단히 신중해야겠구나 하고 곰곰이 생각하게 되었습니다. 그들에게는 틀림없이 이단과 분리의 씨가 있을 것이니까 말입니다."

"너는 그렇게 생각하느냐? 그런데 이스라엘이 내게로 오는 데에도 벌써 갈라져 있지 않느냐? 네 말은 이런 뜻이지. 나를 사랑한 이스라엘은 절대로 이단자가 되지 않고 분열하지 않을 것이라고. 그렇지? 그러나 이스라엘이 여러 세기 전부터 옛날 조직에 있어서까지도 혹 일치한 적이 있었느냐? 또 혹 나를 따르는 데에도 일치하였더냐? 진정으로 말하지만 이스라엘에는 이단의 뿌리가 있다."

"그렇지만…"

"그러나 이스라엘은 여러 세기 전부터 겉으로는 충실한 체하면서 우상숭배자이고 이단자이다. 너희들은 그들의 우상이 어떤 것인지 알고 있고 그들의 이단이 어떤 것인지도 알고 있다. 이교도들이 그들보다 나을 것이다. 이 때문에 나는 이교도들을 배제하지 않았고, 너희들에게도 내가 한 대로 하라고 말하는 것이다. 이것이 너희들에게는 가장 어려운 일중의 하나일 것이다. 나도 그것은 안다. 그러나 예언자들의 말을 기억하여라. 예언자들은 이교도들을 부르심과 유다인들의 냉혹을 예언하고 있다. 나를 사랑하고, 그들의 영혼이 찾는 빛을 찾아오는 사람들에게 너희들은 왜 나라의 문을 닫으려고 하느냐? 그들이 지금까지 하느님을 알지 못했기 때문에, 그들이 그들의 종교를 따랐고 또 우리 종교에 끌려올 때까지는 그들의 종교를 따르겠기 때문에 너희들보다 더 죄인이라고 생각하느냐? 그렇게 생각해서는 안 된다. 그들은 거룩하지 않은 종교를 가지면서도 의로울 줄을 알고 있기에 너희들보다 더 훌륭한 사람인 경우가 많다. 어떤 민족에도 어떤 종교에도 의인들이 없지 않다. 하느님께서는 사람들의 행실을 보시지, 그들의 말을 보지는 않으신다. 그런데 어떤 이교도가 그 마음이 올바르기 때문에 시나이산의 율법이 명하는 것을 자연적으로 행하는 것을 하느님께서 보시면, 왜 하느님께서 그 사람을 업신여길 사람으로 생각하셔야 하겠느냐? 사람의 목적이신 하느님을 알고, 또 하느님께 다다를 수 있게 하는 율법을 알면서, 완전한 계명을 그의 타락한 뜻에 적응시키려고 끊임없는 타협과 계속적인 계산을 서슴지 않고 하는 사람과 비교하여, 이러저러한 일을 나쁜 것이니까 하지 말라고 하는 하느님의 명령은 모르면서도, 그의 이성이 좋지 않은 것이라고 말하는 것은 하지 말라는 계명을 스스로 만들어 가지고 그것을 충실하게 지키는 사람에게는 그것이 한층 더 공로가 되는 일이 아니겠느냐? 너희들에게는 어떻게 생각되느냐? 자기의 욕망을 너무 희생하지 않아도 되게끔 순종을 하지 않으려고 이스라엘이 생각해 낸 이 핑계 저 핑계를 하느님께서 인정하실 것 같으냐? 어떻게 생각되느냐? 자기의 양심이 스스로 떠맡은 올바른 법을 따랐기 때문에 하느님의 눈에 의인으로 비친 이교도가 세상을 떠났을 때, 하느님께서 그를 마귀라고 인정하실 것 같으냐? 나는 너희들에게 분명히 말한다. 하느님께서는 사람들의 행동을 심판하실 것이고, 모든 사람의 심판자인 그리스도는 영혼의 갈망으로 인해서 자기의 창조주와 다시 결합한다는 인간의 최종 목적에 도달하기 위한 마음 속의 법이 목소리를 가졌던 사람들에게 상을 주실 것이다. 창조주는 외교인들에게 있어서는 알지 못하는 신이지마는, 그래도 올림퍼스산의 거짓 신들을 그린 장식을 초월하여 참되고 거룩하다고 느끼는 신이다. 너희들이 이교도들에게 걸려 넘어지는 돌이 되지 않도록 조심하고 경계까지도 하여라. 하느님의 백성의 자손들의 행동으로 인하여 이교도들 사이에서 하느님의 이름이 웃음거리가 된 일이 이미 너무나 자주 있었다. 너희들을 내 선물과 내 공로를 독립적으로 맡아 가지고 있는 사람으로 생각하지 말아라. 나는 유다인과 이교도들을 위하여 죽었다. 내 나라의 모든 민족의 것이 될 것이다. 지금까지 하느님께서 너희들을 다루신 인내를 남용해서 '우리는 무엇이든지 할 수 있다'고 생각하지 말아라. 너희에게 분명히 말하지만, 그렇지 않다. 이제는 이런 백성, 저런 백성 따로 없고, 내 백성이 있을 뿐이다. 그리고 내 백성 안에서는 성전에 쓰여서 소모된 그릇이

나 지금 하느님의 탁자 위에 놓여 있는 그릇이나 같은 가치를 가지고 있다. 또한 성전에 쓰이느라고 소모되었지만, 하느님을 섬기느라고 소모되지 않은 많은 그릇이 폐기되고, 그 대신 아직 향과 기름과 포도주와 향료를 알지 못하지만, 그것들을 가득 채워서 주님의 영광에 쓰이기를 갈망하는 그릇들이 제단에 놓이기까지 할 것이다. 이교도들에게서 많은 것을 요구하지 말아라. 그들은 믿음을 가지고 내 말을 따르기만 하면 된다. 새로운 할례가 예전 할례 대신이 된다. 이제부터는 사람이 마음으로 할례를 받는다. 아니 마음으로보다는 오히려 영으로 할례를 받는다. 그것은 하느님과의 친자(親子)관계에서 아담을 배제한 욕망을 깨끗하게 씻는다는 것을 가리키기 위한 할례받는 사람들의 피에 지극히 깨끗한 내 피가 대체되었기 때문이다. 내 피는 육체적으로 할례를 받은 사람에게 유효하고, 또 육체적으로 할례를 받지 않았더라도, 내 세례를 받고 내게 대한 사랑으로 마귀와 세속과 육신을 끊어버리기만 하면 그 사람에게도 유효하다. 할례받지 않은 사람들을 업신여기지 말아라. 하느님께서는 아브라함을 업신여기지 않으셨다. 그의 올바름 때문에 할례로 그의 육체가 쏠리기도 전에 하느님께서는 그를 당신 백성의 시조(始祖)로 택하셨다. 하느님께서 할례를 받지 않은 아브라함에게 가까이 가셔서 당신의 명령을 건네주셨으니, 너희들도 주님의 율법을 가르치기 위하여 할례받지 않은 사람들을 가까이할 수 있다. 할례를 받은 사람들이 얼마나 많은 죄에, 또 어떤 죄에 이르게 되었는지를 생각하여라. 그러므로 이교도들에게 냉혹하게 굴지 말아라.”

"그렇지만 주님이 저희들에게 가르쳐 주신 것을 이교도들에게 말해야 하겠습니까? 그 사람들은 율법을 알지 못하기 때문에 아무 것도 알아듣지 못할 것입니다.”

"너희들은 그렇게 말하지만 혹시 율법과 예언자들의 예언을 아는 이스라엘 사람들은 알아들은 줄 아느냐?”

"그렇군요.”

"그러나 조심하여라. 성령께서 암시하시는 것을 두려워 말고, 너희들 자의로 하려고 하지도 말고 구두로 말하여라. 그런 다음 신자들 가운데에서 그들의 사상을 영감받은 사상처럼 내세우고, 그래서 이단자가 되는 거짓 예언자들이 생기면, 그 때에는 그들의 이단적인 교리를 말보다 더 단호한 방법으로 반대하여라. 그러나 걱정하지 말아라. 성령께서 너희들을 인도하실 것이다. 나는 이루어지지 않을 것은 절대로 말하지 않는다.”

"그러면 이단자들을 저희들은 어떻게 해야 하겠습니까?”

"이단 자체는 전력으로 반대하여라. 그러나 이단자들은 모든 방법을 다 써서 주님께로 돌아오게 하도록 힘써라. 길잃은 양들을 양의 우리로 도로 데려오기 위하여 지칠 줄을 모르고 찾아 다니라. 너희들이 기도하고 애쓰고, 다른 사람들에게는 기도하고 애쓰라고 부탁하고, 깨끗하고 착하고 너그러운 사람들에게는 희생과 고통의 선심을 청해서 형제들이 회개하게 하여라. 그리스도의 수난은 그리스도인들에게서 계속된다. 나는 세상의 구속이라는 이 위대한 사업에서 너희들을 제외하지 않았다. 너희들은 모두 오직 하나인 몸의 지체들이다. 너희들은 서로 도와라. 그래서 힘이 세고 건강한 사람은 더 약한 사람들을 위하여 일하고, 일치해 있는 사람은 멀리 떨어진 형제들에게 손을 내밀고 그들을 불러라."

"그렇지만 오직 하나인 집에서 형제로 있었던 사람들인데 돌아오겠습니까?"

"돌아올 것이다."

"왜요?"

"여러 가지 이유로. 그들은 아직 내 이름을 지니고 있을 것이다. 이 이름을 영광으로 생각하기까지 할 것이다. 그들은 이 이름을 알게 하려고 애쓸 것이다. 그들은 내가 이 세상 끝에까지 알려지는 데 이바지할 것이다. 너희들에게 다시 상기시킨다마는, 나를 반대하지 않는 사람은 내 편이니까 그들이 하는 대로 내 버려두어라. 그러나 불쌍한 자식들! 그들의 일은 언제나 부분적일 것이고, 그들의 공로는 항상 불완전할 것이다. 그들이 포도나무에서 떨어져 나가 있으면 내 안에 있을 수 없을 것이다. 그들의 행동은 언제나 불완전할 것이다. 너희들은 ─ 나는 미래에 너희들의 후계자가 될 사람들에게 말하면서도 너희들이라고 말한다 ─ 그들이 있는 곳을 찾아가라. 바리사이파 사람들과 같이 '나는 오염하지 않기 위해 거기 가지 않겠다'고 말하지 말아라. 또는 게으른 사람들처럼 '주님을 전하는 사람이 벌써 있으니까 나는 거기 안 가겠다'고 말하지 말아라. 또는 비겁하게 '나는 쫓겨나는 것을 피하기 위해서 거기 가지 않겠다'고도 말하지 말아라. 가거라. 가란 말이다. 모든 민족에게, 세상의 끝까지 가거라. 그래서 내 가르침 전부와 내 유일한 교회가 알려지고, 사람들이 교회 안에 들어와 그 일원이 되게 하여라."

"그런데 주님이 하신 모든 일을 말하거나 써야 하겠습니까?"

"너희들에게 이미 말했다. 상황에 따라서 말하는 것이 좋은가 또는 말하지 않는 것이 좋은가 하는 것에 대하여는 성령께서 너희들에게 조언을 하실 것이다. 알지! 내가 행한 것을 사람들은 믿거나 부인한다. 또 어떤 때는 나를 미워하는 사람들의 손으로 제시되므로 그것을 가지고 나를 공격하는 무기를 만들기까지 한다. 내가 스승으로 모든 사람 앞에서 기적을 행했을 때 나를 벨제붓* 이라고 부르기도 하였다. 그러니 내가 이다지도 초자연적으로 행동한 것을 알게 되

---

* 역주 : 사탄의 다른 이름.

면, 이제는 무엇이라고 말하겠느냐? 그들은 나를 모독하는 말을 한층 더 많이 할 것이다. 그리고 너희들은 처음부터 박해를 당할 것이다. 그러므로 말을 할 시간이 될 때까지 입을 다물고 있어라."

"그렇지만 증인인 저희들이 죽은 다음에 이 시간이 오면 어떻게 합니까?"

"내 교회 안에는 언제나 사제들과 박사들과 예언자들과 마귀를 쫓는 사람들과 증거자들, 그리고 기적을 행할 사람들과 영감을 받을 사람들이 있을 것인데, 사람들이 필요한 것을 교회에서 받기에 필요한 만큼은 있을 것이다. 천국, 즉 승리한 교회는 가르치는 교회를 혼자 내버려 두지 않을 것이고, 또 가르치는 교회는 싸우는 교회를 도울 것이다. 몸이 셋이 있는 것이 아니다. 오직 한몸이 있을 뿐이다. 그 교회들 사이에는 구별이 없고, 오히려 공통된 사랑과 목적이 있는데, 그 목적이란 사랑 자체이신 분을 사랑하고, 그분의 나라인 하늘에서 그분을 누리는 것이다. 또한 이 때문에 이미 승리한 교회의 일원이 되기로 정해져 있기는 하지만, 사함은 받았어도 완전한 하느님의 정의 앞에 온전히 다 갚지는 못한 잘못에 대하여 보속을 해야 하기 때문에 아직 받아들여지지 않은 부분을 위한 기도를 싸우는 교회가 사랑으로 대신 해 주어야 할 것이다. 신비체 안에서는 모든 것이 사랑 안에서, 사랑으로 행해져야 한다. 사랑은 그 몸 안을 돌아다니는 피이기 때문이다. 그들의 죄갚음을 하고 있는 형제들을 도와주어라. 육체적인 자비가 하늘에 너희들의 상급을 마련한다고 내가 말한 것과 같이, 영적인 행동도 마찬가지로 너희들에게 상급을 마련해 준다고 말하였다. 정말 잘 들어 두어라. 죽은 사람들이 평화에 들어가도록 그들을 위하여 대신 기도하는 것은 **훌륭한 자비의 행위**이고, 그 때문에 하느님께서 너희들에게 강복하실 것이고, 그 덕을 본 사람들이 고맙게 생각할 것이다. 육신이 부활해서 모든 사람이 심판자인 그리스도 앞에 모였을 때, 내가 강복할 사람들 가운데에는, 자기 자신을 깨끗하게 하고 있는 형제들의 평화를 위하여 희생을 바치고 기도를 드려 그들에게 사랑을 베풀었던 사람들도 끼여 있을 것이다. 내가 너희들에게 분명히 말한다. 착한 행동은 이익을 가져오지 않는 것이 하나도 없을 것이고, 전도도 하지 않고, 성사도 베풀지 않고, 사도로서의 여행도 하지 않고, 특별한 신분을 가지지도 않은 많은 사람이 다만 자기를 깨끗하게 하는 사람들을 위하여, 또 사람들을 회개시키기 위하여 기도하고 고통을 겪은 것으로 인하여 하늘 나라에서 찬란하게 빛날 것이다. 세상이 알아주지 않는 사제이고, 알려지지 않은 사도이며, 하느님만이 보시는 희생인 그들도 그들의 일생을 가지고 형제를 위하고, 하느님의 영광을 위하여 끊임없는 사랑의 희생을 만들었기 때문에 주님의 일꾼들이 받는 상을 받을 것이다. 너희들에게 분명히 말하지만, 사실 영원한 생명에는 여러 가지 길로 가게 되는데, 이것도 그 길 중의 하나이며, 내 마음에 대단히 소중한 길이다. 다른 것 또 물을 것이 있느냐? 말하여라."

"주님, 어제, 어제뿐이 아닙니다만, 주님이 저희들에게 '너희들은 열두 옥좌에 앉아 이스라엘의 열두 지파를 심판할 것이다' 하고 말씀하신 것을 생각했습니다. 그러나 지금 저희는 열한 명입니다…."

"열두째를 골라라. 베드로야, 이것은 네 소관이다."

"제가요? 주님, 저는 안 됩니다! 주님이 정해 주십시오."

"나는 한 번 내 열두 제자를 선택해서 가르쳤다. 그런 다음 그들의 우두머리를 골랐고, 그 다음에는 그들에게 은총을 주고, 성령을 불어넣어 주었다. 이제 걸어가는 것은 너희가 할 일이다. 너희들이 이제는 그렇게 할 수 없는 젖먹이들이 아니니까."

"그렇지만 적어도 어느 방향으로 저희들이 눈길을 돌려야 할지는 말씀해 주십시오.…"

"이 사람들이 양떼의 선택된 부분이다" 하고 말씀하시면서 예수께서는 일흔 두 제자 중에서 그 곳에 있는 사람들을 휘 둘러 가리키신다.

"저희는 안 됩니다. 주님, 저희는 안 돼요. 배반자의 자리가 저희는 무섭습니다." 하고 그들은 애원하며 말한다.

"라자로로 정하십시다. 주님, 좋으십니까?"

예수께서는 잠자코 계시다.

"아리마태아의 요셉은요? 니고데모는요?"

예수께서는 잠자코 계시다.

"그렇구 말구요! 라자로로 정합시다."

"너희들이 갖고 싶지 않은 그 자리를 완전한 벗에게 주려고 하느냐?" 하고 예수께서 말씀하신다.

"주님, 제가 한 말씀드리고 싶습니다" 하고 열성당원이 말한다.

"말하여라."

"라자로는 주님께 대한 사랑으로 이 자리라도 받을 것이고, 또 아주 완전하게 그 자리를 지켜서 이 자리가 누구의 것이었는지를 잊게 할 것이라고 저는 확신합니다. 그러나 다른 여러 가지 이유로 그렇게 하는 것이 적당치 않은 것 같습니다. 라자로가 가진 영적인 덕행들은 주님의 양떼 중에 보잘 것 없는 많은 사람이 가지고 있습니다. 그래서 저희들이 덕행만을 따지지 않고, 바리사이파 사람들이 하는 것과 같이 권력과 재산을 추구했다고 신자들이 말하지 않게 그 소박한 사람들에게 우선권을 주는 것이 나으리라고 생각합니다."

"시몬아, 네가 말 잘 하였다. 그리고 라자로에 대한 네 우정 때문에 네 입이 봉해지지 않고 공평하게 말한 만큼 더 잘 말하였다.

"그러면 마루잠을 주님의 열두 번째 사도로 삼으십시다. 어린아이입니다만."
"저는 이 소름끼치는 빈 자리를 채우게 받아들이겠습니다만, 자격이 없습니다. 어린아이인 제가 어떻게 어른들에게 말을 하겠어요? 주님, 제 말이 옳은지 말씀해 주셔야 해요."
"네 말이 옳다. 그러나 서두르지 말아라. 때가 올 것이고, 그 때에는 너희들이 모두 같은 생각을 하고 있다는 것을 이상히 여길 것이다. 그 때까지는 기도를 하여라. 나는 가겠다. 너희들도 물러가서 기도하여라. 지금은 너희들을 떠나 보낸다. 둘째달 열나흗 날에 모두 베다니아에 가 있도록 준비하여라."
예수께서는 일어나시고, 모든 제자들은 무릎을 꿇고 얼굴을 풀에 대고 엎드린다. 예수께서 그들에게 강복하시는데, 오실 때에 미리 알리고 앞서 오고 떠나실 때에도 맞아들이는 종인 빛이 다시 한 번 예수를 감싸고 빨아들여 보이지 않게 한다.

22. 추가과월절

예수의 명령이 이번에는 글자 그대로 지켜져서 베다니아에는 제자들이 넘치도록 많이 모였다. 제자들이 풀밭과 오솔길을 가득 채우고 라자로의 과수원과 올리브밭도 가득 채웠다. 그리고 이곳들은 예수의 친구의 재산에 손해를 입히기를 원치 않는 그 많은 사람을 수용할 수 없기 때문에, 많은 사람이 베다니아에서 올리브 동산으로 해서 예루살렘으로 가는 올리브밭들에 흩어져 있다.
집에 더 가까이 있는 사람들은 오래된 제자들이고, 더 떨어져 있는 사람들은 많은 다른 제자들이다. 잘 알지 못하거나 아주 모르는 얼굴들이다. 그러나 이제부터는 누가 저 많은 얼굴을 알아보고 이름을 말할 수 있겠는가? 내 생각에는 수백 명이 되는 것 같다. 가끔 기억을 더듬다보면, 어떤 얼굴을 보거나 어떤 이름을 듣고, 예수의 은혜를 받거나 아마 마지막 시간에 예수에 의하여 회개한 사람들 중에서, 내가 본 적이 있는 사람들 중에서 어떤 얼굴들을 기억해 내게 된다. 그러나 그 많은 얼굴과 이름을 기억하고 그들을 모두 알아본다는 것은 내 능력을 초월한다. 이것은 성지 주일이나 비통한 금요일 길거리에 빽빽이 들어섰던 군중 속에 누가 있었는지, 또는 갈바리아산을 대부분 증오로 일그러진 얼굴로 된 양탄자로 덮다시피 하였던 군중 속에 누가 있었는지 알아 볼 수 있다고 주장하는 것과 같을 것이다.
시몬의 집에는 사도들이 드나들면서 사람들 사이로 돌아다니며 조용히 하라고 이르거나 물어보는 말에 대답을 하는데, 라자로와 막시미노도 그들을 도와준다. 시몬의 집 윗층의 문을 겸한 창문으로는 여자 제자들의 모든 얼굴이 나타나고 사라지고 하는 것이 보인다. 반백의 머리, 갈색 머리들 가운데 라자로의 마리아와 아우레아의 금발이 빛난다. 이따금씩 한 여자가 나와서 살펴보고는 다시 들어간다. 여자 제자들은 모두, 정말 모두 와 있다. 젊은이, 늙은이, 아페카의 사라같이 한 번도 오지 않았던 여자들까지 있다. 옥상정원에서는 사라가 모아 놓은 어린이들이 놀고 있다. 메론의 안나, 마리아와 마티아의 손자들과 전에는 불구였으나 지금은 행복하고 건강한 나훔의 손자 쉬알렘도 있고, 또 다른 어린이 여럿이 있다. 마루잠과 애논의 목동과 삘라의 야이야 같은 다른 어린 제자들이 보살피는 행복한 새떼와 같은 어린이들이다. 어린이들 가운데에는 전에 소경이었던 시돈의 아들도 있다. 그의 아버지가 데리고 왔다는 것을 알 수 있다.

  해는 지극히 고요하고 찬란한 가운데 지려고 하고 있다.

  베드로는 라자로와 자기 동료들과 의논한다. "나는 사람들을 떠나 보내는 것이 좋을 것 같은데, 자네들 생각은 어떤가? 주님은 오늘도 오시지 않을 거야. 그런데 이들 중의 많은 사람이 오늘 저녁 추가과월절 음식을 먹어야 한단 말이야" 하고 베드로가 말한다.

  "그래요. 저 사람들은 떠나 보내는 것이 좋겠소. 주님이 어쩌면 오늘 오시지 않는 것이 좋다고 생각하셨는지도 모르오. 예루살렘에는 성전 사람들이 모두 모였소. 주님이 오신다는 소문이 어떻게 그들 귀에 들어갔는지 모르겠소…" 하고 라자로가 말한다.

  "또 그렇다고 치고? 이제는 그자들이 주님께 어떻게 할 수가 있겠소?" 하고 타대오가 격렬하게 말한다.

  "당신은 그들은 그들이라는 것을 잊고 있소" 하고 라자로가 말한다. "이렇게 말하면 다 알거요. 그 사람들이 주님 자신에게는 아무 해를 끼칠 수 없지만, 주님을 경배하러 온 이 사람들에게는 많은 해를 끼칠 수가 있소. 그런데 주님은 당신께 충실한 사람들에게 해를 끼치고 싶어하지 않으시오. 그리고 또! 그들은 자기들의 죄와 자기들의 생각에, 항상 변함없는 그 생각에 눈이 어두워서, 그들 머리 속에 있는 생각이 서로 몹시 대립하는 가운데 이런 생각을 가지고 있지 않다고 생각하오? 즉 주님이 부활하셨다고, 아니 그보다도 주님이 돌아가지 않으셨고, 당신이 스스로 또는 많은 사람의 공모로 깨어난 사람처럼 무덤에서 나오셨다고 하는 생각을 가지고 있지 않다고 생각하오? 그들의 머리 속에는 생각이 얼마나 빽빽하게 얼키고 설키고 했는지, 얼마나 심한 추측의 소용돌이가 들어 있는지 모르오. 그들은 진실을 인정하지 않으려고 그런 추측들을 생각해 낸 거요. 정말이지 어제의 공모자들이 오늘은 처음에 그들을 결합시켰던 바로 같은 원인으로 서로 갈라져 있다고 말할 수 있소. 그리고 어떤 사람들은 그들의 생각에 속아 넘어갔소. 알겠소? 어떤 사람들은 이제 제자들 가운데 있지 않아요…."

"갈 테면 가라고 해요! 그 사람들보다 더 나은 다른 사람들이 왔소. 주님이 둘째달 열나흗 날 여기 오시리라는 것을 최고회의에 가서 말한 사람들은 틀림없이 떠나간 사람들 중에 있을 거요. 멀리 가라! 멀리 가! 이제 배반자는 지긋지긋하다!" 하고 바르톨로메오가 말한다.

"이 사람아! 배반자는 언제나 있을 거야. 사람이란!⋯ 자기의 인상과 다른 사람들의 압력에 너무나 쉽게 영향을 받는단 말이야. 하지만 우리는 염려할 필요가 없어. 주님이 우리더러 염려할 필요가 없다고 말씀하셨어" 하고 열성당원이 말한다.

"그래서 우리는 두려워하지 않아. 며칠 전만 해도 우리는 아직 무서워했었지. 자네들 생각나나? 내 경우에는 우리가 여기 돌아오는 것을 염려스럽게 생각했었어. 지금은 내가 그렇게 무서워하지 않게 된 것 같아. 그렇지만 나를 별로 믿지 않아. 그리고 자네들도 이 게파스* 를 과히 믿지 말게. 왜냐하면 나는 단단한 화강석이 아니라, 부스러지는 진흙이라는 것을 벌써 한 번 보여 주었으니까 말이야. 그럼 이 사람들을 보냅시다. 라자로, 당신이 하시오."

"아니오, 시몬 베드로, 당신이 해야 하오. 당신이 우두머리인데⋯" 하고 라자로가 한 팔로 베드로의 목을 껴안으며 친절하게 말한다. 그리고 층계 쪽으로 밀고 가 시몬의 집에 둘러쳐 있는 옥상정원까지 올라가게 한다.

베드로가 말을 하겠다는 손짓을 하니 가장 가까이 있는 사람들이 입을 다문다. 더 멀리 있던 사람들은 달려온다. 베드로는 대부분의 사람이 빙 둘러서기를 기다렸다가 말한다. "이스라엘의 모든 지방에서 오신 여러분, 들으시오. 나는 여러분에게 시내로 돌아가라고 권하겠습니다. 해가 기울기 시작했습니다. 그러니까 떠나세요. 만일 주님께서 오시면, 어떻게 해서든지 여러분에게 알리겠습니다. 하느님께서 여러분과 함께 계시기를."

베드로는 그 곳에서 물러나 통풍이 잘된 방으로 들어간다. 그 곳에는 성모님 둘레로 가장 충실한 여자제자들이 모두 있고, 또 주님을 선생님으로 사랑하고 있었지만, 전도하러 돌아다니실 때 따라다니지는 않았던 다른 여자들도 있다. 베드로는 한 구석에 가서 앉으며 성모님을 바라다보니, 성모님은 그에게 미소를 보내신다.

밖에 있는 사람들은 천천히 두 패로 갈라진다. 남아 있는 사람들의 집단과 시내로 돌아가는 사람들의 집단으로. 아이들을 부르는 어른들의 목소리와 대답하는 아이들의 작은 목소리들이 들려온다. 그러다가 웅성거리는 소리가 더 희미해진다.

---

* 역주 : 베드로 사도.

"그럼 이제는 우리도 떠나야지…" 하고 베드로가 말한다.
"아버지, 그렇지만 주님이 오시겠다고 말씀하셨는데!…"
"어! 그건 나도 안다! 하지만 너도 보다시피 주님은 안 오셨다. 오늘이 주님이 정해 주신 날인데…."
"그래요" 하고 막달라의 마리아가 말한다. "그리고 오빠는 벌써 여러분을 위해서 필요한 것을 모두 준비했어요. 그리고 저기 요나의 마르코가 여러분을 모시고 가서 창살문을 열어 드리려고 오고 있어요. 그렇지만 저도 가요. 우리 모두 가요. 오빠는 모든 사람을 위해 준비했어요."
"그런데 우리가 어디에 가서 이 많은 사람이 과월절 만찬을 먹을 거야?"
"만찬실은 바로 게쎄마니 동산일 거예요. 집 안에는 예수님이 말씀하신 사람들을 위한 방이 있고, 밖에는 집 옆에 다른 사람들을 위한 식탁들이 있어요. 그렇게 하라고 하셨어요."
"누가? 라자로가?"
"주님께서요."
"주님께서? 아니 언제 오셨어?"
"오셨어요…. 날짜가 무슨 상관이 있어요? 주님께서 오셔서 오빠하고 말씀하셨어요."
"나는 주님이 오시리라고 믿어. 아니, 우리 각자에게 벌써 오셨다고도 믿어. 이 기쁨을 그의 가장 소중한 진주처럼 생각하고, 그 진주가 가장 아름다운 빛을 잃을까봐 무서워서 그것을 보이는 것까지도 두려워하면서 보존하려고 우리 중의 아무도 그 말을 안하지만 말이야. 왕의 비밀!" 하고 바르톨로메오가 말하면서 동정녀 제자들의 무리를 바라본다. 그러니까 그들의 얼굴은 지는 저녁 햇살을 받은 것처럼 빨개진다. 그러나 그들의 피를 끓게 하는 것은 강렬한 기쁨의 영적인 불꽃이다. 흰 아마포로 만든 옷을 입어 순결의 옷을 입은 백합과 같으신 동정녀 중의 동정녀이신 마리아는 말없이 미소지으시면서 고개를 숙이신다. 이 순간에 성모님은 정말 영보 때의 동정녀와 비슷하시다!
"확실히 그래… 주님은 우리에게 눈에 보이게 나타나지 않으셔도 우리를 혼자 버려두지는 않으셔. 나는 주님이 내 보잘 것 없는 마음과 한층 더 빈약한 내 정신에 어떤 생각들을 넣어주신다고 말하겠어…" 하고 마태오가 실토한다.
다른 사람들은 말을 하지 않는다. …그들은 겉옷을 입는 동안 서로 살펴보려고 서로 바라본다. 그러나 어떤 사람들은 주님을 비밀히 만나 뵌 것을 생각하면서 얼굴에 다시 나타나는 영적인 기쁨의 홍조를 감추려고, 할 수 있는 대로 얼굴을 가리려고 애쓰는 것으로 그들이 주님의 마음에 드는 사람들이라는 것이 드러난다.

"말들 하란 말이야" 하고 다른 사람들이 말한다. "우린 질투하지 않아! 우린 조심성이 없어서 알리려고 하는 것도 아니야. 그렇지 않고 우리도 언제까지나 주님을 뵙지 못하게 되지는 않겠지 하는 희망으로 위안을 받을 거야! 라파엘이 토비아에게 한 말을 기억하게. '물론 왕의 비밀을 지키는 것은 좋은 일이지만 하느님의 업적을 드러내고 널리 알리는 것은 훌륭한 일이다' 하고 말했지. 하느님의 천사의 말이 옳아! 하느님께서 자네들에게 주신 말씀의 비밀은 지키게. 그렇지만 자네들에게 대한 그분의 끊임없는 사랑은 드러내게."

알패오의 야고보는 성모님에게서 무슨 빛을 얻으려는 듯 쳐다본다. 그러다가 성모님의 미소로 동의하신다는 것을 알고는 말한다. "사실이야. 나는 주님을 뵈었어." 그 이상의 말은 없다. 그리고 이 말을 한 것은 그뿐이다. 얼굴을 단단히 감싼 다른 두 사람, 즉 요한과 베드로는 한 마디도 말하지 않는다.

그들은 떼를 지어 나온다. 맨 앞에는 열 한 사도, 그 다음에는 라자로가 누이 동생들과 성모님을 둘러싼 여자 제자들과 같이 오고, 맨 뒤에는 목자들과 일흔 두 제자 중의 많은 사람이 따라온다. 그들은 올리브밭으로 가는 높은 길로 해서 예루살렘을 향해 간다. 남아 있던 어린이들은 좋아서 앞뒤로 뛰어 다닌다.

마르코는 갈릴래아 사람들의 야영지와 사람이 더 많이 다니는 구역을 피해 가는 오솔길로 해서 직접 올리브 동산의 새로 세운 울타리로 인도한다. 그는 울타리 문을 열어 사람들을 지나가게 하고, 다시 문을 잠근다. 많은 제자들이 자기들끼리 떠들다가 그 중 한 사람이 사도들에게, 특히 요한에게 말을 물어보려고 온다. 그러나 사도들은 기다리라고, 지금은 그들이 청하는 것을 할 시간이 아니라는 손짓을 한다. 그러니까 그들은 조용히 있다.

넓은 올리브밭은 정말 조용도 하다! 올리브밭의 가장 높은 부분은 아직 넘어가는 해의 마지막 햇살을 받고 있는데, 제일 낮은 곳에는 벌써 어둠이 깃들어 있다. 은초록색 잎들 사이로 부는 바람의 살랑거리는 소리와 명랑한 새들의 노래가 지는 해에게 인사를 한다.

동산지기의 작은 집이 나타난다. 지붕 노릇을 하는 평평한 옥상에 라자로는 천막으로 정자를 만들게 하였다. 그래서 평평한 옥상은 제자들 중에서 한 달 전에 과월절 음식을 먹지 못한 사람들을 위한 공중에 뜬 만찬실로 변하였다. 아래에는 잘 청소된 작은 마당에 다른 식탁들이 차려져 있다. 집 안에는 제일 좋은 방에 여자 제자들을 위한 식탁이 있다.

과월절 음식을 먹지 못한 사람들이 앉은 여러 식탁에는 구운 어린 양고기와 상치와 누룩 넣지 않은 빵들과 불그스레한 소스를 가져온다. 그리고 식탁 위에는 관례의 큰 술잔들을 놓았다. 그러나 여자들의 식탁에는 큰 술잔은 없고, 회식자 수효만큼의 컵이 놓여 있다. 여자들은 예식의 이 부분은 면제된다는 것을 알 수 있다. 정상적인 때에 벌써 과월절 음식을 먹은 사람들의 식탁에는 어린 양고기는 있지만, 누룩 안 넣은 빵과 불그레한 소스를 곁들인 상치는 없다. 라자로와 막시민이 모든 식사 시중을 지휘한다. 라자로가 베드로에게로 몸을 숙이고 무슨 말을 하니까, 베드로는 완강하게 거절하며 머리를 절레절레 내젓는다.

"그렇지만… 이건 자네가 할 일이야" 하고 그의 옆에 있는 필립보가 말한다.

그러나 베드로는 알패오의 야고보를 가리키며 말한다. "그건 이 사람이 할 일이야" 하고.

그들이 이렇게 다투고 있는 동안 주님이 작은 마당 어귀에 나타나셔서 인사를 하신다. "너희들에게 평화."

모든 사람이 일어난다. 그리고 그 소리에 여자들은 무슨 일이 일어났는지를 알게 된다. 여자들이 나오려고 하는 참인데, 예수께서 집 안으로 들어가셔서 여자들에게도 인사를 하신다.

마리아는 말씀하신다. "내 아들!" 그러면서 다른 모든 사람들보다 더 깊이 경배하신다. 그 행동으로 예수께서는 비록 벗일 수 있고, 벗이요 또 아들이기까지 할 정도로 가까운 혈족이시지만, 그래도 여전히 하느님이시고, 또 하느님으로 공경을 받으셔야 한다는 것을 보여주신다. 우리에게 대한 그분의 사랑이 우리를 탁 믿고 당신을 형제와 정배로 주시게 할 정도로 친절하기는 하지만, 흠숭하는 정신으로 공경해야 할 분이시다.

"어머니께 평화. 앉아서 잡수세요. 저는 마루잠이 상급을 기다리고 있는 위로 올라가겠습니다."

예수께서 층계를 올라가시기 위해 나오시느라고 돌아오셔서 큰 소리로 "시몬 베드로와 알패오의 야고보, 이리 오너라" 하고 부르신다.

이름을 부른 두 사람은 예수를 뒤따라 올라가고, 예수께서는 마루잠이 있는 가운데 식탁에 앉으셔서 두 사도에게 "너희들은 내가 이제 말하는 대로 하여라" 하고 말씀하시고는, 그 식탁의 어른인 마티아에게 말씀하신다. "과월절 잔치를 시작하여라."

이날 저녁에는 예수께서 전에 요한이 앉았던 자리에 마루잠을 앉히셨다. 베드로와 야고보는 주님 뒤에 서서 명령을 기다리고 있다.

이 만찬도 과월절 만찬과 같은 의식으로 진행된다. 찬가와 기원과 헌주(獻酒). 다른 식탁들에서도 그렇게 하는지는 모르겠다. 내가 뚫어지게 바라보는 곳은 예수의 뜻이 나더러 다른 것을 보라고 하시지 않는 한 예수님이 계시는 곳이다. 그래서 지금 어린 양고기의 제일 맛있는 부분을 마루잠에게 주시는 주님을 보느라고 다른 것은 다 잊어버린다—예수께서는 그 어린 양고기를 큰 접시에서 덜으셨다. 그러나 당신은 들지 않으시며, 상치도 소스도 들지 않으시고, 또 큰 잔의 포도주도 들지 않으신다.
 예수께서는 처음에 베드로에게 몸을 숙이고 당신의 말씀을 들으라는 손짓을 하신다. 그러니까 베드로는 예수의 말씀을 듣고 나서 큰 소리로 이렇게 말한다. "주님께서는 아버지와 가장의 자격으로 저희 모두를 위해 잔을 바치셨습니다."
 이제는 예수께서 다시 베드로에게 다시 손짓을 하시니, 베드로는 다시 예수의 말씀을 듣고 다시 몸을 일으키고 말한다. "그리고 이 시점에는 주님께서 수건을 차시고 저희들을 깨끗하게 해주셨고, 저희들 자신이 성체성사를 합당하게 받아 먹으려면 어떻게 해야 하는지를 가르쳐 주셨습니다."
 만찬은 다른 손짓이 있을 때까지 계속된다. 그 손짓이 있을 때 베드로는 또 말한다. "이 때에 주님께서는 빵과 포도주를 손에 드시고 바치시고 기도하시며 강복하셨습니다. 그리고 저희들의 몫을 만들어 나누어주시면서 말씀하셨습니다. '이것은 내 몸이요, 이것은 내 피이다. 이 피는 너희와 많은 사람의 죄 사함을 위하여 흘릴 영원한 새 계약의 피이다' 하고."
 예수께서는 일어서신다. 매우 위엄이 있다. 예수께서는 베드로와 야고보에게 빵을 들어 한입거리씩 만 들라고 하시고, 식탁들 위에 있는 것 중에서 가장 큰 잔에 포도주를 채우라고 명령하신다. 그들은 하라시는 대로 하여, 예수 앞에 빵과 포도주를 들고 있다. 예수께서는 눈을 황홀하게 뜨시는 것 외에 다른 행동은 하지 않으신 채 기도를 하시면서 두 손을 그 위로 내미신다….
 "빵조각들을 나누어 주어라. 그리고 우애의 잔을 권하여라. 너희들이 이 일을 할 때마다 나를 기억하고 행하여라."
 두 사도는 지극한 경의를 가지고 순종한다….
 성체와 성혈을 나누어 주는 동안, 예수께서는 여자들 있는 방으로 내려가신다. 나는 예수께서 어머니께 당신 손으로 직접 성체를 드리는 것으로 생각한다. 그러나 여자들이 있는 방에 내가 들어가지 않기 때문에 보지는 못한다. 내 생각은 그렇다. 이 생각이 사실과 들어 맞는지는 모른다. 그러나 이 일을 하시기 위해서가 아니라면 예수께서 왜 가셨는지 이해할 수가 없을 것이다.
 그런 다음 옥상으로 다시 오신다. 이제는 앉지 않으신다. 만찬이 끝나간다.
 예수께서 말씀하신다. "모든 것이 이루어졌느냐?"
 "주님, 모든 것이 이루어졌습니다."
 "내가 십자가에서 이렇게 하였다. 일어들 나거라. 기도하자."
 예수께서는 십자가에 달려 계신 것과 같이 팔을 벌리시고 주기도문을 시작한다.

 내가 왜 우는지 모르겠다. 나는 예수께서 주기도문을 드리는 것을 듣는 것이 이

번이 아마 마지막일 것이라고 생각한다. …어떤 화가도 어떤 조각가도 우리에게 예수의 참다운 초상을 절대로 보여줄 수 없을 것과 같이 아무리 거룩한 사람이라 하더라도 주기도문을 그렇게도 씩씩하게 그러면서도 그렇게도 다정스럽게 드릴 수 있는 사람은 아무도 없을 것이다. 나는 예수님에게서 오는 그 주기도문에 대하여 언제가지나 크나큰 향수를 느낄 것이다. 그것은 하늘에서 온전히 사랑받으시고 온전히 흠숭받으시는 아버지와의 참다운 대화이고, 존경과 순종과 믿음과 복종과 겸손과 자비와 갈망과 신뢰와… 모든 것을! 나타내는 외침이다.

"자! 주님의 은총이 너희 모두에게 있기를 바라고 주님의 평화가 너희들과 같이 있기를 바란다" 하고 예수께서 작별 인사를 하신다. 그리고는 지금 조용한 동산 위에 높이 떠 있는 만월의 빛보다도 식탁들 위에 놓여 있는 등불의 빛보다도 훨씬 더 밝은 빛나는 빛 속으로 사라지신다.

말 한 미디도 없다. 얼굴들에는 눈물, 마음들 속에는 흠숭… 그리고 다른 것은 아무 것도 없다….

밤은 천사들과 더불어 지키고 있으며, 이 축복받은 사람들의 마음의 설렘을 알고 있다.

23. 주님의 승천

동쪽 하늘에는 새벽빛이 겨우 붉어오기 시작한다. 예수께서는 어머니와 함께 게쎄마니 동산의 작은 골짜기를 왔다갔다 하신다. 말씀은 없고, 다만 말할 수 없는 사랑의 눈길이 있을 뿐이다. 말씀들은 이미 하셨는지, 또는 말씀은 도무지 안 하셨는지도 모르겠다. 말씀을 하신 것은 두 영혼, 그리스도의 영혼과 그리스도의 어머니의 영혼이었다. 지금은 사랑가득하게 바라보는 것, 서로 바라보시는 것이다. 이슬의 축축한 성질이 그것을 알고, 아침의 깨끗한 빛이 그것을 알며, 풀과 꽃과 새와 나비 같은 하느님의 우아한 피조물들이 그것을 안다. 사람들은 여기에 없다.

이 작별 인사를 지켜보자니 마음이 편치 않게 느껴진다. "주님, 저는 이럴 자격이 없습니다!" 이것이 어머니와 아들이 이 세상에서 결합해 있었던 마지막 시간을 바라보며 내가 눈물을 흘리면서 외친 부르짖음이다. 또한 우리들이 사랑 가득한 피로(疲勞)의 종말에 이르렀다고, 즉 예수와 마리아의 사랑가득한 피로, 그리고 예수님이 온 메시아 시대의 증인으로 택하고자 하신 보잘 것 없고, 어리고, 자격없는 어린아이인 나의 사랑가득한 피로가 끝날 때가 되었다고 생각하면서 눈물을 흘리며 지르는 외침이다. 이 어린아이의 이름은 마리아이지만, 예수님은 "작은 요한(마리아 발또르따의 애칭)"이라고, 또 "십자가의 오랑캐꽃"이라고 부르기를 좋아하신다. 그렇다. 작은 요한이다. 나는 아무 것도 아니니까 작고, 정말로 하느님께서 큰 은총들을 내려주신 사람이기 때문에 요한이며, 또 정도는 무한히 작지만—그러나 이것은 내가 가진 것 전부이고, 내가 가진 것 전부를 드림으로써 나는 예수님을 만족시켜 드리는 완전한 정도를 드린다는 것을 안다. 내가 드리는 것은 아무 것도 아닌 나의 "전부"이니까—그러니까 정도는 무한히 작지만, 나도 가장 사랑받은 사람인 큰 요한과 같이 내 모든 사랑을 예수님과 성모님께 드려, 그분들과 같이 눈물과 미소를 나누고, 그분들을 따르며, 그분들이 몹시 슬퍼하시는 것을 보고 나 자신의 목숨을 바쳐 세상의 원한에서 그분들을 보호하지 못하는 것을 고민하기 때문에, 또 이제 영원히 끝나는 것에 대하여 그분들의 가슴이 뛰는 것을 보고 내 가슴도 뛰기 때문에 나는 요한이다.

오랑캐꽃. 그렇다. 풀 속에 숨어서, 예수님이, 모든 피조물은 당신 아버지께서 만드셨기 때문에 사랑하신 그분이 피하지 않으시고 당신의 숭고한 발로 밟아 가벼운 향기를 내뿜으며 죽어가고, 울퉁불퉁하고 단단한 땅과의 접촉을 부드럽게 해드리려고 노력한 오랑캐꽃이다. 십자가의 오랑캐꽃. 그렇다. 그래서 그분의 피가 내 꽃받침을 가득 채워 땅으로 기울어지게 하였다….

오! 내 가장 사랑하는 분, 전에 나무에 못박혀 상처입은 당신 발을 똑바로 보게 하시며 제게 당신 피를 가득 채워주신 분이여, "… 그리고 십자가 아래에는 꽃이 핀 오랑캐꽃 한 그루가 있었는데, 당신의 피가 그 꽃핀 오랑캐꽃 위에 방울방울 떨어졌습니다…."

멀면서도 여전히 대단히 가깝고 지금 당장의 것같이 느껴지는 추억! 제가 나중에 되려는 것, 즉 당신의 대변자가 되려는 것에 대한 준비가 그 추억입니다. 이 당신의 대변자는 지금 당신의 피와 땀과 눈물, 그리고 당신의 어머니 마리아 눈물에 흠뻑 젖어 있습니다. 그러나 또한 당신의 말씀과 당신의 미소를, 모든 것을, 당신께 대한 모든 것을 알고 있으며, 이제는 오랑캐꽃 향기를 내뿜지 않고, 오직 제 하나밖에 없는 유일한 사랑이신 당신의 향기만을 내뿜습니다. 이 하느님의 향기는 어제 저녁 제 고통을 가라앉혀 주셨고, 또 지금 입맞춤과 같이 다정스럽게 제게 와서 하늘 자체와 같이 저를 위로하고, 제게 모든 것을 잊고 당신만으로 살게 해 줍니다….

저는 당신의 약속을 지니고 있습니다. 저는 당신을 잃지 않으리라는 것을 알고 있습니다. 당신이 제게 그렇게 약속하셨는데, 당신의 약속은 하느님의 약속이므로 진실합니다. 저는 아직 당신을 차지할 것이고, 항상 차지할 것입니다. 제가 교만으로나 거짓말로나 불복종으로 죄를 지어야만 당신을 잃게 될 것입니다. 당신이 그렇게 말씀하셨습니다. 그러나 제 의지를 북돋워 주는 당신의 은총을 가지고 제가 **죄를 짓**

지 않기를 원하고, 또 당신이 저를 붙들어 주시겠기 때문에 죄짓지 않기를 바란다는 것을 당신은 아십니다. 저는 참나무가 아닙니다. 그것을 알고 있습니다. 저는 오랑캐꽃입니다. 새 한 마리가 앉아도 휠 수 있고, 풍뎅이 한 마리만 앉아도 휠 수 있는 부서지기 쉬운 대입니다. 그러나 주님, 당신은 제 힘이시고, 당신께 대한 제 사랑은 제 날개입니다. 저는 당신을 잃지 않을 것입니다. 당신이 제게 그렇게 약속하셨습니다. 당신의 죽어가는 오랑캐꽃에 기쁨을 주시기 위하여 당신이 저를 위하여 온전히 오실 것입니다. 그러나 저는 이기주의자가 아닙니다. 주님, 당신이 그것을 아십니다. 당신은 제가 당신을 다시는 뵙지 않아도 좋으니 다른 사람들이 많이 당신을 뵙고 당신을 믿기를 원한다는 것을 아십니다. 제게는 당신이 이미 많은 것을 주셨는데, 저는 그런 자격이 없습니다. 참말 당신은 저를 몹시 사랑하셨는데, 당신만이 귀여운 당신 자녀들을 이렇게 사랑할 줄 아십니다.

저는 당신이 "사시는 것"을 보는 것이 얼마나 기분좋았는가를 생각합니다. 사람들 가운데에서 사람으로. 그리고 이제는 그런 당신을 뵙지 못하리라는 것을 생각합니다. 모든 것을 보고 모든 것을 말했습니다.

저는 또 당신이 제 생각에서 사람들 가운데에서 사신 사람으로서의 당신의 **행동을** 지우지 않으실 것이고, 당신이 실제로 어떤 분이셨는가 하는 것을 제가 기억하는 데에는 책이 필요하지 않으리라는 것도 압니다. 당신의 온 생애가 지워지지 않는 글자로 적혀 있는 제 마음을 보기만 하면 될 것입니다.

그러나 정말 기분좋았습니다. …그런데 이제는 하늘로 올라가십니다. 이 세상은 당신을 잃습니다. 주 구세주여, 십자가의 마리아가 당신을 잃습니다. 당신은 십자가의 마리아에게 계속 지극히 다정스러우신 하느님으로 계실 것이고, 당신의 오랑캐꽃의 자줏빛 꽃받침에 당신의 피를 붓지 않으시고 하늘의 꿀을 부어 주실 것입니다. …저는 웁니다. …서로 다른 제자들과 같이 당신의 제자가 되어 나무가 우거진 산길이나 평야의 메마르고 먼지나는 길에서, 호수에서, 또 당신의 고향의 아름다운 강 근처에서 당신을 따라 다녔습니다. 그런데 이제는 당신이 떠나시니, 올리브나무가 덮인 푸른 언덕 위에 있는 베들레헴과 나자렛, 종려나무 잎의 살랑거림과 더불어 해가 쨍쨍 내리쬐는 예리고, 정다운 베들레헴, 황야 가운데 파묻힌 엔갓디, 아름다운 사마리아, 사존과 에스드렐론의 기름진 평야, 요르단강 건너편의 이상한 고원, 악몽 같은 사해, 지중해안의 양지바른 도시들과 당신의 고통의 도시인 예루살렘, 올라가고 내려가고 하는 그 길, 장식 홍예창틀, 광장, 변두리, 우물과 빗물받이 웅덩이, 야산들과 당신의 자비가 풍성히 베풀어진 문둥병자들의 음산한 골짜기에 이르기까지… 이제는 추억으로밖에는 보지 못할 것입니다. …그리고 최후의 만찬실이 있는 집… 바로 곁에서 눈물을 흘리고 있는 분수… 키드론 개울의 다리, 당신이 피땀을 흘리신 곳… 총독 관저의 안마당… 아! 안 됩니다! 당신의 고통이란 고통은 모두 이곳에 있고 또 언제까지나 그곳에 남아 있을 것입니다. …저는 모든 추억을 다시 찾아내기 위하여는 그것을 찾아야 할 것입니다. 그러나 게쎄마니 동산에서 하신 당신의 기도, 당신이 채찍질당하신 것, 당신이 골고타에 올라가신 것, 당신의 임종 고통과 운명, 당신 어머니의 고통은 그렇지 않습니다. 이것들은 제가 찾을 필요가 없을 것입니다. 제 안에 항상 생생하게 남아 있으니까요. 아마 천국에서나 잊게 되겠지요. …그렇지만 천국에서도 그것들을 잊을 수는 없을 것같이 생각됩니다.… 그 끔찍한 시간의 모든 추억은, 당신이 그 위에 넘어지신 돌의 형태에 이르기까지, 당신의 무덤을 봉한 돌을 향하여 화강석 위에서 핏방울같이 흔들리고 있던 붉은 장미의 꽃봉오리까지도… 잊을 수가 없을 것 같습니다.

지극히 숭고하신 나의 사랑, 당신의 수난은 제 생각 안에 살아 있습니다. …그리고 그 곳으로 제 가슴을 상하게 합니다….

새벽이 완전히 밝았다. 해는 벌써 지평선 위에 높이 올라와 있고, 사도들의 목소리가 들려 온다. 이것이 예수와 마리아에게 하나의 신호가 된다. 그분들은 서로 마주서서 걸음을 멈추신다. 그런 다음 예수께서 팔을 벌려 어머니를 가슴에 안으신다. …오! 그분은 틀림없는 사람이시고, 여인의 아들이셨! 그것을 믿기 위하여는 이 작별 인사를 보는 것으로 충분하다! 사랑하는 어머니께 소나기 입맞춤을 하는 것으로 사랑이 넘쳐 나온다. 지극히 사랑하는 아들에게 입맞춤이 쏟아진다. 두 분이 이제는 헤어지실 수 없을 것같이 보인다. 헤어지실 것 같이 보일 때에 또 다시 껴안아 결합하시고 입맞춤하시는 사이사이로 서로 축복의 말씀을 나누신다. …오! 그분은 정말이지 당신을 낳아 주신 여인을 떠나시는 사람의 아들이시다! 그분은 정말이지 지극히 깨끗한 분에게 사랑이신 분의 보증이 되시는 아드님을 그 아버지께 돌려드리려고 보내시는 어머니이시다….

하느님의 어머니를 안으시는 하느님!…

마침내 여인은 피조물로서 당신 아들이신 하느님의 발 앞에 무릎을 꿇으시고, 하느님이신 아들은 동정녀이신 당신 어머니요, 영원히 사랑받으시는 분의 머리에 두 손을 얹으시고 성부와 성자와 성신의 이름으로 강복을 주신다. 그리고 몸을 구부려 어머니를 일으키고 아직도 몹시 젊은 금발 아래 있는 백합의 꽃잎같이 흰 이마에 마지막 입맞춤을 하신다.

두 분은 다시 집을 향하여 가시는데, 이렇게 조용히 나란히 서서 걸어오시는 것을 보고는 아무도 조금 전에 사랑의 물결이 이 분들을 휩쓸었다고는 생각하지 못할 것이다. 그러나 이제는 다 지나간 슬펐던 다른 작별들과 죽임을 당한 아들을 무덤에 혼자 남겨 두어야 하는 어머니의 아들에 대한 애끓는 작별과 이 작별은 얼마나 다른가!…
 이 작별에서는 사랑하는 아들과 헤어져야 하는 순간에 있는 어머니의 자연스러운 눈물로 눈이 반짝이기는 하지만, 그 사랑하는 아들이 그의 영광에 알맞는 처소로 간다는 것을 아는 기쁨으로 입술에는 미소가 감돈다….
 "주님, 오늘 강복을 주고 싶으시다고 어머니께 말씀하신 사람들 모두가 저밖에, 이 동산과 베다니아 사이에 있습니다" 하고 베드로가 말씀드린다.
 "좋다. 이제는 그들을 만나러 가자. 그러나 우선 이리들 오너라. 너희들과 또 빵을 나누고 싶다."
 그들은 열흘 전에 여자들이 둘째 달 열 나흗날 만찬을 위하여 있었던 방으로 들어간다. 성모님은 예수와 같이 방에까지 들어가신다. 그리고는 물러나 나오신다. 예수와 열 한 사도만이 남아 있다.
 식탁 위에는 구운 고기와 작은 치즈들과 검은 작은 올리브들, 그리고 작은 포도주 항아리와 그보다 더 큰 물항아리와 큰 빵들이 있다. 호화로운 의식을 위한 장식이 없고, 다만 먹어야 하기 때문에 차려 놓은 소박한 식탁이다.
 예수께서 음식을 바치시고, 몫몫을 나누신다. 예수께서는 베드로와 알패오의 야고보 가운데 계시다. 예수께서 그들을 그 자리에 부르신 것이다. 요한과 알패오의 유다와 야고보는 예수의 맞은편에 있고, 토마와 필립보와 마태오는 한쪽 옆구리에, 안드레아와 바르톨로메오와 열성당원은 다른 쪽 옆구리에 있다. 따라서 모두가 그들의 예수를 볼 수 있다. …식사는 짧고 조용히 진행된다. 예수를 가까이 모시고 있는 마지막날에 다달은 사도들은 예수께서 부활서부터 계속하여 사랑을 가득히 가지시고 집단에게나 개인에게 나타나셨는데도 불구하고 부활하신 예수와의 그들의 만남의 특징이 된 그 조심성과 그 존경을 잃은 적은 결코 없었다.
 식사가 끝났다. 예수께서는 피할 수 없는 어떤 사실 앞에서 늘 하시는 손짓과 같이 식탁 위에 손을 펴시고 말씀하신다. "자, 내가 너희들을 떠나 아버지께로 돌아가야 하는 시간이 되었다. 너희들 선생의 마지막 말을 들어라.
 얼마 동안은 예루살렘을 떠나지 말아라. 내가 라자로에게 말했는데, 라자로는 또 한번 선생님의 소원을 채워 주기로 마련을 해서, 너희들이 같이 모이고 기도를 하며 묵상할 집을 가지도록 최후의 만찬의 집을 넘겨준다. 요 며칠 동안은 그 안에 머물러 있으면서, 너희들의 사명을 위한 가르침을 보충해 주실 성령을 맞이할 준비를 하면서 열심으로 기도하여라. 나는 하느님이지만 엄한 고행으로 내 복음전도자의 임무를 준비하였다. 너희들의 준비는 역시 더 쉽고 더 짧을 것이다. 그러나 나는 너희들에게서 다른 것을 요구하지 않는다. 너희들이 일흔 두 제자들과 일치하여, 또 내가 아들의 열성으로 너희들에게 다시 부탁하는 내 어머니의 인도를 받으며 열심으로 기도하기만 하면 나는 그것으로 족하다. 내 어머니는 너희들의 어머니가 되실 것이고, 사랑과 완전한 지혜를 가지신 선생님이 되실 것이다. 나는 너희들을 다른 곳으로 보내서 성령을 받을 준비를 시킬 수 있었을 것이다. 그러나 나는 오히려 너희들이 이곳에 남아 있기를 원한다. 그것은 부인하는 예루살렘이 그의 부인에 대답하기 위하여 하느님께서 주시는 기적이 계속되는 것을 보고 놀라야 하기 때문이다.

그리고 나서 성령께서는 인간적으로 판단해서 교회를 차지할 자격이 가장 없는 바로 이 도시에서 교회가 일어나야 할 필요성을 너희들에게 이해시키실 것이다. 그러나 예루살렘에서는 죄가 극도에 달했고, 또 여기에서 하느님을 죽이는 죄가 저질러졌지만, 예루살렘은 언제나 예루살렘이다. 이것이 예루살렘에는 아무 소용이 없을 것이다. 단죄를 받았기 때문이다. 그러나 예루살렘은 단죄를 받았지만, 그 주민은 모두 단죄되지 않았다. 예루살렘 안에 있는 얼마 안 되는 의인들을 위하여 여기 남아 있어라. 이곳이 왕도(王都)이고 성전이 있는 도시이기 때문에, 그리고 예언자들이 예언한 것과 같이 메시아 왕이 여기서 기름바름을 받고, 환호를 받고, 높이 올려진 이곳에서 세상에 대한 그의 지배가 여기서 시작되어야 하기 때문이고, 또 유다교가 그의 너무도 끔찍한 죄악으로 인하여 하느님에게서 이혼장을 받은 이곳에 모든 나라 사람들이 달려올 새 성전이 솟아올라야 하기 때문이다. 예언서들을 읽어라. 거기에는 모든 것이 예언되어 있다. 처음에는 내 어머니가, 그 다음에는 성령께서 이 시대를 위한 예언자들의 말을 너희에게 알아듣게 하실 것이다. 예루살렘이 나를 거부한 것과 같이 너희들을 거부하고 나를 미워한 것과 같이 내 교회를 미워하며 그것을 없애버릴 계획들을 세울 때까지는 여기 남아 있어라. 그 때에는 내가 사랑하는 이 교회의 본부를 다른 곳으로 옮겨라. 이 교회가 죽어서는 안 되기 때문이다.

너희들에게 분명히 말한다마는, 지옥도 이 교회를 이겨내지 못할 것이다. 그러나 하느님께서 너희들에게 교회에 대한 보호를 약속하시지만, 모든 것을 하늘에서 요구함으로써 하느님을 시험하지 말아라.

너희들의 선생이 원수들에게 잡혀야 할 시간이 되지 않았었기 때문에 그리로 갔던 것과 같이 너희도 에브라임으로 가라. 내가 에브라임이라고 말하는 것은 우상과 외교인들의 땅을 말하는 것이다. 그러나 너희들이 내 교회의 본부로 택해야 할 곳은 팔레스티나의 에브라임이 아닐 것이다. 너희들을 모아놓고 또는 너희 중의 어떤 사람에게 개별적으로 여기 대한 말을 하면서, 너희들이 이 지구의 길들을 두루 다니며 그 심장부에 이르러 그곳에 내 교회를 정착시켜야 할 것이라고 몇 번이나 너희들에게 미리 말했는지 기억하여라. 사람의 심장에서 피가 온 몸의 지체로 퍼져 나간다. 그리고 세계의 중심에서 그리스도교가 온 세상에 퍼져 나가야 한다.
 지금 당장은 내 교회가 이미 잉태되었으나 아직 모태에서 형성되고 있는 사람과 비슷하다. 예루살렘은 내 교회의 모태이며, 이 안에서 아직 작은 그 심장은 새로 태어나는 교회의 얼마 되지 않는 지체에 둘러싸여 있으면서 그 지체들에게 그의 작은 피의 물결을 보내준다. 그러나 하느님께서 정하신 시간이 오면, 못된 어머니의 이 모태가 그 안에서 형성된 아이를 내쫓을 것이고, 그 아이는 새로운 땅으로 가서, 거기서 자라 큰 몸이 되어 온 세상에 펼쳐질 것이고, 강하게 된 교회의 심장의 고동이 그의 커다란 온 몸으로 퍼질 것이다. 성전과의 일체의 유대에서 해방되고, 죽고 무너진 성전의 폐허 위에서 영원한 승리자로서 세계의 중심에서 살면서, 다만 하느님께서만 승리하시고, 당신 하고 싶으신 대로 하시며, 사람들의 원한도 우상의 무리도 그분의 의지를 막을 수 없다는 것을 히브리인들과 이방인들에게 말하는 교회의 심장의 고동이 말이다.
 그러나 이것은 나중에 일어날 것이고, 그 때에 너희들이 어떻게 해야 할지를 알게 될 것이다. 하느님의 성령께서 너희들을 인도하실 것이니, 두려워 말아라.
 당장은 신자들의 첫번째 회중을 예루살렘에 모아라. 그 다음에는 신자들의 수가 늘어남에 따라 다른 회중들이 조직될 것이다. 정말 잘 들어 두어라. 내 나라의 주민은 훌륭한 땅에 뿌린 씨와 같이 빨리 더 많아질 것이다. 내 백성은 온 세상에 퍼질 것이다.
 주께서 주께 말씀하신다. '네가 이것을 하였고, 나를 위하여 열심히 하였으므로, 나는 네게 축복하겠고, 내 후손을 하늘의 별들과 같이, 바닷가에 있는 모래와 같이 많아지게 하겠다. 네 후손들은 원수들의 문을 차지할 것이고, 네 후손들을 통하여 세상의 모든 민족이 축복을 받을 것이다. 네 후손들이 주권자로 인정되는 그 곳에서 축복은 내 이름이고, 내 표이고, 내 율법이다.'
 거룩하게 하시는 분이신 성령께서 오실 것이고, 너희들은 성령을 가득히 받을 것이다. 주께 가까이 가는 모든 것이 그래야 하는 것과 같이 깨끗하게 되도록 하여라. 나도 성령과 같이 주님이었다. 그러나 나는 너희들 가운데 있기 위하여 내 천주성 위에 옷을 하나 걸쳤었다. 그리고 그것은 오직 너희들을 가르치고, 그 옷의 기관과 피로 너희들을 구속하기 위한 것뿐만이 아니었고, 거룩한 분들 중에서도 거룩하신 분을 사람들 가운데 모셔다 주면서도, 세라핌들조차 똑바로 쳐다보기를 두려워하는 그분을 누구나, 부도덕한 사람까지도 쳐다보아도 버릇없다는 말을 듣지 않게 하기 위해서였다.
 그러나 성령께서는 육체의 베일을 쓰지 않고 오셔서, 너희들 위에 머무르실 것이고, 당신의 일곱 가지 은혜를 가지고 너희들 안에 내려오시고 너희들에게 조언을 하실 것이다.

그런데 하느님의 조언은 지극히 숭고한 것이어서, 너희들을 너희 아버지와 너희 예수와 비슷하게 하고, 아버지와 성령과의 관계에 있어서의 너희들의 예수와 비슷하게 하는 완전을 지니겠다는 영웅적인 의지로 마음의 준비를 해야 하는 것이다. 그러므로 사랑을 이해하고, 그 사랑을 너희들의 마음의 옥좌에 받아 모시기 위하여는 완전한 애덕과 완전한 순결이 필요한 것이다.

명상의 심연 속에 빠져 들어가라. 너희들이 사람이라는 것을 잊도록 힘쓰고, 세라핌으로 변하도록 힘써라. 명상의 아궁이 속에, 명상의 불꽃 속으로 뛰어들어라. 하느님께 대한 명상은 부싯돌이 부시에 부딪쳐서 튀어나와 불과 빛을 내는 불똥과 비슷하다. 그것은 불투명하고 항상 불순한 물질을 태워서 빛나고 깨끗한 불꽃으로 바꾸어 놓는 불에 의한 정화(淨化)이다.

만일 너희들이 사랑을 가지고 있지 않으면, 너희들 안에 하느님의 나라를 가지지 못할 것이다. 그것은 하느님의 나라가 사랑이고, 사랑과 더불어 나타나며, 엄청난 빛의 광채 속에서 너희들의 마음 안에 자리잡기 때문이다. 이 엄청난 빛은 침투하고, 비옥하게 하고, 지혜를 주며, 사람을 휩쓸어 없애버리고, 신을 만들며, 하느님의 아들, 내 형제를 만들고, 하느님을, 하느님을, 하느님을, 하느님만을 모시기 위하여 자기를 하느님께 바치는 사람들을 위하여 하느님께서 마련하신 옥좌의 왕을 만든다. 그러므로 열렬한 기도의 덕택으로 깨끗하고 거룩하게 되어라. 열렬한 기도는 사람을 사랑이신 하느님의 불 속에 집어넣기 때문에 사람을 거룩하게 하는 것이다.

너희들은 거룩해야 한다. 이 단어가 지금까지 가졌던 상대적인 뜻으로가 아니라, 내가 너희들에게 주님의 거룩하심을 본보기와 한계로 권하면서 그 단어에 준 절대적인 뜻으로 그렇게 되라는 말이다. 즉 완전히 거룩하게 되라는 말이다. 우리들 사이에서는 성전을 거룩하다고 부르고, 제단이 있는 곳을 거룩하다고 말하며, 계약의 궤와 속죄소가 있는 휘장으로 가려진 곳을 지성소라고 부른다. 그러나 정말 잘 들어 두어라. 은총을 가지고 있고, 주님께 대한 사랑으로 거룩하게 사는 사람들은 지성소보다도 더 거룩하다. 그것은 하느님께서 명령을 주시려고 성전 안에 있는 속죄소에 내려오시는 것과 같이, 그들 위에 내려와 머무르기만 하지 않으시고 그들에게 당신의 사랑을 주시기 위하여 그들 안에서 사시기 때문이다.

너희들은 최후의 만찬에서 내가 한 말을 기억하느냐? 그때 나는 너희들에게 성령을 약속하였다. 성령께서 오셔서 너희들에게 세례를 주실 것이다. 이제는 나를 맞이하게 너희들을 준비시키기 위하여 너희들에게 한 것처럼 물로 세례를 주지 않으시고, 주님이 너희들에게서 바라시는 것과 같이 주님을 섬기도록 너희들을 준비시키기 위하여 불로 세례를 주실 것이다. 이제 며칠 안 가서 성령께서 여기에 오실 것이다. 그리고 성령이 오신 다음에는 너희들의 역량이 엄청나게 커져서 너희들의 왕의 말을 알아들을 수 있을 것이고, 그가 자기의 왕국을 이 세상에 확장하기 위하여 너희들에게 하라고 말한 일을 할 수 있게 될 것이다."

"그러면 성령이 오신 다음에는 주님이 이스라엘 왕국을 재건하실 것입니까?" 하고 사도들이 예수의 말을 중단하며 여쭈어본다.

"이제는 이스라엘 왕국은 없어지고 내 왕국이 있을 것이다. 그리고 내 아버지께서 말씀하신 때에 내 왕국이 이루어질 것이다. 아버지께서 당신 능력에 유보해 두신 때와 시간을 아는 것은 너희들의 할 일이 아니다. 그러나 너희들은 그 동안 너희들에게 오실 성령의 힘을 받을 것이니, 너희들은 예루살렘과 유다와 사마리아와 이 세상의 끝에까지 내 증인이 되어 사람들이 내 이름으로 모이는 곳에 교회를 세우고, 그들이 은총을 얻고 주님 안에서 살도록 내가 너희들에게 말한 것과 같이 그들에게 지극히 거룩하신 성부와 성자와 성신의 이름으로 세례를 주고, 모든 사람에게 복음을 전하고, 내가 너희들에게 가르친 것을 가르치며, 내가 너희들에게 하라고 명령한 것을 하여라.

그러면 내가 세상 끝날 때까지 너희들과 같이 있겠다.

그리고 나는 또 이렇게 되기를 원한다. 즉 예루살렘의 교회를 주재하는 일은 내 사촌 야고보가 하기를 바란다.

베드로는 온 교회의 으뜸으로서 사도로서의 여행을 자주 해야 할 것이다. 그것은 모든 새 신자들이 교회의 최고 수령인 대사제를 알기를 바라겠기 때문이다. 그러나 내 사촌이 이 첫교회의 신자들에게 미치는 지배력은 대단할 것이다. 사람들은 역시 사람이어서, 사람으로서 보는 것이다. 그들에게 야고보가 순전히 내 사촌이기 때문에 나를 계승하는 것같이 생각될 것이다. 그러나 진정 너희들에게 말한다마는, 야고보는 친척 관계보다도 오히려 지혜로 더 위대하고 그리스도와 비슷하다. 그런데 내가 그들 가운데 있을 때에는 나를 찾지 않던 사람들이 이제는 내 친척인 사람을 통해서 나를 찾을 것이다. 그 다음 시몬 베드로 너는 다른 명예들을 얻게 되어 있다…."

"주님, 저는 그럴 만한 자격이 없습니다. 저는 주님이 제게 나타나셨을 때 이 말씀을 드렸었는데, 모든 사람이 있는 앞에서 다시 이 말씀을 드립니다. 주님은 인자하십니다. 지혜로우신 위에 또 하느님답게 인자하십니다. 그래서 이 도시에서 주님을 모른다고 한 제가 이 도시의 영적인 지도자가 되기에는 적당치 않다고 정당하게 판단하셨습니다…."

"시몬, 우리는 두 사람만 빼놓고는 모두 똑같았어. 나도 도망쳤어. 주님이 나를 이 곳에 내정하신 것은 이 때문이 아니라, 주님이 말씀하신 이유들 때문이야. 그러나 요나의 아들 시몬, 자네는 내 우두머리일세. 나는 자네를 그런 사람으로 인정하고, 주님과 모든 동료들 앞에서 자네에게 순종을 약속하네. 자네의 임무 수행을 돕기 위해서 내가 할 수 있는 일은 무엇이든지 다 하겠네. 그러나 제발 명령을 내려 주게. 자네는 우두머리이고, 나는 자네의 아랫사람이니까 말이야. 주님이 오래전의 대화를 내게 상기시키셨을 때, 나는 고개를 숙이고 말씀드렸네. '주님의 뜻대로 이루어지기 바랍니다' 하고. 주님이 우리를 떠나신 후 자네가 이 세상에서 주님의 대리자가 되었을 때, 내가 자네에게 이렇게 말할 걸세. 그리고 우리의 사제 임무 수행을 도와주면서 서로 사랑하세." 야고보는 베드로에게 경의를 표하기 위하여 그가 있는 자리에서 고개를 숙이면서 말한다.

"그렇다. 너희들은 서로 도와주고 서로 사랑하여라. 이것이 새 계명이고, 너희가 정말 그리스도의 사람이라는 표가 되는 것이다.

어떠한 이유로도 불안해 하지 말아라. 하느님께서 너희와 함께 계시다. 너희들은 내가 너희들에게서 바라는 일을 할 수 있다. 나는 너희들의 파멸을 바라지 않고 오히려 너희들의 영광을 바라기 때문에 너희가 할 수 없는 것을 하라고 강요하지는 않을 것이다.

자, 이제 나는 내 옥좌 곁에 너희 자리를 준비하러 간다. 사랑으로 나와 아버지와 일치해 있어라. 너희들을 미워하는 세상을 사랑하여라. 너희들에게 오는 사람이나 내게 대한 사랑으로 벌써 너희들과 같이 있는 사람들은 아들이라고 부르고 형제라고 불러라.

너희들이 십자가지는 일을 내가 항상 도와줄 준비를 하고 있다는 것을 알고, 평화 속에 있어라. 너희들이 정직에서 오는 피로를 겪고 박해를 당할 때 내가 너희와 같이 있을 것이니, 혹 세상의 눈을 가지고 보는 사람에게는 그렇게 보이더라도, 너희들은 죽지 않을 것이고 쓰러지지 않을 것이다. 너희들은 짓눌리고, 괴롭힘을 당하고, 지치고, 고문을 당할 것이다. 그러나 내가 모든 일에 너희들을 도와줄 것이니까 내 기쁨이 너희 안에 있을 것이다. 정말 잘 들어 두어라. 너희들이 사랑을 친구로 가지게 되면, 내게 대한 사랑으로 살고 당하는 모든 것은 비록 세상의 무거운 고문이라 하더라도 가벼워진다는 것을 깨닫게 될 것이다. 그것은 누가 자발적으로나 또는 강요에 의해서 하는 모든 것을 사랑으로 감싸면 인생과 세상의 멍에가 하느님과 내가 그에게 메워 주는 멍에로 변하기 때문이다. 그리고 너희들에게 거듭 말하지만, 내가 너희들에게 지워 주는 짐은 언제나 너희 힘에 알맞으며, 너희가 내 멍에를 메는 것을 내가 도와 주니까 내 멍에는 가볍다.

너희들은 세상은 사랑할 줄을 모른다는 것을 알고 있다. 그러나 이제부터 너희들은 세상을 초자연적인 사랑으로 사랑하여 그에게 사랑하는 것을 가르쳐 주도록 하여라. 그리고 만일 그들이 너희가 박해당하는 것을 보고 '하느님이 당신들을 이렇게 사랑하는 거요? 당신들에게 고통을 당하게 하고, 당신들에게 고통을 주면서? 그렇다면 하느님의 사람이 될 필요가 없겠소' 하고 말하거든 이렇게 대답하여라. '고통은 하느님에게서 오지 않습니다. 다만 하느님께서는 고통을 허락하시는데, 우리는 하느님께서 왜 그것을 허락하시는지 그 이유를 알고, 하느님의 아들 구세주 예수께서 받으신 고통에 한 몫 끼는 것을 영광으로 여깁니다'하고. '우리는 십자가에 못박혀서 우리 예수님의 수난을 계속하는 것을 영광으로 여깁니다' 하고 대답하여라. 또 지혜서의 말씀으로 이렇게 대답하여라. '죽음과 고통은 악마의 시기로 인해서 세상에 들어왔지, 하느님께서는 죽음과 고통을 만들지 않으셨고, 산 사람들의 고통을 즐기지 않으십니다. 하느님에게서 오는 모든 것은 생명이고, 모두 유익한 것입니다' 하고. 또 이렇게 대답하여라. '지금은 우리가 박해를 당하고 진 것같이 보입니다. 그러나 하느님의 날에는 운명이 뒤바뀌어서, 이 세상에서 박해를 받은 우리 의인들이 우리들을 괴롭히고 업신여겼던 사람들 앞에서 영광스럽게 될 것입니다' 하고.

 그러나 그들에게 이렇게도 말하여라. '우리에게로 오시오! 생명과 평화로 오시오. 우리 주께서는 당신들의 파멸을 원치 않으시고, 당신들의 구원을 바라십니다. 이 때문에 하느님께서는 당신들이 모두 구원을 받도록 지극히 사랑하시는 당신 아들을 주셨습니다' 하고.

 그리고 이 다음에 나와 함께 영광 중에 있을 수 있도록 내 고통에 한 몫 끼는 것을 기뻐하여라.

 '내가 너희들의 더할 수 없이 큰 상이 될 것이다' 하고 주께서 아브라함을 통하여 당신의 모든 충실한 종들에게 약속하셨다. 너희들은 하늘 나라를 어떻게 얻는지 알고 있다. 힘으로 얻는다. 그리고 수많은 고난을 거쳐 그곳에 이르게 된다. 그러나 내가 끝까지 꾸준하였던 것과 같이 끝까지 꾸준한 사람은 내가 있는 곳에 있을 것이다. 나는 하늘 나라로 인도하는 길과 문이 어떤 것인지 말해 주었고, 내가 제일 먼저 그 길을 걸어서 그 문으로 해서 아버지께로 돌아갔다. 만일 다른 길이 있으면, 나는 인간으로서의 너희들의 약함을 불쌍히 여기기 때문에 그 길을 너희들에게 가리켜 주었을 것이다. 그러나 다른 길은 없다. …이것을 오직 하나밖에 없는 길과 오직 하나밖에 없는 문이라고 일러 주면서, 이 길을 가고 이 문으로 들어가는 힘을 주는 약이 어떤 것인지도 말해 주고 거듭 말해 주겠다. 그것은 사랑이다. 언제나 사랑이다. 우리 안에 사랑을 가지고 있으면 모든 것이 가능하게 된다. 그리고 성덕의 용사가 될 만큼 넉넉한 사랑을 내 이름으로 청하면, 너희들을 사랑하시는 사랑이신 하느님께서 모든 사랑을 너희들에게 주실 것이다.

지극히 사랑하는 벗들아, 이제는 작별의 입맞춤을 하자."

예수께서는 그들을 포용하시려고 일어나신다. 그들도 모두 따라 일어난다. 그러나 예수께서는 정말 말할 수 없이 아름다운 조용한 미소를 띠고 계신데, 그들은 모두 불안해서 울고 있다. 그리고 하도 애절하여 가슴이 찢어지는 듯한 흐느낌으로 몸이 흔들리며 예수의 가슴에 기대 있는 요한이 모두가 갈망하는 것을 보고 모두를 대신하여 청한다. "주님의 빵이라도 주셔서 이 시간에 저희들을 튼튼하게 해 주십시오!"

"그렇게 하자!" 하고 예수께서 대답하신다. 그리고는 빵을 집어 바치시고 축복하신 다음 의식의 말씀을 하시면서 몫몫이 나누어 주신다. 그리고 포도주도 그렇게 하시며 "이것을 나를 기억해서 행하여라" 하고 거듭 말씀하신 다음 이렇게 덧붙이신다. "나는 너희들이 나와 함께 하늘에 있을 때까지 아직 언제나 너희들과 같이 있기 위하여 이 사랑의 증거를 주었다." 예수께서는 그들에게 강복하시고 말씀하신다. "자 이제는 가자."

그들은 방에서, 집에서 나온다….

요나와 마리아와 마르코는 거기 밖에 있다가 예수께 경배하기 위하여 무릎을 꿇는다.

"평화가 그대들과 같이 있기를, 그리고 그대들이 내게 준 모든 것에 대해서 주님께서 그대들에게 갚아 주시기를" 하고 예수께서는 지나가시면서 강복의 말씀을 하신다.

마르코가 일어나며 말씀드린다. "주님, 올리브밭과 베다니아로 가는 길에는 주님을 기다리는 제자들이 꽉 차 있습니다."

"그들에게 가서 갈릴래아 사람들의 야영지 쪽으로 가라고 일러라."

마르코는 그 젊은 다리로 전속력으로 멀어져 간다.

"그럼 그 사람들이 모두 왔구먼" 하고 사도들이 서로 말한다.

좀 더 떨어진 곳에는 마루잠과 클레오파의 마리아 사이에 주님의 어머님이 앉아 계시다. 성모님은 예수께서 오시는 것을 보시고 어머니와 신자로서의 몹시 설레는 마음으로 예수께 경배하기 위하여 일어나신다.

"어머니, 오세요. 그리고 마리아 아주머니도…" 예수께서는 부활날 아침과 같이 빛나는 위엄으로 인하여 그들이 꼼짝하지 않고 멈추어 선 것을 보시고 가까이 오라고 이렇게 말씀하신다.

예수께서는 그 위엄으로 압도하지 않으시려고 알패오의 마리아에게 물으신다. "아주머니는 혼자세요?"

"다른 사람들은… 다른 사람들은 앞으로 갔어요. … 자들과… 라자로와 그의 가족과 같이… 그렇지만 그 사람들이 우린 여기 남겨놓았어요. 우린, 그건… 아이고! 예수! 예수! 예수!… 내 하느님, 복되신 예수, 주님을 다시 보지 못하게 되면 나는 어떻게 해요? 주님이 나기 전부터 주님을 사랑했고, 학살이 있은 후 주님이 어디 있는지 몰라서 주님 때문에 그렇게도 많이 울었던 내가… 주님이 돌아왔을 때 주님의 미소에서 내 태양을 발견하고, 모든 것을, 내 모든 재산을 얻은 내가? …얼마나 많은 재산을! 주님은 얼마나 많은 재산을 내게 주셨어요! …지금은, 내가 정말 가난하고 과부고 외톨이가 된 지금은 그렇지요! …주님이 계신 동안에는 모든 것이 다 있었는데! …나는 그날 저녁에 고통이란 고통은 모두 겪었다고 생각했어요. …아니 그날의 모든 고통, 그 고통 자체로 내가 멍하게 되었었어요. …그래요, 그렇지만 그 고통도 지금보다는 덜 심했어요. …그리고 또… 주님은 부활하시게 되어 있었지요. 나는 그걸 믿지 않는 것 같았어요. 그러나 지금은 역시 내가 그걸 믿고 있었다는 것을 깨달아요. 내가 지금 느끼는 것 같은 느낌을 가지지 않았었으니까요…." 그러면서 우는데, 어떻게나 울음으로 숨이 막히는지 숨을 헐떡거린다.

"다정한 마리아 아주머니, 아주머니는 정말이지 엄마가 시내에 갔다고 해서 저를 사랑하지 않고 버렸다고 생각하는 어린아이같이 슬퍼하시는군요. 엄마는 그 어린아이를 기쁘게 해 줄 선물들을 사려고 시내에 갔고, 조금 있다가 그에게로 돌아와서 많이 쓰다듬어 주고 선물을 잔뜩 안겨줄 터인데 말입니다. 제가 아주머니께 그렇게 하지 않습니까? 아주머니께 기쁨을 마련해 드리려고 떠나는 것이 아닙니까? 제가 다시 돌아와서 '친척이고 사랑하는 제자이며 사랑하는 내 제자들의 어머니, 오세요' 하고 말하려고 떠나는 것이 아닙니까? 제 사랑을 아주머니께 남겨놓지 않습니까? 제 사랑을 마리아 아주머니께 드리지 않습니까? 제가 아주머니를 사랑한다는 것을 아시면서! 그렇게 울지 마시고 오히려 기뻐하세요. 이제는 제가 업신여김받고 기진맥진한 것을 보시지 않게 될 것이고, 괴롭힘을 당하고 겨우 몇 사람에게만 사랑을 받게 되는 것을 보시지 않을 테니까요. 또 제 사랑과 더불어 제 어머니도 남겨드립니다. 요한이 제 어머니의 아들 노릇을 할 것입니다. 그러나 아주머니도 언제나와 같이 어머니의 착한 언니가 되어 주세요. 보세요. 제 어머니는 울지 않으십니다. 어머니는 제게 대한 동경(憧憬)이 마음을 갉아먹는 줄 같은 것이기는 하지만, 영원한 결합의 큰 기쁨에 비하면 기다림이 여전히 짧으리라는 것을 아십니다. 그리고 어머니가 '이제 나는 아들을 잃었다'고 말씀하실 정도로 우리 이별이 절대적인 것이 아니라는 것도 아십니다. 그것은 고통의 날의 고통의 부르짖음이었습니다. 지금은 어머니의 마음 속에서 희망이 노래합니다. '나는 내 아들이 아버지께로 올라간다는 것을 안다. 그러나 나를 그의 영적인 사랑 없이 버려두지는 않으리라는 것도 안다' 하고. 아주머니도 그렇게 믿고 계시지요. 그리고 모두가… 저기 다들 웁니다.

저기 제 목자들도 옵니다."

베다니아의 모든 하인들에게 둘러싸인 라자로와 그의 누이동생들의 얼굴, 비를 맞는 장미꽃 같은 요안나의 얼굴, 벌써 나이 표가 나는 엘리사와 니까의 얼굴 — 그리고 지금은 슬픔 때문에 주름이 깊게 파진다. 인간에게 있어서는 비록 영혼은 주님의 개선 때문에 몹시 기뻐하지만 항상 걱정이 많기 때문이다 — 아나스타시카의 얼굴, 첫번 동정녀들의 백합 같은 얼굴들, 이사악의 고행자다운 얼굴, 마티아의 영감받은 얼굴, 그리고 마나헨의 씩씩한 얼굴과 요셉과 니고데모의 근엄한 얼굴들… 얼굴, 얼굴, 얼굴…

예수께서는 목자들과 라자로, 요셉, 니고데모, 마나헨, 막시미노, 그리고 일흔 두 제자 중에서 다른 사람들도 당신 가까이로 부르신다. 그러나 특히 목자들을 당신 가까이에 붙잡아 두시고 말씀하신다. "이리 오시오. 하늘에서 내려와 보잘 것 없게 되었던 주님에게로 몸을 구부리고 가까이 있었던 당신들은 주님이 영광스럽게 됨을 기뻐하는 당신들의 영을 가지고 하늘로 돌아가는 주님 곁으로 오시오. 당신들은 이 자리에 있을 자격을 얻었습니다. 당신들은 상황이 불리한데도 믿을 줄을 알았고, 당신들의 믿음을 위해 고통을 겪을 줄도 알았습니다. 당신들의 충실한 사랑에 대해서 감사하오. 여러분 모두에게 감사합니다. 내 친구 라자로 당신에게, 요셉 당신에게, 또 니고데모 당신에게, 그렇게 하는 것이 대단히 위험할 수도 있었는데, 그리스도에 대하여 말할 수 없이 많은 동정을 보여 준 당신들에게. 내 길을 걷기 위하여 불결한 사람의 더러운 총애를 업신여길 줄 안 마나헨 당신에게. 완전한 것을 위하여 불안전한 것을 버린 정의에 둘러싸인 꽃, 자네가 아직은 모르지만 천사들이 알려준 면류관을 쓰게 될 꽃인 스테파노 자네에게. 잠시 동안 지극히 깨끗한 품속에서 형제가 되었고, 눈을 뜨기보다는 오히려 빛을 맞이하게 된 자네 요한에게. 개종자로서 이 나라의 아들에게서 고통을 당하는 나를 위로할 줄을 알았던 니콜라이 당신에게. 그리고 마음씨곱고 다정스러운 가운데에도 유딧보다 더 용맹했던 여자 제자 여러분에게도. 그리고 내 귀여운 마루잠 네게도 감사한다. 이제부터 너는 길에서 죽임을 당해서 '이제는 갈릴래아 사람에게 그가 만일 그리스도이고 또 부활을 했다면 너를 다시 살려놓으라고 말해라' 하는 도전장(挑戰狀)과 함께 라자로의 집 철책 앞에 버려졌던 로마 어린이에 대한 추억으로 마루잠이라는 이름을 가지게 된다. 그 어린이는 비록 알지는 못했지만 나를 섬기기 위하여 팔레스티나에서 목숨을 잃은 죄없는 어린이 중의 마지막 어린이이고, 또 어떤 나라에서든지 그리스도에게 와서, 그 때문에 미움을 받아 피기도 전에 줄기에서 짤라버리는 꽃망울과 같이 너무 일찍 죽어 갈 죄없는 어린이들의 시초가 될 것이다. 마루잠아, 이름은 네 장래의 운명을 말해 주기도 한다. 너는 이방인들의 땅에 가서, 내 사랑이 로마의 어린이를 하늘을 위하여 빼앗아 온 것같이 너도 그 이방인들을 네 주님에게로 빼앗아 오너라. 사람의 아들의 고통스러운 길을 위로해 준 모든 이의 상을 아버지께 청하기 위하여 이 작별인사를 하면서 내가 축복을 하는 모든 사람에게 감사합니다. 유다인들 가운데에나 이교도들 가운데에나 다 있는 인류의 선택된 부분, 내게 대해서 가졌던 사랑으로 나타난 그 선택된 부분은 축복받기 바랍니다. 사람의 아들을 인간들보다도 더 위로해 준 적이 많은 새와 짐승들 때문에 땅은 그 물과 따뜻한 기운과 더불어 축복받아라. 해도 축복받고, 너 바다와 너희들 산과 언덕과 들판도 축복받아라. 내가 밤에 기도할 때와 고통받을 때에 동무가 되어 준 너희 별들도 축복받아라. 그리고 전도하러 다니는 내 밤길을 인도하기 위하여 나를 비추어 준 너 달도 축복받아라. 내 아버지께서 만드신 너희 피조물들, 이 세상에 사는 동안에 내 동무가 되어 주고, 몹시 슬퍼하는 인류에게서 하느님과 갈라놓는 죄의 고뇌를 없애기 위하여 하늘을 떠나왔던 내게 친구가 되어 주었던 너희 피조물들도 축복받아라. 그리고 내게 고통을 준 죄없는 도구였던 너희들 가시와 쇠와 나무와 밧줄도 축복받아라. 내가 내 아버지의 뜻을 채우는 것을 너희들이 도와주었기 때문이다!"

예수의 목소리는 정말 천둥소리 같다! 예수의 목소리는 방금 친 종소리같이 따뜻하고 조용한 공기 중에 울려 퍼지고, 사방에서 예수를 쳐다보는 얼굴로 이루어진 바다에 물결처럼 퍼져 나간다. 가장 사랑하는 사람들과 더불어 올리브산 꼭대기를 향하여 올라가시는 예수를 에워싸고 있는 수백 명의 사람을 말하는 것이다. 그러나 두 명절 사이에 있는 이 시기에는 천막들이 없는 갈릴래아 사람들의 야영지 가까이 이르시자 예수께서는 제자들에게 이렇게 명하신다. "사람들에게 지금 있는 자리에 그대로 있으라고 하여라. 그런 다음 나를 따라오너라."

예수께서는 산의 제일 높은 꼭대기까지 또 올라가신다. 그 산은 벌써 예루살렘보다는 그 위에서 내려다보이는 베다니아에 더 가깝다. 예수 둘레에는 어머니와 사도들과 라자로와 목자들과 마루잠이 빽빽히 둘러서 있다. 좀 떨어진 곳에는 다른 제자들이 신자들의 무리를 뒤에 머물러 있게 하느라고 반원을 그리고 서 있다.

예수께서는 숲속의 빈 터에 파란 풀 가운데 있는 조금 비죽 나온 하얀 돌 위에 서 계시다. 해가 예수를 둘러싸서 그분의 옷을 눈처럼 희게 하고, 머리를 황금처럼 빛나게 한다. 예수의 눈은 숭고한 빛으로 반짝인다.

예수께서는 모두를 안는 몸짓으로 팔을 벌리신다. 예수께서는 이 세상의 모든 군중을 품에 껴안으시려는 것 같다. 그분의 영은 세상의 모든 군중이 이 무리로 대표된다고 보시는 것이다.

예수의 잊을 수 없고 흉내낼 수 없는 목소리가 마지막 명령을 내리신다.

"가라! 내 이름으로 땅의 끝까지 가서 기쁜 소식을 전하여라. 하느님께서 너희들과 함께 계시기를, 하느님의 사랑이 너희의 용기를 돋우어 주시고, 하느님의 빛이 너희들을 인도하시고, 하느님의 평화가 영원한 생명에 이르기까지 너희들 안에 있기를 바란다."

예수께서는 아름답게 변모하신다. 아름다우시다! 다볼산 위에서처럼, 그보다도 더 아름다우시다. 모두가 예수께 경배하려고 무릎을 꿇는다. 예수께서는 서 계시던 돌에서 벌써 떨어져 올라가시는 동안 다시 한 번 어머니의 얼굴을 찾으시는데, 그분의 미소는 아무도 결코 표현할 수 없을 힘을 가지게 된다. …그것이 예수께서 어머니께 하시는 마지막 작별 인사이다. 예수께서는 올라가시고 또 올라가신다. …이제는 아주 작은 나뭇잎 하나 그 빛살을 가로막지 않게 된 지금 한층 더 구속을 받지 않고 예수를 감쌀 수가 있게 되어, 지극히 거룩하신 육체를 지니시고 하늘로 올라가시는 하느님이시요 사람이신 분을 그 광채로 비추고, 살아 있는 홍옥처럼 빛나는 영광스러운 상처를 드러내 보인다. 그것은 예수께서 탄생하시던 밤과 같이 이 마지막 순간에도 참으로 있는 그대로 나타나는 빛이다. 만물이 높이 올라가시는 그리스도의 빛으로 빛난다. 태양의 빛을 능가하는 빛이다. 초자연적이고 복된 빛이다. 올라가는 빛을 맞이하려고 하늘에서 내려오는 빛이다.

그리고 하느님의 말씀이신 예수 그리스도께서는 사람들의 눈에서 끝없는 빛 속으로 사라지신다….

땅 위에는 넋을 잃은 군중의 깊은 침묵 속에서 두 가지 소리만이 들려온다. 예수께서 사라지실 때 "예수야!" 하고 성모님이 부르짖는 소리와 이사악의 탄식이다.

경건한 놀람으로 다른 사람들은 말을 잃고, 형용할 수 없이 흰빛 모양의 천사 둘이 사람의 형상으로 나타나서 사도행전의 첫째장에 있는 말을 할 때까지 그곳에 머물러 있다.

24. 마티아를 뽑다

조용한 저녁무렵이다. 빛이 천천히 엷어져 가면서, 조금전만 해도 주홍빛이던 하늘을 우아한 자수정 빛깔의 장막을 만들어놓는다. 멀지 않아 어두워질 것이다. 그러나 당장은 빛이 아직 남아 있는데, 그렇게도 뜨겁게 해가 내리쬐고 난 뒤에 활기가 없는 이 저녁 빛은 아늑하다.

사방에 높은 흰 담이 둘러쳐져 있는 최후의 만찬집의 마당은 넓은데, 그 마당

24. 마티아를 뽑다　**251**

에는 부활 후 며칠 저녁을 그랬던 것과 같이 사람이 꽉 차 있다. 그리고 이 모임에서는 기도를 드리는 한결 같은 소리가 올라오는데, 기도는 이따금씩 묵상을 하는 휴식으로 중단된다.

　집의 높은 담으로 둘러싸인 안마당에는 빛이 점점 더 엷어지고, 어떤 사람들은 등불들을 가져다 사도들이 그 곁에 모여 있는 탁자 위에 놓는다. 베드로가 한가운데에 있고, 그 양옆으로 알패오의 야고보와 요한, 그 다음에는 다른 사도들이 있다. 작은 불꽃들의 펄럭이는 빛이 사도들의 얼굴을 밑에서 비추어 그들의 얼굴 모습을 선명하게 나타내고, 그들의 표정을 보여 준다. 그의 첫번째 임무 수행을 훌륭히 하려는 노력으로 긴장한 듯한 베드로의 정신 집중이 된 표정, 알패오의 야고보의 고행자다우면서도 온화한 표정, 차분하고 꿈꾸는 듯한 요한의 표정, 요한 옆에 있는 바르톨로메오의 사색하는 사람 같은 얼굴, 그 다음에는 토마의 발랄한 둥근 얼굴, 그 뒤에는 겸손으로 인하여 몸을 좀 구부리고 눈을 거의 감고 있어 표정을 잘 알아볼 수 없는 안드레아의 얼굴, 그 얼굴은 나는 자격이 없소 하고 말하는 것 같다. 안드레아의 곁에는 마태오가 다른 팔의 손에 팔꿈치를 얹고, 그 얹은 팔의 손으로는 뺨을 괴고 있다. 그리고 알패오 다음에는 지배자다운 얼굴에 예수의 눈 빛깔과 눈매를 꼭 닮은 눈매를 가진 타대오가 있다. 그는 참으로 군중의 지배자이다. 지금도 그는 다른 사도들이 모두 합해서 하는 것보다도 그의 활활 타는 듯한 눈길로 모임을 조용히 가지게 한다. 그러나 그의 본의 아닌 왕자다운 위엄에서는 지극히 겸손한 마음의 감정이 새나오는 것을 보게 된다. 특히 그가 기도를 시작할 차례가 오면 더 그렇다. "주여, 당신의 자비와 성실 때문에 저희들, 저희들에게가 아니라 당신의 이름에 영광을 주시어, 다른 민족들이 '그들의 하느님이 어디 있느냐?' 하고 말하지 못하게 하소서" 하는 시편을 읽을 때에, 그는 그를 선택하신 분 앞에 실제로 영혼이 무릎을 꿇고 기도를 드리며, 가장 힘찬 감정에 그의 목소리가 떨린다. 그도 그의 온 기도로 이렇게 말한다. "저는 지극히 완전하신 당신을 섬길 자격이 없습니다." 그의 곁에 있는 필립보는 아직 청년인데도 벌써 나이가 들어보이는 얼굴로 자기만이 아는 어떤 광경을 곰곰히 생각하는 것같이 양손으로 양쪽 뺨을 누른 채 약간 몸을 기울이고 침울하게 앉아 있다. …그동안 열성당원은 멀리 윗쪽을 바라보며 은은한 미소를 짓고 있는데, 아름답지는 않지만 그의 근엄한 기품으로 인해 매력있는 그의 얼굴이 그 미소로 아름다워 보인다. 충동적이고, 열정적인 제베대오의 야고보는 아직도 사랑하는 선생님께 말씀을 드리는 것처럼 기도를 드려서, 열두째 시편이 정열적인 그의 영에서 맹렬하게 튀어나온다.

　그들은 깊고 지극히 아름다운 시편 118편을 한귀절씩 읽어서 끝내는데, 두 바퀴를 돌아서야 끝에 이르게 된다. 그런 다음 모두 조용히 묵상을 한다. 마침내 베드로가 앉았다가 어떤 영감을 받은 듯 다시 일어나서 주님이 하시던 것과 같이 양팔을 내밀고 큰 소리로 기도한다. "주님, 당신의 성령을 보내시어 저희들이 성령의 빛으로 볼 수 있게 해 주십시오."

"마란 아타" 하고 모두가 말한다.

베드로는 말없는 간절한 기도로 정신을 집중하고 있다. 그러나 어쩌면 기도를 드리는 것보다는 오히려 말을 듣고 있는지도 모르겠고, 적어도 빛의 말씀을 기다리는 것 같다. …그러다가 다시 얼굴을 쳐들고, 팔짱을 끼고 있던 팔을 다시 풀고, 대부분의 사람에 비하여 키가 작기 때문에 안마당에 빽빽히 들어선 작은 군중을 내려다보고, 또 모든 사람이 볼 수 있게 그의 의자 위에 올라선다. 그러니까 그가 말하려 하는 것을 모두가 깨닫고, 정신차리고 그를 쳐다보면서 입을 다문다.

"형제 여러분, 유다에 관해 성령께서 다윗의 입을 통해 예언하신 성경 말씀이 채워져야 합니다. 그 사람은 우리들의 복되신 주님이시고 선생님이신 예수님을 붙잡은 사람들의 안내자 노릇을 했습니다. 그 사람 유다도 우리 중의 한 사람이었고 이 성직을 맡았었습니다. 그러나 그의 선택이 그에게는 파멸로 변했습니다. 그것은 사탄이 여러 가지 길로 그의 안에 들어가서 예수의 사도였던 사람이 주님을 팔아먹는 사람이 되게 했기 때문입니다. 그는 승리하고 즐길 것으로 생각했고, 가지가지 욕망이 가득 찬 그의 마음의 더러운 소망을 실망시키셨던 거룩하신 분의 원수를 이렇게 해서 갚는다고 믿었습니다. 그러나 승리하고 즐긴다고 믿었던 그가 마귀와 육신과 세속의 종이 되는 사람은 승리를 하지 못하고, 오히려 패배한 사람과 같이 땅바닥에 쓰러진다는 것을 깨달았습니다. 그리고 인간과 사탄이 주는 음식 맛은 대단히 쓰고, 하느님께서 당신 자녀들에게 주시는 감미롭고 소박한 빵과는 전혀 다르다는 것을 깨달았습니다. 그러자 실망을 알게 되었고, 하느님을 미워하고 나서 모든 사람을 미워했고, 세상이 그에게 준 모든 것을 저주하고는, 부정행위로 손에 넣었던 올리브밭의 올리브나무에 목을 매서 스스로 목숨을 끊었습니다. 그리고 그리스도께서 영광스럽게 죽음에서 나오신 날, 썩어서 벌써 구더기가 우글거리는 그의 시체는 내장은 터져서 올리브나무 아래 땅에 흩어지고 그 곳을 부정하게 만들었습니다.

골고타 언덕 위에는 구속하는 피가 비오듯 쏟아졌는데, 그것은 우리를 위하여 강생하신 하느님의 아들의 피이기 때문에 땅을 깨끗하게 했습니다. 그러나 고약한 최고회의가 있는 곳 근처에 있는 야산 위에는 피나 참다운 가책의 눈물이 아니라, 더러운 썩은 내장이 먼지 위에 비오듯 쏟아졌습니다. 그것은 어린 양이 그의 피로 우리를 씻은 그 정화의 날에 그 어떤 피도 지극히 거룩하신 피에 섞일 수가 없기 때문이었고, 더구나 하느님의 아들의 피를 마시던 땅이 사탄의 아들의 피로 마시는 일은 그 어느 때보다도 더 할 수가 없기 때문이었습니다.

이 일은 널리 알려진 일입니다. 또 이 사실과 더불어, 악마에 붙들린 사람다운 격노로 유다가 파렴치한 흥정의 대상이 되었던 돈을 성전으로 도로 가지고 가서 그 더러운 돈으로 대사제의 얼굴을 쳤다는 것도 알려진 사실입니다. 또 성전의 금고에서 훔쳐냈었지만, 그것이 피의 댓가였기 때문에 다시 금고에 넣을 수가 없는 그 돈을 가지고 대사제들과 장로들이 서로 의논해서, 예언서에서 액수까지 밝히면서 말한 것과 같이 옹기장수의 밭을 샀다는 것도 다들 아는 사실입니다. 그리고 그곳은 유구한 역사에 아셀다마라는 이름으로 전해질 것입니다. 유다에게 관계되는 것은 이렇게 모두 말했으니, 이제는 우리 가운데에서 그의 얼굴의 기억조차 사라져야 합니다. 그러나 주님께 하늘 나라에 부름을 받았던 그가 영원한 암흑의 나라의 제1인자가 되게까지 내려간 그 길을 기억해서, 우리도 그 길에 발을 들여 놓아, 하느님께서 우리에게 맡기신 말씀에 대해서, 지금도 우리 가운데 계시는 스승 그리스도이신 그 말씀에 대해서 제2의 유다가 되지 않도록 해야 합니다.

그러나 시편에 이렇게 씌어 있습니다. '그의 집을 폐허로 만드시고, 아무도 거기에 드는 이 없게 하여 주십시오. 그리고 다른 사람으로 하여금 그의 자리를 차지하게 하여 주십시오' 하고. 그러므로 주님이 우리와 함께 계시며 왔다갔다 하신 동안 줄곧, 즉 요한이 베푼 세례에서부터 시작해서 주님이 하늘에 올라가시기 위하여 우리들 가운데에서 떠나신 날에 이르기까지 우리들과 같이 있었던 이 사람들 가운데에서 어떤 사람을 우리와 함께 주님의 부활의 증인으로 세워야 합니다. 그리고 이 일을 빨리 해서 자극히 거룩하신 선생님에게서 성령을 받지 못한 그 사람이 주님께서 말씀하신 불의 세례에는 우리와 같이 참석해서, 하느님에게서 성령을 직접 받아, 성령으로 거룩하게 되고 비추어지고, 우리가 가지게 될 힘을 그도 가짐으로써 판단을 하고 죄를 사해 주고, 우리가 하게 될 일을 하며 그의 행위가 유효하고 거룩한 것이 되게 해야 하겠습니다.

나는 충실한 제자들 중에서도 가장 충실한 제자들, 주님이 사람들에게 인정을 받지 못하시던 때에도 주님께 충실하며 벌써 주님을 위해 고통을 당한 사람들 중에서 그를 뽑자고 제안하겠습니다. 그들 중의 여러 사람이 메시아의 선구자 요한의 제자로 있다가 우리에게 왔는데, 여러 해 전부터 하느님을 섬기는 일에 훈련이 된 사람들입니다. 그들은 주님께 매우 소중한 사람들이었고, 그들 중에서 아기 예수 때문에 고통을 많이 당한 이사악이 가장 소중한 사람이었습니다. 그러나 여러분도 알다시피 주님이 승천하신 날 밤에 그의 심장이 부숴졌습니다. 우리는 그것을 애석하게 여기지 않습니다. 그는 주님 계신 곳으로 간 것입니다. 그것이 그의 마음의 오직 하나뿐인 바람이었고… 우리의 바람이기도 합니다.

…그러나 우리는 우리의 수난을 겪어야 하는데, 이사악은 벌써 수난을 겪었었습니다. 그러므로 이 사람들 중에서 몇 사람의 이름을 천거하십시오. 그래서 우리 민족의 관습에 따라 가장 중대한 상황에서는 모든 것을 아시는 지극히 높으신 주님께 그를 지명하실 권한을 맡겨드리면서 열 두째 사도를 뽑을 수 있게 하십시오.”

그들은 서로 의논한다. 가장 중요한 제자들(목자들이 아닌 제자들 중에서) 이 충실한 제자였던 아들과 함께 그리스도를 위하여 순교한 아버지에게 경의를 표하기 위하여 사바의 요셉의 아들 요셉을 열 사도와 만장일치로 천거한다는 것을 베드로에게 알리고, 또 같은 이유로, 그리고 그의 첫번 스승이었던 요한에게 경의를 표하기 위하여 마티아를 추천한다는 것을 알리는 데에는 시간이 많이 걸리지 않는다.

베드로가 그들의 결의를 받아들이자, 그들은 두 사람을 탁자 앞으로 나아오게 하고, 그동안 히브리인들이 흔히 하는 태도로 두 팔을 앞으로 내밀고 기도한다. “모든 사람의 마음을 아시는 오직 한 분이시고 세 위이신 하느님 성부, 성자, 성신이신 지극히 높으신 주님, 이 두 사람 중에서 이 성직과 이 사도직에서 배임행위를 한 유다의 자리에 들어와 그를 대신할 사람으로 선택하신 사람을 알려주십시오.”

“마란 아타” 하고 모두가 일제히 말한다.

주사위나 제비를 뽑는 데 쓰는 다른 물건도 없고, 그렇다고 이 일에 돈을 쓰기는 싫어서, 그들은 안마당에 널려 있는 작은 조약돌들을, 보잘 것 없는 작은 조약돌들을 흰 것과 검은 것을 똑같은 수로 집어서, 흰 것은 마티아의 것으로 검은 것은 요셉의 것으로 정한다. 그들은 어떤 자루에 들어 있는 물건을 꺼내고 그 자루에 그 조약돌들을 넣고 흔들어서 베드로에게 내민다. 베드로는 자루에 축복의 손짓을 하고, 손을 넣고 별이 총총 박힌 하늘을 쳐다보며 기도하고 조약돌 한 개를 꺼낸다. 눈같이 흰 돌이다.

주님이 마티아를 유다의 후임으로 지시하신 것이다.

베드로는 탁자 앞으로 나와 마티아를 껴안으며 “그와 같은 사람이 되게 하기 위하여”라고 말한다.

다른 열 사도들도 작은 군중이 환호하는 가운데 같은 행동을 한다.

끝으로 베드로는 선출된 사람의 손을 잡고 자기 자리로 돌아가 자기 곁에 그대로 있게 한다. 따라서 베드로가 지금은 마티아와 알패오의 야고보 사이에 있게 되었다. 그는 말한다. “하느님께서 자네에게 마련해 주신 자리에 와서 자네의 의덕으로 유다의 기억을 지워버리고, 지극히 거룩하신 예수께서 우리에게 하라고 하신 사업을 자네의 형제들인 우리가 다하도록 도와주게. 우리 주 예수 그리스도의 은총이 항상 자네와 함께 있기를 바라네."

베드로는 모든 사람들을 돌려보내기 위하여 그들에게로 몸을 돌린다….

제자들이 옆문으로 해서 천천히 나가는 동안 사도들은 당신 방에서 묵상 중에 기도하고 계시는 성모님께 마티아를 데려가기 위하여 집안으로 들어간다. 그것은 새 사도가 하느님의 어머니로부터도 인사와 선택의 말을 듣게 하기 위해서이다.

25. 성신 강림

최후의 만찬의 집에는 사람의 목소리도 들리지 않고 다른 아무 소리도 들리지 않는다. 제자들도 보이지 않는다. 적어도 이 집의 다른 여러 방에도 사람들이 모여 있다고 할 수 있을 만한 소리는 하나도 들리지 않는다. 다만 최후의 만찬실에 열 두 사도와 지극히 거룩하신 성모 마리아께서 모여 있고, 목소리가 들린다.

가구들을 달리 배치하여 방 한가운데와 벽 두 군데에는 아무 것도 없기 때문에 방이 넓어 보인다. 최후의 만찬에 쓰인 식탁을 셋째 벽에 밀어다 붙였고, 사도들과 벽들 사이에 최후의 만찬에 쓰인 와상(臥床)들과 예수께서 사도들의 발을 씻으실 때 쓰신 등없는 걸상을 놓았다. 그러나 그 와상들은 최후의 만찬 때 모양으로 식탁과 직각이 되게 놓지 않고, 식탁과 평행이 되게 놓아서, 사도들이 와상을 전부 다 차지하지 않고서도 앉아 있을 수 있게 하였다. 다만 한 와상만은 식탁과 수직이 되게 놓아서, 최후의 만찬 때에 예수께서 앉으셨던 자리인 식탁 한가운데에 계신 복되신 동정 마리아 한 분이 와상 하나를 전부 쓰시게 하였다.

식탁에는 식탁보도 없고 식기도 없고, 찬장도 속이 비었고 벽에도 장식이 없다. 방 한가운데에 있는 큰 촛대에만 불꽃 하나만 있는 불이 켜져 있고, 이상한 큰 촛대의 꽃부리처럼 빙 둘러 있는 작은 등들은 꺼져 있다.

창들은 닫혀 있고 무거운 쇠빗장을 가로질러 놓았다. 그러나 햇살 하나가 작은 구멍으로 대담하게 새어 들어와 길고 가는 바늘처럼 방바닥에까지 내려와 환한 반점을 만들어 놓는다.

성모님은 당신 자리에 혼자 앉아 계시고, 그 옆자리에는 베드로와 요한이 앉아 있는데, 베드로는 오른쪽에, 요한은 왼쪽에 있다. 새 사도 마티아는 알패오의 야고보와 타대오 사이에 있다. 성모님 앞에는 짙은 빛깔의 넓고 낮은 나무궤가 하나 있는데 닫혀 있다.

성모님은 짙은 파란색 옷을 입고 계시다. 머리에는 흰 베일을 쓰고 계신데,

그것이 겉옷 한 자락 위에 걸쳐 있다. 다른 사람들은 모두 맨머리이다.

성모님은 큰 소리로 천천히 읽으신다. 그러나 내 생각에는 불빛이 거기까지에는 별로 가지 않기 때문에, 펴 가지고 계신 두루마리에 쓰여 있는 말들을 읽기보다는 외시는 것 같다. 다른 사람들은 말없이 묵상을 하며 성모님 읽으시는 것을 따라가다가 가끔 필요한 때에는 응답을 한다.

성모님은 황홀한 미소로 얼굴이 환하게 변하였다. 성모님이 무엇을 보시는지, 그분의 눈을 밝은 두 별같이 반짝이게 하고, 마치 장미빛 불꽃이 그 위에 반사되는 것처럼 그분의 상아빛 뺨이 불그레해지게 하는 것이 무엇인지 누가 알겠는가? 성모님은 참으로 신비로운 장미이시다.

성모님이 아주 부드럽게 미소지으시고 읽으시는 동안, 사도들은 그분의 얼굴을 보기 위하여 몸을 비스듬히 하고 약간 숙인다. 성모님의 목소리는 천사의 노래와도 같다. 베드로는 얼마나 감격하였는지 굵은 눈물 두 줄기가 눈에서 흘러내려 코 양쪽에 파진 주름으로 해서 반백이 된 더부룩한 수염 속으로 내려가 사라진다. 그러나 요한은 성모님의 순결한 미소를 반사시키고, 두루마리를 읽으시는 성모님을 지켜보면서 그분과 같이 사랑이 타오르며, 성모님께 또 다른 두루마리를 드릴 때 그분을 쳐다보고 미소짓는다.

독서가 끝났다. 성모님의 목소리는 들리지 않게 되었고, 펴졌다가 다시 감기는 양피지의 희미한 소리만이 들릴 뿐이다. 성모님은 양손을 †자로 가슴에 포개 얹으시고 궤에 머리를 의지하시고 정신을 가다듬고 묵상기도를 하신다. 사도들도 따라서 그렇게 한다….

갑자기 바람소리와 하프 소리 같기도 하고, 사람의 노래와 완전한 파이프 오르간의 소리 같기도 한 매우 힘차고 듣기 좋은 우르릉거리는 소리가 아침의 정적 속에 울려퍼진다. 그 우르릉거리는 소리는 점점 더 듣기 좋고 더 힘차게 가까이 들려와서, 그 진동으로 땅을 가득 채우고, 그 진동을 퍼뜨려 집과 벽과 가구에 미치게 한다. 그 때까지는 문이 닫힌 고요한 방 안에서 움직이지 않고 있는 큰 촛대의 불꽃이 마치 바람에 둘러싸인 것처럼 펄럭이고, 등잔의 작은 사슬들은 그것들을 둘러싸고 있는 초자연적인 음파로 진동하여 댕그랑 소리를 낸다.

사도들은 겁에 질려 머리를 든다. 하느님께서 하늘과 땅에 주신 가장 아름다운 모든 음을 가진 힘차고 매우 아름다운 그 소리는 점점 가까이 오는데, 어떤 사람들은 도망칠 차비를 하면서 일어나고, 어떤 사람들은 손과 겉옷으로 머리를 가리고, 또 주님께 용서를 청하기 위하여 가슴을 치며 방바닥에 몸을 움츠린다. 또 어떤 사람들은 지극히 순결하신 분께 대하여 항상 가졌던 조심성을 그대로 가지지 못할 만큼 너무 겁에 질려 성모님 곁으로 바싹 달려든다. 요한만이 겁을 내지 않는다. 그것은 성모님의 얼굴에 두드러지게 나타나는 기쁨의 빛나는 평화를 보기 때문이다. 성모님은 당신만이 아시는 어떤 것을 보고 미소지으시며 고개를 쳐드신다. 그런 다음 팔을 벌리고 무릎을 꿇으신다. 이렇게 벌려진 겉옷의 자락이 파란 두 날개 같이, 성모님을 따라 무릎을 꿇은 베드로와 요한 위에 펼쳐진다. 그러나 내가 묘사하기 위하여 간직한 이 모든 것이 일분도 안 되는 동안에 일어난 것이다.

그리고는 빛, 불, 성령께서 나타나신다. 성령께서는 마지막으로 듣기 좋은 소리를 내시며 문과 창을 움직이지 않으신 채 닫혀 있는 방 안으로 빛나고 활활타는 공의 형태로 들어오셔서, 이제는 베일이 없는 성모님의 머리 위 20센티미터쯤 되는 곳을 잠시 빙빙 도신다. 성모님의 머리에 베일이 없는 것은 성령의 불을 보시고 성령께 기도하시려는 듯이 양팔을 올리시고, 기쁜 환호성을 올리시고, 한없는 사랑의 미소를 지으시며 고개를 뒤로 젖히셨기 때문이다. 그리고 성령의 불 전체가, 사랑 전체가 당신 정배의 머리 위에 집중되셨던 순간이 지난 뒤에는, 지극히 거룩하신 구체(球體)가 듣기 좋고 대단히 빛나는 열세 개의 불꽃으로 나뉘어 각 사도의 이마에 살짝 와 닿으시는데, 그 빛은 이 세상의 어떤 비유로도 묘사할 수가 없다.

그러나 성모님 위에 내려오는 불꽃은 그 이마 위에 멎어서 살짝 와 닿는 불꽃이 아니라, 그 순결한 머리를 왕관처럼 둘러싸는 관과 같다. 그 왕관은 하느님의 딸이요, 어머니요, 정배이신 분, 변하지 않는 동정녀, 지극히 아름다우시고 영원히 사랑받으시는 영원한 딸, 아무 것도 어떤 일에서도 품위를 떨어뜨릴 수 없는 분, 고통으로 인하여 나이들어 보였었으나 부활의 기쁨 속에 소생하시어, 아들과 더불어 살과 눈길과 생기의 아름다움과 생생함을 더하게 되신 분… 하늘에 올라가서 낙원의 꽃이 될 영광스러운 당신 육체의 아름다움을 벌써 미리 맛보시는 분의 머리에 씌워진 것이다.

성령께서는 당신의 불꽃을 사랑하시는 분의 머리 둘레에서 빛나게 하신다. 성령께서는 성모님께 무슨 말씀을 하실 수 있을까? 비밀이다! 성모님의 복된 얼굴은 초자연적인 기쁨으로 환하게 변모하였고, 세라핌의 미소 같은 웃음을 웃는데, 그 동안 성령이 빛으로 비추어지기 때문에 금강석같이 보이는 복된 눈물이 복되신 성모님의 뺨을 타고 흘러내린다.

불은 얼마 동안 이렇게 머물러 있다. …그러다가 사라진다. …빛이 내려왔던 기념처럼 향기가 남아 있는데, 이 세상의 어떤 꽃도 낼 수 없는 향기이다. …천국의 향기이다….

사도들은 정신이 돌아왔다….

성모님은 넋을 잃은 채로 계시다. …성모님은 다만 팔을 가슴 위에 ✝자로 포개시고, 눈을 감고, 머리를 숙이신다. …성모님은 하느님과의 대화를 계속하시며… 모든 것에 무감각하시다….

아무도 감히 성모님을 방해하지 못한다.

요한은 성모님을 가리키며 말한다. "어머니는 제단이셔. 그래서 그 영광에 주님의 영광이 내려앉으신 거야…."

"맞아. 어머니의 기쁨을 방해하지 마세. 그러지 말고 가서 주님을 전해서 백성들에게 주님의 행적과 말씀을 알리도록 하세" 하고 베드로가 초자연적인 충동으로 말한다.

"가세! 가! 하느님의 성령께서 내 안에서 불타고 계시네" 하고 알패오의 야고보가 말한다.

"그리고 행동하라고 격려하시네. 우리 모두를! 사람들에게 복음을 전하러 가세."

그들은 마치 바람이나 어떤 저항할 수 없는 힘에 떠밀리거나 끌어당겨지는 듯이 밖으로 나간다.

예수께서 말씀하신다.

"내가 너희들에게 불러준 작품이 여기서 끝을 맺는다. 이 작품을 너희들은 한 인간이 나와 너희들을 위하여 가졌던 사랑 때문에 받은 것이다.

작품은 오늘 끝을 맺는다. 이 룩가의 교회에서 애덕으로 주를 섬긴 비천한 여종인 룩가의 성녀 지따의 기념일인 오늘, 나는 성녀 지따와 같은 애덕과 사랑으로 모든 불행한 사람을 위하여 내게 봉사하라고 내 작은 요한을 먼 곳에서 이 곳으로 데려왔다. 지따는 내가 가난한 사람 하나하나 안에 있다는 것을 기억하고 그들에게 자기의 빵을 주었다. 그런데 배고프고 목마른 사람들에게 먹을 것과 마실 것을 주는 사람들은 내 곁에서 지극히 행복하게 될 것이다.

마리아 · 요한은 믿음에 관해서 무지나 냉담이나 의심 속에서 번민하는 사람들에게 내 말을 전해 주었다. 하느님을 알게 하려고 수고한 사람들은 그들의 사랑이신 하느님을 많은 사람에게 알게 하고 사랑하게 함으로써 그들의 사랑이신 하느님을 찬미하면서 영원세계에서 별들같이 빛날 것이라고 지혜이신 하느님께서 말씀하신 것을 기억하고 그렇게 하였다.

그리고 이 작품은 꽃부리가 아직 봉오리로 있을 때에 대가 꺾인 마리아 데레사 고레띠라는 들판의 순결한 백합꽃을 교회가 제대에 올리는 날인 오늘 끝내기로 한다. 그런데 이 백합꽃은 옛날 천사이던 때의 그의 모습보다도 더 찬란한 저 순진함을 샘낸 사탄이 꺾지 않고 누가 꺾었겠느냐? 하느님이신 그의 사랑하는 이에게 바쳐졌기 때문에 꺾인 것이다. 마리아는 추악한 이 세기의 동정녀요 순교자이다. 이 추악한 세기에는 당신을 믿는 사람들을 구하기 위하여 성령의 행동으로 사람이 되신 당신의 말씀에게 침범되지 않은 거처를 주실 수 있는 하느님의 능력을 부인하기 위하여 뱀의 침과 같은 침을 뱉으면서 복되신 여인의 명예까지도 사람들이 업신여긴다. 마리아 - 요한도 사탄에게서 수많은 희생물을 빼앗아 올 수 있는 강력한 무기인 작품으로 내 경탄할 일들을 찬양하는 것을 원치 않는 증오 자체인 사탄의 희생물이다. 그러나 마리아 - 요한은 마리아 데레사가 알았던 것과 같이 순교는 어떻게 불리거나 어떤 모양을 하고 있거나, 내 수난을 계속하기 위하여 그것을 당하는 사람들에게 하늘 나라의 문을 즉시 열어주는 열쇠라는 것도 알고 있다.

작품은 끝났다.

그리고 성신강림과 더불어 이 작품이 끝나면서 내 지혜가 그 새벽인 마리아의 원죄없는 잉태에서부터 그 황혼인 성신강림까지 비추어 준 메시아의 과정(過程)이 마감되었다. 메시아의 전과정은 잘 볼 줄 아는 사람에게는 사랑의 성령의 사업이다. 그러므로 메시아의 과정은 사랑의 정배의 원죄없는 잉태의 신비로 시작하여 그리스도의 교회에 성령의 불로 된 도장이 찍히는 것으로 끝막아지는 것이 당연하다.

하느님의, 하느님의 사랑의 명백한 사업은 성신강림과 더불어 끝을 맺는다. 그 때부터는 예수의 이름으로 하나이고 거룩하고 공번되고 사도에게서 내려오는 로마 교회 안에 결합해 있는 신자들 안에서 하느님의 내적이고 신비로운 일이 계속된다. 그리고 교회, 즉 목자들과 양들과 어린 양들로 이루어진 신자들의 집합체는 신학자 중의 신학자이신 사랑이신 성령의 끊임없는 영적 지도의 덕택으로 방황하지 않고 전진할 수 있다. 하느님께 몰두하고 자기들 안에 하느님을 모시고 있는 사람들, 즉 그들을 인도하시는 하느님의 성령의 인도로 그들 안에 하느님의 생명을 가지고 있는 사람들인 진짜 신학자들, 바오로의 사상에 따른 참으로 '하느님의 아들들'인 진짜 신학자들을 육성하시는 신학자 중의 신학자말이다.

그리고 이 작품 끝에는 복음 전파하던 시절의 해가 끝날 때마다 넣은 탄식을 또 한 번 넣어야 하겠다. 그리고 내 선물을 사람들이 업신여기는 것을 보는 고통으로 너희들에게 이렇게 말하겠다. '너희들은 내가 주는 것을 받아들일 줄을 몰랐으므로 다른 것을 받지 못할 것이다' 하고. 그리고 지난 여름('46년 5월 21일)에 너희들을 바른 길로 도로 데려오기 위하여 너희들에게 전하게 한 말을, 즉 '너희들이〈주의 이름으로 오시는 이여, 찬미받으소서〉하고 말하는 날이 오기 전에는 나를 보지 못할 것이다' 하고 말한 것을 또 다시 말하는 바이다."

작품은 오늘 1947년 4월 27일에 끝났다.

비아렛지오 - 프라띠로 113번지 - 마리아 발또르따.

26. 이제는 세련되지 못한 어부가 아닌 대사제의 자격을 가진 베드로

작품의 종결, 즉 성신강림부터 지극히 거룩하신 성모 마리아의 승천까지. 제1삽화 ('44년 6월 3일)

성신강림 직후 며칠 동안에 있은 그리스도인들의 아주 최초의 모임 중의 하나이다.

열두 사도는 벌써 배반자 대신에 선출된 마티아가 그들 가운데 있기 때문에 다시 열두 사람이 되었다. 그리고 열두 사도가 모두 그 곳에 있다는 사실은 그들이 아직 스승의 명령에 따라 복음을 전하러 가기 위하여 헤어지지 않았음을 보여 준다. 그러므로 성신강림이 있은 지가 얼마 안 되었고, 또 최고회의도 예수 그리스도의 종들에 대한 박해를 아직 시작하지 않았음이 분명하다. 사실 그렇지 않으면, 그들이 아주 침착하게 아무 대비책도 취하지 않고 성전 사람들에게 너무도 잘 알려진 집에서 의식을 거행하지는 못할 것이다. 성전 사람들에게 너무나 잘 알려진 집이란 최후의 만찬이 있은 집을 말하는 것인데, 그리고 바로 최후의 만찬이 행하여지고, 성체성사가 세워지고 진짜 전적인 배반이 시작되고 구속이 시작되었던 방에서 의식이 행하여지는 것이다.

그러나 넓은 방은 성당이라는 새로운 용도로 필요하게 되고, 신자들의 수로 인하여 어쩔 수 없게 된 변화를 겪었다.

식탁은 층계쪽 벽 가까이에 있지 않고, 이제는 그 맞은편 벽 가까이, 아니 오히려 벽에 바싹 대서 놓여 있어서, 벌써 만원이 된 최후만찬실 ― 최후의 만찬실은 그리스도교계의 최초의 성당이다 ― 에 들어갈 수 없는 사람들이 활짝 열린 그 방의 작은 문 옆에 있는 복도에 빽빽이 들어서서 그곳에서 무엇이 행하여지는 지를 볼 수 있게 되었다.

방안에는 남녀노소가 다 있다. 식탁 근처이기는 하지만 한 구석에 있는 여자들의 무리 가운데에는 성모 마리아가 라자로의 마르타와 마리아, 니까, 엘리사, 알패오의 마리아, 살로메, 쿠자의 요안나 등, 요컨대 히브리인이거나 히브리인이 아니거나 제자들인 많은 여자들에게 둘러싸여 계시다. 이들은 예수께서 병을 고쳐 주시고 위로하시고 전도하셔서 그분의 양떼의 양이 된 사람들이다. 남자들 중에는 니고데모와 라자로와 아리마태아의 요셉과 대단히 많은 제자들이 있는

데, 그 중에는 스테파노와 헤르마와 목자들과 엔갓디의 회당장의 아들 엘리세오와 그밖에 대단히 많은 사람이 있다. 론지노도 있는데, 그는 군복을 입지 않고, 보통 사람과 같이 길고 수수한 갈색옷을 입었다. 그리고 다른 사람들도 있는데, 그 사람들은 틀림없이 성신강림과 열두 사도의 최초의 전도가 있은 뒤에 그리스도의 양떼에 들어온 사람들일 것이다.

지금도 베드로가 거기 있는 사람들에게 복음을 전하고 가르치기 위하여 말한다. 그는 최후의 만찬에 대하여 또 한 번 말한다. 또라고 말하는 것은 그의 말을 들으면 벌써 몇 번인가 그 이야기를 하였다는 것을 알 수 있기 때문이다. 베드로는 말한다. "저는 그 만찬에 대해서 또 한 번 말하겠습니다." 그러면서 이 말에 힘을 준다. "사람들에 의해서 제헌되시기 전에, 사람들이 부르던 대로는 나자렛 사람 예수이시고, 온 마음과 온 정신을 기울여 말해야 하고 믿어야 하는 것에 의하면 ─ 이 믿음에 우리의 구원이 있기 때문입니다 ─ 하느님의 아들이시고 우리의 구세주이신 예수 그리스도께서 그 최후의 만찬 중에 사람들에게 당신을 먹을 것과 마실 것으로 주심으로써 당신 자신의 뜻으로 그리고 너무나 큰 사랑으로 당신을 제헌하시면서 그분의 종들이고 후계자인 우리들에게 '너희는 나를 기억하여 이 일을 행하여라' 하고 말씀하셨습니다. 그래서 저희들이 이렇게 하는 것입니다. 그러나 여러분, 그분을 기억하고 그분의 하느님으로서의 명령에 순종하기 위하여 예수 그리스도께서 하신 것과 같이 바치고 축복한 이 빵과 포도주 안에는 그분의 지극히 거룩하신 몸과 그분의 지극히 거룩하신 피가, 지극히 높으신 하느님의 아들이신 하느님의 것이고, 사람들에 대한 사랑으로 그들의 생명을 위하여 흘리시고 십자가에 못박히신 그 몸과 그 피가 들어 계시다는 것을 그분의 증인들인 우리가 믿는 것과 같이, 예언자들이 예언하고 그리스도께서 세우신 참되고 새롭고 멸망하지 않을 교회의 일원이 되려고 들어오신 여러분도 모두 그와 같이 믿으셔야 합니다. 당신 용서의 이 영원한 표를 우리에게 남겨 주신 주님을 믿고 찬미하십시오 ─ 주님을 물질적으로 십자가에 못박지는 않았지만, 주님을 섬기는 데 있어서 약했었고, 주님을 이해하려고 마음의 문을 열지 못했으며, 주님의 임종 때에 도망을 쳤으며, 그분을 모른다고 하고 그분의 제자임을 인정하지 않고 부인할 정도로 겁많고 비겁했던 우리, 아니 제 개인적인 배반으로(이 말을 할 때에 굵은 눈물 두 줄기가 베드로의 얼굴로 흘러내린다), 주님의 종들 중에서 첫째인 바로 제가 저기 성전의 마당에서 여섯 시 조금 전에 주님을 배반함으로 인하여 정신적으로, 영적으로 분명히 주님을 십자가에 못박았는데 말입니다. 주님이 나자렛 사람이었을 때 주님을 알지 못했던 사람들에게 주님이 아버지께로 돌아가신 말씀이시라는 것을 지금 알도록 허락하시는 주님을 믿고 찬미하십시오. 와서 드십시오. 주님은 말씀하셨습니다.

내 살을 먹고 내 피를 마시는 사람은 영원한 생명을 얻을 것이다' 하고. 그때 우리는 알아듣지 못했습니다(그러면서 베드로는 다시 운다). 우리는 이해력이 느렸기 때문에 알아듣지 못했습니다. 그러나 지금은 성령께서 우리의 지능을 타오르게 하시고, 우리의 믿음을 굳게 하시고, 사랑을 불어넣어 주셨습니다. 그래서 지금은 알아듣습니다. 그래서 지극히 높으신 하느님, 아브라함과 야곱과 모세의 하느님의 이름으로, 이사야와 예레미야와 에제키엘과 다니엘과 다른 예언자들에게 말씀하신 하느님의 지극히 높으신 이름으로 우리는 이것이 진리라고 여러분에게 맹세하며, 여러분이 영원한 생명을 얻을 수 있도록 믿으라고 간청하는 것입니다."

베드로는 말할 때에 매우 위엄이 있다. 이제는 조금 전의 약간 촌스럽던 어부가 아니다. 베드로는 말을 하면서 사람들이 더 잘 보고 듣게 하려고 걸상 위에 올라갔다. 그대로 방바닥에 서 있으면 제일 멀리 떨어져 있는 사람들에게는 보이지 않을 것인데, 그는 반대로 군중을 내려다보기를 원하기 때문이다. 그는 알맞은 목소리로 참다운 연설자다운 몸짓을 해가며 절도 있게 말한다. 항상 표정이 풍부한 그의 눈이 이제는 그 어느 때보다도 더 설득력이 있다. 사랑, 믿음, 권위, 뉘우침, 이 모든 것이 그 눈길에 드러나 보이고, 그의 말을 예고하고 보장한다.

그가 이제는 말을 끝내고, 걸상에서 내려와 식탁 뒤로 들어가 식탁과 벽 사이에 서서 기다린다.

야고보와 유다, 즉 알패오의 두 아들이며 그리스도의 사촌들이 이제는 식탁위에 아주 하얀 식탁보를 깐다. 그렇게 하기 위하여 그들은 식탁 한가운데에 있는 넓고 낮은 궤를 치운다. 그리고 그 궤 뚜껑에도 아주 고운 천을 깐다.

이제는 사도 요한이 성모 마리아께로 가서 무엇인가를 청한다. 성모님은 목에서 일종의 작은 열쇠를 벗겨서 요한에게 주신다. 요한은 열쇠를 받아 가지고 궤 있는 곳으로 돌아와 그것을 열고, 앞부분을 아래로 젖혀지게 해서 식탁보 위에 얹히고 그 위에는 또 셋째 아마포를 깐다.

궤의 안쪽에는 수평으로 칸을 막아 두 부분으로 나뉘어 있다. 아랫칸에는 금속으로 된 술잔과 쟁반이 있고, 윗칸에는 한가운데에 최후의 만찬에서 또 첫번 성체성사를 위하여 예수의 술잔이 되었던 잔과 예수께서 나누신 빵의 나머지가 술잔과 같이 귀중한 작은 쟁반에 놓여 있다. 잔과 그 위에 놓여 있는 작은 쟁반 곁에는, 한쪽에는 기시관과 못들과 해면이 있고, 다른 한쪽에는 둘둘 말린 수의 중의 하나와 니까가 예수의 얼굴을 씻어 드렸던 수건과 성모님이 당신 아들에게 허리에 두르라고 주신 베일이 있다. 밑에는 다른 물건들도 있다. 그러나 꽤 가려져 있는데, 아무도 거기 대한 말을 하지 않고 보이지도 않기 때문에 무엇인지

26. … 대사제의 자격을 가진 베드로 **263**

알 수가 없다. 반대로 눈에 보이는 다른 것들은 요한과 알패오의 유다가 거기 있는 사람들에게 보여 준다. 그러니까 군중은 그앞에 무릎을 꿇는다. 그러나 그 물건들을 만지지 않고, 잔과 빵이 들어 있는 작은 쟁반도 보여주지 않고, 수의를 펼치지도 않고 그것이 무엇인지를 말하며 뭉쳐진 것을 보여 준다. 요한과 유다가 수의를 펼치지 않는 것은 아마 성모님께 당신 아들이 당하신 끔찍한 학대의 고통스러운 기억을 불러일으키지 않기 위해서일 것이다.

의식의 이 부분이 끝나자 사도들은 목소리를 맞추어 기도를 시작하는데, 그 기도들을 히브리인들이 그들의 회당에서나 율법에서 명하는 성대한 의식에 참례하려고 예루살렘으로 순례를 할 때에 하는 것과 같이 노래로 하는 것을 보니, 아마 시편인 것 같다. 군중도 사도들의 합창을 같이 한다. 이렇게 해서 합창은 점점 더 장엄하게 된다.

마침내 빵들을 가져다가 궤의 아랫칸에 있던 작은 금속 쟁반에 얹어 놓고, 또 작은 금속 항아리들도 갖다 놓는다. 베드로는 식탁 다른 쪽에 무릎을 꿇고 있는 요한에게서 —그동안 베드로는 여전히 식탁과 벽 사이에, 그러니까 군중을 향하여 있다— 빵이 담긴 쟁반을 받아 쳐들고 봉헌한다. 그런 다음 강복을 하고 궤 위에 내려놓는다.

요한 곁에 역시 무릎을 꿇고 있는 알패오의 유다가 이번에 베드로에게 궤의 **아랫칸**에 있는 잔과, 처음에 **빵**이 담긴 작은 쟁반 가까이 있던 두 항아리를 베드로에게 내미니, 베드로는 항아리에 있는 것을 잔에 따른 다음 그 잔을 들고 **빵**을 가지고 한 것과 같이 봉헌한다. 그는 잔에도 강복하고 궤 위에 빵들 곁에 내려놓는다.

그들은 또 기도를 한다. 베드로는 빵들을 많은 입거리로 쪼개는데 그 동안 군중은 한층 더 몸을 굽혀 엎드리고, 베드로는 "이것은 내 몸이다. 너희는 나를 기억해서 이 일을 행하여라" 하고 말한다.

베드로는 여러 입거리로 된 빵이 얹혀 있는 쟁반을 들고 식탁 뒤에서 나와 우선 성모 마리아께로 가서 한 입거리를 드린다. 그런 다음 식탁 앞쪽으로 가서 빵을 받으려고 가까이 오는 모든 사람에게 나누어 준다. 몇 입거리가 여전히 쟁반에 남아 있는데, 그 쟁반을 궤 위에 내려놓는다.

이제는 베드로가 잔을 들어 그 곳에 있는 사람들에게 주는데, 역시 성모님부터 시작한다. 요한과 유다는 작은 항아리를 들고 베드로를 따라 다니며, 잔이 비면 액체를 따르는데, 그 동안 베드로는 잔을 처들어 바치고 액체를 축성하기 위하여 강복을 되풀이한다. 성체를 받아 모시기를 청하는 모든 사람을 만족시켜 주고 나자 사도들은 남아 있는 **빵**과 포도주를 마저 다 먹고 마신다. 그런 다음 **다른** 시편 혹은 찬송가를 부른다. 그런 다음 베드로가 군중에게 강복을 주니,

강복을 받은 다음에 군중은 차차로 떠나 간다. 빵과 포도주의 형상을 축성하여 나누어 주는 의식이 거행되는 동안 줄곧 무릎을 꿇고 계시던 어머니 마리아께서 일어나셔서 궤 가까이로 가신다. 성모님은 식탁 위로 몸을 굽히시고, 예수께서 최후의 만찬에서 쓰신 잔과 작은 쟁반을 넣은 궤의 칸에 이마를 대시고 잔과 쟁반 전에 입맞춤을 하신다. 이 입맞춤은 거기에 모아 놓은 모든 유물을 위한 것이기도 하다. 그런 다음 요한은 궤를 잠그고, 열쇠를 성모님께 돌려드리니 성모님은 그것을 다시 목에 거신다.

27. 성모님이 라자로와 아리마태아의 요셉을 접견하신다

성모님은 아직도 최후의 만찬의 집에 계시다. 늘 계시는 당신 방에서 혼자 아주 고운 아마포로 바느질을 하고 계신데 길고 좁은 식탁보 같다. 이따금씩 고개를 들어 정원을 내다보시고, 벽에 비친 해의 위치로 시간을 측정하신다. 집안에서나 거리에서 소리가 들려오면 주의를 기울여 들으신다. 누구를 기다리시는 것 같다.

이렇게 얼마 동안이 지났다. 그러다가 집의 문을 두드리는 소리가 들리고, 그 다음에는 빨리 문을 열러 가는 샌들 소리가 들린다. 복도에서는 남자들의 목소리가 울리는데, 그 목소리가 점점 더 커지고 더 가까워진다. 성모님은 귀를 기울이신다. …그러다가 "그분들이 여길?! 무슨 일이 일어났단 말인가?!" 하고 외치신다. 성모님이 아직 이 말씀을 하고 계시는 동안에 누군가 방 출입문을 두드린다. "내 주님 예수에 의한 형제들, 들어오시오" 하고 성모님이 대답하신다.

라자로와 아리마태아의 요셉이 들어와 깊은 존경을 표하며 인사를 드리고 말한다. "모든 어머니 중에서 복되신 어머님, 당신 아드님이시고 저희들의 주님이신 분의 종들이 문안드립니다" 그러면서 땅에 엎드려 성모님의 옷자락에 입맞춤한다.

"주님께서 항상 두 분과 함께 계시기를 바랍니다. 무슨 이유로, 그리스도와 그를 따르는 사람들의 박해자들의 흥분이 아직도 그치지 않고 있는 이때에 나를 찾아옵니까?"

"무엇보다도 먼저 어머님을 뵈려고 왔습니다. 어머님을 뵙는 것은 아직도 주님을 뵙는 것과 같고, 이렇게 해서 주님이 이 세상을 떠나신 데 대해서 슬픔을 덜 느끼게 되니까요. 그리고 어머님의 아드님이시고 저희들의 주님이신 예수님의 가장 다정하고 가장 충실한 종들이 제 집에 모여서 한 결정을 어머님께 제안하려고 왔습니다" 하고 라자로가 대답한다.

"말하시오. 당신의 사랑이 내게 말을 할 것이니, 나는 또 내 사랑으로 당신의 말을 듣겠어요."

이번에는 아리마태아의 요셉이 이렇게 말한다. "어머님, 방금 말씀하셨지만, 어머님의 아드님이시고, 하느님이신 분과 친족 관계로나 믿음으로나 우정으로 가까웠던 사람들에 대한 흥분이 한층 더 악화해 가고 있다는 것을 어머님도 아시지요. 그리고 저희들도 어머님이 아드님의 천주성과 인성이 완전히 드러난 것을 보시고, 아드님의 전적으로 모욕당하심과 아드님이 전적으로 영광스럽게 되심을 보신 이곳을 떠날 생각을 안 가지고 계시다는 것을 모르지 않습니다. 수난과 죽으심을 통하여는 참 사람이심을, 영광스러운 부활과 승천을 통하여는 참 하느님이심을 완전히 드러내신 이곳을 말입니다. 또 저희들은 어머님이 사도들을 혼자 내버려두기를 원치 않으시고, 그들에게 어머니가 되어 주시고 그들이 첫번 시련을 당할 때에 인도자가 되어 주시고자 하신다는 것도 모르지 않습니다. 어머님은 하느님의 지혜가 자리잡으신 분이시고, 영원한 진리를 드러내보이시는 성령의 정배이시고, 당신의 외아들의 어머니로 영원히 선택하신 아버지께 영원으로부터 사랑받는 딸이시며, 아버지의 그 말씀의 어머니이시니, 그 말씀은 어머니의 태중에서 인간으로 형성되시기 전부터, 또는 스승 가운데의 스승이 되시기까지 나이와 지혜가 자라는 아들로서 어머님을 모시게 되기 전부터, 분명히 당신의 무한하고 지극히 완전한 지혜와 교리를 가르쳐주셨을 것이니까요. 예수께서 하늘에 올라가신 지 열흘 후에 놀라운 전도를 하고 사도로서 나타난 이튿날 요한이 저희들에게 그 말을 했습니다. 어머님께서도 아드님이 아버지께로 올라가신 날 게쎄마니 동산에서 보시기로 하고 베드로와 요한과 다른 사도들에게서 들으시기도 해서 아시겠지만, 라자로와 저는 게쎄마니에서는 열에 들떠 뜨거워지고, 제 동산에서는 차겁고 엉겨서 흐른 하느님이신 희생자의 피로 거룩하게 된 이곳이 예수님의 원수들에 의해서 모독되지 않게 하려고, 골고타 근처에 있는 제 동산둘레와 올리브산에 있는 게쎄마니 동산에 담쌓는 일을 시작했습니다. 지금은 일이 다 끝났습니다. 그래서 라자로와 저, 그리고 라자로의 동생들과 사도들도 어머님을 뵙지 못하게 될 것이 너무 괴로워서 이렇게 말씀드리는 것입니다. '게쎄마니 동산지기 요나와 마리아의 집에 거처를 정하십시오' 하고"

"그럼 요나와 마리아는요? 그 집은 작은데, 나는 은둔을 좋아하기 때문에, 그 집을 늘 좋아했어요. 그리고 지금은 한층 더 좋아해요. 그것은 내 예수가 여기 있지 않게 된 것으로 인한 고민으로 죽지 않기 위해서는 하느님과 내 예수에게 전념할 필요가 있기 때문입니다. 하느님의 신비에는 ─ 지금은 예수가 그 어느 때보다도 더 하느님이니까요 ─ 사람의 눈길이 닿아서는 안 됩니다. 나는 여인이고, 예수는 사람입니다. 그러나 우리의 인성은 원죄까지도 포함해서 죄가 도무지 없는 것과, 한 분이시고 세 위이신 하느님과의 관계로 다른 어떤 인성과도 다릅니다. 우리는 이 일에 있어서 과거와 현재와 미래의 모든 인간 중에서 유일한 존재입니다. 그런데 사람은 아무리 훌륭하고 조심성이 있는 사람이라 하더라도 자연적으로 어쩔 수 없이 호기심이 있고, 특히 어떤 이상한 일이 가까이에서 일어날 때에는 더 그러합니다. 그리고 인간의 호기심이 하느님과 우리의 비밀의 관계를 캐내고, 살피고, 엿보고 할 때에 어떤 고통을 느끼고, 어떤… 그래요, 어떤 불편과 불안과 고뇌를 느끼는 지는 이 세상에 있을 때의 예수와 나만이 압니다. 우리를 광장에 알몸으로 놓아두는 것 같은 그런 것이지요. 내 과거를 생각하시오. 내가 항상 비밀과 침묵을 찾았다는 사실과 내 안에 있는 하느님의 신비를 보잘 것 없는 여자의 보통 생활의 외양으로 항상 감추었다는 사실을 생각하시오. 어떻게 내 남편 요셉에게까지도 알리지 않음으로 인해서 하마터면 의인이었던 그분을 옳지 않은 사람을 만들 뻔했는지를 기억하시오. 천사의 개입만이 이 위험을 막았습니다. 예수가 30년 동안 얼마나 비천하고 드러나지 않는 일반적인 생활을 했는지, 스승이 되었을 때 얼마나 쉽게 외딴 곳으로 혼자 물러갔는지를 생각하시오. 예수는 기적을 행하고 가르치고 해야 했습니다. 그것이 그의 사명이었으니까요. 그러나 내가 예수한테 들어서 아는 것이지만, 예수는 군중의 흥분과 그의 일거일동을 살펴보는 그들의 혹은 좋고 혹은 좋지 않은 호기심 때문에 괴로워했어요 —이것이 그의 크고 강력한 눈에서 반짝이던 준엄과 슬픔의 수많은 이유중의 하나였습니다— '너희들이 무엇을 보았는지 말하지 말고, 내가 너희들에게 무엇을 해 주었는지 말하지 말아라' 하는 말을 얼마나 여러 번 했어요. …이제는 사람의 눈이 내 안에 있는 신비를 알려고 애쓰는 것을 원치 않아요. 그 신비는 내 아들이고 내 하느님인 예수가 하늘에 돌아감과 동시에 끝나지 않고, 오히려 그대로 계속되고, 예수의 착한 마음씨 덕택으로 또 내가 영원히 그가 있는 곳으로 가기를 갈망하는 시간이 올 때까지 내 목숨을 보존해 주려고 점점 더 커진다고 말하겠어요. 나는 요한만 데리고 있고 싶어요. 요한은 조심성 있고, 공손하고, 제2의 예수같이 내게 다정하게 구니까요. 그러나 요나와 마리아도…"

라자로가 성모님의 말씀을 중단한다. "복되신 어머님, 그것은 벌써 했습니다! 저희들이 벌써 다 마련했습니다. 요나의 아들 마르코는 지금은 제자들 중에 들어 있습니다. 마르코의 어머니 마리아와 아버지 요나는 벌써 베다니아에 가 있습니다."

"그렇지만 올리브밭은 어떻하구요? 보살펴 주어야 할 텐데요!" 하고 성모님이 그에게 대답하신다.

"전지할 때와 파헤칠 때와 올리브를 딸 때만 필요합니다. 따라서 일년에 며칠

이 안 됩니다. 그리고 그 시기에는 마르코와 함께 베다니아의 제 하인들을 보낼 테니까 요나와 마리아가 한층 덜 필요할 것입니다. 그 며칠 동안 어머님께서 제 동생들과 저를 기쁘게 해주기를 원하시면 베다니아에 오셔서 열성당원의 외딴 집에 계십시오. 저희들은 이웃이겠지만, 어머님이 하느님과 만나시는 것을 조심성 없게 살펴보지는 않을 것입니다."

"그럼 압착기는요?"

"벌써 베다니아로 옮겼습니다. 완전히 울타리를 둘러쳐서 한층 더 조심성 있게 된 데오필로의 라자로의 소유지인 게쎄마니 동산이 마리아 어머님을 기다리고 있습니다. 그리고 예수님의 원수를 이 토마가 두려워서 감히 이곳의 평화와 어머님의 평화를 침해하지 못하리라는 것을 단언합니다."

"오! 사정이 이쯤 되었으니!" 하고 성모님이 말씀하신다. 그러면서 두 손으로 가슴을 꼭 누르시고, 하도 행복해서 거의 탈혼 상태에 있는 것 같은 얼굴로, 입술에는 천사의 것과도 같은 미소를 머금으시고 금빛 속눈썹에는 기쁨의 눈물이 맺힌 채 그들을 바라보신다. 성모님은 말씀을 계속하신다. "요한과 나! 이렇게 둘이만! 우리 둘이만! 나는 다시 내 아들과 같이 나자렛에 있는 것 같겠어요. 둘이서만! 평화 속에! 이 평화 속에! 내 예수가 그렇게도 많은 많은 말을 하고 그렇게도 많은 평화의 정신을 전파한 이곳에! 하기는 여기서 내 예수가 피땀을 흘리고 뻔뻔스러운 입맞춤이라는 더할 수 없는 정신적 고통을 당할 정도로 고통을 겪고, 첫번째…" 흐느낌과 지극히 고통스러운 추억으로 말씀을 잇지 못하시고, 얼굴이 엉망이 되어, 잠시 동안 당신 아드님이 수난하고 돌아가시던 날에 띠었던 고통스러운 표정을 다시 띠게 된다. 그러다가 다시 침착해지셔서 말씀하신다. "여기서 예수가 천국의 무한한 평화 속으로 돌아갔지요! 나는 즉시 알패오의 마리아에게 나자렛의 내 작은 집을 지키라는 지시를 보내겠어요. 그 집에서 신비가 이루어졌고, 지극히 순결하고 지극히 거룩한 내 남편이 세상을 떠났고 예수가 자랐기 때문에 내게는 대단히 소중해요. 대단히 소중해요! 그렇지만 예수가 의식 중의 의식을 제정해서 사람들을 위하여 빵과 피와 생명이 된 이곳, 고통을 받고, 구속을 하고, 그의 교회를 세우고, 그의 마지막 강복으로 만물을 좋고 거룩하게 한 이곳만큼은 소중하지 않아요. 여기 머무르겠어요. 그래요. 여기 남아 있겠어요. 나는 게쎄마니 동산에 가겠어요. 그리고 거기서 성벽 바깥쪽을 끼고 골고타에도 가겠고, 내가 하도 많이 울었던 요셉 당신의 동산에도 가겠어요. 그리고 처음에 내 아들을 통해서, 그 다음에는 나 자신을 위해서 정말 많은 사랑을 베풀어 준 라자로 당신의 집에도 가겠어요. 그렇지만 내가 바라는 것은…"

"복되신 어머님. 무엇 말씀입니까?" 하고 두 사람이 여쭙는다.

"나는 여기도 다시 올 수 있었으면 좋겠어요. 왜 그런고 하니, 라자로가 허락하기만 하면 사도들과 내가 그렇게 결정할 것인데…"

"어머님, 무엇이든지 원하시는 대로 다하십시오. 제 것은 모두가 어머님의 것입니다. 이 말씀은 우선 예수께 드린 것인데, 이제는 어머님께 드립니다. 그리고 어머님이 제 선물을 받아주시면, 은총을 받는 사람은 항상 저입니다."

"내 아들, 당신을 이렇게 부르게 하시오. 나는 이 집, 즉 최후의 만찬의 집을 우리가 모임과 형제적인 아가페* 의 장소를 만드는 것을 당신이 허락해 주었으면 해요."

"맞습니다. 아드님이 영원한 의식을 제정하셨고 사도들과 제자들을 주교직과 사제직에 올리심으로써 새 교회를 세우신 곳이 이곳입니다. 이 방이 새 종교의 첫번째 성전이 되는 것은 당연합니다. 이 씨가 내일은 나무가 되고, 그 다음에는 수풀이 될 것입니다. 그리고 이 싹이 내일은 살아 있고 완전한 조직체가 되어 점점 자라 높아지고 깊어지고 넓어져서 온 세상에 퍼지게 될 것입니다. 예수께서 이 세상이 존속하는 한 계속될 새로운 의식의 빵을 나누시고 잔을 놓으셨던 식탁과 제단보다 더 거룩한 식탁과 제단이 어디 있습니까?"

"라자로, 맞아요, 보시오. 내가 이 깨끗한 식탁보를 만드는 데 골몰하는 것은 그 제단을 위해서요. 나는 누구보다도 더 힘있게 믿고 있으니까요. 빵과 포도주는 살과 피를 가진 바로 그 예수이고, 사람들에게 생명을 주는 거룩하고 지극히 순결한 살이고, 세상을 구속하는 피라는 것을 그 누구보다도 굳게 믿고 있으니까요. 아들과 그 어머니에 대해서 늘 친절하고 조심성 있고 동정심 가득한 두 분에게 성부, 성자, 성신께서 강복하시기 바랍니다."

"그러면 결정되었습니다. 받으십시오. 이것은 게쎄마니 동산의 울타리의 여러 격자문을 여는 열쇠이고, 이것은 집의 열쇠입니다. 그리고 하느님께서 어머님께 허락하시는 만큼, 또 저희들이 보잘 것 없는 사랑으로 바라는 만큼 행복하십시오."

라자로가 말을 마친 지금 이번에는 아리마태아의 요셉이 말한다. "그리고 이것은 제 동산의 울타리 열쇠입니다."

"그렇지만 당신은… 그 곳에 들어갈 권리가 있는데!"

"마리아 어머님, 저도 열쇠가 하나 또 있습니다. 동산지기는 의인이고, 그의 아들도 그렇습니다. 어머님은 동산에서 그 사람들과 저만을 만나시게 될 것입니다. 그리고 저희들은 모두 조심성있고 공손할 것입니다."

"하느님께서 두 분에게 다시 강복하시기 바랍니다" 하고 성모님이 거듭 말씀

---

* 역주 : Agape. 초기 교회의 사랑의 잔치(한국 가톨릭 대사전).

하신다.

"어머님께는 저희들의 감사를 드립니다. 저희들의 사랑과 하느님의 평화가 항상 어머님께 있기를 바랍니다." 그들은 이 마지막 인사를 한 다음 엎드려 성모님의 옷자락에 다시 입맞춤하고 떠나간다.

그들이 집에서 막 나간 길인데, 성모님이 계시는 방문을 조심스럽게 두드리는 소리가 들린다.

"들어오시오." 하고 성모님이 말씀하신다.

요한은 그 말씀을 두 번 다시 하시기를 기다리지 않고 이내 들어와서 문을 닫고 약간 불안해서 여쭙는다. "요셉과 라자로가 왜 왔었습니까? 무슨 위험이라도 있습니까?"

"아니다, 아들아. 내 소원이 채워진 것뿐이다. 내 소원과 다른 사람들의 소원이. 너도 알다시피 베드로와 알패오의 야고보, 즉 첫째 대사제와 예루살렘 교회의 또 다른 우두머리가 나를 잃는 것을 애석하게 여기고, 나 없이 어떻게 해나갈 지를 몰라서 겁을 집어먹고 있다. 특히 야고보가 더 그렇다. 내 아들이 그에게 특별히 나타났고, 예수가 원해서 선출되었는데도 위로를 받지 못하고 용기를 가지지 못한다. 그러나 다른 사도들도 그렇다! …그런데 지금 라자로가 이 모든 사람의 소원을 채워서 우리가 게쎄마니 동산의 주인이 되게 한다. 너와 나 둘이만 여기 있게 된다. 여기 열쇠들이 있다. 또 이것은 요셉의 동산의 열쇠이고… 우리는 시내를 거치지 않고 무덤과 베다니아에 갈 수 있다. …그리고 골고타에도 갈 수 있고… 그리고 형제적인 아가페가 있을 때마다 여기에도 올 수 있다. 라자로와 요셉이 우리에게 모든 것을 허가했다."

"그분들은 참다운 의인들입니다. 라자로는 예수님께 많은 은혜를 받았습니다. 그것은 사실입니다. 그렇지만 그 전에도 그 분은 항상 예수님께 모든 것을 드렸습니다. 어머니, 기쁘십니까?"

"그렇다, 요한아, 아주 기쁘다! 나는 하느님께서 원하시는 만큼 살면서 베드로와 야고보 그리고 너희들 모두를 도와주겠다. 그리고 최초의 그리스도인들을 어떻게든 도와주겠다. 만일 유다인들과 바리사이파 사람들과 사제들이 내게도 내 아들에게 대해서 한 것과 같이 사납게 굴지 않으면, 예수가 아버지께로 올라간 곳에서 숨을 거둘 수 있을 것이다."

"어머니도 올라가실 것입니다."

"아니다. 나는 예수가 아니다. 나는 인간적으로 태어났다"

"그러나 원죄 없이 태어나셨습니다. 저는 보잘 것 없는 무식한 어부입니다. 그래서 교회와 성경에 관해서는 선생님께서 가르쳐주신 것 외에는 아무 것도 모릅니다. 그렇지만 저는 순결하기 때문에 어린 아이와 같습니다. 그리고 아마

이 때문에 이스라엘의 선생들보다 더 많은 것을 아는 것 같습니다. 하느님께서는 이런 일들을 지혜로운 사람들에게는 감추시고 비천한 사람들과 순결한 사람들에게 드러내신다고 주님이 말씀하셨어요. 그리고 이 때문에 저는 이렇게 생각합니다. 아니 이렇게 말씀드리겠습니다. 어머니는 하와가 만일 죄를 짓지 않았더라면 가졌을 운명을 가지실 것이라고 느낀다고요. 그리고 그보다도 한층 더합니다. 어머니는 사람인 아담의 아내가 되지 않고 하느님의 정배가 되셔서 은총에 충실한 새로운 아담을 이 세상에 주셨으니까요. 창조주께서 처음조상들을 창조하시면서 그분들을 죽게 운명지어 주지는 않으셨습니다. 즉 당신이 창조하신 중에서 가장 완전한 육체, 그리고 신령한 영혼과 하느님께서 거기 주신 선물을 타고났기 때문에 창조된 모든 육체 중에서 가장 고귀한 육체를 썩도록 운명지우지는 않으셨습니다. 하느님의 이 선물 덕택으로 그분들은 '우리는 하느님의 양자다' 하고 서로 말할 수 있었습니다. 그러나 하느님께서는 그분들이 지상낙원에서 천상낙원으로 옮겨가는 것만을 원하셨습니다. 그런데 어머니는 영혼에 아무런 죄의 티도 가지신 적이 도무지 없었습니다. 모든 인간에게 주어진 아담의 유산인 모든 사람에게 공통된 큰 죄도 어머니는 침범하지 못했습니다. 그것은 어머니께서 말씀의 궤가 되시도록 영원으로부터 결정되어 있었으므로 하느님께서 유일한 특은으로 그것을 면하게 해주셨기 때문입니다. 또 궤도, 사실은 하느님의 백성의 그것을 실행해야 할 것처럼 실행하지 않기 때문에 슬프게도 차고, 메마르고, 죽은 물건들밖에는 간직하고 있지 못한 궤도 항상 아주 깨끗해야 할 것입니다. 궤는 깨끗합니다. 그러나 그 궤에 가까이 가는 사람들인 대사제와 사제 중에서 어머니처럼 깨끗한 사람이 누가 있습니까? 아무도 없습니다. 그렇기 때문에 둘째 하와이시고 은총에 충실하신 하와이신 어머니께는 죽음이 주어지지 않으리라고 느껴집니다."

"은총 자체이고 둘째 아담이며 아버지와 내게 항상 완전히 순종한 내 아들도 죽었다. 죽어도 또 어떤 죽음을 당했느냐!"

"어머니, 주님은 구세주가 되려고 오셨습니다. 주님은 아버지와 하늘을 떠나오셔서 당신의 희생으로 사람들을 구속하시고, 그들에게 은총을 도로 주시려고, 그러니까 사람들을 다시 하느님의 양자 지위에 올려 하늘의 상속자가 되게 하시려고 육체를 취해 사람이 되셨습니다. 주님은 돌아가셔야 했습니다. 지극히 거룩하신 그 인성을 가지고 말입니다. 그리고 어머니도 아드님의 끔찍한 형벌과 죽음을 보시고 마음으로 돌아가셨습니다. 어머니는 주님과 더불어 공동 구속자가 되기 위해 모든 고통을 겪으셨습니다. 저는 보잘 것 없는 바보입니다만, 살아 계신 참 하느님의 참다운 궤이신 어머니는 부패를 겪지 않으실 것이라고, 부패를 겪으실 수가 없다고 느낍니다. 구름 같은 불이 모세의 궤를 보호하고 언약

된 땅으로 인도한 것과 같이 하느님의 불이 어머니를 당신 가운데로 끌어당기
실 것입니다. 마치 아론의 막대가 나무에서 떨어졌는데도 마르지 않고 죽지 않
고, 오히려 싹이 나고 잎이 돋고 열매를 맺고 성막(聖幕) 안에서 살았던 것과
같이, 이 세상에서 이전에 살았거나 장차 살게 될 모든 여인 중에서 하느님께
선택받으신 어머니는 마르는 풀과 같이 돌아가시지 않고 영원한 하늘 장막 안
에서 온전한 어머니로서 영원히 사실 것입니다. 마치 여호수아 때에 요르단강
물이 갈라져 언약의 궤와 그것을 매고 가던 사람들과 온 백성을 건너가게 한 것
과 같이, 아담의 죄로 땅과 하늘 사이에 생긴 방책이 어머니를 위해 열려 어머
니는 이 세상에서 영원한 하늘로 건너가실 것입니다. 하느님께서 정의로우시기
때문에 저는 이것을 확신합니다. 그러니까 영혼에 원죄도 없고 자의로 지은 죄
도 없는 사람을 위하여 하느님께서 제정하신 법령이 어머니께 적용되는 것입니
다."

"예수가 그것을 네게 알려주었느냐?"

"아닙니다. 제게 이 말을 해주신 분은 성령이십니다. 저희들에게 미래의 일들
과 일체의 진리를 알려주실 것이라고 선생님이 미리 말씀하신 그분 말입니다.
위로자이신 성령께서는 어머니를 잃을 생각을 덜 슬프게 하시려고 제 영에다
벌써 이 말을 해주셨습니다. 어머니께서 당하신 고통 때문에, 현재와 미래의 모
든 성인들 가운데에서 지극히 거룩하신 아드님보다만 못하실 뿐 인자하시고 거
룩하신 분이시기 때문에 저를 낳아주신 어머니만큼, 아니 그보다도 더 사랑하고
공경하는 복되신 어머니를. 가장 위대하신 성녀." 그러면서 요한은 지극히 감격
하여 성모님께 경의를 표하려고 엎드린다.

28. 성모님과 요한이 수난의 장소를 찾아간다

새벽이다. 맑은 여름 새벽이다. 성모님은 충실한 요한을 데리고 게쎄마니의
집에서 나오셔서 조용하고 인기척이 없는 올리브밭을 빨리 걸어가신다. 어떤 새
의 노래와 둥지 안에 있는 새끼들의 지저귐만이 이곳의 깊은 정적을 깨뜨린다.
성모님은 예수께서 고민하시던 바위를 향하여 자신있게 걸어가신다. 그리고 바
위 앞에 무릎을 꿇으시고, 예수의 피의 적갈색 자국이 아직 남아 있는 바위의
가느다란 갈라진 틈에 입맞춤을 하신다. 피는 갈라진 틈으로 들어가 엉기었다.
성모님은 당신의 아드님이나 그분의 어떤 것을 어루만지시는 것처럼 그 갈라진
틈을 어루만지신다.

요한은 성모님 뒤에 서서 살펴보면서 소리없이 운다. 그러다가 성모님이 몸을
일으키시면 빨리 눈을 닦는다. 요한은 성모님이 몸을 일으키시는 것을 도와드리

는데, 지극한 사랑과 존경과 동정을 가지고 그렇게 한다.

성모님이 이제는 예수께서 잡히신 곳으로 내려오신다. 그리고 요한에게 "여기가 바로 그 소름끼치고 더러운 입맞춤이 있었던 자리냐? 뱀이 하와와 나눈 더럽고 타락시킨 대화가 지상낙원을 더럽힌 것보다도 한층 더 이곳을 더럽힌 그 소름끼치는 더러운 입맞춤 말이다." 하고 물어보시고 나서 땅에 입맞춤하시려고 또 무릎을 꿇으신다.

그런 다음 일어나서 말씀하신다. "그러나 나는 하와가 아니고, 천사의 인사를 받은 여인이다. 나는 사물을 뒤집어 놓았다. 하와는 하늘의 물건이던 것을 추한 진흙 속에 던져버렸다. 그러나 나는 하와와 아담이 던졌던 것을 더러운 진흙에서 집어내어 하늘을 향해 일으켜 세우기 위해 몰이해, 비판, 의심, 이 모든 것을 받아들였다. 최후의 고통을 당하기 전에도 얼마나 많은 갖가지 고통을 당했느냐! 마귀가 구속의 계획을 결정적으로 파괴하려고 내 아들에게도 시도한 것과 같이 내게도 시도했으나, 내게는 말을 하지 못했다. 내게 말을 하지 못한 것은 내가 그의 모습을 보지 않으려고 눈을 감고 그의 목소리를 듣지 않으려고 귀를 막았고, 특히 거룩하고 깨끗한 것이 아닌 어떤 것의 습격에 대해서도 일체 내 마음과 정신의 문을 닫았기 때문이다. 나의 맑은 자아(自我) 그러나 순수한 금강석과 같이 긁어 상처를 낼 수 없는 나의 자아는 오직 하느님의 뜻을 알리러 온 천사에게만 문을 열었다. 내 귀는 이 영적인 목소리밖에는 듣지 않았고, 그렇게 해서 하와가 금가게 하고 깨뜨렸던 것을 고치고 다시 일으켜 세우고 했다. 나는 천사의 인사말을 듣고 그렇게 이루어지기 바랍니다 하고 대답한 여인이다. 나는 하와로 인해서 뒤죽박죽이 된 질서를 바로잡았다. 그래서 지금 나는 그 저주받은 입맞춤과 오염(汚染)의 자국을 내 입맞춤과 눈물로 없애고 씻을 수가 있다. 그 오염은 모든 오염 중에서 가장 큰 것이었으니, 그것은 인간이 인간에게 끼친 오염이 아니고, 한 인간이 자기 스승과 친구에게, 자기의 창조주이신 하느님께 끼친 것이기 때문이다."

그런 다음 쇠창살문 있는 쪽으로 가시니 요한이 그 문을 열쇠로 연다. 두 사람은 함께 게쎄마니 동산에서 나와 키드론 개울을 내려와서 작은 다리를 건넌다. 거기서도 성모님은 무릎을 꿇으시고, 당신 아드님이 넘어지셨던 곳에 있는 다리의 투박한 난간에 입맞춤을 하신다. 그러면서 말씀하신다. "예수가 더할 수 없는 고통과 모욕을 당한 곳은 어디나 다 신성하다. 나는 모든 것을 내 작은 집에 다 갖다 놓았으면 좋겠다. 그러나 모든 것을 가질 수는 없다!" 성모님은 한숨을 쉬신 다음 덧붙이신다. "행인들이 있기 전에 빨리 가자."

그리고 요한과 함께 다시 걷기 시작하신다. 시내로 들어가지 않으시고, 힌놈 계곡과 문둥병자들이 사는 동굴들을 끼고 가신다. 성모님은 그 고통의 동굴을 바라다보시고 요한에게 눈짓을 하신다. 그러니까 요한은 즉시 자루에 넣어 가지고 온 식량을 바위에 얹어놓고 동시에 부르는 소리를 지른다. 문둥병자들이 나타나 고맙다는 인사를 하며 바위 쪽으로 온다. 그러나 아무도 병을 고쳐달라고 청하지는 않는다. 성모님은 그것을 알아차리시고 말씀하신다. "저 사람들은 이제 예수가 없다는 것을 알고, 소름끼치는 그의 죽음 때문에 충격을 받은 채로 있기 때문에 예수에게도 제자들에게도 믿음을 가질 줄 모른다. 이중으로 불행한 사람들이고, 이중으로 문둥병자들이다! 이중으로? 아니, 오히려 전적으로 불행하고 문둥병자이고 죽은 사람들이다! 이 세상에서도 그렇고 내세에서도 그렇고."

"어머니, 저 사람들에게 말을 해 볼까요?"

"소용없다! 베드로와 알패오의 유다와 열성당원 시몬이 그렇게 해 보았다.… 그런데 저 사람들은 그들을 비웃었다. 라자로의 마리아도 왔었다. 마리아는 예수를 생각하고 항상 저들을 도와주는데, 마리아도 놀렸다. 라자로 자신도 요셉과 니고데모와 같이 와서 무덤에 들어 있은 지 나흘 후에 예수가 행한 그 자신의 부활과 당신의 능력으로 행한 하느님이시요 사람이신 예수의 부활과 승천 이야기를 했다. 모두 다 소용이 없었다. 저 사람들은 이렇게 대답했단다. '그건 거짓말이오. 진실을 아는 사람들이 그렇게 말합디다'"

"진실을 안다는 사람들은 틀림없이 바리사이파 사람들과 사제들일 것입니다. 그 사람들이 주님께 대한 믿음을 무너뜨리려고 애쓰거든요. 저는 그 사람들이라고 확신합니다."

"요한아, 그럴 수도 있겠다. 다만 확실한 것은 전에도, 그러니까 예수의 기적을 보고서도 회개하지 않은 문둥병자들은 이제는 절대로 회개하지 않으리라는 것이다. 여러 세기가 흐르는 동안에도 그리스도께로 회개하지 않고, 그들의 자유의사로 죄의 문둥병에 걸리고, 생명인 은총을 받지 못해서 죽을 모든 사람의 징조와 상징이 되고, 그들에게는 그리스도의 죽음이 쓸 데 없게 될 모든 사람의 상징이 된다는 사실이다. …그리고 이렇게 해서!…" 그러면서 조용히 우신다. 흐느끼지는 않으시나 정말 눈물을 비오듯이 흘리며 우신다.

성모님이 당신을 살펴보는 행인들에게 눈물을 감추시려고 베일로 얼굴을 가리실 때 요한이 성모님의 한 팔을 붙든다. 요한은 성모님을 다정스럽게 모시고 가면서 말씀드린다. "어머니의 눈물과 어머니의 기도, 그리고 모든 사람에 대한 어머니의 사랑, 아니 하늘에 계신 영광스러우신 예수님의 사랑이 완전히 활동적인 것과 같이 어머니의 사랑도 활동적이니까 오히려 두 분의 사랑이라고 해야겠지요, 그러니까 두 분의 사랑과 두 분의 고통, 즉 사람들이 귀를 막고 있는 것 때문에 당하시는 어머니의 고통과 너무나 많은 사람이 고집스럽게 죄에 머물러 있는 것 때문에 당하시는 예수님의 고통이 효과를 나타내지 않을 수가 있습니까? 어머니, 희망을 가지세요! 사람들이 어머니께 많은 고통을 드렸고, 장차도 드릴 것입니다. 그러나 사랑과 기쁨도 드릴 것입니다. 어머니를 알게 되면 누가 사랑하지 않겠습니까? 지금은 어머니께서 여기에 세상에 알려지지 않으신 채 무명의 여자로 계십니다. 그러나 그리스도인이 되어서 세상 사람들이 어머니를 알게 되면 얼마나 많은 사랑이 어머니께로 오겠습니까! 거룩하신 어머니, 저는 그것을 확신합니다."

이제는 골고타가 가까웠다. 그리고 요셉의 동산은 훨씬 더 가깝다. 그러나 요셉의 동산에 이르렀을 때 성모님은 동산으로 들어가지 않으시고, 우선 골고타와 수난 때에 특별한 일화의 자국이 남은 곳, 즉 예수께서 넘어지신 곳, 니까를 만나신 곳, 어머니 자신과 만나신 곳에 가셔서 무릎을 꿇고 땅에 입맞춤을 하신다.

산꼭대기에 이르러서는 십자가에 못박히신 자리에 더 많이 입맞춤을 하신다. 입맞춤을 하시고 눈물을 흘리시는데, 입맞춤은 거의 경련적이고 눈물은 비오듯 쏟아져 누르스름한 땅에 떨어져 땅을 적시어 누르스름한 그 빛깔을 더 선명하게 한다. 십자가를 세우느라고 땅을 파헤쳤던 바로 그 자리에 작은 풀이 한 포기 돋아났다. 잎이 심장 모양으로 생기고 루비같이 빨간 꽃이 달린 풀밭의 보잘것 없는 풀이다. 성모님은 그 풀을 들여다보시며 곰곰히 생각하시더니 그것을 흙과 함께 살짝 뽑아서 겉옷 주름에 담으시며 요한에게 말씀하신다. "이걸 화분에 심겠다. 꼭 예수의 피 같은데, 예수의 피가 흐른 땅에서 돋아났다. 어디서 불려와서 왜 여기에 떨어졌는지는 모르지만, 틀림없이 그날의 회오리바람에 불려온 씨가 그 피로 기름지게 된 흙에 뿌리를 내렸을 것이다. 모든 영혼들의 경우에도 이렇게 될 수 있었으면 좋겠다! 왜 대부분의 영혼이 도둑과 살인자들의 처형 장소이고, 온 백성이 하느님을 죽인 장소인 골고타의 메마르고 저주받은 땅보다도 더 말을 안 듣느냐? 저주받은 땅이라고? 아니다. 예수가 이 먼지를 거룩하게 했다. 하느님께 저주를 받은 것은 이 언덕을 세상이 일찍이 본 것 중에서 가장 소름끼치고 옳지 못하고 독성적인 죄를 저지르는 장소를 만든 사람들이다." 이제는 눈물과 더불어 흐느낌 소리도 들린다.

요한은 성모님께 그의 온 사랑을 느끼시게 하고, 또 성모님께는 너무도 고통스러운 이 장소를 떠나시라고 설득하기 위하여 팔로 성모님의 어깨를 감싼다.

두 분은 다시 야산 밑으로 내려와서 요셉의 동산으로 들어간다. 무덤은 이제는 돌이 덮여 있지 않은 그 넓은 출입구와 함께 속이 들여다보이는데, 돌은 아직 풀속에 넘어진 채로 있다. 무덤 안은 텅 비었다. 성시(聖屍)를 모셨던 흔적과 부활의 흔적이 말끔히 사라졌다. 한 번도 쓰지 않은 무덤 같다. 성모님은 향료바르는 돌에 입맞춤하시고 벽을 훑어보신다. 그리고는 요한에게 부탁하신다. "부활날 새벽에 네가 베드로와 같이 이곳에 왔을 때 사정이 어떠했는지 다시 한번 말해 다오."

그러니까 요한은 무덤 안팎을 이리저리 왔다갔다 하면서 물건들이 어떻게 되어 있었고 그와 베드로가 어떻게 했는지를 묘사하기 시작한다. 그리고 이렇게 끝맺는다. "저희들이 수의들을 걷어갔어야 하는 건데, 저희들은 그날의 모든 사건으로 하도 충격을 받아서 그 생각을 못했습니다. 저희들이 다시 왔을 때에는 수의류가 없었습니다."

"성전 사람들이 모독하려고 가져갔을 것이다" 하고 성모님은 요한의 말을 막으시며 눈물에 젖으신다. 그리고 이렇게 말을 맺으신다. "막달라의 마리아도 그것을 갖다가 내게 줄 생각을 못했다. 마리아도 너무 당황해 있었다."

"성전 사람들이오? 아닙니다. 저는 요셉이 가져갔을 거라고 생각합니다."

"그랬으면 요셉이 내게 말했을 것이다. …아이고! 마지막으로 또 한 번 모욕하려고 예수의 원수들이 가져갔을 거다!" 하고 성모님은 탄식하며 말씀하신다.

"울음을 그치시고, 괴로워하지 마세요. 예수님은 이제는 영광 중에, 완전하고 무한한 사랑 속에 계십니다. 미움과 업신여김이 이제는 예수님께 타격을 드릴 수 없습니다."

"그것은 옳은 말이다. 그러나 그 수의는…"

"그 수의들은 첫번째 수의가 어머니께 고통을 드리는 것과 같이 고통을 드릴 것입니다. 그 첫번째 수의는 예수님의 핏자국 외에도 그 지극히 거룩하신 몸에 던진 오물들의 자국도 있기 때문에 어머니는 펴볼 힘이 없어요."

"그 수의는 그렇다. 그렇지만 저 수의들은 그렇지 않다. 그것들은 예수가 이미 고통을 받지 않게 되었을 적에 그 몸에서 스며나온 것을 빨아들였다. …오! 너는 이해 못한다!"

"어머니, 저도 이해합니다. 그러나 어머니께서는 저희들이 그런 것처럼, 또 주님을 믿는 보통 사람들은 훨씬 더 그런 것처럼 틀림없이 하느님이신 주님과 떨어져 계시지 않기 때문에, 고통을 당하신 사람으로서의 주님의 어떤 것을 가지고자 하는 소원과 필요까지도 그렇게 강하게 느끼지는 않으실 것으로 생각했었습니다. 제 어리석음을 용서하십시오. 오세요. …나중에 다시 오기로 하십시다. 이제는 해가 점점 더 높아져서 내리쬐고, 또 시내를 피해 가야 하는 저희로서는 길이 머니까 떠나십시다."

두 분은 무덤에서 나오고, 그 다음에는 동산에서 나와서, 갈 때와 같은 길로 해서 게쎄마니로 돌아온다. 성모님은 겉옷으로 몸을 푹 감싸시고 말없이 빨리 걸으신다. 다만 유다가 목매 죽은 올리브밭 곁을 지나가실 때와 가이파의 별장

근처를 지나가실 때만은 불쾌감과 혐오의 감정을 보이시며 속삭이신다. "여기서는 그 사람이 뉘우치지 않고 실망한 사람으로서 자기의 영벌을 아주 결정지었고, 저기서는 소름끼치는 흥정이 이루어졌지."

29. 성모님이 무덤의 수의를 받으신다

밤이다. 보름달이 그 은빛 같은 빛으로 게쎄마니 동산 전체와 성모님과 요한이 사는 작은 집을 비춘다. 사방이 고요하다. 키드론 개울도 가느다란 흐름이 되었기 때문에 소리를 내지 않는다. 아주 조용한 가운데 갑자기 샌들 소리가 들리더니, 점점 더 분명해지고 더 가까이 오며, 그와 더불어 굵은 남자 목소리로 속삭이는 소리가 들려온다. 그러더니 세 사람이 나무들이 뒤얽힌 데에서 나와 작은 집을 향하여 간다. 그들은 닫힌 문을 두드린다. 등불이 하나 켜지더니 펄럭이는 불빛이 출입문의 틈으로 새 나온다. 손 하나가 문을 열고, 머리 하나가 기웃하고, 목소리 하나, 요한의 목소리가 묻는다. "누구십니까?"

"아리마태아의 요셉이오. 그리고 나와 함께 니고데모와 라자로도 있습니다. 실례되는 시간이긴 하지만 신중을 기하자니 어쩔 수 없었습니다. 우리는 어머님께 무슨 물건을 하나 가져왔어요. 그래서 라자로가 같이 왔지요."

"들어오세요. 어머니를 부르겠습니다. 주무시지는 않고, 저기 옥상에 있는 당신 작은 방에서 기도하십니다. 그것을 몹시 좋아하십니다." 요한은 이렇게 말하면서 옥상과 작은 방으로 올라가는 작은 층층대를 빨리 올라간다.

부엌에 남아 있는 세 사람은 등불의 약한 불빛 아래 식탁 곁에 모여서 조용히 이야기를 나누고 있는데, 아직 겉옷은 입은 채이지만 머리에는 아무 것도 쓰지 않았다.

요한이 성모님을 모시고 들어온다. 성모님은 세 사람에게 "평화가 여러분에게 있기를" 하고 인사하신다.

"어머님께도 평화" 하고 세 사람이 몸을 굽히며 대답한다.

"무슨 위험이라도 있어요? 예수의 봉사자들에게 무슨 일이 생겼나요?"

"어머님, 아무 일 없습니다. 저희들이 어머님께서 갖기를 희망하시는 어떤 물건을 드러러 오기로 결정했습니다 — 어머님께서 그것을 원하시리라고 벌써 예측은 하고 있었지만 지금은 확실히 압니다. 저희들이 더 일찍 오지 않은 것은 저희들 사이에, 그리고 저희들과 라자로의 마리아 사이에 의견이 일치하지 않았기 때문입니다. 마르타는 이 문제에 대해서 의견을 말하지 않고, 그저 이렇게만 말했습니다. '주님이 직접 또는 다른 사람들에게 말하라는 영감을 주셔서 어떻게 해야 할 지를 알려 주실 것입니다' 하고. 또 사실 저희들은 어떻게 해야 한다는 말을 들었고, 그래서 왔습니다" 하고 요셉이 설명한다.

"주님이 당신들에게 말씀하셨나요? 당신들에게 나타나셨어요?"

"아닙니다, 어머님. 하늘에 올라가신 뒤로는 안 나타나셨습니다. 전에는 나타나셨지요. 이미 말씀드린 것과 같이, 부활하신 후 제 집에서 초자연적으로 저희들에게 나타나셨습니다. 그날 주님께서는 당신의 천주성과 당신 부활의 증거를 주시려고 동시에 많은 사람들에게 나타나셨습니다. 그 다음에도 주님이 사람들 가운데 계시는 동안 또 주님을 뵈었습니다마는, 그 때는 초자연적으로가 아니라, 사도들과 제자들이 뵌 것과 같이 뵈었습니다" 하고 니고데모가 대답한다.

"그러면? 어떻게 주님이 어떻게 해야 할 지를 당신들에게 일러 주셨어요?"

"당신이 특별히 사랑하시는 사람들, 당신의 후계자 중의 한 사람의 입으로 말씀하셨습니다."

"베드로요? 그럴 리가 없어요. 그 사람은 과거에 대해서도 그렇고, 그의 새 임무에 대해서도 그렇고, 아직 겁을 집어먹고 있어요."

"아닙니다. 베드로는 아닙니다. 그러나 사실은 베드로가 항상 자신을 더 많이 깆고 있습니다. 지금은 라자로가 최후의 만찬의 집을 어떤 용도로 쓰기로 했는지를 알고는, 매 안식일 다음날 정기적인 아가페를 시작하고 정기적인 의식을 행하기로 결정했습니다. 베드로가 말하는 것을 들으면, 그날이 주님께서 부활하셔서 많은 사람에게 나타나셔서 당신의 영원한 천주성에 대한 그들의 믿음을 굳게 해주신 날이기 때문에 이제는 그날이 주님의 날이라는 것입니다. 그리스도인들에게는 이미 히브리인들에게와 같은 안식일은 없어졌습니다. 그리스도인들에게는 시나고가(회당)가 없어지고, 예언자들이 예언한 것과 같이 교회가 있기 때문에 안식일은 없어졌습니다. 그러나 구세주가 되신 후에 그리스도교의 스승이시고 창시자이시며 영원한 대사제이신 사람이시며 하느님이신 분을 기억하는 주의 날은 아직도 있고, 또 영원히 있을 것입니다. 그러니까 오는 안식일 다음날에는 최후의 만찬의 집에서 그리스도인들끼리의 아가페가 있을 것인데, 그 수효가 굉장히 많을 것입니다. 전에는 바리사이파 사람들과 사제들과 사두가이파 사람들과 율법학자들의 원한 때문에, 그리고 예수의 많은 제자들이 그분께 대한 믿음이 흔들리고 또 유다인들의 증오가 무서워서 일시적으로 흩어졌기 때문에 그렇게 할 수가 없었습니다. 그러나 지금은 우리를 미워하는 사람들이 총독과 군중의 행동을 비난한 로마가 무섭기도 하고, 또 신자들이 일시적으로 흩어졌기 때문에 — 사실은 그 흩어졌던 모든 양들이 참 목자의 양의 우리로 돌아왔기 때문에 잠시동안만 흩어져 있었지만 — 그리스도를 믿는 그리스도인들의 믿음을 정의하는 것처럼 '광신자들의 열광'이 끝났다고 믿기 때문에 주의를 덜 기울이게 되었습니다. 그들이 이 일을 죽은 일, 끝난 일로 생각해서 관심을 가지지 않게 되었다고도 말할 수 있겠습니다. 그래서 아가페를 위해 모일 수가 있게 되었습니다. 저희들은 어머님이 첫번째 아가페에서도 주님을 회상시키는 이 물건을 가지시고 신자들에게 보이셔서 그들의 믿음을 굳게 해 주시고, 그러면서도 어머님이 지나치게 괴로워하지 않으시기를 바랍니다." 그러면서 요셉은 그 때까지 겉옷 속에 감추어 가지고 있던 짙은 붉은색 천으로 싼 부피가 큰 원통형의 물건을 성모님께 드린다.

"이건 뭣입니까?" 하고 성모님은 얼굴이 창백해지며 물으신다. "예수의 옷인가요, 혹시? 내가 지어준… 오!" 그러면서 우신다.

"옷은 아무리 해도 찾아낼 수가 없었습니다. 그 옷이 어떻게 어디 가서 없어졌는지 아무도 모릅니다!" 하고 라자로가 대답한다. 그리고 이렇게 덧붙인다. "그러나 이것도 주님의 옷 가운데 하나입니다. 주님의 마지막 옷, 고문을 당하신 다음 또―비록 급히 서둘러하고 대강했지만―원수들에 의해서 더러워지셨던 그분의 지체를 깨끗이 한 다음, 그리고 향유를 대강 바른 다음 지극히 순결하신 육체를 쌌던 수의입니다. 주님이 부활하신 다음에 요셉이 무덤에서 이 수의 둘을 거두어서 베다니아의 저희 집으로 가져왔습니다. 이 수의들이 독성적인 모독을 당하는 것을 막기 위해서였습니다. 라자로의 집에는 예수님의 원수들이 별로 범접을 못합니다. 또 로마가 얼마나 본시오 빌라도의 행동을 비난했는지를 안 뒤로는 그 어느 때보다도 더 얼씬 못합니다. 그런 다음 가장 위험한 첫번 시간이 지난 다음 첫째 수의는 어머님께 갖다 드렸고, 또 하나는 니고데모가 그의 별장으로 가져갔습니다."

"라자로, 참말 그것들은 요셉의 것이었지요" 하고 성모님이 지적하신다.

"그렇습니다, 어머님. 그러나 니고데모의 집은 시외에 있습니다. 그래서 주의를 덜 끌고, 또 여러 가지 이유로 더 안전합니다" 하고 요셉이 대답한다.

"그렇습니다. 특히 가믈리엘이 아들과 함께 그 집에 끈기있게 드나든 다음부터는 더 그렇습니다" 하고 니고데모가 덧붙인다.

"가믈리엘이?!" 하고 성모님은 몹시 놀라서 말씀하신다.

라자로는 성모님께 대답하면서 빈정거리듯이 미소짓지 않을 수가 없다.

"그렇습니다. 표가, 그가 기다리던 그 굉장한 표가 그를 흔들어 놓았습니다. 그 표가 가장 굴복하기 힘들어 하는 머리와 마음까지도 부술 수 있었으리라는 것은 아무도 부인하지 못합니다. 그래서 저 안식일 전날 세상이 위대한 희생자와 동시에 사라질 것 같았을 때 가믈리엘은 그 지극히 강력한 표로 인해서 집들보다도 더 심하게 흔들리고 충격을 받고 허물어졌습니다. 가책으로 인해서 그 사람의 마음은 성전의 회장보다도 더 갈기갈기 찢어졌습니다. 예수님의 진가를 이해하지 못한 데 대한 가책이었습니다. 무덤같이 닫혀 있던 고집 센 늙은 히브리인다운 그의 정신은 의인들의 몸이 나타나게 하느라고 열렸던 무덤들처럼 열렸습니다. 그래서 지금은 초조하게 진리와 빛과 용서와 생명을 찾고 있습니다. 새 생명, 예수를 통하여 예수 안에서만 얻을 수 있는 그 생명을 말입니다. 오! 그 사람이 그의 묵은 사고방식이라는 밀림에서 그의 늙은 나를 완전히 구해내려면 아직 많은 노력을 해야 할 것입니다. 그러나 그 사람은 그렇게 하게 될 것입니다. 그 사람은 평화와 용서와 지식을 찾습니다. 그의 가책에 대한 평화와 그의 고집에 대한 용서를, 그리고 그 사람이 그렇게 할 수 있었을 때에 완전히 알기를 원치 않았던 그분에 대한 완전한 지식을 찾습니다. 그래서 이제는 자기의 목적으로 정한 것을 달성하려고 니고데모의 집에 다니는 것입니다."

"니고데모, 당신은 그 사람이 배반을 하지 않으리는 확신이 있어요?" 하고 성모님이 물으신다.

"아니, 그 사람은 저를 배반하지 않을 것입니다. 따지고 보면 그 사람은 의인입니다. 지 파렴치한 재판 때 그 사람이 감히 최고회의에 맞섰고, 소극적인 참석만으로라도 그 최고의 범죄의 공범자가 되지 않기 위해서 자기도 그 곳을 떠나고 아들에게도 떠나라고 명함으로써 자기의 분개와 옳지 못한 재판관들에 대한 그의 멸시를 공공연하게 나타냈다는 것을 기억하십시오. 이것은 가믈리엘에 대한 말씀이구요. 그 다음에는 수의에 대해서 말씀드리자면, 제가 이제는 히브리인도 아니고, 따라서 조각과 상(像)에 대한 신명기(申命記)의 금지를 지켜야 할 의무가 없게 된 만큼, 제가 할 줄 아는 대로 십자가에 못박히신 예수님의 상을 만들어서 — 저는 리반에 있는 제 거대한 서양삼송(杉松) 하나를 쓰겠습니다 — 그 속에다 수의 중의 하나, 즉 첫째 수의를 어머님이 저희들에게 돌려주시면 감추어 두겠다고 생각했습니다. 그 수의에는 이스라엘 사람들이 그들의 하느님의 아들에게 던진 오물들이 보이기 때문에 어머님은 그것을 보기가 너무 괴로우실 것입니다. 게다가 분명히 골고타에서 내려올 때 받은 충격으로 돌아가신 분의 머리가 끊임없이 움직여서 그랬겠지만, 모습이 너무 희미해서 구별하기가 어려울 정도입니다. 그러나 제게는 그 천이, 비록 모습이 분명치 않고 더럽혀졌다 해도, 거기에는 여전히 주님의 피와 땀이 배어 있기 때문에 여전히 소중하고 신성합니다. 그 조각 속에 감추어 두면, 그 천이 무사할 것입니다. 상류계급의 이스라엘 사람은 아무도 조각에 감히 손을 대지 못할 테니까요. 그러나 다른 수의, 즉 금요일 저녁부터 부활날 새벽까지 주님의 몸을 덮었던 제2의 수의는 어머님께 돌아와야 합니다. 그리고 — 이것은 어머님이 그것을 보시고 너무 마음이 흔들리지 마시라고 미리 말씀드리는 것입니다만 — 날이 가면 갈수록, 마치 얼굴이 씻어 드린 후에 그랬던 것처럼 선명하게 나타났습니다. 저희들이 무덤에서 가져왔을 때에는 피와 수많은 상처에서 나온 장액(漿液)의 흔적이 섞여 있는 기름으로 덮인 주님의 지체의 자국 만이 보존되어 있는 것 같았습니다. 그러나 자연적인 과정으로 그렇게 되었는지, 또는 이것이 훨씬 더 확실합니다마는, 초자연적인 어떤 의지에 의해서, 어머님께 기쁨을 주기 위한 기적의 하나로 그랬는지, 시간이 지날수록 자국이 더 뚜렷하고 분명해졌습니다. 주님이 이 천에는 비록 상처를 입기는 하셨지마는 아름다우시고 위엄있으시며, 그 많은 고문을 당하신 후에도 침착하고 화평한 모습으로 나타나십니다. 그것을 보실 만한 용기가 있습니까?"

"아이고! 니고데모! 아니 그건 내 가장 큰 소원이오! 예수가 화평한 모습을 하고 있다고 말했지요. …아이고! 니까의 수건에 새겨진 저 고통스러운 표정을 하고 있는 예수보다는 그런 표정을 하고 있는 예수를 볼 수 있다는 것이" 하고 성모님은 양손을 가슴에 모아 얹으며 말씀하신다.

그러자 네 사람은 자리를 더 넓게 만드느라고 식탁을 옮긴다. 그런 다음 라자로와 요한은 이쪽에서, 니고데모와 요셉은 저쪽에서 긴 수의를 천천히 펼친다. 우선 발에서부터 시작하여 등쪽이 보이고, 그 다음에는 마치 머리의 접합(接合) 같은 것이 있은 다음 앞쪽이 보인다. 선이 매우 분명하고, 자국들이, 채찍질, 가시관, 십자가의 쏠림, 예수께서 받으신 매로 인한 타박상과 넘어지신 것으로 인한 타박상, 못으로 인한 상처와 창에 찔린 상처의 모든 자국이 선명하다.

성모님은 무릎을 꿇고 천에 입맞춤하시고, 자국을 어루만지시고, 상처 사국에 입을 맞추신다. 성모님은 가슴아파 하신다. 그러나 또한 그 초자연적이고 기적적인 예수의 모습을 볼 수 있는 것을 기뻐하시는 것도 분명하다.

그 천에 경의를 표하신 다음 성모님은 몸을 돌려 요한에게 말씀하신다. 요한은 천 한 구석을 잡고 있느라고 성모님 곁에 있을 수가 없다. "요한아, 네가 이 사람들에게 말했구나. 내가 이것을 원한다는 것을 아는 것은 너뿐이었으니까 그 말을 할 수 있는 것은 너뿐이었지."

"그렇습니다. 어머니, 제가 말했습니다. 그런데 제가 어머니의 소원을 미처 다 말하기도 전에 이분들이 즉시 거기에 찬동했습니다. 그렇지만 이분들은 이 일을 하는데 알맞은 시간을 기다려야 했습니다…."

"즉 횃불과 초롱 없이 올 수 있는 아주 밝은 달밤과 백성들과 유력자들이 이 곳 예루살렘과 그 근처에 모이게 되는 축제가 없는 시기를 기다려야 했습니다. 이것은 신중을 기하기 위해서입니다…" 하고 니고데모가 설명한다.

"그리고 저는 더 안전하게 하려고 이 사람들과 같이 왔습니다. 게쎄마니 동산의 주인이므로 저는 모든 것과 모든 사람을 감시하라는 책임을 맡은… 어떤 개인의 주의를 끌지 않고도 이 장소를 보러 올 수가 있었습니다" 하고 라자로가 말을 끝맺는다.

"하느님께서 당신들 모두에게 강복하시기를. 그렇지만 수의의 비용은 당신들이 냈지요. …그것은 옳지 않아요…."

"어머님, 이것은 당연한 일입니다. 저는 아드님 그리스도에게서 돈으로 장만할 수 없는 선물을 받았습니다. 즉 무덤에서 나흘을 지낸 뒤에 생명을 도로 받았습니다. 그리고 그전에는 제 동생 마리아의 회개의 선물을 받았습니다. 요셉과 니고데모는 예수님에게서 빛과 진리와 죽지 않는 생명을 받았습니다. 그리고 어머님… 어머님은 어머니로서의 고통과 모든 사람에 대한 지극히 거룩하신 어머니의 사랑으로 하나의 천을 얻으신 것이 아니고 하느님을 위해 점점 커질 온 그리스도교계를 얻으셨습니다. 어머님이 주신 것을 보상할 수 있는 돈은 없습니다. 이것만이라도 받으십시오. 이것은 어머님의 것입니다. 이렇게 되는 것이 당연합니다. 제 동생 마리아도 같은 의견입니다. 마리아는 예수님이 부활하신 순간부터, 그리고 예수님이 어머님을 떠나 아버지께로 올라가신 뒤로는 한층 더 이 생각을 가졌답니다" 하고 라자로가 대답한다.

"그럼 그렇게 합시다. 다른 수의를 가져오겠어요. 사실 그것을 보는 것은 내게 대단히 괴로운 일입니다. …이 수의는 달라요. 이 수의는 평화를 주어요! 예수가 여기서는 차분하고, 그 뒤로는 평화롭게 있어요. 예수는 죽음의 잠을 자면서도 벌써 생명이 돌아오고, 아무도 결코 타격을 주지 못하고 해치지도 못할 영광이 돌아오는 것을 느끼는 것같이 보여요. 나는 이제는 예수와 다시 합쳐지는 것 외에는 아무 것도 바라는 것이 없어요. 그러나 이것은 하느님께서 정하신 시간에, 정하신 모양으로 올 것입니다. 나는 갑니다. 그리고 하느님께서는 당신들이 내게 준 기쁨을 백 배로 갚아주시기를 바랍니다."

성모님은 네 사람이 다시 개킨 수의를 경건하게 받아 가지고 부엌에서 나가 빨리 층층대를 올라가신다. …그리고 첫번째 수의를 가지고 다시 내려와 부엌으로 들어오신다. 성모님이 그 수의를 니고데모에게 주시니, 니고데모는 이렇게 말한다. "어머님, 하느님께서 어머님께 감사하시기 바랍니다. 저희들은 이제 떠나겠습니다. 새벽이 가까워오는데, 날이 밝아서 사람들이 그들의 집에서 나오기 전에 집에 가 있는 것이 나으니까요."

세 사람은 떠나기 전에 성모님께 경의를 표한다. 그리고는 그들이 왔던 길로 다시 가려고 게쎄마니 동산의 창살문 중의 하나, 즉 베다니아로 가는 길에 제일 가까운 창살문 쪽으로 빨리 간다.

성모님과 요한은 그들이 사라져서 보이지 않게 될 때까지 집 출입문에 그대로 있다가 다시 부엌으로 들어와 조용히 이야기를 나누면서 문을 닫는다.

30. 스테파노의 순교

목요일에서 금요일에 걸친 밤 예수를 재판할 때와 똑같은 좌석 배치에 똑같은 사람들이 앉아 있는 최고회의의 큰방이다. 대사제와 다른 사람들은 의자에 **앉아** 있다. 가운데 빈 공간에는 대사제 앞, 재판이 진행되는 동안 예수께서 계셨던 자리에 이제는 스테파노가 있다. 소란이 극도에 달해 있고, 소란이 격렬한 정도가 배반을 하고 하느님을 죽인 중대한 결과를 가져온 밤 그리스도께 대하여 흥분했던 소란의 정도와 아주 같은 것으로 보아, 스테파노는 그의 믿음을 고백하고, 그리스도의 참 성격과 교회에 대하여 벌써 말을 했을 것이 틀림없다.

주먹이 날아오고, 소름끼치는 저주와 하느님을 모독하는 말이 부제 스테파노에게 던져지는데, 스테파노는 심한 매를 맞고 사납게 이리저리 끌리는 바람에 몸을 가누지 못하고 비틀거린다.

그러나 스테파노는 침착과 품위를 잃지 않고 오히려 더 침착하고 더 의젓해진다. 그는 침착하고 의젓할 뿐 아니라, 지극히 행복하고 거의 황홀해 있다. 얼굴에 흘러내리는 침과 무지하게 맞은 코에서 흘러내리는 피는 상관하지도 않고, 어느 한 순간 영감을 받은 얼굴과 빛나고 미소지은 눈길을 들어 그만이 아는 어떤 환상을 뚫어지게 쳐다본다. 그런 다음 그는 십자가 되게 팔을 벌리고 그가 보는 것을 안으려는 듯이 올린다. 그리고는 무릎을 꿇으며 외친다. "저기 하늘이 열리고 당신들이 죽인 하느님의 그리스도이신 사람의 아들 예수님이 하느님 오른편에 앉아 계시는 것이 보입니다."

그러자 소란은 지금까지 가졌던 최소한의 인정과 합법성까지 잃고, 몹시 화난 늑대나 재칼이나 야수의 떼와도 같이 맹렬하게 모두 부제에게 달려들어 물고, 짓밟고, 움켜쥐고, 머리채를 쥐어 들어올리고, 끌고, 다시 쓰러뜨리고, 격노와 격노가 서로 부딪히고 한다. 왜냐하면 서로 싸우는 가운데 순교자를 밖으로 끌어내려고 하는 자들이 다시 때리고 짓밟으려고 다른 방향으로 끌어당기는 자들의 방해를 받기 때문이다.

가장 미친 듯이 날뛰는 자들 중에서도 더 가장 사납게 날뛰는 자들 가운데에는 사울이라고 하는 키가 작고 못생긴 젊은이가 있다. 그의 얼굴의 사나움을 묘사하기는 불가능하다.

큰방 한 구석에 가믈리엘이 있다. 그는 소란에 도무지 끼어들지 않았고 스테파노에게도 어떤 권력자에게도 절대로 말을 하지 않았다. 부당하고 사나운 광경 앞에서 그가 혐오를 느끼고 있다는 것이 뚜렷이 나타난다. 다른 한 구석에는 니고데모가 혐오감을 느끼며 재판과 난장판에는 초연하게 있는데, 가믈리엘을 바라다보니, 가믈리엘의 얼굴은 어떤 말보다도 더 분명한 표정을 짓고 있다. 그러나 갑자기, 사람들이 스테파노의 머리를 거머쥐고 세번째 공중으로 들어올리는 것을 보는 바로 그 순간, 가믈리엘 그의 넓은 겉옷에 감싸여, 사람들이 부제를 끌고 가는 쪽과는 반대편에 있는 출구쪽으로 간다.

그의 행동이 사울의 눈을 벗어나지 못한다. 사울은 "선생님, 가십니까?" 하고 외친다.

가믈리엘은 대답을 하지 않는다. 그 묻는 말이 자기에게 하는 말인지를 가믈리엘이 깨닫지 못한 것이 아닌가 염려한 사울은 되풀이해서 분명히 말한다. "가믈리엘 선생님, 선생님은 이 재판을 돌보지 않으십니까?"

가믈리엘은 홱 돌아서며, 하도 혐오감을 느끼고 거만하고 차가워서 무서울 정도의 눈초리를 보이며 "그렇다" 하고만 대답한다. 그러나 그것은 긴 연설보다도 더 효력이 있는 "그렇다"였다.

사울은 이 "그렇다" 하는 대답에 무슨 뜻이 들어 있는지를 다 깨닫고, 사나운 무리를 놔두고 가믈리엘에게로 달려가서 따라잡고 그를 붙잡으며 말한다. "선생님, 선생님은 저희들의 단죄를 찬성하지 않는다고 제게 말씀하시려는 것은 아니겠지요."

가믈리엘은 그를 바라보지도 않고 대답도 하지 않는다. 사울은 계속한다. "저 사람은 벨제붓(마귀)이 들린 사마리아 사람을 따라서 율법을 버렸고, 또 선생님의 제자로 있다가 그렇게 했기 때문에 이중으로 죄가 있습니다."

가믈리엘은 여전히 그를 보지 않고 말도 하지 않는다. 그러자 사울은 이렇게 묻는다. "아니, 혹 선생님도 예수라고 하는 악당과 한 편이 아니십니까?"

가믈리엘이 이제는 입을 열어 이렇게 말한다. "아직은 아니다. 그러나 그분이 자기가 어떤 사람이라고 말하던 그대로라면, 또 사실 그분이 사실 그렇다고 증명하는 것들이 많다. 그러면 나는 하느님께 그렇게 되게 해주십사고 빈다."

"소름끼치는 일입니다" 하고 사울이 부르짖는다.

"소름끼칠 것 하나도 없다. 각 사람은 쓰라고 받은 지능이 있고, 적용하라고 받은 자유가 있다. 그러므로 각자는 하느님께서 각자에게 주신 자유와 각 사람의 마음에 넣어주신 빛에 따라서 자기의 지능을 써야 한다. 의인들은 지금이나 이 다음에 하느님의 이 두 가지 선물을 선을 위해 쓸 것이고 악인들은 악을 위해 쓸 것이다." 그리고는 헌금궤가 있는 안마당 쪽으로 가서, 예수께서 거기에 기대 서서 성전의 헌금궤에 자기가 가진 것 전부, 즉 동전 두 푼을 넣는 불쌍한 과부에 대하여 말씀하셨던 그 기둥에 가서 기대 선다. 그가 그 곳에 있은 지가 얼마 안 되었는데, 사울이 다시 그에게로 와서 그의 앞에 떡 버티고 선다.

두 사람은 아주 대조적이다. 가믈리엘은 키가 크고, 고상하고 아름다운 용모에 대단히 유다인다운 얼굴모습이며, 이마가 높고, 예수의 코를 약간 연상케 하는 곧고 오뚝하고 날씬한 코 양쪽 위로 숱하고 ―(일)자로 된 눈썹 아래에는 새까맣고, 총명하고, 꿰뚫어보는 듯하고, 길게 파이고 움푹 들어간 눈을 가졌다. 피부 빛깔도 입술이 얇은 입도 그리스도의 피부 빛깔과 입을 연상시킨다. 다만 가믈리엘의 콧수염과 수염은 전에는 매우 검었었는데, 지금은 반백이고 더 길다.

반대로 사울은 키가 작고 뚱뚱하고 거의 구루병(痀瘻病)환자 같으며, 다리는 짧고 굵은데, 무릎 있는 데가 벌어져 있다. 그가 겉옷을 벗고, 짧은 회색 속옷 같은 옷만을 입고 있기 때문에 그것이 잘 보인다. 팔도 다리와 같이 짧고 근육이 발달하였고, 목이 짧고 통통하며, 그 위에 크고 갈색인 머리가 얹혀 있고, 머리카락은 짧고 까칠까칠하고, 귀는 어지간히 벌어져 있으며, 코는 납작하고, 입술은 두껍고, 광대뼈는 크고 툭 튀어나왔으며, 난간 이마에, 대단히 구부러지고 숱이 많고 곤두선 눈썹 아래에 눈이 어두운 빛깔에 꽤 소눈같이 생겼는데 부드러운 맛은 없지만 매우 영리해 보인다. 뺨에는 머리카락과 같이 텁수룩하고 대단히 숱이 많은 수염이 났는데, 그것을 짧게 길렀다. 아마 그의 목이 매우 짧아서 그렇겠지만, 약간 꼽추이거나 어깨가 대단히 굽은 것같이 보인다.

그는 한동안 가믈리엘을 뚫어지게 쳐다보며 잠자코 있다가 낮은 목소리로 무슨 말인지 한다. 가믈리엘은 분명하고 세찬 목소리로 대답한다. "나는 폭력은 찬성하지 않는다. 어떤 이유에서라도. 너는 과격한 계획에 대해서는 내 찬동을 절대로 얻어내지 못할 것이다. 나는 베드로와 다른 사도들을 두번째 잡아서 재판을 하려고 최고법원에 데려왔을 때, 최고법원 전원 앞에서 이 말을 공공연하게 하기까지 했다. 그리고 나는 같은 말을 되풀이하겠다. '이 계획이 사람이 한 일이면 저절로 없어질 것이고, 만일 하느님에게서 오는 것이면, 사람들이 그것을 무너뜨리지 못할 것이고, 오히려 하느님께 벌을 받을 수 있을 것이다' 하고 말이다. 이 말을 잊지 말아라."

"이스라엘의 가장 위대한 스승이신 선생님이 나자렛 사람의 제자들인 저 하느님을 모독하는 자들을 옹호하십니까?"

"나는 정의를 옹호하는 사람이다. 그런데 정의는 판단할 때에 신중하고 공정하라고 가르친다. 되풀이해서 말한다만, 만일 이 일이 하느님에게서 오는 것이면, 지탱할 것이고, 그렇지 않으면 저절로 쓰러질 것이다. 그러나 나는 죽어 마땅한지 모르는 사람의 피를 내 손에 묻히기는 원치 않는다."

"바리사이파이고 박사이신 선생님이 그렇게 말씀하십니까? 지극히 높으신 분이 무섭지 않으십니까?"

"너보다도 더 두려워한다. 그러나 나는 곰곰히 생각해본다. 그런데 기억나는 것은… 너는 아직 어린아이여서 율법의 아들이 되지 못했었는데, 나는 벌써 이 성전에서 가르치고 있었다. 그 시절의 가장 지혜로운 선생님과… 또 지혜롭기는 하지만 의인은 아니었던 다른 선생들과 같이. 우리의 지혜는 우리의 여생 동안 곰곰히 생각하게 만든 교훈을 이 안에서 얻었다. 우리 시대의 가장 지혜롭고 가장 의로운 분의 눈은 그 시간의 기억을 간직한 채, 그리고 그의 정신을 사람들에게, 특히 의인들에게 나타난 한 어린 아이의 입술에서 들은 그 진리들을 연구하던 중에 감기고 말았다. 내 눈은 계속 지켜보았고, 내 정신은 사건과 일들을 정리하면서 계속해서 곰곰히 생각했다. …나는 지극히 높으신 분이 한 어린 아이의 입을 통해 말씀하시는 것을 듣는 특은을 받았다. 그 어린 아이는 그후 의롭고 지혜롭고 능하고 거룩한 어른이 되었고, 바로 그 자질 때문에 죽음을 당했다. 그 어린 아이가 그때 한 말들은 여러 해 뒤에, 다니엘이 말한 시기에 사실로 확증되었다. …내가 전에 깨닫지 못했으니 참 불행한 사람이다! 믿고 이해하기 위해 마지막 무서운 표를 기다렸으니 말이다! 그때도 이해하지 못했고 지금도 깨닫지 못하는 이스라엘 백성은 불행하다! 다니엘의 예언과 다른 예언자들과 하느님의 말씀의 예언이 계속되고, 이 예언들은 메시아를 그의 제자들을 통해 박해하기를 계속하는 완고하고 눈멀고 귀머거리이고 옳지 못한 이스라엘에 대하여 채워질 것이다!"

"빌어먹을! 선생님은 하느님을 모독하는 말을 하시는군요! 만일 선생들이 거짓 메시아를 찬양하고 믿느라고 참 하느님 야훼를 배반하고 하느님을 모독하는 말을 하면 정말 하느님의 백성에게는 이제 구원이 없어지겠습니다!"

"하느님을 모독하는 말을 하는 것은 내가 아니라, 나자렛 양반을 모욕하였고, 그분의 신자들을 업신여김으로 지금도 계속 그분을 업신여기는 모든 사람이다. 네가, 그렇다, 네가 그분 자신을 또 그분의 제자들을 통해서 미워하기 때문에 네가 하느님을 모독하는 말을 하는 것이다. 그러나 이제는 이스라엘에 구원이 없어졌다고 말한 것은 옳은 말이었다. 그러나 그것은 그분의 양떼로 건너가는 이스라엘 사람들이 있어서 그런 것이 아니라, 이스라엘이 그분을 죽였기 때문이다."

"선생님은 제게 혐오감을 일으키십니다! 선생님은 율법을, 성전을 배반하십니다!"

"그러면 나도 너희들이 돌로 쳐죽이려고 하는 저 사람과 같은 운명을 당하게 최고법원에 고발해라. 이것이 네 임무의 시초요 행복한 결말이 될 것이다. 그리고 나는 내 희생으로 인해, 지나가시는 하느님을, 당신의 자녀이고 백성인 우리들 가운데 계신 구세주이며 스승이신 분을 알아보지 못하고 이해하지 못한 것을 용서받을 것이다."

사울은 화가 난 몸짓을 하고 불손하게 그 곳을 떠나, 최고법원의 큰방에 면한 마당, 스테파노에 대하여 격분한 군중의 외침이 계속되는 마당으로 돌아간다. 사울은 그 마당에 있는 감시인들에게로 가서 그를 기다리던 그들과 합류하여, 다른 사람들과 같이 성전에서 나가고, 그 다음에는 성 밖으로 나간다. 벌써 기진맥진하고, 상처입고 형장을 향하여 비틀거리며 나아가는 부제에게로 욕설과 조소와 매가 계속 쏟아진다.

성 밖에는 아무 것도 없는 황폐하고 돌이 많은 공간이 있다. 그곳에 이르러 사형집행인들은 옷이 찢어지고, 벌써 받은 상처 때문에 몸의 여러 군데가 피투성이가 된 사형선고 받은 사람을 혼자 한가운데 놓아두고 빙 둘러 원을 이룬다. 그들은 물러가기 전에 선고받은 사람의 옷을 마구 벗긴다. 스테파노는 매우 짧은 속옷 바람으로 있다. 모두가 긴 옷을 벗고 사울의 것과 같은 짧은 옷만을 입고 있으며, 그들의 옷을 사울에게 맡긴다. 사울은 가믈리엘의 말로 인하여 충격을 받아서 그런지, 자기가 겨냥을 잘 할 수 없다는 것을 알아서 그런지 돌로 때려죽이는 형벌에는 끼지 않는다.

사형 집행인들은 그 곳에 많이 있는 굵은 돌들과 날카로운 규석(硅石)들을 주워서 던지기를 시작한다.

스테파노는 첫번 돌들은 서서 맞는데, 상처입은 입에는 용서의 미소를 띠고 있다. 돌로 때리기 시작하기 조금 전에 스테파노는 사형 집행인들의 옷을 모으는 일을 하고 있는 사울에게 외쳤다. "여보게, 그리스도의 길에서 자넬 기다리고 있겠네."

그 말에 사울은 이렇게 대답하였었다. "더러운 놈! 마귀들린 놈!" 하고 욕설을 퍼부으며, 게다가 매를 맞고 아파서 쓰러지려고 하는 부제의 다리를 힘껏 걷어찬다.

사방에서 날아온 돌을 여러 번 맞은 후 스테파노는 상한 손으로 몸을 지탱하고 무릎을 꿇고, 분명히 오래된 어떤 일화를 회상하고 상처입은 관자놀이와 이마를 만지면서 속삭인다. "선생님께서 내게 예언하신 대로! 화관이… 루비가… 오 주님, 제 선생님이신 예수님, 제 영혼을 받으십시오!"

이미 상처를 입은 머리 위에 돌이 또 한 차례 우박같이 쏟아지니 스테파노는 땅에 길게 쓰러지고, 그의 피가 땅에 스며든다. 그가 여전히 우박같이 쏟아지는 다른 돌들을 맞으며 돌들 가운데에 몸을 아무렇게나 하고 쓰러져 있는 동안 이렇게 속삭이며 숨을 거둔다. "주님… 아버지… 저들을 용서해 주십시오. …저들의 죄 때문에 원한을 품지 마십시오. …저들은 자기들이 무슨 짓을 하는지…" 죽음이 와서 그의 말이 입술에서 중단된다. 마지막으로 한 번 펄쩍 뛰어올랐다가 몸이 움츠러든 채로 있다. 숨을 거둔 것이다.

사형 집행인들은 앞으로 나아오며 또 한 차례 돌 세례를 주어 그를 거의 돌에 묻히게 한다. 그런 다음 옷들을 다시 입고 그 곳을 떠나, 악마적인 열광에 취하여 그들이 한 일을 보고하려고 성전으로 돌아온다.

그들이 대사제와 다른 유력자들과 말하는 동안 사울은 가믈리엘을 찾아 나선다. 그를 이내 찾아내지는 못한다. 그는 그리스도인들에 대한 증오로 불타며 돌아와 사제들을 만나러 가서 그들과 말을 하고 그에게 그리스도인들을 박해하는 허가를 주는 성전의 도장이 찍힌 문서를 얻어낸다. 붉은 빛깔을 본 황소나 알코올 중독자에게 준 질좋은 술과 같이 스테파노의 피가 그를 미친 듯이 화나게 한 모양이다.

그가 성전에서 나가려고 하다가, 가믈리엘이 이교도들의 회당 아래 있는 것을 본다. 사울은 그를 향해 간다. 아마 토론을 시작하거나 변명을 하려고 하는 모양이다. 그러나 가믈리엘은 마당을 건너질러 어떤 큰방으로 들어가 사울의 면전에서 문을 닫는다. 사울은 기분이 상하고 화가 나서, 그리스도인들을 박해하기 위하여 성전에서 뛰어 나온다.

31. 그리스도와의 만남의 여러 가지 효과와 결과

"나는 여러 번 여러 사람에게 나타났고, 예외적인 방법으로 나타나기까지 하였다. 그러나 내 나타남이 모든 사람에게 똑같은 영향을 끼치지는 않았다. 우리는 평화와 생명과 의덕을 얻고자 하는 사람들에게 요구되는 착한 뜻을 가진 사람들의 성화(聖化)와 내 나타남 하나하나가 어떻게 일치하는 지를 볼 수 있다.

가령 목자들에게 있어서는 은총이 내가 숨어서 산 30년 동안에 작용하였고, 그러다가 하느님의 아들을 따르기 위하여, 사탄에 의하여 흩어지고 길을 잃은 영원한 양떼의 양들을 모이라고 부르기 위하여 사랑의 소리를 외치면서 세상의 길 여기저기를 지나가는 하느님의 아들을 따르기 위하여 착한 사람들이 악한 사람들과 헤어지는 때가 되었을 때, 그 은총은 활짝 피어나 거룩한 이삭을 내밀었다. 나를 따라 다니던 군중 가운데 있으면서, 그들은 내 사자(使者)들이었다. 그것은 그들이 소박하고 확신을 가지고 하는 이야기로 다음과 같이 말해서 그리스도를 알게 했기 때문이다. '저 분이십니다. 우리는 저 분을 알아봅니다. 저 분이 처음 아기 울음을 울 때 천사들의 자장가가 내려왔습니다. 그리고 천사들은 착한 뜻을 가진 사람들이 평화를 얻을 것이라고 우리에게 말했습니다. 착한 뜻은 선과 진리에 대한 갈망입니다. 저분을 따릅시다! 저분을 따르세요! 우리 모두가 주님이 언약하신 평화를 얻을 것입니다.'

사람들 가운데 보낸 비천하고, 무식하고, 가난한 내 첫번째 사자(使者)들은 이스라엘의 왕, 세상의 왕이 지나는 길 여기저기에 보초들 모양으로 늘어섰었다. 충실한 눈과 정직한 입과 사랑하는 마음을 가진 그들, 그들과 모든 사람을 위하여 육신을 취하여 사람이 된 하느님인 내 둘레에 땅의 공기에 고약한 냄새가 덜나게 하려고 그들의 덕행의 향기를 발산하는 향로와 같은 그들을, 피투성이의 골고타 길에 다른 몇 사람과 홀로 있기에 눈으로만 축복을 보낸 그들을 십자가 아래에서까지도 보았다. 그들은 몹시 흥분한 군중 가운데에서 나를 저주하지 않고, 오히려 나를 사랑하고, 믿고, 아직도 바랐으며, 오래전 내가 태어나던 밤을 생각하고, 첫번 잠을 불편한 나무 위에서 잤고, 마지막은 훨씬 더 고통스러운 나무 위에서 자는 죄없는 사람을 슬퍼하면서 내게 동정의 눈길을 보냈다. 그런데 이것은 내가 마음이 곧은 그들에게 나타나서 그들을 거룩하게 했기 때문이었다.

또 동방의 세 현자, 성전에서의 시므온과 안나, 요르단강에서의 안드레아와 요한, 그리고 다볼산에서의 베드로와 야고보와 요한, 과월절 아침의 막달라 마리아, 올리브 동산에서, 그리고 그전에 벌써 베다니아에서 그들의 일탈(逸脫)에 대한 용서를 받은 열한 사도들의 경우도 마찬가지였다. …깨끗한 요한은 용서받을 필요가 없었다. 그는 충실하였고, 영웅적이었고, 항상 사랑하였다. 그가 가지고 있던 매우 깨끗한 사랑과 그의 정신과 마음과 육체의 순결이 그에게 일체의 약함을 막아주었다.

가믈리엘과 힐렐은 목자들과 같이 소박하지도 못하였고, 시므온과 같이 거룩하지도 못하였고, 동방 박사들과 같이 지혜롭지도 못하였다. 가믈리엘과 그의 스승이며 친척인 힐렐 안에는 바리사이파 정신이 칡덩굴처럼 발달하여 빛과 믿음의 나무의 자유로운 발달을 방해하였었다. 그러나 그들은 바리사이파로서의 본질 안에 순수한 의향을 가지고 있었다. 그들은 자기들이 올바른 길에 있다고 믿었고, 올바른 길에 있기를 바랐다. 그들은 의인들이었기 때문에 그것을 본능적으로 갈망하였고, 지능으로도 갈망하였다. 그들의 정신이 '이 빵에는 재가 너무 많이 섞였소. 참 진리의 빵을 주시오' 하고 불만스럽게 외쳤기 때문이다.

그러나 가믈리엘은 그 바리사이파적인 칡덩굴을 부숴버릴 용기를 가질 만한 힘이 없었다. 그는 아직도 그의 인간성의 지배를 너무 많이 받았고, 그와 더불어 인간적인 존경, 개인적인 위험, 가족의 안락 따위의 고려에도 사로잡혀 있었다. 이런 모든 일 때문에 가믈리엘은 '당신 백성 가운데로 지나가시는 하느님'을 이해할 줄을 몰랐고, 하느님께서 각 사람에게 그의 이익을 위하여 쓰라고 주신 '그 지능과 그 자유를' 쓸 줄도 몰랐었다. 다만 그가 그렇게 오랜 세월을 두고 기다렸던 표, 그칠 줄을 모르는 가책으로 그를 쓰러뜨리고 몹시 괴롭혔던 표만이 그의 안에 그리스도를 알아보는 마음을 생기게 하고 그의 이전 생각을 바꾸게 했을 것이다. 그리스도를 알아봄으로써, 오류를 가르치던 스승이던 그가, 그의 이전의 나와 현재의 나 사이에 벌어졌던 오랜 싸움 끝에 하느님의 진리의 제자가 되었을 것이다. 그것은 율법학자들과 바리사이파 사람들과 박사들이 하느님에게서 온 단순하고 빛나는 진리를 수많은 인간적인 규범으로 눌러버림으로써 율법의 본질과 정신을 왜곡하였기 때문이었다. 그 인간적인 규범들은 흔히 그릇된 것이었지만, 그들에게는 항상 유리한 것이었다.

그뿐 아니라, 결단을 내리지 못하고, 행동하는 힘이 모자랐던 것은 가믈리엘뿐이 아니었다. 아리마태아의 요셉도 그러했고, 니고데모는 한층 더 그러했으니, 그들도 칡덩굴같이 복잡하게 얽힌 유다인들의 풍습을 박차고 새 교리를 받아들일 줄을 몰랐다. 그래서 유다인들이 무서워서 그리스도를 '몰래' 만나러 오거나 우연히 만나는 것처럼 만나 버릇하였고, 그것도 기껏 그들의 별장이나 배다니아의 라자로의 집에서 만나곤 하였다. 라자로의 집에서 만난 것은 그 집이 더 안전하고 그리스도의 원수들이 데오필로의 아들에 대한 로마의 보호를 잘 알고 그 집을 두려워한다는 것을 그들이 알기 때문이었다. 그렇기는 하지만 그들은 성 금요일에 그들의 동정을 태도로 나타낼 정도로 가믈리엘보다는 확실히 선행이 더 앞섰고 더 용감하였다.

가믈리엘 선생은 덜 앞서 있었다. 그러나 이 책을 읽는 그대들은 그의 올바른 의향의 힘이 어떠하였는지 주목하여라. 이 올바른 의향 덕택으로 그의 매우 인간적인 정의가 초자연적인 색채를 띠게 되었다. 이와 반대로 사울의 정의는 악이 미친 듯이 날뜀으로 인하여 그와 그의 스승 가믈리엘이 선과 악, 정의와 불의의 갈림길에 놓이게 되었을 때 악마적인 것으로 더럽혀졌었다.

지혜의 나무(선악과 나무)는 각 사람의 앞에 서 있어서 그 나쁜 열매를 더 매력있고 더 구미를 돋우는 모습으로 보여주고, 잎들 사이에서는 유혹하는 뱀이 밤꾀꼬리 목소리같이 아름다운 속이는 목소리로 속삭인다. 사람의 영에 상처를 입히고 죽게 하는 수많은 좋지 못한 실과 중에서 좋은 실과를 분간할 줄 알고 원하는 것은 하느님께서 주신 이성과 영혼을 가진 사람이 할일이다. 그래서 좋은 실과를 따느라고 손이 찔리고 피곤하게 되더라도, 그 실과의 맛이 쓰고 모양이 보잘 것 없더라도 좋은 실과를 따야 한다. 그 실과가 더 매끈매끈해서 만지기에 기분좋고, 먹어서 달고, 보기에 아름답게 되는 그런 변화는, 올바른 정신과 이성을 가지고 좋은 실과를 고를 줄 알고, 쓰기는 하지만 거룩한 그 과즙으로 영양을 취했을 때에야 비로소 오는 것이다.

사울은 악과 증오와 불의와 죄악의 열매를 향하여 탐욕스러운 손을 내민다. 그리고 벼락을 맞아 쓰러지고 인간의 시력을 잃고 초자연적인 시력을 얻어, 의인이 되는데 그치지 않고, 그가 미워하고 제자들을 통하여 박해하던 그분의 사도와 증거자가 될 때까지 그 탐욕스러운 손을 악의 열매를 향하여 계속 내밀 것이다.

가믈리엘은 인간적일 뿐 아니라 초자연적이기도 한 빛과 정의의 오래된 씨앗이 싹이 터서 꽃이 피게 하려고 그의 인간성과 히브리 지상주의의 끈질긴 칡덩굴을 끊고 선의 열매를 향하여 손을 내민다. 그 씨앗은 아마도 더 분명하고 더 알아듣기 쉬운 말인 내 넷째 공현, 즉 네번째 나타남으로 그의 마음에, 올바른 의향을 가진 그의 마음에 뿌려진 것이었는데, 그는 그 씨앗이 싹이 트고 꽃이 피는 것을 보고자 하는 고귀한 갈망과 성실한 애정으로 이 씨앗을 보존하고 보호하였었다. 그가 마음 속에 여러 십년 동안 간직하였던 이 씨앗의 딱딱한 껍질을 그의 의지와 내 피가 깨뜨렸다. 바위와 같은 그 마음은 성전의 휘장과 예루살렘의 땅이 갈라짐과 동시에 갈라졌고, 나를 향하여 최후의 소원을 소리높이 외쳤다. 그 부르짖음을 십자가 아래 누워 있던 내 육체의 귀로는 듣지 못하였으나 내 하느님은 영으로는 잘 들었다. 그리고 사도들과 가장 훌륭한 제자들의 말이라는 뜨거운 햇볕을 받고, 첫번째 순교자인 스테파노의 피의 비를 맞아, 이 씨앗이 뿌리를 내리고 나무가 되어 꽃이 피고 열매를 맺었다. 그의 그리스도교의 새 나무는 성 금요일의 비극이 이전의 모든 나무와 풀을 쓰러뜨리고 뿌리뽑고 없애버렸던 그 자리에 돋아난 것이다.

그의 새로운 그리스도교와 새로운 성덕의 나무는 내 눈 앞에서 돋아나서 우뚝 솟았다. 비록 나를 더 일찍 이해하지 못한 잘못은 있지만, 내 사형선고와 스테파노의 사형선고에 관여하고자 하지 않은 그의 올바름 때문에, 내 신자가 되고 진리와 빛의 아들이 되고자 하는 그의 소원이 내게 용서를 받았고, 아버지와 성령의 강복도 받아서 소원이 현실이 되었다. 이렇게 되는 데에는 사울의 경우와 같이 강력하고 난폭하게 벼락맞을 필요가 없었다. 다른 어떤 방법으로도 정의와 사랑과 빛과 진리와 하늘 나라의 영원히 영광스러운 생명으로 데려올 수가 없었던 오만한 사울의 경우에는 다마스커스로 가는 길에서 그렇게 할 필요가 있었다."

32. 성 스테파노의 시체를 거두다

달이 졌기 때문에 캄캄한 한밤중인데, 성모님이 베드로와 알패오의 야고보와 요한과 니고데모와 열성당원과 함께 게쎄마니 동산의 당신 집으로 나오신다. 더 낮은 쪽에 있는 창살문으로 가는 오솔길이 시작되는 곳에서 그들을 기다리느라고 집 앞에 있는 라자로는 캄캄하기 때문에 얇은 설화석고(雪花石膏)판이나 다른 투명한 물질로 둘러막은 기름등잔에 불을 켠다. 불빛은 약하다. 그러나 지금

하는 것과 같이 등잔을 땅쪽으로 낮게 드니까 그래도 가는 길에 있을지도 모르는 돌과 장애물들을 보는 데 소용이 된다. 라자로는 특히 성모님이 잘 보시도록 그 곁에 서고, 요한은 그 반대편에서 어머니의 한 팔을 붙들고 간다. 다른 사람들은 뒤에 떼를 이루어 따라 온다.

일행은 키드론 개울까지 와서, 개울을 끼고 걸어 가기 때문에 개울가 옆에 자란 야생의 관목 덤불에 반쯤 가려지게 된다. 물이 졸졸 흐르는 소리로 길손들의 샌들 소리와 혼동되어서 그들을 숨겨 주는 데 소용된다.

여전히 성곽 바깥쪽을 따라서 성전에서 제일 가까운 성문까지 가고, 그 다음에는 사람이 살지 않는 휑뎅그렁한 구역으로 들어가서 스테파노가 돌에 맞아 죽은 곳에 이른다. 일행은 시체가 그 밑에 반쯤 묻혀 있는 돌더미 있는 쪽으로 가서 가엾은 시체가 나타날 때까지 돌들을 들어낸다. 시체가 이제는 죽음 때문에도 그렇고 돌에 맞아서도 그렇고, 납빛깔이다. 그리고 단단하고, 뻣뻣하고, 죽음이 왔을 때 모양으로 잔뜩 움츠러들었다.

요한이 동정으로 몇 발자국 떨어져서 모시고 있던 성모님은 빠져나오셔서 찢어지고 피투성이가 된 그 가엾은 시체쪽으로 뛰어 가신다. 엉긴 피가 옷에 묻어 얼룩이 지는 것도 상관하지 않으시고, 성모님은 알패오의 야고보와 요한의 도움을 받아 돌이 없는 곳에 먼지 위에 펴놓은 천에 시체를 내려놓으시고, 열성당원이 내미는 작은 물항아리에 담근 수건으로 할 수 있는 대로 스테파노의 얼굴을 닦으시고, 머리카락을 가다듬어 상처입은 관자놀이와 뺨으로 끌어당겨 돌이 남긴 소름끼치는 흔적을 덮으려고 하신다. 다른 지체도 닦으시고, 시체의 자세를 덜 비극적으로 보이게 하려고 하신다. 그러나 벌써 여러 시간 전에 온 죽음의 냉기로 인하여 부분적으로나 그렇게 할 수 있다. 다시 골고타의 무덤의 고통스러운 어머니가 되는 것 같은 성모님보다 육체적으로나 정신적으로 더 힘이 센 남자들도 그것을 시도한다. 그러나 그들도 많은 노력을 기울인 끝에 할 수 있은 그 상태대로 두기로 단념해야 하였다. 스테파노의 옷은 그를 돌로 때려 죽인 자들이 업신여겨서 흩어버렸거나 훔쳐갔거나 하였고, 그대로 둔 속옷은 갈기갈기 찢어지고 피투성이가 된 누더기에 지나지 않기 때문에 그에게 깨끗한 긴 옷을 갈아입힌다.

여전히 라자로가 가엾은 시체 아주 가까이에서 들고 있는 초롱의 희미한 불빛 아래서 이렇게 한 다음, 그들은 시체를 쳐들어 아주 깨끗한 다른 천 위에 내려놓는다. 순교자를 씻는 데 쓰인 물과 순교자의 엉긴 피로 적시어진 첫번째 천은 니고데모가 거두어서 겉옷 속에 넣는다. 그리고 요한과 야고보는 머리쪽에서, 베드로와 열성당원은 발쪽에서 시체가 들어 있는 천을 들고, 라자로와 성모님을 따라 돌아오기 시작한다.

그러나 그들은 갈 적에 지나갔던 길로 해서 돌아오지 않고, 오히려 들판으로 나가서 올리브밭 아랫쪽을 돌아 예리고와 베다니아로 가는 길로 들어선다. 거기서 그들은 걸음을 멈추고 쉬면서 말들을 한다.

니고데모는 비록 소극적이기는 하였지만 스테파노가 사형선고를 받을 때 그 곳에 있었고, 또 유다인들의 지도자들 중의 한 사람이었기 때문에 최고회의의 결정을 다른 사람들보다 더 잘 알고 있었다. 그래서 그 곳에 있는 사람들에게 그들이 그리스도인들에 대한 박해를 폭발시키고 명령하였으며, 스테파노는 이미 그리스도와 한편이라고 지목된 긴 명단의 첫번째 사람에 지나지 않는다고 알렸다.

모든 사도가 외치기 시작한다. "맘대로 하라지! 우리는 위협으로도 조심성으로도 변하지는 않을 것입니다!"

그러나 거기 있는 사람들 중에서 가장 사려깊은 사람들, 즉 라자로와 니고데모는 교회에는 아직 그리스도의 사제가 별로 없고, 그래서 만일 그들 중에서 가장 힘있는 사람들, 즉 대사제 베드로와 예루살렘의 주교 야고보가 죽음을 당하는 날이면 교회가 살아남기가 어려울 것이라는 점을 베드로와 알패오의 야고보에게 지적하였다. 그들은 또한 교회의 창설자이시고 그들의 스승이신 분이 사도들을 잘 가르치기 전에 죽임을 당하지 않기 위하여 유다를 떠나 사마리아로 가셨었다는 것과, 목자들의 수가 넉넉히 많아져서 목자들의 죽음으로 인하여 신자들이 흩어지는 것을 염려하지 않아도 될 때까지는 당신의 모범을 본받으라고 어떻게 당신 협력자들에게 권고하셨는지를 베드로에게 상기시켰다. 그리고 이렇게 말을 끝맺었다. "당신들도 유다와 사마리아로 흩어지시오. 거기서 새 신자들을 만들고 다른 많은 목자를 만드시오. 그리고 거기서 전세계로 흩어져서, 주님이 그렇게 하라고 명령하신 것과 같이 모든 민족이 복음을 알게 하시오."

사도들은 어쩔 줄을 모른다. 그들은 성모님이 어떻게 생각하시는 지를 알려고 성모님을 바라본다.

그러니까 그 눈길의 뜻을 알아들으시는 성모님은 이렇게 말씀하신다. "그 의견이 옳으니, 그것을 따르도록 하게. 그것은 비겁이 아니라 조심성일세. 예수도 자네들에게 그것을 가르쳤지. '너희는 비둘기같이 순진하고 뱀같이 슬기로워라. 나는 늑대들 가운데로 양들을 보내듯이 너희들을 보낸다. 사람들을 경계하여라.' … 하고."

야고보가 성모님의 말을 막는다. "맞습니다, 어머니. 그러나 주님은 이런 말씀도 하셨습니다. '너희들이 그들의 손에 붙잡혀 다스리는 사람들 앞에 끌려나가면, 무슨 말을 대답해야 할까 하고 걱정하지 말아라. 말을 하는 것은 너희들이 아닐 것이고, 너희 아버지의 성령께서 너희를 통하여, 너희들 안에서 말씀하실 것이다' 하고요. 저는 여기 그대로 있겠습니다. 주님은 교회에 생명을 주시려고 돌아가셨습니다. 우리 중에서 죽은 사람 하나하나가 새로운 큰 성전에 보태지는 돌 하나가 될 것이고, 전세계 교회의 크고 죽지 않는 몸에 생명을 더 보내주는 것이 될 것입니다. 저들이 저를 죽이고 싶으면 죽이라지요. 하늘에 가서 살면 사촌 곁에 있을 것이니까 더 행복하겠습니다. 그리고 능력도 훨씬 더 많아질 것입니다. 제 자리를 버리는 것은 더할 나위 없는 배반자인 유다의 행동을 본받는 것같이 생각됩니다. 그런 죄를 알패오의 야고보는 절대로 짓지 않을 것입니다. 제가 쓰러져야 한다면, 제 전투 거점에서, 주님이 있으라고 하신 부서에서 영웅으로 쓰러지겠습니다."

성모님은 그에게 대답하신다. "나는 하느님이신 사람과 너 사이의 비밀에 관여하고 싶지는 않다. 예수가 네게 그런 영감을 주면, 그것을 좇아라. 하느님인 예수만이 명령할 권한을 가질 수 있다. 우리 모두는 항상 그에게 순종해서 그의 뜻을 행할 의무가 있을 뿐이다."

덜 용맹한 베드로는 열성당원이 어떻게 생각하는지를 알려고 그와 이야기를 하고 있다. 두 사람 곁에 있던 라자로가 이렇게 제안한다. "베다니아로 오시오. 베다니아는 예루살렘과도 가깝고, 사마리아로 가는 길에서도 가까워요. 그리스도께서도 원수들을 피하시려고 아주 여러 번 그 곳에서 떠나셨어요…."

이번에는 니고데모가 제안한다. "내 별장으로 오시오. 내 별장은 안전하고, 베다니아와 예루살렘 양쪽이 다 가깝고, 예리고로 해서 에브라임으로 가는 길목이기도 합니다."

"아니오, 내 집은 로마의 보호를 받고 있으니까 더 나아요" 하고 라자로가 역설한다.

"당신은 예수께서 당신을 부활시키시며 당신의 천주성을 강력하게 입증하신 때부터 벌써 너무 미움을 받고 있소. 그 이유로 인해서 그분의 운명이 결정되었다는 것을 생각하시오. 당신은 당신운명을 결정해서는 안 되오" 하고 니고데모가 라자로에게 대답한다.

"그럼 내 집은 어떻게 하겠소? 사실에 있어서는 그 집이 라자로의 것이지만, 명의는 아직 내 것으로 되어 있거든요" 하고 열성당원 시몬이 말한다.

성모님이 개입해서 말씀하신다. "어떻게 하는 것이 더 좋을지 내가 곰곰히 생각하고 판단하게 해주어요. 하느님께서는 당신 빛을 주시지 않고 나를 그냥 놔두지는 않으실 것입니다. 그것을 알게 되면 말하겠어요. 지금 당장은 나와 같이 게쎄마니로 갑시다."

"모든 지혜의 본거(本據)이시고, 말씀과 빛의 어머니이신 어머니는 항상 저희들을 안전하게 인도하시는 별이십니다. 어머니께 순종하겠습니다" 하고 그들은 모두 함께 마치 정말 성령께서 그들의 마음에, 그들의 입술을 통하여 말씀하시는 것같이 말한다.

그들은 길가에 앉아 있던 풀에서 일어난다. 베드로와 야고보와 시몬과 요한이 성모님을 모시고 게쎄마니를 향하여 가는 동안 라자로와 니고데모는 스테파노의 시체를 싼 천을 쳐들고, 밝아오는 새벽빛 속에 베다니아에서 예리고로 가는 길쪽으로 간다. 순교자를 어디로 모시고 가는 것일까? 수수께끼이다.

33. 가믈리엘이 그리스도인이 되다

요한이 이제는 사지가 더 튼튼해지고, 얼굴이 더 원숙하고, 머리카락과 수염의 빛깔이 덜 선명한 것이 한창 일할 나이가 된 것 같으니 여러 해가 지난 모양이다.

성모님은 길쌈을 하고 계시다. 요한은 게쎄마니의 집 부엌을 정리하는데, 벽에는 새로 회를 발랐고, 걸상, 문, 등잔 받침대 노릇도 하는 겹친 선반 따위 나무로 만든 물건들은 옻칠을 새로 하였다. 성모님은 조금도 변하지 않으신 것 같다. 그 모습은 신선하고 차분하다. 아드님의 죽음과 하늘로 돌아감, 그리고 그리스도인들에 대한 최초의 박해로 인한 고통으로 그분의 얼굴에 남겨졌던 흔적은 모두 사라졌다. 세월이 이 부드러운 얼굴에는 그 자취를 남기지 못하였고, 나이도 그 신선하고 깨끗한 아름다움을 변하게 할 힘이 없었다.

까치발 달린 탁자에 켜놓은 등잔은 펄럭이는 빛으로 성모님의 작고 날랜 손과 토리개에 감긴 삼실 뭉치, 가는 실, 돌아가는 물레가락, 모아서 목덜미에 크게 매듭 지어놓은 금발을 비춘다.

열린 문으로는 밝은 달빛 한 줄기가 부엌으로 들어와 문에서 성모님이 앉아 계신 등없는 의자의 발에까지 은빛 무늬같이 퍼진다. 이렇게 해서 성모님은 발에는 달빛 줄기를, 손과 머리는 등잔의 불그레한 빛을 받으신다. 밖에는 게쎄마니의 집을 둘러싸고 있는 올리브나무 위에서 밤꾀꼬리들이 사랑의 노래를 부른다.

갑작스럽게 두 사람은 질겁을 한 듯이 입을 다문다. 그리고 얼마 있다가 발소리가 들리더니 점점 더 가까워지다가 부엌 문지방에서 멈추면서, 동시에 지금까지 하얀 빛으로 부엌 바닥의 투박하고 우중충한 벽돌을 비추던 흰 달빛을 사라지게 한다.

성모님은 머리를 들고 입구 쪽으로 돌리신다. 요한도 문쪽을 바라본다. 그러다가 두 사람의 입술에서는 놀라서 지르는 "오!"라는 외침이 나오고, 두 사람은 똑같은 동작으로 문쪽으로 달려간다. 문지방에는 가믈리엘이 나타나서 서 있다. 가믈리엘은 이제는 대단히 나이가 많다. 그리고 어깨를 감싸고 있는 달빛 때문에 말하자면 인광(燐光)을 발하는 것같이 보이는 흰 옷을 입은 그가 어떻게나 말랐는지 꼭 유령 같다. 그것은 나이보다도 오히려 사건과 가책과 수많은 일들로 인하여 쇠약해지고 압도된 가믈리엘이다.

"선생님이 여길? 들어오십시오! 어서 오세요! 그리고 평화가 선생님과 함께 있기 바랍니다!" 하고 가믈리엘 앞에 아주 가까이 서 있는 요한이 말한다. 성모님은 몇 발자국 뒤에 계시다.

"나를 인도해 주겠나?… 나는 눈이 보이지 않아…" 하고 늙은 선생은 떨리는 목소리로 말한다. 그의 목소리는 나이보다는 오히려 은밀한 탄식으로 떨리는 것이다.

요한은 매우 놀라서 "눈이 안 보이신다구요? 언제부터 입니까?" 하고 묻는데 그의 목소리에는 감정과 연민의 정이 나타난다.

"오!… 오래전부터지! 내 시력은 그 때부터… 그 때부터… 즉시 약해지기 시작했어. 그렇지. 지진으로 인해서 성전의 휘장이 찢어지고 선생님이 말씀하신 것처럼 그 육중한 벽이 흔들릴 때까지 사람을 비추기 위해 오신 참 빛을 알아볼 줄을 모른 때부터 그랬어. 그것은 정말 성전의 지성소와 훨씬 더 참된 지성소, 즉 아버지의 말씀, 영원하신 외아들을 가리는 이중의 휘장이었지. 이 지성소는 아주 깨끗한 인간의 육체라는 휘장에 가리워져 있다가 그분의 수난과 영광스러운 부활로 비로소 그분이 어떤 분이시라는 것, 즉 그리스도, 메시아, 임마누엘이시라는 것이 나를 위시한 가장 우둔한 사람들에게 드러났어. 그 순간부터 어두움이 내 눈동자에 내려덮히기 시작해서 점점 더 짙어갔네. 내게 대한 당연한 벌이지. 얼마 전부터 나는 완전히 소경이 되었네. 그래서 왔네…."

요한은 그의 말을 막고 묻는다. "혹 기적을 청하시려고요?"

"그렇지, 큰 기적을. 저는 이 기적을 참 하느님의 어머니께 청합니다."

"가믈리엘 선생님, 나는 내 아들이 가졌던 능력을 가지지 못했습니다. 내 아들은 생명을 돌려줄 수도 있었고, 보이지 않게 된 눈동자에 시력을, 벙어리들에게 말을, 마비환자들에게 움직임을 돌려줄 수가 있었지만, 나는 그렇지 못합니다" 하고 성모님이 대답하신다. 그리고 계속해서 말씀하신다. "그렇지만 여기 탁자 곁으로 와서 앉으세요. 선생님은 지치시고 연로하시니, 더 이상 피로해지지 마세요." 그러시면서 동정심을 가지고 요한과 함께 그를 식탁 곁으로 데려다가 의자에 앉히신다.

가믈리엘은 성모님의 손을 놓기 전에 공손하게 손에 입맞춤을 하고 말한다. "마리아 어머니, 저는 다시 보는 기적을 청하지는 않습니다. 아닙니다. 그런 물질적인 것을 청하지는 않습니다. 모든 여인 중에 복되신 어머니, 제가 청하는 것은 모든 진리를 보게 제 정신에 날카로운 눈을 주십사 하는 것입니다. 저는 빛을 잃은 제 눈동자에 빛을 도로 주십사 하고 청하는 것이 아니고, 초자연적인 하느님의 빛인 참 빛을 청하는 것입니다. 그 참 빛은 끊임없이 저를 괴롭히는 가책으로 찢어지고 지쳐빠진 제 영혼과 제 마음에 지혜와 진리와 생명이 됩니다. 저는 제 눈으로 히브리적인 세상을 보고 싶은 소원은 조금도 없습니다. 그렇게도… 그렇습니다. 사실 저희들은 그럴 자격이 없는데 저희에게 대해서 연민을 가지셨고 지금도 가지고 계신 하느님께 그렇게도 완고하게 반항하는 히브리적인 세상을 말입니다. 저는 이 세상을 더는 보지 못하게 되고, 또 눈이 보이지 않음으로 인해서 성전과 최고법원의 일체의 직책에서 해방된 것이 기쁘기까지 합니다. 아드님과 그분께 충실한 사람들에 대해 몹시 불공평한 성전과 최고법원 말입니다. 제가 지능과 마음과 정신으로 보기를 갈망하는 것은 예수님 그분이십니다. 하느님의 거룩한 어머니이신 어머님과 지극히 순결한 요한과 살아 있는 동안의 야고보와 또 다른 사람들이 틀림없이 볼 것과 같이 제 안에서, 제 영 안에서 그분을 영적으로 보기를 갈망하는 것입니다. 이렇게 해서 이들의 어렵고 몹시 방해를 받는 성직을 돕고자 합니다. 제 전체를 바쳐 그분을 사랑하기 위해서, 그리고 이 사랑으로 제 죄값을 치르고 용서를 받아, 영원한 생명을 얻기 위해 그분을 보기를 갈망합니다. 이제는 영원한 생명을 얻을 자격이 없습니다만." 그는 식탁에 얹은 팔 위로 머리를 숙이고 운다.

성모님은 흐느낌으로 흔들리는 그의 머리에 한 손을 얹으시고 대답하신다. "아닙니다. 선생님은 영원한 생명을 잃지 않으셨습니다! 구세주는 지난 잘못을 뉘우치는 사람에게는 모든 것을 용서해 주십니다. 구세주는 자기를 팔아넘긴 사람이 그의 소름끼치는 죄를 뉘우쳤더라면, 그 사람까지도 용서해 주었을 것입니다. 그런데 유다의 죄는 선생님의 잘못에 비해 엄청나게 큰 것입니다. 생각해 보세요. 유다는 그리스도가 받아 주고 가르친 사도였고, 그에 대해 모든 것을 알고 있으면서도 그리스도가 그를 사도들의 무리에서 쫓아내지 않고, 오히려 그 사람이 어떤 사람인지, 무슨 음모를 꾸미고 있는지를 다른 사도들이 깨닫지 못하게 하려고 최후 순간까지 온갖 방법을 다 쓴 것을 생각하면, 그리스도가 그 누구보다도 더 사랑한 사도였습니다. 내 아들은 진리 자체였고, 어떤 동기로도 결코 거짓말을 안했습니다. 그러나 다른 열 한 사도가 가리옷 사람을 의심하고 그에 대해 질문을 할 때에는 거짓말을 하지 않고도 그들의 의심을 딴 데로 돌리고, 또 조심성으로나 형제에 대한 애덕으로 질문을 못하게 함으로써 대답하지 않을 수가 있었습니다. 선생님의 잘못은 훨씬 더 작습니다. 또 잘못이라고 부를 수조차 없습니다. 그것은 불신이 아니고 오히려 믿음이 지나친 것이었습니다. 선생님은 성전에서 선생님에게 말한 열두 살 난 어린 아이를 너무 믿었기 때문에, 내 아들을 믿고 내 아들을 메시아로 보기 위해서는 고집스럽게 표를 기다렸습니다. 그러나 그의 입술에서 무한한 지혜의 말을 들은 그 아이에 대한 선생님의 절대적인 믿음에서 오는 옳은 의향을 가지고 그렇게 하셨습니다. 하느님께서는 이처럼 강하고 충실한 믿음을 가진 사람은 용서하십니다. 부당하게 고소를 당한 어떤 사람의 진짜 성질에 대해 의심을 가지고 있고, 그 사람에 대한 사형선고가 부당하다고 느끼기 때문에 거기에 가담하기를 원치 않는 사람은 하느님께서 한층 더 용서하십니다. 진리를 보는 선생님의 영적인 눈은 그 독성적인 행동에 동의하지 않기 위해 최고법원을 떠난 그 순간부터 점점 더 밝아졌습니다. 선생님의 그 영적 통찰력은 선생님이 성전에 계시다가 그리스도 시대의 시작을 알리는 고대하던 표가 실현되는 것을 보셨을 때 한층 더 커졌습니다. 그리고 또 이제는 싸늘하게 되고 생명이 끊어진 내 아들의 십자가 아래에 와서 그 고민에 빠진 힘찬 말로 기도를 하셨을 때 그 통찰력은 한층 더 커졌습니다. 그리고 말을 하거나 외따로 물러가는 것으로 내 아들의 봉사자들을 옹호하고 최초의 순교자들에 대한 사형선고에 관여하고자 하지 않으실 때마다 그 통찰력은 거의 완전해졌습니다. 가믈리엘 선생님, 선생님의 고통과 정의와 사랑의 행위 하나하나가 선생님 안에서 영적인 통찰력을 크게 했다는 것을 믿으세요."

"이 모두가 아직 넉넉치 못합니다! 보십시오. 저는 아드님이 성년 때 처음으로 공적으로 나타나셨을 때 아드님을 아는 드문 은총을 받았었습니다. 저는 그 순간부터 보았어야 했습니다! 이해했어야 했습니다! 그런데 저는 눈이 멀고 어리석어서… 보지 못하고 이해하지 못했습니다. 그 때도 못 알아 들었고, 어른이 되시고 선생님이 되신 아드님을 가까이하고, 점점 더 옳고 점점 더 힘있는 그분의 말씀을 듣는 은총을 받은 다른 때에도 알아듣지 못했습니다. 저는 고집스럽게 인간적인 표를, 돌들이 흔들리기를 기다렸습니다. …그러면서 그분에게 있는 모든 것이 확실한 표라는 것을 보지 못했습니다! 그리고 그분이 예언자들이 예언한 모퉁이돌이라는 것을, 벌써 세상을 흔드는, 히브리인들과 이교도들의 온 세상을 흔드는 돌, 그 말씀과 기적으로 사람들의 마음을 흔드는 돌이라는 것을 보지 못했습니다! 저는 그분을 보면서도 그분이 행하거나 말하는 모든 것에 그분의 아버지의 뚜렷한 표가 나타나는 것을 보지 못했습니다! 선생님이 어떻게 이렇게 많은 고집을 용서하실 수 있겠습니까?"

"가믈리엘 선생님, 지혜의 본거(本據)이고 은총이 가득한 여인이며, 내게서 육체를 취한 지혜인 분을 통하여, 또한 그가 내게 준 은총으로 초자연적인 지식이 가득한 내가 선생님께 좋은 의견을 드릴 수 있다는 것을 믿으실 수 있습니까?"

"아! 예, 믿고 말고요! 바로 어머님이 그런 분이시라는 것을 믿기 때문에 빛을 얻으려고 어머님을 찾아 온 것입니다. 틀림없이 어머님이 잉태되실 때부터 당신 지혜의 빛을 가득 채워 주셨을 하느님의 딸이요 어머니요 정배이신 어머님은 제가 평화를 얻고, 진리를 찾아내고, 참 생명을 얻기 위해 가야 할 길을 가르쳐주실 수밖에 없습니다. 저는 제 잘못을 하도 뼈저리게 자각하고, 제 영적인 비참에 하도 찍어눌려서 감히 하느님께 가기 위하여는 도움이 필요할 지경입니다."

"선생님이 장애물이라고 생각하시는 것이 오히려 선생님을 하느님께로 올려주는 날개입니다. 선생님은 스스로의 명예를 내리깎고 스스로를 낮추셨습니다. 선생님은 커다란 산이었었는데, 스스로 깊은 골짜기가 되셨습니다. 겸손은 가장 메마른 땅이 초목과 훌륭한 수확물을 내도록 마련하는 거름과 같다는 것을 아십시오. 그것은 하느님께로 올라가는 층층대 아니 그보다도 오히려 사다리입니다. 하느님께서는 겸손한 사람을 보시고는 그를 당신께로 부르셔서 그를 높이시고, 당신 사랑으로 뜨겁게 하시고, 그가 볼 수 있도록 당신 빛으로 비추어 주십니다. 이 때문에 나는 선생님이 벌써 빛 속에서, 올바른 길에서, 하느님의 아들들의 참다운 생명을 향하고 있다고 말하는 것입니다."

"하지만 은총을 얻으려면 저는 교회 안에 들어가야 하고, 죄를 깨끗이 씻어 우리를 다시 하느님의 양자가 되게 하는 세례를 받아야 합니다. 저는 그것을 반대하지는 않습니다. 오히려 그 반대입니다. 저는 제 안에 있는 율법의 아들을 부수었습니다. 그래서 이제는 성전에 대해서 존경도 사랑도 가질 수 없게 되었습니다. 그러나 저는 아무 것도 아니기를 원치는 않습니다. 그러므로 제 과거의 폐허에 새 사람, 새 믿음을 다시 세워야 합니다. 그러나 저는 사도들과 제자들이 제게 대해서, 외고집의 큰 선생에 대해서 경계하고 선입관을 가지고 있다고 생각합니다…."

요한이 그의 말을 막고 이렇게 말한다. "가믈리엘 선생님, 선생님 생각은 틀렸습니다. 우선 제가 제일 먼저 선생님을 사랑합니다. 그리고 선생님이 그리스도의 양떼의 어린 양이라고 말씀하실 수 있을 그날을 대단히 큰 은총의 날로 표해 놓겠습니다. 제가 만일 그리스도의 가르침을 실천에 옮기지 않으면, 그분의 제자가 아닐 것입니다. 그런데 그리스도께서는 저희들에게 모든 사람을 그중에서도 특별히 가장 약하고 병들고 길잃은 사람들을 사랑하고 이해하라고 명령하셨습니다. 그리스도께서는 당신의 모범을 따르라고 저희들에게 명령하셨습니다. 그런데 저희들은 그리스도께서 뉘우치는 죄인들이나 아버지께로 돌아오는 탕자들이나 길잃은 양들에 대해서 항상 사랑이 가득하신 것을 보았습니다. 막달라 마리아에서 사마리아 여인에 이르기까지, 아글라에에서 도둑에 이르기까지 그리스도께서는 얼마나 많은 사람을 자비로 구제하셨습니까! 유다도 뉘우쳤더라면 그의 최고의 죄악도 용서해 주셨을 것입니다. 그리스도께서는 유다를 아주 여러 번 용서하셨습니다! 그리스도께서 그의 모든 행동을 아시면서도 그를 얼마나 사랑하셨는지는 저만이 알고 있습니다. 저를 따라 오십시오. 그러면 선생님을 하느님의 아들과 구세주 그리스도의 형제를 만들어 드리겠습니다."

"자네는 대사제가 아닐세. 대사제는 베드로야. 그런데 베드로가 자네처럼 친절하겠나? 그 사람은 자네와는 매우 다르다는 것을 나도 알고 있네."

"전에는 그랬습니다. 그러나 비겁해서 자기의 스승을 모른다고 할 정도로 얼마나 약했는지를 알고 난 뒤로는 이전과 달라졌습니다. 그래서 모든 사람을 위해서, 모든 사람에 대해서 자비로운 마음을 가지고 있습니다."

"그러면 나를 즉시 그 사람에게 데려다 주게. 나는 나이가 많은데, 벌써 너무 오래 지체했어. 나는 너무도 부당하다고 느꼈었고, 그리스도의 모든 봉사자들이 나를 같은 모양으로 판단하지 않을까 하고 염려했었네. 이제는 어머니 마리아의 말씀과 자네 말이 내 용기를 돋우어 주었으니, 수많은 일로 인해서 쇠약해진 내 늙은 심장이 멎기 전에 즉시 선생님의 양우리로 들어가고 싶네. 나를 여기까지 데려다 준 하인은 아무 말도 듣지 못하게 하느라고 돌려보냈으니까 자네가 인도해 주게. 내 하인은 여섯 시에 다시 올 거야. 하지만 그 때에는 내가 벌써 멀리 가 있을 거야. 두 가지로. 이 집에서도 성전에서도, 영원히. 거역한 아들인 나는 우선 아버지의 집으로 돌아가고, 길잃은 양인 나는 영원한 목자의 참된 양의 우리로 가겠네. 그런 다음 멀리 있는 내 집으로 돌아가서 하느님의 평화와 은총 안에서 죽겠네."

성모님은 자연스러운 동작으로 그를 껴안으시며 말씀하신다. "하느님께서 선생님께 평화를 주시기를 바랍니다. 선생님은 이스라엘의 세력있는 우두머리들의 반발을 두려워하지 않고, 선생님의 진짜 생각을 그들에게 보임으로써 그럴 자격을 얻으셨으니, 평화와 영원한 영광을 주시기를 바랍니다. 하느님께서 항상 선생님과 함께 계시기를 바라며, 강복을 주시기를 바랍니다."

가믈리엘은 다시 성모님의 손을 찾는다. 그리고는 두 손으로 성모님의 양손을 붙잡고 입맞춤을 하고, 그의 지친 늙은 머리에 그 복되신 손을 얹어 주시기를 청하며 무릎을 꿇는다.

성모님은 그의 청을 들어주신다. 그 이상의 일까지 하신다. 성모님은 가믈리엘의 숙인 머리에 십자를 그으신다. 그리고는 요한과 함께 그가 일어나는 것을 도와주시고 문까지 배웅하시고, 요한에게 인도되어 참 생명을 향하여 멀어져가는 것을 바라보시며 서 계시다. 인간적으로는 끝났지만 초자연적으로 새로 만들어진 사람인 그를.

34. 베드로와 요한의 토론

보름달이 환히 비추는 시몬의 집 옥상에 베드로와 요한이 있다. 그들은 문들이 닫혀 있고 조용한 라자로의 집을 가리키며 낮은 목소리로 말하고 있다. 그들은 옥상을 왔다갔다 하면서 오래 이야기를 나누고 있다. 그러다가 무슨 이유인지 토론이 더 활발해지고, 처음에는 나직하던 그들의 목소리가 더 높아지고 아주 분명해진다.

베드로는 주먹으로 난간을 치면서 외친다. "아니, 자네는 우리가 이렇게 해야 한다는 걸 이해하지 못하나? 내가 자네에게 말하는 것은 하느님의 이름으로 하는 것이니까, 내 말을 듣고 고집을 부리지 말게. 내가 말하는 대로 하는 것이 좋아. 이건 비겁하고 겁이 나서가 아니라, 그리스도의 교회에 해가 될 몰살을 막기 위해서야. 이제는 그자들이 우리의 일거일동을 감시한단 말이야. 난 그걸 알아차렸어. 그리고 니고데모도 내가 제대로 보았다고 확인했어. 왜 우리가 베다니아에 그대로 남아 있을 수 없었나? 이 이유 때문이었어. 어째서 이제는 이 집이나 니고데모의 집이나 니까나 아나스타시카의 집에 머무르는 것이 신중한 행동이 못 되는가? 역시 이 이유 때문이야. 지도자들의 죽음으로 인해서 교회가 죽는 것을 막기 위해서야."

"선생님은 지옥도 교회를 절대로 전멸시키지 못하고 교회를 지배하지 못할 것이라고 여러 번 확언하셨어" 하고 요한이 대답한다.

"그건 맞는 말이야. 지옥은 그리스도를 능가하지 못한 것과 같이 교회를 지배하지 못할 거야. 그렇지만 사람들은 그럴 거야. 그자들이 하느님이신 사람을 능가한 것처럼 말이야. 하느님이신 사람은 사탄은 이기셨지만, 사람들은 이기지 못하셨단 말이야."

"그건 선생님이 이기려고 하시지 않았기 때문이야. 선생님은 구속하셔야 했어, 그러니까 돌아가셔야 했구. 그것도 그런 죽음으로 말이야. 그렇지만 사람들을 이기려고 하셨더라면! 그들의 여러 가지 계략을 벗어나신 일이 얼마나 많았어!"

"교회에 대해서도 그들은 계략을 꾸밀 거야. 그러나 교회가 완전히 멸망하지는 않을 거야. 그렇지만 우리가 아주 신중하게 처신해서 모든 계급의 사제들을 첫째 사제들인 우리가 많이 만들어내고 양성하기 전에는 현재의 우두머리들의 몰살을 막아야 그렇게 된단 말이야. 착각을 하지 말게, 요한! 바리사이파 사람들과 율법학자, 사제, 최고회의 의원들은 목자들을 죽여서 양떼를 흩뜨리려고 별별짓을 다할 걸세. 아직은 약하고 겁많은 이 양떼를 말이야. 특히 팔레스티나의 양떼를. 우리는 그 어린 양들 중에서 많은 양이 그들도 목자가 될 때까지는 이 양떼를 목자 없이 내버려 두어서는 안 되네. 벌써 몇 사람이나 죽어갔는지 자네도 알지. 세계의 어느 부분이 우리를 기다리고 있는지를 생각해 보게! 선생님의 명령은 분명하네. '가서 모든 민족에게 복음을 전하고, 내가 너희들에게 명령한 것을 지키라고 가르치면서 성부와 성자와 성신의 이름으로 세례를 주어라' 하셨어. 그리고 내게는 호숫가에서 세 번이나 당신의 양들과 어린 양들을 치라고 명령하셨고, 또 내가 늙은 다음에만 내 피와 내 목숨으로 그리스도를 증거하기 위해 묶여서 끌려갈 것이라고 예언하셨어. 그리고 여기서 아주 멀리 떨어진 곳에서! 라자로가 죽기 전에 하신 선생님의 말씀 중의 하나를 내가 제대로 알아들었다면, 나는 로마에 가서 그 곳에 불멸의 교회를 세워야 하네. 또 선생님 자신도 당신의 복음 전파를 아직 끝내지 않으셨기 때문에 에브라임으로 물러가는 것이 좋겠다고 판단하지 않으셨나? 원하시는 시기가 돼서야 비로소 유다로 돌아오셔서 붙잡혀 십자가에 못박히셨어. 선생님을 본받세. 분명히 라자로와 마리아와 마르타가 겁많은 인간들이었다고 생각할 수는 없지. 그렇지만 그들은 지극한 괴로움을 느끼면서도 여기서는 유다인들에 의해서 눌려버렸을 하느님의 말씀을 다른 곳에 가서 전하려고 이곳을 떠나간 것을 자네도 알지. 주님이 대사제를 선택하신 내가 결정했네. 그리고 나와 더불어 다른 사도들과 제자들도 결정했어. 우리는 흩어져야 하네. 어떤 사람들은 사마리아로 어떤 사람들은 큰 바다 쪽으로, 어떤 사람들은 페니키아로, 이렇게 자꾸만 더 멀리 가서 시리아로, 여러 섬으로, 그리이스로, 로마제국으로 가야 하네. 만일 이곳에 가라지와 유다인들의 독으로 주의 밭과 포도밭이 열매를 맺지 못하게 되면, 다른 곳으로 가서 다른 밭과 다른 포도밭에 다른 씨를 뿌려, 수확이 생길 뿐 아니라, 풍성하게 생기게 하세. 만일 이곳에서 유다인들의 증오로 물에 독이 들어가고 썩어서 영혼들의 어부인 나와 내 형제들이 주님을 위해 영혼들을 낚지 못하게 되면, 다른 바다를 찾아가세. 신중하면서 동시에 꾀가 있어야 하네. 내 말을 믿게, 요한."

"자네 말이 옳으네. 그러나 나는 성모님을 위해서 고집하겠어. 나는 어머니를 내버릴 수도 없고, 내버려서는 안 돼. 우린 둘 다 그 때문에 너무나 괴로울 거야. 그리고 그렇게 하는 건 내 편에서 잘못하는 일일 거야…" 하고 요한이 대답한다.

"자넨 남아 있게. 그리고 어머님도 남아 계시게 하고, 어머님을 여기서 억지로 떠나시게 하는 것은 말도 안 되는 일일 거니까."

"어머니는 절대로 동의하지 않으실 거야. 나는 어머니가 이 세상을 떠나시면 나중에 자네들을 따라가겠네."
"자넨 젊으니까 오게나… 자넨 살 날이 아직 많이 남았어."
"그리고 어머니는 별로 남지 않았고."
"왜, 혹 병이 드셔서 불편하시고 피로하신 건가?"
"아! 아니야! 세월과 고통이 어머니께 대해서는 힘이 없어. 어머니는 여전히 모습과 정신이 젊으시고 차분하셔. 지극히 행복하시다고까지 말하겠어."
"그런데 왜 그런 말을?…"
"나는 이렇게 아름다움과 기쁨이 활짝 피어나는 것이 어머니께서 아드님과 결합하실 때가 이미 가까웠음을 느끼고 계신 표라는 것을 깨닫기 때문이야. 완전한 결합 말이야. 영적인 결합은 그친 적이 결코 없었으니까. 나는 하느님의 신비의 베일을 벗기지는 않겠네. 그렇지만 어머니가 영광스러운 옷을 입고 계신 당신 아드님을 날마다 보신다는 것을 확신하네. 나는 어머니의 지극한 행복이 이것이라고 생각하네. 아드님을 보는 것으로 어머니의 정신이 비추어져서 하느님께서 미래를 아시듯이 미래 전부를 알게 된다고 생각하네. 당신의 미래까지도. 어머니는 육체로는 아직 이 세상에 계시네. 그러나 나는 잘못 생각할 염려 없이 어머니의 정신은 거의 언제나 하늘에 가 있다고 말할 수 있겠네. 어머니의 하느님과의 결합은 하도 강해서, 당신 태중에 하느님을 모시고 있을 때와 같이 당신 안에 하느님을 모시고 있다고 말해도 하느님께 대한 독성의 말을 한다고는 생각하지 않을 지경일세. 그보다도 훨씬 더하네. 말씀이 예수 그리스도가 되시려고 마리아와 결합하신 것과 같이, 지금은 어머니가 하도 그리스도와 긴밀하게 결합하셔서 새로운 인성, 즉 예수 자신의 인성을 취하심으로 인해서 제2의 그리스도가 되시게끔 되었어. 만일 내가 이단의 말을 한다면, 하느님께서 내 그릇된 생각을 알려주시고, 내 그릇된 생각을 용서해 주시기를 바라네. 어머니는 사랑 속에서 살고 계시네. 이 사랑의 불이 어머니를 불타오르게 하고, 어머니의 영양분이 되고, 어머니를 비추네. 그리고 또 이 사랑이 정해진 시간에, 어머니에게는 고통을 드리지 않고, 어머니의 육체는 썩는 일이 없이, 어머니를 우리에게서 빼앗아 갈 걸세. …우리들만이 고통을 느낄 거야. …특히 내가… 우리는 선생님을, 우리를 인도하시고 우리의 기운을 돋구어 주시던 어머니를 잃게 될 거야. … 그리고 나는 정말 외톨이가 될 거야…."

그러면서 울음을 참느라고 벌써 목소리가 떨리고 있던 요한은 십자가 아래서와 무덤에서도 그렇게는 울지 않았을 만큼 가슴이 찢어지는 듯하게 흐느껴 울기 시작한다. 베드로도 더 조용하기는 하지만 울기 시작한다. 그리고 눈물을 흘리면서, 성모님이 세상을 떠나실 때에나 그렇지 않으면 적어도 장례식에는 참석하게 해 줄 수만 있으면 알려달라고 요한에게 애원한다.

"그렇게 할 수만 있으면 그렇게 하겠어. 그렇지만 아무래도 그렇게 안 될 것 같아. 마치 엘리야가 불수레에 태워져서 하늘의 소용돌이에 말려들어간 것같이 어머니께도 그런 일이 일어날 것이라고 무엇인지 내 마음에 말해 주는 것이 있어서 그래. 어머니가 멀지 않아 떠나시는 것을 내가 알아차릴 사이도 없이 벌써 영혼과 더불어 하늘에 가 계실 거야."

"그렇지만 적어도 어머니의 육체는 남아 있겠지. 선생님의 육체도 남아 계셨으니까! 선생님은 하느님이신데도 말이야!"

"선생님은 그렇게 되시는 것이 필요했어. 그렇지만 어머니의 경우는 그렇지 않아. 선생님은 당신의 부활로 유다인들의 중상이 거짓이라고 논박하셔야 했고, 당신이 십자가에 못박혀 돌아가심으로 인해서 망설이게 되거나 부인까지 하게 된 사람들을 당신이 나타나심으로 설득하셔야 했어. 그러나 어머니는 그러실 필요가 없어. 그렇지만 할 수만 있으면 알려주겠네. 대사제요 그리스도 안에서 내 형제인 베드로, 잘 가게. 나는 틀림없이 기다리고 계실 어머니께로 돌아가겠네. 하느님께서 자네와 함께 계시기를."

"자네와도 함께 계시기를. 그리고 어머님께 나를 위해 기도해 주십사고 말씀드리고, 재판이 있은 날 밤에 내가 비겁했던 것을 용서해 주십사고 말씀드리게. 그건 내 마음에서 지울 수가 없는 추억이고, 내 마음을 도무지 평안하게 내버려두지 않는 것이야…." 그러면서 베드로는 눈물을 뺨으로 주루룩 흘리며 이렇게 말을 끝마친다. "성모님이 내게 어머니가 되어 주셨으면 하네. 불행한 탕자에 대해 사랑하는 어머니가 되어 주셨으면…"

"그 말씀은 내가 어머니께 드릴 필요도 없어. 어머니는 자네를 낳아주신 어머니보다도 더 사랑하시네. 어머니는 자네를 하느님의 어머니로서, 하느님의 어머니다운 사랑으로 사랑하시네. 어머니는 헤아릴 수 없는 죄를 지은 유다도 용서할 준비를 하고 계셨으니, 자네를 용서하지 않으셨겠는지 생각해 보게! 형제, 자네에게 평화 있기를. 난 가네."

"자네가 괜찮다면, 나도 자넬 따라 가겠네. 어머님을 한 번 더 뵙고 싶어."

"가세. 나는 사람의 눈에 띄지 않게 게쎄마니에 들어가는 길을 알고 있네."

그들은 길을 떠나 말없이 빨리 예루살렘을 향하여 간다. 그러나 시내에서 가장 멀리 떨어진 쪽으로 올리브밭에 이르는 윗쪽 길로 지나간다.

그들이 올리브 동산에 이르렀을 때에는 벌써 새벽이 훤하게 밝아온다. 그들은 게쎄마니 동산으로 들어가서 작은 집 쪽으로 내려간다. 옥상에 계시는 성모님은 그들이 오는 것을 보시고 환성을 올리시며 그들을 맞이하러 내려오신다.

베드로는 정말 성모님의 발 앞에 엎드려 얼굴을 땅에 대고 말한다. "어머님, 용서하십시오!"

"뭘 말인가? 자네가 혹 무슨 일에 죄를 지었나? 내게 모든 진리를 알려 주는 분은 자네가 믿음에 있어서 그의 훌륭한 후계자라는 것을 알려 주기만 했는데. 사람으로서는 자네가 때때로 충동적이기는 하지만 의로운 사람이라고 늘 생각해 왔네. 그러니 자네에게 무얼 용서해 주어야 하겠나?"

베드로는 말없이 운다.

요한이 설명한다. "베드로는 성전 마당에서 예수님을 모른다고 한 것 때문에 마음의 평화를 얻지 못하고 있습니다."

"그건 과거야. 그건 다 지워졌네, 베드로. 예수가 혹 자네를 꾸짖었나?"

"아이고! 아닙니다!"

"자네에게 그전보다 덜 다정스럽게 대하던가?"

"아닙니다. 정말이지 아닙니다. 오히려 그 반대입니다!…"

"그리고 예수가, 또 예수와 함께 내가 어떻게 자네를 이해하고 용서했는지를 말하지 않았나?"

"맞습니다. 저는 항상 똑같은 바봅니다."

"그럼 가서 안심하고 있게. 자네에게 말하네만, 우리는 모두, 자네와 다른 사도들과 부제들과 내가 모두 하늘에 가서 사람이신 하느님 곁에 있게 될 걸세. 내게 주어진 한도 안에서 자네에게 강복하네." 그러시면서 성모님은 가믈리엘에게 하신 것과 같이 베드로의 머리에 양손을 얹으시고 머리 위에 십자를 그으신다.

베드로는 몸을 굽혀 성모님의 발에 입맞춤하고 나서 몸을 일으키는데, 전보다 훨씬 더 차분하다. 그리고 여전히 요한의 배웅을 받으며 높은 철창문으로 돌아와 그것을 지나 떠나간다. 그동안 요한은 출입문을 잠그고 성모님 계신 데로 돌아간다.

35. 성모님의 복되신 별세

옥상에 높이 서 있는 당신 혼자 계시는 작은 방에 계신 성모님은 온통 흰 아마포 옷을 입으셨다. 몸 전체를 감싼 옷도, 목 아랫쪽에서 채워져서 어깨 뒤로 흘러내린 겉옷도, 머리에서 늘어진 아주 고운 베일도 모두 희다. 성모님은 당신 옷들과 늘 보존해 오는 예수의 옷들을 정리하시는 중이다. 제일 좋은 것들을 고르시는데, 별로 없다. 당신 옷 가운데에서는 갈바리아산에서 입으셨던 옷과 겉옷을 꺼내시고, 아드님의 옷 가운데에서는 여름에 늘 입으시던 아마포옷과 게쎄마니 동산에서 찾아낸 겉옷을 꺼내시는데, 겉옷에는 그 무서운 시간에 흘렸던 피와 피땀의 얼룩이 아직 남아 있다.

그 옷들을 정성스럽게 개키고, 당신의 예수의 피로 얼룩진 겉옷에 입맞춤하신 다음 궤있는 쪽으로 가신다. 그 궤 속에는 이제는 여러 해가 지났지만, 최후의 만찬과 수난의 유물들을 모은 것이 보존되어 있다. 성모님은 모두를 한 칸, 즉 윗칸에 모아 놓으시고, 모든 옷은 아랫칸에 넣으신다.

성모님이 궤를 닫고 계신데, 요한이 소리 없이 옥상으로 올라와서 성모님이 무엇을 하시는지 보려고 앞으로 나아왔다. 성모님이 아침나절 시간을 보내기로 되어 있는 부엌에 오랫 동안 안 오시는 것이 아마 걱정이 되었던 모양이다. "어머니 뭘 하세요?" 하고 묻는 바람에 성모님이 돌아보신다.

"보존할 필요가 있는 모든 것을 정리했다. 모든 기념되는 물건들… 예수의 무한한 사랑과 고통을 증언하는 모든 것을."

"어머니, 왜 그 마음아프게 하는 물건들을 다시 보셔서 마음의 상처를 다시 건드리십니까? 얼굴이 창백하고 손을 떠시는군요. …그럼 그것들을 보시는 것이 고통스러우십니까?" 요한은 성모님이 그렇게 창백하고 떨고 계시기 때문에 기분이 언짢아서 쓰러지실까봐 걱정되는 것처럼 성모님께로 다가가면서 말한다.

"아! 아니다. 이 때문에 창백하고 떨리는 것이 아니다. 내 상처가 다시 터져서 그러는 것은 아니다. …사실은 내 상처가 결코 완전히 아물지는 않았다. 그러나 내 안에는 평화와 기쁨도 가지고 있는데, 그것이 지금같이 완전한 적은 일찍이 없었다."

"지금 같은 적이 없었다구요? 저는 못 알아 듣겠습니다. …저는 끔찍한 추억이 가득 담긴 이 물건들을 보기만 해도 그 때의 괴로움이 다시 살아나는데요. 그래도 저는 제자에 지나지 않지만, 어머니는 예수님의 어머니이신데요…."

"그러니까 네 말은 내가 어머니인 만큼 더 괴로워할 것이란 뜻이지. 인간적으로는 네 말이 옳다. 그러나 그렇지 않다. 나는 예수와 헤어지는 고통을 참아받는 것이 습관이 되었다. 예수가 내 가까이에 있는 것이 내 지상낙원이었으니까 헤어지는 것이 항상 고통이 되기는 했다. 그러나 또한 자발적으로 차분하게 참아받기로 했다. 그것은 예수가 하는 것은 모두 아버지께서 원하시는 것이었고, 하느님의 뜻에 순종하는 것이었기 때문이었다. 그리고 나도 그것을 받아들인 것은 나도 항상 내게 대한 하느님의 뜻과 계획에 순종했기 때문이다. 예수가 나를 떠날 때에 나는 분명히 괴로웠고, 외로움을 느꼈다. 예수가 어렸을 때 성전의 박사들과 토론하려고 나를 몰래 떠났을 때 내 고통이 정말 얼마나 심했는지는 하느님만이 헤아리실 수 있었다. 그렇지만 어머니인 내가 나를 그렇게 떠난 데 대한 당연한 질문을 한 것 외에는 다른 말을 하지 않았다. 또 이와 마찬가지로 예수가 선생이 되기 위해 나를 떠났을 때에도 말리지 않았다. … 그런데 나는 남편을 벌써 잃었고, 몇 사람만 빼놓고는 나를 사랑하지 않는 읍내에 혼자 있는 처지였다. 그리고 가나의 혼인 잔치에서 예수가 그렇게 대답한 데 대해서도 놀라움을 표시하지 않았다. 예수는 아버지의 뜻을 행하고 있었다. 나는 예수가 아버지의 뜻을 마음대로 하게 그냥 내버려두었다. 나는 의견을 말하거나 부탁을 하거나 할 수 있게 되었었다. 제자들에 대한 의견과 어떤 불행한 사람들을 위한 부탁을. 그러나 그 이상의 일은 하지 않았다. 예수가 나를 떠나 세상을 두루 다닐 때에 나는 괴로웠다. 그 세상에서 사는 것이 예수에게는 괴로움이 될 만큼 세상은 그에게 적대적이고 죄가 많았었다. 그러나 예수가 내게 돌아올 때에는 얼마나 기뻤는지! 정말이지 그 기쁨은 너무나 커서 이별의 고통을 일곱 번씩 일흔 번이나 벌충해 주는 것이었다. 예수가 죽은 다음에 있은 이별의 고통은 가슴이 찢어지는 것 같았다. 그렇지만 예수가 부활해서 내게 나타났을 때의 기쁨을 무슨 말로 말할 수 있겠느냐? 예수가 아버지께로 올라감으로 인해서 헤어진 데서 오는 마음의 고통도 엄청나고, 이 고통은 이 세상에서 사는 내 생명이 다할 때에야 비로소 끝날 것이다. 이제는 내가 다 살았다는 것을 느끼기 때문에 기쁨에 잠겨 있다. 고통이 엄청났던 것처럼 엄청난 기쁨에, 나는 이 땅에서의 내 사명을 다했다. 다른 사명, 즉 하늘에서의 사명은 끝이 없을 것이다. 하느님께서는 나도 내 예수와 같이 내가 해야 할 일을 다 할 때까지 이 세상에 남겨 두셨다. 그리고 나도 예수가 '이제 다 이루었다'고 말할 수 있었을 때 느꼈던 그 은밀한 기쁨, 그 지극히 고통스러운 마지막의 격렬한 아픔을 달래는 오직 한방울의 향유였던 그 은밀한 기쁨을 내 안에 느꼈다."

"예수님께 기쁨이 있었다구요? 그 시간에요?"

"그렇다. 요한아. 사람들로서는 이해하지 못할 기쁨이다. 그러나 벌써 하느님의 빛 속에서 살아서, 그 빛의 덕택으로 영원하신 분께서 왕으로서의 당신을 비밀 위에 덮으신 베일 밑에 숨겨진 일들을 보는 사람들로서는 이해할 수 있는 기쁨이다. 그 사건들로 인해서 가슴아파하고 깜짝 놀라고, 내 아들과 같이 하느님께 버림을 받았다고 느끼던 나는 그 때는 이해하지 못했다. 그 시간에는 빛이 모든 사람에게 꺼졌었다. 예수를 받아들이기를 원치 않은 모든 사람에게 내게도 꺼졌었다. 당연히 벌을 받아야 하기 때문이 아니라, 내가 공동 속죄자가 되어야 하므로, 나도 하느님의 위안을 받지 못한다는 고민과 암흑과 고뇌와 예수가 말한 것이 가능하다는 것을 믿지 못하게 하려는 사탄의 유혹과 예수가 목요일에서 금요일에 걸쳐 정신으로 겪은 모든 고통을 나도 겪어야 했기 때문이었다. 그러나 그후 나는 깨달았다. 영원히 부활한 빛이 내게 나타났을 때 나는 깨달았다. 모든 것을. '나는 아버지께서 하라고 시키신 것을 다하였다. 나는 나 자신을 희생으로 바칠 정도로 아버지를 사랑하고, 사람들을 위하여 죽을 정도로 그들을 사랑함으로써 하느님의 사랑의 한도를 채웠다. 나는 내가 해야 할 일을 다하였다. 나는 비록 죄없는 내 육체는 갈기갈기 찢겼지마는 만족스러운 정신을 가지고 죽는다'고 예수가 말할 수 있었을 때 그리스도의 은밀한 극도의 기쁨까지도 느꼈다. 나는 영원으로부터 내가 해야 할 것이라고 씌어진 것을 모두 행했다. 구세주를 낳음으로부터 그의 사제들인 너희가 완전히 성숙하도록 너희에게 주는 도움에 이르기까지. 이제는 교회가 조직되고 강하게 되었다. 성령께서 이 교회를 비추시고, 최초의 순교자들의 피가 견고하게 하고 불어나게 하며, 내 도움이 이 교회를 거룩한 조직체가 되게 하는 데 이바지한다. 이 거룩한 조직체를 하느님과 형제들에 대한 사랑이 점점 더 강하게 하고, 여기에는 증오와 원한과 질투 같은 사탄의 잡초가 돋아나지 않는다. 하느님께서는 이것을 기쁘게 생각하시고, 너희들이 이것을 이 입에서 듣기를 원하시며, 또 너희들이 더 완전해지기 위해서, 또 그리스도인의 수가 늘어나고 교회가 더 힘있게 퍼지기 위해서 계속해서 사랑이 커지도록 하라는 말을 내가 너희들에게 해 주기를 원하신다. 예수의 가르침은 사랑의 가르침이었기 때문이고, 예수의 생활도 내 생활도 항상 사랑의 인도를 받고 사랑으로 움직였기 때문이다. 우리는 아무도 물리치지 않았고, 모든 사람을 용서했다. 오직 한 사람에게만 용서를 줄 수 없었는데, 그것은 그가 증오의 노예가 되어 우리의 한없는 사랑을 원치 않았기 때문이다. 예수가 죽기 전 마지막 작별을 할 때에 너희들에게 서로 사랑하라는 계명을 주었다. 또 너희들에게 이렇게 말하면서 너희들이 서로 가져야 할 사랑의 정도가 어떠해야 하는지를 일러주었다. '내가 너희들을 사랑한 것과 같이 너희들도 서로 사랑하여라. 이것으로써 사람들은 너희들이 내 제자임을 알 것이다' 하고. 교회가 살고 커지기 위해서는 사랑이 필요하다. 특히 그 사제들에게 사랑이 필요하다. 만일 너희들이 온 힘을 다해서 서로 사랑하지 않고, 또 이와 마찬가지로 너희 형제들을 주님을 통해 사랑하지 않으면, 교회가 열매를 맺지 못할 것이고, 인간을 지극히 높으신 분의 아들과 하늘 나라의 공동 상속자의 지위로 새로 창조하는 것, 즉 인간의 초창조(超創造)가 어렵고 약하게 될 것이다. 그것은 하느님께서 너희가 사명을 다하도록 도와주시는 것을 그만두실 것이기 때문이다. 하느님은 사랑이시다. 하느님께서 하신 모든 것은 사랑으로 이루어졌다. 창조에서 강생에 이르기까지, 강생에서 구속에 이르기까지, 구속에서 교회의 설립에 이르기까지, 마침내 모든 의인들이 주님 안에서 몹시 기뻐하도록 그들을 모아놓을 천상의 예루살렘에 이르기까지. 내가 네게 이 말을 하는 것은 네가 사랑의 사도이고, 그래서 다른 사도들보다도 이 말들을 더 잘 이해할 수 있기 때문이다…."

요한이 성모님의 말을 막는다. "다른 사도들도 사랑하고 또 서로 사랑합니다."

"그렇다. 그러나 너는 더할 나위 없이 사랑하는 사람이다. 너희들 각자는 항상 자기만의 특징을 가지고 있었다. 어떤 피조물의 경우에도 그런 것과 같이 말이다. 그런데 너는 열두 사람 중에서 사랑이었고, 순결한, 초자연적인 사랑이었다. 하기는 아마 네가 그렇게 순결하니까 그렇게까지 사랑하는 사람이 되었겠지. 한편 베드로는 항상 남자다웠고, 솔직하고 과격한 사람이었다. 그의 동생 안드레아는 형과 정반대로 말수가 적고 소심했다. 네 형 야고보는 예수가 천둥의 아들이라고 부를 정도로 성질이 격렬했다. 예수의 사촌형제인 야고보는 의롭고 영웅적인 사람이었고, 그의 동생 알패오의 유다는 항상 고상하고 성실했다. 그에게서는 다윗의 후예라는 것이 분명히 나타났다. 필립보와 바르톨로메오는 전통에 집착하는 사람들이었고, 열성당원 시몬은 신중한 사람이었고, 토마는 온화한 사람, 마태오는 그의 과거를 생각하고 눈에 띄지 않고 지내려고 애쓰는 겸손한 사람이었다. 그러나 가리옷 사람 유다는 슬프게도 그리스도의 양떼의 검은 양이었고, 예수의 사랑으로 몸이 녹은 뱀인 그는 항상 사탄과 같은 거짓말쟁이였다. 그러나 온전히 사랑인 너는 더 잘 이해할 수 있고 멀리 떨어져 있는 모든 사람에게 사랑의 목소리가 되어, 그들에게 내 마지막 충고를 말해줄 수 있다. 그들에게 서로 사랑하고, 그들을 박해하는 사람들까지도 포함한 모든 사람을 사랑해서 하느님과 하나가 되도록 하라고 말해라. 마치 내가 영원한 사랑의 정배로 선택되어 그리스도를 잉태할 자격을 얻을 정도로 하느님과 하나가 된 것과 같이 말이다. 나는 그렇게 함으로써 얼마나 많은 고통이 내게 오셨는지를 이내 깨달았으면 서로 나를 남김없이 하느님께 바쳤다. 예언자들이 내 정신에 와 있었고, 하느님의 빛은 그들의 말을 내게 매우 명백하게 해주었다. 따라서 천사에게 '그대로 되기를 바랍니다' 하고 처음에 말할 때부터 한 어머니가 견딜 수 있는 고통 중에서 가장 큰 고통에 나를 바친다는 것을 알았다. 그러나 내 사랑에 한계를 만들어 놓는 것은 아무 것도 없었다. 그것은 사랑이 그것을 실천하는 어떤 사람에게나 힘과 빛이고, 위로 잡아끄는 자석이고, 그것이 불태우는 것을 깨끗하고 아름답게 만드는 불이어서, 그것이 끌어안는 모든 사람에 있어서는 인간적인 것을 변화시키고 초월하게 한다는 것을 내가 알기 때문이다. 그렇다. 사랑은 실제로 불꽃이다. 낡아빠진 것은 찌꺼기이건, 쓰레기이건, 나약한 인간이건 모두 부숨으로써 깨끗하고 하늘에 어울리는 영을 만드는 불꽃이다. 얼마나 많은 찌꺼기를, 더럽혀지고 물어뜯기고 끝장이 난 사람을 너희들이 복음을 전하는 길에서 얼마나 많이 만나겠느냐! 그들 중에서 아무도 업신여기지 말고 오히려 사랑해서 그들이 사랑을 찾아와서 구원을 받게 해라. 그들에게 사랑을 부어 주어라. 사람이 나쁘게 되는 것은 아무도 그를 도무지 사랑하지 않거나 제대로 사랑하지 않기 때문인 경우가 많다. 너희들은 많은 물건이 속을 비게 하고 더럽힌 그 성전들을 깨끗하게 한 다음에 성령께서 다시 와서 사시게 하도록 그들을 사랑해라. 하느님께서는 사람을 창조하시는 데 천사나 고급 재료를 쓰지 않으셨다. 하느님께서는 진흙이라는 가장 비천한 물질을 쓰셨다. 그런 다음 그 진흙에 당신의 입김을, 즉 당신의 사랑을 또 불어넣으셔서 비천한 물질을 하느님의 양자라는 높은 지위에 올리셨다. 내 아들은 그가 가는 길에서 진흙에 빠진 많은 인간 찌꺼기를 발견했다. 그러나 그들을 업신여겨서 발로 짓밟지 않고, 오히려 거두고 받아들여서 하늘의 간택된 사람들을 만들었다. 그것을 항상 기억하고 그가 한 것과 같이 해라. 내 아들의 행동과 말 모두를 기억해라. 그것들을 살아라, 즉 그것들을 실천에 옮겨라. 그리고 그것들을 글로 써서 세상 끝날 때까지 올 사람들을 위해 남아 있게 하고, 마음이 착한 사람들에게 항상 영원한 생명과 영광을 얻는 데 길잡이가 되게 해라. 너희들은 물론 생명과 진리의 영원한 말씀의 빛나는 말 전부를 옮길 수는 없을 것이다. 내가 구세주를 세상에 주도록 하시려고 내게 내려오신 하느님의 성령, 너희들에게 첫번째와 두번째 내려오신 하느님의 성령께서 너희들이 기억하고 군중에게 말하는 일을 도우셔서 그들을 참 하느님께로 회개시키게 해주실 것이다. 너희들은 이렇게 해서 갈바리아산 위에서 내가 시작한 영적인 모성을 계속해서 많은 자녀를 주님께 낳아 드릴 것이다. 그리고 다시 창조된 주님의 자녀들 안에서 같은 성령께서 말씀으로 그들을 굳세게 하실 것이니 이미 스테파노와 야고보, 내 야고보와 또 다른 여러 사람이 그렇게 한 것과 같이 그리스도께 대한 그들의 사랑을 공공연하게 고백하고 하늘 나라에 있는 그리스도께로 가기 위해 고통 중에서 죽고, 귀양살이와 박해를 겪는 것을 기쁘게 생각하도록 하실 것이다. …네가 혼자 남게 되거든… 이 궤를 지켜라…."

요한은 얼굴이 창백해지며, 성모님이 당신 사명이 다한 것을 느낀다고 말씀하실 때 그랬던 것보다도 한층 더 마음이 어지러워진다. 그는 소리를 질러 성모님의 말을 막고 이렇게 묻는다. "어머니, 왜 그런 말씀을 하십니까? 몸이 불편하십니까?"

"아니다."

"그러면 저를 떠나시려는 것입니까?"

"아니다. 나는 이 세상에 있는 한 너와 함께 있을 거다. 그러나 요한아, 혼자 있을 마음의 준비를 해라."

"아니 그럼 어머니는 몸이 불편하신데, 제게 숨기려고 하시는 거로군요!…"

"아니다. 정말 아니야. 나는 지금처럼 튼튼하고 화평하고 기쁘게 느낀 적이 한 번도 없었다. 그렇지만 나는 내 안에 너무나 큰 환희와 너무나 충만한 초자연적인 생명을 가지고 있어서… 그렇다. 계속해서 이 세상에서 살면서 그것을 견디어 낼 수는 없을 것으로 생각할 지경이다. 게다가 나는 영원하지 않다. 너는 이것을 이해해야 한다. 내 영은 영원하다. 그러나 육체는 그렇지 않다. 내 육체는 어떤 사람의 육체와 마찬가지로 죽게 되어 있다."

"아닙니다! 아니예요! 그런 말씀 마세요. 어머니는 돌아가실 수가 없고, 돌아가셔도 안 됩니다! 티없는 어머니의 육체는 죄인들의 육체와 같이 죽을 수 없습니다!"

"요한아, 네 생각은 틀렸다. 내 아들도 죽었다! 그리고 나도 죽을 것이다. 나는 병과 임종의 고통과 죽음의 경련은 겪지 않을 것이다. 그러나 죽기는 죽을 것이다. 그리고 내 아들아, 네가 알아야 할 것은 만일 내가 내 소원을 가지고 있다면, 완전히 나만의 것이고 예수가 나를 떠난 때부터 계속 가지고 있는 소원이 있다면, 그것은 바로 이런 것이다. 이것이 내 첫번째 소원이고, 완전히 나만의 것인 간절한 소원이다. 이것은 내가 처음으로 원하는 것이라고 말할 수도 있다. 내 일생 동안의 다른 것은 모두가 내 뜻이 하느님의 뜻에 동의하는 것에 지나지 않았다. 동정녀로 있겠다는 뜻도 하느님께서 친히 소녀인 내 마음에 넣어 주신 하느님의 뜻이었고, 요셉과의 내 결혼도 하느님의 뜻이었고, 동정녀로 하느님의 어머니가 되는 것도 하느님의 뜻이었다. 내 일생에 모든 것이 하느님의 뜻이었고, 하느님의 뜻에 순종하는 것이었다. 그러나 예수와 다시 결합하고자 하는 것은 전적으로 내 뜻이다. 세상을 떠나 하늘에 가서 영원히 그리고 끊임없이 예수와 같이 있는 것 말이다! 이것이 여러 해 전부터 내가 가져온 소원이다! 그런데 이제는 이 소원이 현실이 되려고 한다는 것을 느낀다. 요한아, 그렇게 불안해 하지 말고, 그보다도 내 유언을 들어라. 내 육체가 생명을 주는 영이 없어지고 평화롭게 누워 있거든, 히브리인들 사이에 관습으로 되어 있는 향료바르는 일을 겪지 말게 하여라. 이제는 내가 히브리인이 아니고, 그리스도인이다. 곰곰히 생각해 보면, 내 안에 그리스도를, 살과 피를 가진 그리스도를 가졌었고, 내가 그리스도의 첫번째 제자였고, 내가 그리스도와 함께 공동 속죄자였고, 그리스도의 제자인 너희들 가운데 여기서 그리스도의 계승자였기 때문에 내가 첫번째 그리스도인이다. 내 아버지와 어머니와 내가 나는 것을 지켜본 사람들을 빼놓고는 아무도 내 몸을 보지 못하였다. 너는 나를 자주 '하느님의 말씀이 들어 있는 궤'라고 불렀다. 이제 너는 궤를 볼 수 있는 사람은 오직 대사제뿐이라는 것을 알고 있다. 너는 사제이고 성전의 대사제보다도 훨씬 더 거룩하고 더 깨끗하다. 그러나 나는 영원한 대사제만이 알맞은 때에 내 육체를 볼 수 있기를 바란다. 그러므로 내 몸을 건드리지 말아라. 그뿐 아니라, 알겠느냐? 나는 벌써 몸을 깨끗하게 하였고 깨끗한 옷을, 영원한 혼례식의 옷을 입었다. …그런데 왜 우느냐, 요한아!"

"심한 고통이 제 안에서 일어나기 때문입니다. 제가 어머니를 멀지 않아 잃게 되리라는 것을 깨닫습니다. 어머니 없이 어떻게 살아갑니까? 이 생각에 가슴이 찢어지는 것 같습니다! 이 고통을 견디어 내지 못하겠습니다!"

"견디어 낼 거다. 하느님께서 나를 도와주신 것과 같이 너를 도와 살게 하실 것이고, 그것도 오래 살게 하실 것이다. 만일 하느님께서 도와주지 않으셨더라면, 골고타와 올리브 동산에서 예수가 죽었을 때와 하늘에 올라갔을 때, 나는 이사악이 죽은 것과 같이 죽었을 것이다. 하느님께서는 너를 도와 살게 하실 것이고, 내가 전에 네게 말해준 것을 모든 사람의 이익을 위해 기억하게 하실 것이다."

"아이고! 기억하겠습니다. 모든 것을. 그리고 어머니의 육신에 대해서도 하라시는 대로 하겠습니다. 히브리인들의 의식이 그리스도인이신 어머니께는, 완전히 깨끗하신 어머니께는 소용이 없다는 것도 알겠습니다. 어머니는 육체의 부패를 겪지 않으시리라는 것을 저는 확신합니다. 어머니는 원죄를 면하셨기 때문에, 그리고 그것보다도 한층 더한 것으로 어머니는 은총이 가득하신 분이시라는 것 외에 은총 자체이신 말씀을 몸 안에 모신 까닭에 말씀의 가장 참다운 유물이시기 때문에 그 어떤 사람의 육체보다도 신격화(神格化)되신 어머니의 육체는 어떤 육체를 따질 것 없이 죽은 육체의 분해, 부패를 겪을 수가 없습니다. 이것이 어머니께 대해서, 어머니 안에 행하시는 하느님의 마지막 기적이 될 것입니다. 어머니는 지금의 상태 그대로 보존되실 것입니다…."

"그러면 울지 말아라!" 하고 성모님은 온통 눈물에 젖어 엉망이 된 사도의 얼굴을 바라보시며 외치신다. 그리고 이렇게 덧붙이신다. "만일 내가 지금 있는 그대로 보존된다면, 너는 나를 잃지 않는 것이 될 거다. 그러나 슬퍼하지 말아라!"

"어머니가 부패를 면하신다 해도 저는 역시 어머니를 잃습니다. 저는 그것을 느낍니다. 그래 폭풍우와 같은 고통에 휩쓸리는 것같이 느껴집니다. 저를 부러뜨리고 쓰러뜨리는 폭풍우입니다. 어머니는 제 모든 것이셨습니다. 특히 제 부모가 돌아가시고, 다른 친형제들과 사명에 의한 형제들이 멀리 떠나가고, 또 사랑하는 마루잠마저 베드로가 데리고 가서 없어진 뒤로는 더 그렇습니다. 이제 저는 혼자인데, 가장 심한 폭풍우를 겪고 있습니다!" 그러면서 요한은 성모님의 발 앞에 엎드리며 한층 더 크게 운다.

성모님은 그에게로 몸을 굽히시고 흐느낌으로 인하여 흔들리는 머리에 한 손을 얹으시고 말씀하신다. "아니, 그러지 말아라. 왜 내게 고통을 주느냐? 네가 십자가 아래에서 그토록 굳세었었는데, 그것은 예수의 엄청나게 큰 수난으로도 백성들의 악마 같은 증오로도 비할 데 없이 끔찍한 광경이었는데 말이다! 그 시간에 예수를 위로하고 내 기운을 돋우어 주기 위해 그토록 굳세었었는데! 그런데 오늘은 반대로, 이렇게도 맑고 고요한 이 안식일 저녁에, 내가 예감하는 가까이 다가온 기쁨을 누리고 있는 내 앞에서 그렇게 혼란에 빠지다니! 진정해라. 우리 둘레와 내 안에 있는 것을 본받아라. 아니 그보다도 그것과 일치해라. 모든 것이 평화롭다. 그러니 너도 평화로워라. 올리브 나무들만이 가볍게 살랑거리는 소리로 이 시간의 절대적인 고요함을 깨고 있다. 그러나 이 가벼운 소리는 하도 조용해서 집 둘레를 천사들이 날아다니는 것 같다. 또 어쩌면 천사들이 이 주위에 와 있는지도 모른다. 내가 내 생애의 특별한 순간에 있을 때 천사가 하나 혹은 여럿이 항상 내게 가까이 와 있었기 때문이다. 나자렛에서 하느님의 성령께서 내 동정녀의 태에 아기를 잉태하게 했을 때 거기 있었고, 요셉이 내 상태 때문에, 또 내게 대해서 취해야 할 태도 때문에 마음이 어지럽고 주저하고 있을 때 그의 집에도 가 있었다. 또 베들레헴에서는 예수가 태어났을 때와 우리가 에집트로 피난해야 했을 때, 이렇게 두번에 걸쳐 왔었다. 또 에집트에서는 팔레스티나로 돌아오라는 명령이 우리에게 내렸을 때. 그리고 천사들의 왕 자신이 부활하자마자 내게 왔었기 때문에 천사들이 내게는 나타나지 않았지만, 안식일 다음날 아침 경건한 여인들에게 나타나서 너와 베드로에게 어떻게 해야 할지 말하라는 명령을 주었다. 천사들과 빛이 내 생애와 예수의 생애의 결정적인 순간에 항상 와 있었다. 빛과 열렬한 사랑이 하느님의 옥좌에서 하느님의 종인 내게로 내려오고, 내 마음에서 내 왕이시요 주님이신 하느님께로 올라가서 나를 하느님과 결합시키고 하느님을 내게 결합시켜, 이루어져야 한다고 쓰여진 것이 이루어지게 했고, 또 하느님의 비밀을 덮는 빛의 장막을 만들어서, 사탄과 그의 종들이 강생의 숭고한 신비를 알맞은 시기 전에 알지 못하게 했다. 오늘 저녁에도, 비록 보이지는 않지만, 천사들이 내 둘레에 있는 것을 느낀다. 또 내 안에, 내 마음 속에 빛이 커가고 있는 것을 느낀다. 내가 그리스도를 잉태했을 때, 그리스도를 낳았을 때 나를 둘러쌌던 것과 같은 견딜 수 없는 빛이. 내가 평소에 가지고 있는 사랑의 정열보다도 더 강한 사랑의 정열에서 오는 빛이. 나는 이와 같은 사람의 힘으로 때가 되기 전에 말씀을 하늘에서 끌어내려 사람이 되고 속죄자가 되게 했다. 오늘 저녁 내 안에 파고 들어오는 것과 같은 사랑의 힘으로 하늘이 나를 세상에서 빼앗아 내가 내 영과 더불어 가기를 갈망하는 곳으로 데려가서 하느님께서 당신의 종인 내게 해주신 위대한 일들에 대해 그분께 내 불멸의 '마니피캇'(magnificat = 내 영혼이 주를 찬양하며)을 많은 성인들과 천사들의 무리와 함께 영원히 노래하기를 바란다."

"어머니는 아마 영만 가지고 가지 않으실 것입니다. 그리고 이 세상도 어머니께 화답(和答)할 것입니다. 그 민족들과 나라들과 더불어 이 세상이 존재하는 한 어머니를 찬미하고 존경과 사랑을 드릴 이 세상이 말입니다. 이것이 비록 모호하기는 하지만 토비아가 어머니께 대해 예언한 것입니다. 그것은 지성소가 주님을 모신 것이 아니라, 어머니가 정말 어머니 안에 주님을 모셨기 때문입니다. 어머니 혼자서 모든 대사제들과 성전의 다른 모든 사제들이 여러 세기 동안 드리지 못했을 만큼 많은 사랑을 하느님께 드리셨습니다. 열렬하고 지극히 깨끗한 사랑을. 이 때문에 하느님께서 어머니를 지극히 복되게 하실 것입니다."

"그리고 내 유일한 소원, 내 오직 하나인 뜻을 채워주실 것이다. 사랑은 하느님인 내 아들의 사랑과 거의 같은 완전에 이를 만큼 전적일 때에는 모든 것을, 인간적으로 생각해서 얻을 수 없는 것으로 보일 것까지도 모두 얻어 내기 때문이다. 요한아, 이것을 기억하고 네 형제들에게 말해 주어라. 너희들은 몹시 반대를 받을 것이다! 너희들은 갖가지 방해로 인해서 실패하지 않을까 염려하게 될 것이고, 박해자들에게서 학살이, 가리옷 사람 같은… 윤리관을 가진 그리스도인들에게서는 탈퇴가 너희들의 정신을 위축시킬 것이다. 그러나 걱정하지 말아라. 사랑해라. 그리고 걱정하지 말아라. 너희들이 어떻게 사랑하느냐에 따라서 하느님께서는 너희를 도우실 것이고 모든 것과 모든 사람을 이기게 하실 것이다. 세라핌(熾品天使 – 치품천사)같이 되면 무엇이든지 얻게 된다. 그 때에는 우리 안에 불어넣어진 하느님의 입김인 기묘하고 영원한 것인 저 영혼이 하늘을 향해 뛰어올라 불꽃처럼 하느님의 옥좌 앞에 떨어져서 말을 하고 하느님께서는 그 말을 들으신다. 그래서 그는 자기가 원하는 것을 전능하신 분에게서 얻어낸다. 만일 사람들이 옛날 율법이 명하는 것과 같이, 내 아들이 사랑한 것같이 또 사랑하라고 가르친 것과 같이 사랑할 줄을 안다면 모든 것을 얻어낼 수 있을 것이다. 그래서 나는 이렇게 사랑한다. 이 때문에 나는 세상에 있는 것을 곧 그만두게 되리라는 것을 느낀다. 마치 내 아들이 고통이 지나쳐서 죽은 것과 같이 나는 사랑이 지나쳐서 죽을 것이다. 자, 이렇게 될 것이다! 내 사랑의 용량(容量)은 꽉 찼다. 내 영혼과 내 육체가 이제는 그것을 그 안에 지닐 수가 없게 되었다! 사랑이 내 영혼과 육체에서 넘쳐서 나를 휩쓸고, 동시에 나를 하늘을 향해, 하느님을 향해, 내 아들을 향해 들어 올린다. 그리고 그의 목소리는 내게 이렇게 말한다. '오세요! 나오세요! 우리 옥좌를 향해, 우리 삼위일체의 포옹을 향해 올라오세요!' 하고. 땅과 나를 에워싸고 있는 모든 것이 하늘에서 내게로 오는 큰 빛 속에 사라진다! 세상의 소음은 이 하늘의 목소리에 눌려 들리지 않게 된다! 요한아, 내게는 하느님의 포옹의 시간이 왔다!"

요한은 여전히 불안해 하면서도 성모님의 말씀을 듣고 좀 진정되었었다. 성모님의 말씀이 끝날 무렵에는 성모님을 넋을 잃고 쳐다보며, 성모님의 얼굴과 같이 대단히 창백한 얼굴이 된 채 그도 역시 탈혼된 것 같았다. 성모님의 창백함이 천천히 지극히 하얀 빛으로 변하니, 요한은 성모님 곁으로 달려가 부축을 하며 동시에 외친다. "어머니는 예수님이 다볼산 위에서 빛나게 변모하시던 때의 모습과 같으십니다! 어머니의 육체는 달같이 빛나고, 어머니의 옷은 아주 하얀 불꽃 앞에 놓인 금강석판처럼 반짝입니다! 어머니는 이미 사람이 아니십니다! 육체의 무게와 불투명성이 사라졌습니다! 어머니는 빛이십니다! 그러나 어머니는 예수님이 아니십니다. 예수께서는 사람이신 외에 하느님이시기 때문에 저기 다볼산 위에서도 이곳 올리브 동산에서 하늘로 올라가실 때에도 당신이 스스로 움직이셨습니다. 그러나 어머니는 스스로 움직이실 수 없습니다. 자, 오십시오. 제가 어머니를 도와 어머니의 지친 복된 육체를 침대에 뉘어 드리겠습니다. 쉬십시오." 그리고 지극히 다정스럽게 초라한 침대 곁으로 모시고 가니, 성모님은 겉옷도 벗지 않으신 채 침대에 누우신다.

팔을 가슴에 십자로 포개 얹고 사랑으로 빛나는 온화한 눈에 눈꺼풀을 내리시며, 당신에게로 몸을 굽히고 있는 요한에게 말씀하신다. "나는 하느님 안에 있고, 하느님께서는 내 안에 계시다. 내가 하느님을 주시하고 하느님의 포옹을 느끼는 동안, 너는 특히 이 시간에 내게 관계되는 시편과 성경 부분들을 읽어라, 지혜의 성령께서 네게 일러주실 것이다. 그런 다음 내 아들의 기도문을 외고, 알리러 온 대천사의 말과 엘리사벳이 내게 한 말을 되풀이해 주고, 내 찬미의 노래도 되풀이해다오.… 나도 이 세상에서 아직 내게 남아있는 것을 가지고 너 하는 대로 따라 하겠다…."

요한은 마음에서 올라오는 울음과 싸우고, 그를 어지럽게 하는 마음의 동요를 억제하려고 애쓰며, 세월이 흐르는 동안 그리스도의 목소리와 아주 비슷하게 된 매우 아름다운 목소리로 시편 118편을 시작한다. 그 목소리가 비슷한 것을 알아차리시고 성모님은 미소를 지으시며 이렇게 말씀하신다. "내 옆에 예수가 있는 것 같구나!" 요한은 시편 118편을 거의 다 읽고, 그 다음에는 41편의 처음 세 절과 38편의 처음 여덟 절, 22편과 제1편을 읽는다. 그런 다음 주기도문을 외고, 가브리엘과 엘리사벳의 말을 되풀이하고, 토비아의 찬가와 집회서 24장, 11절부터 34절까지를 읽는다. 끝으로 '마니피캇'(성모 찬가)을 시작한다. 그러나 9절에 이르렀을 때 요한은 성모님이 숨을 쉬지 않으신다는 것을 알아차렸다. 마치 목숨이 멎는 것을 알아차리지 못하신 것처럼 자연스러운 자세와 태도를 지니신 채 미소를 머금으시고 조용히 계셨다.

요한은 비통하게 부르짖으며 방바닥에 털썩 주저앉으며 침대 가에 몸을 대고 여러 번 성모님을 부른다. 요한은 성모님이 그에게 대답하실 수 없게 되었다는 것, 이제는 육체에 생명을 주는 영혼이 떠났다는 것을 믿지 못한다.

그러나 명백한 사실을 인정할 수밖에 없다! 그는 초자연적인 기쁨을 간직한 채 움직이지 않고 있는 성모님의 얼굴로 몸을 굽힌다. 그리고 그 우아한 얼굴과 아주 조용히 십자 모양으로 가슴에 포개진 깨끗한 그 손 위로 눈물이 비오듯 쏟아진다. 이것이 성모님의 육체를 씻는 유일한 목욕이다. 사랑의 사도요 예수께서 양자로 주신 사도의 눈물이.

처음의 격렬한 고통이 지난 다음, 요한은 성모님의 소원을 기억하고 침대 가에 늘어져 있는 넓은 겉옷 자락들을 모으고, 베개 양쪽으로 늘어져 있는 베일 자락도 모아서, 겉옷 자락은 몸 위에 펼쳐 놓고, 베일 자락은 머리 위에 펴 놓는다.

성모님이 이제는 석관(石棺) 위에 누워 있는 흰 대리석상 같으시다. 요한은 오랫동안 성모님을 들여다보는데, 그가 보고 있는 동안 그의 눈에서는 또 눈물이 떨어진다.

그런 다음 요한은 쓸 데 없는 가구는 모두 치워서 방을 다르게 배치한다. 그는 침대와 벽에 기대 있는 탁자만을 그대로 두고, 탁자 위에는 유물들이 들어있는 궤를 얹어 놓는다. 등없는 걸상 하나를 옥상 정원 쪽으로 나 있는 문과 성모님이 누워 계신 침대 사이에 놓는다. 그리고 등잔이 놓여 있는 까치발 달린 탁자가 있는데, 이제는 어두워지기 시작하므로 요한은 등잔에 불을 켠다.

그런 다음 게쎄마니 동산으로 내려가서 그가 찾아낼 수 있는 한 많은 꽃과 올리브 열매가 벌써 맺힌 올리브 나무 가지들을 꺾는다. 그는 작은 방으로 다시 올라가서 등잔 불빛으로 꽃과 가지들을 성모님의 시신 둘레에 늘어놓는다. 성모님의 시신은 커다란 화관 가운데 놓여 있는 것 같다.

요한은 이 일을 하는 동안 마치 성모님이 그의 말을 들으실 수 있는 것처럼 누워 계신 분께 말한다. "어머니는 항상 골짜기의 백합꽃, 우아한 장미꽃, 아름다운 올리브, 열매를 많이 맺는 포도나무, 거룩한 밀이삭이셨습니다. 어머니는 저희들에게 어머니의 많은 향기를 주셨고, 생명의 기름과 힘센 사람들의 포도주, 그것을 제대로 먹는 사람들의 정신을 죽음에서 보호하는 빵을 주셨습니다. 어머니같이 소박하고 깨끗하고, 어머니같이 가시가 있으면서도 평화로운 이 꽃들은 어머니 둘레에 잘 어울립니다. 이제는 이 등불을 가까이 갖다 놓겠습니다. 이렇게 어머니 침대 곁에 갖다 놓아서 어머니를 지키고, 제가 어머니를 지키는 동안 제 동무가 되게 하겠습니다. 그동안 저는 적어도 제가 기다리는 기적 중의 하나를 기다리고 그것이 이루어지기 위해 기도하겠습니다. 첫째 기적은 베드로의 소원대로 그와 다른 사도들이 어머니를 다시 한 번 뵐 수 있게 되는 것입니다. 그들에게 니고데모의 하인을 시켜 기별을 하겠습니다. 둘째 기적은 모든 점에 아드님과 같은 운명을 가지신 어머니가 아드님처럼 셋째날이 끝나기 전에 다시 깨어나셔서 저를 두 번 고아가 되게 하지 마셔야 한다는 것입니다. 셋째 기적은 어머니와 같지 않던 라자로에게 일어난 것과 같은 일이 어머니께도 일어나기를 제가 바라는데, 그것이 이루어지지 않게 된다면, 하느님께서 제게 평화를 주십사 하는 것입니다. 그러나 그 일이 왜 일어나지 않아야 하겠습니까? 아이로의 딸도 다시 살아났고, 나임의 젊은이도, 데오필로의 아들도 다시 살아났습니다. …하기는 그 때에는 선생님이 행하셨지요. …그렇지만 선생님은 눈에 보이게는 아니지만 어머니와 함께 계십니다. 그리고 어머니는 그리스도께서 다시 살려내신 사람들처럼 병으로 돌아가시지도 않으셨습니다. 아니 그런데 어머니는 정말 돌아가셨습니까? 여느 사람과 같이 돌아가셨어요? 아니지요. 저는 그렇지 않다는 것을 느낍니다. 어머니 영이 어머니 안에 어머니의 육체 안에 있지 않게 되었습니다. 이 뜻으로 죽음이라는 말을 할 수 있을 것입니다. 그러나 이 일이 일어난 모양 때문에 저는 이것이 죄없고 은총이 가득한 어머니의 영혼과 지극히 깨끗하고 동정인 어머니의 육체와 일시적으로 갈라진 것에 지나지 않는다고 생각합니다. 이렇게 되어야 합니다! 또 실제로 이렇게 되었습니다! 어머니께로 돌아올 생명과의 재결합이 어떻게 언제 이루어질지는 모르겠습니다. 그러나 저는 이것을 너무나 확신하기 때문에 하느님께서 말씀이나 행동으로 어머니의 운명에 대한 진실을 제게 보여 주실 때까지 여기 어머니 곁에 그대로 남아 있겠습니다."

모든 것을 다 정리한 요한은 등잔을 방바닥에 침대 가까이 내려놓고 걸상에 앉아 기도하면서 누워 계신 성모님을 들여다본다.

36. 성모님의 승천

며칠이 지났을까? 이것을 정확히 말하기는 어렵다. 생명이 없는 육체 둘레에 화관을 이루고 있는 꽃들을 가지고 판단한다면 몇 시간이 지났다고 말해야 할 것이다. 그러나 싱싱한 꽃들을 받치고 있는 올리브 나뭇잎들이 시들었고, 궤 뚜껑 위에 유물들처럼 놓여 있는 다른 꽃들이 시들어 있는 것을 보고 판단하자면 벌써 여러 날이 지났다고 생각해야 할 것이다.

그러나 성모님의 시신은 숨을 막 거두신 때와 똑같다. 그 얼굴과 작은 손에 아무런 주검의 표도 없다. 또 방안에는 불쾌한 냄새가 도무지 없다. 오히려 향과 백합꽃과 장미꽃과 은방울꽃과 여러 가지 산풀 냄새가 섞인 막연한 향기가 감돌고 있다.

며칠째 밤샘을 하고 있는지 아는 요한은 피로를 못 이겨 잠이 들었다. 여전히 등없는 의자에 앉아, 옥상정원으로 향한 문이 열려 있는 곁의 벽에 등을 기대고 있다. 방바닥에 놓여 있는 등잔 불빛이 그를 아래에서 올려 비추고 있어 눈물로 빨개진 눈둘레만 빼놓고는 대단히 창백하고 피로한 그의 얼굴을 볼 수 있다.

약한 빛으로 인하여 옥상과 집을 에워싸고 있는 올리브 나무들을 볼 수 있으니까 이제 막 날이 새기 시작한 모양이다. 이 빛은 점점 더 강해지고 문으로 해서 방안에까지 들어와, 등잔에서 떨어져 있어 겨우 희미하게 볼 수 있던 방안의 물건들까지도 더 분명히 보이게 한다.

갑자기 큰 빛이 방안을 가득 채운다. 거의 인광(燐光)과 같은 파란 빛을 띤 은빛이 도는 빛인데, 그것이 점점 더 강해져서 새벽 빛과 등잔 불빛을 보이지 않게 한다. 이 빛은 하느님이 탄생하실 때 베들레헴의 동굴을 가득 채우고 넘쳐 흘렀던 빛과 같은 빛이다. 그런 다음 이 천상 광채 속에 천사들의 모습이 보이게 되었는데, 그것은 그러지 않아도 몹시 강한 처음에 나타난 빛보다도 한층 더 찬란한 빛이다. 천사들이 목자들에게 나타났을 때 벌써 있었던 것과 같이 천천히 움직이고 있는 천사들의 날개에서는 오색이 찬란한 불똥들이 춤을 추며 쏟아져 나오고, 매우 기분좋은 아르페지오로 연주하는 것 같은 듣기 좋은 소리가 흘러나온다.

천사들은 작은 침대를 화관과 같이 둘러싸고 그 위로 몸을 숙여 움직이지 않는 시신을 쳐들고, 그들의 날개를 더 세게 흔들어 처음에 있던 소리를 더 크게 하면서, 마치 예수의 무덤이 기적으로 열렸던 것과 같이 기적으로 지붕에 생긴 구멍으로 해서 그들의 모후의 시신을 모시고 간다. 그 몸은 지극히 거룩하기는 하지만 아직 영광스럽게 되지는 않아서 아직 물질의 법칙을 따르고 있다. 그리스도께서는 부활하셨을 때 벌써 영광스럽게 되어 계셨기 때문에 따르지 않게 되었던 물질의 법칙이었다.

천사들의 날개로 일어나는 소리는 이제는 파이프 오르간의 소리같이 웅장하다. 잠이 들어 있는 채, 큰 빛과 천사들의 목소리로 방해된 듯이 의자 위에서 벌써 두세 번 움직였던 요한이 이 웅장한 소리와 세찬 통풍(通風) 때문에 잠이 완전히 깼다. 그 바람은 벗겨진 지붕으로 들어와서 열린 문으로 빠져나가는데, 일종의 회오리 바람이 되어 이제는 비어 있는 침대의 이부자리들과 요한의 옷을 흔들고, 등잔의 불을 끄고 열려 있는 문을 쾅하고 닫는다.

사도는 잠이 아직 덜 깬 상태에서 무슨 일이 일어났는지 알아보려고 주위를 둘러본다. 그는 침대가 비어 있고 지붕이 벗겨져 있다는 것을 알아차리고, 기적이 일어났다는 것을 깨닫는다. 그는 바깥 옥상으로 나와, 영적인 본능으로 그러는지 또는 하늘에서 부르는 소리가 있어 그러는지 머리를 들고, 떠오르는 해로 눈이 방해를 받지 않게 하려고 한 손으로 눈을 보호하며 쳐다본다.

그러니까 보인다. 아직 생명이 없고 자고 있는 사람의 몸과 똑같은 성모님의 몸이 천사들의 무리에 떠받치어 점점 더 높이 올라가는 것이 보인다. 마치 마지막 작별인사를 하는 것같이 겉옷과 베일 한 자락이 펄럭인다. 아마 빨리 들려 올라감으로 인하여 생기는 바람과 천사들의 날개의 움직임으로 그렇게 되는 모양이었다. 꽃들이, 요한이 성모님 시신 둘레에 갖다 놓고 새 것으로 갈아놓고 하였던 꽃들이 아마 옷주름 속에 남아 있었던 모양이어서, 옥상과 게쎄마니 동산 소유지 안에 소나기처럼 쏟아져 내린다. 그러는 동안 천사들의 무리의 힘찬 호산나 소리는 점점 더 멀어져 가고 따라서 더 작아져 간다.

요한은 하늘로 올라가는 그 몸을 계속해서 뚫어지게 쳐다본다. 그리고 틀림없이 하느님께서 그를 위로하고 양어머니에 대한 그의 사랑을 갚아 주시려고 그에게 주신 기적으로 그랬겠지만, 이제는 떠오른 햇빛에 둘러싸인 성모님이 일어나셔서, 당신의 육체에서 영혼을 갈라놓았던 탈혼에서 깨어나 다시 살아서 일어서시는 것을 분명히 본다. 이제는 성모님도 이미 영광스럽게 된 육체 특유의 은혜를 누리시는 것이다.

요한은 쳐다보고 또 쳐다본다. 하느님께서 그에게 주시는 기적은 이제는 하늘로 빨리 올라가시는 성모님이 호산나를 노래하는 천사들에 둘러싸여 계시지만 도움을 받지 않고 올라가시는 것을 자연의 모든 법칙을 거스려 볼 수 있게 해준다. 요한은 어떤 사람의 펜으로도 어떤 인간의 말로도 어떤 예술작품으로도 결코 묘사하거나 표현할 수 없을 아름다운 이 광경을 보고 넋을 잃고 있다. 그것은 표현할 수 없을 만큼 아름다운 광경이다.

요한은 여전히 옥상의 낮은 벽에 기대서서 점점 더 높이 올라가는 하느님의 그 찬란하고 빛나는 모습을 계속 뚫어지게 쳐다본다 ─ 성모님에 대하여 실제로 이렇게 말할 수 있는 것은 성모님이 강생하신 말씀의 본이 되시도록 티없으시기를 원하신 하느님께서 유일하게 만드신 분이기 때문이다 ─ 그리고 이것은 사랑이신 하느님께서 당신을 완전히 사랑하는 사람에게 주시는 마지막이요 최고의 기적이다. 그것은 지극히 거룩하신 어머니가 지극히 거룩하신 당신 아들과 만나시는 것을 보는 기적이다. 역시 찬란하게 빛나시고 이루 형언할 수 없을 만큼 아름다우신 아드님이 하늘에서 빨리 내려오셔서 어머니와 만나 가슴에 꼭 껴안으시고, 두 천체보다도 더 빛나시며, 예수께서 내려오셨던 곳으로 함께 가신다. 요한이 보는 광경은 끝났다.

그는 고개를 떨어뜨린다. 피로한 그의 얼굴에서는 성모님을 잃은 데서 오는 슬픔과 성모님의 영광스러운 운명에서 오는 기쁨을 엿볼 수 있다. 그는 이렇게 말한다. "감사합니다. 하느님! 감사합니다! 저는 이런 일이 일어나리라고 예감하고 있었습니다. 그래서 성모님의 승천의 상세한 점 하나도 놓치지 않으려고 깨어 있으려고 했습니다. 그러나 저는 사흘 동안이나 잠을 못 잤습니다! 그래서 졸음과 피로가 마음 고통과 합쳐져서 바로 승천이 임박했을 때에 저를 쓰러뜨리고 눌렀습니다. …하느님, 그러나 아마 그 순간을 방지하지 말라고, 또 제가 그 때문에 너무 괴로워하지 말라고 당신이 그렇게 되기를 원하신 것이지요. …그렇습니다. 틀림없이 그렇게 되기를 원하셨습니다. 마치 방금 기적이 아니고서는 볼 수 없었을 것을 보게 해주신 것과 같이, 성모님이 비록 아주 멀리 계시고 영광스럽게 되시고 찬란해지셨는데도 마치 아주 가까이에 계신 것처럼 또 뵐 수 있게 해주셨습니다. 그리고 또 예수님도 다시 뵙게 해주셨습니다! 오! 감히 바라지 못했던, 바랄 수도 없었던 광경을 본 것입니다! 오! 하느님이신 예수께서 당신의 요한에게 주신 선물 중의 선물입니다! 최고의 은총! 제 선생님이시오 주님이신 분을 다시 뵙다니! 당신 어머니 곁에 계신 주님을 뵙다니! 주님은 해와 같으시고 어머니는 달과 같으시며, 두 분이 영광스러우시기 때문에도 그렇고 영원히 다시 결합하신 행복으로도 그렇고 일찍이 들은 일이 없을 만큼 찬란하신 것을 뵙다니! 천상 예루살렘의 가장 큰 천체이신 두 분이 빛나고 계신 지금 천상낙원은 어떠하겠습니까? 천사들과 성인들 무리의 기쁨은 어떠하겠습니까? 어머니의 모든 마음 고통을 사라지게 하고 두 분의 모든 마음 고통도 사라지게 하는 일인 어머니와 아드님의 만남을 보는 것으로 인해서 얻은 기쁨이 어떻게나 큰 지 제 마음 고통도 사라졌고, 제 안에는 마음 고통 대신 평화가 자리잡았습니다. 제가 하느님께 청했던 세 가지 기적 가운데 두 가지는 이루어졌습니다. 저는 성모님이 다시 살아나시는 것을 보았습니다. 그래서 제게 평화가 돌아온 것을 느낍니다. 저는 두 분이 영광 중에서 다시 결합하시는 것을 보았기 때문에 제 고민은 모두 사라졌습니다. 하느님, 이것을 위해 감사합니다. 그리고 대단히 거룩하더라도 역시 인간인 존재에게 있어서도, 최후심판과 육신의 부활 후, 죽을 때에 하늘로 올라간 영과 육신이 다시 합쳐져 하나가 된 다음 성인들의 운명이 어떻게 되는지를 볼 수 있게 해주신 것을 감사합니다. 저는 항상 선생님의 모든 말씀을 굳게 믿었기 때문에 제가 믿기 위해서 볼 필요가 없었습니다. 그러나 수백, 수천년 뒤에 먼지가 되었던 육체가 다시 산 몸이 될 수 있다는 것을 의심할 사람이 많을 것입니다. 이 사람들에게 저는 그리스도께서만 하느님이신 당신의 능력으로 다시 살아나셨을 뿐 아니라, 그분의 어머니도 돌아가신지 — 그런 죽음도 죽음이라고 할 수 있다면 — 사흘 후에 다시 살아나셔서 그 영혼과 육신이 다시 결합하신 몸으로 하늘에 올라가 당신 아들 곁에 자리잡으셨다고 가장 높은 것을 걸어 맹세하면서 말할 수 있을 것입니다. 저는 이렇게 말할 수 있을 것입니다. '그리스도인 여러분은 모두 세상 마칠 때에 육신이 부활하는 것과 영혼과 육신의 영원한 생명을, 성인들에게는 지극히 행복하고, 회개하지 않은 죄인들에게는 끔찍한, 영원한 생명을 믿으시오. 예수님과 성모님이 거룩하게 사신 것과 같이 믿고 거룩하게 살아서 그분들과 같은 운명을 누리도록 하시오. 나는 그분들의 육체가 하늘로 올라가는 것을 보았습니다. 나는 이것을 여러분에게 증언할 수 있습니다. 언젠가 영원한 새 세상에서 영혼과 육신으로 태양이신 예수님과 모든 별 중에서 가장 큰 별이신 성모님 곁에 있을 수 있게 의인으로 사시오' 하고. 하느님, 다시 감사드립니다! 그리고 이제는 어머니에게서 남은 것을 거두겠습니다. 어머니의 옷에서 떨어진 꽃들, 침대에 남아 있는 올리브 나뭇잎들을 거두어 보관하겠습니다. 모든 것이 소용이 될 것입니다. …그렇습니다. 제가 헛되이 기다렸던 제 형제들을 돕고 위로하는 데는 모든 것이 소용될 것입니다. 조만간 그들을 다시 만날 것입니다….”

그는 떨어지면서 흩어진 꽃잎들도 주워 모아서 옷주름에 담아 가지고 방으로 다시 들어간다. 그 때에 그는 지붕이 뚫어진 것을 더 주의깊게 자세히 보며 외친다. "또 다른 기적! 예수와 마리아의 생애의 기적 중에 또 다른 기묘한 조화! 하느님이신 예수님은 당신 자신의 힘으로 부활하셔서 당신의 뜻만으로 무덤의 돌을 쓰러뜨리셨고, 당신의 능력만으로 하늘에 올라가셨다. 당신 자신의 힘으로 지극히 거룩하시지만 사람의 딸이신 마리아는 천사들의 도움으로 하늘에 들어 올려지는 길이 열렸고, 역시 천사들의 도움을 받아 하늘에 올라 가셨다. 그리스도의 경우에는 그분이 이 땅에 계시는 동안에 영이 돌아와 육체에 생명을 주었다. 그것은 당신 원수들의 입을 다물게 하고 당신의 모든 신자들의 믿음을 굳게 하기 위해 그렇게 되어야 했기 때문이다. 성모님의 경우에는 그분의 지극히 거룩한 육체가 벌써 천당 문턱에 가 있을 때에 그분의 영이 돌아왔다. 그분에게는 다른 것이 필요치 않기 때문이었다. 하느님의 무한한 지혜의 완전한 능력! …”

요한은 이제는 침대에 남아 있던 꽃과 잎들을 어떤 천에 모으고, 밖에서 모아 온 꽃과 잎들도 거기에 넣고서 모두를 궤의 뚜껑 위에 올려 놓는다. 그런 다음 궤를 열고 성모님의 작은 쿠션과 침대의 담요를 그 안에 넣는다. 그리고 부엌으로 내려와 성모님이 쓰시던 다른 물건들, 즉 물레가락과 토리개와 그릇들을 모아서 다른 물건들과 같이 넣는다. 그는 궤를 닫고 의자에 앉으며 외친다.

"이제는 내 일도 다 끝났다! 이제는 나도 하느님의 성령께서 인도하시는 것으로 마음대로 갈 수 있다. 가자! 선생님이 나더러 사람들에게 주라고 하시면서 주신 하느님의 말씀을 뿌리러 가자. 사랑을 가르치러. 사람들이 사랑과 그 힘을 믿도록 그것을 가르치러 가자. 사랑이신 하느님께서 사람들을 위해 무슨 일을 하셨는지를 그들에게 알려야 한다. 예수 그리스도의 영원한 제사와 성사와 의식을 알려야 한다. 그것을 통해 세상 마칠 때까지 우리가 성체로 예수 그리스도와 결합할 수 있고, 그분이 하라고 명하신 대로 의식과 제사를 되풀이하는 것이다. 완전한 사랑의 모든 선물을 알려야 한다! 우리가 그분을 믿었고 지금도 믿고 있는 것과 같이 사람들도 그분을 믿도록 사랑*을 사랑하게 해야 한다. 주님을 위하여 추수가 풍성하고 고기가 많이 잡히도록 사랑의 씨를 뿌려야 한다. 사랑은 모든 것을 얻어낸다. 성모님은 사도들의 무리 가운데에서 베드로를 성급한 사람으로, 안드레아를 온화한 사람으로, 알패오의 아들들을 고상한 태도와 더불어 성덕과 지혜를 가진 사람으로… 규정하신 것처럼 나를 사랑하는 사람, 더한 나위 없이 사랑하는 사람으로, 증오 자체였던 가리옷 사람과 정반대되는 사람으로 옳게 규정하셨는데, 그런 나에게 마지막으로 하는 말씀 가운데 이렇게 말씀하셨다. 사랑하는 사람인 내가 이제는 이 세상에서 사랑해야 할 선생님과 그분의 어머니를 모시고 있지 않게 되었으니, 여러 민족들에게 사랑을 퍼뜨리러 가겠다. 사랑이 내 무기요 내 교리일 것이다. 그리고 나는 사랑을 가지고 마귀와 이교(異敎)를 이기고 많은 영혼을 얻을 것이다. 나는 이렇게 해서 이 세상에서 완전한 사랑이셨던 예수와 마리아를 계승하겠다."

37. 지극히 거룩하신 성모님의 승천과 별세에 대한 고찰과 설명

I. "내가 죽었었느냐? 영의 고상한 부분이 육체와 갈라지는 것을 죽음이라고 부르려고 한다면 죽었었다. 그러나 죽음이란 말로 육체에 생명을 주던 영혼이 육체와 갈라지는 것을, 영혼으로 생명을 받지 못하게 된 물질의 부패를 가리키고, 우선 무덤의 음산한 성격과 우선 이 모든 것 중에서 죽음의 고통을 가리킨다면, 나는 죽지 않았었다.

내가 어떻게 죽었느냐, 아니 그보다도 어떻게 땅에서 하늘로, 우선 죽지 않는 부분을 가지고, 그 다음에는 죽을 수 있는 부분을 가지고 건너갔더냐? 죄의 흠을 알지 못한 여인으로서는 마땅히 그랬어야 할 것과 같이 말이다.

그날 저녁 안식일의 휴식이 벌써 시작되었었고, 나는 요한과 이야기를 하고 있었다. 예수와 예수의 일에 대해서. 저녁은 더없이 고요하였다. 안식일이기 때문에 사람들의 일하는 소리가 도무지 들리지 않았고, 시간이 늦어 사람과 새의 목소리가 하나도 들리지 않았다. 집 둘레에 있는 올리브 나무들만이 저녁 바람에 살랑거렸고, 날아다니는 천사들이 외따른 작은 집의 벽을 스치는 것 같았다.

우리는 예수와 아버지와 하늘 나라에 대해 말하고 있었다. 사랑과 사랑의 나라에 대해 말하는 것은 활활 타는 불로 타오르는 것이고, 영을 해방해서 신비스럽게 날아 올라가라고 물질의 끈을 태워버리는 것이다. 그런데 그 불이 하느님

---

* 역주 : 사랑 자체이신 하느님.

께서 인간들을 당신을 섬기라고 이 세상에 보존해 두시기 위해서 정해 놓으신 한계 안에 있으면, 사람이 살고 불타면서 그 뜨거운 불길 속에서 생명이 다하지 않고 생명의 완성을 얻어낼 수 있다. 그러나 하느님께서 그 한계를 치우시고, 하느님의 불이 마음대로 뚫고 들어가 영을 아무런 제한 없이 그에게로 끌어들이게 내버려 두시면, 그 때에는 영도 제한 없이 사랑에 응해서 물질과 갈라져 사랑이 끌고 청하는 곳으로 날아간다. 그러면 귀양살이가 끝나고 고향으로 돌아가는 것이다.

그날 저녁 내 영의 억제할 수 없는 열정과 한없는 활기에 어떤 아늑한 무기력과 물질에서, 그를 둘러싸고 있는 것에 멀어진다는 신비로운 감정이 겹쳐졌다. 지성은 한층 더 생생하게 추리하며 하느님의 광휘 속으로 빠져들어갔는데 말이다. 내 외아들의 뜻에 따라 내 양자가 된 때부터 내 모든 행동을 다정스럽게 조심성 있게 보아 온 요한은 침대에서 쉬라고 조용히 권하고 기도를 하면서 나를 지켰다.

내가 세상에서 마지막으로 들은 소리는 동정 사도 요한이 속삭이는 말이었다. 그것이 내게는 요람 곁에서 부르는 어머니의 자장가와 같았다. 그 말들이 내 영의 말할 수 없이 숭고한 마지막 탈혼을 배웅해 주었다. 그 말들은 내 영을 하늘까지 배웅해 주었다.

이 감미로운 신비의 유일한 목격자인 요한은 내 옷과 베일을 바꾸지 않고, 내 몸을 씻지도 않고 향유를 바르지도 않고 내 흰 겉옷으로 싸서 혼자서 정돈했다. 요한의 영은, 성신강림에서 내 승천에 이르는 이 주기의 둘째 삽화에 있는 그의 말로 분명히 알 수 있는 것과 같이 내 육체가 부패하지 않으리라는 것을 벌써 알고 있었고, 사도에게 어떻게 해야 할 지를 일러주었다. 순결하고 다정하고 하느님의 신비와 멀리 있는 동료들에 대해 조심성 있는 요한은 비밀을 지켜야 한다고, 하느님의 다른 종들도 나를 다시 보고, 이렇게 봄으로써 그들의 임무에서 오는 고생과 피로에 위로와 도움을 얻도록 그들을 기다려야 한다고 생각했다. 그는 동료들이 올 것을 확신하는 것처럼 기다렸다.

그러나 하느님의 명령은 달랐다. 그 명령은 언제나 그런 것처럼 사랑받는 제자에게는 좋은 것이었고, 모든 믿는 이에게는 언제나 그런 것과 같이 올바른 것이었다. 사랑받는 사도에게는 하느님께서 눈꺼풀을 무겁게 하셔서 잠으로 인해서 내 육체를 빼앗아 가는 것을 보는 지극한 고통을 당하지 않게 하셨다. 또 믿는 이들에게는 또 한 가지 진리를 주셨는데, 그것은 그들에게 육신의 부활과 의인들에게 주시는 영원하고 복된 생명의 보상을 믿게 하시려는 것이었고, 신약의 가장 강력하고 가장 기분좋은 진리인 내 원죄 없는 잉태와 동정녀로서 하느님의 어머니가 된 내 모성을 믿게 하시려는 것이었고, 육체의 의욕으로 태어나지 않고, 하느님과의 혼례로, 그리고 내 태중에 넣어진 하느님의 씨에서 태어난 참 하느님이요 참 사람인 내 아들의 천주성과 인성을 믿게 하시려는 것이었고, 끝으로 하늘에는 의인과 죄인 모두에 대하여 염려하는 사랑으로 두근거리고, 모두를 복된 고향에서 영원히 데리고 있기를 갈망하는, 사람들의 어머니인 내 마음이 있다는 것을 믿게 하시려는 것이었다.

천사들이 나를 작은 집에서 데리고 나왔을 때 내 영이 벌써 내게 돌아와 있었느냐? 아니다. 내 영은 이 땅에 다시 내려오지 않게 되어 있었다. 하느님의 옥좌 앞에서 흠숭을 하고 있었던 것이다. 그러나 세상과 귀양살이의 곳, 하나이시요 세위이신 내 주님과 갈라져 있게 하는 때와 장소가 영원히 버려졌을 때, 내 영은 내 영혼 가운데로 돌아와 찬란하게 빛나며 육체를 잠에서 끌어냈다. 그러므로 내가 육신과 영혼으로 하늘에 올라간 것은 예수의 경우와 같이 나 자신의 힘으로 한 것이 아니라 천사들의 도움을 받아서 그렇게 한 것이다. 나는 그 불가해 하고 신비로운 잠에서 깨어나 일어났고, 마침내 내 육체는 영광스럽게 된 육체들의 완전을 얻었었기 때문에 날아갔다. 그리고 나는 사랑했다. 나는 다시 만난 내 아들을 사랑했고, 하나이시요 세위이신 내 주님을 사랑했다. 영원히 사는 모든 인간의 운명이 그런 것과 같이 나는 주님을 사랑했다."

II. 그의 최후가 왔을 때, 내 어머니 마리아는 모든 향기를 발산한 다음에 별 아래에서 몸을 구부리고 꽃받침을 닫는 기진맥진한 백합꽃처럼 침대에 누워 하느님에 대한 마지막이고 차분한 명상에 잠기려고 둘레에 있는 '모든 것을 보지 않으려고 눈을 감으셨다.

마리아의 수호 천사는 하느님의 명령이 정한 시간에 절박한 탈혼이 그 영을 육체에서 분리시키고 땅에서 영원히 분리시키기를 초조히 기다리며 그 쉬는 모습을 들여다보고 있었는데, 그때 벌써 하늘에서는 하느님의 다정스럽고 매력있는 명령이 내려오고 있었다.

한편 이 세상의 천사인 요한도 이 신비스러운 휴식을 들여다보며 그를 떠나려는 어머니를 지키고 있었다. 그리고 어머니가 숨을 거두신 것을 보고는 속되고 호기심 많은 눈을 피해서 죽음을 초월하여 그렇게도 아름답고 조용하게 주무시는 하느님의 티없는 정배요 어머니로 그대로 계시도록 또 지켰다.

토마가 마리아의 유골 항아리를 다시 열었더니 꽃밖에 없더라는 전설이 있다. 그러나 이것은 순전히 전설이다. 어떤 무덤에도 마리아의 시체가 들어 있지 않았었다. 인간적인 의미로는 마리아의 시체가 결코 없었다. 그것은 마리아가 생명을 가진 누구나가 죽는 것같이 돌아가지 않으셨기 때문이다.

어머니는 다만 하느님의 명령으로 영과 갈라졌을 뿐이었고, 당신을 앞서 간 영과 더불어 그의 지극히 거룩하신 육체가 다시 결합한 것이었다. 황홀이 끝나면, 즉 영이 정상 상태로 돌아오면 탈혼도 끝나는 일반적인 법칙과는 반대로 이 경우에는 마리아의 육체가 죽음의 침대에 오래 머물러 있은 후에 영에게 돌아온 것이다.

하느님께서는 무엇이든지 하실 수 있다. 나는 내 능력 말고 다른 도움 없이 무덤에서 나왔다. 마리아는 나에게로 하느님께로 하늘로 소름끼치고 음산한 부패가 있는 무덤을 거치지 않고 왔다. 그것은 하느님의 가장 눈부신 기적의 하나였다. 에녹과 엘리야가 주님께 소중한 사람들이었기 때문에 죽음을 경험하지 않고 이 세상에서 없어져서 하느님만이 아시고 하늘에 사는 주민들만이 아는 어떤 다른 곳으로 옮겨진 것을 생각하면 사실은 유일한 기적은 아니다. 그들은 의인들이기는 하였다. 그러나 성덕이 하느님께만 떨어지는 내 어머니와 비교하면 그래도 아무 것도 아닌 사람들이었다.

그렇기 때문에 마리아의 시체와 무덤의 유물은 없다. 마리아는 무덤을 거치지 않았고, 그의 육체는 하늘로 올려졌기 때문이다.

Ⅲ. "내 아들을 잉태한 것은 황홀한 일이었고, 아들을 낳은 것은 더 황홀한 것이었으며, 내가 이 세상에서 하늘로 건너가는 것은 황홀한 가운데에서 가장 황홀한 것이었다. 수난 동안만 아무런 황홀도 내 혹독한 고통을 참아견딜 수 있게 하지 못했다.

내가 거기서 하늘로 올라간 집도 예수와 그의 어머니에 대한 라자로의 수많은 선심 중의 하나였다. 예수가 승천한 곳 가까이에 있는 게쎄마니 동산의 작은 집이었다. 그 집의 흔적을 찾으려고 해도 소용없다. 로마인들에 의해서 예루살렘이 파괴될 때에 그 집도 황폐하게 되었고, 그 잔해도 세월이 흐르는 동안 흩어져 버렸다."

Ⅳ. "내 아들의 탄생이 내게는 하나의 탈혼이었고, 그 시간에 내가 붙잡혀 들어간 하느님 안에서의 황홀에서 내 아기를 품에 안고 나 자신과 이 땅에 돌아온 것과 같은 모양으로, 부적당하게 내 죽음이라고 부르는 것도 하느님 안에서의 황홀이었다.

성신강림날 아침의 그 찬란한 빛 가운데에서 내가 받았던 약속을 믿고, 나는 사랑이 나를 그 안으로 빼앗아 가려고 마지막으로 오는 순간이 가까워진 것이 나를 항상 불사르고 있던 사랑의 불이 더 커지는 것으로 나타나게 될 것이라고 생각했었다. 그런데 내 생각이 틀리지 않았었다.

내 쪽에서는 나이 먹어 갈수록 영원한 사랑 속에 혼합되기를 바라는 소원이 내 안에서 더 커지고 있었다. 내게 그런 소망을 품게 하는 것은 내 아들과 다시 결합하기를 바라는 갈망과 내가 하느님의 옥좌 아래에 사람들을 위하여 기도하고 영험(靈驗)이 있는 사람으로 있을 때에야 비로소 그 어느 때보다도 그들을 위해 많은 일을 할 것이라는 확신이었다. 그래서 점점 더 정열적이고 더 빠른 감정을 가지고 내 영혼의 온 힘을 기울여 하늘을 향해 부르짖곤 했다. '주 예수, 오세요! 영원한 사랑, 오세요!' 하고.

내게는 목이 타는 꽃에 내리는 이슬과 같은 성체가 내게 생명이었던 것은 사실이다. 그러나 세월이 흐를수록 성체가 내 마음의 억제할 수 없는 불안을 만족시키기에는 부족했다. 이제는 거룩한 빵과 포도주의 형상으로 하느님인 내 아들을 받아, 마치 내 동정녀의 몸 안에 그를 가졌던 것과 같이 내 안에 지니는 것으로는 충분치 않게 되었다. 나 자신 전체가 하나이시요 세위이신 하느님을 원했다. 그러나 이루 말할 수 없는 신앙의 신비를 감추려고 내 예수가 택한 베일 속에 가려진 분으로가 아니라, 하늘 한가운데에 전에도 계셨고, 지금도 계시고, 미래에도 계실 그대로의 하느님 뵙기를 원했다.

내 아들 자신도 성체의 격정 속에 무한한 갈망의 포옹으로 나를 불타오르게 하고, 그의 사랑의 힘으로 내 안에 올 때마다 말하자면 내 영혼을 첫번 격정 속으로 빼앗아 가고 그 다음에는 무한히 다정스럽게 '어머니!' 하고 나를 부르면서 그대로 있었다. 그래서 나는 내 아들도 나를 그의 곁에 두고 싶어 견딜 수 없어 한다는 것을 느꼈다.

나는 더 이상 다른 것을 바라는 것이 없게 되었다. 나는 이 세상에서 산 마지막 시기에는 새로 태어난 교회를 보호할 욕망조차 가지고 있지 않았다. 하느님을 차지하면 내가 무엇이든지 할 수 있는 힘을 가지게 된다는 확신으로 인해서 하느님을 차지하고자 하는 갈망 속에 모든 것이 사라졌었다.

그리스도인들아, 이 전적인 사랑에 도달하여라. 이 세상의 것은 모두 가치를 잃는다. 오직 하느님만을 쳐다보아라. 욕망의 가난(욕망이 적은 것)이 헤아릴 수 없는 재물인데 너희들이 이것으로 부유하게 되면, 하느님께서는 너희들의 영 위로 몸을 구부리시고 우선 가르치고, 그 다음에는 사로잡으신다. 그러면 너희들은 그분과 더불어 성부, 성자, 성령께로 올라가 그분들을 알고, 영원히 행복하게 그분들을 사랑하게 될 것이고, 너희 형제들을 위해 그분들의 은총의 재물을 차지하게 될 것이다. 형제들과 함께 있지 않을 때만큼 그들을 위해 활동할 수 있는 때는 결코 없다. 그러나 그렇게 되려면 하느님의 빛과 결합한 빛이 되어야 한다.

영원한 빛의 접근은 내가 생각하던 대로였다. 내 영적인 눈에 열려진 하늘에서 내려와 내 영혼을 거두어 가려고 다가오는 찬란한 빛과 목소리에 눌려 모든 것이 빛과 빛깔, 목소리와 존재를 잃었다. 그 시간에 내가 내 아들의 도움도 받아 몹시 기뻐했을 것이라고 말한다. 물론 다정스러운 내 예수는 사랑이, 즉 영원하신 삼위일체의 셋째 위이신 성령께서 내게 내 생애의 세번째 입맞춤을 하셨을 때 성부와 함께 있었다. 이 입맞춤은 지극히 강력하게 신성한 것이어서 내 영혼은 정신을 잃고 그것을 쳐다보며, 마치 백합꽃의 꽃받침에 있는 이슬 한방울이 태양에 빨려 들어가듯이 그 입맞춤 속으로 빨려 들어갔다.

그래서 나는 내 영과 호산나 소리와 더불어 내가 항상 흠숭한 삼위의 발 아래로 올라갔다. 그런 다음 불빛깔 거미발에 물린 진주처럼 내가 하늘에 태어나는 영원한 날 나를 보좌하려고 온 천사들의 무리에게 처음에는 도움을 받고, 그 다음에는 그들의 앞장을 서서, 내 예수가 하늘 문턱에서부터 기다리고, 또 세상에 있을 때의 내 의인 남편과 우리 민족의 왕들과 족장들, 그리고 최초의 성인들과 순교자들이 문지방에서 기다리는 가운데 끝없는 기쁨의 나라로 들어갔다. 하느님의 보잘 것 없는 종으로서 수많은 고통과 모욕을 겪은 다음 모후로서 들어간 것이다. 그리고 하늘의 문은 나를 차지하는 기쁨, 그 모후를 가지는 기쁨을 간직한 채 닫혔다. 모든 사람의 육체 중에서 오직 내 육체만이 마지막날의 부활과 최후의 심판이 있기 전에 영광스럽게 되었다."

V. "내 겸손한 마음으로는 나를 위하여 하늘에 그다지도 많은 영광이 마련되어 있으리라고 생각할 수가 없었다. 내 생각에는 하느님을 모셨기 때문에 거룩하게 된 내 인간 육체가 부패를 겪지 않으리라는 확신 같은 것이 있었다. 그것은 하느님이 생명이시고, 또 하느님께서 어떤 피조물에 당신 자신을 넘치도록 가득 채우시면, 그 행동이 죽음의 부패를 막는 향유 같기 때문이다.

나는 티없는 채로 남아 있고, 순결하고 생산력이 있는 포옹으로 하느님과 결합했을 뿐만 아니라, 내 태중에 숨어서 인간의 육체로 당신을 감싸는 데 골몰하고 계신 천주성의 발로가 내 지극히 깊은 은밀한 곳까지 가득 차 있었다. 그러나 인자하신 영원한 분께서 당신 여종에게 내 아들의 손의 접촉을 내 지체에 다시 느끼고, 그의 포옹과 입맞춤을 다시 받고, 내 귀로 그의 목소리를 다시 듣고, 내 눈으로 그의 얼굴을 보는 기쁨을 마련하셨으리라는 것은, 그런 일이 내게 주어지리라고는 생각하지 못했었고, 바라지도 않았었다. 이 지복(至福)이 내 영에 주어지는 것만으로는 내게는 충분했고, 그것으로 벌써 내 자아(自我)는 지극히 행복이 가득 찼을 것이다.

그러나 창조주이신 그분에 의해 지상낙원에서 죽지 않고 천상낙원, 즉 영원한 나라로 건너가도록 운명지워진 사람에 대해서 창조하실 때 처음가지셨던 당신 생각을 입증하시기 위하여, 하느님께서는 티없는 내가 이 세상의 생명이 끝나자마자 영혼과 육신을 가지고 하늘에 올라가기'를 원하신 것이다.

　나는 하느님께서 사람에 대해 생각하시고 원하신 것을 말하는 증언이다. 그것은 잘못을 모르는 죄없는 생활을 하고 나서 어떤 사람이 집의 문지방을 넘어 궁궐에 들어가는 것처럼 이 세상의 생명에서 영원한 생명으로 조용히 건너가는 것이었다. 사람은 하느님께서 그에게 주신 그의 자아의 완전을, 하느님의 생각으로는 하느님과 은총에 충실한 채로 있는 모든 인간이 가지게 되어 있는 육체와 영의 전적인 완전으로 더 증가시키면서, 물질적인 육체와 영적인 영혼으로 이루어진 그의 전체를 가지고 땅에서 하늘로 건너 갔을 것이다. 이 완전을 사람은 하늘에 있으면서 그것을 가득 채우는 충만한 빛, 하늘을 비추는 영원한 태양이신 하느님에게서 오는 충만한 빛 속에서 달성했을 것이다.

　하느님께서는 육신과 영혼으로 하늘의 영광 속에 올라간 나를 성조들과 예언자들과 성인들 앞에, 천사들과 순교자들 앞에 세워 놓으시고 말씀하셨다.

　'여기 창조주의 완전한 작품이 있다. 여기 내가 사람들의 모든 자식들 중에서 가장 참되게 나를 닮은 모습으로 창조한 것이 있으니, 하느님이 창조한 것 중에서 걸작품이며 우주는 경이(驚異)이다. 우주는 오직 한 존재 안에, 하느님과 같이 영원하고, 하느님과 같이 영적이고 지적이고 자유롭고 거룩한 영 안에는 하느님다운 것을 지니고, 육체 중에서 가장 거룩하고 가장 죄없는 육체 안에는 물질적인 피조물을 지니고 있는 것을 보며, 이 앞에서는 우주의 삼계(三界)에 있는 모든 다른 생물이 몸을 굽혀야 한다. 여기 사람에 대한 내 사랑의 증거가 있으니, 나는 사람에게 완전한 인체와 내 나라 안에서 영원한 생명을 누리는 복된 운명을 주고자 하였다. 여기 사람에 대한 내 용서의 증거가 있으니, 나는 삼위일체의 사랑의 의지로 사람에게 그의 신분을 회복하고 내 눈 앞에서 다시 만들어지도록 허락하였다. 이 사람은 신비로운 시금석(試金石)이고, 사람을 하느님과 결합시키는 고리이며, 시간을 최초의 시기로 다시 돌려놓아 하느님인 나의 눈에 내가 창조한 그대로의 하와를 바라보는 기쁨을 주고, 이제는 내 말씀의 어머니가 되고 가장 큰 용서의 순교자가 되었기 때문에 한층 더 아름답고 더 거룩하게 된 하와를 바라보는 기쁨을 주는 여인이다. 아주 작은 흠조차도 묻지 않은 티없는 그의 마음을 위하여 나는 하늘의 보고(寶庫)를 열고, 교만한 생각을 가진 적이 없는 그의 머리를 위하여 내 광채로 면류관을 만들어, 이 여인이 내게 가장 거룩한 여인이기 때문에 그 머리에 면류관을 씌워 너희들의 모후를 만든다.'

　하늘에는 눈물이 없다. 그러나 영들이 울 수 있었더라면 감격으로 인하여 흐르는 액체인 기쁨의 눈물을 흘렸을 터이지만, 하느님의 이 말씀이 있은 다음 눈물 대신 빛들의 반짝임이 있었고, 찬란한 빛들이 더욱 밝은 찬란한 빛으로 변했고, 사랑의 불꽃의 뜨거운 기운이 더 뜨거운 불로 변했으며, 하느님 아버지와 그분의 영원히 복된 여종을 찬미하기 위한 천상 화음의 능가할 수 없고 표현할 수 없는 소리가 있었다. 이 소리에는 내 아들의 목소리도 합쳐져 있었다."

Ⅵ. "진짜 죽음에 의한 영혼과 육신의 분리와 정관(靜觀)하는 탈혼이나 황홀에 의하여 영이 육체와 육체에 생명을 주는 영혼과 일시적으로 분리되는 것 사이에는 차이가 있다.

영혼과 육신의 분리는 진짜 죽음을 가져오는데, 탈혼적 정관, 즉 영이 감각과 물질의 울타리 밖으로 일시적으로 빠져나가는 것은 죽음을 가져오지 않는다. 그런데 이것은 영혼이 육체에서 완전히 떨어져 나가거나 분리되지 않고, 정관의 불 속에 잠기는 그의 가장 훌륭한 부분으로만 떠나기 때문이다.

모든 사람은 살아 있는 한 죄로 인하여 죽은 영혼을 가지고 있든가 의덕으로써 산 영혼을 가지고 있든가 한다. 그러나 하느님을 크게 사랑하는 사람들만이 참된 관조(觀照)에 이를 수 있다.

이것은 육체와 결합하여 있는 한 그 존재를 보존하는 — 그리고 이 특성은 모든 사람에게 있어서 똑같은 것이다 — 영혼이 그 자체 안에 더 훌륭한 부분을 가지고 있다는 것을 증명하는 것을 목적으로 한다. 영혼의 더 훌륭한 부분이란 영혼의 영혼 또는 영의 영을 말하는 것인데, 의인들에게 있어서는 이것이 매우 강하지만, 하다못해 냉담으로나 소죄만으로라도 하느님과 그분의 계율을 사랑하지 않게 된 사람들에게 있어서는 약해진다. 그래서 인간이 도달한 완전의 정도에 따라서 할 수 있는 한도내에서 하느님과 그분의 영원한 진리들을 관조하고 알 수 있는 능력을 인간에게서 빼앗는다.

인간이 하느님을 사랑하면 사랑할수록, 그리고 그의 모든 힘과 모든 능력을 다하여 하느님을 섬기면 섬길수록 그의 영의 가장 훌륭한 부분이 영원한 진리들을 알고 관조하고 통달할 수 있는 능력이 더 많아진다.

이성적인 영혼을 가진 사람은 하나의 용량인데, 이것을 하느님께서 당신 자신으로 채우신다. 마리아는 그리스도 다음으로는 모든 인간들 가운데에서 가장 거룩하기 때문에 하느님과 그분의 은총과 사랑과 자비가 가득 찬 용량이었으며, 모든 시대의 그리스도 안에서의 형제들 위에 영원토록 넘쳐흐르게 되었다.

마리아는 사랑의 물결 속에 잠겨 세상을 떠났다. 이제는 하늘에서 사랑의 큰 바다가 되고 모든 사람의 한결 같은 어머니이신 마리아는 모든 사람의 구원을 위하여 그의 사랑의 물결을 그에게 충실한 자식들에게도 탕자들에게도 넘쳐흐르게 한다."

38. 작품을 끝내며

예수께서 말씀하신다.

"나로 하여금 작은 요한(마리아 발또르따의 애칭)에게 삽화와 말을 명확히 해주고 불러쓰게 한 이유는 이 희생자이고 사랑하는 영혼에게 내게 대한 정확한 지식을 전해 주는 기쁨 말고도 여러 가지가 있다.

그러나 이 모든 것의 중심은 가르치고 싸우는 교회* 에 대한 내 사랑과 영혼들이 완덕을 향하여 올라가는 것을 돕고자 하는 갈망이다. 나를 아는 것은 올라가는 데 도움이 된다. 내 말은 생명이다.

주요한 이유들을 말하겠다.

I. 1947년 1월 18일에 받아쓰라고 불러 줄 때에 내가 말해준 이유들을 작은 요한은 여기에 전부 써놓아야 한다. 이것이 가장 큰 이유이다. 그것은 너희들이 멸망할 참인데, 나는 너희들을 구원하기를 원하기 때문이다.

이 작품을 선물로 주는 가장 심각한 이유는 내 대리자 비오 10세에 의하여 단죄(斷罪)된 현대주의(modernisme)가 타락하여 점점 더 해로운 주의를 생겨나게 하는 이 시대에, 내 대리자도 대표되는 거룩한 교회가 아래 사실들을 부인하는 자들을 논박하기 위한 더 많은 수단을 가지도록 하려는 것이다. 그들이 부인하는 것은 이런 점들이다.

- 교리의 초자연적 성격, 그리스도의 천주성, 믿음과 역사(복음서, 사도행전, 사도들의 편지, 성전 聖傳)로 우리에게 전해진 실제적이고 완전한 하느님이요 사람인 그리스도의 진실성,
- 내가 말로 가르친 내 참 교리와 같은 바울로와 요한과 니체아, 에페소, 칼체돈 공의회의 가르침,
- 하느님의 것이고 완전하기 때문에 한없는 내 지식,
- 하나이고 거룩하고 공번되고 사도에게서 내려오는 교회의 교리와 성사의 기원이 하느님께 있는 것,
- 내가 모든 사람을 위하여 준 복음이 보편적이고 세상 마칠 때까지 계속되리라는 것,

---

* 역주 : 즉 지상에 있는 교회.

― 처음부터 내 교리가 완전하였다는 성질, 계속적인 변화를 거쳐 지금과 같이 형성된 것이 아니라, 처음부터 주어진 그대로라는 것, 즉 그리스도의 교리, 은총의 시기의 교리, 하늘 나라의 교리, 너희들 안에 있는 하느님의 나라의 교리, 하느님을 갈망하는 모든 사람을 위한 기쁜 소식이라는 점,

― 머리가 일곱 달리고 뿔 열 개를 가지고 머리에는 일곱 개의 왕관을 쓰고, 꼬리로 하늘의 별 삼분의 일일을 휩쓸어서 아래로 내동댕이치고 ― 그런데 내 진정으로 말한다마는 그 별들은 땅보다도 훨씬 더 아랫쪽으로 내동댕이처졌다 ― 여인을 괴롭히는 붉은 용에게, 그리고 그들의 모습과 그들의 경탄할 만한 일들에 매혹되어 너무나 많은 사람이 숭배하는 바다와 땅의 짐승들에게, 지금까지 덮여 있던 책장들까지도 활짝 편 영원한 복음서를 들고 하늘 가운데로 날아다니는 천사를 대립시켜라. 이것은 사람들이 그 빛의 덕택으로 그들을 그의 어둠 속으로 쳐넣고자 하는 아가리 일곱이 달린 큰 뱀의 나층(螺層)에서 벗어날 수 있게 하기 위해서이고, 내가 돌아왔을 때 끝까지 항구한 사람들의 마음 속에 아직 믿음과 사랑을 얻어 만나게 하고, 그러한 사람들이 사탄과 사람들의 일로 인하여 그렇게 되기를 바랄 수 있을 것보다도 더 많게 하여라.

Ⅱ. 사제들과 평신도들 사이에 복음서와 그리스도에게 관계되는 모든 것에 대한 강한 사랑을 되살아나게 하는 것, 그리고 무엇보다도 내 어머니에 대한 새롭게 된 사랑이다. 어머니의 기도에 세상의 구원의 비밀이 들어 있다. 저주받은 용을 이긴 여인은 내 어머니이다. 내 어머니에 대한 새로워진 사랑과 어머니에 대한 새로워진 믿음과 거기에 관계되는 지식으로 어머니의 능력을 도와드려라. 마리아가 세상에 구세주를 주었고, 또 마리아에게서 세상이 구원을 얻을 것이다.

Ⅲ. 영적인 선생들과 영혼의 지도자들에게 내 주위에서 살았던 여러 가지 정신을 가진 사람들의 세계와 그들을 구원하기 위하여 내가 사용했던 여러 가지 방식을 연구하게 함으로써 그들의 임무를 돕는 것.

사실 모든 사람에게 오직 한 가지 방법만을 쓰고자 하는 것은 어리석은 일일 것이다. 자발적으로 완덕을 향해 나아가고 있는 의인을 끄는 방법이 다르고, 믿기는 하지만 죄인인 사람에게 써야 할 방법이 다르고, 이교도에게 써야 할 방법이 다르다. 너희들의 선생이 이교도라고 판단하는 것과 같이 너희들이 어떤 사람들을 이도교라고 판단하게 된다면, 이교도가 너희들 가운데 얼마든지 있다. 참 하느님을 권력과 힘의 우상이나 황금이나 음란이나 그들의 지식의 교만이라는 우상으로 바꾼 불쌍한 사람들이 이교도들이다. 또 현대판 개종자들, 즉 그리

스도의 사상은 받아들이면서도 분리된 교회에 속해 있기 때문에 그리스도의 나라에 속해 있기를 원치 않는 사람들에게 써야 할 방법도 다르다. 아무도 업신여겨서는 안 되고, 그 어느 다른 양들보다도 이 길잃은 양들을 업신여겨서는 안 된다. 그들을 사랑하고 오직 하나인 양의 우리로 다시 데려오도록 힘써 목자 예수의 소원이 채워지게 하여라.

어떤 사람들은 이 책을 읽으면서 이렇게 반박할 것이다. '복음서에는 예수께서 로마인들이나 그리스인들과 접촉을 가지셨다는 것이 나타나지 않는다. 그러므로 우리는 이 부분을 물리친다.' 복음서에 나타나지 않거나 복음사가들이 그들의 깨뜨릴 수 없는 히브리인들의 정신상태 때문에 그들이 찬성하지 않던 삽화들에 대하여 드리웠던 침묵의 두꺼운 장막 뒤에 겨우 비쳐보이는 사실이 얼마나 많으냐! 너희들은 내가 한 일을 다 안다고 생각하느냐?

정말 잘 들어 두어라. 너희들이 내 공생활에 대한 이 설명을 읽고 받아들인 후에도 내게 대하여 모든 것을 알지는 못한다. 만일 내가 작은 요한(마리아 발또르따의 애칭)에게 너희들에게 모든 것을 전해 주라고 모든 것을 알게 했더라면, 내가 임무를 행한 모든 날들과 그날들 하루하루에 행한 모든 행동을 기록하는 피로로 인하여 그를 죽게 했을 것이다! '예수께서는 이 밖에도 여러 가지 일을 하셨다. 그 하신 일들을 낱낱이 다 기록하자면 기록된 책은 이 세상을 가득히 채우고도 남을 것이라고 생각된다고 요한은 말한다. 과장법은 별도로 치고 너희들에게 진정으로 말하지만, 내 개별적인 모든 행동, 내 개별적인 모든 가르침, 영혼 하나를 구하기 위한 내 보속과 기도를 써야 했더라면, 내게 대하여 말하는 책들을 두기 위하여는 너희들의 도서관 중의 하나, 가장 큰 도서관 중의 하나의 큰 방 여럿이 필요하였던 것이다. 또 진정으로 말하지만, 내게 대한 일을 별로 알지 못하고, 그래서 거의 언제나 부도덕과 이단으로 더럽혀진 저 인쇄물들을 그토록 좋아하기보다는 저 많은 먼지 앉고 불건전한 쓸 데 없는 지식을 불에 던져버리고 그 대신 내 책들을 갖다 놓는 것이 훨씬 더 유익할 것이다.

Ⅳ. 살과 피로는 진짜 아담의 후손인, 그러나 죄없는 아담의 후손인 사람의 아들과 마리아의 모습의 그 진실성을 돌려주는 것. 만일 첫째 조상들이 너희가 아는 바와 같이 그들의 완전한 인간성 — 사람이라는 뜻, 즉 그 안에 하느님의 모습을 닮은 영적인 성질과 물질적인 성질, 이렇게 두 가지 성질이 있는 인간이라는 뜻으로 — 의 품위를 떨어뜨리지 않았더라면 사람의 자손들은 우리와 같았을 것이다. 감각은 완전하였을 것이다. 즉 대단히 예민한데도 불구하고 이성에 복종하였을 것이다. 감각이라는 말로 나는 육체적인 감각과 더불어 정신적인 감각도 가리킨다. 관능성으로 결합되지 않고 정신적인 사랑의 유대로 결합된 남

편에 대해서나, 자기에게서 태어난 자식에 대한 완전한 여인의 완전을 가지고 온전히 사랑하는 아들에 대해서나 온전한 사랑, 즉 완전한 사랑을 가졌을 것이다. 하와도 이와 같이 마리아처럼 사랑해야 되었을 것이다. 즉 자식이 가져다 주는 육체적인 향락 때문에가 아니라 그 아들이 창조주의 아들이고 인류를 번식시키라는 창조주의 계명에 복종하는 것이기 때문에 사랑했어야 했다.

또한 마리아는 자기의 아들이 상징으로가 아니라 실제로 하느님의 아들이라는 것을 아는 완전히 믿는 여인의 온갖 열정으로 사랑하였다. 예수에게 대한 마리아의 사랑이 너무 다정스럽다고 생각하는 사람들에게 마리아가 어떤 사람인지를 생각해 보라고 말하겠다. 마리아는 죄없는 여인이었다. 따라서 하느님과 부모와 남편과 아들과 이웃에 대한 그의 사랑에 결함이 없었다. 또 어머니가 나를 그의 태중에서 나온 아들로 보는 것 외에 또 무엇으로 보는 지를 생각해 보라고 말하겠다. 끝으로 마리아의 국적을 생각해 보라고 말하겠다. 히브리 민족, 동방 민족이었고, 그것도 지금 시대보다 매우 멀리 떨어진 시대의 여인이었다. 그러므로 이러한 요소에서 너희들에게는 과장된 것으로 보일 수 있는 사랑을 과장하는 어떤 말에 대한 설명이 나오게 된다. 보통 말에 있어서까지도 화려하고 장중한 어투가 동방의 어투, 히브리인들의 어투이다. 그 시대에 쓰여진 이 민족의 모든 글이 이것을 증명하며, 세월이 흘렀는데도 동방의 말투는 많이 변하지 않았다.

너희들이 20세기가 지난 지금, 생활의 퇴폐가 이렇게 큰 사랑을 죽인 이때에 살고 있기 때문에 이 책에서 너희들 시대의 냉담하고 경박한 여자 같은 나자렛의 마리아를 만나야 한다고 주장하겠느냐? 마리아는 마리아대로 있으며, 온순하고 깨끗하고 다정스러운 이스라엘의 딸, 하느님의 정배, 하느님의 동정녀인 어머니를 너희들의 시대의 지나치게 병적으로 흥분한 여자나 냉랭하게 이기적인 여자로 바꿀 수는 없다.

마리아에게 대한 예수의 사랑을 너무 다정스럽다고 생각하는 사람에게 나는 이렇게 말하겠다. 예수 안에는 하느님이 계셨고, 삼위일체이신 하느님께서는 온 인류를 대신하여 고통으로 당신께 갚는 여인인 마리아를 사랑하시는 데에서 위안을 받으셨다고. 인류를 대신하여 고통으로 갚는 것은 하느님께서 피조물에게 돌아오셔서 그것을 자랑으로 삼으실 수 있게 하고, 하느님의 나라에 주민들을 마련해 드리는 방법이다. 끝으로 어떤 사랑이든지 질서를 어길 때, 즉 하느님의 뜻과 지켜야 할 의무를 어길 때에, 또 그 때에만 죄가 된다는 것을 생각하라고 말하겠다.

그래서 이렇게 생각해 보아라. 마리아의 사랑이 이렇게 하였는가? 내 사랑이 그렇게 하였는가? 마리아는 내가 하느님의 뜻을 모두 행하는 것을 이기적인 사랑으로 막았는가? 혹 내가 어머니에 대한 도를 지나친 사랑으로 내 사명을 포기하였는가? 아니다. 어머니의 사랑도 내 사랑도 오직 한 가지 소원밖에 없었다. 즉 세상의 구원을 위하여 하느님의 뜻이 이루어지기를 바라는 것뿐이었다. 그리고 어머니는 아들에게 모든 작별 인사를 하였고, 아들도 어머니에게 모든 작별 인사를 하였다. 고통으로 인하여 가슴이 찢어지는 것을 느끼는 우리의 인성과 상하는 것을 느끼는 우리의 마음은 아랑곳하지 않고, 어머니는 아들을 공공연한 가르침의 십자가와 갈바리아의 십자가에 내주면서 그렇게 하였고, 아들은 어머니가 공동 속죄자가 되도록 고독과 애를 끊는 듯한 괴로움에 어머니를 내맡기면서 그렇게 하였다. 이것이 마음약함이냐? 감상적인 태도냐? 사랑할 줄을 알지 못하고, 사랑과 사랑의 목소리를 알아듣지 못하게 된 사람들아, 이것은 완전한 사랑이다.

또 이 저서는 어떤 복잡한 일련의 상황의 어둠으로 덮여 밝은 복음서의 그림에 어두운 부분을 만들어놓는 것 같은 점들과 급격한 변화 같아서, 이 삽화에서 저 삽화로 건너가면서 이해하기 어렵게만 되는 점들을 명확히 해주는 것도 목적으로 하고 있다. 이런 것들은 도무지 알아들을 수 없는 점들인데, 이런 점들을 해명해야 조성된 어떤 상황과 내가 쓸 수밖에 없었던 어떤 강한 방식과 완고해서 어떤 방법으로도 회개시킬 수 없는 적대자들에 대한 어떤 엄격을 정확히 이해하는 실마리를 찾아내게 된다. 이러한 방식들은 용서하고 온화하고 겸손하라고 하던 끊임없는 내 권고와는 너무도 대조가 되는 것이었다. 그러나 너희 모두는 하느님께서도 당신의 모든 자비를 쓰신 다음에는, 당신의 인자 때문에 당신의 참으심을 남용하고 당신을 시험해도 괜찮다고 믿는 자들에게, 당신의 명예를 위하여 '그만 해둬라' 하고 말씀할 줄 아신다는 것을 기억하여라. 하느님을 조롱해서는 안 되는 것이다. 이것은 옛날부터 내려오는 지혜로운 말이다.

Ⅴ. 복잡하고 오래 계속된 내 수난을 정확히 알리는 것. 내 오랜 수난은 몇 시간 동안에 완수된 피흐르는 수난으로 절정에 이르렀지만, 오랜 세월 동안 계속된 매일매일의 고통으로 나를 들볶았고, 점점 더 커졌다. 또 내 수난과 더불어 똑같은 기간 동 안 심장이 고통의 칼에 꿰뚫린 내 어머니의 수난도 정확히 알게 하는 것이다. 그리고 이렇게 앎으로 인하여 너희들로 하여금 우리를 더 사랑하게 하려는 것이다.

Ⅵ. 내 말의 힘과 내 말을 받는 사람이 착한 뜻을 가진 사람들의 무리에 속하느냐 또는 결코 올바르지 않은 관능적인 뜻을 가진 사람들의 무리에 속하느냐에 따라서 결과가 다르게 나타난다는 것을 보여주는 것이다.

사도들과 유다, 이것이 상반되는 두 가지 본보기이다. 사도들은 대단히 불완전하고, 촌스럽고, 무식하고 과격하였다. 그러나 착한 뜻을 가지고 있었다. 유다는 사도들의 대부분보다 더 유식하고 수도와 성전에서 살았기 때문에 세련되었었다. 그러나 악의를 가지고 있었다. 사도들이 선으로 발전하고 올라가는 것을 지켜보아라. 그리고 유다가 악으로 발전하고 내려가는 것을 지켜보아라.

특히 정신적인 통찰력의 부족으로 인하여, 무겁고 어두운 세력에 대한 어려운, 대단히 어려운 싸움으로 성덕에 이르는 사람을 정열이 없고 감정의 움직임이 없는, 따라서 공로가 없는 부자연스러운 사람을 만드는 것으로 성인들의 실제를 곡해하는 사람들은 착한 열한 사도의 완전을 향한 발전을 지켜보기 바란다. 공로는 바로 하느님께 대한 사랑의 덕택으로 억제하는 도를 지나친 열정과 유혹에 대한 승리에서 오는 것이기 때문이다. 지나친 열정과 유혹을 억제하는 것은 영원히 하느님을 누린다는 최후의 목적에 이르기 위한 것이다. 회개의 기적은 오직 하느님으로부터만 오게 되어 있다고 주장하는 사람들은 이것을 지켜보기 바란다. 하느님께서는 회개하기 위한 방법은 주신다. 그러나 사람의 자유를 억제하지는 않으신다. 그러므로 사람이 회개하기를 원치 않으면, 다른 사람에게는 회개하는 데 소용이 되는 것을 가지고도 쓸 데 없는 일이다.

내 말의 여러 가지 결과를 검토하는 사람들은 인간적인 사람뿐 아니라 영적인 사람에게 미치는 결과도 지켜보기 바란다. 영적인 사람뿐 아니라 인간적인 사람에게도 미치는 결과를. 착한 뜻으로 받아들인 내 말은 그들을 외적인 완전과 내적인 완전으로 이끌어감으로 양쪽을 다 변화시킨다.

그들의 무식과 내 겸손으로 인하여 사도들은 사람의 아들을 지나치게 허물없이 대하였고 — 그들 가운데 있는 착한 선생이지 그 이상의 아무 것도 아니며, 아무리 부담없이 굴어도 괜찮은 겸손하고 참을성있는 선생이었다. 그러나 그들의 경우에는 존경심이 없어서 그런 것이 아니라 무식해서 그런 것이었다. 따라서 용서할 만한 것이었다 — 자기들끼리 잘 다투고, 이기적이고, 그들의 사랑과 내 사랑에 대하여 질투하고, 백성들을 대할 때 참을성이 없고 '사도'이기 때문에 좀 교만하고, 깜짝 놀라게 하는 능력을 가진 것으로 군중에게 보여 주는 이상한 일을 하려고 몹시 걱정하였는데, 그들은 천천히, 그러나 끊임없이 새 사람으로 변하여, 처음에는 나를 본받고 기쁘게 하기 위하여 그들의 정열을 억제하였고, 그 다음에는 점점 더 나의 참된 자아를 알게 되었고, 나를 하느님인 주님으로 보고 사랑하고 대우할 정도로 그들의 태도와 그들의 사랑을 바꾸었다. 혹 그들이 내 지상 생애가 끝날 무렵에도 아직 처음 시기의 경박하고 유쾌한 친구들이었느냐? 특히 부활한 뒤로 사람의 아들을 친구로 취급하는 친구들이었느냐? 그렇지 않다. 그들은 우선 왕의 대신들이고, 그 다음에는 하느님의 사제들이다. 모두가 다르고, 완전히 변하였다.

묘사된 대로의 사도들의 성질을 거칠다고 생각하고 반자연적이라고 판단할 사람들은 이것을 고려하기 바란다. 나는 까다로운 박사도 아니었고 교만한 왕도 아니었으며, 다른 사람들은 자기에게 어울리지 않는다고 판단하는 선생도 아니었다. 나는 관대할 줄을 알았다.

나는 혼히 내 지식의 향기를 잃은 그들의 지식을 뽐내는 선생들을 꼼짝못하게 하기 위하여 거친 재료들을 가지고 그것들을 육성하고자 하였고, 갖가지 빈 그릇에 완전을 가득 채워서 하느님께서는 무엇이든지 하실 수 있다는 것, 돌로 아브라함의 아들, 하느님의 아들을 만들어내고 보잘 것 없는 사람을 가지고 선생을 만들어 내실 수 있다는 것을 증명하고자 하였다.

Ⅶ. 끝으로 유다의 수수께끼를 너희들에게 알게 하는 것이다. 하느님께서 특별한 은혜를 많이 베풀어 주신 한 영의 타락이라는 그 수수께끼를. 이 수수께끼가 사실은 너무나 자주 되풀이 되고 너희들의 예수의 마음을 아프게 하는 상처가 되는 것이다.

사람이 어떻게 하느님의 종과 아들이던 것이 마귀로 변하고 은총을 죽임으로써 하느님을 죽이는 사람이 되는지를 너희들에게 알게 하여 너희들이 구렁으로 떨어지는 길에 발을 들여놓지 못하게 하려는 것이고, 구렁을 향하여 가는 어린 양들을 말리려면 어떻게 행동해야 하는지를 가르치려고 하는 것이다. 너희들의 지능을 기울여 유다의 소름끼치는 또한 그러나 흔한 모습을 연구하여라. 너희들이 이러저러한 사람에게서 발견하고 또 싸워야 하는 모든 중대한 죄종(罪宗)이 뱀처럼 꿈틀거리고 있는 그 모습을. 이것이 너희들이 특히 배워야 하는 교훈이다. 이것이 영적인 선생과 영혼의 지도자로서의 너희들의 성직 수행에 있어서 너희들에게 가장 유익한 교훈이겠기 때문이다. 어떤 생활 상태에서나 자기를 사탄에게 넘겨주어 영원한 죽음을 만나는 사람이 얼마나 많은고!

일곱 부분이 있는 것과 같이 일곱 가지 이유가 있다. 그 일곱 부분은,

  Ⅰ. 복음준비(평생 동정인 마리아의 티없는 잉태부터 성 요셉의 죽음까지).
  Ⅱ. 공생활의 첫 해.
  Ⅲ. 공생활의 둘째 해.
  Ⅳ. 공생활의 셋째 해.
  Ⅴ. 수난준비(데벳에서 니산까지, 즉 라자로의 임종의 고통에서부터 베다니아의 만찬까지).
  Ⅵ. 수난(라자로와의 작별에서 내가 무덤에 묻히는 것까지, 그리고 부활날 새

벽까지에 이르는 날들).

Ⅶ. 부활에서 성신강림까지.

내가 일러 주는 것과 같이 여러 부분을 이렇게 나누는 것을 따라야 한다. 이 구분이 옳은 것이다.

그러면 이제는 어떻게들 하겠느냐? 너희들의 선생인 나에게 무슨 말을 하겠느냐? 너희들은 내게 말을 하지 않는다. 너희들의 마음 속으로 말을 하고, 또 그렇게 할 수만 있으면 작은 요한(마리아 발또르따의 애칭)에게 말한다. 그러나 이 두 가지 경우에 모두 너희들은 내가 너희들에게서 보기를 원하는 그 정의를 가지고 말하지는 않는다. 왜냐하면 너희들은 너희들의 동료이고 하느님의 연장인 그리스도인에 대한 사랑을 짓밟음으로 작은 요한에게 고통을 주기 위하여 그에게 말하기 때문이다. 다시 한 번 진정으로 말하지만, 내 연장이 된다는 것은 걱정이 없는 기쁨이 아니다. 그것은 끊임없는 피로와 노력이고, 모든 일에 있어서 고통이다. 세상은 그가 선생에게 준 것, 즉 고통을 선생의 제자들에게도 주기 때문이다. 그래서 적어도 사제들, 특히 동료들이 십자가를 지고 나아가는 이 작은 순교자들을 도와주어야 할 것이다. … 그리고 너희들이 마음 속으로 너희들 자신에게 말할 때에 교만과 질투와 불신과 그밖에 여러 가지 불평을 하게 된다. 그러나 나는 너희들의 불평과 너희들의 분개한 놀람에 대하여 해답을 주겠다.

최후의 만찬을 먹던 저녁에 나는 나를 사랑하던 열한 제자에게 이렇게 말하였다. '위로자이신 성령께서 오시면, 내가 너희에게 말한 모든 것을 다시 일깨워 주실 것이다.' 내가 말할 때에 내 머리로는 그 곳에 있던 제자들 외에 영과 진리와 그렇게 하고자 하는 뜻으로 내 제자가 될 사람들도 항상 생각하고 있었다. 벌써 당신의 은총으로 너희들에게 하느님을 기억하는 능력을 넣어주시는 성령께서는 영혼들을 원죄로 인한 몽롱한 정신 상태에서 끌어내고, 영적인 시각과 지식을 누리라고 하느님께서 창조하신 영들의 통찰력을 아담의 비참한 유산 때문에 둘러싸고 있는 어두움에서 구해 내심으로써, 내가 말한 것을 당신의 인도를 받는 하느님의 자녀인 사람들의 마음에 '다시 일깨 우심으로' 스승으로서의 당신의 일을 완성하신다. 이것이 복음을 이루는 것이다. 여기서 다시 일깨운다는 것은 그 정신을 비춘다는 말이다. 만일 복음의 정신을 이해하지 못하면 그 말씀을 상기 기억하고 있다는 것이 아무 것도 아니기 때문이다.

그런데 사랑인 복음의 정신은 사랑으로써, 즉 성령으로써 이해하게 할 수 있다. 성령이 복음서의 참다운 저자이신 것과 같이 복음서의 유일한 주석자도 되신다. 그것은 어떤 작품의 저자만이 그 작품의 정신을 알고, 작품을 읽는 사람에게 그 정신을 이해시키지는 못한다 하더라도 자기가 이해는 하기 때문이다.

그러나 인간의 완전은 어느 것이나 결함이 많기 때문에 인간인 저자가 성공하지 못하는 것을 지극히 완전하시고 지극히 지혜로우신 성령께서는 하실 수 있다. 사실 복음서의 저자이신 성령만이 하느님의 자녀들의 영혼 안에 그것을 다시 일깨우고 해설하고 보충하시는 분이시기도 하다.

'이제 아버지께서 내 이름으로 보내주실 성령 곧 그 협조자는 모든 것을 너희에게 가르쳐 주실 뿐만 아니라 내가 너희에게 한 말을 모두 되새기게 하여주실 것이다'(요한 14:26).

'진리의 성령이 오시면 너희를 이끌어 진리를 온전히 깨닫게 하여 주실 것이다. 그분은 자기 생각대로 말씀하시지 않고 들은 대로 일러 주실 것이며 앞으로 다가 올 일들도 알려 주실 것이다. 또 그분은 나에게서 들은 것을 너희에게 전하여 나를 영광스럽게 하실 것이다. 아버지께서 가지고 계신 것은 모두 다 나의 것이다. 그래서 성령께서 내게 들은 것을 너희에게 알려 주시리라고 내가 말했던 것이다'(요한 16: 13-15).

그 다음 성령이 복음서의 참다운 저자이신 만큼, 왜 이 작품에 있는 말, 그리고 요한 그의 복음서를 끝마치는 말로 그렇게 되었다고 이해시킨 그것을 상기시키지 않으셨느냐고 반론을 제기하면, 하느님의 생각은 사람들의 생각과 다르고 그 생각은 항상 옳고 결정적인 것이라고 대답하겠다.

또, 만일 너희들이 계시는 마지막 사도와 더불어 마감되었고, 그 사도가 묵시록에서 '누구든지 여기에 무엇을 덧붙이면 하느님께서 그 사람을 벌하실 때에 이 책에 기록된 재난도 덧붙여서 주실 것입니다'(22:18) 하고 말한 것으로 보아 이제는 덧붙일 것이 아무 것도 없으며, 또 이 말은 요한의 묵시록이 마지막 끝 마무리가 되는 계시 전체에 대해서 이해될 수 있다고 반론을 제기하면, 이 작품으로 계시에 덧붙인 것이 아무 것도 없고, 다만 자연적인 원인과 초자연적인 뜻으로 인하여 생긴 빈틈들을 메웠다고 말하겠다. 또 마치 모자이크에 그 완전한 아름다움을 돌려주기 위하여 손상되었거나 빠져나간 대리석 끼움돌들을 다시 끼워서 모자이크를 보수하는 사람이 하는 것과 같이 내가 내 숭고한 사랑의 그림을 복구하고 싶다면, 그리고 이것을 인류가 어둠과 공포의 구렁으로 뛰어드는 이 세기에 하려고 지금까지 보류했었다면, 내게 이렇게 못하게 막을 수가 있겠느냐?

하늘의 빛과 목소리와 권유에 대하여 정신이 하도 흐려지고 귀머거리가 되고 약해진 너희들이 혹 이런 것이 필요없다고 말할 수 있겠느냐?

정말이지 너희들은 너희들이 가지고 있지마는 이제는 너희 구세주를 '보는' 데에 충분하지 못하게 된 빛에 새로운 빛을 보태주는 데 대하여 나를 찬미해야 할 것이다. 길과 진리와 생명을 보고 너희들 안에 내 시대의 의인들이 받았던 그 정신적인 충격이 일어나는 것을 느끼기 위해서, 그리고 이 지식을 통해서 너희들의 정신 안에 너희를 구해줄 사랑을 새롭게 하기에 이르기 위해서 말이다. 이것은 완덕으로 올라 가는 일일 터이니까.

나는 너희들이 '죽었다'고 말하지는 않겠다. 그러나 잠들었거나 졸고 있어서 겨울잠을 자고 있는 동안의 나무들과 같다고 말하겠다. 하느님의 태양이 너희들에게 그 찬란한 빛을 준다. 잠을 깨서 너희에게 주어지는 태양을 찬미하고, 그 태양이 너희들 곁에서 안에까지 덥게 해서 너희 잠을 깨우고 너희를 꽃과 열매로 뒤덮이게 하도록 기꺼이 받아들여라.

일어나서 내 하느님께로 오너라.

'받아 먹어라, 받아 마셔라' 하고 내가 사도들에게 말하였다.

'하느님께서 주시는 선물이 무엇인지, 또 너에게 물을 청하는 내가 누구인지 알았더라면, 오히려 네가 나에게 청했을 것이다. 그러면 내가 너에게 샘솟는 물을 주었을 것이다' 하고 내가 사마리아 여자에게 말하였다.

나는 이 말을 지금도 또 한다. 박사들과 사마리아인들에게. 이 양극단의 계급의 사람들에게 이 말이 필요하고, 또 이 양극단 사이에 있는 사람들에게도 이 물이 필요하기 때문이다. 박사들에게는 영양 불량이 되지 않고, 자기들을 위해서도 힘을 잃지 않고, 사람인 하느님이요 선생이고 구세주인 하느님을 알지 못해서 활기를 잃은 사람들을 위한 초자연적인 양식을 잃지 않기 위해서, 사마리아인들에게는 그들이 샘에서 멀리 떨어져 있을 때 영혼들이 샘솟는 물이 필요하기 때문에, 박사들과 사마리아인들 중간에 있는 사람들, 즉 중죄(重罪)의 지위에 있지는 않지만 게으름과 냉담과 성덕에 대한 그릇된 개념으로 전진하지 못하고 그대로 있는 많은 사람들에게도 이 물이 필요하며, 특히 자기들은 지옥의 길을 가고 있지 않고 수계를 잘 한다고 생각하고, 복잡하게 얽힌 피상적인 계율 준수에서 벗어나지 못하고, 깎아지른 듯 가파른 용맹의 길로는 한 발걸음도 감히 나아가지 못하는 사람들에게 이 샘솟는 물이 필요하다. 그것은 이 작품을 읽음으로써 이들이 처음에 가졌던 자극을 다시 얻어 그 수구(守舊)에서 벗어나 영웅적인 길을 시작하기 위해서이다.

내가 너희들에게 이 말을 하는 것이다. 나는 너희들에게 이 음식과 이 신선한 음료를 준다. 내 말은 생명이다. 그리고 나는 너희들을 나와 함께 생명 안에 데리고 있기를 원한다. 나는 정신의 생명이 되는 힘을 없애는 사탄의 장기(瘴氣)와 균형을 잡히게 하려고 내 말을 증가시킨다.

나를 물리치지 말아라. 나는 너희들을 사랑하기 때문에 너희들에게 나를 주기를 갈망한다. 내 갈망은 가라앉힐 수가 없다. 나는 너희들을 천상의 혼인 잔치에 참석할 수 있도록 준비시키기 위하여 나를 너희들에게 주기를 갈망한다. 그리고 너희가 활기를 잃고 시름시름하지 않기 위하여, 너희가 세상이라는 함정과 가시덤불과 뱀이 가득 찬 이 사막에서 고생을 이기고 난 다음 어린 양의 혼인잔치, 즉 하느님의 큰 잔치를 위하여 꾸민 옷을 입고, 너희들 안에 나를 가지고 있기 때문에 불길 속으로 지나가도 손상을 입지 않고 뱀을 밟고 독약을 마셔도 죽지 않게 되기 위하여는 너희에게 내가 필요하다.

그래서 나는 너희들에게 또 이렇게 말한다. '집어라, 이 책을 집어라 그리고 '봉하지 말고'(묵시록 22:10) 읽어라, 그리고 '그 때가 가까웠으니'(묵시록 22:10) 다른 사람들에게도 읽게 하여라. '그리고 거룩한 사람은 더 거룩하게 되게 하여라'(묵시록 22:11).

이 책에서 내가 가까이 오는 것을 보고 그들을 지키기 위하여 나의 이 가까이 옴이 이루어지기를 '주 예수여, 오소서!' 하고 사랑의 부르짖음으로 청하는 모든 사람에게 너희들의 주 예수 그리스도의 은총이 있기를 바란다."

그런 다음 예수께서는 내게 개별적으로 말씀하신다.

"이 작품 첫머리에 요한 복음 1장 1절부터 18절까지를, 씌어진 그대로 전부 써 넣어라. 요한은 네가 이 책에서 이야기한 모든 말들을 쓴 것과 같이 그 말들을 하느님의 성령께서 불러주셔서 쓴 것이다. 주기도문과 최후의 만찬 후에 내가 드린 기도에 보탤 것도 뺄 것도 도무지 없는 것과 마찬가지로 여기에도 보탤 것과 뺄 것이 아무 것도 없다. 이 점들에 대한 모든 말들은 하느님의 보석이어서 만져서는 안 된다. 이 점들에 대하여 할 일은 한 가지뿐이다. 성령께 그 아름다움과 지혜를 모두 밝혀 주십사 하고 열렬히 기도하는 것이다.

그렇게 하고 나서 내 공생활이 시작되는 시점에 이르면, 요한 복음 1장 19절부터 28절까지와 루가 복음 3장 3절부터 18절까지를 전부 마치 한 장인 것처럼 차례로 베껴 놓아라. 거기에는 말이 별로 많지 않고, 심한 고신극기를 하는 고행자인 선구자 전체가 소개되어 있으며, 다른 말은 할 것이 아무 것도 없다. 그런 다음 내 세례 이야기를 하고, 내가 그때그때 일러준 것과 같이 계속해서 나아가라.

그리고 네 피로도 끝났다. 이제는 사랑과 즐거움이 남아 있는데, 이것은 네게 주는 상이다.

내 영혼아, 이제 나는 네게 무슨 말을 해야 하겠느냐? 너는 내게 몰입한 정신으로 '주님, 이제는 당신 종인 저를 어떻게 하시렵니까?' 하고 묻는다.

나는 '질그릇을 깨뜨려서 그 정수(精髓)를 나 있는 데로 가져 가련다'고 말할 수 있을 것이다. 그리고 이것은 우리 둘에게 기쁨이 될 것이다. 그러나 나는 아직 얼마 동안 네가 필요하다. 네 안에 머물러 있는 그리스도의 냄새인 네 향기를 발산하기 위하여 아직 얼마 동안 너를 여기에 두는 것이 필요하다. 그 때에는 내가 요한에게 말한 것처럼 네게 말하겠다. '만일 내가 너를 데리러 올 때까지 네가 그대로 있기를 원한다면, 그대로 남아 있는 것이 네게 무슨 상관이 있겠느냐?' 하고.

지칠 줄 모르는 내 목소리였던 귀여운 너에게 평화, 너에게 평화, 평화 강복. 선생님이 '고맙다'고 네게 말한다. 주님이 '복을 받아라' 하고 네게 말한다. 예수, 네 예수가 네게 이렇게 말한다. '나를 사랑하는 사람들과 같이 있는 것이 즐거우니까 항상 너와 함께 있겠다' 하고.

작은 요한(마리아 발또르따의 애칭)아, 내 평화를 받아라. 내 가슴에 와서 쉬어라."

그리고 이 말씀과 더불어 작품의 편집에 대한 조언도 끝났고, 마지막 해석도 주어졌다.

비아렛지오에서 1947년 4월 28일

마리아 발또르따

마리아 발또르따의 저서와 교회

"imprimatur"(임쁘리마뚜르)라는 라틴어는 "인쇄해도 된다'는 뜻이다. 이것은 교회 당국의 판단으로 신앙 교리와 좋은 풍속에 해를 끼치는 일 없이 출판될 수 있는 종교적 주제를 다룬 책을 허가하는 데 쓰는 말투이다.

"하느님이시요 사람이신 그리스도의 시"(Il Poema dell'Uomo-Dio·이탈리아어 원제목)는 복음서의 부연(敷衍)이라는 본질적으로 종교적인 성격을 띠고 있다. 이 저서는 신앙 교리를 떠나지 않고 있다. 이것은 30년 이상 전부터 권위있고 인정된 사람들뿐 아니라 교회의 정신을 따라 사는 그리스도인들이 저서에 대하여 표시하는 견해이다. 이 저서는 좋은 풍속을 해치지 않는다. 이에 대한 명증(明證)은 세계 각처에서 이 저서를 읽은 독자들에게서 끊임없이 생기는 영적인 회개의 결과로 나타난다. 그런데도 이 저서는 imprimatur를 얻은 적이 없다. 왜 그런가?

이 문제에 대하여 권위있는 대답이나 전적으로 만족스러운 대답마저도 준다는 것은 우리들 발행자의 권한 밖의 일이다. 그러나 이 작품이 어떤 상황 속에서 태어났고, 그 보급이 그 상황으로 어떤 영향을 받았는지를 독자에게 밝혀, 독자로 하여금 이처럼 독특한 저서를 따라다니는 표들을 알아보고 현명하게 해석하게 할 수는 있다.

우리는 이 설명을 세 부분으로 나누는데 제1부는 저자의 가톨릭성(性), 제2부는 발행자의 가톨릭성, 제3부는 저서와 교회 당국과의 관계이다.

1. 저자의 가톨릭성

우리가 마리아 발또르따에게 저자라는 칭호를 붙이는 것은 그의 법률상의 인격에 의거해서 하는 것이다. 그것은 마리아 발또르따가 항상 진짜 '저자'의 손 안에 있는 "연장" 또는 "펜"이라고 생각해 온 만큼, 이 형용어를 거부하리라는 것을 모르지 않기 때문이다.

마리아 발또르따가 "신비적인"(이 단어는 로스끼니 신부와 그 밖의 다른 전문가들이 쓴 것이다) 저자가 된 것은 1943년, 바로 그가 9년이라는 오랜 세월을 두고 신체장애와 여러 가지 고통스러운 경험으로 짓눌린 그의 지상 생활이 끝나게 되었다고 생각하던 때였다는 것을 기억하자. 그 해에 마리아 발또르따가 기대했던 것과는 반대로 그의 심오한 형성기(形成期)라고 부를 수 있을 그의 생애의 한 시기가 끝나고, 더 짧지마는 더 강도(强度) 높기도 한, 그리고 예기치 않았던 놀라운 결과를 가져올 다른 시기가 시작되었다. 그의 온 과거에 대하여는 마리아 발또르따가 도장을, 자서전 저자의 도장을 찍은 길이었다. 그의 영신지도 신부가 말하자면 그것을 요구하였었고, 마리아 발또르따는 "모든 선과 모든 악"을 말함으로써 자기 자신의 양심을 그대로 드러낼 수 있어야 한다는 조건으로 그것을 쓰겠다고(이것은 진짜 저자로서) 수락했었다. 따라서 흥미진진한 편지 형식으로 쐬어지고 그가 난 때부터 1943년 초까지 전개되는 그의 이야기는 마지막 고백과 같은 진실성을 가지고 있다.

마리아 발또르따의 자서전에는 그리스도교(그리스도를 따르는 데 있는)와 가톨릭 교회(그리스도께서 원하신 오직 하나인 교회 안에서 그분을 따르는)에 대한 그의 집착을 조금이라도 손상시킬 수 있는 것은 아무 것도 없다. 따라서 의심스러운 표현들을 경우에 따라서 해석하거나 밝히거나 해명해야 한다는 문제는 제기되지 않는다. 이 점에서는 의심의 여지가 없다. 마리아 발또르따에게 있어서 교회 안에서 교회와 더불어 교회를 위하여 산다는 것은 숨을 쉬는 것이 자연스러운 만큼이나 자연스러운 일이다. 마리아 발또르따가 그의 가톨릭성을 나타내는 자서전적인 이야기의 대목들은 일상생활의 정상적인 맥락에 속하는 것이기 때문에 증언과 같은 화려함은 없다. 그러나 그것을 참작은 해야 한다.

우선 마리아 발또르따가 가톨릭의 사제 성직을 매우 존경한다는 데에 유의하자. 이것은 그가 원해서 그렇게 된 것이 아니라, 그가 여학교에서 마지막으로 영신적인 행사를 하는 중에 깟자니라는 주교가 영감받은 강론을 하면서 그에게 하느님 앞에서 가질 그의 장래가 어떠하리라는 것을 알려 주었다. 또한 몇 해 전에 페라리 추기경에게서 받은 견진 성사에서 성유의 효력 전부를 느꼈던 것도 성령께서 하신 일이었다. 또한 마리아 발또르따가 그의 영적 지도자가 될 신부를 끊임없이 찾았다는 것은, 그가 신부의 도움을 받지 못하는 일이 자주 있었으므로 예수께서 친히 그의 영혼을 지도하신다고 다른 길로 해서 말하고 있기는 하지만, 그가 교회 안에 있다는 의식과 교회 안에 머물러 있겠다는 그의 의지를 잘 나타낸다. 밀리오리니 신부에게서 참된 지도자를 발견하고는 자녀와 같은 신뢰와 그러한 특전에 대한 감사의 마음을 가지고 그에게 의지한다. 그래서 여러 가지 사건으로 그의 영신의 아버지를 잃게 되었을 때 마리아 발또르따는 고아가 된 것 같은 느낌을 가지게 된다. 끝으로 그리스도께서 교회 안에 당신의 현존(現存)을 계속하기 위하여 제정하신 사제직에 대한 그의 사랑은 그가 모든 사제들을 위하여 자기 자신을 제물로 바칠 때 영웅적 정신에 이른다.

마리아 발또르따는 교계적 권위의 원칙을 철저하게 신봉하고 있었다. 소녀 때에 금서목록(禁書目錄)에 있는 책(포갓자로의 소설 '성인')을 읽었다고 고백하면서, 그는 "그의 아직 약한 종교 정신"때문에 그렇게 했다고 잘라 말하고, 그후 주교에게서 금지된 책들을 읽을 허락을 받았지만 그 허락을 "별로 쓰지 않았다"고 서둘러 덧붙인다. 그의 작가로서의 사명이 끝난 후, 그 자신의 기능과 능력이 자기 자신에 대하여 행한 전적인 봉헌 속에 바쳐지기 전에, 그는 로마에서 그의 글을 인쇄해 줄 인쇄업자를 찾느라고 애쓰는 밀리오리니 신부와 베르띠 신부에게 그의 저서가 "확실한 승인" 없이 발표되는 것을 허락하지 말라고 부탁하였다. 그 두 신부가 어떤 중대한 문제에 부딪히게 될는지를 잘 알고 그런 것이었다.

마리아 발또르따에게 있어서는 여러 해 뒤에 제2차 바티칸 공의회가 가르치게 될 것과 같이 전세계적 교회의 상징인 지방 교회에 속해 있는 것의 의미가 얼마나 중요한가 하는 점에 유의해야 한다. 예를 들자면, 그는 본당 밖에서 신부들을 찾는 것에 반대한다고 언명하고, 본당에 있는 신부들에게서 도움을 얻을 수가 없음으로 인하여 어쩔 수 없는 경우에만 그렇게 한다. 자기의 개인적인 재능을 어떤 형태의 사도직으로 유리하게 활용했으면 하는 저항할 수 없는 욕망을 느낄 때에는 본당의 가톨릭 운동 단체에 들어감으로 그렇게 한다. 거기에서 지도자들과의 의견 불일치로 고통은 당하였지마는, 다른 한편으로는 어떤 직책을 갈망하는 일 없이 봉사한다는 만족을 느꼈다.

마리아 발또르따가 속해 있는 교회 안에 있는 방식은 어떤 기이한 부조화를 보여 준다.

마리아 발또르따는 개인적인 능력을 많이 가지고 있다. 총명과 용기, 교양과 매력, 강한 의지와 사회적 지위 따위이다. 그는 하느님께 대한 열렬한 사랑과 인간과의 교섭에 대한 재능을 가졌다. 그러나 동시에 반대를 받고, 불리한 대우를 받고 헐뜯음을 당한다. 그렇지만 우리는 다른 사람들 없이도 살 수 있다든지, 자신의 능력을 과시하겠다든지, 제자들을 양성하겠다든지, 무슨 운동이나 그룹을 시작하겠다든지 하는 생각이 조금이라도 그에게 일어나는 것은 결코 보지 못한다. 비록 그럴 만한 자격은 가지고 있지만, 그에게는 우두머리가 되라는 소명이 절대로 없다. 그에게는 다만 자신이 "무가치" 하고, 재능들을 "공으로" 받았으며, 그 재능들을 하느님께서 좋아하시는 대로 갚아 드려야 하는 "의무"에 대한 확신이 있을 뿐이다.

자기를 마음대로 써주십사 하는 아주 영웅적인 마음으로 그렇게 하는 것이었다. 위대한 신비가들에게서도 우리가 마리아 발또르따에게서 확인하는 전적인 자기 봉헌을 얻어 만나기가 쉽지 않을 것이다. 그의 전적인 희생은 알려지는 것을 무서워하는 그의 "두려움"과 눈에 띄는 수난의 아무 표도 지니지 않고, 다만 그 결과만을 자기 육체에 느끼고, 동시에 사랑에 대한 "진정할 수 없는" 그의 갈증 때문에 밑바닥까지 마시기를 바라는 잔의 쓴 맛을 느끼게 해주시기를 하느님께 청하는 것으로 알 수 있다. 이러한 희생이 어떤 결과를 나타낼 수 있었는지 관찰하느라고 여기에서 머뭇거리지 않고, 우리는 여기에서 다만 그리스도와 교회 안에서의 "부활"을 위한 "죽음"의 형태 아래, 가톨릭성의 하나의 극단적인 증거를 보고자 하는 것이다.

그리스도의 교회, 사도들에게서 내려오는 교회, 사제들의 교회, 성인들의 교회 안에서, 마리아 발또르따가 성인들의 통공에 대하여 가지는 뜻에는 광범한 교회의 입김이 생명을 불어넣는다. 성인들의 통공에 대하여 그는 자서전에 이런 말로 자기의 견해를 밝힌다. "제가 누리는 행복은 하늘의 강들을 통해서 제게 오는데 그 강들의 물결 하나 하나가 사람의 자식들 중에서 지극히 거룩하신 분이신 제 예수님의 공로와 온전히 은총이신 여인의 은총들과 수없이 많은 순교자와 동정녀와 고행자와 증거자의 무리의 행적과 사랑의 총체로 이루어졌다는 것을 생각할 때 저는 감사하는 기쁨의 충동에 빠져 들어가고, 제가 이 생명의 주입을 받을 자격이 있는 한 죽을 수는 없으리라고 느낍니다. 저는 보잘 것 없는 존재입니다. 그러나 제 약함을 강하게 해주는 갑옷과 같이 성인들의 공로들은 제 주위에서 일을 해서 저로 하여금 믿음의 삶을 살 수 있게 해줍니다. 선생님과 선생님의 간선자들을 본받기 위해서 고통을 당하는 것 외에는 아무 것도 할 줄 모르는 제 무능을 보며, 저 모든 공로의 무한히 넓은 강에서 물방울 하나가 되어 인간의 불길 속에서 타고 있는 영혼들을 조금 서늘하게 해주고, 죄로 더러워진 영혼들을 씻어 주고, 생활로 상처 입은 사람들에게 제 사랑의 기름을 발라주고, 운명에 의하여 버림받은 사람들에게 제 양식을 갖다주며, 슬퍼하는 사람들에게 제 노래를, 죽은 사람들에게 제 눈물을 갖다줄 수 있게 되는 것이 그 무능 때문이라는 것을 생각할 때, 저는 흠숭하고 찬미하는 겸손의 심연으로 빠져 들어갑니다! 오로지 제 안에서 돌고 있는 교회의 영적인 피에 의해서, 아무 것도 아니고, 비참하고, 약하고, 유치한 제가 영혼들에게 하느님을 주고 하느님과 더불어 모든 은총을 주며, 하느님께는 영혼들을 드리고, 영혼들과 더불어 그분의 갈증을 풀어 드릴 수 있는 것을 드리는 힘과 빛과 방법이 되었으면 좋겠습니다!"

마리아 발또르따의 가톨릭성의 본질을 더욱 분명히 밝히기 위하여 그의 영성(靈性)에서 차지하는 성체의 중요성을 강조하자. 이에 대한 표는 그의 일생에 걸쳐 대단히 많다. 독자로 하여금 우리가 특히 검토한 마리아 발또르따의 자서전뿐 아니라 그의 모든 글이 그의 가톨릭성을 증명하며, 그는 그의 가톨릭성을 명백하게 말하기보다는 그것을 충만히 생활했음을 보여 준다는 것을 자발적으로 확인하게 하기 위하여 여기서 정지하기로 한다.

2. 발행인의 가톨릭성

라시움(Latium)의 정취있는 작은 공업도시 이솔라 델 리리(Isola del Liri)에서 인쇄업자 우고 아르뚜로 마치오체가 금세기 초에 "아르뚜로 마치오체 인쇄소"를 차렸다. 그후 몇 해 동안에 설립자의 작은 처남 미카엘 삐사니가 인쇄소 경영에 참여하기 시작하였다. 1921년 말에는 마치오체-삐사니 협동회사가 법적인 형태를 취하여 "A. 마치오체-삐사니 인쇄회사"가 되었다.

제2차 세계대전 중에 인쇄회사가 입은 손실과 마치오체의 노령으로 인하여 1945년에는 회사가 해체되었다. 그 이듬해에 미카엘 삐사니가 자기 부담으로 사업 활동을 다시 시작하였고, 회사명을 "M. 삐사니 출판사"라고 하였다(오늘까지 이 이름으로 알려져 있다).

1965년 3월 5일 사주가 세상을 떠나자, 어려서부터 아버지의 인쇄소 일을 적극적으로 돌보았던 아들 에밀리오와 엑도르가 대를 이었다. 1973년 7월 1일부터는 아버지의 이름을 그대로 가지고 있는 회사의 공동소유주로 있으면서 임무를 분담하여, 엑도르는 인쇄소의 책임을 맡고 에밀리오는 출판의 책임을 맡았다. 이렇게 해서 에밀리오 삐사니는 50년대 초부터 벌써 책임을 맡았던 마리아 발또르따의 저서 출판에만 전념할 수 있게 되었다.

M. 삐사니 출판 인쇄회사는 비록 소기업에 속하기는 하지만 그 시설로는 오늘날 가장 현대적인 인쇄사의 하나로 손꼽히고 있으며, 거기서 개발하는 특수분야의 책을 냄으로써 계속 이름을 드날리고 있다.

이 회사의 법적 지위와 조직은 이상과 같다.

처음의 마치오체-삐사니 회사, 그 다음에는 삐사니 출판사의 제품 생산은 항상 가톨릭 교회에 봉사하는 쪽으로 향하였으며, 이 봉사는 하나의 전통으로 굳었다.

회사가 정기적이고 계속적인 관계를 유지해 온 고객들 중에는 교황선교사업, 시성(諡聖)조사 청원자, 남녀 수도회 본부들, 기도의 사도직과 가톨릭 운동(여성연합회, 교리교육 활동 전국 본부) 같은 전국적인 기구, 예수회의 역사학회, 몬떼 깟시니 수도원을 들 수 있다. 임시적이기는 하지만 마찬가지로 중요한 고객들 중에는 수많은 로마의 종교연구소, 가톨릭 문화기관들과 가톨릭 출판사들, 그리고 태도를 분명히 하는 여러 성직자들과 평신도들을 들 수 있다. 과거를 돌이켜 보면, 우리 회사는 새로 생겨난 성 바오로회의 최초의 책들을 인쇄한 것과 이지노 죠르다니 같은 인사들이 유명하게 되는 첫걸음을 같이 가주었으며, 아고스띠노 제멜리 같은 유명 인사들의 방문을 받았고, 알렉시스 M. 레삐시에, 까를로 사롯띠, 첼소 꼰스딴띠니를 포함한 추기경들의 우정의 영광을 얻은 것을 자랑할 수 있다. 여러 나라 말로 제작하는 것과 제2차 바티칸 공의회가 열린 해까지 라틴어가 널리 쓰여졌던 것으로 인하여 마치오체-삐사니 회사의 후신인 삐사니 인쇄회사의 이름은 신앙이나 신심과 종교지식에 대한 교육의 이유로 로마 가톨릭 교회의 목소리가 권위를 가지는 세계의 모든 계층에 알려지게 되었다.

필연적으로 불완전한 명단을 본보기로 이 위에 열거한 제1급 고객들을 위한 책들을 인쇄하는 한편, 마치오체-삐사니 회사는 특히 성인전과 금욕론 분야뿐 아니라 심신과 현대의 종교적 관심사의 분야와 더 일반적으로 신학적 전승 분야의 신망높은 저자들에 의한 자체의 출판도 하고 있었다. 그러나 전후 옛날 회사가 삐사니라는 이름으로 다시 나타났을 때에는 이 회사가 무엇보다도 인쇄물 주문을 되찾는 일에 전념하였고, 출판부는 거의 전적으로 소홀히 하였다. 지금은 엄밀한 의미의 출판 업무는 마리아 발또르따의 이탈리아어 원문이나 지금 진행 중에 있는 번역판 출판에 한정되어 있다. 한편 삐사니 인쇄회사는 개별적인 고객들의 주문에 계속 응하고 있다.

우리 회사의 가톨릭성은 고객의 인격과 거의 80년 동안 활동하면서 내놓은 출판물의 성격에만 기인하는 것이 아니고, 주인들의 인격에도 기인하는 것이다.

1960년에 세상을 떠난 설립자 우고 아르뚜로 마치오체의 종교적 참여는 반교권주의 시대에 용감한 증언으로 나타났다. 마치오체 할아버지가 1907년에 만딸 줄리아와 결혼함으로써 인척이 된 뻬사니 가족은 자녀 열셋을 둔 족장(族長) 유형의 가족이었는데, 그 막내가 미카엘이었다. 부모와 자녀 모두가 예외없이 그들이 살아 있는 동안(지금 생존자는 한 사람밖에 없다) 일에 대한 훌륭한 근면성과 가톨릭 교회와 신앙에 대한 끊임없는 애착의 견실한 모범을 보여 주어 어떤 경우에는 교회기관의 자선사업의 천만다행인 은인이 되기까지 하였다.

1943년에는 사주(社主) 미카엘 뻬사니가 교황청 성직자 선교협의 추천으로 비오 12세의 교리로 성 대그레고리오 훈장의 기사장을 받았다. 마리아 발또르따의 저서 발행자이고 재산관리인인 아들 에밀리오는 가톨릭 운동의 교구회장이다.

3. 저서와 교회 당국과의 관계

마리아 발또르따의 저서는 완결도 되기 전에 교계(敎階)와의 사이에 말썽을 빚었다. 밀리오리니 신부가 본의 아니게 그 원인이 되었다.

로무알도 M. 밀리오리니 신부는 그의 동료들과 그를 알았던 모든 사람이 그에 대해 간직했던 기억에 따르면 거룩한 신부였었는데, 마리아 발또르따를 영적으로 돕는 데 그치지 않고, 마리아가 직접 쓴 노우트를 타자기로 옮겨쓰는 일을 떠맡았다. 이 일에 몰두하면서 밀리오리니 신부는 이 글에 대하여 열광하게 되어, 타자기로 친 별책(別冊)들을 무모하게 나누어 주기까지 하였다. 이 행동을 베르띠 신부는 그의 생기도는 말투로 "한입거리" 라는 의미심장한 명사로 불렀는데, 이 단어는 역사적인 말이 되었다. 그뿐 아니라 밀리오리니 신부는 이 글들이 "하느님의 계시"의 성격을 가졌다고 강조한 모양인데, 이 글들은 저서의 전후 관계와 떨어져서는 그 독창성으로 인하여 도전적인 것으로 보일 수 있었다. 특히 그 시대에는 더 그러하였다. 게다가 밀리오리니 신부는 자기들이 하늘의 어떤 사명을 받은 것으로 판단하여 지금까지도 논의의 여지가 있는 앞장서는 행동을 취한 다른 여자 적어도 두 사람을 돌보기 시작하였다. 이러한 행동의 가장 뚜렷한 결과는 밀리오리니 신부를 격리하였으니, 1946년 그는 장상들의 명령으로 비아렛지오를 떠나 로마로 가야 했다. 그러나 이 조치에는 타자로 복사한 사본들을 배포하는 일을 계속하지 말라는 금지령이 덧붙여졌으리라는 것이 넉넉히 있을 수 있는 일이다.

로마에서 밀리오리니 신부는 베르띠 신부를 만났다. 그는 베르띠 신부에게 마리아 발또르따의 존재를 알리고, 그와 더불어 어떻게 하면 발또르따의 글을 합법적으로 출판할 수 있을까를 생각해 내기 시작하였다. 그 저자와 그의 관계의 조화는 커져가는 몰이해로 인하여 점점 더 흔들리고 있기는 하였고, 이 몰이해가 때로는 그들이 주고 받는 편지에서 논쟁의 말투를 띠기까지 하였지만, 그후 두 사람은 편지 왕래를 그만두게 되었다.

 1947년, 성모 마리아와 종복수도회의 동료인 밀리오리니와 베르띠 두 신부는 타자로 찍은 이 저서 열두 권을 비오 12세 교황께 바치는 데 성공하였다. 이 글을 직접 조사하고 나서 교황은 두 수도자와 그들의 원장 안드레아 M. 체낀 신부에게 1948년 2월 특별 알현을 허락하였다. 교황의 판단은 호의적이었다. 그래서 교황은 아무 것도 빼지 말고, "환상"과 "받아쓰기"를 이야기한다는 명확한 언명(言明)들까지도 빼지 말고 저서를 출판하라고 권고하였다. 그러나 동시에 초자연적인 현상에 대하여 말하는 머리말의 글은 인정하지 않았다.

 높은 지위에 있는 분의 이러한 대답으로 안심이 되어 두 수도자는 출판인을 찾느라고 대단한 노력을 하였다. 성과 없는 교섭을 몇 번 한 뒤에 그들은 대단한 정열로 바티칸의 다국어 인쇄소에까지 가게 되었다. 거기에서 그들은 이 일을 수락하려는 좋은 의향을 얻어 만났다. 그러나 이 일은 먼저 검사성성(檢邪聖省)의 검열을 받아야 했는데, 거기에서 이 저서는 1949년에 엄하게 또 설명할 수 없게 차단되고 말았다. 베르띠 신부는 말할 자유도 없이 검사성성의 판결문에 서명할 수밖에 없었고, 저자의 친필 원고와 현재 있는 모든 사본을 검사성성에 갖다 내라는 명령을 받았다. 그러나 로마에는 친필 원고를 몇 묶음밖에 가지고 있지 않던 베르띠 신부는 그 원고들을 정당한 소유주에게 돌려주기 위하여 서둘러 밤으로 비아렛지오에 갔다. 검사성성에는 그때 그가 가지고 있던 타자로 친 불완전한 사본들과 부본들만을 갖다주었다. 그 동안 이 저서에 흥미를 가졌던 몇몇 인사들이 매우 낙담하고 있는 마리아 발또르따가 그들에게 한 부탁을 받고 교황 알현을 새로 얻으려고 해보았으나 허사였다.

 1950년대 초에 이 저서는 마침내 우리 회사 손에 들어왔다. 우리는 오직 성직자들에게만 의무를 지워주는 것으로 생각되는 이 사건의 과거에 깊이 들어가고자 하지 않았고, 또 교황의 최고의 판단과 이론의 여지가 없을 만큼 유능하고 충분한 권위를 가진 인사들이 글로 쓴 증언으로 충분한 보증을 가지고 있다고 생각하였다(이 증언들에 대하여는 1979년 6월호 회보 제19호 제2면 둘째 난부터 참조하기 바란다). 그러나 무엇보다도 우리는 교회가 매우 기뻐해야 할 거룩한 사업에 봉사한다고 단단히 확신하고 있었다.

 우리 인쇄소에서 나가는 모든 종교서적에 대하여 우리에게 "imprimatur"(인준)를 주던 우리 주교(그 때에는 폰떼벡기아 주교님이었다)가 타자기로 친 종이의 열중케 하는 이 무더기에 "인준"을 줄 용기는 없었다. 그러나 주교는 그것을 높이 평가하고, 실명(失明)을 할 찰나에 있었으므로 사람을 시켜 읽어달라고 하였다.

 이 저서의 초판은 부피가 큰 네 권으로 나왔는데, 첫째 권은 1956년에, 마지막 권은 1959년에 나왔다. 초판본은 지금은 찾아낼 수 없다. 초판에는 저자의 이름이 없었다. 생전에는 알려지기를 원치 않는 마리아 발또르따의 소원이 그러하였다. 저서는 성공적으로 천천히 난관을 만나지 않고 보급되었다.

그러나 비오 12세가 세상을 떠나고 법원에 관한 교회의 통치기구의 뚜렷한 분산을 촉진하던 요한 23세의 선출 후에는, 가라앉았던 적의가 되살아나는 듯하였다. 금서목록에 게재하는 조치가 경고라는 정상적인 사전 통고도 없이 청천벽력처럼 떨어졌다.

검사성성에 의한 유죄판결의 명령은 1960년 1월 6일 수요일, 주의 공현 대축일에 나온 "옷세르바또레 로마노"(Osservatore Romano)* 첫 쪽에 발표되었고, 같은 호에는 "잘못 소설화된 예수의 생애"라는 제목이 달린 서명 없는 기사가 게재되었는데, 한 난 전체를 차지하는 것이었다.

20년이 지난 오늘, 우리는 이 기사를 확실히 침착하게 읽을 수 있는데, 그 내용이 제목과 일치한다. 그것은 이 기사는 이 저서에서 본질적인 오류를 아무 것도 알리지 못하기 때문이다.

이름을 밝히지 않고 이 기사를 쓴 사람은 이러한 출판물에 대하여 규정된 "imprimatur"(인준)가 없음과 발행자가 그의 짧은 머리말에서 단테와 비교한 것이 견실성이 없다는 것을 지적한 다음, 이 저서를 장황하게 소설화한 예수의 긴 전기에 지나지 않는 것처럼 묘사하고, 이 저서를 뒷받침해 준 유명인사들이 배신의 희생이 되었다고 고발한다. 그리고 나서 왜 검사성성이 이 저서를 금서목록에 넣는 것이 필요하다고 믿었는지 이유들을 들고, 베네딕도회 수도자와 같은 인내심을 가진 독자라면 누구나 그 이유들을 쉽게 알아볼 수 있을 것이라고 말한다(이 기사에서 따온 대목에는 전부 밑줄을 쳤다).

* 예수와 성모님이 하셨다고 하는 말이 길다. 수많은 인물들이 나눈 대화가 끝이 없다.

* 예수께서는 진짜 광고쟁이같이 극도로 말이 많고, 당신을 메시아라고 하느님의 아들이라고 자칭할 용의와 우리 시대의 교수가 쓸 것과 같은 용어로 신학 강의를 할 용의를 항상 가지고 계시며,

* 지극히 거룩하신 성모님은 현대의 선전자와 같은 능란한 말솜씨를 가지고 계시고, 아니 계신 데가 없으며, 마리아 신학에 대한 현재의 전문가들의 가장 최근의 연구에 따라 정비된 마리아 신학 강의를 할 용의를 항상 가지고 계시다.

* 이야기는 쓸 데 없는 수다로 느린 속도로 전개되며, 새로운 사실들과 새 비유들과 새 인물들이 있고, 여자들이 행렬을 하다시피 예수를 따라다닌다.

* 매우 노골적인… 몇몇 부분은(그 중의 두 가지 예를 들었다. 죄녀 아글라에가 동정녀 마리아께 한 고백과 빌라도 앞에서 춘 춤) 예측할 수 없이 이런 독특한 지적을 불러 일으킨다. 이 책이… 수녀들과 그들이 경영하는 여학교 학생들의 손에 쉽게 들어

---

* 역주 : 교황청 기관지.

갈 수가 있는데, 이런 경우에 이런 종류의 대목을 영적인 면의 위험이나 손해 없이 읽기는… 어려울 것이다.

* 성경 연구의 전문가들은 거기에서 틀림없이 역사적, 지리적, 또 다른 여러 가지 틀린 점을 발견할 것이다(그러나 그것들이 지적되지는 않았다).
* 신학 지식을 이렇게 많이 펼쳐놓은 가운데에서 우리는 진주 몇 개를 얻을 수 있다. 그러나 그 진주들은 가톨릭적 정통성으로 빛나지는 않는다. 그러면서 그 중에서 네 가지를 열거한다. 1) 아담과 하와의 죄에 대하여 상당히 엉뚱하고 부정확한 견해가 여기저기 개진된다. 2) 마리아가 아버지의 둘째 딸이라고 불릴 수 있다는 주장에는 설명이 하나 뒤따르는데, 이 설명은 진정한 이단임은 피하지만, 신학적인 일치의 한계를 쉽사리 넘는 새로운 마리아학을 세우고자 한다는 근거있는 느낌을 없애지는 못한다. 3) 이 책에 있는 천국의 정의에 대해 말하자면 난해하고 그 어느 때보다도 더 막연한 개념이 제시되는데, 이것은 다행스러운 일인 것이 만일 그것을 문자 그대로 받아들여야 한다면 이 개념은 엄한 비난을 면치 못하였을 것이기 때문이다. 4) 성모님에 대한 또 다른 한 가지 주장은 이상하고 막연한 것으로 규정지었다. 그러나 그것을 인용만 하였다.
* 그러므로 이 책은 소설에 지나지 않는 것이라 할지라도 불경의 이유만으로라도 마땅히 비난을 받아야 할 것이다.
* 그러나 실제로 저자의 의향은 한층 더 중대한 결과에 이른다. …저자는 자기를 메시아 시대 전부를 목격했다고 언명하는 여인이며 이름이 마리아라는 것을 드러낸다. 이 말을 들으니까 한 10년 전에 소위 환상과 계시가 들어 있다고 하는 타자기로 친 부피가 많은 어떤 원고들이 돌아다니던 일이 생각난다. 그때 권한이 있는 교회당국에서 그 타자기로 친 원고들의 인쇄를 금하였고, 시중에 유포되어 있는 것을 거두어들이라는 명령을 내렸던 것은 알려진 사실이다. 그런데 지금 우리는 이 책에 그 원고가 거의 전부 전재되어 있음을 본다. 그러므로 최고성성에 의한 이 저서의 공적인 단죄는 중대한 불복종의 문제인 만큼 더 적절한 것이다.

우리가 그 기사에서 기억한 가장 주요한 대목들은 이런 것이다.
1) 이 기사를 쓴 익명의 필자는 작은 활자로 인쇄된 그 4천 쪽쯤 되는 것 안에서 참다운 명확한 오류를 단 하나도 발견하지 못하였고, 다만 분명히 가톨릭적 정통성으로 빛나지 않는 진주 몇 개, 상당히 엉뚱하고 부정확한 견해, 진정한 이단임은 피하면서 뜻을 제한하는 설명을 곁들인 주장, 새로운 마리아학을 세우고자 한다는 근거있는 느낌, 난해하고 그 어느 때보다 더 막연한 개념을 발견한다. 그래서 만일 그것을 문자 그대로 받아들여야 한다면 이 개념은 엄한 비난을 면치 못할 것이라고 하였다. 그리고 또 다른 한 가지 이상하고 막연한 주장과 불경의 이유들을 들었다.

2) 필자는 이 저서에 대하여 종교서적의 저자 누구라도 부러워할 칭찬을 무심코 하였다. 우리 시대의 교수가 쓸 것과 같은 용어로 신학 강의, 마리아 신학에 대한 현재의 전문가들의 가장 최근의 연구에 따라 정비된 마리아 신학 강의, 신학 지식을 이렇게 많이 펼쳐놓고,

3) 필자가 이 저서에 나오는 예수는 진짜 광고쟁이같이 극도로 말이 많고… 또 지극히 거룩하신 성모님은 현대의 선전자와 같은 능란한 말솜씨를 가지고 계시며, 아니 계신 데가 없다고 말할 때에, 그는 진실에 어긋난 것을 진술하는 것이다.

4) 필자는 그가 문학평론에는 피상적이며 능력이 없다는 것을 나타낸다. 하기는 문학평론은 포기해야 했을 것이다. 그것은 문학평론 교회의 검열에 끼어들 수 있을 아무런 기준도 가져다 주지 못하기 때문이다.

5) 필자는 결론에서 무엇보다도 검사성성에서 취한 조치가 징계적인 성격을 가지고 있다고 단언한다.

검사성성에서 나온 단죄의 법령이 가톨릭 신자로서의 우리를 슬프게 하였다. 그러나 그 단죄의 이유를 설명하는 이 기사로 우리는 안심이 되었다. 우리는 교회가 마리아 발또르따의 저서를 정당하지만 그의 무류권위와는 관계가 없는 조치로 벌함으로써 그의 역사에 여러 번 있었던 그의 행동, 이상스럽게도 항상 하느님께서 허락하셨는데, 나중에는 그로 인하여 교회가 영광스럽게 될 그런 사람들과 글을 반대해서 취한 행동을 되풀이하는 데 지나지 않는다는 것을 이내 깨달았다.

이미 설명할 수 없는 정신적인 고독에 빠져 있던 마리아 발또르따는 이듬해인 1961년 10월 12일에 세상을 떠났다. 밀리오리니 신부는 1953년에 병으로 세상을 떠났다. 베르띠 신부의 긴밀한 협력을 얻어, 우리는 교회의 권위에 대한 존경을 배제하지 않을 기준에 따라 이 저서의 발행을 다시 시작할 방법을 찾아냈다. 요컨대 우리 안에 깊이 뿌리박힌 신념을 배반하지 않고, 또 우리가 이 출판을 포기할 경우 다른 출판업자들이 이 대작(大作)을 가로채서 다른 목적에 사용되게 하는 것을 막고, 교회의 단죄를 광고의 목적으로 이용할 수 있기까지 할 것을 막아야 한다는 것이었다.

열 권을 헤아리게 될 새로운 판의 첫째 몇 권이 나온 후 1961년 12월에 베르띠 신부는 다시 검사성성에 소환되었다. 신부는 그 곳에서 특히 1948년의 비오 12세의 말을 이야기하고 몇몇 인사들이 표명했던 유리한 증언들을 보일 수 있게 허락하는 대화의 분위기를 발견하였다. 유리한 증언을 한 인사들 중에는 바로 그 검사성성의 고문 세 사람도 있었으니, 베아 신부(추기경이 된)와 랏단찌 주교와 로스끼니 신부였다. 보고를 하고 어떤 문헌들을 가져오라는 요청에 따라 베르띠 신부는 1962년 1월에 검사성성에 네 번 다시 들어가야 했다. 베르띠 신부는 항상 부위원인 도미니꼬회 지라우도 신부와 이야기를 할 수 있었는데, 마침내 그에게서 "이 책이 어떻게 받아들여지는지

봅시다" 하는 조절된 허가의 형태를 가진 판결을 얻어냈다.

그리고 나서 공의회 공고가 있었고, 교회는 그의 주의를 딴 데로 돌렸다. 마리아 발또르따의 저서는 그것이 받았던 타격에서 다시 일어나 벌써 천천히 말없이 계속적으로 보급되는 길을 다시 걷기 시작하였었다. 이 저서는 바오로 6세 교황 때 줄곧 끊임없이 칭찬을 받았고, 헤아릴 수 없이 많은 이익을 뿌렸다. 1966년에는 이 문제 전반에 대한 재검토를 목적으로 금서목록이 폐지되었고, 거기에서 유래하였던 독자와 출판자에 대한 비난도 철회되었으며, 결국 1975년에 새로운 규칙이 제정되기에 이르렀다.

1978년 말쯤 이 책을 몹시 좋아하는 애독자이며 벌써 보이띨라 추기경* 의 친구이던 교황청의 주교 한 분이 발행자 에밀리오 삐사니에게 발또르따의 열 권으로 된 저서를 요한 바오로 2세 교황께 기증본으로 드리라고 권하였다. 1979년 1월에 이 주교는 자신이 쓴 편지와 발행자가 쓴 그보다 짧은 다른 편지와 함께 장정된 열 권이 든 작은 상자를 교황궁으로 가져갔다. 이렇게 해서 우리는 신자들과 또 어떤 사람과도 아무 차별없이 접촉하기를 몹시 좋아하시는 새 교황에게 접근하려고 시도하였다. 그러나 우리는 자녀로서의 진실한 충정으로 착상을 얻게 된 이 발의가 국무원(國務院)에 의하여 차단되었다고 믿을 만한 이유가 있다.

지금으로서는 마리아 발또르따의 저서가 놀라울 만큼 보급되는 것을 보는 위안이 우리에게 남아 있다. 이 책은 광고의 힘을 빌지 않는데도 이탈리아와 외국에서, 가장 멀리 떨어진 나라들에서까지도 독자들을 얻고 있으며, 그 곳에서 양심들로 하여금 예수 그리스도와 그분의 교회에 대한 사랑에 다시 눈뜨게 함으로써 그 안에서 완수하는 심오한 선행에 대한 소식을 우리에게 가져다 준다. 이것은 우리가 보기에는 교회적인 가치를 가지기 시작하는 승인의 표들이다. 그 승인은 교회를 이루는 하느님의 백성이 마치 엠마오의 제자들이 주님을 알아뵌 것과 같이 이 저서를 알아보았고, 여기서 떨어지지 못한다는 것을 보여 주기 때문이다. 알려지지 않은 이 충실한 독자들 가운데에서 이 저서의 위대함을 증명하고 이 저서를 설명하고 보증하는 고명한 인사들이 두드러져 보일 때는 이 승인이 무게를 얻게 된다. 가톨릭교 세계가 확실한 가르침과 거룩한 품행으로 뛰어난 사람들에 대하여 가지는 존경을 해치지 않고서는 이런 인사들을 반박할 수는 없는 것이다.

에밀리오 삐사니가(이탈리아 이솔라 델 리리에서 1981년에) 쓴 것을 레오 A. 브로되르가(캐나다의 셔브룩에서 1985년에) 이탈리아에서 프랑스어로 번역하였음.

---

* 역주 : 교황 요한 바오로 2세가 된 추기경.

이탈리아 이솔라 델 리리, 삐사니 출판사의 발또르따 회보 1981년 1월-6월호, 제23호에서 발췌하였음.

발행자 에밀리오 삐사니는 1985년 1월 14일자로 CEV 출판사(발또르따 출판본부)를 설립하였음을 알린다. 이 출판사는 마리아 발또르따의 저서의 출판과 보급을 보살피는 일을 계속할 것이다.

출판 허가서
신앙교리성성 제144 / 58 i 호
1994년 6월 21일

하느님이시요 사람이신 그리스도의 시
제10권 영광을 받으심

1989년 5월 01일 초판
2022년 10월 20일 12쇄

저　자　마리아 발또르따
　　　　(Maria Valtorta)
역　자　안 응 렬
추　천　파 레 몬 드 (현우)
　　　　(Fr. Raymond Spies)
발행자　한상천
발행소　가톨릭 크리스챤

142-806 서울 강북구 미아9동 103-127
전　화　987-9333
F A X　987-9334
등　록　1979.10.25 제7-109호
우리은행　1002-533-493419 한상천

값 18,000 원

□허가없이 이 책을 전재. 일부를 복사할 수 없습니다.
□통신판매 02) 987-9333로 하시면 됩니다.

저의 묵상(피정)은 언제 했었나?

2000년 대희년(은총의 해)를 지내고,
우리는 희망찬 새 천년을 맞이 하였다.

그러나 우리는,
　　　우리 가정은,
더구나 나는 세속 일로 바쁘다고 평계대면서
오늘도 그냥 아무런 변화없이 덤벙덤벙 지냈구나!
노력이 없다 보니,
은총 속에서 새 변화가 있을리 있겠는가?
그나마 다행한 일은,
주일미사 하는 것, (그러나 근무 5일제, 쉬는 신자들)
어쨌든 나는 신앙생활의 전부인양 자위할 수 있었다.

과연 저의 묵상(피정)은 언제 했었나?
　　　저희 가정의 묵상(피정)은 언제 했었나??
옛 생활을 청산하고 새 생활로 바꾸어야 하는,
새 천년에는 저(저희)부터 새롭게 꼭 변하고 싶다.

과거와 같이 〈성가정〉, 습관화된 그 말로만 하지 마라.
이번에는, 참으로 〈성가정!〉(작은 교회)을 이루고 싶다.
— 주님, 참회한 각자(가정)의 신앙고백이 되게 하소서!

그래서 여기 「예수님과 함께」 주님의 메시지 곧 성가정의 메시지를,
평생 동참하는 모든 신자의 각 가정에 전해드립니다.
반드시 먼저 본문을 세 번 반복해서 읽고 난 후,
성서와 같이, 일정에 따라 정성껏 묵상(피정)을 드리자!

···

1. 예수님의 눈으로 1·2·3·4·5·6·7

2. 예수님의 눈으로 1·2·3·4·5

3. 하느님이시요 사람이신 그리스도의 시(1~10권)

4. 성 요셉의 생애(성가정 생활)

5. 수덕신비신학(그리스도인의 삶 / 1~5권)
　　　아돌프 땅끄레 지음 · 정대식 신부 옮김
　　　★ 완덕의 삶—나의 정화의 길, 빛의 길, 일치의 길

▶ 구매 연락처: (02) 987-9333　　크리스찬 출판사

나는 주님을 찾습니다

김 수환 역사
Odette Vercruysse

수덕 · 신비 신학 (전 5권)

아돌프 땅끄레 지음 / 정대식 옮김
<우리 그리스도인의 신앙생활 지침서>

••••••••••••••••••••••••••••••••

제1권 그리스도적 생명

수덕 · 신비 신학의 고유한 목적은 그리스도적 생명의 완성에 있다. 그리스도적 생명은 바로 하느님의 생명에 참여하는 것이므로, 하느님만이 이 생명의 은총을 우리에게 주신다. 이것은 예수님의 생명에 참여하는 것이므로, 곧 예수님이 우리 안에 사시고 우리 또한 예수님 안에 사는 것이다.

제2권 완덕의 삶

모든 그리스도인은 완덕으로 나아가야 할 의무가 있다. 그리스도적 완덕은 자기 생명을 희생하는 사랑에 있다. 완덕은 오직 하느님을 사랑하는데 있으므로 우리를 하느님과 완전하게 일치시킨다.

제3권 정화의 길

완덕의 첫 단계인 정화의 길은 자기 희생과 포기의 길이다. 초보자들이 추구하는 완덕의 목적은 하느님과 일치하기 위해 죄의 기회와 영적 장애물들을 없애는 영혼의 정화를 실천하는데 있다.

제4권 빛의 길

예수님도 세상의 빛이시기에 그 분을 따르는 사람은 어둠 속을 걷지 않으며 사랑하는 하느님의 뜻을 따를 때 행복하다. 그러므로 항상 선을 실천하고 영원한 생명을 얻기 위해 끊임없이 하느님의 도움을 간청해야 한다.

제5권 일치의 길

일치의 길을 걷는 영혼의 목적은 자신 안에 현존하시는 하느님만을 위하여 사는데 있다. 그러므로 우리들의 삶 전체가 하느님 안에서 단순화 되어간다. 고요의 기도는 영혼 가까이에 현존하시는 하느님을 느끼고 맛보게 된다.